中國三峡建設年鑒

鄒家華

1994

中国三峡出版社

（京）新登字 199 号

责任编辑　刘文敏
史文银

图书在版编目（CIP）数据

中国三峡建设年鉴/《中国三峡建设年鉴》编纂委员会编．北京：中国三峡出版社，1995．12
ISBN 7—80099—100—8

Ⅰ．中…　Ⅱ．中…　Ⅲ．水利枢纽－长江流域－湖北，三峡－年鉴　Ⅳ．TV632．63－54

中国版本图书馆 CIP 数据核字（95）第 20741 号

中国三峡建设年鉴
《中国三峡建设年鉴》编纂委员会
*
中国三峡出版社出版发行
（北京市海淀区蔡公庄一号）
全国新华书店经销
广州市东华新技术电脑公司照排
广州彩色印务有限公司印刷
1995 年 12 月第 1 版　1995 年 12 月第 1 次印刷
开本：787×1092 毫米　1/16　印张：23
字数：770 千字　印数：1—4000 册
*
ISBN 7－80099－100－8/Z·17
精装本定价：人民币　75.00 元
港　币 300.00 元

《中国三峡建设年鉴》编纂委员会

《中国三峡建设年鉴》编辑部

序

国务院三峡工程建设委员会副主任 郭树言

长江三峡水利枢纽工程，经过广大科技工作者40多年精心勘查、规划、设计和研究论证，终于得到一个切实可行的科学实施方案。全国人大七届五次会议于1992年4月3日通过了《关于兴建长江三峡工程的决议》。从此，开始了建设三峡、开发长江的新里程。

建国以来，为了建设宏伟的长江三峡工程，党中央、国务院一直采取了积极而又慎重的方针。党的几代领导人都亲自运筹兴建时机。七届人大五次会议通过决议以后，1993年初，党中央、国务院决定成立国务院三峡工程建设委员会，李鹏总理亲自担任委员会主任。建设委员会是三峡工程建设的最高决策机构。委员会下设三个执行机构：一是办公室，负责建设委员会的日常工作；二是三峡工程移民开发局，负责三峡移民工作规划、计划的制定和监督实施；三是中国长江三峡工程开发总公司，这是一个自负盈亏、自主经营的经济实体，是三峡工程项目的业主，在国家确定的政策和工程初步设计范围内，全面负责三峡工程的建设和运营，负责资金的管理、运用和债务的偿还。

长江三峡工程是解决长江中下游严重洪水威胁的一项不可替代的关键性工程。长江洪水期，在江汉平原河床水位高出两岸地面数米，乃至十多米，严重威胁着富饶的江汉平原和洞庭湖地区人民群众的生命财产安全，历史上长江曾多次发生洪水灾害，仅1954年大水，一次就夺去3万人的生命，1888万人受灾，4755万亩耕地受淹。因此，治理长江是全国广大人民群众，特别是长江中下游人民盼望已久的大事。

长江水力资源极为丰富。建成后的三峡电站，年发电量可达847亿千瓦小时，一年可节约5000万吨原煤及相应的铁路运输能力。三峡水库的形成，可以改善宜昌至重庆之间川江航道的航运条件，通航能力可由目前单向年通过能力1000万吨提高到5000万吨，并可大大降低运营成本。三峡工程还将以其巨大的综合效益，有力地带动和促进长江流域的经济发展，对加强我国现代化建设进程，提高综合国力具有重要的战略意义。

遵照李鹏总理指示，中国三峡总公司在组织三峡工程建设过程中，实行业主负责制、招标承包制、工程监理制和合同管理制，坚持“公开、公平、公正”的原则，选择我国最优秀的施工队伍参加三峡工程建设，并与设计、施工、监理单位通力合作，要努力达到“一流工程，一流质量，一流管理，一流文明施工”的先进水平。

三峡工程建设还包括三峡库区移民。从一定意义上讲，三峡工程的成败关键在于移民。三峡库区实行开发性移民方针，实行“中央统一领导，分省负责、县为基础”的管理体制。在移民进度上，坚持“突出重点，远近结合；移民的进度应与工程的进度相衔接；在资金到位的前提下，宜早不宜晚”的原则。三峡库区移民安置补偿经费切块给四川、湖北两省包干使用，在执行过程中还要考虑物价因素。这是三峡库区移民工作的一项重大举措，有利于充分调动各级地方政府的积极性，得到了四川、湖北两省的赞同和拥护。

经过近两年的施工准备，三峡工程已于1994年12月14日正式开工。三峡工程规模宏大，技术复杂，任务艰巨。而开发长江水力资源，综合治理长江流域，其任务更加艰巨。在党中央、国务院的领导下，在全国人民支援下，希望中国三峡总公司要和广大建设者一道，遵循江泽民总书记“发扬艰苦创业精神，建好宏伟三峡工程”的指示，振奋精神，谱写我国水电事业的新篇章，建好这项“功在当代，利及千秋”的跨世纪工程。

为将这一宏伟工程建设业绩，逐年载入史册，中国三峡总公司编辑出版《中国三峡建设年鉴》，这是一件十分有意义的工作。我为能参与三峡工程建设深感荣幸。今适逢《中国三峡建设年鉴》首卷索序，故叙怀于兹，兼以为序。

序

国务院三峡工程建设委员会副主任
中国长江三峡工程开发总公司总经理

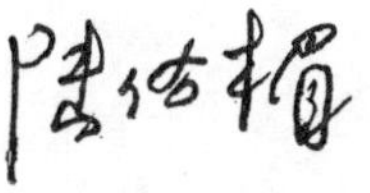

1994 年 12 月 14 日，是一个值得永久纪念的日子。国务院总理李鹏在三峡工程施工现场宣布伟大的长江三峡工程开工，并为三峡工程奠基石揭幕。

长江三峡工程是治理和开发长江的战略性工程，集防洪、发电、航运效益于一体，经过中华民族几代人 70 余年的构想和长期的勘测、设计、科研、论证，终于获得了一个较为完善的可行的工程方案。1992 年 4 月 3 日，第七届全国人民代表大会第五次会议审议并通过了《关于兴建长江三峡工程的决议》，完成了兴建三峡工程的立法程序。从此三峡工程进入了实施阶段。

为了建设伟大的长江三峡工程，国务院作了周密的部署。首先成立了国务院三峡工程建设委员会，由李鹏总理亲自任委员会主任，这是三峡工程建设的最高决策机构，直接领导三峡工程的建设，是三峡工程建设在组织上的根本保证。委员会下设办公室处理建设中的日常工作。成立三峡工程移民开发局，负责三峡工程库区的移民政策、规划、计划的制定和监督实施。同时决定成立中国长江三峡工程开发总公司，这是一个自负盈亏、自主经营的经济实体，是三峡工程项目的业主，全面负责三峡工程的建设和经营。至此三峡工程建设在组织上和管理体制上得到了落实。

1993 年，长江水利委员会完成了三峡工程初步设计，并通过了国务院三峡工程建设委员会的审查批准，立即开始了技术设计；与此同时坝区开始了大规模的施工准备工作，征地移民、场地平整、施工道路等全面展开，一期围堰、对外交通专用公路、西陵长江大桥相继开工。目前各项工程施工正按计划进行。

三峡工程是在我国改革发展的年代兴建的，中国三峡总公司将认真贯彻执行改革开放的政策，运用社会主义市场经济机制来组织工程建设，通过公开招标、公平竞争、公正评标和科学的决策，选择最好的承包企业。同时实行工程监理制，严格合同管理。用现代的管理科学组织工程建设，以达到在工程进度、质量和成本控制上取得最佳的经济效益和社会效益。

三峡工程是目前世界最大的工程之一，规模宏大，技术复杂。但建设伟大的长江三峡工程是时代赋予我们这一代中国人的历史使命。中国人民有志气、有能力来完成这一历史重任。我们将广泛吸收当今世界最先进的工程技术和管理科学，在全国人民和海外华人的关心和支持下，以科学的态度，抱必胜的信念，把它建设成为真正的世界第一流的工程，为治理和开发长江揭开新的一页。

为真实记录这段中国水利水电建设最为辉煌的事业史，总结经验教训，中国长江三峡工程开发总公司决定编辑出版《中国三峡建设年鉴》，将三峡工程建设过程中产生的技术文件和资料，逐年编纂出版，为关心和支持三峡工程建设的社会各界人士和国内外读者提供集中、准确、及时的资料和信息，形成三峡工程建设最翔实、可靠、科学、权威的参考资料，将是三峡工程业主不可推卸的责任。其意义非常深远。

在《中国三峡建设年鉴》首卷即将出版之际，谨以此文为序。

发刊词

《中国三峡建设年鉴·94》首卷与大家见面了，邹家华副总理欣然题名。这在三峡工程如火如荼的建设史上，无疑又是一件振奋人心的大喜事。

早在本世纪之初，一位伟大的革命先行者孙中山先生以其独到的睿智构勒出了“改良此上流一段”方案：“当以水闸堰其水，使舟得以溯流以行，而又可资其水力”的宏伟蓝图。在其以后几十年的风风雨雨中，无数中华民族的仁人志士，饱蕴着振兴民族大业的壮志，披风栉雨，沤心沥血；多少异邦友人，怀着坚定的科学民主的意志，把自己的才智与三峡工程联系在一起，与三峡工程悲则同悲，喜则同喜。人们埋头苦干，同舟共济，终于在世纪之末，看到了三峡工程建设的曙光。

三峡工程建设，象一轮初升的太阳，充满着生机与活力。特别是自1994年12月14日正式开工以来，在15.28平方公里的热土上，炮声阵阵，机器隆隆，工程建设日新月异，取得了令人振奋，使人折服的进展。

文章千古事，得失一时心。客观真实地记录下三峡工程史诗般的进军脚步，认真回首大半个世纪以来，有关三峡工程的风云变幻，近则可以为国人、为世人提供一个具有权威性、可靠性的了解、宣传、研究三峡工程各方面信息的有效载体；远则能留得青史在，交于后人评。中华民族历来有“以史为鉴”的优良传统，三峡工程历史性地落在我们这一代人的肩上，这是我们的荣幸。尊重和借鉴三峡工程设想、勘查、规划、论证、设计的整个历史，是重要的。温故而知新，前事不忘后事之师。同样，作为当事人，写好三峡工程的建设篇、实践篇，逐年系统地反映三峡工程的进程，则显得更为重要，更为紧迫。怀着对历史负责，对未来负责的赤诚之心，创办宏伟工程的编年史，这正是中国长江三峡工程开发总公司编纂《年鉴》的初衷。

喜逢《中国三峡建设年鉴·94》出版，我们希望她成为三峡工程建设这一伟大创举的历史见证；我们希望得到各界朋友的支持、关注和喜爱。

《年鉴》编纂工作刚刚起步，让我们祝福她，伴随着伟大的工程发展而发展，进步而进步！

袁国林

一九九五年十二月

编 辑 说 明

一、《中国三峡建设年鉴》是国务院三峡建设委员会主管，由中国长江三峡工程开发总公司主办并编辑出版的国内外公开发行的年刊。它逐年集中反映三峡工程建设和长江水力资源开发过程中的技术资料、重要事件、统计报表，以及总公司创建现代化企业的发展情况，是具有专业年鉴和综合年鉴特色的大型工具书。

二、《年鉴》设 11 个专栏，分特载、综述、移民开发、专论、国际合作与交流、直属企业、报刊文摘、大事记、统计资料、附录和英文目录，以及施工中标单位名录、彩色图片资料等。

(一) “特载”专栏选载中共中央、国务院，及国务院各部委对三峡工程建设有关指导性法规、政策和领导同志重要讲话。同时考虑三峡工程建设期限长，适当选择当年中央颁布的有关法规、决定、政策和国家领导人的指示及时刊出，以指导工程建设。另外选载总公司制定的规章、制度、决定和公司领导同志的重要讲话，以及历史文献资料等。

(二) “综述”专栏集中反映总公司各业务部门当年业绩及情况，包括概况、规划设计、建设与管理、计划合同、财务工作、防汛工作、科研攻关、生态环境与文物保护、队伍建设、精神文明建设等。

(三) “移民开发”专栏选载三峡工程开发性移民规划、实施等情况。

(四) “专论”专栏选载国内专家、学者对三峡工程建设重要问题的论述与见解。

(五) “国际合作与交流”专栏选载国际合作项目、友好往来、技术交流等情况。

(六) “直属企业（公司)”专栏分述总公司下属企业（公司）及其自身队伍建设情况。

(七) “报刊文摘”专栏采用二次文献选载有关国内外新闻媒介报道三峡工程情况。

(八) “大事记”专栏按时间顺序记录党和国家领导人视察三峡工程，国务院三峡建设委员会、总公司重要活动与重要会议，以及重大国际合作交流、三峡工程建设动态、科研评审、鉴定等。

(九) “统计资料”专栏以列表形式集中反映三峡工程招投标项目、库区人口、耕地、专业项目，以及科研、资源开发等方面的统计。

(十) “附录”专栏选载三峡工程建设有关的历史资料、论证专题资料，以及一些可比性资料等。

(十一) “英文目录”专栏主要为国外读者提供《年鉴》目录索引。

三、《年鉴》以“四项基本原则”为指导思想，实行文责自负，编辑部一般情况只作技术性处理，对文稿的内容、数据，及保密等问题均由撰稿人所在单位部门把关审定。

四、《年鉴》一律用法定统计计量单位。数字的用法遵从国家《关于出版物上数字用法的试行规定》，技术术语、专业名词、符号等力求符合规范要求或约定俗成。

五、《年鉴·1994》为首卷，主要收录 1993 年的资料和有关三峡工程历史资料。由于三峡工程从设想到勘测设计，到科学论证，到最终付诸实施经历了 70 余年的历史。在这 70 余年中，社会更替，风云变幻，一方面为三峡工程沉淀了极为丰富的史料，另一方面也为收集、整理、反映这一特殊历史阶段有关三峡工程各个侧面的史实增加了难度。我们力求尊重历史、尊重事实，全面反映三峡工程的历史与现实的真实面貌。今后，《中国三峡建设年鉴》将逐年选载三峡工程历史资料、文献，并固定在“附录”专栏，逐步追溯反映出来。

六、限于编辑水平和经验，加之内容较多，时间较短，因此难免出现缺点和错误，我们热忱希望各级领导和广大读者提出宝贵意见，以便改进工作。

《中国三峡建设年鉴》编辑部

1995 年 12 月

目　录

特　载

法规·文件

重要讲话

历史文献

公司文件

综　述

概　况

规划·设计

建设与管理

计划·合同

财务工作

防汛工作

科技攻关

生态环境与文物保护

队伍建设

精神文明建设

移 民 开 发

征地移民

开发与规划

专 论

国际合作与交流

友好往来

技术交流

直属企业（公司）

葛洲坝水力发电厂

设备公司

物资公司

实业总公司

报 刊 文 摘

新闻报道

文 摘

海外人士谈三峡

大 事 记

统 计 资 料

三峡水库淹没部分统计资料

主要工程量及固定资产完成情况统计

三峡工程移民开发部分统计

三峡工程合同部分统计

附 录

三峡工程历史回顾

三峡工程论证专题摘要

英 文 目 录

發揚艱苦創業精神
建好宏偉三峽工程

江澤民

一九九三年九月廿六日

咬定青山不放松
立根原在破岩中
千磨万击还坚劲
任尔东西南北风

陆佑楣同志留存

李鹏 一九九三年十二月二十日

石壁立西江
高峡出平湖
功在当代
利及千秋

为三峡工程题

邹家华

一九九三年八月廿九日

艰苦奋斗
建设三峡
为民造福
为国争光

与三峡建设者同勉

钱正英
一九九三年八月廿日

建设三峡
开发长江

钱其琛

一九九〇年五月二十一日

建好三峡工程促進
中華經濟騰飛

陳俊生
一九九三年九月一日

关于兴建长江三峡工程决议

(1992年4月3日七届人大五次会议通过)

第七届全国人民代表大会第五次会议关于兴建长江三峡工程的决议。

1992年4月3日第七届全国人民代表大会第五次会议通过。

第七届全国人民代表大会第五次会议，审议了国务院关于提请审议兴建长江三峡工程议案，并根据全国人民代表大会财政经济委员会的审查报告，决定批准将兴建长江三峡工程列入国民经济和社会发展十年规划，由国务院根据国民经济发展的实际情况和国家财力、物力的可能，选择适当时机组织实施。对已发现的问题要继续研究，妥善解决。

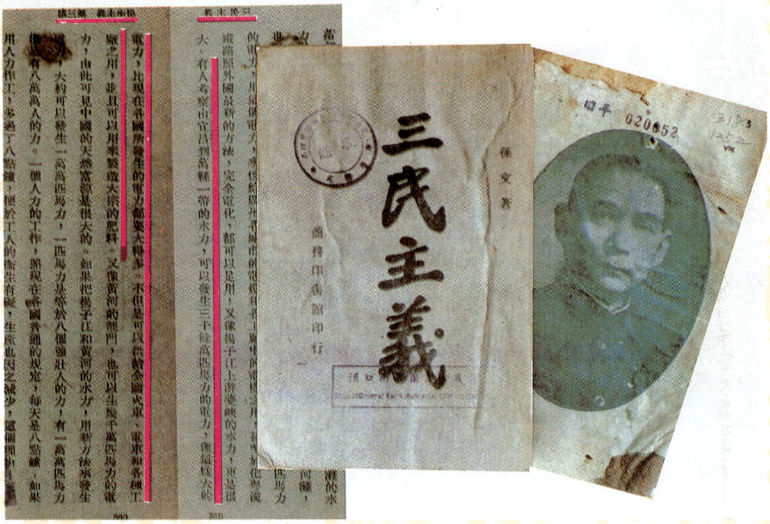

孙中山早年在其《实业计划》、《三民主义》的论述中提出关于三峡工程的构想

宏伟的三峡工程，当年也曾牵动萨凡奇博士的心……

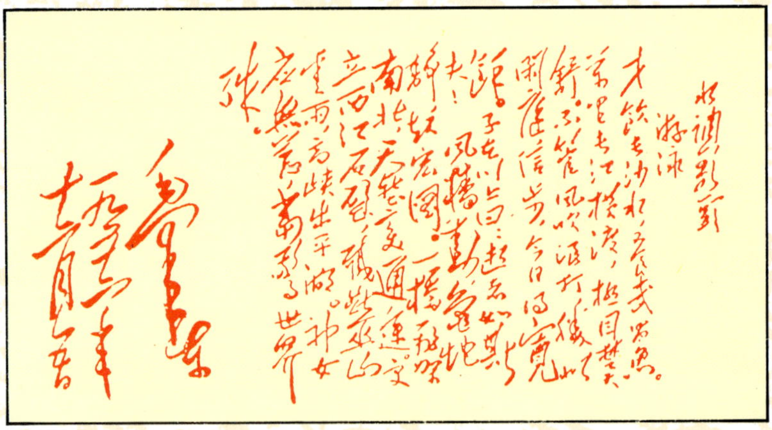

1958年3月下旬，毛泽东乘“江峡轮”由重庆至武汉，视察了长江三峡，对开发三峡做了重要指示

1960年5月，刘少奇在三斗坪考察坝址地质结构

1958年2月27日至3月5日，周恩来视察长江三峡，与水利专家一起研究三峡坝址的优选问题

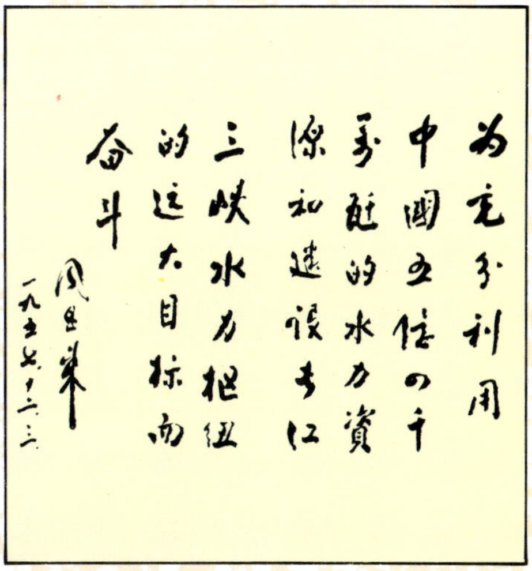

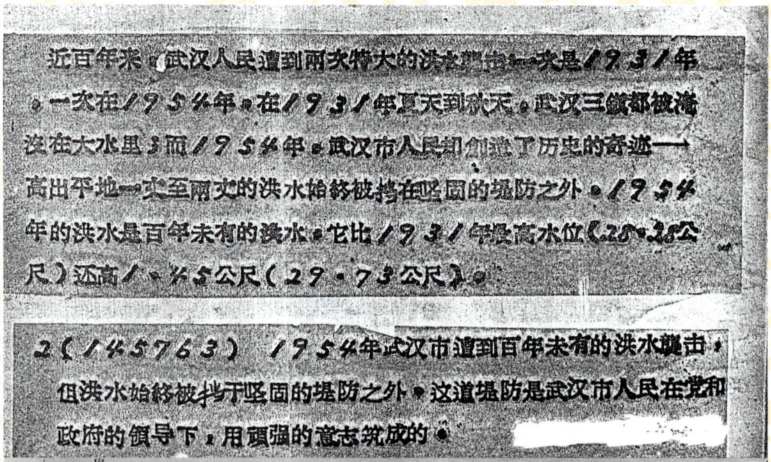

近百年来，武汉人民遭到兩次特大的洪水袭击，一次是1931年，一次在1954年。在1931年夏天到秋天，武汉三镇都被淹没在大水里；而1954年，武汉市人民却创造了历史的奇迹——高出平地一丈至兩丈的洪水始终被挡在坚固的堤防之外。1954年的洪水是百年未有的洪水，它比1931年最高水位（28·28公尺）还高1·45公尺（29·73公尺）。

2（145763）　1954年武汉市遭到百年未有的洪水袭击，但洪水始终被挡于坚固的堤防之外。这道堤防是武汉市人民在党和政府的领导下，用顽强的意志筑成的。

1954年洪患再度袭击汉口

1870年长江洪水在黄陵庙内留下的痕刻

1931年汉口水患成灾，街道变成河道

荆江大堤

1980年，邓小平同志在葛洲坝
工地视察

1989年，江泽民总书记在三峡坝址中堡岛视察

1993年，李鹏总理在三峡坝址三斗坪与中国三峡总公司全体领导合影留念

1992年，中共中央政治局常委，全国人大常委会委员长乔石视察三峡坝址

1991年9月，中共中央政治局常委、全国政协主席李瑞环视察三峡坝址

1993年，杨尚昆视察中堡岛

1992年，邹家华副总理视察移民新村——朱家湾

1991年，田纪云副总理在中堡岛考察

1991年11月，全国人大副委员长陈慕华，率全国人大25位委员组成的三峡工程考察团考察三峡工程坝址

1993年7月14日，全国政协副主席、国务院三峡工程建设委员会顾问钱正英在陆佑楣陪同下视察工程前期施工准备工作

1993年2月，中共中央政治局委员、国务委员李铁映率全国科教、文、卫系统100余人组成的考察团在三峡坝址考察

1991年，国务委员陈俊生在三峡库区考察

1991年12月，全国省长考察团一行47人考察三峡，图为参观葛洲坝模型的情景

1993年，郭树言与陆佑楣亲切交谈

1992年3月20日，全国人民代表大会七届五次会议在北京人民大会堂举行

1992年4月16日，国家计委主任邹家华在全国人大七届五次会议上作关于1991年国民经济和社会发展计划执行情况与1992年计划草案的报告

1992年4月3日，全国人大七届五次会议通过《关于兴建长江三峡工程的决议》

1993年4月3日，国务院三峡工程建设委员会第一次会议在中南海举行，国务院总理、三峡工程建设委员会主任李鹏主持会议

1990年，长江三峡工程论证领导小组第10次扩大会议

1992年11月19日，李鹏在武汉主持召开国务院三峡工程建设工作会议

1993年9月27日，三峡工程业主——中国长江三峡工程开发总公司正式成立

邹家华副总理为中国三峡总公司揭牌

国家工商总局向中国三峡总公司法人代表陆佑楣总经理授证

李鹏总理和夫人朱琳与总公司领导合影

总公司简介

中国长江三峡工程开发总公司是国务院批准成立的实行计划单列的国有企业，是具有法人资格的经济实体。

总公司是三峡工程的业主，全面负责三峡工程的资金筹集、工程建设和投产后的经营管理。葛洲坝水电厂是总公司的组成部分。总公司还将从事和参与长江流域水力资源开发，开展水利水电科学研究和技术咨询及其它多种经营活动。

总公司真诚地希望与国内外各界人士和有关团体进行友好合作与交流。

中国长江三峡工程开发总公司

地址：中国湖北宜昌　电话：(0717)738068　**传真：**(0717)734495　**邮政编码：**443002

总公司标志涵释

颜色标　兰100
红100

造型是同心圆，向外辐射，象征着全国人民同心协力对三峡工程的支持和奉献，象征着公司全体职工肩负重托，团结一致“为我中华，志建三峡”的向心力和凝聚力。而表现三峡的美术造型，既象征对外开启友好的大门，又象征胜利与成功的英文字母“V”，表达了建设者们一定要吸取国内外最先进的经验，高水平、高质量建成三峡工程的必胜信心，预示着三峡未来的广阔前景。简洁、质朴的造型，白底蓝图的基本色调，也表现了三峡建设者求实的风格和艰苦创业的精神。公司全称以中英文对照手法运用，表明要让三峡走向世界，让世界了解三峡。

为我中华 志建三峡

中国长江三峡工程开发总公司
陆佑楣总经理

為我中華
志建三峡
功在當代
利及千秋

陸佑楣
一九九〇年二月

袁国林副总经理

李永安副总经理

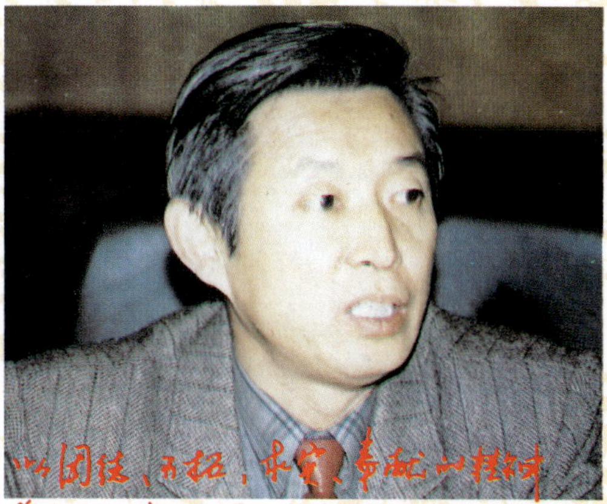

贺　恭副总经理

王家柱副总经理

秦中一副总经理

前期施工掠影

向三峡进军

右岸土石围堰下河填筑

全国人民支援三峡工程建设

中堡岛第一铲

1993年10月，三峡工程左岸一期工程第一阶段招标拉开序幕。图为三峡总公司领导人全部出席开标会的情景

1993年12月24日，长江三峡工程首批建设监理委托合同签字仪式在坝区举行，铁科院、铁四院、华东院、中南院成为三峡首批中标的监理单位

三峡第一标“西陵长江大桥”于1993年10月11日正式签约，12月23日正式开工。图为业主、监理、施工三方负责人在北主塔桥桩工地协调生产安排

1993年12月16日，三峡工程第一个砂石料生产系统正式签约。图为该系统中的分料系统

一期围堰填筑和茅坪溪防护工程泄水洞开挖是1993年三峡工程的两项主要攻坚工程。其中，茅坪溪泄水洞开挖进度直接影响着一期导流工程进度

洞挖不辍

陆佑楣等领导出席庆功会

黑板说话

测　据

中堡岛坝址岩芯

中堡岛考古现场

中堡岛地貌红外照片

中堡岛原始地貌

移民临时居住点

坝区移民第一户

宜昌县举行仪式迎接坝区移民进城

移民第一人——高勤章

1992年3月22日，港澳地区人大代表在北京参观长江三峡水利枢纽模型

国外使节参观三峡工程展览

部队指战员参观三峡工程展览

摄影：彭雄才
黄正平
张爱忠
郑　斌
杨慎勤

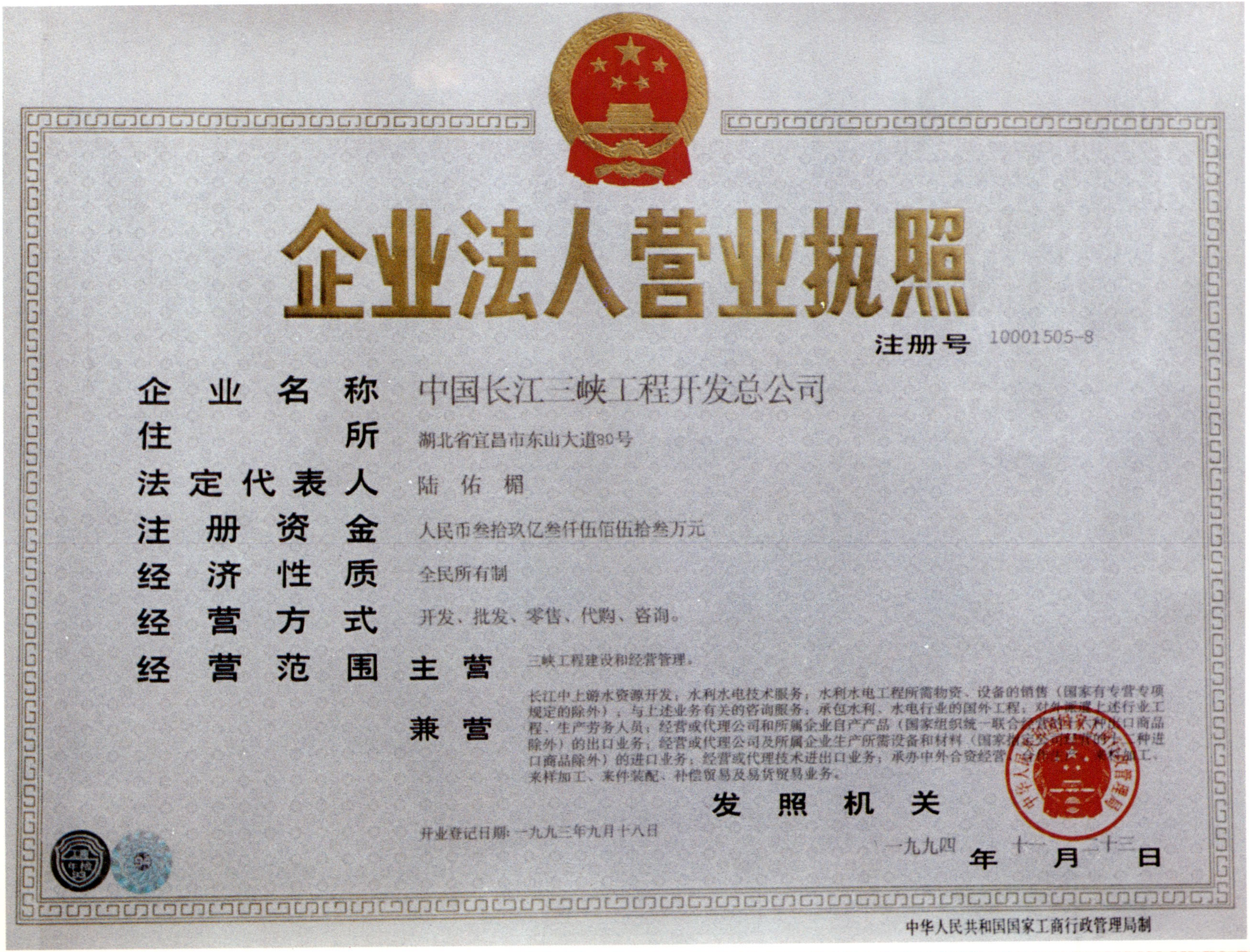

企业法人营业执照

注册号 10001505-8

企业名称 中国长江三峡工程开发总公司

住所 湖北省宜昌市东山大道80号

法定代表人 陆佑楣

注册资金 人民币叁拾玖亿叁仟伍佰伍拾叁万元

经济性质 全民所有制

经营方式 开发、批发、零售、代购、咨询。

经营范围 主营 三峡工程建设和经营管理。

兼营 长江中上游水资源开发；水利水电技术服务；水利水电工程所需物资、设备的销售（国家有专营专项规定的除外）；与上述业务有关的咨询服务；承包水利、水电行业的国外工程；对外派遣上述行业工程、生产劳务人员；经营或代理公司和所属企业自产产品（国家组织统一联合[illegible]口商品除外）的出口业务；经营或代理公司及所属企业生产所需设备和材料（国家[illegible]种进口商品除外）的进口业务；经营或代理技术进出口业务；承办中外合资经营[illegible]加工、来样加工、来件装配、补偿贸易及易货贸易业务。

发照机关

开业登记日期：一九九三年九月十八日

一九九四年十一月二十三日

中华人民共和国国家工商行政管理局制

长江三峡水利枢纽工程鸟瞰图

特　　载

I

中堡岛

法规·文件

长江三峡工程建设移民条例

本《条例》已经1993年6月29日国务院第6次常务会议通过，1993年8月19日由李鹏总理签发第126号命令施行。

第一章　总　　则

第一条　为了做好长江三峡工程建设的移民安置工作，保证三峡工程的顺利进行，促进三峡库区的经济发展制定本条例。

第二条　三峡工程建设移民安置，适用本条例。

第三条　国家在三峡工程建设中实行开发性移民方针，由有关人民政府组织领导移民安置工作，统筹使用移民经费，合理开发资源，以农业为基础、农工商相结合，通过多渠道、多产业、多形式、多方法妥善安置移民，使移民的生活水平达到或者超过原有水平，并为三峡库区长远的经济发展和移民生活的提高创造条件。

第四条　三峡工程移民安置坚持国家扶持、政策优惠、各方支援、自力更生的原则，正确处理国家、集体、个人之间的关系。三峡工程淹没区和安置区应当顾全大局，服从国家统筹安排。

三峡工程移民安置应当与三峡库区建设、沿江地区对外开放、水土保持和环境保护相结合，以促进三峡库区经济发展和生态环境改善，并为三峡库区创造良好的投资环境。

第五条　实施开发性移民方针，发展三峡库区经济，应当依靠科学技术，重视教育和智力开发，培养和引进专业人才，鼓励科学技术研究，推广先进技术。

第六条　三峡移民安置工作实行中央统一领导、分省负责、县为基础的管理体制。

国务院三峡工程移民开发管理机构主管三峡工程的移民安置工作。

湖北省、四川省人民政府负责本省的三峡工程移民安置工作，并根据需要设立三峡工程移民开发管理机构。

三峡工程淹没区、安置区所在的市、县人民政府负责本市、县的三峡工程移民安置工作，并根据需要设立三峡工程移民开发管理机构。

第二章　移民安置

第七条　建设三峡工程，必须编制移民安置规划。水利部长江水利委员会应当会同湖北省、四川省人民政府，商三峡库区所在的市、县人民政府，按照国家有关规定制定移民安置规划大纲，并按照规划大纲分别编制县（市）移民安置规划。移民安置规划大纲，由国务院三峡工程建设委员会办公室组织审批。各县（市）移民安置规划，由国务院三峡工程移民开发管理机构审批。

经批准的移民安置规划，由湖北省、四川省人民政府以及三峡库区各级人民政府负责组织实施，国务院三峡工程移民开发管理机构对该规划的实施实行监督。

第八条　三峡工程建设用地应当分别情况，按照经批准的规划一次审批，分期划拨，并依法办理土地权属登记手续。

国务院批准的移民安置总体规划中确定的三峡工程建设用地补偿和移民安置的经费（以下简称移民经费），由湖北省、四川省人民政府以及三峡库区所在的市、县人民政府按照规划统一安排，用于土地开发和安排移民的生产和生活。

第九条　农村移民应当以发展大农业为基础，通过开发可以利用的土地，改造中低产田地，建设稳产高产粮田和经济园林，发展林业、牧业、渔业、副业等渠道，妥善安置。有条件的地方，应当积极发展乡镇企业，发展第二产业、第三产业，安置移民。

第十条　三峡工程移民，应当在本村、本乡、本市、本县内安置；在本村、本乡、本市、本县安置不了的，应当在本省内安置；本省安置不了的，按照经济合理的原则外迁安置。

第十一条　安置农村移民到其他农村集体经济组织的，有关市、县人民政府移民开发管理机构应当事先与该集体经济组织协商，签订协议，由该集体经济组织按照协议安排移民生产和生活。

依照前款规定，安置移民的农村集体经济组织使用有关市、县人民政府拨付的移民经费，改造、开发集体所有的低产田和荒地的，按照协议，可以吸收移民作为新的成员，与原有成员同等对待；有关市、县人民政府也可以将改造、开发后的土地按照一定比例返还该集体经济组织作为补偿，其余土地用来安置移民，建立新的集体经济组织，并依法办理变更土地所有权的手续。

安置移民的农村集体经济组织，对承包给个人的耕地和其他土地，可以有领导、有计划地适当调整土地承包经营权，并合理调整发包方和承包方的权利和义务关系。

第十二条 本市、县安置不了，需要外迁安置移民的，由迁出地和安置地的市、县人民政府与移民协商签订协议，办理有关手续；迁出地的市、县人民政府应当将相应的移民经费交付安置地的市、县人民政府，统一安排移民的生产和生活。

第十三条 被征地单位的土地被全部征用，依照本条例第九条、第十一条规定确实安置不了的移民，在国家下达的三峡工程专项农转非控制指标内，经有关市、县人民政府审查，报省人民政府批准，其农业户口可以转为非农业户口，相应的移民经费交安置地的市、县人民政府，由其统一安排移民的生产和生活。

第十四条 农村居民点需要搬迁的，应当按照有利生产，方便生活的原则，依法编制新居民点的建设规划，并按照规划有组织、有领导地分期分批进行。住宅拆迁补偿费用，按照农村房屋补偿标准包干到户，由农民自建；有条件的地方，国家鼓励统一建设。

第十五条 农村移民新建居民点的道路、供水、供电等基础设施，应当统一规划，纳入三峡工程移民安置规划，由乡、村统一组织施工。

第十六条 三峡工程建设需要迁移城镇的，应当做好新城选址工作，依法编制城市规划。新城选址，必须对水源、地震、滑坡、防洪、环境影响等进行科学论证，并进行必要的水文地质和工程地质勘查工作。新城的城市规划，应当对需要迁建的主要企业事业单位和主要公共建筑、港口、码头等确定具体位置。

按照移民安置规划对迁移城镇给予的迁建补偿经费，列入移民经费；因扩大规模和提高标准超过迁建补偿经费的，超出的部分由有关地方人民政府自行解决。

第十七条 三峡工程建设需要拆迁城市房屋的，其补偿标准按照国务院《城市房屋拆迁管理条例》的有关规定执行。

第十八条 三峡工程建设需要迁移的企业事业单位，可以结合技术改造和产业结构调整进行统筹规划和迁建。按原规模和原标准建设所需要的投资，按照重置价格，经核定后列入移民经费；扩大规模和提高标准需要增加的投资，由有关单位自行解决。

迁建工业企业的，必须事先进行必要的水文地质和工程地质勘查工作。

第十九条 因三峡工程蓄水被淹没的公路、桥梁、港口、码头、水利工程、电力设施、电信线路、广播线路等专业设施和文物古迹，需要复建的，应当根据安置区的建设规划，按照经济合理的原则，提前在淹没线以上复建。按原规模和原标准或者为恢复原功能（含按照公路、电信线路、广播线路等新线实际里程）复建所需要的投资，经核定后列入移民经费；扩大规模和提高标准需要增加的投资，由有关单位自行解决。

第二十条 因三峡工程蓄水被淹没的林木，已经达到采伐利用标准的，该林木的所有者可以经依法批准后采伐和销售；不能采伐利用的中、幼龄林和经济林，按照国家有关规定给予补偿，经核定后列入移民经费。

第二十一条 三峡工程移民经费从三峡工程总概算中划出，直接纳入国家计划，专款专用，不得挪作他用，具体办法另行规定。

国家对有关地方人民政府及其主管部门负责人实行任期审计制度。

第三章 淹没区、安置区的管理

第二十二条 国家鼓励和支持需要迁移的城镇提前进行基础设施建设，优先供应资金和物资等。

有关市、县人民政府对于自筹资金或者使用其他非移民经费提前搬迁的移民和企业事业单位等，不得减少其应得的移民经费。

第二十三条 国家加强对三峡工程淹没区基本建设的管理。在淹没线以下区域，任何单位和个人均不得擅自新建、扩建和改建项目。在1992年4月4日《国务院办公厅关于严格控制三峡工程坝区和库区淹没线以下区域人口增长和基本建设的通知》发布后违反规定建设的项目，一律按违章建筑处理。

已经批准的新城迁建区，必须按照城市规划进行建设，不得乱挖乱建。

第二十四条 三峡库区有关公安机关应当加强对城镇和淹没区的户籍管理，严格控制非淹没区人口迁入淹没区。除按照国家有关规定，因出生、婚嫁、军人复员转业退伍以及高等院校、中等专业技术学校毕业分配等允许入户，经市、县公安机关批准入户的以外，对在 1992 年 4 月 4 日《国务院办公厅关于严格控制三峡工程坝区和库区淹没线以下区域人口增长和基本建设的通知》发布后擅自流入的人口，一律不按移民对待，国家不负责搬迁安置。

三峡库区各级人民政府和有关单位应当加强计划生育工作，严格控制人口增长，保证库区各市、县的人口自然增长率不超过本省的人口自然增长率。

第二十五条 按照移民安置规划必须搬迁的移民，不得借故拒迁或者拖延搬迁；经安置的移民和单位，不得擅自返迁。

第二十六条 三峡库区的搬迁单位和个人，已经得到补偿和安置的，其搬迁前的土地和遗留建筑物一律由当地市、县人民政府移民开发管理机构处理，任何单位和个人不得要求再次补偿。

第四章 优惠措施

第二十七条 国家从三峡电站的发电收入中提取一定的资金设立三峡库区建设基金，按照淹没土地（含坝区用地）比例分配给湖北省、四川省人民政府，用于三峡库区建设，具体办法另行规定。

第二十八条 自三峡电站发电之日起，国家有关部门对三峡库区用电应当优先安排。

第二十九条 安置农村移民的企业所得到的相应移民经费，按照有关市、县人民政府与该企业订立的协议，可以由该企业用于安排移民的生产和生活；企业经济效益好的，也可以按照协议由该企业在安置好移民后，按期归还，由有关市、县人民政府移民开发管理机构回收，继续用于移民安置，国家不核减该市、县的移民经费；本市、县移民任务完成后，所回收的移民经费可以继续用于本市、县的建设事业，不上缴国库。

第三十条 三峡工程建设占用耕地，在坝区和淹没区的，按应纳税额 40% 征收耕地占用税。城镇、企业事业单位搬迁和专业设施复建占用耕地和其他土地，应当按照国家有关规定纳税。该项税款全部用于三峡库区农村移民的安置。

第三十一条 三峡电站投产后缴纳的税款，留给地方的部分，按照淹没土地（含坝区用地）比例分配给湖北省、四川省人民政府，用于三峡库区建设。

第三十二条 国家将三峡库区受淹并有水电资源条件的市、县列为农村水电初级电气化县，对该市、县的农村电气化建设予以扶持。

第三十三条 国务院有关部门和湖北省、四川省人民政府及其有关部门在安排建设项目，分配支农、扶贫、水土保持等资金和交通、文化、教育、卫生、公共安全、环境保护等经费时，应当对三峡库区优先照顾，增加投入，促进该地区的经济和社会发展，支持移民安置。

国家鼓励和支持国务院有关部门和各省、自治区、直辖市采取多种形式，从教育、科技、人才、管理、信息、资金、物资等方面，对口支援三峡库区的移民安置。

第三十四条 国家在三峡库区和三峡工程附近受益地区安排的建设项目，在能够适应工作要求的条件下，应当优先在三峡工程淹没区招收职工。

第三十五条 国家对移民安置区发展种植业、林业、畜牧业、渔业和乡镇企业以及旅游业，在专项贷款、技术改造、科技开发等方面给予照顾和扶持。

第三十六条 为安置农村移民开发的土地和新办的企业，在征收农业税、农林特产税、企业所得税等方面，按照国家有关规定给予免税或者减税优惠，具体办法由国务院有关主管部门另行规定。

第三十七条 三峡库区所在的县、市可以参照沿海经济开放区和沿江开放城市的优惠政策，实行对外经济开放，具体办法另行规定。

第五章 奖励与处罚

第三十八条 对在三峡工程移民安置工作中做出显著成绩的单位和个人，给予奖励。

第三十九条 任何单位非法占用移民经费的，由有关的县级以上人民政府责令退赔，可以处以罚款；对主管人员和直接责任人员，由其所在单位或者上级机关给予行政处分。

个人非法占有用移民经费的，以贪污论处。

第四十条 国家工作人员滥用职权、徇私舞弊的，由其所在单位或者上级机关给予行政处分；构成犯罪的，依法追究刑事责任。

第四十一条 在移民搬迁和安置过程中，违反法律、法规的规定，扰乱公共秩序，致使工作、生产不能正常进行，尚不够刑事处罚的，依照《中华人民共和国治安管理处罚条例》的规定处罚；构成犯罪的，依法追究刑事责任。

第六章 附 则

第四十二条 本条例由国务院三峡工程移民开发管理机构负责解释。

第四十三条 本条例自发布之日起施行。

国务院关于成立国务院三峡工程建设委员会的通知

国务院于1993年1月3日以国务院国发〔1993〕1号文通知各省、自治区、直辖市人民政府，国防科工委各部委、各直属机构

为了确保三峡工程建设的顺利进行，国务院决定成立国务院三峡工程建设委员会（以下简称“委员会”）。现就有关问题通知如下：

（一）委员会是三峡工程高层次的决策机构，由李鹏总理任主任委员，邹家华副总理、陈俊生国务委员及郭树言、肖秧、李伯宁同志任副主任委员，全国政协副主席钱正英担任顾问。委员会成员由国家计委、国务院经贸办、公安部、民政部、财政部、建设部、能源部、机电部、交通部、水利部、农业部、林业部、物资部、中国人民银行及国家土地管理局的负责同志组成。考虑到工作需要，请魏廷琤、陆佑楣同志任委员会成员。三峡工程建设和移民开发的日常工作由郭树言同志负责。

（二）委员会下设办公室、具体负责三峡工程建设的日常工作。为了加强三峡工程建设中的移民工作，在委员会下设三峡工程移民开发局，负责三峡工程移民工作规划、计划的制定和监督实施。办公室和移民开发局均设在国家计委，编制和户头单列。移民开发局在国务院三峡地区经济开发办公室的基础上组建。

（三）成立中国长江三峡工程开发总公司。这是一个自负盈亏、自主经营的经济实体，是三峡工程项目的业主，全面负责三峡工程建设和经营，调能源部副部长陆佑楣任总经理。

四、自本通知下发之日起，过去国务院有关三峡工程方面的非常设机构予以撤销。

国务院三峡工程建设委员会组成人员名单

主任委员：李　鹏　国务院总理
副主任委员：邹家华　国务院副总理
陈俊生　国务委员
郭树言　湖北省省长
肖　秧　四川省副省长
李伯宁　国务院三峡地区经济开发办公室主任
顾　问：钱正英　全国政协副主席
成　员：姚振炎　国家计委副主任
石万鹏　国务院经贸办副主任
陶驷驹　公安部部长
崔乃夫　民政部部长
刘仲藜　财政部部长
侯　捷　建设部部长
黄毅诚　能源部部长
何光远　机电部部长
黄镇东　交通部部长
杨振怀　水利部部长
刘中一　农业部部长
高德占　林业部部长
柳随年　物资部部长
周正庆　中国人民银行副行长
王先进　国家土地管理局局长
魏廷琤　水利部长江水利委员会主任
陆佑楣　能源部副部长

国务院办公厅关于国务院三峡工程建设委员会成员调整的通知

1993年4月，国务院三峡工程建设委员会成员作了部分调整。

为了确保三峡工程建设的顺利进行，国务院今年1月3日以国发〔1993〕1号文决定成立国务院三峡工程建设委员会。因部分成员工作变动，根据国务院三峡建设委员会第一次会议的决定，国务院三峡工程建设委员会成员作部分调整，现将调整后的组成人员通知如下：

主任委员：李　鹏　国务院总理
副主任委员：邹家华　国务院副总理
陈俊生　国务委员
郭树言　国家计委副主任
贾志杰　湖北省省长
肖　秧　四川省省长
李伯宁　原国务院三峡地区经济开发办主任
顾　问：钱正英　全国政协副主席
成　员：姚振炎　国家计委副主任
石万鹏　国务院经贸办副主任
贺光辉　国家体改委副主任
李效时　国家科委副主任
陶驷驹　公安部部长
多吉才让　民政部部长

刘仲藜　财政部部长
朱　训　地矿部部长
侯　捷　建设部部长
史大桢　电力部部长
何光远　机电部部长
黄镇东　交通部部长
钮茂生　水利部部长
刘　江　农业部部长
徐有芳　林业部部长
张皓若　内贸部部长
周正庆　中国人民银行副行长
曲格平　国家环保局局长
王先进　国家土地管理局局长
许智宏　中国科学院副院长
魏廷琤　水利部长江水利委员会主任
陆佑楣　能源部副部长

国务院办公厅关于调整国务院三峡工程建设委员会成员的通知

国务院办公厅于1994年10月9日以国办发〔1994〕93号文通知各省、自治区、直辖市人民政府，国务院各部委、各直属机构

根据工作需要和人事变动情况，国务院决定调整国务院三峡工程建设委员会组成人员。现将调整后的组成人员名单通知如下：

主任委员：李　鹏　国务院总理
副主任委员：邹家华　国务院副总理
郭树言　国家计委副主任
贾志杰　湖北省省长
肖　秧　四川省省长
陆佑楣　中国长江三峡工程开发总公司总经理
成　　员：李世忠　国务院副秘书长
陈耀邦　国家计委副主任
石万鹏　国家经贸委副主任
贺光辉　国家体改委副主任
韩德乾　国家科委副主任
牟新生　公安部副部长
范宝俊　民政部副部长
刘仲藜　财政部部长
宋瑞祥　地矿部部长
侯　捷　建设部部长
史大桢　电力部部长
何光远　机械部部长
张今强　电子部副部长
李居昌　交通部副部长
杨贤足　邮电部副部长
钮茂生　水利部部长
刘　江　农业部部长
徐有芳　林业部部长
张皓若　内贸部部长
刘山在　外经贸部副部长
殷大奎　卫生部副部长
戴相龙　中国人民银行副行长
姚振炎　国家开发银行行长
解振华　国家环保局局长
邹玉川　国家土地管理局局长
周光召　中国科学院院长
邹竞蒙　中国气象局局长
黎安田　水利部长江水利委员会主任
魏廷琤　国务院三峡工程建设委员会办公室副主任
唐章锦　国务院三峡工程建设委员会移民开发局局长

关于批准《长江三峡水利枢纽初步设计报告（枢纽工程）》的通知

1993年7月31日，国务院三峡工程建设委员会以国三峡委发办字〔1993〕1号文通知水利部长江水利委员会，中国长江三峡工程开发总公司

受李鹏总理委托，邹家华副总理主持召开了国务院三峡工程建设委员会第二次会议。会议同意核心专家组的审查意见，决定批准《长江三峡水利枢纽初步设计报告（枢纽工程）》（以下简称初步设计），作为下阶段设计和施工的依据。

原则同意初步设计采用的“明渠通航、三期导流”施工方案，垂直升船机要在第11年投入运行。同意水轮发电机组容量由68万kW调整到70万kW，装机总规模由1768万kW调整为1820万kW。同意枢纽工程概算按1993年5月末价格控制在500.9亿元以内（包括茅坪溪防护5.9亿元）。

水利部长江水利委员会（以下简称长委会）要继续努力，在下阶段设计中尽可能地便利施工、降低施工难度和风险度，降低工程造价，缩短工期；抓紧编制重要工程的单项技术设计和其它工程的招标设计；

保证图纸的按期供应。

中国长江三峡工程开发总公司（以下简称三峡总公司）要依据批准的初步设计，精心准备，精心组织，应用现代化的管理科学指导施工，保证工程质量，保证首批机组发电工期和总工期的按期实现。

三峡总公司和长委会还要进一步研究增加首批发电机组台数的施工方案，以尽量增大施工期间的发电效益。

目前承担右岸工程任务的长江葛洲坝工程局要克服困难，保证按质、按量、按期完成任务。

湖北省、宜昌市人民政府要按期完成坝区征地移民任务，保证施工准备工程的顺利进行，为三峡工程移民带个好头。

国务院关于中国长江三峡工程开发总公司有关事项的批复

1993年7月29日，国务院以国函〔1993〕111号文批复

国务院三峡工程建设委员会办公室：

报来《关于呈请审批（中国长江三峡工程开发总公司章程）的报告》（国三峡办发计字〔1993〕11号）收悉。根据《国务院关于成立国务院三峡工程建设委员会的通知》（国发〔1993〕1号）等有关文件精神，现就有关事项批复如下：

（一）中国长江三峡工程开发总公司，是独立核算，自主经营，自负盈亏，具有法人地位的经济实体，是三峡工程项目的业主，全面负责三峡工程建设和经营。需要向国务院请示、报告的事项，由国务院主管三峡工程的领导负责审定。公司正、副职领导，按干部管理权限任免。公司实行计划单列，具体由国家计委落实。

（二）公司的开办等具体事宜，请与有关部门直接联系办理。

关于中国长江三峡工程开发总公司章程的批复

1993年9月1日，国家经济贸易委员会以国经贸〔1993〕336号文通知批复

中国长江三峡工程开发总公司：

你公司《关于申请审批中国长江三峡工程开发总公司章程的请示》收悉。根据国务院国发〔1993〕1号，国函〔1993〕111号文件精神，原则同意你公司章程。经营范围中需专项审批的业务及拟成立的分支机构，请按国家有关规定另行申报。

关于修改《中国长江三峡工程开发总公司章程》（报批稿）的通知

1993年8月4日，国务院三峡工程建设委员会办公室以国三峡办发综字〔1993〕024号文转发中国长江三峡工程开发总公司

遵照国务院国函〔1993〕111号《国务院关于中国长江三峡工程开发总公司有关事项的批复》精神，现将你公司的章程（报批稿）作相应修改后转发给你们，请遵照有关规定，办理有关事宜。

中国长江三峡工程开发总公司章程
（报批稿）

第一章 总 则

第一条 为开发长江水力资源，兴建三峡工程，经国务院批准组建本公司。

第二条 公司名称为：中国长江三峡工程开发总公司（简称中国三峡总公司，本章程以下简称总公司）。总公司英文名称为：China Yangtze River Three Gorges Project Development Corporation（英文简称：China Three Gorges Corporation 缩写为 CTGC)。

第三条 总公司是独立核算，自主经营，自负盈亏，具有法人地位的国有企业。

第四条 总公司遵守国家法律、法规和方针、政策。

第五条 总公司在国家工商行政管理局登记注册，注册资金为人民币　　亿元，外汇　　亿美元。

第六条 总公司法定地址：湖北省宜昌市东山大道80号

第七条 总公司根据工程建设与经营发展的情况，逐步过渡到股份制企业。

第二章 经营范围与经营方式

第八条 总公司是三峡工程（本章程所称三峡工

程均含输变电工程）的业主。总公司在国务院三峡工程建设委员会的领导和国家计划指导下全面负责三峡工程的建设和经营管理。按国务院批准的三峡工程初步设计，以现代科学技术和现代化管理科学，优质、高效、经济地实施三峡工程建设和经营，在批准的初步设计范围内决定工程技术问题。

第九条 葛洲坝水电厂是总公司的组成部分，葛洲坝水利枢纽产权归总公司所有。葛洲坝水力发电厂的发电收入除偿还葛洲坝枢纽建设贷款外，在三峡工程建设期间用于三峡建设。

第十条 总公司在保证搞好三峡工程建设和经营管理的前提下，可以兼营：

（一）从事或参与长江中上游干支流水资源的开发；

（二）开展水利水电科学研究、技术咨询和工程监理活动；

（三）开展设备、物资、劳务、房地产及其它多种经营业务。

第十一条 总公司在国家批准范围内多渠道多形式地筹集三峡工程建设资金。

第十二条 总公司经国家批准拥有对外经营权和一定的外事权。

第十三条 总公司按照社会主义市场经济原则从事经营活动。工程建设实行业主负责制、建设监理制、招标承包制。工程建设所需物资、设备的采购采取国家计划统配采购和招标采购。

第三章 公司机构

第十四条 总公司实行总经理负责制。总公司设总经理1人，由国务院任免。总经理是本公司的法定代表人，其职权是：

（一）对三峡工程建设和经营全面负责；

（二）制定总公司的经营方针与发展规划、计划；

（三）负责总公司内部机构设置和规章制度的建立；

（四）根据国家规定的干部管理权限任免干部；

（五）负责本公司业务范围内的对外合作事务；

（六）批准、签发由总公司审批的项目合同；

（七）定期向职工大会报告工作；

（八）定期向国务院三峡工程建设委员会汇报总公司计划执行和经营情况，执行国务院三峡工程建设委员会的决议。

第十五条 总公司根据工作需要设副总经理若干人，副总经理由总经理提名报经国务院任免。副总经理协助总经理工作，负责分管的业务。

第十六条 总公司设总工程师、总经济师、总会计师各1人，必要时可设副职。三总师是总公司领导的助手，分管专业工作。三总师由总经理任免。

第十七条 总公司按高效，精干的原则设置内部职能机构和项目管理机构。

总公司根据业务发展情况成立若干专业机构。

(1) 三峡工程财务公司

(2) 三峡工程设备租赁公司

(3) 三峡工程物资公司

(4) 三峡工程实业公司(或称三峡综合服务公司)

(5) 葛洲坝水力发电厂

(6) 三峡水力发电厂

(7) 利能水电发展公司

(8) 利源水电工程公司

(9) 江峡技术经济开发公司

(10) 三峡机电研究所

其公司和电厂均系独立核算，自负盈亏，具有独立法人地位。

第十八条 总公司设技术委员会，对工程建设过程中重大技术问题进行研究，提出建议。根据需要总公司可聘请法律、经济等顾问若干人。

第十九条 总公司在北京、上海、武汉、重庆等地设置办事机构。

第二十条 总公司编制暂定500人。

第四章 规章制度

第二十一条 总公司严格执行国家财政、税收、国家资产管理和其它有关政策、制度。接受国家审计。

第二十二条 总公司根据管理需要制定有关制度：

（一）总经理负责制度

（二）项目管理制度

（三）招标和合同管理制度

（四）财务会计管理制度

（五）内部承包经济责任制度

（六）劳动工资管理制度

（七）干部聘任制度

（八）各种会议制度

（九）涉外工作制度

（十）其他制度

第五章 附 则

第二十三条 本章程经国家经贸委批准后生效，修改时同。

关于利源、利能、江峡三个公司的划转问题

1993 年 11 月 10 日，国务院以国办通〔1993〕33 号文批复通知水利部、中国长江三峡工程开发总公司

关于利源、利能、江峡三个公司的划转问题，已经国务院批准。现通知如下：

（一）为了集中人力、物力进行三峡工程建设，同意将中国华水水电开发总公司所属利源、利能、江峡三个子公司划归中国长江三峡工程开发总公司，另行办理注册手续。

（二）三个公司并入时的人员和原注册资金，包括相应的债权债务划归中国长江三峡工程开发总公司。

（三）鉴于三个公司与中国华水水电开发总公司已形成一个整体，在划转中要兼顾华水公司的实际情况，具体划转事宜，请你们协商办理。

有关注册等手续办理事宜，请国家经贸委、国家工商局给予协助。

关于中国长江三峡工程开发总公司有关财务问题的批复

1993 年 11 月 20 日，财政部以〔93〕财工字第 375 号文批复

中国长江三峡工程开发总公司：

根据国务院国函〔1993〕111 号文件和国务院三峡工程建设委员会第二次会议的有关精神，现将中国长江三峡工程开发总公司（以下简称三峡公司）的有关财务问题及三峡工程建设基金（以下简称三峡基金）的拨付办法通知如下：

（一）三峡公司是独立核算，自主经营，自负盈亏，具有法人地位的经济实体，是三峡工程的业主，全面负责三峡工程的建设和经营。为便于对三峡公司的财务和资金管理，同意将三峡公司纳入中央预算管理，财务计划在财政部单列。

（二）三峡基金（含葛洲坝电厂上交的利润和全国每 kW·h 用电加价 3 厘钱）是国家对三峡工程的投入，全部作为国家资本金按财政拨款管理。三峡基金收入按月就地上交中央金库；基金的拨付，由三峡公司按月向财政部提出申请，财政部根据基金的交库进度办理拨付手续。

（三）三峡基金委托中国人民建设银行总行管理，具体管理办法请建行商三峡公司制定，经财政部同意后实施。

（四）本办法从 1993 年 10 月 1 日起执行。

国务院办公厅关于筹集三峡工程建设基金的通知

1993 年 6 月 14 日，国务院办公厅以国办发〔1993〕34 号文通知各省、自治区、直辖市人民政府，国务院有关部门

为了筹集三峡工程建设基金，经国务院批准，财政部、国家计委、能源部、国家物价局于 1992 年 12 月联合发出《关于筹集三峡工程建设基金的紧急通知》（〔92〕财工字 576 号），规定从 1992 年开始，全国每 kW·h 电力征收 3 厘钱作为三峡工程建设基金（以下简称“三峡基金”）。“通知”下发后，各地“三峡基金”的征收入库工作进展缓慢，有些省（区）要求免交甚至出现拒交的现象，致使“三峡基金”不能及时到位，影响了三峡工程准备工作的顺利进行。为此，经国务院同意，特通知如下：

（一）三峡工程是一项造福于子孙后代的跨世纪工程，需要全国人民的大力支援。各省、自治区、直辖市人民政府要从大局出发，服从国务院的决定，严格按照《关于筹集三峡工程建设基金的紧急通知》中第二条规定的范围征交“三峡基金”，不得以任何理由减免或缓征。

（二）各省、自治区、直辖市电力局和电力部所属各电管局要在每月终了后 10 日内，将“三峡基金”就地上缴中央金库。对 1992 年和 1993 年 1～5 月份应交而未交的“三峡基金”，必须在今年 6 月底以前彻底交清，不得拖欠。否则，要追究有关部门主要领导人的责任。

（三）各有关银行对电力部门入库的“三峡基金”要及时汇入中央总金库，不得滞留和挪用。

（四）财政部驻各省、自治区、直辖市财政厅的中央企业财政驻厂员处，要真正担负起“三峡基金”的征收管理和监缴、催缴任务，使“三峡基金”及时、足额入库。

（五）各省、自治区、直辖市财政、电力、计划部门要密切配合，采取有力措施，做好“三峡基金”的征收工作。

关于对城乡居民生活用电征收三峡工程建设基金的通知

1993年2月6日，国家物价局、能源部以价工字〔1993〕41号文通知各省、自治区、直辖市物价局（委员会）、电力局，各电管局

为了支持三峡工程建设，根据国务院决定，从1993年1月1日起，对城乡居民生活用电每kW·h征收3厘钱，作为三峡工程建设基金。请各地做好征收工作，并对广大用户做好宣传解释工作。关于三峡工程建设基金的收支管理按国家计委、财政部、能源部和国家物价局制定的有关办法及规定办理。

关于提高葛洲坝电厂上网电价筹集三峡工程建设资金的通知

1993年4月14日，国家计划委员会、财政部、电力工业部、国家物价局以计投资〔1993〕631号文通知湖北、湖南、江西、河南、上海、江苏、浙江、安徽省（市）计委（计经委）、财政厅（局）、电力局、物价局（委员会）、华中、华东电管局

为筹集三峡工程建设资金，根据1992年国务院第205次总理办公会议决定，适当提高葛洲坝电厂上网电价。现将有关问题通知如下：

（一）从1993年1月1日起，对葛洲坝电厂上网电价在现行电价基础上每年提价1分，分4年到位，每kW·h共提价4分，作为三峡工程建设基金。

（二）葛洲坝电厂上网电价提高后，相应提高有关电网的销售电价。提价额按华中各省及华东电网实际收受葛洲坝电厂电量均摊到相应的用户。其中华东电网提价额随燃运加价一并收取，华中电网各省提价额与三峡工程建设资金3厘钱一并收取。

（三）1993年提价额及销售电价提价标准，按1992年华中各省及华东电网实际收受葛洲坝电厂电量与相应电网加价电量计算确定（详见附表）。以后各年度的提价标准，由国家物价局会同电力工业部根据各有关电网上年度收受葛洲坝电厂电量确定。

（四）各省、区电网的加价收入，要按照当年实际收受葛洲坝电厂的电量与华中网局结算，华中网局与葛洲坝电厂结算。葛洲坝电厂提高上网电价的收入，要纳入电厂的销售收入统一核算，用作三峡工程的建设资金，按财政部〔91〕财工字第429号文件的规定执行。

附表

1993年有关电网加价标准

电网	1992年收受电量（亿kW·h）	提价标准（分/kW·h）	提价额（万元）	加价电量（亿kW·h）	加价标准（分/kW·h）
合计	164.6	1	16460		
湖北电网	118.4	1	11840	248.16	0.54
河南电网	10.1	1	1010	284.39	0.04
湖南电网	20.7	1	2070	183.51	0.12
江西电网	4.3	1	430	104.54	0.05
华东电网	11.1	1	1110		

注：表中加价电量为除国家扶贫的贫困地区农业排灌、县及县以下集资建设自行管理的孤立电网以外的各类用电量

关于三峡工程建设基金解缴入库问题的通知

1993年5月31日，财政部以〔93〕财工字第176号文通知各省、自治区、直辖市、计划单列市财政厅（局）、电力局，能源部直属各电管局

根据财政部、国家计委、能源部和国家物价局〔92〕财工字第576号《关于筹集三峡工程建设基金的紧急通知》的文件规定，从1992年开始全国每kW·h电力征收3厘钱作为三峡工程建设基金（以下简称“三峡基金”）。为了做好这项基金的征收管理工作，保证三峡工程建设资金的及时到位，现对有关征收管理、监交入库的具体事宜通知如下：

（一）缴款单位和征管单位

三峡基金（3厘钱）由各省、市、自治区电力局或电管局随电费收取，非电力工业部直属电力企业经营的电力，由该企业收取，每月以“三峡工程建设基金收入”科目就地上交中央金库。

三峡基金由财政部驻各省、市、自治区财政厅（局）中央企业财政驻厂员处（以下简称“中企处”）负责征收管理和监缴入库。

（二）缴款书的领用和填写

各缴款单位统一使用“一般缴款书”，并在财政机关栏填“财政部”；在预算级次栏填“中央级”；在收款国库栏填“中央总金库”。同时，各缴款单位要认真填写应纳的基金金额。

（三）三峡基金的缴库办法

各缴款单位应在每月终了后10日内持填写好的

"一般缴款书"就地上缴中央金库。

以上规定请遵照执行。执行中有什么具体问题请及时与当地中企处联系,由各地中企处统一向财政部反映,并提出解决意见。

国务院检查三峡工程建设基金工作组赴华中、华南和西北地区检查情况的报告

1993年11月4日,国务院三峡建设委员会办公室以国三峡办发计字〔1993〕046号致函国务院办公厅

按照国务院三峡工程建设委员会第二次会议的决定,经请示国务院办公厅同意,9月上、中旬,建设委员会办公室会同国家计委、电力部、三峡工程开发总公司联合组成国务院三峡工程建设基金检查组,由办公室副主任漆林同志等带队分别赴湖北、湖南、江西、广东、广西、海南和陕西、甘肃、青海、新疆等省区检查三峡工程建设基金征缴落实情况。检查组认真听取了省政府有关部门的汇报,传达了中央财经领导小组、江泽民总书记对建设三峡工程的决心和支持,宣传了三峡工程建设的意义和国家的有关政策规定,通报了三峡工程建设进展情况及三峡基金征缴情况和经验,对完成任务较差的省区进行了督促,商量了改进意见。各省均表示要认真贯彻执行国务院国办发〔93〕34号文件精神,对1993年三峡建设基金征收任务要努力完成。但是,对1992年的征收任务,一些省份要求免缴。现将有关情况和下步工作意见报告如下:

(一)关于每度电征收三厘钱的落实情况

自财政部、国家计委等4部委联合发出〔92〕财工字576号《关于筹集三峡工程建设基金的紧急通知》,特别是国务院办公厅国办发〔1993〕34号文下发后,绝大多数省份反应迅速,进行了具体部署,如湖南、湖北转发了有关文件,重申要严格执行国家规定的三峡建设基金的征收范围,并强调及时足额上交中央金库,还制定了征管办法。但是有一部分省区因地方利益或因当地财政困难,至6月份征收任务还没有具体落实。

最近,一些未开征的省区也立即采取有效措施,如广东省决定从今年7月1日起每度电加收8厘钱,弥补上缴1992年和1993年上半年的三峡建设基金征收任务,待任务完成后再按每度电3厘钱征收。深圳市考虑电价比较高,在尚未把3厘钱纳入电价加价的情况下,为避免影响外资企业电价,暂先从财政收入中垫支2800万元。江西省打算,今年后四月完成1993年全年任务。

1. 目前存在的问题是:

(1) 有的省未按规定征收,特别是1992年征收3厘钱的任务,仍有一些省区未开征;

(2) 银行资金紧张,银行结算环节不畅,压票、退票、压汇的情况时有发生,影响资金上划、下拨和缴库;

(3) 3厘钱跟电量挂钩,随电费征收,由于一些企业效益下降,欠电费严重,影响了3厘钱及时上缴入库;

(4) 因文件出台晚,一些政策、环节还没完全理顺,在征缴过程中,具体操作难度比较大。

2. 在这次检查中,许多省市还反映了不少情况,主要有:

(1) 西北一些省区反映,3厘钱的政策不要搞一刀切,新疆、青海等西北边远省区地方财政较困难,国家应该区别对待。1992年3厘钱征收任务,如要全部补征,难度较大,希望予以减免;

(2) 广东省提出,目前随电费征收3厘钱环节多,工作复杂,建议采取以1992年征收额为基数,按适当比例增长,实行定额包干的办法;

(3) 一些地方电力部门提出,为征收3厘钱增加了工作量,在人力、物力、财力上付出较多,希望手续费在1/1000的基础上再提高一点。

(4)一些省区提出,上缴的三峡基金应作为上缴省份在三峡工程中的股份投入,今后分享三峡工程的利益。

(二) 关于提高葛洲坝电厂上网电价作为三峡工程建设基金的落实情况

今年5月,国家计委、财政部等四部委联合发出《关于提高葛洲坝电厂上网电价筹集三峡工程建设基金的通知》,决定从1993年1月1日起,葛洲坝电厂每度电提价4分,分4年到位,今年提价1分,用于三峡建设,华中网局在接到文件后,分别给湖北、湖南、河南、江西省区局下发了《关于调整网内葛洲坝电厂电量内部结算电价的通知》,调整了内部结算电价,根据省局实际购入葛洲坝电厂电量分月收回。

调价文件下去后,据各省反映因华中四省用电加价水平相差较大,且经济发展不平衡,承受能力也不一样,湖南省电价并价方案已在今年3月报国家有关部门批复出台,尽管方案中尚未考虑葛洲坝电厂提价部分,但已用其它资金垫付;江西省准备在后4个月收回;湖北和河南两省已将葛洲坝电厂提价列入电价并价标准,大约在下半年出台。因此,葛洲坝上网电价提价,今年能起步。

从上述情况看,总的来说,自6月份国务院下发国办发〔1993〕34号文后,在有关部委、地方政府

的积极配合下，到目前为止，各省已全部开征三峡建设基金，今年15.7亿元的征收任务，按目前进度除少数省外都可以完成；去年的征收任务，几个尚未征收的省份，补征难度大。

对此，我们意见，既要考虑各省的实际困难，又要保证三峡基金的征收。建议：

(1) 重申国家有关三峡工程建设基金的征收规定，其征收范围、口径维持不变，请有关部门要采取措施督促落实。

(2) 为保证明年3厘钱及时征收入库，建议请电力部等有关部门尽快下达1994年征收计划。

(3) 为保证三峡工程建设基金的筹集，调动各电力企业和各地方筹资积极性，要根据中央深化改革、建立社会主义市场经济的举措，研究三峡工程建设基金的征缴与各电力企业和各地方权益挂钩的政策。

(4) 关于今年葛洲坝电厂上网电价提价1分钱的落实问题，请电力部等有关部门尽快督促华中网局采取有力措施，保证提价到位。

关于开展葛洲坝电厂股份制改造筹备工作的函

1993年12月6日，国务院三峡工程建设委员会办公室以国三峡办发计字〔1993〕067号文致函中国长江三峡工程开发总公司

今年10月初，郭树言同志赴美国参加“中国投资研讨会”期间，与美国美林集团商讨了将葛洲坝电厂进行股份制改造推向国际市场为三峡工程融资的问题。回国后，郭树言同志就此专题请示李鹏总理和国务院其他几位有关领导，李鹏总理作了“可先谈起来，发行股票的可行性报告须经审查，合同应批准后才能生效”的重要批示。根据李鹏总理的批示精神，办公室郭树言主任和漆林副主任与美国美林集团、日本野村证券公司等几家国际有声誉的证券公司和金融集团进行了接触，商谈了他们参与葛洲坝电厂股份制改造的合作意向。美林集团和野村证券公司均表示愿意参与葛洲坝电厂股份制改造工作，免费为葛洲坝电厂股份制改造进行可行性研究（会谈情况已于11月30日传真给陆佑楣总经理）。会谈中，郭树言同志指出，目前国际金融机构愿意参与葛洲坝电厂股份制改造的单位很多，竞争激烈。今后，葛洲坝电厂股份制改造方案将根据各家提出的可行性报告，择优选定，并要求严格按照国务院规定的程序进行工作。

11月中旬，办公室与美林集团签订了“聘请美林集团担任葛洲坝电厂股份制改造海外财务顾问”的意向书。这几家公司近期将来宜昌与总公司具体会谈并开展可行性研究。

为了尽快开展葛洲坝电厂股份制改造工作，现将有关事项函告如下：

（一）请你公司明确一位领导同志负责组建由总公司和电厂参加的股份制改造工作班子，开始筹备工作；并严格按照国家有关企业股份制改造的规定，有序地开展工作。

（二）请你们作好与美林集团、野村证券等公司进行具体会谈的准备工作。

（三）同意你公司聘请中国诚信证券评估有限公司作为融资顾问。中国诚信证券评估有限公司也是办公室的融资顾问，希望你们密切合作，深入研究，积极、慎重的进行葛洲坝电厂股份制改造的总体方案设计和可行性研究。

股份制改造及股票发行工作，是一项由国务院直接领导的专项工作，工作的每一重要步骤，要由国家决定。因此，请总公司在工作过程中，加强同我办的联系，以便及时向国务院报告请示。

长江三峡工程库区移民资金管理暂行办法

本《暂行办法》由国务院三峡工程建设委员会移民开发局以〔93〕国峡移发第9号文通知试行

第一章 总 则

第一条 根据中央为长江三峡工程制定的开发性移民方针和国务院有关文件的规定，为了加强三峡工程移民资金管理，提高资金使用效益，妥善安置库区移民，特制定本办法。

第二条 三峡工程移民资金（以下简称移民资金）是专项安排的用于三峡工程水库淹没处理及移民安置的投资，是三峡工程总投资的组成部分，由中国长江三峡工程开发总公司统一负责筹措和偿还。移民资金的使用，以国家批准的三峡工程水库淹没实物指标补偿标准和移民投资概算（含修正概算）的内容为依据，并严格按照批准的计划执行。

第三条 按照中央统一领导，分省负责、县为基础的移民管理体制，移民资金实行统一计划、分级管理、责权结合、专款专用的原则。

第四条 为确保移民任务的完成，各级移民管理

机构可根据本地实际情况制定相应的目标责任制和承包责任制。

第二章 计划管理

第五条 移民计划在国务院三峡工程建设委员会下达的总计划内，由国务院三峡工程建设委员会移民开发局（以下简称三峡工程移民开发局）原则上按国家基本建设程序实行统一管理。

第六条 移民主要计划指标内容，由三峡工程移民开发局统一部署。实行以中长期计划为指导，按年度安排计划并组织实施。年度计划是移民工作的指令性计划，是移民资金使用的依据，必须严格执行。

第七条 移民投资计划实行上下结合的编制程序，即首先由川、鄂两省根据移民中长期计划，编制年度计划建议方案，上报三峡工程移民开发局；三峡工程移民开发局根据三峡工程建设进度的安排和川、鄂两省上报的年度计划建议，经综合平衡后，向川、鄂两省下达编制年度计划的原则、重点以及分省投资指标控制数字；然后，由川、鄂两省再根据分省计划投资控制数字，编制本省年度计划，上报三峡工程移民开发局，经三峡工程移民开发局综合平衡、审查批准后，下达到川、鄂两省执行。地处三峡库区的中央属搬迁项目，由其主管部门负责，向三峡工程移民开发局衔接计划，由三峡工程移民开发局负责审批并带帽下达。

第八条 移民年度计划按分级管理原则分别组织实施。在组织实施中，应切实加强对资金、项目的管理，精心组织，精心设计，精心施工。应定期检查计划执行情况，发现问题及时研究解决。在执行过程中，因情况发生变化需要对项目或项目间投资计划进行调整的地方项目，属移民投资大类内的调整，由省审批，报三峡工程移民开发局备案；属年度计划投资规模和移民投资大类间资金需要调整的，由省报三峡工程移民开发局审批；中央属项目，由其主管部门报三峡工程移民开发局审批。

第九条 为全面掌握移民工作进度情况，检查移民资金使用效果，由三峡工程移民开发局统一制定统计报表，建立系统完善的移民工程统计制度。

第三章 财务管理

第十条 移民资金由三峡工程移民开发局和川、鄂两省及三峡库区各级人民政府设立的移民局（办）分别负责管理。各级移民局（办）应严格执行《中华人民共和国会计法》及有关规定，建立健全财务机构和财务制度，认真做好财务管理工作。

第十一条 移民资金的拨付由建设银行负责经办。地（市）、县（市）移民局（办）根据建设单位提供的拨款依据，按工程进度向各建设单位下达拨款通知。各级经办建设银行要认真履行职责，及时做好移民资金的组织、拨付工作，并加强对移民资金的监督和管理。

第十二条 移民资金由三峡工程移民开发局会同财政部制定统一的财务管理办法，并实行统一的会计科目和财务报告。各级移民局（办）对移民资金的使用情况要定期检查。

第十三条 为贯彻开发性移民方针，提高移民资金使用效益，扩大移民安置容量，鼓励和提倡凡是经济效益好、具有偿还能力的生产性、经营性企、事业移民投资项目，对移民投资采用周转投资方式。使用周转投资的单位应与移民局（办）签订还款合同，到期归还。其归还的资金，由有关市、县人民政府移民局（办）回收，继续用于移民安置，国家不核减该市、县的移民经费；本市、县移民任务完成后，所回收的移民经费可以继续用于本市、县的建设事业，不上缴国库。

第十四条 省、市、地、县（市）移民管理机构的设置、人员编制的确定和配备，要与工作需要相适应，坚持精干、高效、职权分明的原则，人员由川、鄂两省核定，编制由地方解决，移民管理机构经费按分级管理原则，从三峡工程移民投资概算所列行政管理费分解下达，与移民工程项目资金分别建帐，包干使用，不允许从移民工程项目上为移民管理机构再提取行政管理费。移民管理机构的行政经费管理，按国家和省制定的行政事业单位财务管理制度执行。

第四章 项目管理

第十五条 移民资金实行按建设项目管理。建设项目必须把做好安置搬迁工作放在首位，具有较好的经济效益、移民效益和社会效益，并应按照国家规定的经济政策和产业政策，结合当地经济发展和移民规划的实际进行安排。

第十六条 建设项目应做好勘察、设计、可行性论证等前期工作，按国家规定的基本建设程序办理审批手续。其中较小的项目可适当简化手续。建设项目投资中，由于扩大规模和提高标准超过移民补偿投资而增加的部分，其资金来源必须落实，并纳入其主管部门计划。

第十七条 建设项目的审批，属于淹没补偿和恢复重建项目，在批准的移民安置规划投资概算内全部是移民投资的，地方属项目由地方按分级管理权限审批；中央属项目由其主管部门审批。由于扩大规模和提高标准超过移民补偿投资的项目和属于为经济发展而要求部分使用移民投资安置部分移民的项目，根据项目的隶属关系，按国家和省的有关规定执行，各级移民局（办）对各自负责的移民项目要协同有关主管部门共同论证、审查，按项目审批限额的规定，参加同级管理部门对项目的审批。凡是用农村移民投资兴办二、三产业来安置农村移民的，移民投资超过100万元以上的项目需由省移民局（办）负责审批，报三峡工程移民开发局备案。各级批准的建设项目内容，均应明确移民投资额度和该项目承担移民任务的责任。

第十八条 建设项目将按照国家对移民工作的总部署和移民投资的可能，逐步列入年度计划实施建设。建设项目列入年度计划后，移民管理机构应按项目隶属关系与项目建设单位签订合同，明确双方的权利和义务。建设期间，移民管理机构应督促、检查项目的进度、质量、资金使用和移民安置情况，及时解决存在的问题，保证项目顺利完成。

第十九条 建设项目竣工后，应及时组织验收。项目验收的办法，按国家制定的基本建设工程验收的有关规定执行。各级移民管理机构应参加验收工作，并应认真考核移民安置效果，验收结果要逐级上报。已经按合同完成了移民安置和搬迁任务的项目，应及时办理销号手续。

第二十条 三峡工程移民开发局参与库区报国家计委审批的与移民有关的大中型重点项目和地处三峡库区的中央属搬迁、恢复重建项目的立项审批工作。

第二十一条 各级移民管理机构对各自负责的移民项目应建立项目档案，严格管理。

第五章 监督检查

第二十二条 各级移民局（办）和建设单位，应严格执行国家有关政策、法规和财经制度，加强移民资金使用管理，发现问题及时处理。

第二十三条 移民资金不得挪用到非移民项目的单位和个人，不得用移民资金购买各种有价证券和支付各种摊派、赞助以及与移民任务无关的费用。

第二十四条 三峡工程移民开发局和各级移民局（办），可直接派员或委托审计、监督等部门对移民资金使用管理情况进行检查。下级移民管理机构和建设单位，应接受监督、检查，如实反映情况，提供有关资料。

第二十五条 对贪污、挪用、侵占、铺张浪费移民资金和违反财经纪律以及因失职、渎职而造成严重经济损失的单位和个人，应追究责任，情节严重、触犯法律的应给予纪律处分或依法处理。

第六章 附 则

第二十六条 川、鄂两省可根据本办法规定，结合本省实际情况，制定有关实施细则，报三峡工程移民开发局备案。

第二十七条 本办法由三峡工程移民开发局负责解释。

第二十八条 本办法自颁布之日起试行。

关于严禁三峡库区淹没线以下区域超前伐木加强库区水土保持工作的通知

1993年10月24日，国务院三峡工程建设委员会移民开发局以国峡移发〔1993〕第86号文通知湖北、四川省人民政府，库区各市、县（区）人民政府

据有关部门反映，目前三峡库区个别地方出现超前砍伐淹没线以下区域树木的苗头，有的不仅砍树，还连蔸一起挖，势必造成新的水土流失。为保护三峡库区植被、防止水土流失，切实保障和改善库区生态环境，促进三峡工程效益的有效发挥，特就加强库区水土保持工作通知如下：

（一）要充分认识三峡库区水土保持的重要性

三峡库区的水土保持是库区经济社会发展的生命线，也是治理长江的根本，直接关系到库区人民群众的生存，关系到三峡水库的使用寿命与三峡工程巨大综合效益的长期有效发挥。库区各级人民政府、有关职能部门必须从战略和全局的高度，认真贯彻国务院〔1993〕国发5号文件《关于加强水土保持工作的通知》，增强治理库区水土流失、搞好库区水土保持的责任感和紧迫感，把水土保持工作列入库区建设的重要议事日程，层层建立责任制，促进这一工作落到实处、收到实效。

（二）要抓好有关法律法规的宣传教育，实现以法治库

维护库区生态环境，搞好库区水土保持，首先要结合《长江三峡工程建设移民条例》的学习宣传，组织干部群众学习《中华人民共和国水土保持法》（以下简称《水土保持法》）及其实施条例，学习《中华人民共和国环境保护法》和《中华人民共和国森林

法》(以下分别简称《环境保护法》和《森林法》),提高干部群众以法治库、依法治库,保护和改善库区生态环境的自觉性。库区各级人民政府要统一领导有关部门,依据法律、法规,尽快制订符合本地实际的实施办法和配套措施。要进一步建立健全水土保持监督体系,建立和完善各项监督管理制度,加强预防,加强执法检查,促进落实。

(三)要顾全大局,严禁库区淹没线以下区域超前伐木

各级政府和有关职能部门必须高度重视,采取果断措施,防微杜渐,保障水库安全和移民的根本利益。三峡工程规模大、建设期长,要特别注意建设期的库区水土保持,搞好护岸管理。三峡库区本来就地贫土薄,水、旱灾害频繁,水土流失严重,属国家水土保持重点治理区,并已有一定治理成果。《长江三峡工程建设移民条例》第20条规定:"因三峡工程蓄水被淹没的林木,已经达到采伐利用标准的,该林木的所有者可以依法批准后采伐和销售;不能采伐利用的中幼龄林和经济林,按照国家有关规定给予补偿,经核定后列入移民经费"。为此,淹没线以下区域竹、木和其他植被的处理,须与移民搬迁工作和清库工作同步进行,任何单位和个人不得随意砍伐,更不得超前砍伐。违者,除不予补偿这部分实物淹没补偿费外,还要根据《水土保持法》、《环境保护法》、《森林法》的有关条款规定给予从重处罚。

库区各级人民政府接此通知后,要责成有关部门对辖区内的水土保持执法情况进行一次检查,凡有在三峡工程淹没线以下超前伐木的地方,均要限期严肃查处并积极采取弥补措施,防止水土流失。

关于研究落实三峡工程建设资金问题的会议纪要

1993年5月27日下午,邹家华副总理主持召开国务院三峡工程建设委员会办公会议,研究三峡工程建设资金的落实问题。国家计委、国家经贸委、财政部、电力部、人民银行、建设银行、国务院三峡工程建设委员会办公室、中国长江三峡工程开发总公司、国务院三峡工程建设委员会移民开发局等部门的负责同志参加了会议。会议听取了中国长江三峡工程开发总公司和国务院三峡工程建设委员会移民开发局关于1993年工程建设和移民计划安排及资金到位情况的汇报;听取了电力部、财政部关于三峡工程建设基金收缴情况的汇报。

据汇报,七届全国人大五次会议通过《关于兴建三峡工程的决议》后,三峡工程建设进入紧张的施工准备阶段。今年安排投资总额20.2亿元,资金来源主要是三峡工程建设基金。但是,目前建设基金收缴入库缓慢,资金到位差。主要原因是,一些地方自行规定基金的起征时间及免征范围;少数地方没有开征甚至要求免征;收缴、入库及使用环节不畅,责任不明等。

会议经过研究,议定以下意见:

(一)三峡工程事关国家大局,国务院决定征收三峡工程建设基金是一项重要决策,各地区、各部门要采取有效措施,切实做好收缴、入库工作。国务院办公厅近日要发出通知,重申各地区、各有关部门不得以任何理由,减征、免征三峡工程建设基金。一些地方自行规定的减免征收范围及起征时间一律作废。至今没有开征的,必须立即开征,同时补足欠缴的三峡工程建设基金。请各省、自治区、直辖市的主要负责同志监督执行。

(二)三峡工程建设基金的收缴、入库工作,牵涉面广,环节多,任何地区、部门、单位不得拖欠、挪用。一经发现,要追究主要领导的责任。请财政、电力、银行等部门进一步理顺三峡工程建设基金收缴、入库及使用环节,明确责任,采取有力措施,确保三峡工程建设基金收缴、入库及使用渠道的畅通。对去年和今年1~5月份应上缴入库的三峡工程建设基金,6月底以前必须完成。在退库、拨付渠道没有畅通前,为不影响工程建设及移民用款,仍走现有渠道。各有关单位发现问题要及时反映上报。

(三)关于库区工厂技术改造贷款问题,由国务院三峡工程建设委员会办公室会同国家经贸委、人民银行等有关部门认真研究落实,对效益好又符合国家产业政策的项目,国家将从贷款规模上给予支持。

(四)关于今年进口施工设备急需6000万美元外汇问题,请国家计委支持解决。由国务院三峡工程建设委员会办公室商有关部门尽快审查落实进口设备清单。

重　要　讲　话

李鹏总理贺信

三峡工程初步设计专家审查会的同志们：

你们好，感谢同志们的关心。

去年四月，全国人大七届五次会议通过了《关于兴建长江三峡工程决议》，决定批准将三峡工程列入国民经济和社会发展十年规划，由国务院选择适当时机组织实施。当前，工程处于前期施工准备阶段，抓紧做好三峡工程初步设计审查是工程顺利建设的一个重要环节，希望参加会议的各位专家，本着对国家、对科学、对历史负责的精神，畅所欲言、献计献策，做好初步设计审查工作，并使初步设计修改、补充得更加完善。

祝大家工作顺利。

1993 年 5 月 24 日

国务院副总理、国务院三峡工程建设委员会副主任邹家华在三峡工程初步设计专家审查会开幕时的讲话

(1993 年 5 月 13 日)

今天非常高兴来参加三峡工程初步设计专家审查会，看到近百位专家、特别是有些老专家，抱着对三峡工程十分负责的精神来参加会议，十分令人感动。我同意刚才郭树言同志、张光斗教授的讲话。三峡工程建设是很大的一件事情，不但对我们这一辈人，对我们的子孙后代来讲，都是一项非常重要的工程。初步设计审查是三峡工程的一项重要的准备工作，是搞好这项工程的基础。首先，我代表国务院、国务院三峡工程建设委员会向参加会议的各位专家表示亲切的慰问。

下面，我讲四个问题：

一、党中央和国务院非常关心和重视三峡工程

三峡工程是综合治理长江和开发长江资源的巨型工程。兴建这一工程，对减轻长江中下游洪水威胁，缓解电力紧张，改善长江上、中游航运有着重要意义。解决长江中下游洪水威胁，要采取综合措施，兴建三峡工程是其中一项关键性措施。决定兴建这项工程，充分表现了中国人民的智慧和志气。工程的顺利建成，将对保持我国国民经济长期稳定的发展和加快我国现代化建设的步伐产生深远影响。当然，直到现在对三峡工程还有不同的看法，这有两种情况，一种是不大赞成修这个工程，另一种是还不完全了解情况。但是大多数了解情况的人都能看得清楚，这项工程对我们国家有非常长远的意义。

对于建设这一举世瞩目、全国人民关心的巨型工程，党中央、国务院一直非常重视。三峡工程几乎所有的重要决策都是党中央、国务院作出的。早在1958年南宁会议上，毛主席就曾指示对三峡工程要采取“积极准备、充分可靠”的建设方针。近 40 年来，我国有关部门的科学技术人员做了大规模的勘察、科研、设计工作，收集、整理、分析了大量详实可靠的第一手资料，对各项重大技术问题进行了多方面的、反复深入的试验研究。国务院也曾多次组织专家讨论，1984 年，曾原则批准过三峡工程 150m 水位方案的可行性研究报告。

值得提出的是，党和政府对不同意见同样十分重视。南宁会议上，毛主席专门听取了不同意见的汇报，周总理考察期间也讨论了不同意见。1985 年，中央在作过决策之后，又根据当时各方面提出的不同意见和问题，决定重新论证水位，进而大规模全面重新论证。整个论证过程中，发扬技术民主，展开了充分的讨论。可以说，三峡工程的论证工作规模之大、程度之深，是任何同类型工程都难以比拟的。有人

说，三峡工程没有听取不同意见，这是不符合事实的。由于这项工程非常之大，可能有许多问题一下子认识不到，多听取各方面的意见，甚至不同意见，能够使工程的规划、设计更加符合客观实际，能够进展的更加顺利，这是我们一贯的态度，也是搞好三峡工程建设所应持的态度。

正因为如此，去年4月，全国人大七届五次会议通过了《关于兴建长江三峡工程的决议》，决定批准将三峡工程列入国民经济和社会发展十年规划，由国务院选择适当时机组织实施。江泽民同志在党的十四大报告中也把三峡工程作为集中必要力量高质量高效率建设一批重点骨干工程的首要项目，指示要抓紧修建。江总书记的这个意见是反映了小平同志的意见，既然已经决定了，就要抓紧时间干。

发扬技术民主，听取各种意见是非常必要的，但是我们又不能长期地议而不决，不作出结论，这对我们整个经济建设是非常不利的。我们上次的审查委员会就是本着这个精神。一方面，要充分发扬民主，集中大家的智慧；另一方面，讨论到一定程度，就要作出决策，解决我们前进中需要解决的问题。我们这次的初步设计审查也要有这样一个精神。会前，几位专家对我说，三峡工程晚一年发电，多一年损失，万一在晚一年中间来场大洪水，会造成更大损失。而且，晚一年又会使工程造价多出好几个百分点。假如我们议而不决，长期拖在那里，反而损失更大。

一年多来，国务院曾两次召开总理办公会议，专题研究三峡工程建设的有关问题。去年11月，李鹏总理率有关部门的负责同志自重庆沿江而下，实地考察，并在武汉召开了三峡工程建设工作会议。会上，李鹏总理就三峡工程建设的组织机构、工程建设、移民开发、资金筹措等问题作了重要讲话。根据这次会议的精神，为确保三峡工程建设顺利进行，国务院于今年1月3日发文，决定成立国务院三峡工程建设委员会。

今年4月2日，李鹏总理主持召开了国务院三峡工程建设委员会第一次会议。会议对三峡工程建设的组织机构、工程建设、移民条例、筹资、宣传等问题做了进一步的研究和决定，对今年的主要工作做了安排。现在进行的初步设计专家审查会，就是这次会议决定的重要内容之一。

从全国人大通过兴建三峡工程的决议起，虽然只有一年多的时间，但是工程的组织机构正抓紧筹建，施工准备已开始进行，进展是好的。我们所从事的，是一项伟大的事业，是党和政府重视、全国人民关心的一件大事，希望大家要扎扎实实地工作，一步一个脚印地走下去。这是我要说的第一个意见。

二、关于三峡工程的建设机构

今年国务院1号文件，内容就是成立三峡工程的建设机构。首先，国务院成立了三峡工程建设委员会，这是三峡工程高层次的决策机构。李鹏总理担任主任，副主任有国务委员陈俊生同志和我，还有郭树言、肖秧、李伯宁同志，顾问是全国政协副主席钱正英同志。在委员会第一次会议上，增加湖北省省长贾志杰同志任副主任。成员单位原来有15个国务院部委，第一次会议上，又增加了国家科委、国家体改委、地矿部、中国科学院、国家环保局等，成员单位共20个。根据工作需要，陆佑楣、魏廷琤同志担任委员。委员会的日常工作由郭树言同志负责，李伯宁同志在移民开发方面协助郭树言同志工作。

委员会下设一个精干的办公室，在郭树言同志领导下负责三峡工程建设的日常工作。三峡工程的成败，从某种意义上说，移民工作是关键。到现在为止，我们过去建设的水库中间还有相当一部分移民问题没有完全解决。三峡工程这么大范围、这么大数量的移民，要解决不好的话，对工程本身、对工程建成以后，都将产生非常不利的影响。这个工作一定要做好，所以委员会下面专门成立了移民开发局。也就是依靠各级政府来完成移民任务，同时要用经济手段来帮助移民安排好生产与生活，进行开发性移民。移民虽然是政府的工作，但是移民资金包括在三峡工程建设费用中，要靠将来的发电收入来偿还。所以，总公司负责债权债务。年度资金分配时，用于移民部分的，直接拨给移民开发局，由他们进行统筹安排。移民开发局一定要使用好、管理好这笔资金。

国务院决定三峡工程建设采用国际上通行的建设项目业主责任制。为此，成立中国长江三峡工程开发总公司，已调原能源部副部长陆佑楣同志任总经理。总公司是一个自主经营、自负盈亏的经济实体，负责三峡工程的建设和经营。葛洲坝电厂划归总公司，产权属总公司，生产运行要服从华中电网的统一调度。成立葛洲坝电厂董事会，董事长由总公司派出，总经理由华中电网指派。李鹏总理专门讲了董事会对具体事务不要干涉太多，主要是要把钱管住，不要流失，要用于三峡工程建设。

三峡工程的设计单位是长江水利委员会，几十年来，长委会为三峡工程的勘测、科研、设计做了大量工作。按照项目业主责任制的做法，长委会的设计就要对业主负责，实行有偿设计。为了充分发挥长委会的作用，长委会派出一名负责人担任三峡总公司的副总经理，总公司可聘请长委会担任部分工程项目的监理，建立质量、进度约束机构。监理制度是学习外国经验对我国建设体制的一项重要改革。监理是独立于施工单位以外的一个机构，对业主负责，代表业主去检查工程质量、工程进度和工程费用的使用。京津唐高速公路是由世界银行贷款建设的，为保证质量，专门有监理小组。根据不同工程内容，组织有关方面专家组成监理小组，有的是固定机构，有的是临时机构。比如打完路基铺筑路面之前，监理小组就来检查路基质量了，打一个大孔，取出土样检查，不符合质量要求马上让你返工，你要是不返工，世行就停止拨款，大家都非常认真。

三、关于三峡工程当前的几项主要工作

三峡工程当前处于前期施工准备阶段。正式开工之前，国务院还要向全国人大常委会作正式报告。当前的主要工作除组建建设机构外，有以下4项。

（一）抓紧进行枢纽工程初步设计的审查

三峡工程是一项综合效益显著、举世瞩目的巨型工程，工程量大且技术复杂，这就要求我们更要精心设计、精心施工。

三峡工程初步设计分成枢纽工程、库区移民安置规划、输变电工程等三部分，分别编制，分别审查。输变电工程是整个电网中非常重要的部分，电网建设与电站建设虽然有密切联系，但它毕竟是另外一回事，技术是另外一套，建设也是另外一套。电网建设有很大的独立性，设备与技术发展又很快，所以，我们国家不能不专门来研究电网建设问题。依靠铁路运煤越来越紧张，全国铁路40%的运量都在运煤，还远远适应不了我国国民经济的发展。火电要发展坑口火电站，内蒙的电直送北京，山西的电直送江苏，河南的电直送广东，长距离输电是我们必然要走的路，电网建设作为一个单项任务必然要提到议事日程上来。三峡工程把输变电工程初步设计作为一个单项来专门审查是非常符合我们国家实际情况的。枢纽工程和移民规划设计两部分由长江水利委员会负责编制，输变电工程部分由电力部组织编制。当前需要抓紧审查的是枢纽工程初步设计。

审查的方法和程序，刚才郭树言同志已经讲了，先由委员会办公室聘请专家进行初审，再由建设委员会进行审查，委员会只审查有争议的重大问题和结论。为适应工程的需要，这项工作要在今年上半年完成。

（二）编制库区移民安置规划、颁布移民条例、制定优惠政策并完成坝区征地移民

妥善完成库区搬迁上百万移民的安置任务，是一项十分复杂、十分艰巨的工作。要做好这项工作，就必须有一个国家、地方、群众都满意的库区移民安置规划。编制这个规划要采用开发性移民方针，不但三峡工程要采用这个方针，今后凡是有移民任务的水利水电工程都要采用这一方针，以对人民负责的态度，帮助移民把生产和生活都安排好，同时还要带动当地经济的发展。考虑到可行性阶段的移民规划已经达到一定深度，可以不再做全库区的移民安置规划，而是一步到位，直接因地制宜地做好各县的移民安置实施规划。今年内，要集中力量把秭归、巴东、云阳三个县的实施规划试点完成，以点带面，其余各县的实施规划在明年内完成。为了统一政策、统一标准，移民规划大纲要争取在上半年内发下去。

《长江三峡工程建设移民条例》，建设委员会已原则通过，进一步修改后将报国务院审批并颁布实施。

为了广泛吸引国内外资金、技术、人才和管理，推动三峡库区经济发展，委员会已建议将宜昌市、万县市、涪陵市增列为沿江对外经济开放城市；有移民搬迁的库区各县，划为三峡经济开放区，实行沿海经济开放区的各项优惠政策；为了鼓励各省、市对口支援三峡库区建设，区外来库区兴办企业均可享受三资企业同等待遇。以上优惠政策，将由特区办审核报国务院批准后实施。

当前移民的重点在湖北省，即坝区征地与移民。湖北省对这一工作已做了安排，设置了机构，省长亲自负责，正在抓紧进行。

（三）关于资金筹措

资金筹措一直是三峡工程建设中的关键问题之一。三峡工程建设的基本资金渠道已经明确。一个是从1992年煤运加价中，每kW·h电征收3厘钱，今年又扩大到除国家扶贫地区农业排灌用电外，每kw·h电征收3厘钱作为三峡工程建设的基本资金，今年大约可征收到16亿元。另一个是葛洲坝电厂利润（从现在每kW·h电4分2厘，涨到8分2厘，每年涨1分，4年到位）。现在，关键是如何把这一渠道进一步疏通，保证资金按时到位。请委员会办公室商财政部、电力部和中国人民银行，5月份内要落实下来。

三峡工程的资金来源还有银行贷款、国际融资等多种渠道。已请树言同志研究组建一个三峡工程信托投资公司的可行性，这一公司将专门为三峡工程筹集资金。希望今年上半年能提出可行性研究意见。

（四）关于今年计划

今年三峡工程各项施工准备和移民投资共安排20.2亿元，其中移民投资5亿元。要完成今年的任务是十分艰巨的。能不能抓住今年汛后的枯水季节开始明渠开挖等准备工作，是三峡工程能不能提前一年

发电的关键，希望三峡总公司作出精心安排，克服一切困难，吸收国内外先进经验与管理方法，按质、按量完成好今年的建设任务。

四、关于搞好枢纽工程初步设计审查工作

设计是一项工程成败的前提与基础。要想把三峡工程建设好，必须有一个科学的、实事求是的、采用世界先进技术的初步设计。它不仅关系到工程的质量，还关系到工程的进度与投资，关系到工程能不能顺利进行与建成。长江水利委员会的专家和广大职工，经过夜以继日的辛勤劳动，在审查批准的可行性研究报告的基础上，已经编制出枢纽工程初步设计，分为11个篇章，共300多万字。现在第一步先提交专家们审查。希望各位专家充分发挥自己的聪明才智，本着对国家、对科学、对历史负责的精神，畅所欲言、献计献策，使初步设计修改、补充得更好。这次审查的重点是在保证工程质量、对施工期通航有妥善安排的前提下，如何缩短工期，提前发电。对通航问题请大家认真考虑。

在初步设计审查过程中，可能会有一些有争论的问题。我们不要怕争论，只有通过争论才能把问题看得清楚，才能得出科学的结论。这次会上如有争议较大的问题，为了抓紧进行准备工作，由办公室整理后提出，在下次建设委员会会议上来定。

据专家估算，三峡若能提前一年发电，仅在施工期间就能多发700多亿kW·h电，经济效益十分可观。只有在初步设计批准之后，我们才有条件尽快进行各项准备工程，因此，抓紧审查枢纽工程初步设计，加快工程准备工作的进度，对于缩短工期、提前发电，意义十分重大。

专家们不辞辛劳来参加这次会议，有的专家年纪大、身体弱也在紧张工作，希望大家注意身体健康，顺利完成任务。

（根据录音整理）

国务院三峡工程建设委员会副主任郭树言在三峡水利枢纽工程初步设计专家审查会开幕时的讲话

（1993年5月13日）

三峡水利枢纽工程初步设计专家审查会今天正式开始。首先，我代表国务院三峡工程建设委员会办公室向专家们表示热烈欢迎。

今年4月2日，李鹏总理主持召开了国务院三峡工程建设委员会第一次会议，并就三峡工程建设的组织领导、运行机制、资金筹措、移民、内外宣传等作了重要讲话。三峡工程当前处于前期施工准备阶段。按照初步设计送审稿拟订的工程进度，预计明年下半年正式开工，1997年实现大江截流，2003年首批机组开始发电，2009年全部建成，总工期17年。当前主要工作之一就是在今年上半年抓紧枢纽工程初步设计审查。

三峡工程的初步设计，早在1990年7月国务院召开三峡工程论证情况汇报会后，就根据国务院领导同志的指示开始进行。由于工程规模大，移民安置又很复杂，当时，钱正英同志请示邹家华副总理后，决定把初步设计分成枢纽工程、水库移民规划、输变电工程三个部分，单独编制，分别审查。现在我们要组织审查的是长江水利委员会已经编制完成的枢纽工程初步设计。输变电工程初步设计预计今年三季度可以完成，四季度可以审查。水库移民安置规划，准备一步到位，直接编制每个县的实施规划，今年计划完成7个县，争取明年全部完成。

在我们这次审查会议之前几天，我们还就可行性研究阶段遗留下来的4个问题中的最后一个问题，也就是施工期导流明渠通航方案问题，专门召开了专家技术讨论会。讨论会一共开了4天，出席会议的专家和同志们充分发扬民主，畅所欲言，大家以十分认真负责的态度进行了热烈的讨论，已经把两个方案的长处、弱点、工程量、费用、实施进度基本上搞清楚了，张光斗教授和潘家铮总工程师根据大家的意见权衡利弊，提出了一个倾向性意见。对导流方案的意见大家在专题初审过程中还可继续讨论。

下面，我想谈谈初步设计专家审查工作的安排：

委员会第一次会议确定，初步设计审查工作由委员会办公室先组织专家进行初审，再由委员会审查，委员会只审查有争议的重大问题和结论。根据会议的精神，办公室聘请了19位专家，组成核心专家组，负责初审工作。核心专家组请张光斗教授任组长，严恺教授和潘家铮总工程师任副组长。这三位专家都是中国科学院学部委员。正副组长名单我们在建设委员会第一次会议上已作了汇报，大家都同意。核心专家组的其它专家是（按姓氏笔划为序）：王思敬、王扬祖、纪云生、李治平、李浩钧、陈家琦、沈维义、邹觉新、张仁、杨睦九、赵福臣、施作沪、唐仲南、徐乾清、梁应辰、窦国仁。核心专家组下设10个专题专家组，分别负责审查初步设计的10个篇章。专题专家组的正副组长都是核心专家组成员。每个专题组

也都有一个专家名单，这里就不再介绍了。

专家审查工作分为两个步骤。

第一步是先分专题由专家进行初审，提出每个专题正式的书面初审意见，由专家签字负责，有不同意见的专家可以保留意见、不签字，也可另提出书面意见作为专题组初审意见的附件。

第二步是在专题初审的基础上，由核心专家组再集中初审，负责提出总的初审意见，19位专家也要签字负责，也允许有保留意见。

总的初审意见形成之后，由核心专家组在建设委员会第二次会议上，向建设委员会作正式汇报，由建设委员会最后确定是否批准枢纽工程初步设计。

这次专家初审工作，将于19日在京丰宾馆全面展开。考虑到各个专题的内容与份量不一样，讨论的问题有多有少，我们就利用19日前这几天，紧接着施工通航技术讨论会之后，先进行枢纽、施工两个专题的初审。

这次会议的各项会务工作由办公室具体组织，由于办公室刚刚组建，人员不齐，加上时间仓促，工作中可能有不少问题，请专家同志们一方面谅解，一方面多提出改进意见。

（根据录音整理）

邹家华副总理在中国长江三峡工程开发总公司成立大会上的讲话

（1993年9月27日）

经国务院批准，中国长江三峡工程开发总公司，今天正式成立了。这是实施三峡工程的重要组织保证。值此喜庆的日子，我代表国务院对公司的成立表示热烈祝贺。

三峡工程史无前例、举世瞩目。毛主席、周总理、邓小平同志等老一辈无产阶级革命家都非常关心。去年4月，七届人大五次会议通过了《关于兴建长江三峡工程的决议》。为确保三峡工程建设顺利进行，国务院决定成立国务院三峡工程建设委员会。今年8月17日，中央财经领导小组专门听取了关于三峡工程的情况汇报。江泽民总书记等中央领导同志作了重要指示。国务院三峡建设委员会第二次会议之后，三峡工程进入正式施工准备阶段。在党中央、国务院的关怀下，在国务院三峡工程建设委员会直接领导下，在中央和地方各有关方面大力支持下，三峡工程的施工准备进展顺利，取得了很大成绩。在此，我代表国务院，向业主、设计、施工和中央、地方有关方面，特别是湖北省、四川省、宜昌市和库区广大人民表示衷心的慰问和感谢。

三峡工程是跨世纪的工程，它的建成，对国民经济建设具有十分重要的意义，特别是从长远来讲，对改善长江中下游的防洪条件，保护人民的生命财产，为国民经济提供新的能源等等，都将起到非常重要的作用。全国人民十分关心，国际上也非常关注，因此，我们必须严密精心地设计，严密精心地施工，严格周密地组织，严格周密地管理，一丝不苟，保证质量，不能有一点疏漏，有关地方和部门一定要大力协作，以对人民高度负责的精神，把这项关系到子孙后代的大事办好。下面讲几点意见：

（一）进一步完善领导体制，加强组织建设

根据国务院〔1993〕1号文件规定，国务院三峡工程建设委员会是三峡工程高层次的决策机构，由李鹏总理亲自担任主任委员。委员会下设办公室，具体负责三峡工程建设的日常工作。在委员会下还设三峡工程移民开发局，负责三峡工程移民工作规划、计划的制定和监督实施。成立中国长江三峡工程开发总公司，作为三峡工程项目的业主，实行自负盈亏、自主经营，全面负责三峡工程建设和经营。在国务院三峡工程建设委员会所属的三个组织机构中，总公司是最后一个成立的。总公司的成立，标志着负责三峡工程的组织格局已基本完备。虽然大的组织框架、大的工作原则定下来了，但三个单位相互之间的职责分工等方面的衔接配套，还需要在实践中不断总结、完善和明确。三峡工程是一个特大型工程，牵涉面广、政策性强，我们面临的困难和问题也还不少，因此，三个单位必须互相尊重、互相支持、步调统一、齐心协力，形成一个强有力的组织领导集体。同时还要注意团结设计、施工、监理等有关方面，处理好工程建设与移民开发，生态环境保护等方面的关系，调动各方面的积极因素，形成共同建设三峡工程的合力。这三个组织不但自己要团结一致，协调一致，而且还要和地方团结一致，协调一致，及时发现问题，及时处理问题。要充分依靠地方和有关部门，湖北、四川两省的移民任务比较繁重，更要加强组织，各级要有专人负责，抓好移民工作是对三峡工程的重大支援。移民工作要在建设委员会的统一领导下，在移民开发局统一组织下，进行统筹规划，主要依靠地方政府来组织实施完成任务。委员会办公室要加强协调，重大问题要报建设委员会决定，以实现对三峡工程高效率的决策和指挥，从而保证工程的顺利进行。

（二）切实抓紧抓好今年的任务，安排好明年的工作计划

今年头8个月，特别是委员会第一次会议以来，有关各方面顾全大局、克服困难，前期准备工作取得了很大成绩，右岸围堰开始填筑，为明年通航明渠大开挖创造了条件；茅坪溪防护工程已全面开工，对外交通公路和西陵长江大桥也即将开工，目前，坝区施工现场已有施工人员近5000人，施工装备800台套。已累计完成土石方1000多万 m^3。

从时间上看，今年还剩一个季度，时间很紧。对于今年的任务，业主要会同施工单位根据招标、投标的要求按时保质保量完成；另一方面要抓紧提出明年的工作计划。抓紧抓好枢纽工程的技术施工设计、输变电系统初步设计和库区移民实施规划。建设委员会第二次会议上确定三峡工程整个工期为17年，这一进度我们务必要保证，不能拖延，而且在保证质量的前提下，还要挖掘潜力，力争有所提前。因为，每提前一年发电就会给工程提供巨大的效益。按原有设计明年底右岸大坝基础要开始浇筑混凝土，这意味着主体工程正式开工。要仔细考虑明年的计划安排，特别是一些外围的准备工作要组织妥当，否则主体工程开工了，辅助系统跟不上，就会拖后腿。三峡工程在相当程度上受到自然条件，包括气候、雨季、洪水等条件的影响。因此，工作计划就要适应这样的条件，把计划安排好，组织实施好，否则就有可能会延误整个计划。总公司作为工程的业主单位，在国有资产产权管理体制尚未完全确定以前，要加强自我约束，坚持勤俭办一切事业，用好管好国家投入的资金，严格控制工程总概算。目前，在全国资金偏紧的情况下，国家下决心要保证三峡工程投入，这说明党中央、国务院下了很大决心。除业主加强自我约束以外，建设委员会办公室要加强对计划的审核并会同有关部门对资金运用情况进行监督。

（三）要搞好坝区的移民工作

党中央、国务院对库区和坝区的移民工作极为重视。曾经指出，移民工作关系到三峡工程的成败。要按照“中央统一领导，分省负责，县为基础”的原则，加强对移民工作的组织领导。近半年多来，在湖北省委、省政府和宜昌市委、市政府及坝区各级党委政府领导下，坝区广大人民顾大局，识大体，响应政府号召，积极搬迁，并涌现出一大批先进典型。特别是自8月份郭树言同志在宜昌市召开了办公会议以后，成立了坝区移民协调领导小组，由于组织到位、责任明确，移民工作进度大大加快，为工程建设创造了重要条件。李鹏总理曾经指示，在移民工作方面，湖北省要“带个好头”。希望湖北省委、省政府和宜昌市委、市政府，坚决贯彻执行李鹏总理的指示，在移民方面做出表率，带个好头，千方百计完成原定的坝区移民征地任务，千万不能因移民影响工程进度。移民工作是一项群众工作，要强调政治思想工作，同时又要强调解决移民的生产、生活中的实际问题，千万不可轻心大意。总公司及各个有关方面要密切配合，及时解决资金供应及其他有关问题，支持地方政府，作好服务工作。

（四）施工单位一定要精心组织，精心施工，保证工程质量

三峡工程是一项千年、万年大计的工程，工程质量的好坏关系到整个工程的成败，关系到下游千百万人民的安危。所有三峡工程的建设者，都必须牢固树立质量第一的思想，发扬工人阶级的优良传统，精心组织、精心施工，严格执行规章制度，确保工程进度和工程质量。自进入正式施工准备阶段以来，以葛洲坝工程局为主力的各施工单位，不畏严寒酷暑，兢兢业业、忘我工作，为准备工程作出了很大贡献。8月31日总公司已对黄柏河大桥、下牢溪特大桥、乐天溪特大桥和木鱼槽隧道首次公开招标。招标是一个好方法，减少过去吃大锅饭的弊病，凡是保证质量，能提前完成招标规定任务的单位，都应该得到奖励。各施工单位都在厉兵秣马，争相在三峡工程中大显身手。我们完全可以相信，在今冬明春枯水期内，坝区工程一定会出现一个建设热潮。准备工作做得愈好、愈充分，则愈有利于正式开工。

同志们，在党中央、国务院领导下，在全国人民支援下，我们广大建设者正在创造出前无古人的奇迹。三峡工程是中国历史上自建长城以来最伟大的工程，也是世界上至今最大的水电工程，能够从事于这项伟大的事业，是我们的骄傲，让我们谦虚谨慎，艰苦奋斗，以实际行动完成党中央、国务院交给我们的光荣任务。

（根据录音及讲话稿整理）

陆佑楣总经理
在中国长江三峡工程开发总公司
成立大会上的讲话

（1993年9月27日）

感谢各位在百忙之中，抽出时间，远道而来参加中国长江三峡工程开发总公司的成立大会。这是对三峡工程的重视，对三峡总公司及全体建设者的关心和支持，我代表三峡总公司和全体建设者向各位表示热烈的欢迎和衷心的感谢。

伟大的长江三峡工程是几代中国人的梦想,经过几十年的构想和论证,终于在当今改革与发展的年代得以实现。这是历史赋予我们这一代中国人的光荣使命。

三峡工程是一项综合效益好，造福子孙万代的跨世纪工程。万里长江，千古流长，经过漫长的历史年代，由于逐年累月的泥沙淤积，荆江河段河床逐年抬高，致使有1500万人口、2300万亩耕地的富饶的江汉平原和洞庭湖区受到严重的洪水威胁，长期以来一直是我们国家的心腹大患。兴建三峡水库可以滞蓄211亿m^3的洪水，削减洪峰，提高荆江大堤的防洪能力，使其由不足10年一遇提高到100年一遇。为华中这块肥沃的土地进一步繁荣发展提供基本保障。

三峡工程建成后将形成115m落差的水头，利用长江极其丰富的水量，可以获得巨大能源。三峡电站将装有26台单机容量为70万kW的巨型水轮发电机，发电总出力为1820万kW，每年将提供847亿kW·h，是当今世界上最大的电站，将为川东、华中、华东广大地区提供清洁而廉价的电力，必将促进这些地区的经济发展。

三峡工程建成后，将出现“高峡出平湖”的景观，使600km长的峡谷河道水位抬高，加深加宽了“黄金水道”的航道，万吨船队可直达重庆九龙坡港，年通航能力可由1000万t提高到5000万t，运输成本可降低30%以上，这必将有力地促进长江流域经济带的发展。三峡工程不仅为附近地区的经济繁荣创造了基础条件，而且其宏观效益必将辐射到全国，对我国实现四个现代化，从小康水平迈向中等发达水平都有着十分重要的意义。

宏伟的长江三峡是一项有长远的巨大的综合效益的战略工程，但同时也是一项史无前例的挑战性工程。要实现前所未有的复杂而又艰难的导流、通航、大坝、电厂、输变电等每一个具有超常规模的单项工程，以及近百万人口的动迁和生态环境的改变，都是对三峡工程的严竣考验。我们要在今后实践中，加深对客观规律的认识，兴利除弊，改造自然，保护环境，保护人类自己。我们坚信利用当代中国和世界的最新工程技术、最先进的管理科学，一定能成功地建成三峡工程。

长江三峡工程总工期17年，第5年截流，第一批机组将于第11年投产，建成后的三峡工程有很强的还贷能力和自身发展能力。但它毕竟建设周期长，资金用量大，建设期财务负担重。建设资金的筹措十分艰巨，除了国家资本和资产的投入外，还将充分发挥企业的自筹能力，充分运用社会主义市场经济体制，多渠道、多方位的筹集资金。我们相信在改革开放的新的历史时期，在经济大发展的年代，中国有足够的实力去克服这些困难。

国务院决定中国长江三峡工程开发总公司是自主经营、自负盈亏的经济实体。三峡总公司是三峡工程项目的业主,全面负责三峡工程的建设和经营,同时实行国家计划单列,这是我国基本建设管理体制的一项重大改革举措,希望得到国务院各部委的领导和支持。

三峡总公司清醒地看到这一历史重任，公司必须紧密地依靠长江水利委员会的工程设计人员，紧密依靠各施工企业、科研单位以及三峡工程的全体建设者，紧密依靠省、地、市各级政府和人民群众，以团结、创新、求实、高效和无私奉献的精神，努力工作，建设好三峡工程。

三峡总公司在组织工程建设时将采用国际通行的办法，实行招标承包制，通过公开招标，引进竞争机制，公正评标，选择最优秀的施工企业承包工程；实行工程监理制，对工程施工的质量、进度和成本进行控制；以合同为依据严格合同管理，使工程建设取得最好的效益。

三峡总公司将实行全方位的开放，敞开大门，欢迎国内外的工程界、学术界、金融界、工商界以及各界人士用各种形式参与和支持三峡工程建设。

我们坚信，在党中央、国务院领导下，在四川省、湖北省各级政府领导和配合下，在全国人民的支持下，当代中国人有志气、有能力，一定能胜利地建成伟大的长江三峡工程。

陆佑楣总经理在三峡总公司(筹)全体职工大会上的讲话

(1993年3月1日)

这次我以个人名义邀请了六位同志来三峡工地，和筹建处、长委会的同志们一起察看了现场，研究了三峡工程的施工总体布置和施工管理方式，以及今年工程的安排，并对三峡工程对外交通方案和总公司章程进行了讨论。今天，把我们这几天讨论的情况分为六个问题，给大家通报一下：

第一个问题
说说这次我们来的背景和目的

国务院的1号文件下达了，大家都听过了传达。国务院成立了三峡工程建设委员会，由总理担任主任，这是三峡工程的最高决策机构。还决定成立中国长江三峡工程开发总公司，和原来的名称相比加了“长江”两个字，肯定了总公司的基本性质。这是一个自负盈亏的、自主经营的经济实体，责任重大。筹建处就是这个公司的前身，但是这里要说明的是筹建处的职责还没有完，要等三峡总公司正式挂牌，筹建处才算完成了历史使命。现在还处在过渡时期，这种过渡当然应该是平稳的。三峡总公司要正式挂牌还有一系列工作要做，总公司章程要审批，很多外部关系要理顺，比如说，和上面的关系要理顺。内部有大量的事情要做，公司的领导班子怎么组成，也还有审批手续等。总之，要有一个过程。我们要积极地把这个公司尽快组建起来，正式挂牌开始工作。

第二个问题，对筹建处工作的评价

在座谈过程中，我认真听了请来的每一位同志的发言。大家认为，由于对三峡工程的重新论证和决策，使筹建处工作在外部环境和工作条件都十分困难的情况下奋斗了八年，但在筹建处各位领导带领之下，积极地培训了人才，把年轻人派出去学习，参加工程监理活动，同时全面深入地研究三峡工程，认真地开展前期准备工作，为公司的正式成立，为下一步三峡工程全面地开展，都打下了良好的基础。筹建处的八年，应该说是做了大量的工作，是有成绩、有成效的。

第三个问题，我想强调我们要进一步全面认识三峡工程，深刻理解三峡工程的特点

三峡工程既是一个特大型的水利工程，也是一个特大型的能源电力工程和一个特大型世界第一的通航工程。从水利效益讲，在世界最大河流之一的长江上修一个高坝水库，来解决长江中下游的防洪，虽然将搬迁近百万人，但可以保护肥沃的江汉平原几千万人口免遭洪水威胁。防洪是三峡工程的必要条件，但是必要条件并不等于充分条件。从能源电力来说，年发电量847亿kW·h相当于年产5000万t原煤，或相当于3000万t原油，是一个长期使用的重要的能源基地，具有巨大的直接的经济效益。正因为三峡工程又有巨大的发电效益和航运效益，才具备了充分条件，才可能建设这个工程。同时，经过专家几十年的反复论证，工程是可行的。所以我们应该充分肯定三峡工程的意义。而三峡工程本身又有一个很大的特点：工程量极大。在坝区约4km^{2}的范围内要完成约1亿m^{3}土石方开挖，3000万m^{3}混凝土浇筑。这么浩大的工程在世界上还没有，而且要在水深60m的条件下把长江截断，所以从技术上讲这个工程相当艰巨、相当复杂。从经济上讲，三峡工程（包括水库移民），按1990年不变价格计是570亿元。但我们正处在整个国家高速发展的过程中，发展过程经济上多变的因素，对三峡工程也同样存在着这样或那样的风险。国务院明确了整个三峡工程资金要总公司筹措，最后由公司负债、还贷，责任重上加重，要求我们用社会主义市场经济原则，充分利用市场规律筹措资金。所以不论从技术上讲，还是从经济上讲，要实现这个宏伟的计划，都要承担很大的风险。这个工程建成以后，又有它的很多特性，由于电的负荷在一年四季比较均衡，虽然三峡电站的能量很大，但是要全年均衡地发电是有困难的。因此，这个电站必须和电网联在一起，跟南方的、北方的电网联起来，依靠大电网，充分利用季节差，互相补偿，才有可能平衡这个电量。从建成以后的运行来讲又有这样的规律。所以，作为一个三峡工程建设者必须全面了解，深刻理解三峡电站的特点，只有这样，才有可能组织好这个工程的建设，以及今后经营好这个工程并使之运行正常。

第四个问题，讲一讲当前工程的部署

这是我们这几天研究得最多的问题。工程今年要起步了，国务院已经发出了号令。那么，这个大馒头第一步从哪啃呢？从哪着手？筹建处的同志们行动很快，已经有很多项目开始施工，但总体来说是零敲碎打的。要尽快展开整个工程，还有大量事情要做。首先是征地移民。移民工作是政府行为，要依靠省、市、县政府。其次是工程进度。大家对工程总进度进行了许多讨论，都有紧迫感，都希望能够提前，缩短一些准备工期。因此提出了“5·6·6”方案的可能性。我想不管“5·6·6”方案也好，“6·6·6”* 方案也好，一切都要从脚下第一步开始。再次是资金问题。李鹏总理已经开了会，全国一度电提取三厘钱，从每度电里面提取的建设基金是一个稳定增长的财源，这是我们三峡工程一个很重要的资金来源。但仔细分析一下，能到位的资金是多少？今年实际可以到位的资金大概是十七、八亿，去掉库区移民5亿，剩下来大概是13亿元左右。究竟今年应该完成多少工程量，资金还怎么筹措？李鹏总理在会上也谈过，每年从建行贷款10个亿，如果把这个钱加上，就可以有23个

---

* “5·6·6”、“6·6·6”均指工程总进度，前者为17年：开工5年后实现大江截流，再6年后第一批机组发电，再6年后工程全部竣工。后者为18年，大江截流时间推迟1年。

亿，但是这些资金都还没有落实。现在筹建处手里还剩1200万，已预付工程局款2000万是不够的，资金要赶快到位。那天，我们见了建行三峡分行的许行长，我说13个亿今年应该绝对保证能拿到，希望他能够融资一下，短期贷款，付点利息，资金一到就还。这个，大概还可能办到。所以我们现在不要受没有钱的约束，可以大胆地干，尽快把工程开展起来。由于长委的初步设计要3月底才能提出，有了初设未经审查仍然不具备施工条件。而3月底提出来以后，国务院三峡工程建设委员会要组织初设审查会，预计二季度才能完成初步设计的审查，审查完后还要完成了技术设计或招标设计才可能招标。那么我们是不是就等待？我想不行。我们要利用这个时间差，简化招标程序，超常规地开展一些工程施工。让施工准备同设计审查、招标设计同时进行。根据目前总的形势来分析，比较现实的情况就是将右岸包括茅坪溪跟导流明渠切出来，采用独家议标的办法，把右岸整个一期工程完整地切给葛洲坝工程局，包括附属设施、道路、拌和系统、砂石系统。这个程序是怎样的呢？第一步从现在开始到6月底为交底阶段。这一刀切在哪里，要切清楚，不断给他们交底，长委表示很好地配合，并同意在这三季度内，设计做到具备基本招标的条件，工程量能够算得清。在交底阶段，要求工程局全面做好施工规划、场地布置，甚至于它的各项设施包括住房布置，都要经过甲方的认可。如果它从现在到6月份之间做的施工规划、施工布置，在初设审查中有重大的改变，工作白做了，甲方给予补偿，这个职责也要划清楚。争取在下半年，正确图纸肯定下来了以后，就开始合同谈判。希望在10月份能够签订合同。在这之前，道路场地平整、测量放线等大量施工准备工作都可以展开。我们要求今年做好充分准备，明年导流明渠大规模开挖。还有一项就是一期围堰实验，希望在今年冬天的枯水期能够全面开展。我们再来分析左岸。左岸两条大船闸，是从山里面挖两条大沟，工程量很大，4000万多m^3土石方。这么集中的工程量，不能等图纸全部出来才动工。我们希望明年能够形成一个土石方的开挖年，全年应该完成2200～2500万m^3。明年左岸要形成大开挖，左岸的场地也要平出来，我们非下这个决心不可。请长委配合好，准备提出一个初期的可供开挖的施工图纸。左岸两条船闸四个工作面，我们可采取公开招标，等设计图纸文件出来后，进行一次招标新闻发布会，欢迎全国各家都来投标，形成一个竞争机制。只有迈开第一步，才可能有第二步。但同时我们也应该有个目标，不是走着瞧，我想大江截流可以考虑5年，1997年实现大江截流，正好是香港回归祖国，我们想办法干得漂亮些。另外一些小方案由筹建处自己定，现场施工电网电压等级，总工程师定就可以，但要听取各种不同意见，分析主客观因素，来确定自己的方案，水厂也是这样，应该由技术部门自己定。

第五个问题，讲讲对外交通的事

从工程的可靠性考虑，我们希望有一条铁路，还需要有一条公路，加上现有的一条公路，这样就有了更可靠的运输条件。铁路的主要理由是：外来的物资可以直接到三斗坪，不需要在宜昌中转，我说这些理由都很充分，但这条铁路要打一条6km的洞，而且工期4年可能还不够；铁路的运行委托给人家，也要有一个铁路运行管理机构。三峡工程建成后，这条铁路就不可能有什么运量。从另一个角度考虑，三峡工程是世界第一流的工程，建成以后没有一条象样的公路是不行的。所以要修公路，就修一条较高等级的公路。有了这么一条公路，一昼夜的通过能力是10000车次，我们高峰时的实际运输量也不过2500车次，而且全国的铁路现在看来是经济发展的瓶颈，充分利用宜昌的基地转运也是可行的，所以请来的这几位都认为应该修一条高等级的公路，否则以后不太好交代。铁路是定点定时运行，有了这条高等级公路，灵活性比铁路多。我们这次初步意见想用公路方案，但是现在的设计方案不能满足要求。要想用公路方案，就是全封闭的，4车道，两上两下，不是一段宽，一段窄，而是黄石～武汉～宜昌～三斗坪全线联通。

第六个问题
讲讲公司的一些工作方式

要完成这么一个复杂的、世界最大的工程建设，一定要有一支高素质的队伍。在整个工程建设过程中，甲方要起核心作用，但真正要形成权威、核心，要靠我们自己的工作。因此我们要有一个良好的企业形象，要有一个良好的公共关系，要讲究信誉，说话算数。什么叫高素质，就是准确、高效率地工作，要有这个本领。我多次说了，凡是参加三峡工程建设，不论是甲方、乙方、设计单位、咨询单位、地方，社会地位都是平等的。业主不是停留在口头上，是要干出来的，否则就会弄得下不了台。要正确处理周边关系。要诚恳，要有一定策略，要头脑清楚，这是我们工作的基础。我们内部要发扬民主，怎样完成这个任务，内部机构怎么设，希望大家讨论。搞工程建设当然不可能完全靠民主，最后还要靠集中，但集中的基础是民主。大家都从对工程最有利出发，发表各自的意见，完全是正常现象，但最后确定了以后，都得坚决执行。这才是我们企业应有的风格。

总之，筹建处现在处在一个从筹建到正式挂牌的过程。因为已经有了1号文件，虽还未挂牌，我对整个工作都要负责。你们干，就是干错了也是我的责任，但是也希望大家要努力准确地工作，平稳地过渡，仍然是筹建处原来的班子不动，继续负起这个责任来，我当然也是要承担这些责任的，不会推卸任何责任。希望大家都努力工作，我们共同努力，尽快地使这部机器运转得更快、更好。

1993年中国三峡总公司工作报告（摘要）

陆佑楣

一、1993年主要工作

1993年，是三峡工程建设的第一年。对总公司来说，是坚持改革开放的一年，是艰苦奋斗的一年，也是良好开端的一年。过去的一年，总公司完成了由筹建到成立的平稳过渡；工程建设适应了由前期施工准备到进入正式施工准备的顺利转折；工程管理运用社会主义市场经济的规律，引入竞争机制，迈出了重要的步伐。公司广大职工精神振奋，努力工作，和科研、设计、施工、监理以及地方政府团结协作，艰苦奋斗，较好地完成了年度计划，工程建设和各项工作都取得显著成绩。正如李鹏总理视察三峡工程时所说的：一年来，在三峡总公司的组织下，经过全体建设者的努力，前期工程确实有了很大进展，与一年前相比，面貌大变。

总结一年的工作，主要体现在以下几个方面：

(一) 工程建设

1993年在年度计划中确定了四项目标：右岸一期土石围堰四季度开始填筑；为1994年创造右岸导流明渠和左岸航建工程大开挖的条件；对外交通公路专用线和西陵长江大桥第四季度开工。围绕这四项目标，主要开展坝区征地移民和“四通一平”（供水、供电、通信、道路和场地平整）等施工准备工程。到年底，主要工程形象进度情况：

(1) 右岸一期土石围堰总长2502.4m，填筑总量为324.7万m^3，防涌墙4.895万m^2。明渠开挖总量为2301.48万m^3。到年末，共填筑77.42万m^3，岩石和覆盖层开挖251.72万m^3，水下清淤222.77万m^3，完成防渗墙5437m^3。

(2) 茅坪溪防护工程泄水隧洞断面为12.2×11.8m，长度为1480.857m，钢筋混凝土箱涵长1169.5m，包括进出口明渠段在内，泄水建筑物总长为3099.2m。到年底，隧洞进口段掘进546m，出口段掘进248m，完成箱涵混凝土浇筑120m。

(3) 对外交通全封闭准一级公路宜昌至坝区全长28.64km，桥梁隧洞占40%，难度较大的“三桥一隧”工程已于10月30日签订施工承包合同，各承包单位已陆续进场开始施工准备。

(4) 西陵长江大桥为钢箱梁悬索式特大桥，主跨长度900m，是目前国内同类型桥梁中跨度最大的。10月11日签订施工承包合同，已于12月26日开工。

(5) 场内交通工程。左岸永久干线江峡大道全长5.8km，年底已形成4.4km的路基。右岸永久干线西陵大道全长6.42km，大部分涵洞正在施工。年内完成场内四条便道，全长12km。通向永久船闸、临时船闸、左岸厂坝的陈坛、苏黄、苏覃三条施工道路已于11月份开工。

(6) 供水工程。左右两岸建成了临时供水设施。左岸鹰子嘴日产3.7万t生活供水厂已基本完成场地平整，开始土建施工。右岸白庙子配水厂已基本完成场地平整。为一期工程生产供水用的两条日产9万t水厂船，已于11月20日签订建造承包合同，开始建造。

(7) 供电工程。葛三线220kV线路57基塔基本完工，总长27km，已架线24km；变电所土建工程已开始进行，两岸已各建一座35kV变电所，11月份实现了地方小水电供电到大电网供电的过渡。

(8) 通信工程。微波通信、程控交换机、移动通信、卫星通信系统都在全面进行订货和建设。今年一季度可先后开通投入运行。

(9) 场地平整。左岸办公生活区和仓库区，场地总面积154.2万m^2，总开挖量876.8万m^3，总回填量1554.5万m^3。到年底，左岸场地平整已开工96万m^2，完成土石方开挖525万m^3，回填527.1万m^3；右岸场地平整完成土石方开挖3万m^3，回填3万m^3。左、右两岸累计完成场地平整土石方开挖528万m^3，回填530.1万m^3。

(10) 房建工程。右岸已开工5栋共3.2万m^2，其中4号楼主体工程已完，左岸已开工3栋2.2万m^2。

(11) 砂石料和混凝土拌和系统工程。左右岸各建成一个临时砂石系统，生产能力分别为4.5万m^3和3万m^3砂石净料。右岸建成3×1.5m^3临时拌和楼一座。南村坪月产15万m^3砂石净料系统已于12月30日签订施工承包合同，施工单位已进场准备。

据统计，全年共计完成土石方1243.89万m^3，回填852.36万m^3，混凝土浇筑13552m^3，浆砌块石29076m^3，干砌块石19571m^3，供水管道安装23000m，涵管埋设2100m，钢筋制安984t。

纵观全局，去年年初确定的四项主要目标已经按计划实现。但某些项目的形象进度与计划要求存在一定距离，要抓紧采取适当措施抢上去，不能影响总进度目标。

(二)工程管理

总公司坚决贯彻李鹏总理多次强调的，三峡工程要运用社会主义市场经济的办法组织工程建设，用现代化的经济管理办法进行管理，要采用国际通行的工程项目业主负责制，采用招标的办法，引入竞争机制。得到了施工企业的积极响应，投标踊跃，竞争激烈，初步形成了竞相参与三峡建设的势态，使国内各行各业精良施工企业云集三峡，并促进了施工企业集团的形成。

从去年9月份开始到年底，先后进行了12个项目招标。经过全国88家企业平等竞争，最后14家企业中标，承包合同金额为6.58亿元。另外右岸一期工程，总公司与葛洲坝工程局采取议标的形式，于去年12月31日签订了施工承包合同，合同金额为18.68亿元。至此，总共签订了13个合同，总金额达25.26亿元。

在招标工作中，总公司始终坚持公开、公正、公平的原则，主要采取如下方法和措施，选择相对最优的施工企业。

1. 招标方式

主要采用公开招标和邀请招标两种。除右岸一期工程因设计文件和工程进度的矛盾，实行独家议标外，其它工程一般均实行公开招标；部分工程量较小的项目也采取多家议标的方式。

2. 聘请专家评标

专家组以外聘为主，聘请高层次的工程技术、经济管理人员，并进行秘密评标，以保证公正评标。

3. 采用定量记分评标

对投标单位标书中的总报价、单价、技术方案及资信分四类加权分别进行打分。为防止不正常的偏向，采取去掉最高分与最低分，最后取平均分的办法。

4. 综合分析定性决标

在充分阅标、讨论和澄清问题的基础上，客观地分析各投标商对工程适应情况，然后推荐中标单位或提出排队顺序名单。在专家组推荐基础上，总公司召开总经理办公会集体讨论决标。在去年12项工程招标中，总公司决标都采纳了专家组推荐的第一名。

5. 严明纪律

总公司领导率先垂范，正确处理来自各方面的干扰。公司正、副总经理都不参加评委，不干预评委工作。明确规定“四不准”：任何人不准泄露标底；任何人不准干预招投标工作程序；任何人不准接受投标单位的吃请、礼品和礼金；总公司已正式宣布，自1994年元月1日起，在招标、开标、评标、授标、签订合同的程序中，停止宴请活动。树立一个良好风尚。

工程监理也通过议标的形式决定，已选择了长委会宜昌监理中心为右岸一期工程监理单位；铁道部科学研究院为西陵长江大桥工程监理单位；铁道部第四设计院为对外交通公路监理单位；水利电力中南勘测设计研究院为永久船闸一期开挖工程的监理单位；水利电力华东勘测设计研究院为临时船闸和升船机一期开挖的监理单位；水利电力西北勘测设计院为6号机组以左的坝段一期开挖工程的监理；长委监理中心承担大江二期围堰及左岸混凝土系统场地平整工程监理。监理单位已经或在近期与总公司签订监理委托合同。

西陵长江大桥等12个工程项目招标承包合同和右岸一期工程议标承包合同以及首批监理委托合同的签订，标志着三峡工程按照社会主义市场经济机制，实行工程项目业主负责制、招标承包制、建设监理制，合同管理制的建设体制正在逐步建立起来。

(三)资金到位和使用情况

1993年计划为20.2亿元，其中以工代赈2亿元。在国务院及有关部委和有关部门的支持下，经过各方面的努力，到去年12月31日总公司在银行帐面的资金到位和使用情况：

实际到位资金17.3亿元，其中三峡建设基金(含葛洲坝电厂发电利润)17亿元。

一年来，葛洲坝电厂在长江来水偏枯，上半年平均入库流量6943m^3/s，较多年同期平均值减少9.2%，在宜昌站113年资料中排最小流量第三位的情况下，电厂广大干部职工充分挖掘内部潜力，合理安排，精心调度，争创产值。到年底共发电156.95亿kW·h，超额完成国家核定的153.8亿kW·h的指标，按每度电售价5.3分计算，销售收入可达8.3亿元。其中按国家规定的可投入三峡建设的资金2.17亿元，有力地支持了三峡工程建设。

另外，总公司向三峡建行和三峡工行申请临时周转贷款1亿元。

全年筹集资金18.3亿元。

上述资金已安排使用16.59亿元：建安工程投资

5.2亿元（支付葛洲坝工程局工程款3.94亿元，支付其他承包单位1.26亿元）；拨库区移民费2.75亿元（不含以工代赈2亿元）；支付坝区及对外交通征地移民费2.24亿元；支付勘测设计费1.1亿元；支付科研论证及咨询费0.20亿元；支付设备费1.22亿元；支付材料费0.84亿元；支付葛洲坝工程局荆门水泥厂补偿贸易用款1.37亿元；归还临时贷款利息0.84亿元；总公司管理费0.14亿元；其他支付0.65亿元。

（四）设备、物资采购供应情况

设备公司和物资公司边组建边开展业务，全年通过七次招标共采购供水、供电、土石方挖掘、测量、通信和运输设备共计576台（套），合同金额为1.42亿元。

全年共购进钢材11715t，木材2091m^3，水泥11388t，油料4261t。保证了施工主材的供应并有一定的储备。

（五）坝区征地移民

坝区征地移民工作，在省、市、县、镇各级政府和各级移民干部的大力支持和积极配合下，经过艰苦细致地工作，年初计划征地8100亩，到年底，实际征地17549亩，其中红线内征地13607亩，红线外征地1027亩。利用葛洲坝水库消落区2915亩。计划移民6000人，实际搬迁5400人。

（六）国际合作

在加强国内合作的基础上，积极开展国际合作，全年共接待43个国家和地区，327批外宾，共4483人。在资金筹措、设备选型、项目洽谈和管理信息等方面进行广泛接触。

全年与国外厂商共签订7项合作协议或意向书。而且第一批土石方机械设备国际招标评标工作已经开始。

（七）自身建设

根据国务院国发〔1993〕1号文件，7月，经国务院任命总公司领导班子配齐到位。9月27日总公司在宜昌挂牌成立。

总公司成立后，首先抓了组织建设。总公司组织机构设置着眼于三峡工程建设，坚持“精简、统一、效能”的原则，实行以经营管理为核心，项目管理为重点，机关职能部门归口管理同项目管理有机结合的管理体制；适应业主责任制、招标承包制、建设监理制的建设体制，适应社会主义市场经济体制，逐步向现代股份制企业过渡。基于上述思路，总公司分决策层、管理层、实施层三个层次定员定编定职责。正副总经理组成决策层；设高层次的技术委员会和总工程师、总经济师、总会计师参与重大问题决策；组成工程建设部，具体负责工程建设项目的管理；除机关职能部门以外，还组成了物资、设备等专业公司，实业开发、多能等经营公司，收回利能、利源和江峡公司，筹建财务公司。

抓思想和业务建设。上半年组织职工主要学习贯彻党的十四大文件和小平同志南巡讲话；下半年主要学习贯彻中纪委二次全会关于反腐倡廉的文件精神；四季度以来重点学习贯彻党的十四届三中全会决定和《邓小平文选》第三卷。通过学习，提高职工贯彻执行党的基本路线和发展社会主义市场经济的方针政策的坚定性和自觉性，在实践中学习运用市场机制管理、建设三峡工程。

业务培训采取请进来走出去的办法。举办了两期共47人的监理工程师培训班；选派12名干部到大专院校深造和参加短期培训班；组织25人次出国出境考察培训。

抓制度建设。总公司先后制定了干部聘用制度，劳动工资（临时用工）管理制度，工程价款结算暂行办法，会议制度，接待工作制度，通信保密规定以及出国审批、政审等手续的规定和廉政建设的若干规定等。还有一批制度正在讨论、修改。通过制度建设，逐步建立总公司运作秩序。

1993年，我们的工作还刚刚起步，工程建设仅仅是开始，因此，必须看到总公司刚组建，很多基础工作薄弱，规章制度不够健全，部门、单位之间职责不够明确，各级领导干部的领导艺术和工作作风还有待于提高和改进，办公、生活条件不够完善，外部关系有待进一步理顺。同时，我们还要充分估计到，在前进的道路上还会遇到很多困难。只要我们怀有为我中华，志建三峡的坚定信念，发扬团结、创新、求实、高效和奉献的精神，坚持改革，善于学习，勤于思考，勇于实践，就一定能肩负起人民赋予我们建设伟大三峡工程的神圣责任，总公司也一定会沿着建立现代企业制度的道路健康发展。

二、1994年工作安排要点

1994年的工作方针是：全面贯彻党的十四届三中全会决定，落实李鹏总理重要指示，深化内部改革，理顺外部关系，努力探索建立现代企业制度，运用市场机制推动工程建设。我们的行动口号是：抓准备，创一流，迎接主体工程正式开工。

（一）计划安排和工程的主要目标

1994年资金需要量为50亿元。其中：工程投资40亿元，包括建安工程投资24.05亿元，库区移民投资10亿元，工程预备费0.53亿元，其他费用5.42亿元；材料、设备采购储存周转资金10亿元。

主要工程量：土石方开挖2500万m^3，其中主体工程开挖1433万m^3；土石方填筑1500万m^3，其中主体工程填筑200万m^3；混凝土浇筑21万m^3。

工程的主要目标：

(1) 右岸一期土石围堰在6月份之前达到安全渡汛标准，7月完成防渗墙，汛期开始基坑抽水，10月开始导流明渠开挖；

(2) 茅坪溪防护工程泄水建筑物6月底建成通水，防护大坝进行基础处理，第三季度末完成坝基开挖；

(3) 左岸航建工程、1～6号机厂坝段和右岸导流明渠及厂坝工程岸上部分形成大开挖局面，全年完成2000万m^3以上；

(4) 左岸江峡大道，右岸西陵大道和上坝公路6月底前全线路基贯通，三季度完成混凝土路面；

(5) 对外交通专用公路全线开工，年内完成40%工程量；

(6) 西陵长江大桥两主塔及两岸锚墩土建完成；

(7) 坝区征地手续办完，移民基本迁完；

(8) 临时工程全面展开，逐步满足一期施工需要。

(二) 以对人民高度负责的精神，加强工程管理

李鹏总理在1993年12月18～23日视察三峡工程时作了许多重要讲话，明确指出了组织三峡工程建设的指导思想和建设目标。要求我们一定要按照社会主义市场经济的办法组织工程建设。李鹏总理强调三峡工程是世界上最大的第一流的工程，应该有第一流的工程质量，第一流的现代化管理，第一流的文明施工。以对人民高度负责的精神，把这项造福子孙后代的大事情办好。

为了实现今年的奋斗目标，必须按照李鹏总理的指示，加强工程管理。主要抓好以下几项工作：

1. 抓紧抓好技术设计审查

1994年以完成单项技术设计审查（包括有关的专题审查、中间讨论等在内）为主，配合完成坝区环保实施规划的审查工作和坝区文物抢救规划的审查工作。同时抓好招投标、施工设计和设备选型的技术审查工作以及科研合同的管理工作。

要求单项技术设计审查及时进行，不影响设计和施工进度，应该确定的问题及时确定，对目前已发生的招标工作超前于技术设计的情况，尽量设法协调弥补，防止可能出现的问题。

审查中要求在保证设计质量的前提下，优化设计，采用新技术，并抓紧有关的研究试验工作，做到既先进又稳妥可靠。

环保工作尽量做到协调各方意见，突出重点，远近结合，和施工工作同步开展。

配合文物保护单位做好抢救工作。

三峡工程单项技术设计审查，技委会成员已作了分工，明确了各专家组组长。总工程师负责组织总公司有关人员参加审查。在审查中一定要抓住重大关键，弄清可能出现的问题、性质、后果和可供选择的解决办法。

牢固树立千年大计，质量第一的思想。充分发挥监理单位的监督职能，建立完善的质量控制体系，按设计要求和合同规定跟踪监督，确保第一流的工程质量。

2. 完善招标办法，严格合同管理

通过第一阶段招标，说明按照社会主义市场经济的原则进行招投标，有着广泛的社会基础，有利于缩短工期，降低造价，提高效益。

前段招标工作坚持“公开、公正、公平”的原则和“专家评标、定量评分、定性分析、评委推荐、领导决策”的程序是成功的。下一步要认真总结经验，结合贯彻《反不正当竞争法》，修改和完善招标及合同管理暂行办法，使之逐步走上程序规范化、办法制度化、决策科学化的轨道。

3. 抓紧坝区规划与管理，搞好文明施工

三峡工程建成后坝区15km^2必然成为世界瞩目的旅游胜地。坝区的规划与管理，应该远近结合，统筹考虑，按黄线规划、红线建设，向旅游和风景区方向发展，永久性建筑要服从坝区总体规划，使枢纽工程的外观与当地的人文景观相协调，建造一个优美的环境。各个小区的建筑设计和环境规划要抓紧进行。按照李鹏总理的指示，抓紧组织，拿出坝区的整体规划方案，要求既有平面图纸，又有立体沙盘，报建设委员会批准。

实现李鹏总理提出的“三个第一流”，当务之急要从文明施工抓起，下决心改变水电施工现场脏、乱状况。工程建设部要抓紧拟订文明施工的标准；报纸、影视要见文明施工的版面，近期内造成一定的声势；公安、武警、保卫部门要加强坝区社会治安和重点目标、重点部位的安全保卫工作，保证坝区有一个良好的社会秩序和施工环境。

4. 下功夫，切实抓好基础工作

现代化管理的基础是基本资料及时、完整、可靠。三峡工程是一个庞大的系统工程。组织好这项工程建设需随时掌握各方面的情况。要求资金收支情况、工程量完成情况、工程面貌进展情况，工程质量控制情况，合同执行情况，成本分析情况、设备定货情况、物资采购情况等等方面，各业务主管部门和主管单位都应建立月报工作制度，做到信息畅通。

加强基础工作，还应加强文件资料的管理。无论是设计文件、图纸资料、合同文本，还是党政文件，都要以主管业务部门归口，设专人管理，及时做好签收、分发、立卷、归档等工作。希望各级领导重视这项工作，从现在起就要抓好这项工作，保证三峡工程档案资料的齐全完整。

（三）以改革的精神，加强经营管理

党的十四届三中全会通过的《中共中央关于建立社会主义市场经济体制若干问题的决定》是一个战略决策，是指引全党和全国人民不失时机地加快改革、加快发展的行动纲领。

最近颁布的《中华人民共和国公司法》，是一部规范市场经济主体的重要法律。它的作用在于规范公司的组织和行为，保护公司、股东和债权人的合法权益，维护社会经济秩序。它以法律形式塑造适应社会化大生产和市场经济需要的市场主体，完善我国的企业法人制度。

贯彻执行这两个重要的文件是长期的任务。根据这两个文件的精神，遵照建立现代企业制度的规范，严格按照产权清晰、权责明确、政企分开、管理科学的原则，首先在加强经营管理中抓好如下几个试点：

(1) 为三峡工程筹集资金，积极进行三峡—葛洲坝电厂股份制改造的研究；

(2) 初步建立总公司财务会计管理体系，积极配合财政部做好对总公司（大型企业集团）财务会计管理体系的试点工作；

(3) 加强设备管理，要转变思想，从职能处室的管理转变到独立法人的管理，提高经营意识，增强经济效益观念；

(4) 加强物资管理，重点抓好物流系统的建设，尽快确定物流系统方案；

(5) 加强国际合作与交流，积极慎重地引进外资。

（四）加快三峡工程管理信息系统建设，实现管理现代化

抓紧建立一个面向三峡工程建设和管理全过程的综合信息服务系统，即《三峡工程管理信息系统》。

总公司有关管理部门建立“管理信息”推动领导小组及专家咨询组，修改、完成规划方案，报总公司审批立项；招标完成系统设计，优选项目管理软件并进行管理人员及计算机人员的培训工作，开展公司标准化建设，着手代码、格式的统一编制等基础工作；完成监理单位的招标工作并对系统设计进行评审，对网络及服务业、操作系统进行比选。在此基础上，第四季度开始，本着先易后难，先急后缓，分系统分团组进行开发；计划用三年左右时间形成较高水平的管理信息系统。

（五）高起点，严要求，加强自身建设，加快改革进程

总公司作为三峡工程的业主，在组织工程建设的实践中不断提高总公司的地位。实践告诉我们，在新的一年里，我们更要谦虚谨慎，清正廉洁，公道正派，以我们自身的言行来树立业主的形象。

1．组织建设

越是改革、开放，越是要加强党的建设。在总公司党组未批复以前，各基层党组织先由临时负责人组织开展活动；工、青、妇等群众组织也要逐步建立，做好党的助手，发挥桥梁和纽带作用。同时，建立健全保密组织机构。

2．制度建设

总公司成立以来先后出台十余种制度，要在此基础上不断完善。各部门、各单位要根据自己的特点，制订出符合本单位实际的制度或办法。制度订了以后关键是要认真执行。每个职工都要按照公司的制度规范自己的行为，逐步使各项管理工作制度化、规范化、科学化，建立总公司正常的运作秩序。

3．思想和作风建设

在思想建设中，首要的是进一步用邓小平同志建设有中国特色社会主义理论武装职工特别是各级领导干部。在新的一年里，各级领导干部和全体职工要继续认真学习《邓小平文选》第三卷，加深对基本观点的理解，尤其要牢牢掌握解放思想、实事求是这一精髓，勇于探索，勇于创新，不断提高领导水平。

要十分注意抓作风建设。我们一定要按照江泽民同志一再强调的“希望大家都能多挤点时间学习，少搞一点应酬；多做些调查研究，少一些主观主义；多干些实事，少说些空话”。大力倡导好的作风，树立一个新的风尚，提高工作效率。

4．后勤建设

由于总公司刚组建，许多条件不具备，不完善，给职工的学习、工作和生活带来诸多不便。希望广大职工发扬艰苦创业精神，克服眼前困难，把三峡工程这件大事情搞好。总公司今年下决心在后勤建设方面办几件实事：一是租房或购房解决目前尚无住房职工的住房问题，同时抓紧综合楼、西坝高层住宅楼和总部办公大楼的施工。二是理顺总公司工资关系，制定以工效挂钩的工资总体方案以及分配方案，逐步增加职工收入；三是加快改革职工养老保险统筹制度；四是以“老有所养、老有所学、老有所乐、老有所为”为宗旨，加强离退休职工管理工作。

1994 年是三峡工程建设的第二年，我们要树立紧迫感，实施倒计时。从今天算起三峡工程总工期已不到 16 年了，离大江截流只有 3 年又 340 天，离第一批机组投产只有 9 年又 340 天，时不我待。我们要珍惜每一天，每一个小时，要建立“三峡模式”，创造“三峡速度”，树立“三峡形象”。

同志们，1994年的工作任务是艰巨和繁重的，总公司要求各级组织和广大职工要积极响应江泽民同志的号召：“发扬艰苦创业精神，建好宏伟三峡工程”。让我们与设计、施工、监理、地方政府和坝区人民通力合作，艰苦奋斗，再创辉煌！

历 史 文 献

关于兴建长江三峡工程决议

（1992年4月3日七届人大五次会议通过）

第七届全国人民代表大会第五次会议关于兴建长江三峡工程的决议。

1992年4月3日第七届全国人民代表大会第五次会议通过。

第七届全国人民代表大会第五次会议，审议了国务院关于提请审议兴建长江三峡工程议案，并根据全国人民代表大会财政经济委员会的审查报告，决定批准将兴建长江三峡工程列入国民经济和社会发展十年规划，由国务院根据国民经济发展的实际情况和国家财力、物力的可能，选择适当时机组织实施。对已发现的问题要继续研究，妥善解决。

第七届全国人民代表大会财政经济委员会关于兴建长江三峡工程议案的审查报告

（1992年3月30日第七届全国人民代表大会第五次会议主席团第二次会议通过）

全国人大常委会副委员长

全国人大财政经济委员会主任委员

陈慕华

国务院提出的关于提请审议兴建长江三峡工程的议案，国务院副总理兼国家计划委员会主任邹家华所作的《关于提请审议兴建长江三峡工程的议案的说明》，各代表团进行了审议。全国人民代表大会财政经济委员会根据代表们审议的意见，进行了讨论。现将审查意见报告如下：

三峡工程是综合治理和开发长江的国家重点工程，具有防洪、发电、航运、供水和促进经济发展等巨大的经济效益和社会效益。经国务院审查确定的兴建三峡工程的方案，是在各方面专家经过长期调查研究、论证的基础上提出来的，技术上是可行的，经济上是合理的。代表们对兴建三峡工程非常关心，在审议过程中，提出了很多很好的意见和需要注意的问题，多数代表赞成兴建，有的代表表示有疑虑，有的代表不同意搞这项工程，并都陈述了各自的理由。他们都是从国家和民族利益出发的。财经委员会经过反复研究，分析比较，建议全国人民代表大会批准将兴建三峡工程列入国民经济和社会发展十年规划，由国务院根据国民经济发展的实际情况和国家财力物力的可能，选择适当时机组织实施。同时，提出以下建议：

（1）三峡工程规模宏大，技术复杂，工期长，移民数量大，还涉及到生态、环境、社会等诸方面的问题，必须充分估计到建设任务的艰巨性与复杂性。为了建设好三峡工程，建议国务院建立强有力的指挥机构，由国务院领导同志亲自负责，切实加强领导，统一指挥。对工程建设中涉及地区之间、部门之间的关系和群众利益等重大问题，要制订专门的法规，切实做到有章可循。

(2)国务院要继续抓紧做好各项前期工作，对已经发现的问题和代表们关切的问题，要继续认真研究，妥善解决；对建设中可能出现的困难和问题，要有充分的估计，并继续听取各方面的意见，进行科学论证，做到决策民主化、科学化。在工程建设中，要广泛采用新技术，精心组织，精心设计，精心施工，力争使三峡工程成为一个高技术、高质量、高效益的优质工程。

(3)三峡工程投资巨大，为保证工程顺利进行，应及早测算出动态投资，审定工程预算，落实分年度资金筹措方案。一旦工程上马，投资就应及时到位，不留缺口。同时，要采取得力措施，加强财务管理和审计监督，严格财经纪律，避免损失浪费及资金流失现象。

（4）坚持贯彻开发性移民方针，把移民工作和库区经济发展有机结合起来，切实把移民安置好。要把库区工业企业的迁建与企业产品结构的调整和技术改造结合进行，促进企业技术进步和经济效益的提高。

（5）切实加强长江中上游地区的造林绿化和水土保持，严格执行《森林法》和《水土保持法》的有关规定，以减少各河流的泥沙下泄及库区的淤积，并把这项工作与发展长江中上游地区的农业生产、增加农民收入和改善生态环境紧密结合起来。

三峡工程是一项具有重大战略意义的特大型工程，是关系到国家和人民长远利益的重大项目。希望各级政府、各部门和全国各族人民同心同德，大力支持三峡工程的建设，努力为三峡工程作贡献；同时要发扬自力更生、艰苦奋斗、勤俭建国、勤俭办一切事业和全国一盘棋的精神，集中必要的财力物力，把这项举世瞩目的重大工程建设好。

以上意见，请予审议。

国务院关于提请审议兴建长江三峡工程的议案

（1992年3月16日）

国务院总理 李 鹏

全国人民代表大会：

长江是我国第一大河，流域面积占全国总面积的19%，养育着全国1/3的人口，工农业总产值约占全国的40%，在我国国民经济发展中占有重要地位。长江中下游的洪水灾害历来频繁而严重。新中国建立以来，国家在长江流域进行了大规模的防洪建设，对保障中下游地区的经济建设和人民生命财产安全，发挥了很大作用。但由于多方面的原因，长江资源还没有很好开发利用，水患尚未根治，上游洪水来量大与中下游河道特别是荆江河段过洪能力小的矛盾，依然十分突出，两岸地面高程又普遍低于洪水位，一旦发生特大洪水，堤防漫溃，将直接威胁荆江两岸江汉平原向洞庭湖区的1500万人口和2300万亩良田，人民群众的生命财产和一批重要的大中城市、工矿企业和交通设施，将会遭受巨大损失，严重影响国民经济全局。这是我们国家的心腹大患。

如何解决长江的防洪问题，更好地开发长江资源，中共中央和国务院一直很重视，社会各界也十分关注。经过几十年来的治理实践和对各种意见、方案的反复研究和论证，解决长江中下游的防洪问题，必须采取综合治理措施。兴建三峡工程是综合治理的一项关键性措施。三峡工程兴建后，可将荆江河段防洪标准由目前的10年一遇提高到100年一遇；配合其他措施，可以防止荆江河段发生毁灭性灾害；还可减轻洪水对武汉地区及下游的威胁。同时，三峡工程还有发电、航运、灌溉、供水和发展库区经济等巨大的综合经济效益和社会效益。三峡工程建成后年发电量840亿kW·h，占目前我国年发电总量的1/8，可为华东、华中和川东地区的经济发展提供重要的能源；可以大大提高川江航道通过能力，万吨级船队有半年时间可直达重庆，为发展西南地区的经济和繁荣长江航运事业创造条件。三峡工程还有利于长江中下游城镇的供水，有利于南水北调。总之，三峡工程的兴建，对加快我国现代化建设进程，提高综合国力，具有重要意义。

国务院对兴建三峡工程历来采取既积极又慎重的方针。近40年来，有关部门和大批科技人员对三峡工程做了大量的勘测、科研、设计和试验工作。特别是1984年以来，社会各界提出了许多新的建议和意见。一些同志本着对国家、人民和子孙后代高度负责的精神，对库区百万移民的安置、生态与环境的保护、上游泥沙的淤积、巨额投资的筹措和回收等疑难问题，从不同角度提出各自的意见，这些意见对于开拓思路，增进论证深度，完善实施方案，起到了十分有益的作用。

经过多年的研究、论证和审查，三峡工程坝址选在湖北省宜昌县三斗坪镇。工程的拦河大坝全长1983m，坝顶高程185m，最大坝高175m。水库正常蓄水位175m，总库容393亿m^3。水电站总装机容量1768万kW。工程静态总投资570亿元（1990年价格）。主体工程建设工期预计15年。工程建设第九年，即可发电受益，预计在工程建成后不太长的时间里，即能偿还全部建设资金。国务院三峡工程审查委员会对可行性研究报告进行了认真审查，认为三峡工程建设是必要的，技术上是可行的，经济上是合理的，随着经济的发展，国力是可以负担的。

三峡工程规模空前，技术复杂，投资多，周期长，特别是移民难度很大。对于已经发现的问题要继续研究，妥善解决，对今后可能出现的各种困难和问题，要有足够的思想准备。要谨慎从事，认真对待，使工程建设更加稳妥可靠，努力把这项造福当代、荫及子孙的事情办好。

国务院常务会议经过认真讨论，同意建设三峡工程。建议将兴建三峡工程列入国民经济和社会发展十年规划，由国务院根据国民经济的实际情况和国家财力物力的可能，选择适当时机组织实施。

请审议。

关于提请审议兴建长江三峡工程的议案的说明

（1992年3月21日）

国务院副总理 邹家华

各位代表：

我受国务院的委托，就《国务院关于提请审议兴建长江三峡工程的议案》作如下说明。

一、三峡工程的审查过程

三峡工程规模巨大，影响深远，国务院对兴建三峡工程历来采取既积极又慎重的方针。从50年代开始，在毛泽东、周恩来等老一辈无产阶级革命家和其他中央领导同志的直接关怀下，有关部门和广大科技人员进行了大量的勘测、科研、设计和试验工作。1984年，国务院组织专家论证审查后，曾原则批准三峡工程（正常蓄水位150m方案）可行性研究报告。此后，有关部门、地方和社会各界人士，本着对国家和人民负责的精神，提出了各种有益的意见和建议。党中央和国务院对此十分重视，为了使工程决策更加科学、民主和稳妥，要求原水利电力部在广泛征求意见、深入研究论证的基础上，重新提出三峡工程可行性研究报告。1986年原水利电力部组织全国各方面专家412人，分14个专题进行论证。同时，国家科委配合论证，组织全国300多个单位、3200多名科技人员对45个专题进行科技攻关，取得了400多项科研成果。经过近3年的努力，14个专家组陆续完成了专题论证报告。1989年，长江水利委员会根据论证成果重新编制了三峡工程可行性研究报告。近40年来，三峡工程的论证工作不仅有大批的专家和各界人士参加，而且已超过一般论证工作的内容，进行了大量的科研、试验工作，使工程论证尽可能建立在科学的基础上。国务院于1990年7月在听取了重新论证的情况汇报和各方面的意见后，决定成立国务院三峡工程审查委员会，对可行性研究报告进行审查。

国务院三峡工程审查委员会的审查工作，采取先分10个专题进行预审，然后再由审查委员会集中审查的办法，明确要认真地研究各方面提出的一些疑点、难点和不同意的意见，并作为这次审查工作中的一个重要方面，力求使审查得出客观、科学、公正的结论。10个预审组共聘请了163位专家，其中过去未参加过三峡工程论证工作的占62%，现任各有关部门行政、技术职务的占73%。各预审组进行了实地考察，召开了预审会议，于1991年5月都提出了预审意见。1991年7月9日至12日，审查委员会召开第二次会议，听取了10个预审组的预审意见。委员们本着实事求是、尊重科学的精神，进行了认真的讨论和审议，一致认为三峡工程的前期工作规模之大，时间之长，研究和论证程度之深，在国内外是少见的。它是成千上万的专家和工程技术人员长期不辞辛苦、埋头实干的结晶，也是发扬民主，听取不同意见，反复论证的结果。审查委员会认为，无论赞成的、疑虑的或者不同意的意见，都是为了如何更好地解决长江中下游的防洪和治理，都是从对国家和人民负责出发的。这些意见对增加论证深度、改进论证工作以及完善论证结果都起到了十分积极的作用。对待所有意见都应采取博收其长、吸取合理部分的态度，而不应采取排斥对立的态度。因此，在论证、审查中，对有关部门、地方和社会各界提出的意见和建议进行了认真研究，采纳了许多有益的意见。审查委员会一致认为，在重新论证基础上编制的可行性研究报告，其研究深度已经满足可行性研究阶段的要求，可以作为国家决策的依据。1991年8月3日，审查委员会召开最后一次全体会议，一致通过了对长江三峡工程可行性研究报告的审查意见，认为三峡工程建设是必要的，技术是可行的，经济是合理的。建议国务院及早决策兴建三峡工程，提请全国人大审议。

1992年1月17日，国务院常务会议认真审议了审查委员会对三峡工程可行性研究报告的审查意见，同意兴建三峡工程，提请全国人民代表大会审议。

二、关于兴建长江三峡工程的重要性和必要性

（一）解决长江中下游的防洪问题是国家经济发展的需要，必须采取综合治理措施

长江是我国最大的河流，全长6300km，流域面积180万km^2，约占全国总面积的19%，养育了全国1/3的人口。长江流域的水资源十分丰富，总量占全国的1/3，水力资源可开发量占全国的53%，内河航运里程占全国的70%。流域内气候适宜，物产丰富，工农业总产值占全国的40%，在我国经济建设中占有十分重要的地位。

但是，长江流域的水旱灾害分布很广，尤以中下游平原地区洪涝灾害最为严重。从清代以来，水灾更趋频繁。1860年、1870年两次特大洪水，中下游平原损失惨重。本世纪1931年、1935年两次大洪水，

分别淹地5090万亩和2246万亩，直接淹死人口分别为145500人和142000人。1954年大洪水，虽然经过广大军民大力防守、抢救，采取分洪措施，仍淹地4755万亩，死亡33000人，京广铁路100天不能正常运行。历史上每次灾害，都给流域内人民的生命财产带来巨大损失，对国家经济造成很大的影响。

如何解决长江中下游特别是荆江河段的防洪问题，解除长江中下游两岸人民乃至国家、民族的心腹之患，一直受到中央的重视。社会各界对此也十分关注，提出了很多好的意见和建议。经过几十年来的治理实践和对各种意见、方案的反复研究和论证，要解决长江中下游的防洪问题，必须采取综合治理措施，包括有工程措施，也有非工程措施。诸如：①在干支流广大地区进一步搞好水土保持，加强长江中上游防护林体系的建设，防止水土流失；②对主要支流开展治理，修建水库；③在干流上兴建三峡工程；④加强中下游堤防建设，特别是应尽快完成1980年确定的近期防洪方案；⑤加强分蓄洪区建设；⑥加强河道整治和洞庭湖、鄱阳湖的治理；⑦加强防洪管理和非工程防洪措施，包括防汛、河道清障、严禁盲目围垦、通信和预警、群众自救等措施的建设等等，形成一套完整的综合防洪体系。综合治理中的各项措施都在防洪体系中的某一方面发挥它一定的作用。兴建三峡工程也是发挥其一定的作用，而不是替代其他各项综合措施。综合治理的每一项措施对于解决长江中下游的防洪问题都是十分重要的，这些措施互补长短，都是不可缺少的，都必须进一步得到加强。各方面对综合治理措施提出了不少很好的、很有益的意见和建议。不论现在和将来，凡是对治理开发长江有益的建议和意见都应该认真研究和采纳，不要因为考虑兴建三峡工程而予以忽视。三峡工程的建设时间比较长，所以其他各项措施更需要加强领导，更好地组织全面实施，以防止和减少在建设期间可能出现的洪涝灾害所造成的损失。限于本议案的内容主要是关于提请审议兴建三峡工程，所以对其他措施这里就不具体展开说明了。

（二）兴建三峡工程，是诸多综合治理措施中的一项关键性工程措施

建国40多年来，党和政府领导人民在长江流域进行了大规模的防洪工程建设，加高加固干支流堤防3万km，完成土石方40.5亿m^3，修建支流水库48000座，并安排了一批平原临时分蓄洪区，对保障中下游地区的经济建设和人民生命财产安全起到了很大作用。

但是，目前长江上游巨大的洪水来量与中下游河道过洪能力小的矛盾仍然十分突出，在荆江河段尤为严重。据历史记载和调查，自1153年以来，长江宜昌的洪水大于8万m^3/s的有8次，其中1860年、1870年在荆江上段的枝城洪峰流量达11万m^3/s。而现在荆江河段的过洪能力，包括南岸向洞庭湖分流，也只能安全通过约6万m^3/s的洪水流量，相当于10年一遇的防洪标准。超过这个标准，就需要采取分洪措施。现在，分蓄洪区内人口稠密，每分蓄洪一次，损失巨大。而且，分洪后荆江河段也只能通过约8万m^3/s的洪峰流量。一旦出现类似1860年、1870年这样的大水，即使运用分洪区后，仍有约3万m^3/s的超额洪水无法安全通过，将造成南北岸堤防漫溃的严重局面。

荆江河段，北为江汉平原，南为洞庭湖区，汛期洪水位高于两岸地面6m以上，多的达10余m。一旦南岸堤防溃决，洪水将直趋洞庭湖，沿线民垸荡然无存；北溃洪水将直泻而下，淹没整个江汉平原，并危及武汉市和京广铁路的安全。荆江两岸有人口1500万人，耕地2300万亩，是我国重要的商品粮棉基地，还有一批重要的大中城市和工矿企业、交通设施、油田等。无论南溃、北溃或两岸俱溃，广大人民的生命财产均将遭受到巨大损失，严重影响我国国民经济建设的大局。

作为长江中游起分洪调蓄作用的洞庭湖，每年长江水带入泥沙近1亿t，因此，泥沙淤积日趋严重，不断萎缩。建国前有湖面4350km^2，而到1983年只剩下2691km^2，面积减少了38%，大大降低了洞庭湖对荆江河段的分洪能力，进一步加剧了河道过洪能力小与上游洪水来量大的矛盾，使荆江河段原已十分紧张的防洪形势更趋严峻。如不采取措施，洞庭湖将会逐渐消亡，长江中游洪水失去调蓄场所，对荆江防洪也是十分不利的。

三峡工程地理位置优越，能控制荆江河段洪水来量的95%以上，控制武汉以上洪水来量的2/3左右，特别是能够有效地控制上游各支流水库以下至坝址约30万km^2暴雨区所产生的洪水。这是其他防洪措施所难以替代的。三峡工程是提高荆江防洪标准，保障两岸人民生命财产安全的一项关键性工程措施。

三峡工程的防洪作用显著，可以将荆江河段的防洪标准由10年一遇提高到100年一遇；配合分蓄洪工程，可以防止荆江河段发生毁灭性灾害；可以减少流入洞庭湖的水、沙，减轻洞庭湖的淤积和防洪负担，延长洞庭湖的寿命；可以较大幅度地减少中游的分蓄洪损失；可以减轻洪水对武汉地区的威胁，对下游地区也有一定防洪作用。为了保障长江中下游地区特别是荆江河段南北两岸1500万人民的生命和财产安全，使社会长治久安和国民经济持续稳定协调发展，及早兴建三峡工程是十分必要的。这也是兴建三峡工程的主要出发点。

（三）三峡工程可为华中、华东和川东地区提供重要的能源

任何一个水利工程的兴建，都应该尽可能地发挥其综合效益。三峡工程也不例外，除了要考虑其首要的巨大的防洪作用外，同时还要利用水力发电，带来巨大的发电效益。三峡水电站，年发电量840亿kW·h，约相当于1991年全国总发电量的1/8。与火电相比，相当于14座装机为120万kW的火电厂和三个年产1500万t规模的煤矿及相应的运输工程。兴建三峡工程对缓解华中、华东及川东地区能源供应的紧张状况，减轻煤炭供应和运输的压力具有重要意义。同时，三峡工程地处我国腹地，距各大负荷中心的输电距离均在1000 km左右，三峡工程的建成将促进全国几大电网联网，可大大提高电网运行质量和效益。

积极开发水力资源是我国能源发展的一个重要方针。目前国家正在长江支流建设二滩、五强溪、隔河岩、东江、铜街子、宝珠寺等一批大型水电站。根据国民经济发展的需要，长江干支流上其他规划中的主要骨干水电站，都将在本世纪末和下世纪初得到开发。三峡工程的兴建将进一步促进我国水电的开发，同时也将为西电东送起到支撑点的作用。

（四）三峡工程的另一个效益就是可提高川江航道通过能力，促进长江航运事业的发展

目前重庆至宜昌660km航道，流经丘陵和高山峡谷，落差120m，滩多水急，航道通过能力小，运输成本高，限制了航运发展。三峡工程建成后，将改善通航条件，下水单向年通过能力由目前的1000万t提高到5000万t，航运成本可降低35～37%，万吨级船队有半年时间可直达重庆，为发展西南地区的经济和繁荣长江航运事业创造条件。

三峡工程是一个综合利用的水利工程，除防洪、发电、航运等效益外，还可增加长江中下游枯水期流量，有利于沿江城镇的供水，有利于南水北调、缓解北方地区缺水矛盾，并有灌溉、水产、旅游、发展库区经济等效益。三峡工程的兴建，对促进华中、华东、西南地区乃至全国的经济和发展都具有十分重要的意义。

三、关于三峡工程的建设方案

三峡工程正常蓄水位的选择，涉及工程规模、工程效益、水库淹没、移民安置和泥沙淤积等重大问题。国务院于1984年曾原则批准正常蓄水位150m的三峡工程可行性研究报告。同年，重庆市政府向国务院报告，要求将正常蓄水位提高到180m，以便万吨级船队能直达重庆港。交通部门也持同样的看法。在重新论证和审查中，根据各方面提出的意见和要求，分别对正常水位150m、160m、170m、180m，以及“两级开发”和“一级开发、分期蓄水”等6个方案进行了全面的技术和经济论证。考虑到三峡工程首先应当满足中下游的防洪要求，万吨级船队能够直达重庆，泥沙淤积问题的处理要有把握，以及库区人民不希望水库在防洪运用时因超蓄而造成临时搬迁等因素，最后确定，采用水库正常蓄水位175m，大坝坝顶高程185m和“一级开发，一次建成，分期蓄水，连续移民”的建设方案。该方案比原方案更为合理，防洪库容由原来的73亿m^3增加到221.5亿m^3，使三峡工程的防洪、发电、航运效益增大，是各有关部门、地方和库区人民都能够接受的方案。初期先按156m蓄水位运用，有利于移民安置，又可验证泥沙淤积对库尾航道、港口的影响。

经过多年的研究和论证，三峡工程坝址选在湖北省宜昌县三斗坪镇。工程的拦河大坝全长1983m，坝顶高程185m，最大坝高175m。水库正常蓄水位175m，水库总库容393亿m^3，其中防洪库容221.5亿m^3；水电站装机26台，总装机容量1768万kW，多年平均发电量840亿kW·h。工程静态总投资按1990年价格水平计算为570亿元。工程建设需准备3年；主体工程总工期预计15年，第一批机组在第九年开始发电。

四、关于三峡工程的技术可行性

三峡工程的勘测、设计和科学试验工作已进行了近40年，基本资料丰富，前期工作做得比较充分。大坝建在坚硬完整的花岗岩岩体上。工程规模虽大，但建筑物都是常规型式，我国有比较丰富的建设经验，有能力完成设计和施工任务。主要机电设备可依靠自己的力量，立足国内制造。总的讲，工程建设在技术上是可行的。一些同志比较担心的泥沙淤积、水库诱发地震和库岸稳定问题，经过国内有关专家的深入研究，已基本搞清楚，并有了对策。

长江的平均含沙量小，但年输沙量仍相当大，又是一条重要的通航河流，因此，泥沙问题应该慎重对待。根据国内许多工程解决泥沙问题的成功经验，并经过大量的模型试验研究表明，三峡水库是一个河道型水库，采取“蓄清排浑”的方式来运用，即汛期沙多水多，开闸门放水排沙；枯水期水少沙少，关闸门蓄水，这样水库可以长期保持绝大部分有效库容，保证防洪、发电和航运等综合效益的发挥。论证中重点研究了泥沙淤积对重庆市的影响，认为采取综合措施后可以满足航运的要求；水库长期运用后，在假定的不利条件下，泥沙淤积将会使洪水位略有抬高，但其达到的水位不致影响重庆主要市区。

水库建成蓄水后是否产生诱发地震，一直是地质与地震部门长期研究的重点。经过几十年的调查研究，他们认为三峡工程坝址处于地壳稳定性较好的弱震环境地区，建库后虽然不能排除局部地段产生水库诱发地震的可能，但即使发生水库诱发地震，影响到坝区的烈度将不超过6度，不致影响工程的安全。

关于三峡水库库岸稳定问题，经过长时间的调查研究，专家组认为，水库无渗漏及严重的浸没坍岸问题，库岸的总体稳定性是好的。少数可能失稳的大型崩塌滑坡体离三峡坝址都在26km以远，不会影响工程的运用和大坝安全。水库蓄水后江面展宽，水深加大，因崩塌滑坡导致堵江碍航的可能性比建库前大为减小。

三峡工程规模巨大，技术复杂，对已发现的问题，要继续深入研究。在今后的工作中还会有这样或那样的技术问题，都必须高度重视，认真对待，使工程建设更加稳妥可靠、经济合理。

五、关于建设资金筹集的可行性

三峡工程建设所需静态投资为570亿元（1990年价格）。其中，枢纽工程投资298亿元，水库移民投资185亿元，输变电工程投资87亿元。在论证和审查中，采用多种方法对建设三峡工程进行了国民经济评价和财务评价，包括静态分析、动态分析、工程本身的投入产出分析和各种替代方案的比较。研究结果表明，三峡工程虽然总投资大，总工期长，但由于防洪、发电、航运等综合效益大，并在建设的中期就可发挥出巨大的发电效益，因此，仍能取得较好的国民经济效益和财务效益，各项国民经济评价指标和财务评价指标均能达到国家规定的标准。由于从第九年起第一台机组发电后就有收益，因此预计工程建成后的第二年，有可能偿还全部建设资金。

资金筹措是兴建三峡工程的一个关键问题。工程实际需要筹措的资金比静态资金数量要大。具体数额与开工时间、物价、贷款利率等因素有关，特别是物价上涨因素对资金需要量的绝对数影响较大，但三峡工程的实物工作量（工程量约相当于两个半葛洲坝，发电量约相当于六个半葛洲坝）不会随物价上涨而增加。同时，物价上涨，电价等也会随之增加，筹资能力相应加大，这是一种“水涨船高”的关系。

三峡工程投资基数较大，但资金投入流程长，发电前资金需要量约为总量的一半左右。发电后的建设资金相当部分可以靠发电收入自筹，据测算，在建设期间可以发电4300多亿kW·h，创利税近400亿元。在工程开始发电以后靠自身发电和葛洲坝电站的电价收入基本上能满足建设资金的需要。

因此，三峡工程建设资金筹措是关键，是解决发电前近300亿元（1990年价格）的建设资金问题，平均每年投入25亿元至30亿元，占1992年全国基本建设总规模5700亿元的5‰左右。除适当提高葛洲坝电站发电电价所得收入和征收水电建设基金外，所需资金还可以通过社会各方面筹资，如债券、股票、贷款以及利用外资等来解决。只要发挥中央和地方两个积极性，采用多渠道筹集，建设所需资金是能够解决的。

考虑到三峡工程规模巨大，需要资金量多，因此，正式开工建设的时间，还要根据国民经济实际情况和国家财力物力的可能来确定。

六、关于水库移民、生态环境和人防问题

（一）水库移民是大家十分关心的问题

三峡水库移民，量大面广，据1985年统计，淹没区人口725500人，淹没耕地356900亩，涉及川鄂两省19个县（市）。安置区经济不发达，土地资源有限，移民安置又涉及社会、经济以及生态与环境问题，这是兴建三峡工程中一个关键的和困难的问题。中央和地方对此都十分重视，社会各界也很关注。

为探索解决三峡水库移民安置的途径，1985年国务院决定在三峡库区进行开发性移民试点工作，改变过去一次性赔偿的办法，实行开发性移民方针。6年多来，川鄂两省有关县、市进行了开发性移民试点工作，对农村移民安置、城镇及工厂搬迁和人才培训等方面作了探索，受到了库区领导干部与群众的欢迎和支持。试点经验表明，开发性移民大大优越于过去的赔偿性移民，利用移民工作计划的投资，作为发展当地经济的资金，合理地开发利用当地的资源，积极发展第一、二、三产业，努力拓展移民环境容量，同时安置好移民，使移民的生产和生活得到较好的安排。试点的成功，大大增强了各级领导做好移民工作的信心。

从目前的情况看，做好移民安置工作，也还有一些有利因素：一是54%以上是城镇居民，基本上可从事原来的职业，农村移民的数量不到总数的一半；二是农村移民和被淹的土地，分散在库区周边2000km的范围内，淹没土地占有关县市的比重小，

没有一个乡全淹，库区资源较丰富，生产门路较多，大多数移民可以就近后靠安置；三是全国的支持。即使如此，由于三峡工程移民安置量大，任务十分艰巨，对存在的问题要有充分估计，因此，切不可有任何松懈。要搞好三峡工程移民安置，必须继续认真贯彻中央确定的开发性移民方针，做好移民安置规划，制定切实可行的政策，调动各方面积极性，加强管理，加强领导。国务院已成立三峡工程移民试点工作领导小组，负责部署移民试点的各项工作。当前要继续做好扩大移民试点的工作，使得试点地区移民的生产和生活得到合理稳定的安排，并严格控制库区淹没线以下的基本建设和人口增长。

（二）生态与环境问题

国家对三峡工程的生态与环境问题极为重视，从50年代开始就组织力量进行研究。80年代以来，研究工作更加广泛、深入，并列入了国家“七五”科技攻关计划。最近，有关部门编制的《三峡水利枢纽环境影响评价报告书》，已通过了主管部门的预审和国家环保局的终审。

三峡工程建设对生态与环境的影响，既有有利的方面，也有不利的方面。有利的影响主要有：可以有效地减少洪水灾害对中下游地区生态与环境的破坏，减缓洞庭湖的淤积和萎缩；增加中、下游枯水期流量，改善大坝下游枯水期水质，并可为南水北调提供水源条件；与火电相比，可减少大量废气、废水、废渣对环境的污染。

不利影响主要在库区，如水库淹没、移民和城镇迁建，若处理不当，会加剧库区原已紧张的人地矛盾，可能产生新的水土流失；库区部分水域水质污染会加重；部分文物古迹被淹没，三峡自然景观也会受到一定影响；对水生生物和珍稀物种有影响；泥沙淤积对库尾也会有影响等。

三峡工程对生态与环境的影响广泛而深远，本着对人民负责和对子孙后代负责的精神，对不利影响必须予以高度重视，要采取得力措施将其降低到最小程度。结合三峡工程的建设，必须认真做好包括城乡建设、移民安置、资源开发、水质保护、环境整治等在内的库区综合规划；库区新建项目要选无污染或少污染的产业，必须切实执行在审核项目的同时也要审核环保的制度；积极治理老污染源；建立生态与环境监测网络，对生态环境实行监测、管理和研究；要制定三峡库区的环境保护办法；对文物古迹要尽可能地搬迁和保护。各方面要在人力、物力、财力上给予支持，以保证各项环境保护措施的落实。

（三）人防问题

战时三峡工程大坝的安全问题，从50年代起就进行了大量试验研究。减轻遭核袭击溃坝产生的洪灾损失，最有效的措施之一是在出现战争征兆时，降低水位运行，或放空水库。三峡工程设置有低高程、大流量的泄水建筑物，必要时可在一个星期或10天之内，将水库水位降低至145m或130m。此时，水库库容仅103亿m^3至170亿m^3，万一溃坝，影响大为减轻。三峡水库下游有20km长的峡谷河段，对溃坝洪水起约束、缓冲和消减作用，有利于减轻洪灾损失。在大坝遭突然袭击严重破坏的情况下，据溃坝模型试验，溃坝洪灾损失是严重的，但由于狭长峡谷所产生的缓冲作用，可以减轻危害，不致造成荆江两岸发生毁灭性灾害。

人防问题虽然做了很多工作，但仍需继续深入研究，采取工程防护和积极防御等综合对策措施，最大限度地减轻三峡工程可能因遭战争破坏而产生的损失。

七、对三峡工程决策的建议

综上所述，国务院三峡工程审查委员会认为，三峡工程是一项规模宏大的水利枢纽工程，在防洪、发电、航运和供水等多方面将产生巨大的综合效益，特别是对保障荆江两岸1500多万人民生命财产安全具有十分重要的作用。从对增强我国综合国力和为下世纪初国民经济发展打下坚实的基础来说，兴建三峡工程也是十分必要的。有关三峡工程的勘测、科研、设计和试验工作自50年代初开始，全国有关部门和各方面人士通力合作，已持续进行了近40年，前期工作深入，需要研究和解决的主要问题，已基本清楚，并有了对策。建设方案通过重新论证和审查，考虑和吸收了各方面的有益意见和建议，更趋完善。三峡工程的前期工作已经可以满足可行性研究阶段的要求。三峡工程建设是必要的，技术上是可行的，经济上是合理的，随着经济的发展，国力是可以负担的，当前决策兴建三峡工程的条件已经基本具备。

长江百余年来发生了5次大洪水，自1954年以来，已有近40年没有发生全流域性的大水。洪水的出现有一定的周期性，在一定意义上讲，发生大洪水的威胁在不断增长。去年淮河、太湖地区遭受严重洪涝灾害，提高了全社会的水患意识，全国人民和各界人士对兴建三峡工程更为关切，增加了及早决策兴建三峡工程的紧迫感。当前我国政治稳定、经济稳定、社会稳定。现在决策兴建三峡工程，时机也是比较适宜的。

国务院常务会议审议了三峡工程审查委员会对三峡工程可行性研究报告的审查意见，经过认真研究，同意兴建长江三峡工程，建议将兴建三峡工程列入国民经济和社会发展十年规划，并由国务院根据国民经济实际情况和国家财力物力的可能，选择适当时机组织实施，请审议。

三峡工程规模大，投资多，建设周期长，移民量大，技术复杂，影响面广，建设任务十分艰巨。在今后的工作中，对可能出现的各种困难和问题应有充分的估计和足够的重视，谨慎从事，认真对待，听取各方面的意见，使三峡工程建设更加稳妥可靠。要充分调动各方面的积极性，同心协力，把这项造福当代、荫及子孙的事情办好。

我的说明完了，请各位代表审议。

附件：

国务院关于提请审议兴建长江三峡工程议案说明的附件

（一）三峡工程的历史回顾

长江三峡工程从提出至今已逾70年。早在1919年，孙中山先生在他的《建国方略·实业计划》一文中就提出了开发长江三峡水力资源，改善川江航运的设想："以闸堰其水，使舟得以溯流以行，而又可资其水力"。1924年，他在《民生主义》一文中，进一步强调了开发长江三峡水力资源的重要性。

30年代初，国民党政府就开始研究长江三峡水力开发。1944年5月，美国著名坝工专家萨凡奇(J·L·Savage)应邀来华，在三峡地区查勘后，建议在宜昌上游建坝发电，同时有防洪、灌溉、航运之利。国民党政府对三峡工程所做一些初步研究工作一直延续到1947年。

新中国成立以后，在毛泽东、周恩来等老一辈无产阶级革命家和其他中央领导同志的直接关怀下，自50年代初就开始了三峡工程的勘测、规划、设计和科研等工作。

1954年长江发生本世纪以来最大的洪水，中央决定开展长江流域规划，同时进行了三峡工程的勘测、规划、设计、科研和经济调查等工作。

1958年元月，党中央南宁会议期间，毛主席在听取了关于三峡工程的汇报后，提出对三峡工程应采取"积极准备，充分可靠"的方针，并委托周恩来总理亲自抓长江流域规划和三峡工程。会后，周总理率中央和地方有关负责人及中外专家100多人察勘了荆江大堤和三峡坝址，并在途中主持讨论，听取了各方面的意见。同年3月，党中央成都会议听取周总理的报告后，通过了《中共中央关于三峡水利枢纽和长江流域规划的意见》。

中央成都会议以后，进一步开展了三峡工程的前期工作。中国科学院和国家科委组织全国200多个单位，近万名科技人员参加三峡工程重大技术问题的全国性协作研究。在大量科研成果的基础上，长江水利委员会(即长江流域规划办公室)先后完成了《初步设计要点报告》及《初步设计报告》(草稿)，建议采用大坝正常蓄水位200m的方案，并推荐三斗坪坝址。

1970年底，中央批准兴建葛洲坝工程，以缓解华中地区用电紧缺，同时，为兴建三峡工程作实战准备。葛洲坝工程已于1990年胜利建成。

党的十一届三中全会以后，党中央、国务院曾多次研究过三峡工程建设问题。

1983年，长江水利委员会根据当时国内经济情况，提出了正常蓄水位150m方案的三峡工程可行性研究报告。经国家计委组织350余名专家审查后，1984年4月，国务院原则批准了这个可行性报告。

1984年9月，重庆市人民政府向国务院报告，建议将正常蓄水位提高到180m，以便万吨级船队能直达重庆。交通部也持同样看法。国务院委托国家计委、科委对水位方案进一步组织论证。在此期间，关心三峡工程的社会各界人士对三峡工程的建设又提出了许多有益的意见和建议。党中央、国务院对此非常重视，决定重新论证。1986年6月，中共中央、国务院发出《关于长江三峡工程论证工作有关问题的通知》（中发〔1986〕15号，简称15号文件），指出：三峡工程"还有一些问题和新的建议需要从经济上、技术上深入研究"，"以求更加细致、精确和稳妥"，并要求原水利电力部组织各方面的专家，在广泛征求意见、深入研究论证的基础上，重新提出三峡工程的可行性报告。

按照中央15号文件的精神，原水利电力部成立了三峡工程论证领导小组。全国人大财经委员会、全国政协经济建设组、中央有关部门及四川和湖北两省政府，推荐了21位特邀顾问指导论证工作。从国务院所属的17个部门和单位、中国科学院所属的12个院所、28所高等院校和8个省、市专业部门聘请了有各种专长的专家412人（其中中国科学院学部委员15人），共涉及40个专业，分成14个专题组进行论证。根据专家组论证的要求，补充进行了大量的调查、勘测、设计和试验研究工作。

同时，国家科委配合论证，在国家"七五"科技攻关中，组织了全国300多个单位，3200多位科技人员，进行科技攻关，取得400多项科研成果。

经过近三年的反复调查研究和论证，14个专家组陆续提出了专题论证报告，并由专家签字以示负责。14个专题论证报告，有9个是专家组一致通过的；另外5个在讨论通过时，共有9位专家（10人次）有不同意见，没有签字。

重新论证的总结论是：三峡工程对我国四化建设是必要的，技术上是可行的，经济上是合理的，建比不建好，早建比晚建有利。

根据论证成果，长江水利委员会重新编制了《长江三峡水利枢纽可行性研究报告》，水利部、能源部于1989年9月上报国务院。

1990年6月，全国水资源与水土保持工作领导小组组织300多位专家，审查了《长江流域综合利用规划简要报告（1990年修订）》，也肯定了三峡工程在治理开发长江中的地位和作用。同年9月，国务院批准了这个报告。

1990年7月，国务院开了9天会议，听取论证情况的汇报和各方面的意见。出席会议的除国务院全体成员外，还有有关方面负责人，各民主党派、全国工商联的负责人，无党派爱国人士，以及专家代表100多人。有76位专家、教授、学者和各方面人士在会上发言。会议决定成立国务院三峡工程审查委员会对可行性报告进行审查。

国务院三峡工程审查委员会由国务院有关部门负责人25人组成。邹家华担任审查委员会主任，王丙乾、宋健、陈俊生任副主任。

审查委员会全体会议决定对可行性报告先分10个专题由委员们分别主持，进行预审，再集中审查。并从国务院所属的21个部委、4个省（区）、16个科研单位和7所高等院校聘请了163名专家参加预审。在审查过程中，审查委员会成员和预审专家，分别到三峡工程现场实地调查研究，广泛听取了各方面的意见，并将各方面提出的一些疑点、难点和主要不同意见作为审查的重点。

1991年7月，审查委员会听取10个预审组的预审报告。本着实事求是、尊重科学的态度，进行了认真讨论和审议。8月，一致通过了对可行性报告的审查意见。为了表示慎重负责，审查委员会全体成员都在审查报告上签了字。

审查委员会一致认为：根据重新论证成果编写的可行性研究报告，是建立在长时间、大量工作基础之上的，主要结论具有广泛的民主性和坚实的科学性，资料丰富，论证充分，已达到了相当高的技术水平，研究深度已经满足可行性研究阶段的要求，可以作为国家决策的依据。三峡工程的论证工作，规模之大、时间之长、研究和论证程度之深，在世界上类似大型工程中是少见的。可行性研究报告是多部门、多学科长期通力合作的成果，也是发扬民主，充分听取不同意见，反复论证的结果。无论赞成的、提出疑问的或者持不同意见的，都是为了如何更好地解决长江中下游的防洪和治理，都是从对国家和人民负责出发的。这些意见对增加论证深度、改进论证工作以及完善论证结果都起到十分积极的作用。审查委员会一致同意可行性研究报告所推荐的三峡工程建设方案和关于兴建三峡工程的必要性、重要性、紧迫性和可行性的结论及尽早开工兴建的意见。建议党中央、国务院批准《长江三峡水利枢纽可行性研究报告》，并提请全国人大审议。

1992年1月17日，国务院召开常务会议，认真审议了国务院三峡工程审查委员会对长江三峡工程可行性研究报告的审查意见。同意兴建三峡工程，并决定提请全国人民代表大会审议。

（二）三峡工程的建设方案

三峡大坝坝址位于湖北省宜昌县三斗坪镇，距下游已建成的葛洲坝水利枢纽40km，坝址控制流域面积100万km^2，多年平均年径流量4510亿m^3。

三峡工程建设方案的中心问题是正常蓄水位的选择，从50年代以来曾进行反复的研究和比较。在这次重新论证和审查中，根据各方面提出的意见，归纳为正常蓄水位150m、160m、170m、180m，以及“两级开发”和“一级开发，一次建成，分期蓄水，连续移民”等6个方案，进行了全面的论证、比较。

三峡工程正常蓄水位选择的关键是处理好防洪、发电、航运等综合利用要求与水库淹没、泥沙淤积等制约因素之间的关系。较低水位的150m、160m方案，主要优点是：淹没和移民数量相对较少（淹没区人口分别为33.5万人及42.7万人）；泥沙淤积影响主要在库尾局部航道，不涉及重庆港区，航道泥沙问题较易解决。主要缺点是：防洪库容较小，两方案分别在20年一遇和100年一遇以上洪水，要利用正常蓄水位以上库容“超蓄”，影响库区生产建设和群众正常生活；重庆下游附近的河段每年还有较长时间处于天然状态，万吨级船队不能直达重庆九龙坡港。因而交通部门和重庆市，以及库区地方政府均不赞成较低水位方案。

170m方案防洪库容197亿m^3，兴利库容147亿m^3，综合效益显著提高，但在满足防洪调度和航运要求上，仍嫌不足，万吨级船队到达重庆九龙坡港的时间每年只有4个月。180m方案有防洪库容249亿m^3，兴利库容184亿m^3，综合效益最大，但移民安置任务最重，水库长时间运行后，重庆港区和嘉陵江口泥沙淤积影响较严重，治理困难；天然洪水位抬高对重庆市的影响更大。

“两级开发”方案即三斗坪至重庆河段建两级枢纽，三斗坪坝址正常蓄水位取160m，接涪陵以上的蔺市坝址正常蓄水位180m。这个方案的出发点是减少水库淹没，同时对枯水期重庆河段航运有利。但这个方案防洪库容比175m一级方案少88亿m^3，满足不了防洪要求，在正常蓄水位以上“超蓄”，库区人民难以接受；上一级蔺市枢纽建设条件差，经济上难以成立。因此，交通部门和地方均持否定态度。

“一级开发，一次建成，分期蓄水，连续移民”的建设方案，即三斗坪至重庆河段以三峡工程一级开发；正常蓄水位175m，大坝按坝顶高程185m一次建成；水库分期蓄水，初期蓄水位156m，已有相当大的综合效益，此时水库回水不超过铜锣峡口，泥沙淤积不致影响重庆。当正常蓄水位提高到最终规模的175m时，总库容393亿m^3，有防洪库容221.5亿m^3，兴利库容165亿m^3，可以基本上满足防洪、发电和航运要求，库区移民可分期实施；在水库运行较长时间后，泥沙淤积虽影响重庆港，但采取措施治理，可保证通航；且水库分期蓄水，将留有一个对库区泥沙淤积进行观测、验证的时期。这是一个进可攻、退可守的方案，与1984年原则批准的150m方案比较，防洪库容由73亿m^3增加到221.5亿m^3；装机容量由1300万kW增加到1768万kW，年发电量由677亿kW·h增加到840亿kW·h；万吨级船队有半年时间可直达重庆。这个方案较好地协调了综合利用要求与水库移民、泥沙淤积等制约因素之间的矛盾，防洪、电力、航运部门都能接受。经反复论证和审查，并听取了有关部门、当地政府和群众的意见，最后确定采用这个方案。

三峡水利枢纽主要建筑物由大坝、水电站和通航建筑物三大部分组成。拦河坝为混凝土重力坝，全长1983m，最大坝高175m，基础为坚硬完整的花岗岩，设计泄洪能力为100000m^3/s。电厂位于溢流坝两侧，装设水轮发电机组26台，单机容量68万kW，总装机容量1768万kW，年发电量840亿kW·h。通航建筑物包括两条连续五级梯级船闸，可通过万吨级船队，年单向通过能力5000万t；一座垂直升船机，可供3000t级客货轮快速过坝。主体土建工程量为：土石方开挖约8800万m^3，土石方填筑约3100万m^3，混凝土浇筑约2700万m^3。水库淹没耕地35.69万亩，淹没柑桔地7.44万亩，淹没区人口（1985年底指标）72.55万人，规划动迁人口约113万人。按1990年价格水平计算的静态总投资570亿元，其中枢纽工程投资298亿元，移民投资185亿元，高压输变电工程投资87亿元。施工准备3年，主体工程总工期15年，第9年开始发电。

（三）关于防洪问题

解决长江中下游的防洪问题是全国人民关心的大事，也是国家经济发展的需要，必须采取综合治理的措施。兴建三峡工程是综合措施中的一项关键性工程。

1. 荆江河段防洪形势问题

建国以来，长江流域已进行了大规模的防洪建设，但目前长江中下游，特别是荆江河段防洪形势仍然十分严峻。究其原因，要从长江洪灾的成因和江湖演变及社会经济发展等方面加以分析。

长江流域的洪水主要由暴雨形成。一般年份，上中下游干支流产生洪水的时间有先有后，不致酿成大的洪灾；遇特殊年份，上下游、南北岸干支流的洪水重叠，或某一地区暴雨特别集中，都可能出现较大和特大的洪峰，当洪峰流量超过河道安全泄洪能力时，即溃堤成灾。中下游平原地区，特别是荆江河段两岸地面高程普遍低于洪水位6～10余m，干支流洪水又都汇集于此，是长江流域洪灾最严重的地区。

目前中下游河道的安全通过能力，上荆江河段（包括向洞庭湖分流在内）约为60000～68000m^3/s，城陵矶河段约60000m^3/s，汉口河段约70000m^3/s。但自宜昌站1877年有实测资料以来，宜昌洪峰流量超过60000m^3/s的有24次，自1153年以来的800多年中，调查到大于80000 m^3/s的有8次，大于90000 m^3/s的有5次。1931年、1954年，城陵矶合成流量均在100000 m^3/s以上。荆江河段若遭遇历史上确曾多次出现的特大洪水，如1860年、1870年洪水，上荆江入口枝城站洪峰流量达110000 m^3/s，超出河道安全泄量达50000 m^3/s，即使采用各种可能的分蓄洪措施，荆江河段的泄洪能力也只能勉强通过枝城站75000～80000 m^3/s左右的流量，仍有30000～35000 m^3/s的流量无法安全通过，势必在荆江南岸自然漫溃或在北岸溃决，也有可能发生南北俱溃的局面。南溃后洪水将直趋洞庭湖区，北溃将淹没江汉平原，并危及武汉市和京广铁路的安全。由于洞庭湖圩垸区地面高程和江汉平原地面高程都低于长江洪水位，不论南溃或北溃，巨量洪水均将冲毁沿线乡村和城镇，造成大量人口伤亡和巨大经济损失。

在古代，长江上游洪水出三峡进入平原地区后，经云梦泽（即现在的江汉平原）滞蓄后下泄，洪水水势大为减弱。由于泥沙不断淤积，云梦泽逐渐形成江汉平原，从晋代开始逐渐筑堤围垸开垦，至明代联成北岸大堤，又经过不断加高加固，发展成堤身高达十余米的现代荆江大堤，成为江汉平原的安全屏障。随着云梦泽的萎缩、消亡和江汉平原的形成，长江水位也逐渐抬高，洪水南侵，形成了洞庭湖。1825年洞庭湖面积达6000km^2，容积约400亿m^3。19世纪后半叶形成荆江南岸四口分流入洞庭湖的局面，此后洞庭湖成为长江中游最重要的分洪道和滞蓄洪水的场所。由于每年长江分流入湖的洪水挟带大量泥沙沉积下来，使湖底淤高，加以人口剧增后的垦殖，湖面不断缩小，到1949年缩小到4350km²，1983年湖面已不到2700km²。湖泊容积也从解放前夕的290余亿m^3减少到170亿m^3，目前每年仍有近1亿m^3泥沙在湖区沉积，湖区分洪和调洪能力日趋下降，洞庭湖将象云梦泽那样继续萎缩而趋消亡。荆江河段泄洪能力小与上游洪水来量大的矛盾将日益加剧。这是荆江河段防洪形势严峻又难以解决的重要原因。

2. 长江中下游防洪治理方案和三峡工程的关系问题

根据几十年来治理实践和对各种意见、方案的反复研究，解决长江中下游防洪问题必须采取综合治理措施。综合治理中各项措施对于解决长江中下游的防洪问题都是十分必要的、十分重要的。其中主要有：

(1) 加高加固堤防。堤防是长江防洪的主要手段，长江中下游堤防总长30000余km，其中干堤长3600km。解放后，长江堤防已经历过三次大修整，累计完成土石方40.5亿m^3。目前按照1980年防洪方案确定的防御水位，正在抓紧进行加高加固，主要工程预计1995年完成。

堤防加高后，可抬高行洪水位，加大河道泄洪能力，但堤防加高有一定的限度。长江中下游重点堤防高度目前已达6～12m，其中荆江大堤平均高12m，最高达16m，再全面大幅度加高中下游堤防，从技术经济各方面考虑均不现实。如果单靠堤防来防御1954年洪水，中下游堤防需普遍加高2～3m，土石方工程量76亿m^3，挖压耕地160多万亩，迁移人口90多万，还要重建数千座涵洞、数百万千瓦装机容量的抽水站以及大量的桥梁和水利设施。单靠堤防解决荆江河段的特大洪水，荆江大堤需要加得更高。同时，长江堤防是在千余年来修建的旧堤基础上不断加高培厚形成的，原有堤基多数为深厚的强透水层，堤身隐患较多。这些问题难以完全从根本上加以消除。堤防越高，高水位行洪时失事的风险越大。因此，不能单靠加高堤防来解决长江中下游，特别是荆江河段的防洪问题。

(2) 分蓄洪区建设。分蓄洪措施是长江防洪的重要措施之一。自1952年兴建荆江分洪区以来，又陆续规划安排了一批分蓄洪区。但采取分蓄洪措施是一种牺牲局部，保全重点的措施。因为分蓄洪区都是已开垦利用的地区，人口也相当稠密，随着经济的发展和人口的增长，分蓄洪区运用将日益困难，运用一次的损失也会越来越大。据1990年调查统计，目前如遇1954年洪水，分洪需淹没耕地770余万亩，临时转移人口约480余万人，直接经济损失数百亿元。由于现有分蓄洪区比较分散，且绝大多数分蓄洪区没有闸门控制，临时决定扒口分洪运用时很难做到完全适时、适量，实际分洪量和淹没损失将会大于上述数字，且还有运用失控的危险性。由于长江洪水上涨猛，分蓄洪区需转移的人口数量大，时间紧，运用时也很难完全避免人员伤亡。

根据以上情况，需要继续抓紧重点分蓄洪区安全的设施建设，修建安全区、安全台、安全楼、撤退道路及预警设施等，解决分洪时群众的临时安全救生问题，同时加强洪水预报，落实各项安全撤退的措施，力求在分洪时减少损失和人员伤亡。从长远讲，应随着三峡工程和其他干支流水库的建设，逐步减少分蓄洪区的运用范围和机遇。

(3) 干支流治理及水库建设。新中国成立以来，长江流域已建成水库4.8万座，其中大型水库109座。除葛洲坝工程外，全部在支流上。其中，有些水库有较大的防洪作用。如汉江的丹江口，湘江支流耒水的东江，沅水支流酉水的凤滩，资水的柘溪，乌江的乌江渡，白龙江的碧口、青弋江的陈村，沮漳河的漳河等支流水库。正在建设的还有沅水的五强溪，赣江的万安，清江的隔河岩，乌江的东风，白龙江的宝珠寺等大型水库。支流水库主要解决本支流的防洪和综合利用，今后还要继续建设，如《长江流域综合利用规范简要报告》推荐的岷江的紫平铺，大渡河的瀑布沟和龚嘴（加高），嘉陵江的亭子口、合川，乌江的构皮滩、彭水，澧水的江垭和皂市等。

但上游干支流水库，在防洪上主要是对当地作用大，而对长江中下游干流的防洪作用有限，在论证和审查中，曾专门研究了在上游干支流上建溪落渡等16座有较大防洪作用水库的方案。这16座水库，总库容769亿m^3，有效库容375亿m^3，其中防洪库容226亿m^3，虽然和三峡水库的防洪库容相等，但对中下游防洪作用却远比不上三峡水库。因为，暴雨的分布每年不同，降雨不一定都在这些水库的上游，总有一部分库容不起作用，更重要的是，这些水库下游到宜昌之间还有30万km²的暴雨区得不到控制。因此，这些水库对荆江河段洪峰流量的削减作用不大。经对20年、100年、1000年一遇各类洪水进行调洪演算，对中下游的防洪作用都不明显。在遭遇1000年一遇洪水时，即使这16座水库全部建成并按理想状况进行调度，最多也只能削减荆江河段洪峰流量9200m^3/s，约占荆江河段洪峰流量的8%，在使用荆江分洪区的情况下，仍不能安全行洪。因此，支流水库替代不了三峡工程对荆江河段的防洪作用。

三峡工程紧邻荆江河段，利用三峡工程的221.5亿m^3防洪库容，可以对长江上游洪水进行直接控制和调节，是缓解长江中下游洪水威胁，防止荆江河段发生毁灭性灾害最有效的措施，是长江中下游防洪体系中不可替代的重要组成部分。

(4)中下游河道整治。新中国成立以来已完成下荆江两处人工裁弯工程和重点河段的护岸工程，累计完成石方5800多万m^3，已护岸总长1150km。目前正抓紧进行南京、镇(江)扬(州)河段的治理，对其它重点河段正在进行治理规划的可行性研究，并将逐步实施。

(5) 水土保持。长江流域上游部分地区水土流失严重，1985年根据各地统计，全流域不同程度的水土流失面积达56.2万km^2，占流域总面积的31.2%。加强水土保持，直接关系当地农业生产条件、江河湖泊的泥沙淤积和防洪。

国务院已批准成立长江上游水土保持委员会，加强上游的水土保持工作，并将葛洲坝和三峡库区、金沙江下游及毕节地区、陇南地区、嘉陵江中下游地区列为全国重点治理地区，每年拨出专项资金6000万元进行治理。1989年又批准了长江中上游防护林体系建设工程，作为涵养水源，保持水土的重点工程，现正在建设中。

(6) 加强防洪管理与非工程防洪措施，包括坚持河道清障，严禁盲目围垦；建立气象、水文预报预警系统；健全各级防汛指挥系统；加强分蓄洪区管理，实行防洪保险等。

以上各项长江中下游防洪综合治理措施，互补长短，对于解决长江中下游防洪问题都是不可缺少的。不能由于考虑兴建三峡工程而削弱其他措施，相反由于三峡工程建设时间长，其他各项综合措施更要加强，全面组织实施。在三峡工程建成前，长江中下游防洪主要只能依靠堤防和分蓄洪区，当前必须按照1980年防洪方案抓紧堤防与分蓄洪区建设。完成后，靠堤防只能防御10～20年一遇的洪水，加上分蓄洪区的运用，荆江河段也只能防御约40年一遇的洪水，防洪标准仍然过低。为了进一步提高防洪标准和遇特大洪水时防止发生毁灭性灾害，三峡工程作为综合治理措施中的关键性工程，是必须兴建的。

3. 关于三峡水库对中下游防洪的作用问题

长江中下游洪水有几个来源，三峡水库只能控制上游洪水，长江中下游一次大洪水的水量有上千亿m^3，而三峡水库只有200多亿m^3的防洪库容，为什么三峡水库对中下游防洪会起关键性的作用呢?

长江中下游成灾洪水有三种主要类型：一是全流域型洪水，如1931年、1954年的洪水；二是上游型洪水，如1860年、1870年洪水；三是中、下游型洪水，如1935年洪水。无论哪一种类型洪水，宜昌以上来量都占洪水的主要部分。据统计，多年平均长江主汛期7、8两月的洪水总量中，宜昌以上洪水来量平均占枝城洪量的95%、占城陵矶洪量的80.3%、占武汉洪量的72%。即使中、下游型的1935年洪水，7、8两月宜昌站的洪水总量仍分别占城陵矶的64.9%、占武汉的55.1%。三峡水库可以有效调节控制宜昌以上洪水来量，减少下泄流量，不仅可以保证荆江河段行洪安全，而且对城陵矶、武汉的防洪也有较大的作用。

三峡水库防洪库容相对于长江一次洪水的来量虽然不大，但对洪峰的削减作用很大，因为长江洪水峰高量大，三峡水库的防洪作用并不是拦蓄一次洪水的全部水量，而只是调蓄超过中下游河道安全泄量的部分，起削减洪峰作用。例如，遇100年一遇洪水，经三峡水库调蓄，可将枝城洪峰流量87100 m^3/s，削减到荆江河道可安全通过的56700 m^3/s，100年一遇洪水宜昌30天洪水总量虽有1390亿m^3，但三峡水库只需拦洪约100～170亿m^3（随调度方式而异)，其余洪水均可安全下泄。又如1870年洪水枝城洪峰流量达110000m^3/s，30天洪水总量为1650亿m^3，三峡水库拦洪约200亿m^3，就可以把枝城的泄流量削减到71700～77000 m^3/s，配合荆江分洪区运用后，可避免荆江河段发生毁灭性灾害。

4. 关于三峡工程对上游防洪影响的问题

三峡大坝修建后，水库回水末端在重庆以下的巴县木洞镇，20年一遇回水高程183.5m。在此以上基本不受水库壅水影响。成都平原的地面高程达500～700m，更不会受到影响。

重庆市位于三峡水库末端，在水库长期运行后，泥沙淤积，将使处于库尾的重庆市洪水位有所抬高，会有一定的影响。根据计算，在不考虑水土保持、上游建库拦沙和调洪的有利影响情况下，三峡水库运行100年后，遭遇100年一遇洪水，重庆洪水位为199.09m，较建库前天然洪水位抬高4.79m。重庆市是一座山城，主要市区高程在200m以上，市中心高程为250m左右，故水库淤积抬高洪水位对重庆市主要市区不会有大的影响。

(四) 关于发电问题

三峡电站主要供电华中、华东和川东地区。1990年华中、华东两电网共有发电设备4446万kW，年发电量2074亿kW·h。根据电力规划，2000年两电网发电设备应达到8700万kW，年发电量约4000亿kW·h；2015年发电设备应达到1.74亿kW，年发电量约8000亿kW·h。即下世纪初15年内两电网应新增装机容量8700万kW，新增年发电量4000亿kW·h。三峡电站的装机容量和年发电量分别为两电网15年内新增装机容量和年发电量的20%和21%；占两电网2015年全部装机容量的10%以上，具有举足轻重的地位。

华中、华东地区是我国经济发达但能源短缺的地区，如何合理解决华中、华东地区能源供应问题不仅是政府有关部门而且是社会各界人士最关心的问题之一，在三峡工程论证和审查过程中，对此作了认真研究和方案比较(共比较了五个由不同水火电源组成的供电方案)。分析和比较的结果表明：三峡电站在各种比较方案中费用最少，而且从下世纪初全国能源平衡需要方面来研究，它是华中、华东两地区不可缺少的重要能源。

需要进一步说明的几个问题是：

1．为什么不用火电来替代三峡水电

继续建火电厂是必需的，今年华中、华东电网电源主要还是火电。但这两个地区煤炭资源很少，发电用煤主要靠外地运进。1990年两地区发电用原煤8300多万t，其中近5600万t（约占2/3）靠外地运进。据有关部门预测，在有三峡电站的情况下，发电连同其他行业用煤，2015年两区需煤5.6～6.5亿t，其中3～3.6亿t需从华北调入，这将给煤炭供应和运输造成极大的压力。目前京广、焦枝、津浦铁路运输已趋饱和，若从基地再修几条大通道，将煤运到沿海港口再海运南下，困难重重。如果再用火电代替三峡水电，这就意味着还要多建14座120万kW火电站和3座年产1500万t煤矿以及增加相应的铁道和海上运输能力，困难更大，还要多承受相应的环境污染问题。从投资来说，如把建设为供应火电的煤矿和运输的投资加起来算，建火电站比建三峡电站增加相应的输变电投资还要多。所以，从能源和运输平衡及国家总投资的角度来看，建三峡电站是比多建火电站更经济合理的方案。

2．为什么不用本地区其他水电站来代替三峡电站

华中、华东地区水电资源应优先开发，但本地区水力资源有限，华东地区可开发的水力资源已基本开发，华中地区除三峡河段外也所剩不多。目前五强溪、隔河岩、万安、小浪底等都已开工建设；还有一些也将在“八五”及“九五”期间陆续兴建。除去这些站址外，剩下的主要是三峡电站了。

3．为什么不用长江上游干支流的水电站代替三峡电站

长江上游干支流水力资源丰富，占全流域水能资源的80％，应积极开发。目前雅砻江、大渡河、岷江、乌江等支流上的水电站已经或正在开发。它们主要任务是满足四川、贵州当地用电急需，从开发进度、电站容量和输电距离等因素来分析，难以满足东送华中、华东地区的要求。能起到“西电东送”作用的只有金沙江上的大型水电站，从宏观决策上看，这些电站的开发是势在必行和为期不远的事。金沙江上大型水电站同三峡工程比，其优点是淹没移民少，但建设条件比较复杂、前期工作深度不够，输电距离远800～1000km，特别是防洪等综合效益不如三峡工程，因此，把三峡工程的开发排在前一点，也是合理的。

（五）关于工程泥沙问题

三峡坝址平均年水量4510亿m^3，平均年输沙量5.3亿t，平均含沙量约1.2kg/m^3。黄河三门峡的平均年水量420亿m^3，平均年输沙量16亿t，平均含沙量37.9kg/m^3。长江的含沙量虽只及黄河含沙量的1/30，但年输沙量绝对值仍比较大，又是一条重要的通航河流，所以泥沙问题一直被列为重点研究的课题，也是各方面人士非常关心的问题。

从1958年起，国内先后有20多个研究机构和高等院校，对三峡水库泥沙问题，采用了多种途径诸如野外观测调查、泥沙物理模型试验、泥沙数学模型计算等进行研究。重新论证中，在过去研究成果的基础上，又补充做了大量的试验研究。全国有6个泥沙科研单位做了12个物理模型，包括一个模拟近200km长河段的模型；两个单位平行地做了数学模型计算。葛洲坝工程解决泥沙问题的成功实践证明，采用物理模型和数学模型研究泥沙问题所得到的成果是可信的。

各方人士担心的问题主要有：

1．水库寿命问题

三峡水库是一个长600km、平均宽为1100m的河道型水库，对排沙有利。水库来沙量主要集中在每年汛期6～9月份，约占全年来沙量的88％。

根据国内外工程泥沙理论研究和实践经验，三峡水库将采用“蓄清排浑”的方式运用。即每年汛期水量和含沙量都大时，尽量连水带沙一起排到下游。做法是：在汛初，结合防洪需要将坝前水位降低到防洪限制水位，腾出防洪库容，同时利用汛期洪水通过底孔大量排沙，减少泥沙在水库中的淤积；汛末水流中含沙量较小时，将坝前水位抬高至正常蓄水位，以满足通航和发电的需要，翌年汛前又降至防洪限制水位。采用这种水库调度运用方式，在建库后一定时间内，库内是要淤积的，淤积的部位主要在死库容和一些边滩、库尾地段。水库经过近百年运行后，进、出的泥沙量将基本平衡，防洪库容可保留85.8％，兴利库容可保留91.5％。此计算结果还没有计及将来在长江上游水土保持及新建水库的拦沙作用，因而偏于安全。

三峡水库采用“蓄清排浑”方式运用可以长期保持有效库容，不仅是计算与模型试验的预测，还有国内三门峡水库、黑松林水库、闹得海水库等工程的成功实践经验为依据，其结论是较为可靠的。

2．航道、港区影响问题

三峡水库建成按正常蓄水位175m运行后，有500余km长的河段处在水库的常年回水区范围内，由于水深增加，航道变宽，滩险淹没，航道条件将得

到明显的改善。

航道和港口泥沙问题，主要出现在水库末端回水变动区（长约130km），重点是重庆港。这是国内外许多人士担心的问题。

三峡水库初期按156m水位运行，泥沙淤积不致影响重庆；按175m水位运用10年内，重庆港淤积也不严重。以后随着港区泥沙淤积逐渐增加，当遇到特枯水年，水库降至较低水位时，重庆附近的某些浅滩河段将出现短期碍航与影响港口作业。经过模型试验与分析，采取优化水库调度、结合港口改造和适当的航道整治等措施，可以解决这些问题，保证通航。

（六）关于水库诱发地震和库岸崩塌滑坡问题

1．诱发地震问题

修建大型水库可能诱发地震，社会各界人士对此十分关注，因此在论证过程中由地质、地震部门的专家作为重点问题进行了研究。

水库诱发地震是在特定地质条件和背景下发生的事件。到目前为止，世界上还没有因诱发地震而造成大坝失事的实例。对大坝造成一定损坏的实例有两个，一是我国的新丰江，另一是印度的柯依纳，诱发最大地震的震中烈度为8度，大坝都只有轻度损坏，新丰江水库经修补后已正常运行到现在。

地质、地震专家的研究认为，三峡坝址区位于地壳稳定性相对较好的刚性地块内，是一个典型的弱震环境区，不存在可能引起强烈地震的大断裂或其他异常的地质背景。三峡水库有可能发生较强诱发地震的部位局限于庙河—白帝城库段内，估计最高震级为5.5级左右。按最坏情况计算，假定在距坝址最近的九湾溪断层发生强度为6级的诱发地震，影响到三斗坪坝址的烈度不超过6度。三峡工程建筑物设计上已做了充分考虑，不会影响工程安全。

2．库岸崩塌滑坡的影响

水库蓄水抬高水位后，对库岸稳定有一定的不利影响，一些原来处于稳定状态的滑坡体，蓄水后可能失稳。有关部门和社会人士对此有所担心。论证中由几个专业部门平行进行了大量的勘测、试验和研究工作，已取得一致的结论。

三峡水库岸坡主要由坚硬、半坚硬岩石组成，无大片松散堆积体，断层不多。新构造运动和地震也不强烈。总的来讲，岸坡稳定条件比中国西部山区河流好得多。据调查，全长1300km的干流库岸岸坡，稳定条件好和较好的库段占90%；稳定条件较差的占8.8%；稳定条件差的岸坡，总长只有16km，仅占库岸总长的1.2%。在总数140个体积大于100万m^3的崩塌滑坡体中，现在正在活动的有8个；现在基本稳定，蓄水后在库水影响下可能失稳的有14个。

上述22个稳定性差的和蓄水后可能失稳的大型滑坡体，它们分布在1300km长的库岸上，其单个体积为数百万m^3至8000万m^3不等。经分析计算表明：在三峡水库形成后，由于水深增加，水面扩大，任何一个滑坡体滑下来，入江的部分都不会堵塞长江而造成航运中断。相反，在目前天然情况下，由于江面狭窄，一些大型滑坡体滑下后，会形成险滩碍航。以1985年新滩滑坡为例，如不建葛洲坝工程，当时滑入江中的土石方量约260万m^3，将使长江断航。由于葛洲坝工程1981年蓄水，该处水位已抬高至65m左右，保持了足够的水下通航断面。三峡水库兴建后，水位抬高更多，将会消除滑坡入江碍航的威胁。至于崩塌体下滑入江是否淤塞水库，已查清的这22个可能失稳的滑坡体，其总体积只有3.8亿m^3，即使全部滑入水库，也对水库的库容及寿命无实质性的影响。

由于大坝上游26km范围内不存在可能失稳的大型滑坡体，根据计算和模型试验，离大坝最近的新滩滑坡体和对岸的链子崖危岩体按最不利的条件塌滑入江，在坝址处引起的涌浪不超过2.7m。设计中作了考虑，不会威胁水工建筑物的安全。

（七）关于人防问题

三峡工程的人防问题，从50年代起，水电部门就配合工程兵、国防科研部门进行了大量试验研究工作。长期研究的结论表明，减轻溃坝洪水造成损失的最有效措施是在战时降低水库水位。三峡工程设有低高程大流量的泄水建筑物。水位从175m降到145m（库容170亿m^3），最长只需7天，比国内其他大型水库快得多，必要时还可降到130m（库容103亿m^3）。现代发生大规模战争是有征候可察的，及时预警，降低水位，可以最大限度地减少损失。三峡工程不仅泄放条件好，而且下游允许的安全泄量较大。三峡水库下游有20km长、宽约二三百米的峡谷约束水流，可以进一步限制和迅速衰减溃坝流量。根据上述条件，对多种情况进行模型试验，即使水库大坝遭受突然袭击破坏，从最不利的溃坝情况分析，也只是坝址至沙市以上地区局部灾害严重，不至于给荆江两岸地区造成大的灾害。

（八）关于水库移民问题

三峡水库面积1084km^2，受淹的陆地面积632km^2。淹没涉及四川、湖北两省19个县（市），淹没区人口72.55万人（1985年指标），其中农村人口33.26万人；淹没耕地35.69万亩，其中水田11.07万亩；淹没柑桔地7.44万亩。考虑到人口自然增长、机械增长以及安置区内的移民等因素，推算到2008年，规划动迁安置人口约113万人。三峡水库淹没的耕地数量多，移民数量大，有13个县级城市、140

个集镇和657个工厂受到不同程度的淹没。三峡水库淹没涉及的19个县（市），是我国人口比较稠密的地区之一。由于历史原因，以及几十年来三峡工程不上不下，国家投入较少，库区经济发展缓慢，生产力水平低，加上土地资源有限，移民安置任务是很艰巨的。移民能否安置好是很多同志关心的一个问题。

三峡水库淹没区农村人口的生产安置是三峡库区移民安置中最困难的任务，推算到2008年，规划需作生产安置的农业人口为51.88万人。三峡水库淹没的耕地和农村人口分布在沿库周长约2000km的地带，淹没涉及19个县（市）的326个乡，没有一个乡全淹，全淹的村也很少。淹没耕地占各县总耕地的比例为0.15%～5.88%。因此，绝大多数移民可在本乡安置，少数需安置在邻近的乡内，移民安置范围为361个乡。初步规划，拟选择利用高程600m以下，坡度在25度以下，土质、水源、交通等条件较好的29.2万亩荒山草坡，开发成水平梯地，种植柑桔等经济作物；同时将低产坡耕地12.56万亩（361个乡内共有200多万亩低产坡耕地）改造成高产稳产的农田；其他采用水产养殖、畜牧业、部分地区采取防护措施减少搬迁等，大农业可安置农村移民的63%左右。另外，库区自然资源丰富，结合当地经济发展计划，优选了一批二、三产业发展项目，可安置农村移民的37%左右。

三峡水库需搬迁或后靠的城镇人口的安置主要是随迁问题，目前需迁建的13个城市已完成了选址工作，半数以上完成了总体规划，城市规划考虑了移民安置的需要，并为今后发展留有余地。140个集镇也已基本完成选址工作，有的并已完成了总体规划，迁建后的城镇比原有条件有较大改善。工厂迁建原则上随城镇搬迁，结合技术改造恢复原有生产规模，目前都已按先建后迁，发展生产与安置移民相结合的原则，提出了意向性规划。

新中国成立以来，全国已建水库8万余座，水库移民总数近1000万人，有成功的经验，也存在很多教训。1984年以后，认真总结了以往的经验教训，提出了实行开发性移民的方针，其基本点是：改变过去单纯将水库移民工作简单地看作赔偿对象的处理方式，做到对水库移民迁建后的生产和生活安置作出全面的安排，统一规划，负责到底，由政府来领导组织移民进行经济开发，使移民得到妥善安置，达到长治久安的目的。为了探索贯彻开发性移民方针的经验，自1985年以来，由国务院三峡地区经济开发办公室会同湖北、四川两省有关地、县（市）进行了广泛的移民工作试点，截止1990年底，已拨款1.1亿元。试点内容包括：开荒改地，畜牧饲养，工厂技术改造和扩建搬迁，城市基础设施建设，智力开发等。其中在农村试点方面，建设和改造水平梯田7.5万亩，发展柑桔、茶叶和蚕桑等经济作物；在城镇试点方面，建设了13项道路、桥涵和供水工程，为城镇搬迁探讨了经验；还搬迁了3家工厂等。开发性移民是水库移民工作的重大改革，经过试点，取得了农村移民安置、城镇及工厂搬迁和人才培训等方面的宝贵经验，受到库区干部和群众的欢迎与支持。只要沿着试点开拓的路子坚持下去，并不断完善深化，三峡移民是能够搞好的。

三峡水库移民任务艰巨，必须坚定不移地贯彻开发性移民方针；制定切实可行的政策和法规；结合库区经济发展、环境保护，作好库区移民安置规划；建立专门机构实行强有力的领导并加强管理，进行深入细致的安排。当前的一项紧迫任务是要严格控制淹没线以下的基本建设和人口增长，并加快移民试点工作的步伐。国务院已成立三峡工程移民试点工作领导小组，全面领导和布置这项工作。

（九）关于生态与环境影响问题

三峡工程对生态与环境的影响，引起国内外人士的广泛关心，提出了很多加强生态与环境研究的意见和建议。国务院对此十分重视，工程论证和审查中都列为重点课题。

三峡工程对生态与环境的影响，早在50年代即开始研究。70年代末期以来，研究的规模和范围不断扩大，提出了一大批专题研究报告。1985年完成了150m蓄水位方案的环境影响报告书。1984年，国家科委将“三峡工程对生态与环境的影响及其对策”的研究，列为“七五”国家重大科技攻关项目，由中科院组织有关的高等院校和科研机构开展研究，完成了一大批成果。在三峡工程重新论证期间，成立了长江三峡工程生态与环境专家组，由生态、环境、水利等55位国内著名专家组成，经过近两年的论证，提出了《长江三峡工程生态与环境影响及其对策的论证报告》。1991年国务院三峡工程审查委员会审查并肯定了这一环境影响评价成果，同时，要求根据国家环保法规，补编三峡工程环境影响报告书。据此，中科院环境评价部和长江水资源保护科研所联合编制了《长江三峡水利枢纽环境影响报告书》，由水利部主持预审，进行修改后，最后由国家环保局主持进行终审通过。

三峡工程对生态与环境的影响，有利有弊，主要有利影响在长江中下游，主要不利影响在库区。

1．对生态与环境的主要有利影响

（1）三峡工程可有效地提高长江中下游特别是荆江河段的防洪能力，减免洪水灾害对生态与环境的破坏，减缓洞庭湖的淤积和萎缩，有利于防治血吸虫病。

（2）三峡工程能增加长江中下游枯水流量约

$2000m^3/s$，改善枯水期水质，并为沿江工农业供水和南水北调提供有利的水源条件。

(3) 三峡工程利用水能资源发电，与燃煤发电比，每年可以少排放200万t二氧化硫、1万t一氧化碳、37万t氮氧化合物以及大量废水、废渣，有利于减轻环境污染。

此外，还可以改善局部气候，扩大水产养殖水域等。

2.对生态与环境的主要不利影响及对策措施

(1) 三峡水库淹没大片耕地，将加剧库区原已比较尖锐的人地矛盾。移民安置和城镇迁建，若处理不当，可能加剧水土流失和恶化生态与环境。为此，必须坚持开发性移民方针，作好包括城乡建设、移民安置、资源开发、水质保护、环境整治等在内的库区规划，使库区建设做到经济效益、社会效益和生态与环境效益的统一；必须注意控制人口增长，严格限制陡坡开荒种粮，在新城镇的规划建设上必须规模适当，重视节约用地。三峡库区及其上游已列入全国水土保持重点治理区，应加速治理，积极开展长江中上游的防护林体系建设，增加林草覆盖。

目前库区局部江段岸边污染较严重，建库后，水体流速减缓，复氧和扩散能力下降，岸边污染带将加大。为此，必须作好库区水污染防治规划，按照国家环保法规，对老污染源必须按照“谁污染、谁治理”的原则限期治理；库区新建项目要选无污染或少污染的产业，并切实执行“三同时”制度。

(2) 三峡工程建成后，可能使水生生物和中华鲟、白鳍豚等珍稀物种的生境受到影响，对四大家鱼的繁殖也会带来一定的不利影响。为此，需制定长江水生生物的保护规划，建立保护区和人工繁殖基地，在工程设计和运行中考虑改善它们的生境条件。

(3) 三峡建坝后，库水面抬高加宽，使三峡河段的自然景观受到一定影响，部分文物古迹亦将被淹。因此需作好景观保护和开发规划，尽可能地减少其影响，并开发新的景观；同时，按照文物保护法，做好被淹文物古迹的调查、发掘和迁移工作。

(4) 三峡水库建成后，10月份下泄量减少，12～4月份枯水流量增加，同时，上游泥沙淤积，下游河道冲刷，可能分别对重庆市江段、中下游地区以及河口地区产生不同程度的影响，需加强科学研究和监测，及时对不利的影响采取措施解决。

三峡工程对生态与环境的不利影响，经过多年研究，尽管对某些不利影响的严重程度尚有不同的估计，但专家们一致认为，只要思想重视，建立相应的管理机构并给以必要的资金投入，采取治理措施，可以将不利因素减轻到最低限度，不致影响三峡工程的可行性。鉴于某些生态与环境问题具有隐蔽性、长期性，应不断加强科学研究，建立三峡生态与环境监测网络系统，对工程建设前后的生态与环境变化实行全过程的跟踪监测和管理。

(十)关于工程投资、资金筹措和经济合理性问题

1．工程投资

三峡工程按1990年价格估算的静态总投资为570亿元，其中枢纽工程投资298亿元，水库移民投资185亿元，输变电工程投资87亿元。第一批机组发电前所需投资为300亿元。

对上述静态投资额在审查过程中进行过认真的分析，认为三峡工程前期工作比较充分，实物工程量比较准确；投资估算的依据，如价格、定额等打得比较宽裕，留有一定余地。因此，按1990年价格估算的静态投资是可以包得住的。

2．资金筹措

资金筹措是兴建三峡工程的关键问题之一。在重新论证和审查阶段均对此进行过全面研究。工程建设期内实际所需的资金，除静态总投资外，还应包括物价上涨和贷款利息等。具体数额取决于开工时间、物价指数、贷款利率等因素，目前难以准确定量。贷款利息是在建设后期由三峡电站发电收入中偿还，可以不计。主要是物价因素对资金需要量的影响大。考虑物价上涨因素后，虽然以货币形式表现的资金需要量会增加，但这并不意味着工程实物工程量的变化。随着物价上涨，国民收入、财政收入、国家积累的货币绝对值和自身发电收入也相应增加，筹资能力相应加大，这是一种“水涨船高”的关系。

三峡工程所需资金总量虽大，但分20年（包括施工准备3年和移民完成）投入，每年所需资金相对较少。按1990年不变价格计算，从施工准备至第一批机组发电的12年间，共需投入资金300亿元，约占总投资的一半，比一般水电工程要投入2/3左右的资金才能发电，效益要来得快。其中，施工准备期3年，需资金42亿元，主体工程开工至发电前的9年，需资金258亿元。三峡工程自筹资金能力很强，据初步测算，三峡工程建设期间可累计发电4300多亿kW·h，发电利润和还贷资金（包括折旧还贷和减税还贷）按1990年不变价格计算为476亿元，另外葛洲坝发电可为三峡工程提供资金129亿元，两项合计共605亿元，其中大部分可用于三峡工程建设，其余的可用于偿还贷款。因此，发电后，三峡工程建设资金可主要依靠自身产出解决。

上述情况表明：三峡工程建设既有资金需要多的一面，又有资金陆续分年投入，自筹能力强的有利因素。关键是解决发电前12年（包括施工准备期3年）的300亿元建设资金问题（按1990年不变价），平均每年投入25～30亿元，占1992年全国基本建设总规模5700亿元的5‰左右。

审查阶段，对三峡工程资金筹措的方案，按照要有可靠和稳定资金来源，充分发挥中央和地方两个积极性以及资金来源多元化等原则，考虑了九种可行的渠道，即葛洲坝电站发电收入、征收水电建设基金、国内银行贷款、预算内基建投资、中央财政专项拨款、地方集资参股、利用外资、三峡工程建设期发电收入、发行三峡工程建设债券和股票等。至于用哪些渠道，什么时候用，用多少，可以根据当时实际情况研究确定和组织落实。当前比较可行的是适当提高葛洲坝电站的电价、征收水电建设基金、发行建设债券和股票及利用外资等。

3. 经济合理性

为分析三峡工程的经济合理性，在论证和审查过程中都按国家计委对建设项目经济评价的规定进行了国民经济评价和财务评价，包括静态分析与动态分析，敏感性分析和风险分析等。除作了三峡工程本身的投入产出分析外，还作了三峡工程与替代方案的比较，力求从多方面检验建设三峡工程的经济合理性。全国27个单位的经济技术专家进行的多层次、多方法分析成果表明，三峡工程各项经济指标都是较好的。

三峡工程的首要作用是防洪，但仅就三峡工程发电效益与其他在建的大型水电工程相比，其实物指标仍然是比较好的，可参见表1。

三峡工程与在建大型水电工程单位

表1 实物指标比较

项目	单位电量混凝土量 (m^3/万 kW·h)	单位电量土石方量 (m^3/万 kW·h)	单位电量移民 (人/亿 kW·h)	单位电量淹没耕地 (亩/亿 kW·h)
三峡	3.20	10.46	1347	513
五强溪	6.85	12.74	1575	819
隔河岩	10.46	19.67	653	493
东江	12.95	31.67	3980	4354
岩滩	6.09	10.97	764	878
二滩	3.67	7.94	181	153
东风	5.74	9.63	338	349
漫湾	3.35	21.47	48	74
紧水滩	13.95	17.88	4213	3301
龙羊峡	5.60	6.32	496	1378
白山	10.68	17.97	832	2842

三峡工程的国民经济评价指标是好的，三峡工程的产出高于投入，经济净现值88亿元，经济内部收益率14.8%，都高于国家计委新规定的标准。三峡工程与综合替代方案比较，建三峡工程需要国家付出的总费用最少，并且愈早建费用愈少。

三峡工程的财务评价指标也是好的，三峡电站售电成本低，50万kV末端上网电价每度13.3分(1990年价格)，低于我国已建和在建的五强溪、隔河岩、岩滩、宝珠寺、龙羊峡、李家峡等水电站上网电价；利税产出多，还贷能力强，投资回收快，对国家贡献大，从开工后的第12～20年建设期内累计创利税392亿元，从第21年开始每年创利税77亿元。财务内部收益率等财务评价指标均优于国家规定值，可在工程建成后第2年回收全部投资。

在进行综合经济评价时，还做了敏感性和风险分析。结果表明，各项经济和财务评价指标稳定，即使某些因素发生不利变化(如静态投资增加20%，效益减少20%，工期延长2年)，也不影响经济评价的基本结论。

4. 国家承受能力分析

关于修建三峡工程国力能否承受问题，在三峡工程论证和国家“七五”科技攻关中，国内各有关单位采用多种方法进行了分析研究，认为我国经济发展到现阶段，国力是可以承担的。

从财力上看，三峡工程总投资仅占建设期间国民收入累计值的1.23‰，占国民生产总值累计值的0.73‰，占全国基建投资的9.8‰，这三个比值均低于当年建设宝钢一期（分别为2.17‰、2.54‰、17.87‰）和攀枝花钢铁基地（占国民收入累计值的1.55‰，占全国基建投资累计值的11.3‰）时的指标。三峡工程发电前高峰年投资约42亿元，据预测，可能占该年全国电力投资的9%左右，将低于当年建设葛洲坝工程时所占的比例11.9%。

从物力上看，三峡工程建设共需水泥1082万t，钢材195万t，木材160万m^3，每年所需的水泥、钢材、木材，分别只占1991年全国计划年产量的3.6‰、2.5‰、1.8‰，比重不大。

论证和审查都认为，三峡工程虽然总投资大，总工期长，但由于具有巨大的防洪、发电、航运等综合效益，并在建设中期就可受益。因而仍可获得较好的国民经济效益和财务效益，建设三峡工程经济上是合理的，财务上是可行的，国力是可以承受的，早建比晚建更有利。

贺三峡工程列入十年规划

（《人民日报》1992年4月6日社论）

公元1992年4月3日，我国七届人大五次会议通过了一项历史性决议:三峡工程列入国民经济和社会发展十年规划,由国务院根据国民经济发展的实际情况和国家财力、物力的可能,选择适当时机组织实施。

从此,长达近40年的三峡工程规划论证工作结出丰硕成果,中国历史上最大的水利工程进入具体实施阶段。这一喜讯对于正在深化改革、扩大开放、加速建设的11亿中国人民,无疑是一个巨大的鼓舞,对于时刻关怀中华民族命运的广大海外华侨和华人,也是一声响彻云霄的春雷。

修建三峡工程是几代中国人梦寐以求的愿望。从1919年孙中山在《建国方略·实业计划》中提出三峡"闸堰",已届73年。1953年毛泽东提出:费了那么大的力量,修支流水库,还达不到控制洪水的目的,为什么不在三峡卡住它呢?也经过了近40年的运筹。毛泽东曾激情迸发,将中国人民的美丽憧憬凝炼成如下的诗句:

更立西江石壁,
截断巫山云雨,
高峡出平湖。
神女应无恙,
当惊世界殊。

如今,经过改革开放,我国综合国力显著增强,人民生活水平明显提高,科学技术今非昔比,社会安定团结,群众精神振奋,兴建三峡工程适得其时。我们可以自豪地说,中国几代人翘首以待的这一巨大工程,将从我们这一代开始变为现实。

三峡工程是解决长江中下游严重洪水威胁的诸多综合措施中的一项关键性工程,也是关系国计民生、横跨两个世纪的战略工程。工程建成后,长江荆江河段防洪标准可由目前的10年一遇提高到100年一遇,配合其他措施,可以防止荆江河段发生毁灭性灾害,还可减轻洪水对武汉地区及下游的威胁;三峡工程建成后,年发电量可达840亿kW·h,占目前我国年发电量的1/8,可为华东、华中和川东地区的经济发展提供重要的能源;可以大大提高川江航道通过能力,万吨级船队有半年时间可直达重庆,为发展西南地区的经济和繁荣长江航运事业创造条件;还有利于长江中下游城镇的供水及南水北调。三峡工程是事关我国加快四化进程、提高综合国力、为21世纪发展增加后劲的关键工程。三峡工程的建设将进一步展示我国人民的巨大凝聚力和社会主义的强大生命力。因此,它的建设,无论在政治上、经济上,都具有重大而深远的意义。

三峡工程的拍板定案,是我国科学决策、民主决策的典范。党中央、国务院对此历来采取既积极又慎重的方针。从50年代开始,我国广大科技人员就进行了大量的勘测、设计、科研、试验工作。从1958年的南宁会议到成都会议,毛泽东、周恩来亲自主持了工程论证,形成了三峡水利枢纽和长江流域规划的意见。1986年,原水电部组织全国各方面专家412人,分14个专题进行论证,国家科委组织全国300多个单位,3200名科技人员进行科技攻关,并据此重新编制了三峡工程可行性研究报告。1990年,国务院成立了三峡工程审查委员会,聘请163位各方面专家对可行性报告进行审查,直到今年1月国务院常委会议获得通过。这项工程前期工作的规模之大,时间之长,研究和论证程度之深,在国内外都是少见的。参加此项工程勘察、设计、科研工作的几代工程技术人员,近40年昼夜奋战,呕心沥血,为工程实施做了大量准备工作;参加工程论证的各方面专家,不论是赞成的、有疑虑的和不赞成的,都以对国家民族高度负责的精神,进行严格审查;有关部门、地方和社会各界人士,从不同角度提出了很多建议和意见,对增加论证深度、完善论证结果,起了十分重要的作用。对他们辛勤的劳动和贡献,我们表示深切的感谢!

三峡工程举世瞩目,国际朋友把它称作中国"对贫穷的强有力挑战"和"史诗般的治江壮举"。把这个工程建成世界第一流的工程,是全党和全国各族人民的共同任务。百年大计,质量第一。我们希望有关部门以改革精神抓三峡工程,走有中国特色的重点工程的建设道路,建立具有高度权威、高度效率的指挥机构,组织一支纪律严明能打硬仗的职工队伍,精心组织、精心设计、精心施工、精心管理,继续做好各项前期工作。坚持开发性移民的方针,做好移民工作。继续欢迎和虚心听取各方面的意见,对已发现的问题,要继续研究,妥善解决。我们希望全国各地各部门发扬全国一盘棋的精神,把建设三峡工程当作自己的神圣职责,热情地伸出支援之手。我们希望全国人民、台港澳同胞、海外侨胞,从各个方面为三峡工程作出贡献!

全国人民,万众一心,群策群力,持之以恒,以第一等质量,把这项造福当代、荫及子孙的事情办好。

公 司 文 件

关于启用中国长江三峡工程开发总公司印章的通知

1993年10月22日，中国长江三峡工程开发总公司以三峡办字〔1993〕第15号文通知公司各部门、各单位：从即日起，启用新印章。文曰：“中国长江三峡工程开发总公司”。

国务院国发〔1993〕1号文件决定成立中国长江三峡工程开发总公司（以下简称中国三峡总公司）。中国三峡总公司已于1993年9月27日在湖北省宜昌市挂牌成立。现经国务院同意启用中国长江三峡工程开发总公司印章。特此通知。

中国长江三峡工程开发总公司《三定》方案

本《三定方案》由中国三峡总公司以三峡人字〔1993〕第69号文上报国家劳动部备案试行

为开发长江水力资源，兴建三峡工程，国务院国发〔1993〕1号文件决定成立中国长江三峡工程开发总公司（以下简称总公司）。总公司是独立核算、自主经营、自负盈亏、具有法人地位的经济实体，是三峡工程项目的业主，全面负责三峡工程建设和经营。国函〔1993〕111号文明确，总公司实行计划单列。

一、总公司“三定”的基本思路

（一）必须充分适应总公司的性质和任务以及三峡工程的自身特点，充分适应业主责任制、招标承包制、建设监理制的建设体制。

（二）实行以经营管理为核心，项目管理为重点，机关职能部门业务归口管理与项目管理有机结合的管理体制。

（三）坚持“精简、统一、效能”的原则，同时，为适应三峡工程这一特大工程项目的业主地位和职能，恰当地考虑机构的高规格、高素质和全功能。

二、主要职责

（一）总公司是三峡工程项目的业主。总公司在国务院三峡工程建设委员会的领导下全面负责三峡工程的建设和经营。

（二）葛洲坝水力发电厂是总公司的组成部分，葛洲坝水利枢纽产权归总公司所有。葛洲坝电厂的发电收入除偿还葛洲坝枢纽建设贷款外，在三峡工程建设期间用于三峡建设。总公司对葛洲坝电厂负有领导责任。

（三）总公司拥有对三峡工程的债权债务，在国家批准范围内多渠道多形式地筹集三峡工程建设资金。

（四）总公司经国家批准拥有对外经营权和一定的外事权。

（五）总公司按照社会主义市场经济原则从事经营活动。工程建设实行业主负责制、建设监理制、招标承包制。工程建设所需物资、设备的采购采取国家计划统配采购和招标采购。

（六）总公司在搞好三峡工程建设和经营管理的前提下，从事或参与长江中上游干支流水资源的开发；开展水利水电科学研究、技术咨询和工程监理；开展设备、物资、劳务、房地产及其他多种经营业务。

三、总公司的机构设置

按照上述主要职责，总公司设置咨询机构、机关职能机构和工程项目管理机构，成立若干专业公司、实业经营性公司和驻外办事机构。

（一）咨询机构

1．技术委员会

负责工程重大技术问题的研究和咨询。

2．环境和文物保护委员会

负责三峡坝区和协调三峡库区的环境和文物保护。

（二）机关职能机构

1．办公室

归口管理行政事务系统，包括文秘、调研、管理信息、宣传、接待、档案、基建等管理，代管报刊社、武汉、上海、重庆、广州等驻外办事机构。

2．工程技术部

归口管理工程技术系统，包括设计、技术、质量、安全、科研、技术信息、工程图纸等管理。

3．计划合同部

归口管理计划合同系统，包括计划、统计分析、概预算、招标、投资运行、合同管理等。

4．财务部

归口管理财务系统，包括总公司资金、成本、工程结算及财务综合管理，总公司国有资产及葛洲坝电厂的资金管理等。

5．人事劳动部

归口管理人事劳动系统，包括人事、劳动工资、职工教育、离退休管理等。

6．国际合作部

归口管理外事工作，包括外经、外贸、出国出境及其他外事事务。

7．审计室

归口管理审计工作，包括对总公司及下属单位依法进行内部审计监督，对各项合同的财务审计监督。

8．纪检办公室和监察室

归口管理纪律监督系统，纪检办公室和监察室合署办公，负责廉政建设和法制教育，依法处理党内外各类违纪案件。

9．直属机关党委

负责总公司机关及下属公司的党务工作，领导和管理共青团工作。

10．工会委员会

归口管理总公司工会日常工作。

(三) 工程项目管理机构

设工程项目部，全面负责施工现场的建设管理。下设综合管理部和四个工程项目部。

1．综合管理部

负责工程建设部的综合管理工作，包括工程总协调、总进度控制、投资控制、现场规划、监理协调、征地移民、质量安全及总公司内部与坝区保卫等。

2．准备工程部

负责准备工程的建设与管理，包括供电、供水、通信、场内交通、场地平整、砂石、房建等工程。

3．交通工程部

负责交通工程的建设与管理，包括西陵长江大桥、对外公路、转运站、水运码头等工程。

4．右岸工程部

负责右岸工程的建设与管理，包括茅坪溪防护工程、右岸厂坝及辅助工程。

5．左岸工程部

负责左岸工程的建设与管理，包括航建工程和左岸厂坝。

(四) 各专业公司

1．财务公司

负责三峡建设的筹资、融资、同业拆借及下属单位的存贷业务。

2．物资公司

负责三峡工程建设主要物资的采购、供应及其管理。

3．设备公司

负责总公司机电设备、金属结构、施工机械的采购、供应及大型施工机械的租赁等管理。

(五) 驻外办事机构

1．北京代表处

负责总公司在北京的联络、信息、宣传、接待等工作；受总公司委托代表总公司在北京承办有关业务；负责京津地区总公司下属单位党的建设。代管天津蓟县机电研究所。

2．武汉、上海、广州、重庆等地办事处

负责总公司在当地的联络、接待、信息、宣传等工作；协助总公司承办有关业务。

(六) 其他下属单位

1．葛洲坝电厂

负责葛洲坝电厂的生产及经营管理。

2．成立实业总公司

其经营宗旨是为三峡工程服务，为总公司职工服务。

3．保留利能公司、利源公司、江峡公司和多能公司

这些公司经营宗旨是开展多种经营，为三峡工程服务，为总公司扩大经营范围、增强实力。

四、总公司编制

根据以上机构设置和实际工作需要，总公司编制暂定666人（不包括葛洲坝电厂和地勘机电研究所）。

中国长江三峡工程开发总公司组织机构设置实施方案

本《实施方案》由中国三峡工程开发总公司筹建处以三峡筹人字〔93〕第145号通知执行

（一）基本思路

1．组织机构必须充分适应总公司的性质和任务以及三峡工程的自身特点，充分适应业主责任制、招标承包制、建设监理制的建设体制。

2．机构运行实行以经营管理为核心、项目管理为重点、机关职能部门业务归口管理同项目管理有机结合的管理体制。

3．机构设置必须坚持“精简、统一、效能”的原则，同时，为适应三峡工程这一特大工程项目的业主地位和职能，宜恰当考虑机构的高规格、高素质和全功能。

（二）总公司在国务院领导下实行总经理负责制，设副总经理若干名，协助总经理工作。

（三）总公司设总工程师、总经济师、总会计师，协助正副总经理分管专业工作。总公司正副总经理组成总公司最高决策层，“三总师”在分管专业工作范围内参与决策。

（四）总公司设高层次技术委员会，在总经理领导下负责工程重大技术问题的研究和咨询。根据工作需要聘请高级工程、经济、法律顾问若干人。

（五）总公司设置机关职能机构和工程项目管理机构，成立若干专业公司、实业经营性公司和驻外办事机构。

（六）葛洲坝水力发电厂是总公司的组成部分。

（七）机关机构的设置及主要职能

1．办公室

归口管理行政事务系统，包括文秘、调研、政策研究、总公司史志、管理信息系统，对外宣传与接待、档案管理（统管文书、工程技术、财务、合同、征地移民等资料的归档）、基地建设、生活办公用房管理、办公家具用品管理、机关交通车辆管理、机关财务等。《中国三峡工程报》和其它报刊出版及武汉、上海、重庆、广州等驻外办事处由办公室代管。

2．工程技术部

归口管理工程技术系统，包括设计管理、技术管理、质量管理、安全管理、科研管理、科技信息管理、工程图纸管理、环境保护管理及专业技术图书资料管理等。

3．计划经营部

归口管理计划合同系统，包括计划管理、统计管理、概预算管理、招标管理、合同综合管理（统管工程、设备、设计、科研、征地移民等合同）等。

4．财务部

归口管理财务系统，包括总公司的资金管理、工程结算、成本管理及财务综合管理、对总公司下属公司及驻外机构的财务管理、总公司国有资产的管理、葛洲坝电厂的资金管理等。

5．人事部

归口管理人事劳资系统，包括人事调配、考核、聘用、任免、政审、奖惩、职称评审、培训、编制、机构、工资、奖金、劳动保险、劳动保护、离退休管理等。

6．国际合作部

归口管理外事工作，包括外经、外贸、出国及其他外事事务。

7．审计室

归口管理审计工作，包括对总公司及下属单位的财务收支、资金运用和经济效益依法进行内部审计监督，对各项合同的财务审计监督。

8．纪检办公室和监察室

归口管理纪律监督系统，纪检办公室和监察室两块牌子、一套人马、合署办公，负责廉政与法制教育，立案审查，依法处理党内外各类违纪案件以及违纪人员的纪律处分。

9．直属党委

在总公司党组（或党委）领导下、管理总公司各级党的组织建设、思想建设等党务工作，领导和管理共青团工作。

10．工会委员会

设工会办公室，负责工会日常工作及对下属工会分会的管理。保障职工的合法权益，管理计划生育工作，负责职工休养及文体活动等。

（八）工程项目管理机构的设置及主要职能

设工程建设部，全面负责施工现场的建设管理，下设综合部和若干工程项目部。

1．综合部

负责工程建设部的综合管理工作，包括工程总协调、总进度控制、投资控制、现场规划、工程验收、监理协调、征地移民、工程水文、气象、防汛、测量、试验、工程安全施工及总公司内部与坝区保卫，工程建设部的行政事务及生活服务等。

2．准备工程部

负责准备工程（供电、供水、通信、场内交通与平整、砂石、房建、仓储等工程）的建设与管理，包括工程项目的计划、统计、合同、技术、质量、安全等管理。

3．交通工程部

负责交通工程（长江大桥、对外公路、转运站、水运码头等工程）的建设管理，包括工程项目的计划、统计、合同、技术、质量、安全等管理。

4．右岸工程部

负责右岸工程（包括茅坪溪防护工程）的建设管

理，包括工程项目的计划、统计、合同、技术、质量、安全等管理。

5. 左岸工程部

负责左岸工程（暂包括航建工程）的建设管理，包括工程项目的计划、统计、合同、技术、质量、安全等管理。

6. 视工程进展情况再适时组建其他工程部。

（九）专业公司的设置及主要职能

1. 财务公司

负责三峡建设的筹资、融资、同业拆借及下属单位的存贷业务。

2. 物资公司

负责三峡建设的物资采购、供应及其管理。

3. 设备公司

负责总公司机电设备、金属结构、施工机械的采购、供应及大型施工机械的租赁等管理。

（十）驻外办事机构的设置及主要职能

1. 北京代表处

负责总公司在北京的联络、信息、宣传、接待等工作；受总公司委托代表总公司在北京承办有关业务；负责京津地区总公司下属单位党的建设。北京代表处直属总公司管理。天津蓟县机电研究所由北京代表处代管。

2. 武汉、上海、重庆、广州等地办事处

负责总公司在当地的联络、接待、信息、宣传等工作；协助总部承办有关业务；办理总公司领导交办的工作。行政上由办公室代管。其他各地办事处可根据实际情况逐步成立。

3. 各办事处可在当地办经济实体，为三峡工程服务，为本办事处和总公司创收。

（十一）其他下属单位

1. 成立实业总公司，其经营宗旨是为三峡工程服务，为总公司职工服务，为总公司创收。承建三峡工程零星工程，承担三峡工程某些项目的施工监理，管理坝区商贸和房地产，开展其他多种经营，办好机关职工食堂、副食基地、房屋修缮、内部交通、幼儿教育、子女就业、搞好职工福利事业。多能公司作为实业总公司下属公司。

2. 保留总公司原所属利能、利源、江峡等公司，这些公司经营宗旨是开展多种经营，为三峡工程服务，为总公司扩大经营范围，增强实力。

3. 葛洲坝水力发电厂

葛洲坝电厂是总公司组成部分，产权归总公司。电厂向电网卖电，其发电收益作为总公司自有资金投入三峡工程建设。电厂生产服从华中网局调度，并委托华中网局运行管理。

4. 关于三峡电厂筹建

目前可在葛洲坝电厂内部成立三峡电厂筹备小组，待工程进展到一定程度后在总公司属下成立一个专门机构筹建三峡电厂，三峡电厂同葛洲坝电厂结合在一起成为总公司的主要经营对象。

（十二）几点说明

1. 实施方案中涉及有关党组织的组建须按有关法律程序报批后方可成立。

2. 实施方案暂未明确三级机构，待进一步征求各二级部门与单位的意见，统筹研究后再予确定。有的二级部门、单位可不设或暂不设三级机构。

3. 组织机构的设置应适应总公司的发展和工程建设的变化而处于动态之中，因此，今后有的机构应运而生、有的机构合并、有的机构转换职能。

4. 工程的监理拟外聘监理单位或自行监理。无论采取哪种形式的监理，总公司都应有行之有效的组织措施和建设监理管理办法。

5. 凡涉及工程项目和机关职能部门交叉的业务，诸如计划、统计、合同、财务、工程设计、技术、质量、安全等，拟另行明文确定各自的分工，分工的原则应尽可能有利于项目部门对工程建设的高效管理，同时也有利于机关职能部门的归口综合管理。

6. 组织机构确定后，应随即明文规定各部门各单位的职责范围，制订各项管理规章制度，明确各层次、各系统的领导关系、决策程序和工作程序，以确保组织机构正常而高效地运转。

7. 关于编制定员，初步意见是：机关职能部门、工程建设部与各公司加驻外办事机构的人员比例大体为1:2:1。具体定员数待以后明确。

8. 关于领导职数，二级机构行政领导原则上配1～2人，三级机构行政领导原则上配1人，各级专业技术管理职务职数视具体情况而定。

附：组织机构框图（见第53页）

中国长江三峡工程开发总公司技术委员会职责

本《职责》于1993年11月11日由中国长江三峡工程开发总公司以三峡人字〔93〕第93号文通知执行

（一）技术委员会是中国长江三峡工程开发总公司（以下简称总公司）决策层的咨询机构，对三峡工

附图

中国长江三峡工程开发总公司组织机构框图

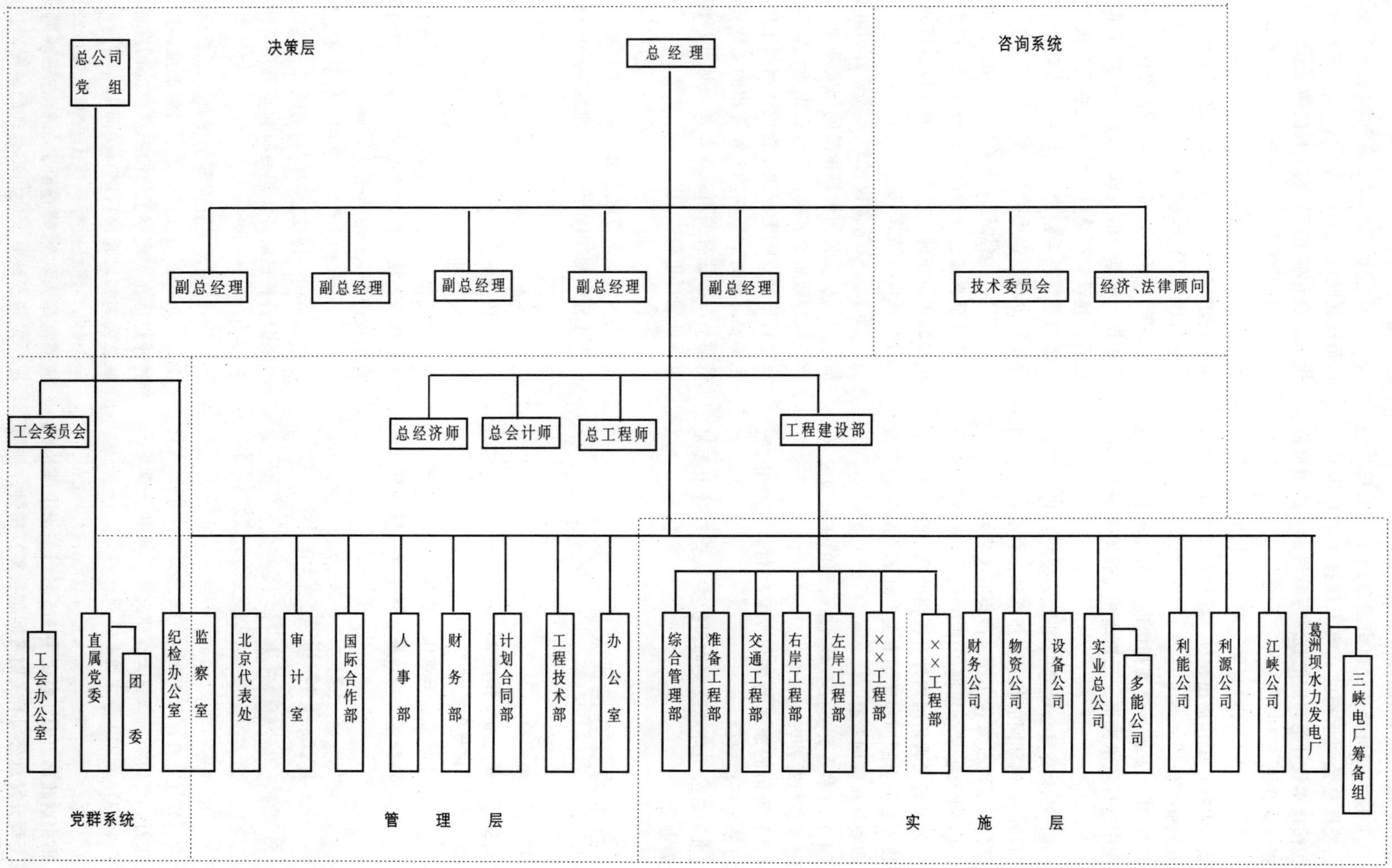

程建设中的重大技术问题提出决策意见。

（二）技术委员会负责组织国务院三峡工程建设委员会授权总公司承担的三峡工程技术设计审查工作，包括技术设计范畴内的技术专题讨论会，负责提出审查结论意见。

（三）技术委员会对有关三峡工程的重大科研工作和新技术推广工作提出建议，经总公司领导同意后组织或监督实施。

（四）技术委员会受委托协助总工程师在工程建设过程中进行技术决策。三总师参与技术委员会的工作。

（五）技术委员会受总公司领导委托，代表总公司参与国内、国际间的技术合作活动，并会同总公司外事部门开展对外宣传工作，搜集有关资料。

（六）技术委员会根据工作需要，经总公司批准，得以总公司名义聘请国内外有资格的高层次专家、学者为技术委员会顾问和聘请有关专业的有资格的专家为兼职委员和咨询专家。

（七）技术委员会在不影响总公司的任务情况下，可以适当参与对外咨询工作。

（八）聘请的兼职委员和专家将付以工作报酬，具体办法另行规定。

（九）总公司环境及文物保护委员会与技术委员会合署办公。

附：技术委员会组成人员名单

主　任　潘家铮
副主任　程　山　张津生
委　员　（按姓氏笔划为序）
于世忠　王儒述　李肇庚　吴树德
沈维义　储传英　程海峰　魏永辉

三峡工程建设基金管理暂行办法

本《暂行办法》于1993年12月2日由中国人民建设银行、中国长江三峡工程开发总公司联合以建总发字〔1993〕第214号文通知遵照执行

根据财政部〔93〕财工字375号《关于中国长江三峡工程开发总公司有关财务问题批复》精神，按照国家现行有关规定，对三峡工程建设基金（以下简称三峡基金）的管理作如下规定：

（一）三峡基金（含葛洲坝电厂上交的利润和全国每千瓦时用电加价三厘钱），是国家对三峡工程的投入，应专项用于三峡工程的建设。

（二）三峡基金由中国人民建设银行总行管理。中国长江三峡工程开发总公司（以下简称三峡总公司）在建设银行总行开设“建设单位专项资金存款户”（以下简称三峡基金户）。

（三）三峡总公司按月向财政部请领基金，财政部根据三峡基金的入库进度将三峡基金拨付到三峡总公司在建设银行总行开设的三峡基金帐户。三峡总公司根据三峡基金帐户的余额签开支款凭证，送建设银行总行办理汇拨手续。

（四）为缩短资金在途时间，保证三峡工程用款，三峡基金直接由建设银行总行从三峡基金户拨付到三峡总公司所在地（宜昌市）的建设银行即三峡工程专业分行开设的结算户。

（五）三峡基金拨付到三峡总公司开设的结算户后，由三峡总公司根据批准的年度基建计划，统筹安排工程建设资金和移民资金；由建设银行三峡工程专业分行根据三峡工程建设管理体制和年度项目建设资金需要，及时对三峡总公司开出的支款凭证，经审查核对后，汇往有关用款单位所在地开户的建设银行，以保证项目用款。

（六）为掌握三峡工程年度投资计划和完成情况，及时供应资金，三峡总公司应将上报和经国家批复的三峡工程年度基建计划抄送建设银行总行和三峡分行各一份。

在三峡工程年度正式基建计划未下达前，三峡总公司应依据上报的年度基建计划编制第一季度用款计划，在报送建设银行总行的同时，抄送三峡分行一份。建设银行总行在三峡基金落实的情况下，可以此计划作为三峡工程年度基建计划下达前的拨款依据，待正式计划下达后再据实调整。

（七）为及时了解、掌握三峡基金支用完成情况，三峡总公司应按规定时间向财政部、建设银行总行和三峡分行报送财务快速月报和季报及其他有关资金财务报表。

（八）为便于有关部门掌握、了解三峡基金拨付情况，有关部门应建立定期对帐制度，即三峡总公司的开户行在季度终了应向三峡总公司发送对帐单，三峡总公司核对无误后送有关部门备核。

（九）建设银行三峡工程专业分行及有关经办行应经常深入实际调查研究、检查三峡基金的使用情况，发现三峡基金使用不合理的情况时，应及时提出纠正意见，并尽快向三峡总公司等有关部门及建设银

行总行反映。

（十）本管理办法由中国人民建设银行总行和三峡总公司负责解释。

（十一）本管理办法自下发之日起执行。

关于颁发《中国三峡工程开发总公司（筹）合同管理暂行办法》的通知

1993年7月17日，中国三峡工程开发总公司筹建处以三峡筹管字〔93〕第121号文通知总公司（筹）各部门、各单位参照执行

三峡工程自筹建以来，在工程的招（议）标及合同管理方面，做了大量工作，也取得了一定的经验。但随着改革、开放的深入和关贸协定的恢复，我国的财务、工程造价管理，也要求向国际接轨和靠拢，为适应改革和社会主义市场经济的建立，逐步健全合同管理制度势在必行。现将总公司（筹）拟定的"中国三峡工程开发总公司（筹）合同管理暂行办法"（附件）颁发试行。为有利当前工作，特明确以下几点，请一并执行。

（一）招（议）标工作要统一领导

工程招（议）标是业主进行工程发包重要工作，它的好坏，直接关系到工程建设的成败，总公司（筹）决定成立招（议）标领导小组，负责招标工作的组织和定标工作。领导小组下设办公室，负责日常工作，工作人员由经管部负责组建。

（二）项目划分要统一

为控制概算的项目增加，根据国家部委的规定，在基建工程中，计划、统计、财务，必须按概算项目划分方法统一，以便考核管理。当前，价格变幅较大，统一项目划分对控制工程造价，尤为重要。

（三）定额标准与基础单价要统一

三峡水利枢纽工程所涉及的专业项目，必须严格执行国家颁发的规程规范和定额标准。工程所耗的主要材料价格和其它基础单价，统一由经营管理部管理。

（四）合同管理要统一

合同是发包与承包甲乙双方明确义务、权利具有法律效力的文字依据，应严格按现行法规办理。三峡工程的主要项目合同（含永久工程与临时工程），统一由招（议）标领导小组办公室具体办理，对一些临时而且是在合同履行中增添的小项目（如设计地质工程量变化等），可由监理工程师或主管项目负责人补签，但补签后交主管部门备案，以便结算和统计。

（五）结算统一

三峡工程的结算，一律以合同为依据，具体结算方法详见本办法附件。

（六）已施工而未签合同的项目，由经管部牵头补签，由于时间而影响的价格因素，参考初设审查意见办理。

附件：中国三峡工程开发总公司合同管理暂行办法

附件：

三峡工程合同管理暂行办法

第一章 总 则

第一条 为了加强三峡工程的建设和管理，逐步推行项目业主责任制度，确保工程质量、加速工程建设、降低工程造价、提高投资效益，根据《中华人民共和国经济合同法》、《关于投资管理体制的近期改革方案》、《水利工程建设监理规定（试行）》和《大中型水电站工程施工与设备采购招投标工作管理规定》，特制定本办法。

第二条 合同是当事人依法订立的有关权利义务的协议；是工程计划具体贯彻执行的重要形式；是专业协作的纽带；是促进企业自身信誉的有效途径；是国家对企业有效监督的重要方法。为此，三峡工程建设过程中的一切经济活动，都要按本办法订立合同。

第三条 合同的签订是在国家政策的指导下，通过招标方式择优选择承包企业并明确双方权利和义务。凡三峡工程建设中的经济活动，原则上都要进行招标，并按本办法附件1《三峡工程发承包暂行办法（草案）》办理。

第四条 本办法所指的合同主要是：勘测设计合同、技术咨询及科研合同、建筑金属结构加工安装施工合同、设备制造合同、设备租赁和保管合同、物资供销仓储保管合同以及其它委托的合同等。上述合同均需由合同管理部门统一归口管理。

第二章 合同的签订

第五条 签订经济合同的主体是法人。三峡工程的经济合同必须严格要求具有法人资格的社会组织、企业、事业、学校、商店、机关团体和乡镇经济组织等。

企业的科室、机关的处室、学校的科系均不具备

法人资格，不得签订合同。

第六条 三峡的主体工程、单项临时工程、配套工程、具备招标条件的其它建筑安装工程以及经营管理等，均须进行招标，具体办法按附件1办理。

第七条 经营管理性质项目、砂石料生产供应、公用设施的管理、主要材料的供应与管理等，可以通过邀请议标方式签订合同，但被邀议标单位不得少于两家。

第八条 勘测设计、科研、咨询性质的合同，可通过定向性议标签订包干协议。

第九条 施工过程中的设计、地质或其它条件改变需增补的通知书或协议，由监理工程师或项目经理据情增补。

第十条 公司内部费用管理、小型基建以及临时设施的维护等，在统一归口的原则下，委托部门代理签订。

第十一条 凡通过招标议标或其它形式进行合同签订时，项目经理、监理工程师均须参加。

第十二条 为便于考核和检查投资效果，有效地控制建设资金，签订合同项目的划分，应与设计概算项目一致，统计、财务的汇总报表，也须一致。

第三章 合同的履行

第十三条 三峡工程合同履行的机制是部门、项目经理、监理工程师三位一体制。

工程承包合同的履行，建设单位（业主）委托监理工程师全面负责；项目经理是检查督促合同履行过程中存在问题和解决问题的建设单位代表，有沟通业主、承包商的中介职能；业主职能部门是合同签订、履行、结算、管理的服务部门。

其它合同的履行参照上述办理。

第十四条 工程承包合同价款的结算，其程序是：

1．承包者按工程进度填写申报结算单。

2．监理工程师初核、检查和审定工程量、质量、形象进度并签认。

3．项目经理复核签认后转合同部门。

4．合同部门复核签认转统计、财务汇总和办理支付手续。工程统计、财务决算都要以此为依据。

未经上述程序办理的工程承包合同，财务不得支付。

第十五条 其它经营、费用、科研设计以及咨询包干性的合同价款结算，由项目经理签认，主管合同部门归口入项登记，转统计、财务汇总并支付。

第十六条 主要材料价差的结算：

1．量差，是指合同条款供应数量以外因设计变更增加引起的金额，按设计和监理工程师出具书面签证结算。

2．合同价差，是指合同承包价与实际供应价之差。按合同条款规定计算。

3．静态基价差，是指甲方供应的不变价（如补偿贸易材料等），其计算方法为：

①计划或市场价－概算价＝材料供应价差

②概算价－静态基价＝静态基价差

第四章 合同的变更、增补、解除、终止

第十七条 因地质或结构等引起的设计变更，根据设计修改通知或修改设计文件，由监理工程师、项目经理增补协议，并报主管部门以便备查修订。

第十八条 国家计划的改变，或不可抗拒力致使当事人无法履行合同时，合同可以变更或终止。

第十九条 在不影响国家利益、也不妨碍国家计划的执行时，当事人双方协商一致同意变更或终止合同。

第二十条 当事人一方因关、停、并、转而无法履行合同时，可终止或解除合同。

第五章 合同管理

第二十一条 本合同管理是指总公司内部各职能部门对合同的签订、履行进行的监督与检查。

第二十二条 重大合同的签订，招标文件除委托设计或其它单位编制外，公司内部的有关部门都应参加，并邀请建行参加，最后还须办理公证。

第二十三条 利用经济合同的签订、履行而进行个人谋私利、或利用职权的方便加工程价款数量等，应严厉查处。

第二十四条 施工索赔必须提交索赔报告，并在违约事件发生之日起的28天内，提交给监理工程师、项目经理，经审定后转建设单位（业主），经复核，据实情和索赔的有关文件进行办理。

第二十五条 当乙方未能按合同规定履行职责，甲方按合同规定扣减乙方的工程价款以作赔偿。罚款指令由监理工程师根据合同条款和违约事实以书面形式发出，也可由甲方或项目经理直接发出，两者均具有法律效力。

第二十六条 公司内部的承包合同，不强求上述程序和条款，由公司部门与承包者直接签订。

第二十七条 本办法解释权属总公司。

三峡工程发承包暂行办法

第一章　总　则

第一条　为加强工程管理，确保工程质量，缩短建设工期，降低工程造价，提高投资效益，特制定本办法。

第二条　三峡工程中的施工项目，原则上都要实行发承包制，即招标、议标或投资包干制。

第三条　凡持有营业执照、资格证书的建筑安装企业、工程承包公司，不论是国营还是集体性质，均可参加三峡工程的投包。

第四条　三峡工程发承包制不受地区、部门限制，均一视同仁，对于外地区、系统外部门的承包单位，提供方便。

第五条　三峡工程的发承包制是法人之间的经济活动，即招标与投标、发包和承包的经济关系，除此以外，无其他任何行政或隶属关系。

第二章　招　标

第六条　三峡工程采取以下几种招标形式：

1. 单项工程全过程招标，从单项工程建议书开始，包括可行性、研究设计任务书、勘测设计、设备材料采购与准备、工程施工直到竣工交付使用，实行全过程招标发包；

2. 勘测设计招标；

3. 材料、设备供应与管理招标；

4. 工程施工招标。

第七条　单项工程全过程招标的主要程序是：

1. 由总公司根据批准的项目建议书，委托几个工程承包单位作出可行性研究报告，通过议标选定最佳方案和承包单位。

2. 承包单位受总公司委托编制施工组织设计任务书，经总公司审查同意后，则与总公司签订勘测设计、设备材料供应和工程施工等事宜的合同。

第八条　招标方式：

1. 公开招标，通过报刊、广播、电视等公开发表招标广告。

2. 邀请招标，有选择地向有承担能力的若干施工企业，发出招标邀请书，发送招标文件，然后按指定的时间进行开标。

第九条　建筑安装工程可实行全部工程招标，单项工程招标，分部工程招标等形式。工程承包可采取全部包工包料、部分包工包料或包工不包料。无论采取那种形式，都要在招标广告或招标通知书中说明。

第十条　招标的作法：

1. 总公司组织有关单位编制招标文件后，发出招标广告或招标邀请书。

2. 总公司对招标施工企业进行资格审查，认可后，售发招标文件。

3. 总公司组织招标单位察勘工程现场，解答招标文件中的疑点。

4. 投标施工企业密封报送标书。

5. 当众开标，经评定确定中标单位，并发出中标通知书。

6. 总公司与中标单位签订发承包合同。

第十一条　招标文件内容要求：

1. 综合说明书，包括项目名称、地址、工程内容、建设工期、要求和现有的基本条件；

2. 技术质量要求；

3. 实物工程量清单；

4. 物资供应方式；

5. 工程价款支付方式；

6. 投标起止日期和开标日期、地点；

7. 合同的主要条款。

第十二条　凡投标单位已接受总公司发出的邀请书，而做了一定的工作后，因公司改变招标文件内容而引起的一切损失，由总公司负责赔偿。

第十三条　参加投标的施工企业，按招标要求报送申请书，并附资格审查表。

第十四条　投标单位报送的标书，其主要内容包括：

1. 综合说明书；

2. 工程总报价和单价资料；

3. 施工组织和工程形象进度计划表；

4. 主要施工方法和保证质量安全的措施；

5. 临时设施情况及其设备状况；

6. 计划开工、竣工日期；

7. 其他需要说明的部分。

第十五条　定标的主要依据是能保质保量和工期、标价合理、经济效益好、社会信誉高。

第十六条　开标确定中标单位后，中标单位要交纳承包保证金，并在指定的时间内签订发承包合同，如借故拒绝签订合同，其保证金即作赔偿损失费用。

第三章　议标和投资包干

第十七条　有些工程量小，施工期短的工程项目（如临时工程），可采取议标或投资包干施工。

第十八条 议标或投资包干，主要由施工企业对总公司进行四包，即（1）包投资；（2）包施工竣工期；（3）包工程技术质量；（4）包工程量和形象进度。

总公司对施工企业也进行四保：即（1）保主要材料供应指标；（2）保建设资金；（3）保国内不能生产的设备；（4）保施工技术图纸的供应。

第十九条 议标和投资包干项目的投资按总公司审定后的设计概算扣除5～15%作为发（承）包的基数。

第四章 合同履行

第二十条 工程发承包合同是法人之间为完成一定基本建设任务而明确双方权利、义务并具有法律性的协议。它是维护社会经济秩序，提高经济效益，保证国家计划的执行和促进社会主义现代化建设发展的主要保证。

第二十一条 本办法中所指的合同是：建筑安装施工合同、勘测设计合同、设备租赁和管理合同、技术咨询合同、物资供销仓储保管合同等。

第二十二条 三峡建设中的各种合同的签订，各相关的项目经理参加，统一归口于合同处。

第二十三条 合同是企业管理的主要组成部分，是计划、质量、施工进度、资金管理检查、考核的重要手段。为此，三峡工程中的数量、质量、进度等均以合同签订条款为考核标准。

第二十四条 三峡工程项目，要逐步走向发承包合同化，逐步走向工程价款以合同为依据。

第五章 权益和奖罚

第二十五条 建设项目承包施工企业在包干投资总额范围以内，有权根据工程进度，对单项工程的资金使用进行统筹安排，不受年度限制。

第二十六条 施工承包企业对包干的结余资金，按国家现行规定，兼顾三者利益，由发承包单位具体商定；招标、议标项目的结余资金，全部留施工企业，由施工企业按照国家有关规定自行支配。

第二十七条 建设单位以编制的标底进行招标发包，一经中标，其标底与概算间的差额结余部分全部为总公司收入，其中50%用于归还贷款，剩余50%作为总公司生产发展基金、集体福利基金、质量奖及科学技术进步奖基金等。

第二十八条 总公司要组织和加强概算预算的审查，并可招聘有关人员（如设代处的设计人员、建行的同志）协助总公司进行招标文件的准备工作，总公司在招标后所获得的结余中，适当提取部分资金作为招聘人员的津贴及费用，在招标完成后发给应聘人员。

第二十九条 在招标过程中的有关人员（包括招聘人员在内），因失职失密，给国家带来损失，要追究失职人员的责任。

第六章 检查与监督

第三十条 发（承）包双方都必须严格履行协议合同条款，要经常监督检查合同执行情况，发现问题及时协商解决，协商解决不了的可提请经济司法部门或上级主管部门仲裁。

第三十一条 建立健全工程质量验收组织，加强对施工过程中的质量验收工作。总公司可招聘有关人员进行质量检查监督，直到单项工程竣工验收，负责到底，应聘人员同样受本办法的第二十八条和第二十九条规定。

第七章 附 则

第三十二条 本办法自公布之日起试行。

第三十三条 本办法的解释权属总公司。

中国长江三峡工程价款结算暂行办法

本《暂行办法》于1993年12月15日由中国长江三峡工程开发总公司、中国人民建设银行三峡工程专业分行联合以三峡财字〔1993〕第83号文通知印发执行。

为了健全工程价款结算程序，明确职责，合理供应建设资金，促进工程建设，根据财政部和中国人民建设银行总行有关文件的规定，结合本工程建设的实际，特制定本办法。

（一）结算依据

1．业主单位、承包单位双方共同签订的发、承包合同（或协议）。

2．工程建设部的项目工程部签署的“已完工程月报表”（又称月付款证书，以下同）。

3．财务部签署的“工程价款结算帐单”。

工程的设计修改，超出已签合同规定的范围，需要调整工程量或调整结算单价，按合同管理的审批程序办理。

下列情况不予结算：

(1) 没有签订合同（或协议）的工程项目；

(2) 工程项目中质量不合格的部分；

(3) 未经工程建设部的项目工程部验收核实（或无计算依据）的工程量、工程价。

工程预付款和备料款按以下原则办理：

(1) 工程预付款和备料款按业主单位与承包单位双方签订的合同支付和抵扣；

(2) 个别项目因工程急需来不及签订合同（或协议）的，为不影响工程建设，可由项目工程部根据形象进度和国家有关预付款的额度规定，提出一定比例的预付工程款，填制工程预付款帐单。预付金额在1000万元以上的，经分管工程建设部的副总经理和分管财务部的副总经理审签；预付金额在1000万元以下的，经工程建设部主任和财务部主任审签。审签后，财务部据以预付工程款。补签合同后，待价款结算时予以扣回；

(3)因特殊原因，工程预付款和备料款不能按合同规定抵扣时，由项目工程部提出意见，经分管财务部的副总经理审批后，按应扣数额的每月万分之三计息。

（二）结算方法

实行月度结算，元月份计时为1月1日至25日，12月份计时为11月25日至12月31日，其余各月计时为上月26日至当月25日。

建设期间，业主单位付给承包单位的备料款，工程预付款和工程进度款的总额，不论时间长短，均不得超过合同总额的90%。其余部分5%在工程缺陷修复期支付；另外5%为工程质量保证金，在工程竣工验收合格并提供工程全部竣工资料，一年后，保修期满结算。

（三）结算程序

1.每月27日前，由承包单位编制“已完工程月报表”一式7份及变更合同量清单，送监理单位，据以审查已完工程的形象进度、质量、数量和工程结算价款。

2.每月28日至29日，由监理单位负责工程项目的施工形象进度和计量验收、计价和质量评定工作。

3. 当月29日，监理单位在“已完工程月报表”上签署工程形象进度、质量、工程量和工程结算价款的审核意见。对工程质量的评定要签具“合格”、“不合格”的结论性意见。对于不合格的部分，应指明工程项目，工程量，并提出处理意见。一式7份送工程建设部的项目工程部复审。

4.次月1日，项目工程部在“已完工程月报表”上签章后，一份返回给监理单位；一份给承包单位，据以填制“工程价款结算帐单”；一份给工程技术部，据以登记设计量台帐；一份给计划合同部，据以登记统计台帐；一份给财务部，据以登记投资完成台帐；一份自留，据以登记验收台帐和“设计量调整台帐”；一份送建行三峡专业分行在前方的大坝支行或三斗坪支行。

项目工程部按季编制合同编号目录和按工程量报价单项目排列出“合同单价系列表”一式3份；一份送财务；一份送计划合同部；一份自留，据以核对结算单价。超出合同范围的，项目工程部要提出“变更合同量清单”经计划合同部核定，计划合同部在次月15日前提出认定清单一式5份：一份送项目工程部；一份送监理单位；一份送财务部；一份送建行；一份自留据以办理结算。若变更合同和单价，一时难以商定的，为不影响工程建设，可以实行预结，然后按季补签协议，并按协议对预结数多退少补。

5. 次月2日至3日，由承包单位根据审定的“已完工程月报表”填制“已完工程价款结算帐单”一式5份于次月4日送前方建行（其中：右岸工程送三斗坪支行，左岸工程送大坝支行）审签。次月6日承包单位将前方建行审签的结算帐单送财务部，财务部对结算工程价款进行核实和抵扣预付工程款、预付备料款，代扣款，提除质量保证金等，经办人签字后，实行分级审签，即：结算金额在100万以内的价款结算由基建财务处长签；100万元至1000万元的价款结算由财务部主任签；超过1000万元以上的价款结算由分管财务的副总经理签。

6. 次月9日，财务部将签章的“已完工程价款结算帐单”，向承包单位办理银行划款手续。并将签章的工程“价款结算帐单”返回承包单位一份；返回建行一份；返回工程建设部的项目工程部一份；送计划合同部一份，据以登记合同台帐；自留一份，据以登记“工程价款结算台帐”和填制会计凭证。

逾期结算方面，各方均按合同条款承担责任划分，按延付金额的每日0.3‰支付滞纳金。

没有实行监理单位负责制的工程项目，承包单位填制的“已完工程月报表”在每月27日前，一式6份送工程建设部的项目工程部。经项目工程部和计划合同部审核签章后，送前方建行和财务部，据以审核承包单位填制的“工程价款结算帐单”。

（四）附则

1. 除机电、金结设备制作及其安装工程等的结算办法另计外，总公司发包的所有工程项目均执行本办法。

2. 移民费、征地费、勘测设计费等属于待摊投资的项目，按费用类的合同或管理办法管理。

3. 计量及验收细则按国家颁布的验收规程规范

和本工程具体情况另行制订。结算报表、帐单，由总公司统一印制。

4．本办法从1994年1月1日起执行。

三峡前期准备工程前方有关管理工作暂行办法

本《暂行办法》于1993年1月由中国三峡工程开发总公司筹建处以三峡筹管字〔93〕第53号文通知试行

为适应三峡前期准备工程综合管理工作需要，使前方工程管理与总公司各部门的业务管理能进行有机的衔接，使部门管理同项目管理结合的管理体制不断完善，特制定本暂行办法。

（一）计划统计管理

1．前期准备工程的年度计划的编制原则、执行程序和管理办法，按总公司三峡筹管字（92）第143号文件《关于三峡前期准备工程计划管理若干要求的通知》执行。

2．工程年度计划编制程序：由各项目按施工总进度要求和工作需要并结合工程的具体条件进行编制。内容包括施工、设计、科研、技术咨询、征地移民等工程（工作）的工程量、进度要求等。经前方管理所汇总后，转报总公司计划处进行综合报批。

3．计划执行程序：根据经总公司审批下达的年度计划，各项目按总进度要求和总投资控制额，结合设计、征地移民、施工等条件，分专业编制实施计划。

4．工程（工作）计划完成情况的统计工作，按三峡筹管字〔92〕第143号文件规定执行。月末由前方管理所根据施工单位月报表经审核后进行填报。内容包括：工程项目、完成工程量、形象面貌、完成投资和工期质量分析等。

报表的时间规定如下：

（1）工程月报统计截止日期：每月25日；

（2）施工单位报表：每月28日报前方管理所；

（3）前方管理所汇总报出时间：每月30日。

5．工程投资管理，按总公司文件规定，为充分发挥各项目部门的主动性和积极性，投资计划指标项目切块管理。准备工作总投资由总公司计划部门进行综合控制，并按比例留给前方管理所适当的调整限额，以便根据需要对切块投资进行必要的调整，如设计变更、特殊问题的处理等。

（二）经济合同管理

工程承发包合同是建设单位对投资、质量和工期进行控制的有效手段，亦是对承发包双方的责权利进行制约，并带有法律性质的经济文件。根据目前三峡工程的实际情况，合同一般分两种类型，一种属于招标承包合同，它具有合同规范的全部内容；另一种属于在指令性总承包协议的基础上签定的单项实施合同，部分规范条文必须受总包协议制约。本办法针对第二种类型合同暂作如下规定：

1．合同计价方式：按工程性质可采用单价合同（如土石方工程、混凝土工程）或总价合同（如机电安装、房建等）。在初步设计未经审批、设计概算尚未提出的情况下，目前价款计算方式主要采用“施工图预算”方式进行，即按国家现行定额和取费标准计算，并根据预算基础单价和参照市场平均价格补算材料差价。价差由总公司经营管理部进行管理和控制。

2．预算基础单价：（即人工预算单价、材料预算单价以及施工供风、水、电单价）由总公司经营管理部提供并以文件形式发出执行。（注：预算基础单价带时段性）。

3．前方管理所在执行上述规定的基础上，负责前方经营管理工作。具体负责：

（1）合同发包的技术供应工作；

（2）按确定的基础单价组织进行合同报价的审定和预算编制工作；

（3）配合项目拟定合同条款；

（4）组织合同文件的编印和部门会签工作；

（5）工程进度价款结算核签和盖章；

（6）配合项目处理合同执行中发生的有关一切经济问题（如设计变更、违约等）；

（7）参加竣工验收，负责竣工结算；

（8）收集市场价格信息，为基础单价修改提供依据。（注：竣工决算工作由财务室负责办理。）

4．各项目负责：

（1）提出合同立项，确定工程承包范围和内容；

（2）审查设计图纸和技术文件；

（3）提出主要材料、设备计划，交供应处组织供应；

（4）审查施工组织设计；

（5）参加工程报价审查；

（6）审定合同条款；

（7）负责签定合同，并严格执行合同；

（8）处理设计变更和违约事宜；

（9）组织阶段验收和竣工验收；

（10）竣工资料审查、整理、归档。

5．合同文件会签程序：项目——前方管理所（审核）——计划合同处——总公司领导（批准）。

6．合同价款结算程序：项目部门签字——前方管理所签章——计划处签章——财务室签章——建设银行签章。

7．合同文件内部分发单位：项目、前方管理所、计划合同处(正本)、审计室、财务室、供应处、建行。

(三) 公用工程委托经营 (管理) 和房产、主要施工机械的租赁工作

1．对于公用工程 (如供水、电、通信、仓库、码头等) 委托经营和房地产租赁的审批权，一律归总公司，任何职能部门和项目均无权处理。

2．委托和租赁的具体业务和资产清理、移交，设备或构筑物的技术状况的清查和鉴定，被委批单位的资格调查等工作，由各项目负责办理。

3．委托和租赁费用核定和有关经营条款及合同文件编制，由前方管理所负责办理，送有关部门会签后报总公司领导审批。

(四) 技术供应管理

技术图纸供应管理按总公司颁发的《设计图纸、文件资料管理办法》执行，前方管理所设专人具体负责以下各项收发及存档业务：

1．工程设计图纸及文件按下列数额分发：

资料室发给前方共计 12 份

施工单位　8 份

项目部门　2 份

前方技术管理　1 份

经营管理及存档　1 份

2．征地平面图按以下原则分配：

征地办公室　7 份

项目部门　2 份

施工单位　2 份

经营及存档　1 份

3．工程概预算由总公司计划处统一管理，根据工作需要分发给有关单位，在工程未发包前要特别注意保密。

4．收到施工单位图纸和文件(函件)的处理办法：

(1) 施工组织设计共 5 份

项目部门　2 份

前方管理所　1 份

前方技术管理　1 份

前方行政负责人　1 份

(2) 一般函件只收到 1 份，按需要转发复印件给有关项目部和单位。

前方经营管理工作属总公司综合经营管理工作的一个组成部分，是控制三峡工程总投资，避免工程造价失控的一个极为重要的环节。研究和探索如何控制和合理的确定工程造价并保证施工单位的合法利润，在目前实行市场经济的条件下，难度很大。望各单位、各部门给予指导、协助和支持，以保证三峡前期准备工程顺利进行。本办法自总公司文件发布之日起试行。执行中有什么问题，请及时报告前方管理所以便进行修改和补充。

总公司人员出国审批、政审等手续的规定 (试行)

本《规定》于 1993 年 12 月 28 日由中国长江三峡工程开发总公司以三峡国字〔1993〕第 97 号文通知试行。

根据中共中央组织部、人事部关于因公出国人员审查的补充规定，结合总公司具有一定的外事权的具体情况，为严肃外事纪律，加强管理，特制定本规定。

(一) 出国审批

1．总经理出访，由国际合作部办理，总公司发文报国务院，经国务院主管副总理或国务委员审核后，由国务院总理批准；副总经理出访，由国际合作部办理，总公司发文报国务院，经国务院外事办协调后，由国务院主管副总理或国务委员批准。

2．总公司司局级及以下干部出访，由组团的负责部门提出计划，国际合作部研究并会签，报主管外事的副总经理审批。

3．总公司组团，需邀请外单位人员参加，由组团的负责部门提出意见，国际合作部研究并会签，报主管外事的副总经理审批。然后由国际合作部向被邀请的单位签发出国 (或赴港、澳) 任务通知书。

4．外单位组团，需邀请总公司人员参加，由国际合作部会同有关部门负责人商议后提出意见，报主管外事的副总经理审批。然后由国际合作部向公司内有关部门及外单位签发出国 (或赴港、澳) 任务通知书。

(二) 出国政审

1．正处级及以上干部不需另行办理因公出国人员审查手续，可与出国任务一起审批，只需填写《因公出国 (境) 人员备案表》报人事劳动部备案。

2．正处级以下干部出国，属于总公司成立后第一次出国，由人事劳动部负责填写《因公出国人员审查表》，政审材料在国际合作部备案，审查批件有效期为三年。属于第二次及以后多次出国，由国际合作部负责填写《因公出国 (境) 人员备案表》，报送人事劳动部，归入本人人事档案。

3．总公司组团，邀请的外单位人员的政审，由其所在单位人事部门负责。

（三）办理出国护照、签证手续

1．根据政审批件和出国（赴港、澳）任务书，由国际合作部签发“因公出国及赴港澳人员审查批件”，并办理出国护照及签证手续。（可委托北京代表处协办）

2．总公司被邀请参加外单位组团的出国人员，其护照由国际合作部办理，签证手续由组团单位办理。

3．外单位人员应邀参加我公司组团出国（或赴港、澳）执行公务时，其办理护照所需“因公出国及赴港澳人员审查批件”由我公司国际合作部签发，护照由应邀人员的主管部门办理，签证手续由我公司国际合作部统一办理。

综　述

Ⅱ

瞿塘峡

概　　况

1993年三峡工程建设概况

1993年，是三峡工程建设的第一年。在这一年里，总公司完成了由筹建到成立的平稳过渡；工程建设实现了由前期施工准备到进入正式施工准备的顺利转折；工程管理运用社会主义市场经济的规律，引入竞争机制，迈出了可喜的一步。广大职工精神振奋，努力工作，同科研、设计、施工、监理以及地方政府团结协作，艰苦奋斗，较好地完成了年度计划，工程建设和各项工作都取得显著成绩。正如李鹏总理视察三峡工程时所说的：一年来，在三峡总公司的组织下，经过全体建设者的努力，前期工程确实有了很大的进展，与一年前相比，面貌大变。

一、工程建设

1993年年度计划确定了四项目标：右岸一期土石围堰四季度开始填筑；为1994年创造右岸导流明渠和左岸航建工程大开挖的条件；对外交通公路专用线和西陵长江大桥第四季度开工。围绕这四项目标，主要开展坝区征地移民和“四通一平”（供水、供电、通信、道路和场地平整）等施工准备工程。到年底，主要工程形象进度是：

(1) 右岸一期土石围堰总长2504.4m，填筑总量324.7万m^3，防渗墙48950m^2。明渠开挖总量为2301.48万m^3。到年末，共填筑77.42万m^3，岩石和覆盖层开挖251.72万m^3，水下清淤222.77万m^3，完成防渗5437m^3。

(2) 茅坪溪防护工程泄水隧洞断面12.2m×11.8m，长度为1480.857m，钢筋混凝土箱涵长1169.5m，包括进出口明渠段在内，泄水建筑物总长为3099.2m。到年底，隧洞进口段掘进546m，出口段掘进248m，完成箱涵混凝土浇筑120m。

(3) 对外交通全封闭准一级公路宜昌至坝区全长28.64km，桥梁隧洞占40%，难度较大的“三桥一隧”工程已于10月30日签订施工承包合同，各承包单位已陆续进场开始施工准备。

(4) 西陵长江大桥为钢箱梁悬索式特大桥，主跨长度900m，是目前国内同类桥梁中跨度最大的。10月11日签订施工承包合同，已于12月26日开工。

(5) 场内交通工程。左岸永久干线江峡大道全长5.8km，年底已经形成4.4km的路基。右岸永久干线西陵大道全长为6.42km，大部分涵洞正在施工。年内完成场地四条便道，全长12km。通向永久船闸、临时船闸、左岸厂坝的陈坛、苏黄、苏覃三条施工道路已于11月份开工。

(6) 供水工程。左右两岸建成了临时供水设施。左岸鹰子嘴日产3.7万t生活供水厂已基本完成场地平整，开始土建施工。右岸白庙子配水厂已基本完成场地平整。为一期工程生产供水用的两条日产9万t水厂船，已于11月20日签订建造承包合同。

(7) 供电工程。葛三线220kV线路57基塔基已完，总长为27km，已架线24km；变电所土建工程已开始进行，两岸已各建一座35kV变电所，11月份实现了由地方小水电供电到大电网供电的过渡。

(8) 通信工程。微波通信、程控交换机、移动通信、卫星通信系统都在全面进行订货和建设。1994年一季度可先后开通投入运行。

(9) 场地平整。左岸办公生活区和仓库区，场地总面积154.2万m^2，总开挖量为876.8万m^3，总回填量为1554.5万m^3。到年底，累计完成场地平整土石开挖528万m^3，回填530.1万m^3。

(10) 房建工程。右岸已开工5栋共3.2万m^2，左岸已开工3栋2.2万m^2。

(11) 砂石料和混凝土拌和系统工程。左右岸各建成一个临时砂石系统，生产能力分别为4.5万m^3和3.0万m^3砂石净料。右岸建成3×1.5m^3临时拌和楼一座。南村坪月产15万m^3砂石净料系统已于12月30日签订施工承包合同，施工单位已进场准备。

坝区征地移民工作。在省、市、县、镇各级政府和各级移民干部的大力支持和积极配合下，经过艰苦细致的工作，年初计划征地8100亩，到年底，实际征地17549亩，其中红线内征地13607亩，红线外征地1207亩。利用葛洲坝水库消落区2915亩。计划移民6000人，实际搬迁5400人，基本上满足了工程建设的需要。

设备公司和物资公司边组建边开展业务。全年通过7次招标需采购供水、供电、土石方挖掘、测量、通信和运输设备共计576台（套），合同金额为1.42亿元；共购进钢材11715t，木材2091m^3，水泥11388t，油料4261t。保证了施工主材的供应并有一定的储备。

1993年计划投资20.2亿元，其中以工代赈2亿元。实际到位资金17.3亿元，其中三峡建设基金（含葛洲坝电厂发电利润）17亿元。总公司向三峡建行和三峡工行申请临时周转贷款1亿元。上述资金已安排使用16.59亿元。

据统计，全年共计完成土石方开挖1243.89万m^3，回填852.36m^3，混凝土浇筑13552m^3，浆砌块石29076m^3，干砌块石19571m^3，供水管道安装23000m，涵管埋没2100m，钢筋制安984t。

二、工程管理

总公司坚决贯彻李鹏总理多次强调的：三峡工程要运用社会主义市场经济的办法组织工程建设，用现代化的经济管理办法进行管理，要采用国际通行的工程项目业主负责制，采用招标的办法，引入竞争机制。得到了施工企业的积极响应，投标踊跃，竞争激烈，初步形成了竞相参与三峡建设的势态。

从去年9月份开始到年底，按照“公开、公正、公平”的原则，经过全国88家企业平等竞争，最后14家企业中标，承包合同金额为6.58亿元。连同总公司与葛洲坝工程局右岸一期工程签订的施工承包合同在内，合同总金额达25.26亿元。

工程监理也通过议标的形式决定。已选择了长委会宜昌监理中心为右岸一期工程监理单位；铁道部科学研究院为西陵长江大桥工程监理单位；铁道部第四设计院为对外交通公路监理单位；水利电力中南勘测设计研究院为永久船闸一期开挖工程监理单位；水利电力华东勘测设计院为临时船闸和升船机一期开挖工程的监理单位；水利电力西北勘测设计院为6＃机组以左的厂坝段一期开挖工程的监理单位……。监理单位已经或将在近期与总公司签订监理委托合同。

西陵长江大桥等12个工程项目招标承包合同和右岸一期工程议标承包合同以及首批监理委托合同的签订，标志着三峡工程按照社会主义市场经济机制，实行工程项目业主负责制、招标承包制、建设监理制、合同管理制的建设体制正在逐步建立起来。

三、自身建设

根据国务院国发〔1993〕1号文件，7月，由国务院任命的总公司领导班子配齐到位：陆佑楣任总经理，李永安、袁国林、贺恭、王家柱、秦中一为副总经理。9月27日总公司在宜昌挂牌成立。

总公司成立后，首先抓了组织建设。总公司组织机构设置着眼于三峡工程建设，坚持“精简、统一、效能”的原则，实行以经营管理为核心，项目管理为重点，机关职能部门归口管理同项目管理有机结合的管理体制；适应业主责任制、招标承包制、建设监理制的建设体制，适应社会主义市场经济体制，逐步向现代股份制企业过渡。基于上述思路，总公司分决策层、管理层、实施层三个层次定员定编定职责。正、副总经理组成决策层；设高层次的技术委员会和总工程师、总经济师、总会计师参与重大问题决策；组成工程建设部，具体负责工程建设项目的管理；除机关职能部门外，还组成了物资、设备等专业公司，实业开发、多能、利能、利源和江峡等经营公司。

抓思想和业务建设。上半年组织职工主要学习贯彻党的十四大文件和小平同志南巡讲话；下半年主要学习贯彻中纪委二次全会关于反腐倡廉的文件精神；四季度以来重点学习贯彻党的十四届三中全会决定和《邓小平文选》第三卷。通过学习，提高了职工贯彻执行党的基本路线和发展社会主义市场经济的方针政策的坚定性和自觉性，从而积极在实践中学习和运用市场机制管理、建设三峡工程。

业务培训采取请进来走出去的办法。举办了两期共47人的监理工程师培训班；选派12名干部到大专院校深造和参加短期培训班；组织25人次出国出境考察培训。

抓制度建设。总公司先后制定了干部聘用制度，劳动工资（包括临时用工）管理制度，工程价款结算暂行办法，会议制度，接待工作制度，通信保密规定以及出国审批、政审等手续的规定和廉政建设的若干规定等。还有一批制度正在讨论、修改。通过制度建设，逐步形成了总公司正常的运作秩序。

1993年，三峡工程建设仅仅才开始，总公司的工作刚刚起步，基础工作很薄弱，规章制度不够健全，部门、单位之间职责不够明确，各级领导干部的领导艺术和工作作风还有待于提高和改进，办公、生活条件不够完善，外部关系有待进一步理顺。因此，必须充分估计到在前进的道路上还会遇到很多困难。但是，只要我们怀有“为我中华，志建三峡”的坚定信念，发扬团结、创新、求实、高效的奉献精神，坚持改革，勇于实践，就一定能够战胜各种困难，胜利完成人民赋予我们建设宏伟三峡工程的神圣任务，总公司也一定会沿着建设现代化企业的道路健康前进。

（办公室　杨世全）

中国三峡工程开发总公司筹建处工作总结

（1984～1992 年）

（一）基本情况

为建设长江三峡工程，根据中共中央办公厅、国务院办公厅厅发〔1984〕43 号转发《关于开展三峡工程筹备工作的报告》的通知，决定组建中国三峡工程开发总公司（以下简称三峡公司）。三峡公司是一个独立核算的经济实体，具有法人资格，在国家计划指导下的经营管理和对外交往中都行使较大的自主权。三峡公司在三峡工程建设期间是该工程的建设单位（总甲方）；工程投产后全部资产，包括债权债务，都归其所有，并负责水电站的经营管理。

成立三峡公司是党中央、国务院对水电建设体制实行改革的一项重要措施。其目的是为了实行以电养电，以电治江，走滚动开发的新途径。为了抓紧进行三峡公司的筹建工作和三峡工程的施工前期准备工作，根据水利电力部〔84〕水电劳字第 100 号“关于组建中国三峡开发总公司筹建处的通知”（以下简称三峡公司（筹）），三峡公司筹建处于 1984 年 12 月 29 日在湖北省宜昌市成立。三峡公司（筹）行使总公司职权。

三峡公司（筹）由陈赓仪同志任主任。陈赓仪、程山、谢家涛、哈秋舲、刘一是（已调离）、项关福同志组成中共三峡公司（筹）党组。后因中央关于企业不设党组的规定，改为中共三峡公司（筹）临时党委。

三峡公司（筹）行政关系先由水利电力部代管，后改为水利、能源两部共管，在三峡工程开始前，以水利部为主，党的关系归中共湖北省委领导。

三峡公司（筹）职工从全国水利水电系统陆续调集，现有职工 339 人，其中干部 311 人。干部中，专业技术干部 296 人，其中具有高级专业技术职务的 73 人。党员 159 名。

三峡公司（筹）成立八年来，经历四个阶段：

第一阶段：1984 年 12 月至 1986 年 6 月。按照〔84〕国函字 57 号《国务院关于长江三峡工程可行性研究报告的批复》要求，在抓紧组建筹建处的同时，抓紧进行三峡前期准备工作。为争取主体工程 1986 年正式开工创造条件。

第二阶段：1986 年 6 月至 1989 年 9 月。根据中发〔1986〕15 号《中共中央、国务院关于长江三峡工程论证工作有关问题的通知》精神，为求更加细致、精确和稳妥，中央和国务院决定对三峡工程进一步论证，重新提出三峡工程的可行性报告。三峡公司（筹）工作转移到参加和配合论证；对已建的三峡前期准备工程进行收尾。

第三阶段：1989 年 9 月至 1992 年 3 月。重新提出的三峡工程可行性报告报送国务院，国务院三峡工程审查委员会对三峡工程可行性报告进行了审查。三峡公司（筹）主要工作是配合审查；对已建的三峡前期准备工程进行维护；组织场内临时交通工程、输变电线路基础工程的施工。

第四阶段：1992 年 4 月至 1992 年 12 月。1992 年 4 月 3 日，第七届全国人民代表大会第五次会议通过了《关于兴建长江三峡工程的决议》，三峡工程进入具体实施阶段。11 月 19 日国务院三峡工程建设工作会议后，三峡前期准备工程逐步展开，步伐加快。

在以上四个阶段中，各个阶段的工作重点不同，但总体来说，积极参加和配合论证、审查工作，抓紧研究和编制施工规划，力所能及的组织前期准备工程的施工，为三峡准备工程的开工创造条件。

（二）主要工作

三峡公司（筹）成立八年来，在国家计划指导下，遵循基建程序，在上级领导和地方政府的支持下，克服困难，努力开展如下几个主要方面的工作：负责三峡工程前期准备工作；参加和配合三峡工程的重新论证和审查以及负责资料组工作。共有 35 人直接参加了重新论证工作。其中 1 人任论证领导小组成员兼秘书长，3 人次任专题论证主持人，13 人次任专题论证小组专家，18 人次为各专题论证小组工作人员；参加审查工作 10 人。并有部分同志参加加拿大国际项目管理集团长江联营公司编制《三峡水利枢纽可行性研究报告》工作，还承担有关接待和报告的翻译工作。进行三峡工程施工组织设计研究；负责三峡工程前期科研项目管理和“七五”三峡工程施工、泥沙及航运、生态环境及重大技术装备等关键技术研究并配合国家科委进行“七五”三峡课题攻关总结和展览；负责葛洲坝二期工程建设管理；负责归还葛洲坝工程建设贷款；举办长江三峡展览；进行三峡公司（筹）自身建设，并组建了北京办事处、武汉办事处和上海联络处；蓟县机电研究所划归三峡公司管理后，年年完成生产和科研任务，近几年共获部级三等奖两项，四等奖两项；还组建了利源、利能和江峡三个公司，分别承担十三陵抽水蓄能电站工程和渔潭工程的建设监理和引进俄罗斯推力轴瓦等业务。为公司锻炼了队伍、培养了人才。

1．三峡前期准备工作

主要进行了部分交通、供电、供水、通信、房屋工程和坝区部分施工征地。为今后工程的展开打下了基础。

三峡前期准备工作，截止到1992年底，累计完成投资73380.37万元。其中：勘测设计16327.54万元，科研、论证、咨询9934.62万元，库区移民试点23820.00万元，三峡前期施工准备（包括小型基建、管理费等）23298.21万元。完成的主要工程项目及工作量：永久公路12km，供电线路62.51km，供水管路13.02km，通信线路75.41km，一座永久性公路大桥（长446m，宽13m），220kV输电线路长江大跨越和4级铁塔长3km，坝区施工征地4000亩，土石方开挖401.30万m^3，土石方回填253.53万m^3，混凝土浇筑5.28万m^3，浆砌块石7万m^3，施工用房67000m^2。

2．在技术工作方面根据不同的阶段主要做了如下工作

(1) 第一阶段熟悉三峡、了解三峡，争取做到心中有数，知己知彼，分专业对三峡工程进行学习和研究。主要是分土石方工程、混凝土工程、机电及金属结构安装工程以及临建工程等专业，进行了学习和研究，使三峡公司的技术人员对三峡工程有了比较全面的了解和认识，为今后工作的开展打下坚实的基础。

(2) 第二阶段，除配合和参加部分论证工作外，根据论证工作，确定175m水位方案后，考虑到我国基本建设体制改革的趋势，结合我国招投标工作经验，由分专业改为分项目进行了研究，并分项目初步编制了总体、右岸、左岸、航建、机电及金属安装以及公共设施准备等施工规划。为了广泛吸收意见，博采众长，邀请葛洲坝工程局和中南勘测设计院等参加部分施工规划和施工组织设计工作。

(3) 第三阶段参加了“七五”国家重点科研项目的研究，并主持了施工项目的研究工作，其重点有“二期高土石围堰、三期碾压混凝土围堰、船闸深切陡高边坡和大坝混凝土施工方案的研究”。通过这些工作，使我们对三峡疑难问题有了初步认识，使三峡工程建设规划有更为可靠的基础。这些重点研究工作有“施工导流、施工通航和提前发电研究；深水高土石围堰防渗结构及造孔机具研究；船闸陡高边坡稳定及岩石力学研究；大坝混凝土施工设备研究；对外交通及砂石料问题研究；系统工程及项目管理研究”等。

通过以上工作，三峡公司的干部有了较为全面的认识，对三峡工程建设中重大技术问题，也有较深入了解。同时三峡公司的干部自身的水平也有了一定的提高。尤其经过反复论证工作，还培养8名硕士研究生，并注意学习新技术和更新知识。

3．葛洲坝二期工程建设管理

葛洲坝工程的21台机组已于1988年全部投产，土建工程也于1989年全部竣工，比原定工期提前一年。1991年11月国家竣工验收委员会对葛洲坝工程进行了竣工验收。同时为提高电厂经济效益使其安全可靠运行，组织引进了加拿大CAE公司研制葛洲坝电厂综合自动化系统，现已完成安装调试，正式投入运行。还组织编印了《葛洲坝工程丛书》共15集，现已陆续出版。

国家竣工验收委员会认为，葛洲坝二期工程已按国家批准的设计文件内容建成，工程设计合理，施工质量优良，主要机电设备制造质量优良，工程实际运行正常，发电工程完全达到了设计效益指标，航运工程也达到了设计要求。同时认为，葛洲坝二期工程的建设管理是成功的，建设速度快，提前一年建成，工程投资控制好，基本上不超过概算。

自1984年起截止到1992年底，葛洲坝电厂上交(含财政部退库)228465万元。归还葛洲坝工程建设贷款124411万元，拨付葛洲坝工程用款21686万元，拨付葛洲坝电厂重大技术措施工程用款9444万元，为三峡工程提供建设资金75773万元。

4．财产物资管理

三峡公司（筹）在财经纪律方面接受上级的检查和监督。除接受每年例行的财务、税收、物价大检查外，还接受了1989年审计署驻武汉特派员办事处对三峡公司（筹）自成立之日起到1988年底的三峡工程投资和有关的财务收支的审计；1990年国务院大检办和财政部大检办对三峡公司（筹）成立以来到1990年的资金使用情况进行检查；1991年水利、能源两部联合调查组对三峡工程建设资金使用情况又进行了检查。1991年8月，三峡公司（筹）将“关于三峡工程建设资金使用情况的自查报告”报送水利、能源两部及国务院有关部委后，10月10日财政部向国务院罗干秘书长报告，指出三峡公司（筹）的自查报告是认真的，也比较全面，认为不一定再进行审计。10月12日罗干秘书长批示，同意不再审计。并经陈俊生同志、邹家华同志批示同意。1993年5月国家审计署驻武汉特派员办事处对三峡公司1990～1992年度三峡工程前期准备费用的来源和使用以及相关的经济事项进行了就地审计。在审计结论中指出，三峡公司积极配合和参与对三峡工程的重新论

证、科研和施工组织设计研究等前期准备，做了大量工作，积累了一些经验，为三峡工程的开工奠定了良好的基础。近年来，三峡公司制订和完善了工程计划、财务、物资等方面的管理制度，与1989年以前相比，基础管理工作有所加强和改进。

审计结果表明，三峡公司（筹）从领导到各部门都高度重视，积极配合。通过一系列的检查，三峡工程建设资金使用情况是清楚的，管理是比较好的。

5. 干部的培训

三峡公司（筹）在抓队伍建设方面，注意提高人员素质，重点放在提高青年干部的素质上。一是新分配来的140名大中专毕业生先到水电工地锻炼2～4年。二是选送70人到高等院校进行了英语及其它专业方面的培训。三是成立利能、利源和江峡公司，将80余名干部放到基层，在工程建设和经营管理的实践中探索水电建设体制改革的经验。四是采取派出学习和请专家学者来讲学以及自办英语、计算机等短训班，不断拓宽干部的知识面。这些措施为公司培养了人才，也锻炼了队伍。一批独立工作能力较强的青年干部逐步成长起来。

6. 宣传工作

配合论证工作，编著《三峡论证与决策》、《论三峡工程》、《葛洲坝工程手册》、《三峡工程百问》、《三峡水利枢纽》和《三峡工程科技通讯》等书刊。同时，在北京主办《万里长江第一坝》——葛洲坝工程摄影展览，后又去上海、重庆、武汉等沿江城市巡回展出。为配合人大审议三峡工程，在北京军事博物馆举办三峡工程展览，展出40余天，参观人数达10万。还举办和参加有关宣传展览活动10余次。这期间，接待来工地考察、参观和来访人员达1865批，24872人，其中外宾503批2393人，系来自75个国家和地区的政府官员、专家及各界人士。还组织拍摄《大宁河风情》、《三峡工程》等录像片。通过以上工作，广泛宣传了三峡建设，扩大了影响。

7. 党的建设

三峡公司（筹）在党的建设方面，注意抓思想建设和组织建设，始终把廉政建设作为一件大事来抓。临时党委班子坚持每年召开两次民主生活会，开展批评和自我批评。除了对党员经常的思想教育外，在1989年春夏之交的政治风波和1991年苏联“8.19”事件后，都能按上级要求，及时对党员、干部进行思想教育，注意抓党风和廉政建设。对省委统一布置，集中时间加强党的建设的活动，也都能认真、深入地开展。如1985年集中进行整党，1989年党员重新登记，1991年接受中共湖北省委党风、廉政建设检查组的检查。检查组认为，三峡公司（筹）临时党委对党风建设是重视的，抓得认真，党委班子自身的党风建设总的是好的。绝大多数干部是廉洁的。

三峡公司（筹）共发展党员17名。

（三）经验教训

组建三峡公司（筹）是水电体制改革的创举。公司成立八年来正处在深化改革、扩大开放时期，八年的工作实践，经验教训是深刻的。

（1）中共中央办公厅、国务院办公厅厅发〔1984〕43号文件，体现了体制改革的精神和有利于推行现代化管理的原则，规定了承担三峡这样特大工程建设任务的三峡公司的任务、职权和体制，使三峡公司筹建阶段的工作始终有一个明确的方向。但由于我们对特大工程任务的艰巨性，尤其对现行体制改革的困难估计不足，同时三峡工程初步设计没有审查批准以前，外部关系极难理顺。使三峡公司在筹建阶段的工作步履艰难。因此，为保证三峡工程建设做到高起点、高效率和高水平，理顺外部关系及健全内部管理体制至关重要。

（2）三峡公司筹建阶段工作的总思路是与改革的总趋势相吻合的，是以改革的精神去探索。在人员调集上，控制数量，力求精干；在管理方式上，由计划管理到合同管理，发展到实行项目管理。虽然在管理工作和培训干部等方面做了不少工作，但由于工程不确定，职工情绪也不很稳定，领导力量薄弱，与组织精干、高效的三峡队伍，实行现代化管理，以改革的精神努力拼搏，还存在很大差距。

（3）三峡工程经全国人大决策，目前已经进入具体实施阶段，三峡公司筹建处的历史使命基本完成，对三峡工程所需的人力、物力和财力都有所储备，为三峡工程的启动创造了基本条件，正式组建中国三峡工程开发总公司的时机已经成熟，请上级不失时机尽快进行组建。

三峡公司（筹）成立八年来，工程曾大起大落，遇到不少的矛盾和困难，但三峡公司（筹）职工对三峡工程在长江流域的地位和作用的认识是比较深刻的，目标始终是明确的，建设三峡的精神是坚韧不拔的，工作作风是实事求是和勤奋努力的。

八年来，三峡公司（筹）在改革的进程中，不断地工作，不断地总结。在实践中不断地提高，在思想上、组织上为今后正式组建中国长江三峡工程开发总公司打下良好的基础。

附件：1. 三峡公司筹建处组织机构表

2. 1984～1992财务收支情况汇总表

附件 1

三峡公司筹建处组织机构表

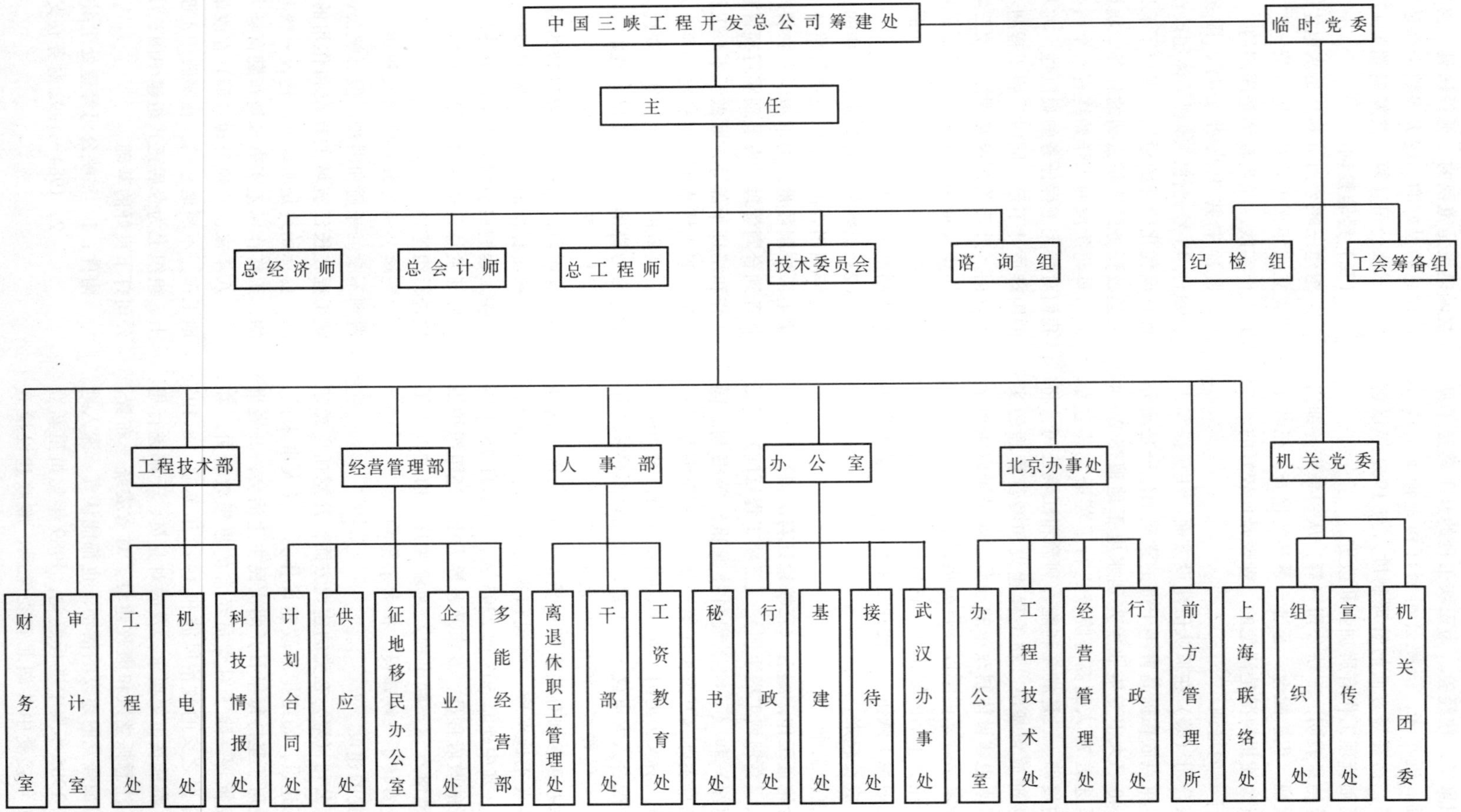

附件 2

1984～1992 年财务收支情况汇总表

单位:万元

收入：项　目	收入：金　额	收入：其中 1984～1990 年	收入：其中 1991～1992 年	收入：备　注	支出：项　目	支出：金　额	支出：其中 1984～1990 年	支出：其中 1991～1992 年	支出：备　注
合　计	269073.00	196075.00	72998.00		合　计	269073.00	196075.00	72998.00	
一、葛洲坝电厂上交	210965.00	173600.00	37365.00	1984～1990 年为电厂应交资金，1991～1992 年为电厂实际还贷金额(1991 年为电厂还贷，1992 年为公司还贷)。	一、支出额	244603.00	171326.00	73277.00	
(一)利润	130739.00	111094.00	19645.00		(一)三峡工程前期支出	75773.00	41956.00	33817.00	
1. 归还基建借款利润	71447.00	52324.00	19123.00		1. 基建工程支出	73975.00	40376.00	33599.00	
2. 减免所得税调节税	47435.00	47435.00			2. 小型基建支出	1354.00	1204.00	150.00	
3. 提前投产留利	11335.00	11335.00			3. 小型基建建筑税支出	252.00	252.00		
4. 试生产收入	522.00		522.00	为原代表处撤销时转入	4. 其他支出	192.00	124.00	68.00	
(二)减免税款	44904.00	32941.00	11963.00		(二)归还葛洲坝工程借款	124411.00	87046.00	37365.00	1991～1992 年由电厂还贷
1. 减免产品税	43619.00	31656.00	11963.00		1. 建设银行投资借款	103019.00	73222.00	29797.00	1992 年 7 月恢复由公司还贷
2. 减免供电环节税	1285.00	1285.00			2. 工商银行投资借款	19686.00	12620.00	7066.00	
(三)折旧	35322.00	29565.00	5757.00		3. 拨改贷借款	856.00	354.00	502.00	
1. 归还基建借款折旧	18094.00	12337.00	5757.00		4. 电力债券准备金	850.00	850.00		
2. 基本折旧基金	17228.00	17228.00			(三)拨葛洲坝代表处	21686.00	21686.00		
二、财政部拨款三峡建设基金	17500.00		17500.00	此系电厂上交利润退库数	1. 葛洲坝二期工程用款	10781.00	10781.00		
三、煤代油拨款	4720.00	4720.00		原水电部拨入	2. 葛工程提前投产留利	10905.00	10905.00		
四、煤代油贷款	18752.00	17619.00	1133.00	建行贷款	(四)拨葛电厂重措工程用款	9444.00	9444.00		
其中：本金	15600.00	15600.00			(五)拨财政部批文专项拨款	7415.00	5320.00	2095.00	
利息	3152.00	2019.00	1133.00		(六)拨水利部批文拨款	5874.00	5874.00		
五、基建基金拨款	9000.00		9000.00		二、应收电厂利润、折旧、减税	11727.00	11727.00		
六、建行基建贷款	8000.00		8000.00		(一)华中网局欠交利润	9033.00	9033.00		
七、国外借款	136.00	136.00		原水电部办理转入	(二)葛电厂欠交折旧款	1997.00	1997.00		
					(三)葛电厂欠交减税款	697.00	697.00		
					三、财务帐面结余资金	12743.00	13022.00	－279.00	其中：1992 年末银行存款余额为 7696 万元

关于《中国三峡工程开发总公司筹建处工作总结》基本情况的几点补充

原三峡总公司筹建处主任 陈赓仪

中国三峡工程开发总公司筹建处〈以下简称三峡公司（筹)〉成立于1984年12月，到1992年止，近十年的工作在《工作总结》中已作了充分叙述，现为有利于了解，作此情况补充。

（一）三峡公司（筹）成立过程

80年代初我国政局稳定，经济形势很好，葛洲坝一期工程顺利完成，大型水利水电工程布局趋于明朗，同时，大江大河洪水威胁和严重缺电局面仍十分严峻。因此长委会提出《长江三峡水利枢纽工程可行性研究报告》(即低方案正常蓄水位150m方案)。1983年由国家计委组织召开了审查会议。会议期间，规划、电力规划、航运、机电设备、水工、施工，库区及环境等专家组分别提出了审查意见。1983年4月水电部提出《建议立即着手兴建长江三峡水利枢纽工程的报告》，提出关于正常蓄水位以及有关建设问题。2月17日经国务院财经小组会议并邀请有关部门和专家讨论。4月5日国务院批复，原则批准《长江三峡水利枢纽工程可行性研究报告》，正常蓄水位150m，坝顶高程175m，要抓紧进行初步设计，待初步设计审查同意，提请人大常委会和全体会议通过，然后正式开工兴建。鉴于三峡工程巨大，涉及问题广泛、复杂，在建设中应按待批的三峡基本建设程序办事。在三峡初步设计方案和工程概算未批准前，今明两年可以搞场外公路、部分码头、供电、通信、部分房屋建筑和施工征地等方面的前期准备工作。为争取主体工程1986年正式开工创造条件。对我们来说，时间十分紧迫，工作压力是巨大的。

1984年4月29日，中共中央办公厅、国务院办公厅以厅发〔1984〕43号文转发负责筹备工作的李鹏、宋平、杜星垣、钱正英同志提出《关于开展三峡工程筹备工作的报告》，报告中包括：成立三峡开发总公司。它是独立核算的经济实体，是建设期内的总甲方，工程投产后负责水电站的经营管理。葛洲坝电厂是三峡公司组成部分，电厂所创造利润上缴总公司，作为建设投资的组成部分。当时资金筹措是难点之一，恰好当时石油超产，国际市场油价很高，电力工业压缩烧油，利用部分煤代油资金用于三峡建设，推动三峡工程，促进三峡公司（筹）的组建。经过协商，于1984年9月16日向国家筹备领导小组提交《关于三峡开发总公司的任务、职权和体制的意见》。经筹备领导小组审批同意，报请国务院批示同意三峡公司为国务院直属局级，由水电部代管。水电部领导为慎重和稳妥起见，决定先成立中国三峡工程开发总公司筹建处，并明确行使总公司职权。但在工商行政管理来讲，公司的工作业务可以筹建，但公司的组建必须完成才能登记注册，获得法人资格。因此，在事后的筹建期间遇到了很多困难。

当时三峡公司的建立是建设体制改革重大措施，经过充分酝酿，逐步形成，现从实施来看，表明制定的方针是正确的。

（二）自公司筹建处成立到1986年6月的工作

首要目标是把公司建立起来，站住脚，争取为1986年开工创造条件。根据当时条件和时间紧迫，只能采取“边筹建，边建设”的方针，同时，充分利用工地现有力量。工程设计，由长委会工地设计代表组负责，工程管理由葛洲坝工程代表组负责，施工由葛洲坝工程局承担。葛洲坝工程局组织指挥部，由胡金明、孙鹤年同志兼管，由孙鹤年任指挥长，郭鼎鸣、黄华平同志为副指挥长；于5月9日在乐天溪江边大趸船上开始工作，行动迅速而坚决，曾获得水电部领导表扬。近两年工作，所承担项目58项，完成土石方开挖回填共872万m^3，以及通信、供水、供电线路112km，尤其利用葛洲坝电厂降低库水位到61m时进行水上作业，炸除坝轴线范围内部份礁石8万m^3，为三峡工程施工准备开创了局面。

当工程顺利进行之际，1986年6月中共中央、国务院颁发15号文件，确定重新论证，大规模前期施工准备工程停止，进行收尾工作。直到全国人大通过可行性研究报告和国务院审定初步设计后，前期施工准备才大规模地继续进行施工。

在收尾过程中，我们的方针是，全力以赴配合和支持论证工作，已建工程力争完整完成并保护好，争取尽可能多干，干好，同时争取时机，完善机构，调配干部，组建队伍。

前期工程投资计划是严格按照国家基建程序办理，都编制年度计划，经上级单位审定转报国家计委，国家计委商财政部后批复下达。我们总是希望多做一些工程，但都没有获准。据统计，资金分配方面，(1) 前期准备勘测设计费、科研论证和咨询费占36%；(2) 库区开发性移民试点占32%；(3) 前期施工准备占29%，是抓住重点照顾大局的。资金主要来源是葛洲坝电厂发电利润。由于时间紧急，工程处于起始，规章制度又不健全，在工程管理和财务管理有些方面不严，出现立帐错误的现象；工程逐渐开展，随之得到改进，尤其经过1988年审计，基本得到改进，在以后多次审计中得到证明。

（三）配合重新论证工作

为配合三峡重新论证和三峡工程可行性研究报告的编制，除国家科委安排了七·五攻关项目“三峡工程重大科学技术关键问题研究”和国务院重大办安排了《三峡工程重大设备的研制》外，三峡公司筹建处也安排了“三峡工程前期科研”项目和经济方面的课题。这7年（自1985～1992年）的科学试验工作，动员了全国范围内有关高校、科研、勘测、设计等单位承担试验调查、计算、研究的任务，实际参加工作人员达数千人。这些工作达到一定的广度和深度，支持了各专家组工作，为论证中所得出的一些重大问题提供了基础资料，也为三峡可行性研究报告提供了依据，使我们能够对有关科学技术和经济问题作出严格的科学结论，在此基础上，重新提出可行性研究报告。

对论证工作的方法、程序、部署和会议制度等都有明确规定，通过集体领导、各自负责，行政不予干预，使得论证工作顺利进行。

论证工作的结论，充分答复有关部门和关心三峡人士的三峡工程建与不建，早建或晚建以及建设方案等问题。它是成千上万的专家和工程技术人员长期不辞辛苦，埋头苦干的结晶，也是发扬民主听取不同意见，尊重科学，实事求是的结果。重新论证的成果凝聚了社会各界人士为根治水患，开发长江，忧国忧民的才智和心血。

我们在这项繁重和艰难工作中，全力以赴，配合和支持论证工作，公司驻北京办事处全力以赴，配合论证领导小组负责会议接待，组织资料印刷和保管等项行政工作，宜昌负责各项考察、访问等接待工作。设法满足专家组要我们参加的专家和工作人员。

在参加专家组讨论和全体会议上，我们尽力参加，例如：在大会上作了“三峡工程是我国经济建设总体布局的需要”，“三峡工程主要机电设备是可行的”，“三峡水利枢纽工程建设在国土整治方面战略意义”的发言，以及对外交通方案的比较，高边坡问题研究，一期围堰工程方案，茅坪溪防护工程方案和工程概预算投资估算等问题都进行了研究并提出意见，尤其概算和投资估算意见得到领导小组的重视。

三峡工程巨大，在论证工作中做了些工作，进一步了解了三峡，从而使我们三峡公司同志更能凝聚起来，坚强起来，克服困难渡过难关，迎接更宏伟和艰巨的实践。

（四）关于三个公司的情况

由于公司是筹建处，虽然部里已明文明确行使总公司职权，但不能注册，不具有法人资格，因此，无法独立进行经营业务。在1989年下半年公司分别向水利部杨振怀部长、能源部黄毅诚部长汇报公司当前情况和下一步工作，提到成立公司经营工程项目发展水利水电事业和积累资金。经过酝酿，我们提出两个方案，一是取消“筹建处”，正式成立三峡工程开发总公司，二是成立利能和利源公司。经水利部、能源部领导协商研究，对第一方案意见不一致，同意第二方案成立利源和利能公司。同时北京办事处在北京注册登记成立江峡公司。利源公司由张端伟、史振环任正副经理，利能公司由李茂和任经理，江峡公司由柳汝晋任经理。工作人员基本上由公司建制人员中调配，初创时期调干部40余人。在这几年中利源公司主要承担北京十三陵蓄能电站工程地下工程部分监理。该工程规模装机80万kW，峒挖石方80余万m^3，钢管制作，安装9000t，经过6年努力，克服了许多不良地质因素，监理工作得到业主好评。利能公司主要承担湖南渔潭水电站监理工程，该工程大坝修建在澧水干流，大坝为混凝土空腹重力坝，坝高54.4m，在艰难条件下施工，现已基本建成。江峡公司主要引进原苏联塑料推力轴瓦共100套，分别安装在30座电站机组上，并将与蓟县电研所合作仿制。经过实际工作使干部在管理和经营实践中得到锻炼和提高，同时亦可作为公司后备基地，在以后进行清理整顿公司时，水利部根据所属公司情况，将这三个公司和三峡移民领导小组下属三峡经济开发公司合并为一个公司，我们提出可以合并，由于公司性质不同，地区不同，仍应各自保留建制成为一个联合体。

以后又转入水利部中国华水水利水电开发总公司。

（五）关于中国、加拿大、世界银行合作为三峡工程可行性研究工作情况

三峡工程巨大的社会与经济效益也引起了世界各国的重视，许多国家以各种方式提出愿意与我国合作的建议。我国政府认为，三峡的开发主要依靠我国自己的力量，但也可选择合适的伙伴合作。在开展三峡工程国内论证的同时，由国外权威机构平行进行三峡工程可行性研究，这将有助于客观地解答国内外对三峡工程各种疑虑，供中国政府决策时参考。同时，将为国际集资创造必要条件。

1984年以来，我国领导人曾表示对加拿大水电建设经验的欣赏，欢迎加拿大和世界银行参与三峡工程的合作。1985年10月原水电部部长钱正英访问加拿大，签订了联合进行三峡可行性研究合作备忘录。后又经加拿大国际开发署主席卡尔松夫人，世界银行技术小组和国际知名专家组来华访问，协商三方合作安排，提出了咨询建议，为中加合作项目计划奠定了基础。1986 年 5 月国务院批准了世界银行和加拿大咨询公司参与三峡工程可行性研究，并确定由加拿大国际开发署提供赠款支持加拿大咨询公司进行三峡可行性研究。由世界银行组织顾问专家组对加咨询公司工作进行指导和监督。顾问专家组费用由世界银行提供我国的技术合作信贷中解决。1986 年 8 月水电部与加拿大国际开发署签订了三峡工程可行性研究执行计划书，其中规定研究的目的是帮助中国政府完成一项国际金融机构能接受的综合可行性研究，以确定三峡工程的技术经济可行性与财务评价，对工程设计，加方只对中方成果进行复核。该项合作于 1986 年 9 月 2 日正式开始执行，于 1988 年 9 月底完成。加拿大政府提供 1300 万加元支持加咨询公司进行该项工作。国内配套费用，由三峡工程开发总公司（筹）支付。为了迅速开展工作，根据三方协议建立了相应的机构：①项目指导委员会，由潘家铮先生（中国）任主席，那亚、柏克（世界银行）两位先生任副主席，汉斯（加拿大）、赵传绍（中国）两位先生为成员；②项目监督组，由三方人员组成，该组为指导委员会办事机构；③国际顾问专家组共 13 人，其中中国专家 4 人，这些专家均为国际上知名的专家。

中、加双方都投入大量人力物力开展工作。据不完全统计，加方咨询公司工作高峰由 CYJY 联营公司各成员公司调集 100 余名专业人员设立正规设计机构。两年中，加方专家来华共 199 人次，在华工作时间 112 人月，考察了三峡坝址库区及有关地区。加方专家与国务院各部委官员和技术专家座谈，并访问各有关部门，科研设计院和制造厂家等。为配合加方工作，我方投入人力约 1500 人次，还派往加方参加咨询公司短期工作 76 人次 110 人月。该项目是得到国务院批准的，工作中得到各有关部门和省市大力支持。水电部领导亲自领导，日常工作由部外事司负责，设计工作配合由长委会负责；三峡总公司（筹）除参加配合设计工作人员外，还负责北京接待和会务，以及宜昌、工地库区接待等行政事务工作，和最终可行性研究报告的翻译组织和刊印工作。

两年来，中、加、世界银行三方三峡可行研究合作进展顺利，加方咨询公司按合同要求和指导委员会的决议提交研究报告。《报告》由 11 卷正文，30 个附件及大量附图组成，共约 400 万字（按中文计），经世界银行和国际顾问专家组审议通过，并对此项工作表示满意。我们认为加方报告内容完整，对三峡工程的技术经济可行性和财务投资可靠性作出了客观公正评价。立论严谨，分析计算详细，反映了当代国际特大型集资工程可行性研究的水平。这份《报告》既可为我国政府三峡工程决策作参考，同时对提高我国大型工程可行性研究的设计水平也能起到促进作用。

（六）关于《中国三峡建设年鉴》

《中国三峡建设年鉴》即将出版发行，《年鉴》将全面真实地记录三峡工程的进程、发展和取得的经验，是三峡工程建设史上具有重要意义的大事。《年鉴》的发行一定会鼓舞参加三峡工程建设者的士气，夺取更好成绩，也一定会得到关心三峡工程各界人士和我国水利水电建设的人们热烈的欢迎和支持。感谢《年鉴》编辑部和参加撰稿，审稿的同志们!

三峡总公司筹建处工作回顾

（1984～1992 年）

一、概况

1984 年 4 月，国务院原则批准《长江三峡水利枢纽工程可行性研究报告审查意见的报告》，同意三峡工程按正常蓄水位 150m，坝顶高程 175m 设计。同时批复：鉴于三峡工程规模巨大，涉及的问题广泛复杂，在建设中应按特批的三峡基本建设程序办事。在三峡工程初步设计方案和工程概算未获批准之前，今明两年可先进行场外公路、部分码头、供电、通信、部分房屋和施工征地等方面的前期准备工作。与此同时，可按照可行性研究报告中总体规划方案，进行单项工程设计。

中共中央、国务院办公厅以厅发〔1984〕43 号转发了《关于开展三峡工程筹备工作的报告》的通知。为建设三峡工程，中共中央、国务院决定组建中国三峡工程开发总公司（以下简称三峡总公司）。三峡总公司是一个独立核算的经济实体，具有法人资格，在国家计划指导下的经营管理和对外交往中都行使较大的自主权。三峡总公司在三峡工程建设期间是该工程的建设单位（总甲方）；工程投产后全部资产，包括债权债务，都归其所有，并负责水电站的经营管理。葛洲坝电厂是三峡工程开发总公司的组成部分。

为抓紧进行总公司的筹建工作和三峡工程的施工前期准备，根据水利电力部〔84〕水电劳字第 100 号《关于组建中国三峡开发总公司筹建处的通知》，三峡总公司筹建处（以下简称三峡总公司（筹））于 1984 年 12 月 29 日在宜昌成立，由陈赓仪同志任主任。三峡总公司（筹）本部设在宜昌市，行使三峡工程开发总公司的职权。并在北京设办事处。水电部驻葛洲坝工程代表处划归三峡总公司（筹）领导。

三峡总公司（筹）行政关系由水利电力部代管，国家机关机构调整后，改由水利部、电力部两部共管，以水利部为主。党的关系归中共湖北省委领导。

三峡总公司筹建处成立八年来，按照精简、高效的原则，公司职工从全国水电系统陆续调集，截至1992年底，有职工339人，其中干部311人。干部中，专业技术干部296人，具有高级专业技术职称的73人，党员159名。

三峡总公司筹建处成立八年来，经历了四个阶段：

第一阶段：1984年12月至1986年6月。按照〔84〕国函字57号《国务院关于长江三峡工程可行性研究报告的批复》要求，在抓紧组建筹建处的同时，抓紧进行三峡前期施工准备工作，为争取主体工程1986年正式开工创造条件。

第二阶段：1986年6月至1989年9月。根据中发〔1986〕15号《中共中央、国务院关于长江三峡工程论证工作有关问题的通知》精神，为求更加细致、精确和稳妥，中央和国务院决定对三峡工程进一步论证，重新提出三峡工程的可行性报告。三峡总公司（筹）工作重点便转移到参加和配合论证；对已建的三峡前期准备工程进行收尾。

第三阶段：1989年9月至1992年3月。国务院三峡工程审查委员会对重新提出的三峡工程可行性报告进行审查。三峡总公司（筹）主要工作是配合审查；对已建的三峡前期准备工程进行维护；组织场内临时交通工程、输变电线路基础工程的施工。

第四阶段：1992年4至12月。1992年4月3日，第七届全国人民代表大会第五次会议通过了《关于兴建长江三峡工程的决议》，三峡工程进入了具体实施阶段。11月19日国务院三峡建设工作会议之后，三峡前期准备工程逐步展开，步伐加快。

二、主要工作

组建三峡总公司是党中央、国务院对水电建设体制实行改革的一项重要措施。它开辟了水电建设以电养电、以电治江、滚动开发的新途径。三峡总公司（筹）成立八年来，在国家计划指导下，遵循基建程序，克服困难，努力开展了以下几个方面的工作：负责三峡工程前期准备工作；参加和配合三峡工程的重新论证和审查工作；进行三峡工程施工组织设计研究；负责三峡工程前期科研项目管理和“七五”三峡工程施工、泥沙及航运、生态环境及重大技术装备等关键技术研究；配合国家科委进行“七五”三峡课题攻关总结；负责葛洲坝二期工程建设管理，负责归还葛洲坝工程建设的贷款；举办长江三峡工程展览；与此同时，进行总公司（筹）自身建设，并组建了北京办事处、武汉办事处和上海联络处；根据经营管理需要，组建了利能、利源、江峡三个下属公司，分别承担了十三陵抽水蓄能电站工程和湖南渔潭水电站工程的建设监理和引进俄罗斯推力轴瓦等业务。所有这些工作，为公司锻炼了队伍，培养了人才。

（一）三峡工程前期准备工作

三峡工程前期准备工作的项目主要是部分交通、供电、供水、通信、房屋建筑和坝区部分施工征地。从1986年6月开始截至1992年12月，累计完成投资73380.37万元。其中：勘测设计16327.54万元，科研、论证、咨询9934.62万元，库区移民试点23820万元，三峡前期施工准备23298.21万元。

完成的主要工程项目和工作量：永久公路12km，供电线路62.51km，供水管路13.02km，通信线路75.41km，长446m、宽13m的永久性的乐天溪公路大桥一座，220kV输电线路长江大跨越和4级铁塔长3km，施工用房67000m^2，坝区施工征地4000亩。土石方开挖401.30万m^3，土石方回填253.53万m^3，混凝土浇筑5.28万m^3，浆砌块石7万m^3。

（二）葛洲坝二期工程建设管理

葛洲坝工程的21台机组于1988年全部投产，土建工程也在1989年全部竣工，比原定工期提前一年。1991年11月国家竣工验收委员会对工程进行了竣工验收。同时为提高电厂经济效益，使其运行安全可靠，组织引进了加拿大CAE公司研制葛洲坝电厂综合自动化系统，通过安装调试，正式投入运行。

国家验收委员会认为，葛洲坝二期工程已按国家批准的设计文件内容建成，工程设计合理，施工质量优良，主要机电设备制造质量优良，工程实际运行正常，发电工程完全达到了设计效益指标；航运工程也达到了设计要求。同时认为，葛洲坝二期工程的建设管理是成功的。

自1984年起到1992年底，葛洲坝电厂上交（含财政部退库）22.8465亿元，归还葛洲坝工程建设贷款12.4411亿元，拨付葛洲坝工程用款2.1686亿元，拨付葛洲坝电厂重大技术措施工程用款9444万元，为三峡工程提供建设资金7.5773亿元。

（三）加强队伍建设，提高人员素质

三峡总公司（筹），特别重视职工队伍建设，始终把干部的培训、人员素质的提高当作公司的大事来抓。一是新分配来的140名大中专毕业生先到水电工地锻炼2～4年；二是选送70人到高等院校接受英语及其它专业的培训；三是将80余名干部放到基层，在工程建设和经营管理实践中探索水电建设体制改革的经验，以增长才干；四是采取派出学习和请专家学

者来讲学以及自办英语、计算机、汽车司机等培训班的办法，不断拓宽干部的知识面。这些措施为公司培养了人才，锻炼了队伍，稳定了军心。一批独立工作能力较强的青年干部，逐步成长起来。

由于三峡工程多年来举棋不定，三峡总公司（筹）成立八年来，遇到了不少矛盾和困难。但全体职工对三峡工程的地位和作用，有着正确而深刻的认识，对三峡工程终将决策兴建，抱有坚定不移的信念，因而在工作中能吃苦耐劳、坚韧不拔，而且在适应改革形势的进程中，得到了不断提高，从而为中国长江三峡工程开发总公司正式成立在思想上、组织上打下了良好的基础。

（办公室 刘洪泰）

中国长江三峡工程开发总公司概况

中国长江三峡工程开发总公司（简称中国三峡总公司），于1993年9月27日在湖北宜昌正式挂牌成立。李鹏总理题写公司牌名，邹家华副总理主持挂牌仪式，并为公司揭牌。

中国三峡总公司是三峡工程的业主，是经国务院批准成立的独立核算、自主经营、自负盈亏，具有法人地位的国有企业，享有国务院批准的三峡工程建设中计划、财务、科技、教育、人事、劳资、外事、外经贸、物资、国有资产管理、档案管理等方面的计划单列权。

中国三峡总公司全面负责三峡工程资金筹集、工程建设和投产后的经营管理，以及长江流域水力资源开发、开展水利水电科学研究和技术咨询等多种经营活动。葛洲坝电厂是其组成部分。

中国三峡总公司实行国务院领导下的总经理负责制。总公司的组织机构设置按照社会主义市场经济的原则，坚持“精简、统一、效能”服务三峡工程建设的指导思想，实行以经营为核心，工程建设为重点，职能部门归口管理和项目管理有机结合的管理体制，以适应业主负责制、招标承包制、建设监理制的建设体制，逐步向现代企业制度过渡。对此，总公司机构设置按决策层、管理层、实施层三个层次，分别定编定员定职责。总公司设总经理一人，副总经理五人，组成最高决策层。现任总经理为原能源部副部长，著名水电专家陆佑楣，副总经理李永安、袁国林、贺恭、王家柱、秦中一。并且设总工程师、总经济师、总会计师，在分管工作范围内参与决策。另外，设高层次技术委员会，在总经理领导下，负责重大工程技术问题的研究和咨询。总公司下设职能机构和工程项目管理机构，并成立了物资、设备等专业公司和实业、利能、利源、江峡等经营公司。中国三峡总公司职能机构设办公室、人事劳动部、国际合作部、新闻宣传中心、工程技术部、计划合同部、审计室、监察室、党组、纪检组、直属党委、工会等13个部门。工程项目管理机构是工程建设部。此外，在北京、上海、武汉、重庆、广州等地设立驻外办事机构。还创办了全国统一发行的《中国三峡工程报》。

中国三峡总公司在册人数409人（包括各独立公司91人和驻外机构38人），各类专业技术和管理干部376人，其中具有高级专业职称98人，中级职称177人。同时，为满足工作需要外聘各类人员117人。截止到12月底，共聘任各级领导干部130人。其中：正司级4人，副司级23人，正处级37人，副处级66人。

三峡工程是规模宏大、技术复杂的跨世纪工程，又是一项具有挑战性的工程。中国三峡总公司全体职工将同参与工程建设的施工、设计、监理等全体建设者一道，团结一致，以创新、求实、高效、奉献的精神努力工作，争创一流的工程质量，一流的科学管理，一流的文明施工，把三峡工程建成世界一流的工程。

（新闻宣传中心）

规划 • 设计

三峡工程规划设计工作

（1983～1993 年）

长江三峡工程的规划和设计工作，最早可以追溯到 1919 年孙中山先生提出设想。从那时起，到新中国成立后毛泽东、周恩来等老一辈革命家的潜心研究和周密调查，到三峡工程的试验坝——葛洲坝工程的兴建，到中国改革得到发展的今天实现几代人的梦想，经历了 73 个春秋。1992 年 4 月 3 日七届人大五次会议通过《关于兴建长江三峡工程的决议》，完成了三峡工程建设立法程序，开始进入实施阶段。

三峡工程的前期设计研究工作始于 50 年代中期，历时近 40 年，不仅中国工程界、科学界几代人付出了大量精力和心血，国外不少专家也为之作了大量的研究。这在世界水利工程史上也是绝无仅有的。

为系统地反映这段时期中国三峡总公司筹建处配合重新证论，参与规划设计工作，以及 1993 年正式成立总公司以后，配合长江水利委员会所作的一些工作，作如下分述。

（一）规划设计工作始末

1．1983 年 3 月，长江流域规划办公室提出正常蓄水位 150m 的《三峡水利枢纽可行性研究报告》，经国家计委组织审查后，国务院于 1984 年 4 月原则批准，在此基础上长办于 1985 年 3 月提出该 150m 方案的《长江三峡水利枢纽初步设计报告》（送审本），同时，根据国家计委要求，长办又对其 1959 年编制的《长江流域综合利用规划要点修订补充报告》进行了修订补充，于 1985 年 6 月提出《长江流域综合利用规划要点修改补充报告》（初稿）。

2．据 1986～1988 年论证成果，长江流域规则办公室于 1989 年 5 月正式提出正常蓄水位 175m 的《长江三峡水利枢纽可行性研究报告》，水利部、能源部于 1989 年 9 月上报国务院。为了便于有关部门和专家全面了解三峡工程的研究成果，长办又编制了《三峡水利枢纽可行性研究专题报告》作为可行性报告的补充和进行初设工作的基础资料。专题报告共分综合说明、水文、地质、水能、水工、机电、施工、投资估算、水库、泥沙、经济评价、环境影响评价等 12 个分册。

3．根据中加政府协议，在国内论证和重新编制可行性报告的同时，加拿大咨询公司也进行三峡工程可行性研究，于 1988 年 11 月提出按国际通用标准独立编制的《三峡水利枢纽工程可行性研究报告》，经过国际咨询专家组和项目指导委员会审查通过。其总的结论是：三峡工程效益巨大，技术、经济和财务方面都是可行的，建议早日兴建；与国内的结论不同之处主要是：加方推荐正常蓄水位为 160m，比国内的 175m 低，理由是这个水位移民人数少、涉及社会问题也较少，但这个方案在防洪上有超蓄问题，也不能满足长江航运要求。水利部、能源部也同时将加方编制的报告一并上报国务院审议。

4．1990 年 7 月至 1991 年 7 月，国务院三峡工程审查委会员共聘请 163 位专家，采取先专题后综合的方式对重新提出的可行性报告进行审查，于 1991 年 8 月提出了审查意见，同意可行性研究报告所推荐的三峡工程建设方案和关于兴建三峡工程的必要性、重要性、紧迫性和可行性的结论及尽早开工兴建的意见。上述审查意见经 1992 年 1 月国务院常务会议通过。国务院正式向七届人大五次会议提交了《国务院关于提请审议兴建长江三峡工程的议案》，1992 年 4 月 3 日，全国人大七届五次会议通过《关于兴建长江三峡工程的决议》。

（二）配合重新论证

1．为配合重新论证三峡工程，长江水利委员会重新编制了《长江流域综合利用规划简要报告（1990 年修订）》，1990 年 6 月，全国水资源与水土保持工作领导小组对此报告组织审查，肯定了三峡工程在治理开发长江中的地位和作用。同年 9 月，国务院批准了这个报告。与此同时，根据国家建设项目环境管理办法，中国科学院环境评价部和长江水资源保护科学研究所在多年研究的基础上，于 1991 年 12 月共同完成《长江三峡水利枢纽环境影响报告书（送审本）》，为工程决策提供了重要依据，先后经水利部和国家环境保护局组织专家委员会进行预审和终审，报告获得通过，1992年2月17日国家环境局以环监〔1992〕054文完备了法定的审批手续。

2. 在配合好可行性审查的同时，长委会积极抓紧开展初步设计准备工作，除开展大规模三峡工程淹没实物指标复查和移民安置规划工作外，对可行性研究阶段未最后确定的重大方案仍继续研究，于1990年12月提出《三峡水利枢纽茅坪溪防护方案专题研究报告》，于1991年9月提出三峡水利枢纽初步设计永久船闸布置方案选择、混凝土骨料料源选择、施工通航方案、对外交通运输方案专题研究报告。经能源部、水利部两部总工程师主持审查，论证领导小组同意，可作为开展初步设计的基本依据。

3. 在三峡可行性报告最后批准之前，三峡工程论证领导小组曾以三峡论字〔1991〕1号文对三峡工程的基本建设程序即设计阶段划分问题提出过原则性意见。全国七届人大五次会议后，三峡工程转入实施阶段，经钱正英同志具体请示邹家华副总理决定：三峡工程设计划分为可行性研究、初步设计、单项工程技术设计、招标设计、施工详图设计等五个阶段。初步设计文件可分为枢纽工程、水库移民安置、输变电工程三大部分，分别编写报告，分别上报审批。其中枢纽工程和水库移民安置两个报告由长委负责编制，三峡输变电工程初步设计工作由能源部负责。

4. 1992年12月长江水利委员会提出正常蓄水位175m的《长江三峡水利枢纽初步设计报告(枢纽工程)》,报告全文300余万字,附图254张,共分综合说明书、水文、地质、综合利用规划、水工、施工、机电、概算、泥沙、经济分析、环境保护等11篇。国务院三峡工程建设委员会聘请126位专家于1993年5月对报告进行了初审,先是由10个专题专家组分别对初步设计的10个篇章进行审查,然后由核心专家组集中初审,提出了总的初审意见。在此基础上,1993年7月国务院三峡工程建设委员会第二次会议对报告进行了终审,会议同意核心专家组的审查意见,决定批准《长江三峡水利枢纽初步设计报告(枢纽工程)》,并于1993年7月31日以国三峡委发办字〔1993〕1号文正式下达《关于批准〈长江三峡水利枢纽初步设计报告(枢纽工程)〉的通知》。经审定三峡工程建设采用“明渠通航、三期导流”的施工方案。

(三) 前期施工项目设计审查

根据国务院三峡工程建设委员会的决定，枢纽工程初步设计报告完成并经正式批准后，需编制8项重要单项工程的技术设计，即挡水泄洪大坝、水电站厂房、机电设计（含首端换流站）、永久船闸、垂直升船机、二期上游横向围堰、建筑物安全监测、变动回水区航道及港口整治（含下游河道下切影响及对策）。国务院三峡工程建设委员会二次会议纪要第五条明确：“关于单项工程技术设计审查，同意由三峡总公司依据委员会批准的枢纽工程初步设计，对8个重要的单项工程技术设计负责组织审查。如遇需要修改初步设计或争论较大的问题时，由委员会办公室进行协调，必要时报委员会审批”，据此，总公司于1993年12月17日以三峡人字〔93〕第93号文责成总公司技术委员会主持具体的审查工作。

为促进加快三峡前期准备工作的开展，在三峡可行性报告未最后批准以前，总公司（筹）和长委于1991年下半年多次开会讨论前期准备工程有关问题，对超前提供施工区征地图纸和移民安置实施规划以及开展部分准备工程的有关勘测设计工作做了安排。

由长委代委托设计项目,主要有施工区房屋总体规划、控制性详规和实施性详规,由长委和湖北省规划设计院合作完成。西陵长江大桥委托铁道部大桥局设计院设计,对外交通准一级公路专用线委托铁道部第一设计院设计,长委承担除此以外的其它项目设计,并对三峡枢纽工程全部前期准备项目的合理性和整体性负责;总公司集中力量抓了对设计方案的审查和发包(招标)设计审查,一般都邀请对口行业专家参加评审,组织进行现场会审。由于审查及时,把关严格,为加速设计周期创造了良好的条件,据长委提供资料统计1992年重新审核和完成急需施工图990张,基本满足了1992年底和1993年初工程施工征地移民,施工队伍进场和前期部分四通一平开工需要,1993年累计完成施工详图2650张,为全面实现工程年初提出的年底实现四大目标(右岸一期土石围堰10月下河,左岸打开施工局面为1994年主体工程大开挖创造良好的条件和年底前西陵长江大桥、对外准一级专用公路开工)提供技术供应,满足了施工工程的需要。

(四) 审核勘测设计费

水利水电规划设计总院受国务院三峡工程建设委员会办公室委托，于1993年9月至12月对三峡枢纽工程勘测设计费进行核定。核定中坚持了原则，并照顾到了三峡水利枢纽工程的特殊性和复杂性，以及勘测设计工作的艰巨性，核定的三峡枢纽工程勘测设计费为155017万元，其中可研勘设费为20516万元，初设及技施阶段的勘设费为134501万元。以上费用未包括右岸地下电站、茅坪溪防护工程。

（工程技术部　李福源）

长江三峡水利枢纽工程概况

三峡水利枢纽是开发和治理长江的关键骨干工程。大坝坝址位于湖北省宜昌市三斗坪，距已建成的葛洲坝水利枢纽约 40km。

三峡工程是中国，也是世界上最大的水利枢纽工程。水库正常蓄水位 175m，总库容 393m^3。工程主要技术经济指标参见表 1。

表 1 三峡水利枢纽主要指标表

	项目名称	单位	指 标	备 注
水库	正常蓄水位	m	175	初期 156
	防洪限制水位	m	145	初期 135
	枯季消落低水位	m	155	初期 140
	设计洪水位	m	175	
	校核洪水位	m	180.4	
	总库容	亿 m^3	393	
	防洪库容	亿 m^3	221.5	
	水库库面面积	km^2	1084	
大坝	型式		混凝土重力坝	
	坝顶高程	m	185	
	最大坝高	m	175	
	轴线全长	m	2335	
电站	型式		坝后式	
	装机容量	MW	18200	
	保证出力	MW	4990	初期 3600
	平均发电量	亿 kW·h	846.8	初期 700
	单机容量	MW	700	
	装机台数	台	26	
船闸	型式		双线五级连续梯级	
	闸室尺寸	m	280×34×5	
升船机	型式		单线单级垂直提升式	
	承船厢尺寸	m	120×18×3.5	
水库淹没	耕地（含果园）	千公顷	27.82	1992 年调查
	淹没区人口	万人	84.41	1992 年调查
工程施工	土石方开挖	万 m^3	10259	
	土石方填筑	万 m^3	2933	
	混凝土浇筑	万 m^3	2715	
	钢材	万 t	28.08	
	钢筋	万 t	35.43	
	施工总工期	年	17	
	第一批机组发电	年	11	
静态总投资		亿元	约 1100	
其中：	枢纽工程	亿元	500.9	1993 年 5 月价格
	水库淹没补偿	亿元	400	
	输变电	亿元	待审定	

（一）枢纽开发任务和主要效益

三峡水利枢纽是具有防洪、发电、航运等综合效益的多目标开发工程。

1．防洪

三峡水利枢纽是长江中下游防洪体系中的关键性骨干工程。其地理位置优越，可有效地控制长江上游洪水。水库有防洪库容 221.5 亿 m^3，可使荆江河段防洪标准从现状约 10 年一遇提高到 100 年一遇；遇 1000 年一遇或更大洪水，配合分蓄洪工程的运用，可防止荆江两岸发生干堤溃决的毁灭性灾害；可减轻中下游洪水淹没损失和对武汉市的洪水威胁，并为洞庭湖区的根本治理创造条件。

2．发电

三峡水电站装机总容量 1820 万 kW，年平均发电 846.8 亿 kW·h，主要供电华东、华中地区，小部分送川东，每年约可替代原煤 4000～5000 万 t。将为经济发达、能源不足的华中、华东地区提供可靠、廉价、清洁和可再生的能源，对经济发展和减少环境污染起到重大作用。

3．航运

三峡水库将显著改善长江宜昌至重庆 660km 的航道，万吨级船队可直达重庆港，航道单向年通过能力可由目前的约 1000 万 t 提高到 5000 万 t，运输成本可降低 35～37%。因三峡水库的调节，宜昌下游枯水季最小流量可从现状的 3000m^3/s 提高至 5000m^3/s 以上，将显著改善长江中下游枯季航运条件。

4．其它

将促进水库渔业、旅游业的发展；改善中下游枯水季水质；有利于南水北调。

（二）枢纽布置与主要水工建筑物

1．坝址

三峡工程坝址经反复比较后选定三斗坪结晶岩坝址。控制流域面积 100 万 km^2，年平均径流量 4510 亿 m^3，年平均输沙量 5.3 亿 t。

三斗坪坝址河谷开阔，两岸岸坡较平缓，江中有中堡岛顺江分布，具备良好的分期施工导流条件。对外交通铁路可至宜昌市，距坝址约 40km，现有水路和公路可直通坝区，并正在修建一条全封闭的高速公路直抵坝区。

坝址基础岩石为坚硬完整的花岗岩体，岩石抗压强度 100MPa。坝区岩体断层、裂隙不发育，且大多胶结良好，岩体透水性微弱。山体处岩石风化壳较厚，一般在 20～40m，河床内则几无风化层。

坝址上下游 15km 范围以内无大的不良地质构造。坝区地震活动强度小、频度低，属弱震环境。经国家权威部门多次鉴定，坝区基本地震烈度定为Ⅵ度。

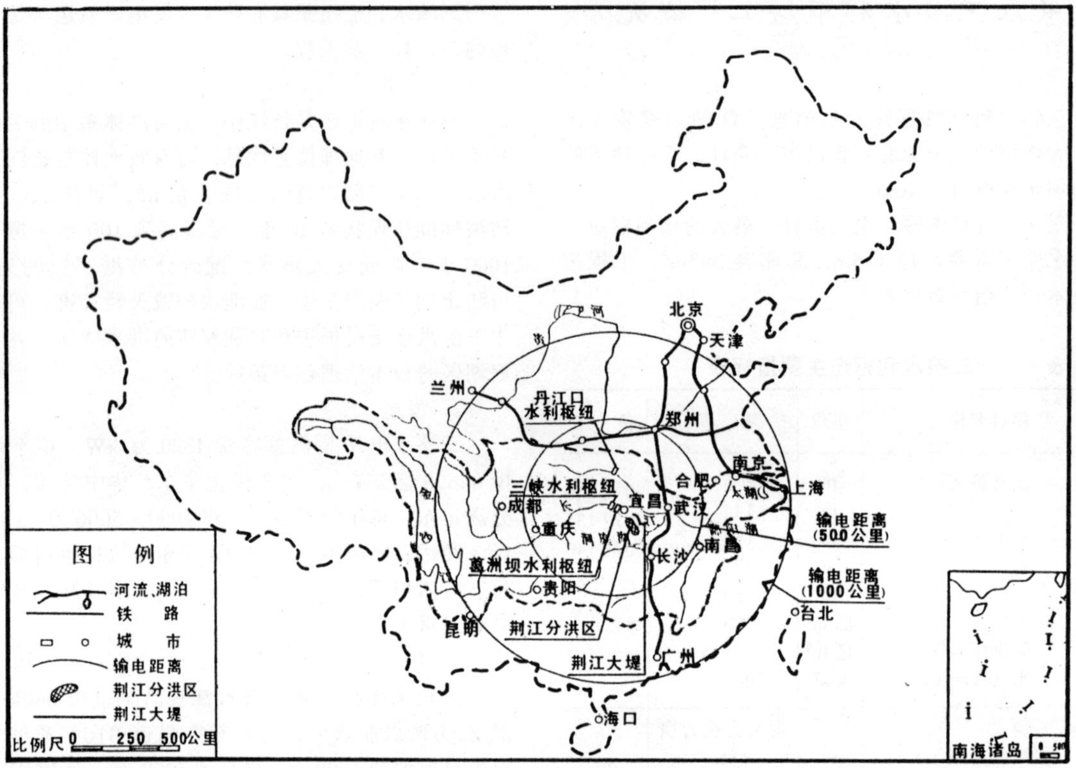

图 1 三峡工程地理位置示意图

2．枢纽布置

枢纽主要建筑物由大坝、水电站、通航建筑物等三大部分组成。主要建筑物的型式、位置及布置，经多年各种可能方案的比较研究，并通过水力学、泥沙、结构等试验研究验证，已经确定。选定的布置方案为：泄洪坝段位于河床中部，即原主河槽部位，两侧为电站坝段和非溢流坝段。水电站厂房位于两侧电站坝段坝后，另在右岸留有后期扩机的地下厂房位置。永久通航建筑物均位于左岸。

3．大坝

拦河大坝为混凝土重力坝，大坝轴线全长2331m，坝顶高程185m，最大坝高175m。

泄洪坝段居河床中部，前缘总长483m，共设有23个深孔和22个表孔。深孔尺寸7×9m，进口孔底高程90m；表孔净宽8m，堰顶高程158m。下游采用鼻坎挑流消能。

泄洪坝段两侧为厂房坝段及非溢流坝段。

枢纽最大泄洪能力为11.6万m^3/s，可渲泄可能最大洪水。

4．水电站

水电站采用坝后式，分设左、右岸两组厂房。左岸厂房全长643.6m，安装14台水轮发电机组；右岸厂房全长584.2m，安装12台水轮发电机组。左、右岸厂房共安装26台水轮发电机组。水轮机为混流式(法兰西斯式)，机组单机容量均为70万kW，总装机容量1820万kW，年平均发电量846.8亿kW·h。

水电站以500kV交流输电线向华中、川东送电，以±600kV直流输电线向华东送电。电站出线共15回。

右岸留有为后期扩机的6台地下厂房位置，其进水口与工程同步建成。地下厂房将待长江上游干、支流兴建一批大型枢纽工程后再扩建，届时可再增加装机420万kW。

5．通航建筑物

永久通航建筑物包括永久船闸和升船机。

永久船闸为双线五级连续梯级船闸，单级闸室有效尺寸为280×34×5m（长×宽×坎上水深），可通过万吨级船队。

升船机为单线一级垂直提升式，承船厢有效尺寸为120×18×3.5m，一次可通过一条3000t级客货轮。

施工期另设单线一级临时通航船闸，闸室有效尺

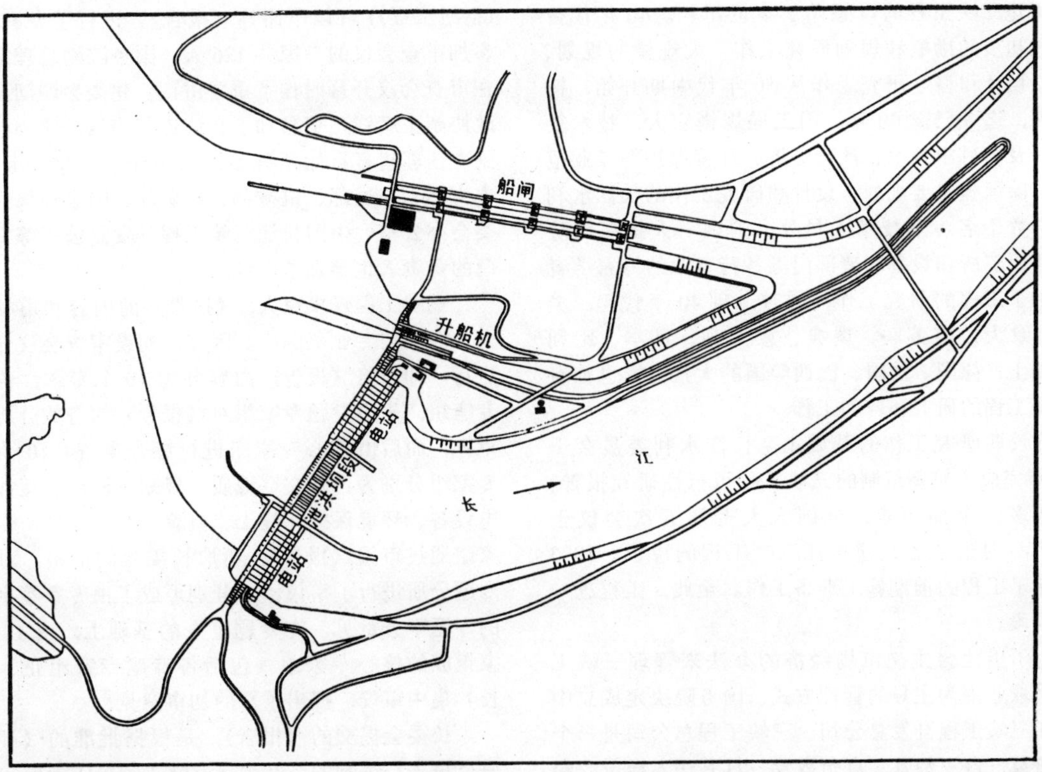

图 2 三峡工程枢纽布置示意图

寸为 240×24×4m。

(三)施工规划及工期

1. 枢纽工程量

三峡工程主体建筑物及导流工程需完成的主要工程量为:土石方开挖 10259 万 m^3,土石方填筑 2933 万 m^3,混凝土浇筑 2715 万 m^3,钢筋 35.43 万 t,金属结构安装 28.08 万 t,水轮发电机组安装 26 台套,共 1820 万 kW。分部位工程量如下表:

建筑物分类	土石方开挖(万 m^3)	土石方填筑(万 m^3)	混凝土浇筑(万 m^3)	钢筋(万 t)	钢材(万 t)	机组安装(台/万 kW)
大坝工程	577		1486	10.75	2.99	
电站工程	1715	209	293	9.83	12.86	26/1820
航运工程	5812	551	567	14.48	10.35	
导流工程	2155	2172	371	0.37	1.88	
合 计	10259	2933	2715	35.43	28.08	1820

2. 施工导流

工程采用分期导流方式,分三期进行施工。

第一期导流,利用中堡岛修建一期土石围堰围护右岸叉河,一期基坑内修建导流明渠和碾压混凝土纵向围堰。同时在左岸岸坡修建临时船闸。本期江水及船舶仍从主河床通过。

第二期导流,修建二期上、下游横向围堰,与混凝土纵向围堰形成二期基坑,进行河床泄洪坝段、左岸电站坝段、左岸电站厂房施工。同时在左岸修建永久通航建筑物。二期导流时,江水经导流明渠下泄,船舶经明渠、临时船闸通行。

第三期导流,修建三期碾压混凝土围堰拦断明渠并蓄水至 135m 高程,左岸电站及永久船闸、升船机可开始投入运行。三期围堰与混凝土纵向围堰形成三期基坑,修建右岸大坝和电站。三期导流期间,江水经由永久深孔和设于泄洪坝段的 22 个临时导流底孔下泄。

3. 工期安排

工程施工的控制性进度安排为:准备工程及一期工程施工共 5 年;二期工程施工需 6 年;三期工程施工共 6 年。工程施工总工期 17 年。1993 年开始施工准备,1997 年大江截流,2003 年(第 11 年)第一批两台机组可以开始发电。

（四）工程实施和管理

兴建三峡工程的设想始于本世纪初。40年代曾进行过初步的勘察和规划研究工作。大规模的规划、勘察，设计和科学研究工作从50年代中期开始，持续不断，迄今已逾40年。因工程规模宏大，技术复杂，涉及的科学技术、社会经济、环境保护等专业范围广，除承担主要规划、设计和研究工作的长江水利委员会数千名专业技术人员外，国内一大批高等院校、科研院所和设备制造部门等各行各业的专家学者也参加了工程的研究工作，同时，自40年代起，美国、加拿大、前苏联、瑞典、意大利、日本、比利时、瑞士、德国、法国、巴西等国的大批专家也曾参与三峡工程的研究和咨询工作。

在长期研究工作的基础上，长江水利委员会于1989年完成了重新编制的三峡工程可行性研究报告。经一年多的全面审查，全国人大七届五次会议于1992年4月通过了兴建长江三峡工程的决议。1993年开始了工程的前期施工准备工作。至此，工程进入实施阶段。

为了用社会主义市场经济的办法来管理三峡工程，采取业主为主导的管理方式，国务院决定成立中国长江三峡工程开发总公司。三峡工程总公司是一个独立核算，自主经营，自负盈亏，具有法人地位的经济实体，是三峡工程项目的业主，全面负责三峡工程的建设和建成后的经营管理。三峡工程总公司实行总经理负责制、建设监理制、招标承包制。工程建设所需国内物资、设备，采用国家计划统配采购和招标采购，部分进口设备和材料的采购将采取国际招标。

三峡水库移民数量大，任务艰巨，将按照“中央统一领导，分省负责，县为基础”的原则，在建设委员会统一领导下，湖北、四川两省负责，以库区淹没19个县（市）为基础组织实施。移民所需经费及资金的偿还，由三峡总公司承担。 （中国三峡总公司）

《长江三峡水利枢纽初步设计报告（枢纽工程）》核心专家组初审意见

一

根据国务院三峡工程建设委员会（以下简称‘建委会’）第一次会议的决定，由建委会聘请的专家组，于1993年5月13～25日，在北京召开了三峡工程初步设计审查会议，对长江水利委员会（以下简称‘长委会’）编制的《长江三峡水利枢纽初步设计报告（枢纽工程）》（以下简称《报告》）进行了专家初审。参加审查会议的专家共126人。国务院副总理邹家华在审查会议开幕时作了重要讲话。建委会顾问、全国政协副主席钱正英参加了会议进行指导，建委会常务副主任郭树言自始至终参加和领导了会议。水利部、电力部、交通部、机械部、地矿部、国家环保局、建委会办公室、中国长江三峡工程开发总公司等有关部门的负责人也参加了会议。

三峡工程规模巨大，《报告》的内容和篇幅也很大，涉及的专业范围广。因此，初设审查会议分两步进行。即，将《报告》内容分为10个专题，各成立专家组，先由专题专家组对《报告》的有关分册进行审查，而后由核心专家组进行综合审查。10个专题专家组分别为：水文、地质、规划、枢纽、泥沙、机电设备、环境保护、施工、概算、经济评价。专题专家组通过审阅《报告》，听取长委会的汇报，对有关专题分册进行了审议，并分别形成了由专家签字通过的专题审查意见。在专题审查的基础上，由19名专家组成的核心专家组（包括各专题专家组正、副组长）集中审议，提出了总的初审意见。

长委会提交的《报告》，是根据批准的《可行性研究报告》编制的。其中，三峡工程施工通航和施工导流方案对工程的施工和临时通航关系很大，在可行性研究论证中，专家们对此有不同的看法。后经三峡工程论证领导小组确定，在可行性研究报告中，按照“明渠通航、三期导流”方案编制。初步设计中，长委会对这一问题再次作了研究，提出专题报告，确认选用上述方案是合理的，并在1992年中，经论证领导小组审定，同意初步设计按此方案编制，并将明渠不通航方案也整理列入初步设计书中。但是，仍有一些专家有不同意见。为了广泛发扬民主，取得共识，使初步设计审查工作能顺利进行，在这次审查会开始前，由核心专家组长主持，于5月9～13日召集40多位有关专家和有关部门领导，举行了专题座谈会。会议听取了长委会的专门汇报，有关专家都作了充分发言。经过认真深入的讨论后，核心专家组长认为两个方案的利弊得失已经明确，明渠通航方案可基本满足施工期通航要求，为交通部门所接受；从施工进度上看，明渠不通航方案估计只能与明渠通航方案持平，不可能有明显经济效益。考虑到三峡工程已进入前期施工准备阶段，国务院三峡工程建设委员会要求1993年上半年完成初步设计审查，1997年实现截流，不能再争议不休。明渠通航方案经过多年研究，已达到可审查的深度，而明渠不通航方案做得不够深入，不具备审查条件。因此核心专家组长确定并经三峡建设委员会负责同志同意，这次会议对《报告》中推荐的明渠通航方案进行审查。

二

在各专题专家组审查的基础上，核心专家组经过综合审议，提出对《报告》的主要审查意见如后。更具体和次要的意见可参见各专家组的审查意见。各组意见不尽一致者，由核心专家组作了协调。

（一）水文

1．长江水文测站覆盖面广、资料系列长，又有丰富的历史洪水调查资料，洪水和径流成果均具有较高的精度，可以作为设计的依据。

2．同意《报告》提出的径流计算成果，坝址平均年径流量采用4510亿m^3。同意《报告》提出的设计洪水成果，100年、1000年、10000年一遇洪峰流量分别为83700m^3/s、98800m^3/s、113000m^3/s.

3．同意《报告》提出的长江泥沙观测资料和分析意见，进入三峡水库的泥沙量无明显的增减趋势。宜昌站多年平均输沙量采用5.3亿t。

4．为保证三峡工程施工和运行管理的需要，建立三峡工程水文、气象、泥沙保障服务系统是必要的。原则同意《报告》对三个系统的安排意见和经费估算。应充分利用原有系统，并应将水文与气象系统统一规划，避免重复建设。

（二）工程地质

1．三峡工程的工程地质工作做得较深入，资料丰富，翔实可靠，工作深度已可满足初步设计的需要。

2．同意三峡工程处在地壳稳定性较好的构造环境中的结论。国家地震烈度评定委员会确定坝址区基本地震烈度为Ⅵ度是合适的。同意《报告》对三峡水库诱发地震可能性所做的估计，即产生强水库诱发地震的可能性小，从高估计，在距坝址最近的九湾溪和仙女山一带产生Ms5.5～6.0级的诱发地震影响到坝址烈度不超过Ⅵ度。

3．同意《报告》对水库区工程地质和环境地质问题所作的评价。水库无渗漏和浸没问题，库岸的总体稳定性是好的。《报告》对水库区少数大型崩塌、滑坡体失稳可能造成的影响的评价是恰当的。

4．三峡工程坝址工程地质条件优越。同意《报告》对各主要建筑物工程地质条件的分析和评价与采用的建基面标准。下阶段应继续进行永久船闸高边坡稳定性的勘察研究，重视左右岸个别厂房坝段可能存在的缓倾角节理对建筑物稳定的影响问题。

5．三峡工程施工所需的各类天然建筑材料，均可在坝址上下游（最远85km）的范围内得到解决。建议根据设计工作的深入和施工的进展，继续补充必要的勘察工作。

6．对预留的地下厂房地区尚需进行补充勘探试验研究，以作为设计和施工的依据。

（三）综合利用规划

1．同意《报告》提出的三峡水利枢纽开发任务主要是防洪、发电和航运，结合考虑供水与南水北调，发展渔业和旅游，以及改善中下游水质。

2．同意《报告》选定的正常蓄水位和相应特征水位：正常蓄水位175m，相应防洪限制水位145m，枯季消落低水位155m；初期运行水位156m，相应防洪限制水位135m，枯季消落低水位140m。

3．同意《报告》对长江中下游防洪形势和三峡水利枢纽在长江中下游防洪体系中的地位及作用的分析。同意《报告》拟定的防洪规划原则。关于调洪运用，同意《报告》提出的本阶段以沙市水位控制，进行补偿的防洪调度方式。下阶段应进一步研究对城陵矶河段补偿的防洪调度，以及与其它干、支流水库、中游各分蓄洪区联合运用的调度方案。

4．同意《报告》推荐的装机26台，右岸预留6台地下厂房位置的方案。《报告》推荐单机容量68万kW，总装机1768万kW，根据机械部方面资料，可调整为单机容量70万kW，总装机1820万kW。同意《报告》提出的三峡电站主要供电华中、华东兼顾川东地区。

5．同意《报告》预测的2000年和2030年过坝货运量和通航建筑物规模。即2030年下水货运量为5000万t，设双线永久船闸和垂直升船机。基本同意《报告》关于航运规划的意见，关于客运量的迅速增长问题，建议下一阶段再作进一步深化研究。

6．原则同意《报告》的水产规划和旅游规划意见。

（四）枢纽布置和水工建筑物

1．同意《报告》采用的设计标准，即：三峡水利枢纽为一等工程，主要挡水建筑物及电站厂房、永久船闸、升船机为一级建筑物。洪水标准按1000年一遇洪水设计，10000年一遇洪水加大10%校核。地震设防烈度为Ⅶ度。

2．同意《报告》选定的三斗坪坝址上坝线。同意《报告》推荐的混凝土重力坝坝型。建议在大坝的适当部位尽可能多采用辗压混凝土。

3．同意《报告》推荐的枢纽建筑物总体布置方案，即：河床中部布置泄洪建筑物；两侧布置电站坝段和坝后式厂房，左、右厂房分别设置14台和12台水轮发电机组；通航建筑物均布置在左岸。另在右岸白岩尖山脊下，预留6台机组地下厂房位置。

4. 同意《报告》推荐的泄洪布置方案，即泄洪深孔和表孔相间布置，采用挑流消能型式。《报告》推荐的三期导流渡汛方案存在某些难点和风险性，宜调整导流底孔尺寸和高程，设置闸门进行控制，以利三期围堰工程的施工并减少封堵的风险性，避免设置高程很低的临时渡汛缺口。希在下一设计阶段中具体落实。

5. 坝体分缝分块、温度控制、接缝灌浆以及碾压混凝土设计施工等问题，非常重要，应在下阶段工作中作进一步研究，提出专题报告，并希研究在合适部位采用180天龄期作为混凝土设计龄期以节约水泥的问题。

6. 同意《报告》推荐的两岸坝后电站的布置。关于引水钢管，同意设计采用的下游坝面留浅槽的背管布置方式。基本同意设计推荐的电厂排沙与排漂布置方案，希进一步研究优化，提高排沙和排漂效果。

7. 同意《报告》选定的船闸线路（Ⅳ线）和双线五级连续梯级船闸的布置方案和基本尺寸（闸室有效尺寸280×34×5m），以及上、下游引航道的布置和尺度（直线段长930m、弯道半径1000m，宽度由导航墙前128m渐变至180m）。同意设计推荐的等惯性长廊道，4区段顶部出水消能盖板的船闸输水系统布置方案，主廊道宜改用每线船闸两侧输水的布置方案，并通过进一步水力学试验研究，优化输水廊道及阀门井的布置。同意《报告》推荐的闸首、闸室结构布置方案，即采用岩体中隔墩、薄衬砌墙的方案。船闸开挖边坡最高达170m，应引起重视。鉴于船闸区地质条件较好，只要精心设计、精心施工，高边坡设计方案是可以成立的。希在下阶段工作中，补充地应力测试和分析，重视和优化岩体和衬砌墙后的排水系统设计，适当调整边坡和马道宽度，加强坡面保护和表面排水，并制定正确的施工方案和监测手段，以确保高边坡的安全。

8. 关于升船机的土建结构，《报告》提出的上闸首与前塔柱结合和分离两种型式都是可行的，可在下一阶段比较确定。

9. 同意《报告》推荐的临时船闸及上下游航道布置和尺度（闸室有效尺寸240×24×4m，上下游航道宽80m），临时船闸坝段在通航孔上方设置两孔后期运用的冲沙闸的布置方案也是可行的。但需回填的通航孔口尺寸大，希进一步研究和优化孔口体形和回填方案。

10. 同意《报告》中泄洪（表孔、深孔、排漂孔）、电站（进水口、尾水、压力钢管及排沙孔）、永久船闸、临时船闸等的闸门和启闭设备的选型和布置，以上金属结构设备技术规模都在国内制造能力范围之内，设计方案是合适的，但其规模和难度都已接近或超过国内外同类结构的最高水平，务必精心设计、制造和安装，以保证建筑物的可靠运行。审查中提出的导流底孔控制闸门和启闭设备，需在下阶段设计中研究落实。

（五）机电设计

1. 同意《报告》推荐的水轮发电机组型式的选择意见和参数水平。根据机械部提供的资料和长委会《单机容量补充报告》，单机容量可由68万kW增加至70万kW，并请有关部门尽快提供相应资料以满足设计和施工急需。

2. 同意《报告》选用的上层桥机和下层半门式起重机的电站厂房起重设备方案。

3. 同意《报告》推荐的发电机变压器联合单元高压侧一倍半连接的主接线方案，以及厂用电源选取原则。

4. 同意《报告》采用的出线电压等级、高压配电装置选型、出线方式和回路数及电气设备和总体布置。同意《报告》推荐的右岸换流站交流部分与高压交流开关站相结合的布置方案。

5. 同意《报告》采用的功能分层、分布结构的自动化系统及三峡～葛洲坝梯级调度对泄洪、蓄水、发电、航运进行统一调度的原则。同意设计采用的电厂继电保护配置原则。

6. 同意设计采用的通信方式及通信网络设计原则。

7. 鉴于三峡工程输变电初步设计报告正在编制中，今后结合输变电初步设计的审查，可对枢纽电气设计作必要的调整或局部修改。

8. 同意《报告》推荐的多钢丝绳卷扬、平衡重式垂直升船机型式。设计采用的总体技术方案合理，主机系统、电力驱动和控制系统可以满足安全可靠运行的要求。

（六）施工组织设计

1. 施工导流。原则同意《报告》采用的施工导流建筑物设计洪水标准。但考虑到二期上游深水土石围堰的重要性，除同意按100年一遇洪水设计外，应考虑在遭遇200年一遇洪水时的保坝措施。三期上游横向围堰系碾压混凝土围堰，其设计标准可按规范改为按20年一遇洪水设计，但应考虑在遭遇100年一遇洪水时防止漫坝的后备措施。基本同意《报告》推荐的一、二、三期围堰及其它导流建筑物的型式。考虑到二期围堰是在60m的流水中填筑的，设计施工难度特大，虽然“七五”攻关已取得有效的成果，仍需对二期深水围堰进行更深入的研究，对二、三期截流应作出更详细的专题设计。

2. 施工总进度。同意《报告》建议的施工总进度安排，即：施工准备和一期工程共5年，二期和三期工程各6年。首批机组于第11年投产。

3. 土石方工程施工。三峡工程土石方施工强度高，必须采用大型、高效的施工设备，按当代先进技术和科学管理组织施工。基本同意《报告》提出的土石方工程施工机械选型，对一些需进口的大型设备，应尽早研究落实。船闸高边坡开挖施工，应在已有设计、科研成果的基础上，提出专题报告并尽快安排现场试验。航道工程水下开挖工作量大，施工困难，成本高，建议积极研究落实将水下开挖尽可能改为围护干挖的方案，并研究水下开挖的废渣场问题。建议进一步作好土石方平衡。

4. 混凝土工程施工。同意《报告》推荐的混凝土水平运输采用无轨运输，垂直运输采用大型塔机、高架门机及专用皮带机相结合的方案。建议考虑适当降低大型塔机的性能参数并尽快落实，先进口两台，在一期工程临时船闸和升船机的混凝土浇筑中试用，积累经验。

5. 施工总布置。三峡工程对外交通方案已经建委会办公会议审定采用公路为主、水运为辅方案。同意《报告》提出的工区施工总布置的基本格局，下一步需结合工程招标分包的实际情况作相应的调整。

6. 混凝土砂石料源和混凝土生产系统，同意《报告》提出的砂石料源方案，即长江上下游天然砂石料场、南村坪料场、基坑开挖料和下岸溪等料场。准备工程和一期工程以及右岸的混凝土主要采用天然砂石料；二、三期的左岸工程尽量采用基坑开挖料加工粗骨料，但尚需扩大料源。料源需考虑足够的余地。在长江干流上开采砂石料要有规划，避免对航运防洪和鱼类栖息环境造成不利影响。对天然砂砾料的料源和可开采量，需进一步研究落实。

同意报告推荐的混凝土拌和系统配置和混凝土温度控制措施。右岸拌和系统生产能力偏紧，需要增加拌和能力保证三期碾压混凝土围堰的工期。建议对混凝土配合比作进一步研究优化。

（七）工程泥沙问题

1. 坝区泥沙问题。根据坝区泥沙模型试验成果，同意《报告》推荐的永久船闸Ⅳ线方案，下阶段应进一步研究引航道口门位置和走向，隔流堤可研究利用开挖弃碴分期建设以免将来水下施工困难。同意《报告》推荐的设置电站排沙孔方案并建议增加排沙孔数量。具体数量及布置需进一步试验研究确定。

2. 库区泥沙问题。同意《报告》对水库淤积与水库长期使用问题的结论。同意《报告》对上游建库有利于减轻库尾泥沙淤积和降低重庆市洪水位的分析意见，但鉴于影响水库来沙因素复杂，计算方法有待完善，现有计算成果尚不宜作为定量依据，可供宏观分析问题时的参考。

3. 坝下游河床演变和水位下降问题。三峡建库后因清水下泄将刷深下游河床，估计宜昌同流量水位下降值可能超过《报告》中提出的1.8m，将对下游航运带来很大影响，尤以初期运行时更甚，急需采取措施，建库后清水下泄对荆江河段的冲刷和河势控制也是重要问题。应抓紧对下游河道冲刷情况的分析试验，并研究提出控制下游水位降低幅度及保护堤防安全的工程措施，包括修建束水建筑、控制在下游河道中开采砂石料的部位和数量，并在初期蓄水运行阶段适当减少下泄流量变幅等。

4. 考虑到泥沙问题的复杂和不确定性，以及其对三峡工程及上下游河段的重大影响，建议抓紧进行上下游水流泥沙的观测工作。

（八）环境保护

1.《报告》的环境保护篇（不包括城镇搬迁和库区移民）内容较完整，资料丰富，覆盖了重点环境因子和重点区域的环境保护问题，提出了建设生态与环境监测系统的规划。所采取的环境保护措施基本可行。估算的经费和四种经费渠道基本合理。

2. 三峡工程已进入前期施工准备阶段，为使环境保护工作与工程建设同步进行，建议请三峡工程建设委员会及早研究加强三峡工程生态与环境建设的管理，明确职责，制定法规或条例，组建监测网络。

3. 要重视和抓紧施工区的环境保护工作，编制枢纽工程环境报告书，列入技术设计，切实执行。

（九）枢纽工程概算

1.《报告》中按1992年中期价格水平编制的枢纽工程静态投资为378.82亿元。但去年下半年以来，建筑材料、设备单价和工资上涨幅度很大，最近还出台了一些对概算编制有较大影响的新规定。因此建议以1993年5月价格水平为准，考虑各项有关因素，对概算进行修编，于6月25日前提出供审定，以反映开工当年的实际物价水平。另外，希按已明确的资金渠道和预计的物价指数编制资金流计划。

2. 现行核算编制办法是以计划经济为基础的，不能适应社会主义市场经济原则、业主责任制和国际筹资要求。建议另外参照国际通用方法重新编制三峡枢纽工程概算，也争取在6月25日提出，核心专家组委托概算专家组届时开会审定，一并上报，以供上级了解情况。另外建议以美元为基数，完全按照国际通行做法编制三峡工程概算的可行性。

（十）综合经济评价

三峡工程的总概算包括枢纽工程、水库移民和输变电三部分。目前枢纽工程初步设计已完成，输变电和移民实施规划尚在进行中。《报告》中对水库移民和输变电工程投资作了估算。审查中将相应投资与国内1992年批准的其它水电工程相应投资对比，认为从总体上讲，三峡工程的这两项投资是包得住的。从本质上讲，物价上涨并不影响工程的综合经济评价。因此可认为《报告》中对三峡工程所作的经济评价是可信的。今后，在枢纽工程部分的概算修正、其它部分的初步设计完成后，可再进行一次综合分析。从可行性阶段和初步设计阶段两次成果来看，不会影响评价结论的合理性。

三

根据以上所述，专家组认为：《报告》是以批准的可行性研究报告为基础，遵照国务院三峡工程审查委员会的审查意见，补充了大量的规划、勘测、设计和科研工作，按照国家有关规范编制的。内容完整、基本资料翔实可靠、工程的规划设计合理可行，满足了初步设计要求，建议三峡工程建设委员会予以批准，以便作为开展下一阶段的设计和施工工作的依据。

对于下阶段工作，专家组提出如下建议：

（一）抓紧开展主要建筑物的单项技术设计以及招标设计和施工详图设计

1. 三峡工程规模特大，其中某些单项工程规模即相当于一个大型工程，技术也比较复杂。虽然初步设计已达到一定的深度，但仍有进一步研究和优化的必要，有些技术方案和措施，也需进一步研究落实。为了减省工程量、节约投资和加快进度，有必要在初步设计完成后，立即开展主要建筑物的单项技术设计，再进行招标设计和施工详图设计。专家组同意《报告》提出的需进行单项技术设计的主要项目，包括：大坝、水电站、水电站机电设计（含首端换流站）、永久船闸、垂直升船机、二期上游横向围堰、建筑物安全监测和变动回水区航道及港口整治等八项。上述主要建筑物需在单项技术设计完成并通过审查后，才能进一步编制招标设计和施工详图，以保证设计质量。

2. 其它施工准备工程、导流、施工通航等临时和次要建筑物，在初步设计批准后，即可进行招标设计和施工详图设计，并应抓紧进行以满足全面开展施工准备工作的需要。但茅坪溪防护工程的大坝，高达90余m，两面挡水，性质上是三峡工程的副坝，这次会议中未及深入审查，建议由设计单位另提专题报告，由三峡开发总公司进行审查，以策安全。

（二）抓紧进行其它需在初步设计以后继续研究或开展工作的有关项目

例如上下游泥沙问题特别是下游河道冲刷及控制问题的研究、生态及环境监测保护工作的开展、水文气象保障服务系统的建立及开展工作等，都希按计划或制定计划抓紧进行。鉴于三峡工程规模巨大、影响深远、牵涉部门较多，需要编制一个较全面和详细的工程管理办法，以便经国家批准后，由有关部门执行，进行有效、统一的管理。

（三）关于提前发挥三峡工程效益的可能性

1. 三峡工程发电工期如能提前一年，施工期内即可多得700多亿kW·h的电量。《报告》中建议的总工期为17年。第一批机组在第11年发电，效益显著。但任务十分艰巨，突出反映在将准备工程和一期工程合并压缩为5年。从现在起就应十分抓紧，并保证资金及时到位。建议三峡工程建设委员会和有关部门采取有力措施按审定方案全力组织实施。

2. 继续研究加快装机进度，在施工期多发电的方案。《报告》建议在第11年左岸两台机组投产，以后每年投产4台。由于左岸厂房工程不在关键线路上，因此存在左岸厂房提前安装使第11年有更多机组投入的可能性，但牵涉到土建和安装的进度、机组供货及增加发电前投入问题，需要作过细的研究和落实。

此外，目前《报告》中布置的右岸地下厂房（共装机6台），是为后期扩机预留的位置。不少同志建议将地下厂房提前与一期工程同时施工，使发电初期有更多机组投入，估算在施工期可增加约500亿kW·h的发电效益。但这样做势必较多地增加初期资金投入（初估要增加30亿元）、增加进口机组、增加地下工程量和影响右岸施工布置，而且需立刻进行地下厂房的勘测设计试验工作。是否可行，尚需取得更可靠的资料后综合研究决定。建议请设计单位抓紧进行研究，提出更详细的专题报告报三峡工程建设委员会决策。

另外，根据分析，三峡工程建成后，扩机的时间不会很晚。所以不论是否采取本方案，地下厂房的前期工作以及必需在一期工程内施工的部分（如进水口）应抓紧进行、及时完成。

核心专家组名单

组　长	张光斗	中科院学部委员，清华大学教授
副组长	严　恺	中科院学部委员，河海大学教授
	潘家铮	中科院学部委员，电力工业部总工程师

专 家	王思敬	中科院地质所所长，研究员
	王扬祖	国家环保局副局长、高级工程师
	纪云生	水利水电规划设计总院，高级工程师（教授级）
	李治平	水利水电规划设计总院处长，高级工程师（教授级）
	李浩钧	水利水电规划设计总院，高级工程师（教授级）
	陈家琦	水利部，高级工程师（教授级）
	沈维义	三峡总公司（筹）技术委员会委员，高级工程师（教授级）
	邹觉新	交通部工程管理司副司长，高级工程师
	张 仁	清华大学教授
	杨睦九	国家能源投资公司专家组专家，高级工程师（教授级）
	赵福臣	中国水利电力对外公司，高级工程师（教授级）
	施作沪	机械工业部，高级工程师（教授级）
	唐仲南	中国电力企业联合会技术顾问，高级工程师（教授级）
	徐乾清	水利部，高级工程师（教授级）
	梁应辰	交通部三峡办主任，高级工程师（教授级）
	窦国仁	中科院学部委员，南京水利科学研究院名誉院长，教授

长江三峡水利枢纽
初步设计修改补充报告
（枢纽工程）

前 言

根据国务院审查通过的《长江三峡水利枢纽可行性研究报告》及审查意见，以及第七届五次全国人民代表大会通过的《关于兴建长江三峡工程的决议》，水利部长江水利委员会（以下简称长委会）进行了初步设计阶段的勘察、规划、设计、科研工作，于1992年12月编制完成了《长江三峡水利枢纽初步设计报告（枢纽工程）》（以下简称《报告》）。

1993年5月，国务院三峡工程建设委员会（以下简称建委会）聘请126位专家组成的专家组，对《报告》进行了专家初审。7月26日，建委会召开的第二次会议，审查并批准了初步设计。审查意见指出：“委员会同意核心专家组的初审意见。初步设计是以批准的可行性研究报告为基础，遵照国务院三峡工程审查委员会的审查意见和全国人大七届五次会议的决议精神，又作了大量分析研究，按照国家有关规范编制的。初步设计内容完整，资料可靠，规划设计合理可行，满足了初步设计要求。委员会批准初步设计，作为下阶段设计和施工的依据。”

在初步设计审查过程中，建委会和初审专家组也对《报告》提出了一些补充和修改的具体意见。经长委会研究后，有些意见已据以进行了修改或补充，并已取得初步成果，有些意见尚需在下一阶段设计中继续研究落实。为了全面反映审查意见和补充修改的成果，作为今后设计、施工的依据，《报告》第八篇“枢纽工程概算”将修编重印；同时编写了修改补充报告，对补充修改的主要内容予以说明。初步设计审查中已同意和批准的内容，本报告不再重复，《报告》其它各篇也不再修改重印。凡原报告中与本报告有出入者，一律以本报告的论述和数据为准。

（一）关于三峡水电站设计的修改和补充

1．水轮发电机组单机容量和装机总规模

初设报告完成前后，长委会和机电部有关单位继续对三峡水电站机组单机容量进行论证，有关设计、科研、制造厂家提供了一批新成果。据此，长委会于1993年4月编制了“三峡水电站水轮发电机组容量研究补充报告”，连同初设报告一并提请审查。经初设专家初审组审议，并由建委会正式批准，三峡水电站水轮发电机组单机容量由68万kW调整为70万kW；装机台数维持26台不变，总装机容量由1768万kW增加至1820万kW，增加52kW；年平均发电量由840亿kW·h增加至846.8亿kW·h。

三峡水电站水轮发电机组主要参数如表1。

2．水电站设计的若干修改

（1）因单机容量扩大需作的设计调整

三峡水电站机组单机容量的调整和总装机容量的增加，不改变枢纽布置总格局，也不改变水电站总体布置，但具体结构尺寸略有调整。

水电站引水钢管直径由12.3m调整为12.4m。

机组段长度由《报告》拟定的37.7m增为38.3m。相应左岸厂房全长由634m增加为643.6m；右岸厂房全长由575.8m增为584.2m。因机组段长度增加而相应增加的主要工程量为：土石方开挖122万m^3，混凝土15.7万m^3，钢筋0.49万t，钢材0.24万t。

（2）电站排沙底孔

《报告》推荐左、右岸共设有5个4×7m的排沙

表1 三峡水电站水轮发电机组主要参数表

水轮机	水轮机型式、型号	混流式 HL(261)—LJ—985
	水轮机额定出力(万 kW)	71.0
	转轮直径（m）	9.85
	额定转速（r/min）	75
	比转速（m－kW）	261.5
	吸出高度〈以导叶中心高程计（m）〉	－5.0
	尾水管高度（m）	$2.7D_1$
	蜗壳宽度（m）	34.325
	转轮重量（t）	482～502
	水轮机总重量（t）	3704
水轮发电机	额定容量（万 kW）	70.0
	视在功率（万 kVA）	77.77
	功率因数	0.9
	额定转速（r/min）	75.0
	额定电压（kV）	18.0
	冷却方式	空冷或半水冷
	推力轴承负荷（t）	～5900
	发电机总重量（t）	3860

底孔，进口底高程为75m。根据初审专家组“电站坝段排沙底孔不宜少于7个”的审查意见，经研究确定左、右岸各增设一个排沙孔，尺寸相同，进口底高程暂定100m，待泥沙模型试验验证后，技术设计阶段再作最后确定。

因增加排沙孔而增加的枢纽工程量为：土石方开挖60.7万 m^3，混凝土18.7万 m^3，钢筋0.21万t，金属结构950t。

(3) 电站排漂孔

《报告》推荐在泄洪坝段两侧各设二个7×12m的排漂（兼泄洪）孔，进口高程为133m。根据初审专家组“采取措施，改进排漂效果，特别是右侧电厂前的排漂问题”的审查意见，经研究确定在右侧电站端部增设一排漂孔，孔口尺寸和高程待水工模型试验证后，在技术设计阶段再最后确定。增设一个排漂孔增加的枢纽工程量不大。本报告未予列入。

(4) 预留右岸地下水电站

《报告》推荐右岸山体预留6台机组的地下水电站位置，满足三峡水电站远期扩机的需要。

初步设计报告编制和审查过程中，曾有一些部门和专家提出提前兴建右岸地下电站，以增加初期发电效益，长委会也曾对此进行过研究。初步研究成果认为：提前兴建右岸地下电站，由于增加了一个工作面，确有可能增加初期投入的机组数量和施工期发电量，但也存在一些问题。首先是右岸地下电站提前兴建，远期扩机位置只能预留在右岸河床，河床预留机组土建工程难以在后期施工，而必须与工程同步建成，从而，工程量和投资将有较大幅度的增加；其二，右岸地下电站规模也属世界之最，技术比较复杂，提前兴建将增加整个三峡工程施工的难度；此外，加快装机进度还涉及机组供货能力、增加进口机组台数和外汇问题。考虑到增加初期投入机组数量尚有其它途径，如加快左岸坝后厂房装机进度等，加以右岸地下电站前期工作深度较浅，故建委会审查确定，由长委会抓紧地下厂房的前期工作，待1994年底提出可行性研究报告后再进一步研究。

原《报告》中，右岸地下电站作为远景扩机预留位置，也未列预建工程量。根据建委会决定，将地下厂房上游进水口水下工程，作为工程建设项目，列入建设范围，并计入总概算。这部分预建工程量计：土石方开挖91.2万 m^3，混凝土19.1万 m^3，钢筋0.82万t，金属结构0.56万t。

(二) 关于永久通航建筑物设计的修改和补充

1. 双线五级梯级船闸

初步设计审查已同意《报告》推荐的船闸线路、总体布置、结构型式和基本尺寸。审查中提出主要修改意见为：

(1)《报告》推荐每线船闸布置一条输水主廊道，即单侧输水。经审查认为，从稳妥考虑，宜改用每线船闸两侧设输水主廊道的布置方案。据此，长委会已初步进行了双边输水廊道的具体布置和工程量计算，并正在进行水工模型试验验证，待单项技术设计最后定案。因这一设计修改而增加的工程量为：土石方洞挖12.6万 m^3，混凝土10.8万 m^3，钢筋1.08t。

(2)《报告》审查意见还建议调整船闸高边坡开挖坡度及马道布置，适当加宽最下一级马道宽度，增设拦石墙及排水沟。据此，长委会也进行了研究和适当调整。该项需增加土石方明挖63.2万 m^3，混凝土4.5万 m^3。

(3)《报告》中列有后期永久船闸冲沙隧洞进口水下预建工程的工程量和投资，但未列出口工程的预建工程。按专家审查意见，长委会在初设中增列了后期冲沙隧洞出口的预建工程量，计土石方明挖38万 m^3，混凝土2.5万 m^3，钢筋0.13万t。

2. 垂直升船机

初步设计报告编制和审查阶段，曾有部门和专家提出升船机缓建的建议，长委会也提出过具体的缓建方案。交通部门对升船机缓建表示了强烈的不同意见，要求升船机至少应与永久船闸同时投入。建委会最后审定：“垂直升船机在第11年投入运行，应当尽可能保证长江航运不断航。”长委会将按此原则在下一设计阶段中具体研究落实。

（三）关于施工通航和施工导流方案

1．施工通航和施工导流方案

专家初审结束后，长委会和有保留意见的专家针对两个方案分别补充了水工模型试验、设计计算和研究，并由建委会办公室指定有关专家主持进行了反复深入的讨论，最后提交建委会第二次会议进行审议，确认同意初步设计采用的“明渠通航，三期导流”方案。

2．施工导流建筑物设计洪水标准

初步设计审查中原则同意《报告》中采用的导流建筑物设计洪水标准，但有二处要求进行修改。

(1)二期上游横向围堰，考虑到该围堰的重要性以及万一失事后的严重后果，审查除同意按100年一遇、最大日平均流量83700m^3/s设计外，要求考虑遭遇200年一遇、最大日平均流量88400m^3/s的保坝措施。

(2) 三期上游碾压混凝土围堰，《报告》采用100年一遇洪水设计，经审查认为按规范应改为20年一遇洪水设计，但应考虑在遭遇100年一遇洪水时防止漫坝的后备措施。

长委会已根据上述审查意见进行修改。

3．三期导流期间泄水布置的修改

《报告》推荐的三期导流泄水布置，在三期截流期间，江水经由设在泄洪坝段的22个导流底孔通过，导流底孔仅用于三期截流和底孔封闭前泄水之用，第11年5月，导流底孔封闭后，水库蓄水至135m水位，开始围堰挡水发电、通航，同时进行右岸大坝、电站的建设，该期间内，江水经由泄洪坝段高程90m的永久深孔和在溢流表孔部位预留的高程109m临时渡汛缺口宣泄。

初步设计审查中认为：为保持通航发电水位，临时渡汛缺口需设置临时挡水闸门，挡水高度达26m，操作运行不便；同时导流底孔尺寸大，封闭后不能再度开启，因而使底孔封闭和三期碾压混凝土围堰施工存在较大风险。审查意见要求取消临时渡汛缺口及其控制闸门，同时要求修改调整导流底孔的布置和尺寸，改为可用闸门操纵开启的导流底孔，使其在整个三期导流期间，包括围堰挡水发电期间内均可参加泄流，即由导流底孔及永久深孔配合宣泄施工洪水。

据此，在初设审查结束后，长委会进行了设计修改。根据初步研究和计算成果表明，该方案技术上可行。按照三期截流水头差不超过3.5m的控制条件，经比较，初步选用在泄洪坝段布置22个6×9m的导流底孔，孔底进口高程为56.5m，用弧形闸门控制，堰顶临时渡汛缺口及其控制闸门均取消。该布置方案将在水工模型试验研究的基础上，在技术设计中具体研究确定。

因三期导流泄水布置修改，将增加土石方填筑69万m^3，金属结构及导流底孔钢板衬护0.585万t。

（四）修改工程量汇总

长委会根据初步设计审查意见，已对审查意见中提出的主要补充和修改意见进行了研究并提出了初步成果，相应工程量也有少量的增加。修改后的枢纽工程建筑物初步设计阶段主要工程量，计土石方开挖10259万m^3，土石方填筑2932.9万m^3，混凝土2714.6万m^3，钢筋35.43万t，钢材28.08万t。分项工程量参见表2。

表2　**枢纽建筑物主要工程量总表**

建筑物		明挖（万m^3）			洞挖（万m^3）	混凝土（万m^3）			填方（万m^3）	钢筋（万t）	钢材（万t）	备注
		全强风化	弱风化	岩石		大体积	钢筋	衬砌				
大坝		304.3	148.8	122.9	0.7	1484.3		1.4		10.75	2.99	
电站		855.1	170.3	688.5	0.7	251.9	40.7		209.4	9.83	12.86	
航建	永久船闸	2397.7	266.6	1475.6	149.4	95.2	273.6	84.4	533.2	12.30	6.12	
	升船机	296.2	81.5	301.9		63.8	12.3			1.62	3.80	
	临时船闸	435.4	114.6	293.7		30.5	6.0		17.9	0.56	0.43	
导流		1381.1	774.0			370.5			2172.4	0.37	1.88	
小计		5669.8	1555.8	2882.6	150.8	2296.2	332.6	85.8	2932.9	35.43	28.08	
合计		10259.0				2714.6			2932.9	35.43	28.08	

注：不包括茅坪溪防护工程、淤沙清除及围堰拆除量。

上述工程量与《报告》相比较，土石方开挖增加约390万m^3，土石方填筑增加69万m^3，混凝土增加约71万m^3，钢筋增加2.73万t，钢材增加1.48万t。

（五）枢纽工程概算

初步设计报告编制阶段，根据初步设计阶段枢纽工程设计的成果和相应工程量，以1992年的价格水平，以及1992年底以前的政策规定、标准和定额，编制了枢纽工程概算，其静态投资为378.82亿元（未包括茅坪溪防护4.2亿元）。

长委会根据审查会议的要求，经补充修改提出了修改的枢纽工程概算（送审稿）。6月下旬，概算专家组召开第二次会议，进行了审查。会议确认：按1993年5月末价格，三峡枢纽工程初设概算的静态投资可按495亿元控制，同时还对概算具体编制办法提出了修改意见。

国务院三峡工程建设委员会"关于批准《长江三峡水利枢纽初步设计报告（枢纽工程）》的通知"指出："同意枢纽工程概算按1993年5月末价格控制在500.9亿元以内（包括茅坪溪防护5.9亿元）。"据此，长委会重编了枢纽工程概算，详见修改补充后的初设报告第八篇。本报告仅列出主要内容。

1. 编制原则、依据和编制办法

(1) 价格水平

一律以1993年5月价格水平为准。参见表3。

表3 1993年5月末价格水平的基础价格

项目	单位	价格指标	备注
人工工资	元/工日	16.77	
水泥	元/t	419.44 502.64	矿渣大坝425号 纯大坝525号
钢筋	元/t	4065.31	综合
木材	元/m^3	1548.42	板枋
柴油	元/t	2334.23	0号
汽油	元/t	3067.01	70号
炸药	元/t	3646.99	二号硝铵50%， 四号抗水50%
电	元/kW·h	0.28	
风	元/m^3	0.145	
水	元/m^3	0.54	
砂石料	元/m^3	38.85	

注：1993年5月末价格为准

(2) 枢纽工程量

以初设审查意见调整修改后的设计工程量为准（参见表2）。并按上级决定、业主意见补充调整了部分项目。

(3) 编制办法

根据初设审查意见，按适应社会主义市场经济的建立和在基建领域推行业主责任制的要求，对现行工程概算的编制办法进行了改革和调整，其中主要有：

①改革现行概算中按分年实际完成工程量计算分年投资的办法，改为按分年度需要资金投入量计算资金投入流程，并取消原列设备储备贷款利息和流动资金贷款利息。

②取消各类施工装备补贴费用，全部计入或摊入按施工设备台时费计算的工程单价内。

③计划利润改称施工利润，费率由2.5%增为10%，并取消施工企业基地建设补贴费用。

④改变现行基本预备费统一费率取费方法，改用按不同单项工程项目的设计深度、工程量和价格风险分别采用不同费率，然后综合计列。

2. 枢纽工程静态投资

根据初设审查意见确定的原则和方法，经修编后的枢纽工程静态投资为500.9亿元（包括茅坪溪防护5.9亿元）。发电前11年的静态投资为373.37亿元。分项投资见表4。

按初设审查意见重新编制的枢纽工程静态投资为500.9亿元，较《报告》所列383.02亿元（包括茅坪溪防护4.2亿元）增加117.88亿元，增长率为30.7%。主要原因如下：

(1) 工程项目及工程量调整的影响；

(2) 物价上涨影响；

(3) 编制方法的影响。

3. 分年静态资金流和价差预备费

初设审查意见要求按资金流安排分年资金需要量，其安排原则如表5。根据施工进度，枢纽工程分年资金投入额（静态值）如表6。

4. 建设期贷款利息

三峡工程建设期贷款利息计算比较复杂，本阶段更难以准确预测，按概算专家组确定的原则，作粗略估算。

资金来源及利率按以下原则计算：

(1) 自有资金

葛洲坝电厂利润及三峡工程初期发电收入均作为工程自有资金，不计息。

葛洲坝电厂电价，按现已核定的电价，即以1992年电价3.9分/kW·h为基础，1993年开始每年提高1分/kW·h，1997年以后，按物价指数同步上涨。

三峡电站电价按满足还贷要求和12%的资金利润率确定，按1993年5月末不变价估算约为0.3元/kW·h；考虑物价上涨因素为0.778元/kW·h。

(2) 三峡工程建设基金

国务院已确定的全国电网征收0.003元/kW·h的三峡工程建设基金，根据国务院三峡工程建设委员会第二次会议决定："这笔资金是国家对三峡工程的投入，不加各种税收和费用"。

(3) 建行贷款

1993、1994年自有资金不足部分，按短期贷款，年利率12%；1995年开始，按国内银行贷款，还款期限15年，年利率9.9%计息。

(4) 国外贷款

按1995年开始，借款期15年、宽限期5年，年利率8%。

(5) 债券

发电前三年发行，三年期，年利率12.5%。

按上述原则，粗略估算三峡枢纽工程建设期贷款利息如表7。

表4　　总概算表　　单位：万元

工程或费用名称	建安工程费	设备购置费	其它费用	合计	占投资额（%）
第一部分　建筑工程	1905194			1905194	42.40
挡水工程	719376			719376	
发电厂工程	310646			310646	
航运工程	670158			670158	
交通工程	123800			123800	
房屋建筑	28809			28809	
其他工程	52405			52405	
第二部分　机电设备及安装工程	70505	1012310		1082815	24.10
发电设备及安装工程	60891	745251		806142	
升压变电设备及安装工程	5231	115407		120638	
换流站设备及安装	1759	104247		106006	
其他设备及安装工程	2624	47405		500029	
第三部分　金属结构设备及安装工程	87373	203229		290602	6.47
挡水工程	3381	29095		32476	
发电厂工程	66953	56521		123474	
航运工程	17040	117612		134652	
第四部分　临时工程	734629			734629	16.35
导流工程	331547			331547	
交通工程	99441			99441	
房屋建筑工程	96250			96250	
其他临时工程	207391			207391	
第五部分　其他费用			480000	480000	10.68
一至五部分合计				4493241	100.00
基本预备费				456963	
茅坪溪防护				59000	
枢纽工程静态总投资				5009203	

表 5 资金流投入安排原则

项目分类	当年完成投资额	分年提前安排资金量					
		前4年	前3年	前2年	前1年	当年	次年
土建工程	100%				25%	75%	
机组主机设备	100%	10%	20%	30%	30%	0%	10%
机电辅助设备	100%			10%	40%	50%	
金属结构	100%			10%	40%	40%	10%
费用	100%				20%	80%	

表 6 分年静态资金流

年份	1993年以前	1993	1994	1995	1996	1997	1998	1999	2000	2001	2002
资金额（亿元）	4.82	20.98	28.29	32.33	28.70	35.04	38.98	39.14	40.14	40.92	36.36
年份	2003	发电前小计	2004	2005	2006	2007	2008	2009	2010	合计	
资金额（亿元）	26.67	373.37	29.21	32.33	27.15	19.62	12.36	6.43	0.44	500.92	

表 7 三峡枢纽工程建设期贷款利息

年份	1993	1994	1995	1996	1997	1998	1999	2000	2001	2002
贷款利息（亿元）	0	0	8.02	1.58	1.93	2.24	2.81	2.17	2.17	2.17
年份	2003	发电前小计	2004	2005	2006	2007	2008	2009	合计	
贷款利息（亿元）	51.02	74.11	51.02	51.02	49.14	156.27	88.73	85.69	555.98	

西陵长江大桥初步设计审查

1993年4月15日，水利部长江水利委员会以长设〔1993〕16号文致函中国长江三峡工程开发总公司，将西陵长江大桥初步设计审查会纪要和专家组评审意见报送审批。

一、会议纪要

按照国务院三峡工程论证领导小组三峡论字〔1992〕27号文批复，并征求长江三峡工程开发总公司的意见，水利部长江水利委员会于1993年4月10～14日在湖北省宜昌市主持召开了“三峡工程西陵长江大桥初步设计审查会”。出席审查会议的单位有交通部第二公路勘察设计院、铁道部第四勘测设计院、铁道部第一勘测设计院、铁道部大桥工程局、铁道部铁道科学研究院、湖北省交通规划设计院、交通部工管司、交通部长江航务管理局、长江航道局、长江港监局、华中理工大学、长沙交通学院、建行三峡工程专业分行、水利水电规划总院、葛洲坝工程局、三峡工程开发总公司、长委会等，共63人。其中特邀专家17人参加评审。

审查会首先听取了铁道部大桥局勘测设计院的设计汇报，组织了现场查勘，审阅了设计文件和资料，分专业组进行了技术讨论，专家评审和会议领导小组审议。

与会专家和代表一致认为，铁道部大桥工程局勘测设计院在过去多年参加西陵长江大桥设计研究基础上，短期内完成大桥初设任务，付出了辛勤劳动，提出的“西陵长江大桥初步设计”报告达到了初设深度，长委会三峡区勘测大队分担完成的桥址地质勘测工作资料详实，符合初勘精度要求。会议对设计的桥位桥型与结构等问题进行了充分讨论，认真评审，达成共识。现纪要如下：

（一）桥位

西陵长江大桥主要服务于三峡工程施工交通运输，设计比较的两个桥位，其主河床地形地质基本相同，均建设在一个相对稳定、完整的钢性地块上，地质条件好，为弱震构造。中桥位距三峡大坝4.5km，能较好地适应三峡水利枢纽下游航运建筑物布置的可能变化，三峡工程区施工物资器材过桥运输流向顺，运输距离较短，对桥下引航道的布置、航行视线、港区船队运行等影响小。下桥位在中桥位下游约1.3km，主桥布置、工程投资与中桥位接近，无明显优势，对下引航道口门布置的调整变化，适应性小。因此会议认为，已选定的中桥位是合适的。

（二）关于设计标准

（1）基本标准：设计采用的行车道、荷载、地震烈度、桥面纵度，满足三峡工程施工的运行要求和远期永久交通的发展需要。

（2）设计洪水：设计取用了100年一遇洪水标准，建议采用公路特大桥标准300年一遇洪水设计。

（3）通航标准：引航道部分净跨220m，主河道单线航道净跨大于170m、双线航道净跨大于340m，桥孔净高，在三峡坝址水位▽74m以上18m，并有一定的余量，符合三峡坝区通航设计标准要求。

（三）桥型方案

设计研究了三种可建桥式方案：

（1）悬索桥方案：全桥总长1400m，主跨900m，跨越近期和远期通航航道，设计工期35个月（包括准备工期3个月）。

（2）斜拉桥方案：全桥总长1463m，主跨540m，左侧永久通航边跨260m，主桥墩不占用航道，设计工期45个月（包括准备工期3个月）。

（3）连续刚构桥方案：全桥总长1403m，主跨为三孔270m，其中北孔跨下游引航道，另两孔跨主河床，有四个主桥墩，其中主河槽中桥墩最大水下深度68m，设计总工期53个月（包括准备工期3个月）。

与会专家和代表从桥梁结构、对下引航道适应性、施工难度、对施工通航的干扰程度、造价、工期可靠性、对三峡工程施工影响、运行维护保养、景观协调等方面，对上述三种桥式进行充分讨论、评审。认为连续刚构桥，虽然造价低，但桥梁结构已接近该种桥型的跨度极限，全部采用现浇混凝土施工，难于抢工和保证工程质量。同时对通航干扰大，工期最长，施工中不定因素多，对工期和造价影响大，此种桥式不可取；斜拉桥与悬索桥，在结构上都是可靠的，两者需要的总投资相差不大，斜拉桥左主塔布置在引航道隔流堤上，受其变化影响，塔基水下施工难度亦较大，工期相对较长。

经综合评审，一致同意设计推荐的钢箱梁悬索桥方案。

（四）对下步设计工作建议

西陵长江大桥是三峡工程施工准备的主要项目，与会专家和代表建议：

（1）按三峡工程建设计划目标，大桥应在今年四季度开始施工，时间很紧。因此建议，尽快审批初步设计报告，以便加紧进行下阶段的技勘工作和设计、试验工作。尽早开展招标设计。

（2）对悬索桥应抓紧风洞试验工作，验证抗风稳定分析。

（3）特大悬索桥在我国尚属起步阶段，虽然有汕头海湾大桥的设计、施工经验，对于塔柱、锚碇、主索、箱梁等四大分部结构，结合缩短工期，降低造价，应进一步研究，优化设计，在结构制造加工、施工工艺和进度工期上需补充论证研究。

（4）工程概算。设计提出的工程概算，其编制原则、配套定额与取费标准，均符合交通部现行颁布的编制办法。经过评审，对木材、水、电、砂石料等基础价格、单价进行调整，并增列大桥运行维护设备、航道与港监及桥位水力学与冲刷试验等项目费用，设计费应按建设部〔93〕建设体字第7号文的精神计算，建议按专家组评审意见尽快订正概算上报。

上述审查意见和有关建议请铁道部大桥局勘测设计院尽快落实，并在下阶段设计中补充研究。

二、初步设计专家组评审意见

西陵长江大桥是三峡工程施工的关键项目之一，在三峡施工期间承担两岸交通的任务，在枢纽建成后是三峡城区和鄂西干线公路过江的永久性大桥。根据三峡论证领导小组1992年8月21日三峡论字〔1992〕7号文对《关于三峡工程西陵长江大桥设计任务书及有关问题的报告》的批复，水利部长江水利委员会委托铁道部大桥工程局勘测设计院承担大桥的设计任务。专家组听了设计介绍，阅读了文件，查看了桥位现场，经过认真地讨论，认为设计文件满足了勘察设计总包合同在初设阶段的深度要求。有关评审意见分述如下：

（一）桥位

一致同意采用1992年5月长委会设计局主持召开的本桥技术讨论会所推荐的中桥位方案。该桥位的建桥技术条件与下桥位基本相似，但大坝施工时物资运输的运距较下桥位短；避免了对下引航道口门布置的影响；对上游砂石料码头及下游港区船队的运行比较方便。

（二）桥梁设计标准

同意初设文件第四章所列有关的桥梁设计标准，其中汽车荷载分两种情况：①三峡施工期按委托书办理；②三峡枢纽建成后按公路现行标准汽车—超20级、挂车—120，四车道计算。关于洪水设计频率，在建坝前及建坝后，建议按1/300洪水频率设计。

（三）桥式

主孔900m单跨钢箱梁悬索桥跨径大，对航道变化适应性强，水下工程少，影响施工的不定因素少；缆索及梁段可以由专业厂预制，易保证质量，可同时并进，有利于缩短和保证工期；钢箱梁不仅安装时便于调整就位，而且抗扭刚度大，抗风性能好；悬索桥施工期间及建成之后对通航的干扰均较小；外观与环境协调；虽造价稍高，但施工速度快。因此，同意选用设计推荐的钢箱梁悬索桥方案。

（四）概算

概算编制办法、定额依据及收费标准符合交通部有关规定。对木材、水、电、砂石料等根据当前实际价格予以调增。增加运行管理设备工器具购置费、港监航道维护费及桥位水力学与冲刷试验费，按建设部有关文件精神，对初设以后的设计费予以适当调增。就建议采用的钢箱加劲梁悬索桥方案，合计调增1087万元，概算总额由44224万元调增至45311万元。

（五）对下一步工作的建议

(1) 风荷载效应是悬索桥设计的重要内容。建议尽快进行风洞试验来验证风振计算的结果。

(2) 人群上桥的限制条件，希望在设计计算中予以考虑，为将来桥梁管理提供指导性依据。

(3) 建议在下一步设计中对采用方案进行优化，如减少北岸锚碇体积等。

(4) 桥梁的安全保卫及管理养护问题，建议在三峡工区的总体安排中予以考虑。

专家组成员名单

组　长　周相略　交通部第二公路设计院，总工程师，高级工程师(教授级)

成　员　方　强　铁道部第四设计院，副总工程师，高级工程师(教授级)

陈守容　铁道部大桥工程局，总工程师，高级工程师(教授级)

潘家英(女)　铁道部铁科院，高级工程师(教授级)

王　弘　铁道部第一设计院，副总工程师，高级工程师(教授级)

李　发　湖北省交通规划设计院，总工程师，高级工程师(教授级)

李浩钧　水利水电规划设计总院，高级工程师(教授级)

王华阳(女)　水利水电规划设计总院，高级工程师(教授级)

吴康宁　长江水利委员会，高级工程师(教授级)

司兆乐　长江水利委员会，高级工程师(教授级)

陈福厚　三峡工程开发总公司(筹)，副总工程师，高级工程师(教授级)

唐家祥　华中理工大学土木系主任，教授

张起森　长沙交通学院副院长，教授

余克强　交通部长江航务管理局安全处处长，高级工程师

邱健华　长江港监局，工程师

胡锡运　交通部工管司航道处，工程师

李渠海　长江航道局，工程师

长江三峡工程
输变电工程设计工作纲要

（本《纲要》由能源部以能源计〔1993〕192号文通知印发）

（一）前言及总则

长江三峡工程规模空前，技术复杂，是多目标综合开发、关系到国计民生的跨世纪的重大战略工程。三峡工程主体的三峡水电站，丰、枯出力变化的调节补偿，经济效益的发挥和安全运行等，都必须依托电网，在电网的统一调度下，才能实现。三峡水电站地处我国电网的中心，它的建成发电，必将促成大区域电力电网的联网，实现更大范围内的水、火电和跨流域经济调节。因此，三峡工程输变电工程涉及的供电范围广，建设持续时间跨度长，不同于一般大型水电工程送出

的设计，具有特殊的艰巨性和复杂性，是一项起点高、必须反映90年代先进输变电技术水平的巨大系统工程。既需要与三峡工程总体特别是枢纽工程中有关机电的设计相配合，又要考虑电网发展和建设规律和特点，只有严格按相应的建设程序，进行各阶段的勘测、规划和设计，才可能避免出现大的偏差或失误。

为了有计划、有步骤、分阶段协调地完成三峡工程输变工程设计任务，特制定本工作纲要，作为参入规划设计的各单位共同遵循的规定和依据。

（二）编制依据

1. 全国人民代表大会七届五次会议：关于兴建长江三峡工程的决议。

2. 国务院三峡工程审查委员会：长江三峡工程可行性研究报告的审查意见，包括发电与电力系统专题预审意见。

3. 有关电力设计规程、导则、条例：

（1）电力系统设计技术规程；

（2）电力系统技术导则；

（3）电力系统安全稳定导则；

（4）输变电设计规程；

（5）电力工程经济分析暂行条例；

（6）其它设计规程、规定。

4. 国家批准的及批准调整的电力“八五”计划及十年规划；

5. 能源部编制的“八五”计划调整建议，十年规划建议及2020年规划意见。

6. 国家有关法令、规程、规范和条例。

7. 国外有关电力系统规划及标准作为参考资料。

（三）任务要求

三峡工程输变电工程设计任务分以下几个方面：

1. 三峡水电站供电范围内的电力系统规划设计。

2. 输变电工程设计。包括输变电工程的选点、选线和输变电单项工程初步设计、招标设计，施工图设计。

3. 三峡工程枢纽工程机电部分设计的配合。

4. 与三峡水电站供电区相邻的大区域联网及全国联网的电力系统规划。

5. 三峡水电站供电范围内的电力系统和以三峡为中心大区域联网的电力调度（含通信网、自动化装置）的规划设计。

6. 围绕上述规划设计工作分阶段开展的重大科技课题研究。

7. 围绕上述任务的分阶段、分部类（或项目）的投资估算或概、预算。

（四）设计阶段

三峡工程的整个勘测设计进度，按三峡工程论证领导小组安排分为五个阶段。输变电工程设计相应地分阶段的工作进度安排如下：

第一阶段：三峡工程可行性研究及工程立项。包括输变工程在内的这项工作已经完成并经七届人大五次会议批准。

第二阶段：三峡工程初步设计。总的要求是在1993年上半年提出报告。输变电工程相应提出的设计报告主要为：三峡水电站供电范围内的电力系统规划及其输变电有关输电方式，电压等设计要点；包括规划方案、课题研究成果，投资的分类估算等。

第三阶段：三峡工程单项工程技术设计。输变电工程相应提出的设计报告主要为：三峡水电站供电范围内的电力系统设计（包括三峡水电站电力电量分配方案、各输变电工程建设规模等）；输变电单项工程初步设计（包括相应的继电保护、安全稳定控制、通信、调度自动化、电费计测等，以下同。视具体建设进度，较晚投产的输变单项工程初步设计纳入第四阶段）；包括初设成果、课题研究成果、投资的分项估算等。

第四阶段：三峡工程招标设计。输变电工程相应提出的设计报告主要为：各单项工程项目的招标设计或初步设计；三峡工程枢纽工程的机电部分设计有关电力系统的配合资料；课题研究成果及各项投资概算（或招标底标）。

第五阶段：施工图设计。输变电工程相应提出的设计报告主要为：各单项工程的施工详图；课题研究成果及各项投资概、预算。第五阶段与第四阶段的工作实际上将交叉进行。

上述第三～五阶段的具体进度待三峡工程施工总进度明确后再进一步确定。

（五）组织分工

三峡工程输变电工程的整个设计由能源部负责，具体分工如下：

1. 能源部组织有关司、局、院组成协调领导小组，协助部领导负责整个设计工作的组织领导和重大设计原则（或方案）的研究确定。

2. 具体设计任务由电力规划设计总院组织安排，报部下达。有关电网调度、通信及自动化的设计工作，由电力规划设计总院商部电力调度通信局组织安排。具体科研任务，由科技司商电力规划设计总院组织安排，报部下达。

3. 三峡水电站供电范围内的电力系统调度和以三峡为中心的大区域联网调度的规划设计，由部电力调度通信局与规划设计总院共同负责并组织有关运行、设计单位进行。

电力调度的管理原则、关系、体制的研究和制定工作；全国电力调度中心及其通信、自动化（包括大区联网通信、自动化系统工程）的规划设计原则，以部电力调度通信局为主会同电力规划设计总院组织有关单位进行。

三峡工程输变电工程的调度及其通信、自动化和继电保护等电力系统二次的规划设计，应与电力系统一次的规划设计紧密结合，以部电力规划设计总院为主，会同部电力调度通信局，组织有关单位进行。输变电工程的具体二次系统设计，由工程所在的电管局主持并协调，所在的省电力局参加，由承担该输变电工程的设计院负责设计。

配合三峡水电站机电设计有关调度、通信及自动化的二次系统资料，由部电力调度通信局商电力规划设计总院共同负责组织提供。

4. 为完成各阶段需要进行的重大科技课题（包括经济研究课题），由协调领导小组根据部科技司、电规院的安排，按择优原则，下达有关科研单位、大专院校及有关电管局、省电力局进行。

5. 各有关电管局、省电力局、电力设计院的分工：

（1）在华中电网区域内的三峡输变电工程规划设计（包括二次系统，下同），由华中电管局主持协调，由中南电力设计院负责，有关省电力局、中南水电勘测设计院参加并配合；

（2）在华东电网区域内的三峡输变电工程规划设计，由华东电管局主持协调，由华东电力设计院负责，有关省电力局、华东水电勘测设计院参加并配合；

（3）在四川电网区域内的三峡输变电工程规划设计，由四川省电力局主持协调，由西南电力设计院负责，成都水电勘测设计院参加并配合；

（4）三峡工程机电设计的电力系统配合资料，涉及华中、华东、四川部分的，分别由中南、华东、西南电力设计院负责提供，由中南电力设计院汇总，并报电力规划设计院后向长办提供。

6. 三峡供电区与相邻的大区域联网的可行性及方案研究，可根据2020年及更长远的电力发展规划的需要，由部综合计划司会同电力规划设计总院等单位负责具体安排有关电力设计院进行，各电管局、省电力局负责主持协调。

（六）经费

为保证上述各项设计工作的正常、及时、高水平地完成，必须保证经费的数额和及时到位并规定如下：

1. 按三峡工程输变电工程总投资87亿元（1990年不变价）的1%作为集中控制的总额度，用于完成第三节所列的各项任务的前期工作和相应的重大科技课题研究。

各分项目及其具体年度的经费计划由相应负责承担的前期工作设计单位和课题单位编报给电力规划设计总院、部科技司、调度通信局，经部三峡办和综合计划司综合平衡后，归口上报，申请纳入三峡工程总的和分年度计划，批准后再下达执行。

这部分经费应按三峡工程有关的概、预算规定，相应纳入各有关工程项目内。

2. 科研课题所得到的各项成果，三峡工程设计施工需要采用的，可视课题资金不同情况按无偿或有偿方式转让；若三峡工程以外的工程需要采用，则一律有偿转让。

3. 单项输变电工程及全国电力调度中心工程（包括跨网通信、自动化系统工程）的设计费，另按部有关规定，纳入各该单项工程概算及预算内。

4. 根据工作需要部领导临时批准的专项研究费用，由部三峡办、综合计划司通过调整年度计划或调整集中控制的总额度，进行安排。

（七）设计审查

三峡工程输变电工程设计的审查，按国务院三峡工程建设委员会有关规定执行。在建设委员会未成立并正式工作前，先由能源部归口审查，必要时报三峡工程论证领导小组审定。

（八）附则

1. 本设计工作纲要经能源部审定，报国务院三峡工程建设委员会后执行。

2. 本设计工作纲要的解释和修订，由能源部负责。

3. 能源部视工作需要，可制定本设计工作纲要的实施细则或有关附则，以保证设计及审查工作的顺利进行。

建设与管理

1993年三峡工程建设概况

长江三峡工程，在40多年科学论证的基础上，进行了大规模的勘测设计和多方案比较，终于得出一个科学的较为完整的建设方案。1993年4月3日七届人大五次会议通过兴建三峡工程的决议，完成了三峡建设的立法程序。

为组织好三峡工程的建设，国务院在批准成立中国长江三峡工程开发总公司的同时，决定对三峡工程建设中有关计划、财务、科技、教育、人事、劳资、外事、外经贸、物资供应、国有资产管理和档案管理等方面执行计划单列。中国三峡总公司是三峡工程建设的业主，全面负责三峡工程资金筹集、工程建设和投产后的经营管理。总公司于1993年9月27日在宜昌正式成立。

同年，7月26日，国务院三峡建设委员会第二次会议审查批准了《长江三峡水利枢纽初步设计报告(枢纽工程)》。从此，长江三峡工程进入正式施工准备阶段。1993年是三峡工程建设的第一年。

在1993年施工准备工程建设中，总公司运用国际通行的招标承包制、建设监理制和合同管理制，全年共进行了18个工程建设项目的邀请招标、公开招标和2个项目的议标。选择长江水利委员会、西北水电勘测设计院、铁道部科学研究院等9个单位为监理单位，分别对工程建设项目实施监理。

经过一年的团结拼博，艰苦奋战，完成年度计划确定的4项建设目标。即：右岸一期土石围堰四季度开始填筑，到年末共填筑77.42万m^3，岩石和覆盖层开挖251.72万m^3，水下清淤222.77万m^3，完成防渗墙5437m^2，全段已经合拢，并已进行防渗墙造孔；供水、供电、通信、场内道路和场地平整基本达到设计要求；征地、移民超额完成了任务，为1994年右岸导流明渠和左岸一期工程大开挖创造了条件；对外交通准一级专用公路，全长28.64km，其中难度最大的“三桥一隧”工程已于10月30日签订施工合同，各承包单位已陆续进场开始施工准备；西陵长江大桥主跨长900m，于12月26日开工。据统计，全年完成土石方开挖1243.89万m^3，回填852.36万m^3，混凝土浇筑13552m^3，浆砌块石29076m^3，干砌块石19571m^3，供水管道安装23000m，涵管埋设2100m，钢筋制安984t。

1993年计划投资20.2亿元，其中建安60320万元（含茅坪溪防护工程），水库淹没补偿费5亿元(含以工代赈2亿元)，其它费用84880万元，贷款利息1150万元，预备费5650万元。全年实际到位资金17.75亿元，其中三峡建设基金15.65亿元，葛洲坝电厂发电利润1.1亿元，建行、工行贷款临时周转金1亿元。对上述到位资金实际安排使用12.96亿元，其中建安工程投资4.13亿元，拨付库区移民经费4.75亿元，其它费用4.08亿元。

1993年三峡工程施工准备工程建设，虽然是前期工程，但由于工程管理和工程监理措施及时，使各项主要的前期准备工程建设实现了预期的目标。

工程管理，组建了相应的长驻施工区的管理机构——工程建设部，全面负责工程建设全过程管理，对施工区实行封闭式管理，保证了封闭区域内施工秩序井然。工程监理，虽然处于探索阶段，但还是经过多次周密研究提出了一套行之有效的办法，选聘了一批具有相当资质的监理单位，对各个建设项目分别实施了有效的监理，从而保证了工程的质量和工期。

1993年施工准备工作的顺利进展和各项主要目标的实现，使三峡工程建设有了良好的开端。

（办公室　刘荣波）

前期准备工程施工概况

（1984～1992年）

三峡前期施工准备工作，是在1984年5月国务院〔84〕国函字57号《国务院关于长江三峡可行性报告的批文》和1984年4月29日中共中央办公厅、国务院办公厅以厅发〔1984〕43号文转发《关于开展三峡工程筹备工作的报告》的通知之后开始的。按照通知中“中央财经领导小组确定，今明两年要完成施工前期工作，在可行性报告批准后，同意水电部从今年开始进行部分施工前期准备，包括公路、码头、供水、供电、通信、场地平整和部分科研工作”的精神，中国三峡总公司（筹）针对三峡工程论证进度与国家对三峡工程前期工作的要求，在征求设计、科研、移民等部门，以及上级各有关部门意见的基础上，编制了年度计划，并分年度上报水利部、能源部，综合审定后报国家计委，经国家计委商财政部批复下达投资计划。其间经过前期施工准备、前期工程收尾和对已建成工程维护三个阶段，历时8年，全面完成三峡前期准备工作，为三峡工程正式开工创造了准备条件。

按照国家下达的投资计划，1984～1992年先后完成建安投资13073.67万元，累计完成土石方开挖401.3万m^3，土石方回填253.53万m^3，混凝土浇筑5.28万m^3。建成场内交通12km，永久性和临时房屋面积7.92万m^2，铺设供水管道13.02km，通信电缆架设73.41km，供电线路架设62.51km，修建码头5座，施工征地4000亩。分项工程如下：

（一）交通工程

1. 公路工程

（1）陡山沱至乐天溪公路大桥路（陡乐公路）

陡乐公路属二级公路，路段总长3.051km，路基宽度14m，路面宽11m。路基土石方开挖49318m^3，土石方回填44178m^3，工程于1985年11月开工，1987年12月完工，路面工程于1990年竣工。累计完成投资632.4642万元。陡乐公路是连接宜莲公路与三峡坝区的交通干道。

（2）乐坝公路路基工程

土石方开挖97.3817万m^3，土石方回填100.94万m^3，于1984年6月21日开工，1984年12月26日竣工。累计完成投资112.13万元。乐坝公路路基工程是三峡坝区场内交通的重要前期准备工程，也是宜昌市通往三峡坝区重要陆路通道。

（3）左岸临时公路

全长4.999km，于1985年8月25日开工，1992年12月完工，累计完成投资749.17万元。左岸临时公路为三峡工程左岸前期工程全面展开奠定了基础，是上左岸厂房、永外船闸、临时船闸施工段的通道。

其中：

①坝柳公路。坝河口至柳树湾公路全长1.665km。土石方开挖54.13万m^3，浆砌石0.56万m^3，干砌石0.89万m^3。1985年8月25日开工，累计完成投资229.64万元。

②坝许公路。该路段全长2.649km，路基宽度，坝柳约为9m，柳许段为8m，涵洞及涵管5座，土石方开挖8.02万m^3，土石方回填42.56万m^3。1991年11月开工，1992年10月竣工。总造价454.316万元。

③坝许路面排水及柳许路防护工程和坝柳公路防护工程，分别投资54.35万元和10.864万元。

2. 桥梁工程

（1）朱家台小桥

朱家台4桥桥涵接线长120m，桥宽11m。1986年6月开工，1989年3月竣工。工程造价64.95万元。

（2）乐天溪公路大桥

桥长446m，桥宽15m，行车道宽11m，下部结构为三墩二台，上部结构为四跨一联预应力钢筋混凝土变截面箱形连续梁。基础工程由葛洲坝工程局施工，上部结构及部分下部结构通过议标由铁道部第三工程局第六工程处承建。工程总造价为1658.871万元。乐天溪公路大桥是三峡工程对外交通的咽喉，是三峡对外交通工程的重要组成部分。

3. 改道工程

（1）高家溪改道工程

工程位于高家溪，形成了孔箱涵，单孔断面尺寸为3.2×5.5m，涵洞长158m。完成土石方开挖16.96万m^3，土石方回填6.67万m^3，混凝土浇筑0.85万m^3，干、浆砌块石0.49万m^3。1985年12月23日开工，1989年3月25日竣工。工程总造价219.476万元。

（2）坝河口改道

工程由进出口段两座隧洞及三座涵洞组成。完成土石方开挖9.36万m^3；土石方回填8.59万m^3；混凝土0.914万m^3。1985年9月3日开工，1986年6月17日竣工。工程总造价229万元。

4. 码头工程

（1）代石汽车轮渡码头

代石码头与老公路联通，码头公路长107m，完成土石方开挖2643m^3，土石方回填1523m^3，混凝土浇筑220m^3，工程总造价4.32万元。代石汽车轮渡码头与坝河口码头一道在西陵长江大桥建成以前是连接三峡工程左右岸交通的主要通道。

（2）小湾汽渡码头

完成土石方开挖11607m^3，土石方回填6928m^3，浆砌石1094m^3，抛石1836m^3，混凝土浇筑305m^3。工程总造价13万元。

（3）乐天溪临时汽渡码头

码头公路长291.45m，路基宽12m，路面宽

10m，码头工程由码头公路，干砌护坡和抛石护底组成，实际完成土石方开挖 15570m³，土石方回填 15082m³，清基 2744m³，干砌石 1083m³，浆砌石 926m³，抛石 682m³，混凝土浇筑 273m³。

(4) 三斗坪汽渡码头

实际完成抛石、干砌石 1792.3m³，土石方回填 8589.79m³，土石方开挖 2774.79m³，浆砌石 233.77m³，改道开挖 4000m³，混凝土 80m³。工程总投资 10 万元。

(5) 坝河口临时汽渡码头

坝河口码头距坝址约 7km，最高运行水位 72m，最低运行水位 64.5m，工程由码头公路、浆砌石水下抛石组成。码头公路长 127m，路基宽 12m，路面宽 9m，临时公路 325m。土石方开挖 16173m³，回填 2543.8m³，浆砌石 2262.8m³，抛石 1177.9m³，混凝土浇筑 444m³。总投资 19.4566 万元。

(二) 供电、供水工程

1. 东岳庙变电所

该变电所为 35kV、10kV、6kV 三个电压等级。场平于 1984 年 11 月 15 日开工，1984 年 11 月 22 日完工。完成挖方 3.4 万 m³。工程造价 22.5 万元。

2. 坝河口变电所

工程造价 45 万元。是三峡前期准备工程在左岸的主供电源。该工程 1985 年开工并建成运行。

3. 三峡 35kV 莲黄线工程

本工程由 827# 至黄陵庙线路全长 8.11km，1984 年 8 月 26 日开工，1985 年元月 14 日竣工。工程总造价 1.13 万元。

4. 三峡 35kV 沙坝线工程

三峡 35kV 沙坝线路工程起于沙坪二级站经胡家湾，终止于坝河口，全长 4.2km，均使用钢塔，共计 21 座。

5. 三峡 35kV 黄高线

线路全长 6.2km，采用典型拉线单钢杆塔，共计 25 基。该项工程是为解决三峡右岸前期准备工程的施工用电，并考虑了在永久供电系统未形成之前的右岸施工负荷情况，送电至高家冲。工程于 1985 年 3 月 7 日开工，1985 年 7 月 20 日竣工投产。工程造价 17.27 万元。

6. 陈家冲 220kV 变电所场地平整

本工程场地平整土石方开挖 23.67 万 m³，开挖高程 ▽132m，占地面积 29216m²。工程累计投资 149.682 万元。

7. 220kV 长江大跨越工程

本工程全长 1763.1m，有全高 35.5m 耐张塔 2 座，全高 103m，直线塔 2 座，线路为双回共杆。工程累计投资 464.2946 万元。220kV 长江大跨越工程是连通左右岸电网主要干线。

8. 供水工程

坝区供水系统由水上水厂船和铺设供水管道组成，其中 2000t/Q 水上水厂船投资 69.27 万元，铺设管道 13.02km。原停靠黄柏河（夜明珠港）20000t/Q 水上水厂船于 1993 年拖至坝区右岸作前期施工供水。

(三) 仓储工程

1. 庙垭临时炸药库工程

设计规模为炸药存放量 50t，雷管 20 万发，形成 2 座雷管库，3 座炸药库，附属工程总建筑面积 762m²。工程总造价 35.249 万元。庙垭临时炸药库工程是三峡前期工程存放炸药的基地。

2. 大象溪货场

工程位于长江左岸，占地净面积 51000m²，货场两端与乐坝公路相接。完成土石方开挖 61.9 万 m³，土石方回填 18 万 m³，削坡 1.8 万 m³，沟槽挖方 9245m³，沟槽回填 2887m³。累计完成投资 246.67 万元。

(四) 房建工程

为解决进驻坝区施工监理及其它单位办公和职工生活，先后在坝区洞湾、东岳庙等处修建办公生活基地房 3.1 万 m²，建临时房 2.1 万 m²，到 1992 年底坝区房屋建筑投资 2375.96 万元，其中：坝河口 1～3 号楼 167 万元；东岳庙 1～3 号楼 135 万元，洞湾办公楼 249 万元；坝河口接待中心附楼 163 万元，前方施工用房及配套设施 1661.96 万元。房建工程大部分于 1985 年 7～10 月开工，分别在 1989 年底前竣工投入使用。

(工程建设部 张新发、胡进武)

三峡工程管理工作概况

(1984～1993 年)

1993 年，是三峡工程建设展开的第一个年头。在这一年里，总公司完成了由筹建到成立的平稳过渡，实现了工程建设由前期施工准备到进入正式施工准备的顺利转折，各项管理工作迈出可喜的一步。

一、1984～1992 年三峡工程管理工作

中国三峡工程开发总公司筹建处（以下称总公司(筹)）自 1984 年 12 月 29 日成立以来，除在 1986 年

5月以前对三峡水利水电枢纽组150m方案做了部分准备工作外，从1986年5月份起，根据国务院中发(86)第54号文精神，三峡工程重新进行论证，总公司（筹）的工作重点转移，抽出主要力量积极配合、参与三峡工程论证领导小组和各专题论证小组的工作，及坝区已建和在建工程项目的维护与完善。由于在筹建期间各个阶段的任务、性质与规模不同，工程管理的方式、深度也不一样。现分述如下：

（一）1986年以前

三峡工程(150m方案)前期的施工准备工作(主要是三通一平项目),始于1984年下半年,总公司(筹)尚未建立,管理单位是水电部驻葛洲坝工程代表处,施工单位是葛洲坝工程局,工程管理的方式是：

工程的甲方是葛洲坝代表处。由于受各方面条件和人员的限制，主要侧重于宏观管理。凡是投资限额在10万元以上的项目，必须由长江水利委员会（以下简称长委会）设计代表处会同葛洲坝工程局审查(必要时可以外聘专家参加）后，再与施工单位签订施工协议或施工合同。施工过程中的工程管理除重大问题外，全部由施工单位负责，就是应由甲方承担的移民征地工作，基本都是由施工单位承担。

对于投资限额在10万元以下的小项目，授权施工单位进行规划、设计、预算编制、组织施工。竣工后报代表处认可后，即可结算。

为了做好工程管理工作，葛洲坝工程局在坝区成立了三峡工程施工指挥部，负责“三通一平”和部分房建的工程管理工作。

1984年12月29日经国务院批准，中国三峡工程开发总公司筹建处在宜昌市正式成立。工程管理机构设置如下：

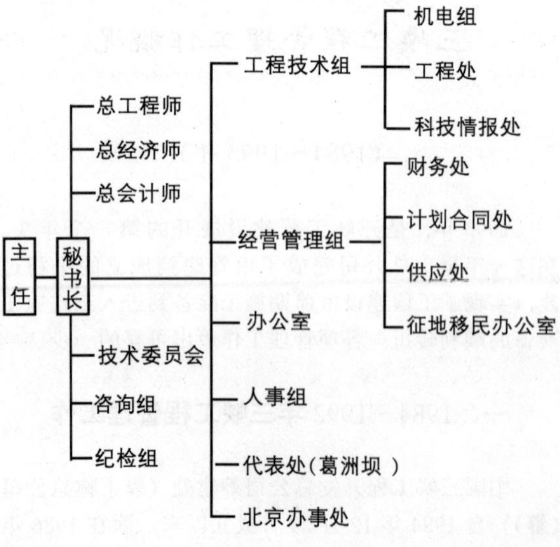

其管理职能是：

工程技术组：在总工程师的领导下，负责三峡工程150m方案初步设计审查，重大技术问题的立项、研究、讨论、施工总体规划、项目委托设计、施工方案审查、重大订货与选型、科技情报收集与整理、项目施工中的质量抽查、竣工验收、工程量认证与复核、出版《三峡科技通讯》杂志、编写《三峡快报》、科技图书管理和计算机的运用与开发等。

经营管理组：在总经济师与总会计师的领导下，负责年度投资计划编制，审查施工项目设计概算或施工单位编制的限额10万元以下的项目预算、选定施工承包单位、签订施工承包合同或协议、筹措建设资金、参与竣工验收、征地移民、协调与地方关系、竣工结算与付款、工程统计、定额与预算等。

总公司（筹）成立以后，葛洲坝工程代表处行政上隶属于总公司，工作与财务相对独立，主要任务是把葛洲坝工程建好。因此原在代表处主管三峡工程部分工作人员分别调入工程技术组与经营管理组。由于总公司（筹）刚刚成立，机构还不健全，工作人员又少。因此由原代表处管理时期投资限额在10万元以内的小项目，仍维持由施工单位根据工程需要自行规划、设计与施工和总公司（筹）认可的规定。

对投资限额在10万元以上的项目管理，工程技术组与经营管理组的有关处室密切配合，经常深入工地，对施工项目进行清查、核对，对工程量进行签证，不定期的对施工质量进行检查，比较正确的掌握现场施工情况。例如施工准备开始以后的第一条场内道路——乐坝路，施工单位在竣工后提出需投资1000多万元，经双方反复核对资料、计算，查清计算依据，最后以430万元结算。

（二）1986年5月至1992年11月

1986年5月三峡工程根据中共中央和国务院的决定，重新组织论证，总公司（筹）的工作重心转移，主要力量投入论证工作，协助论证领导小组和参与各种专题论证小组的工作。

根据国务院决定，在论证期间应继续完善或完建在建项目，不再上新的项目。总公司（筹）为了能及时掌握和了解在建项目的进展情况，抽调少量人员组成前方联络小组，常驻坝区，就地发现和解决施工中出现的问题。由甲方授权施工单位自行规划、设计和施工的投资限额在10万元以下的项目，在执行过程中确实存在一些问题，也不符合基本建设体制改革的精神，从1986年起停止执行。工程管理职能收回到总公司（筹）。而三峡工程指挥部作为葛洲坝工程局在工区内的施工管理机构继续存在，仅负责协调和处理该工程局在峡施工单位的内部关系。

1988年下半年，鉴于在建的主要项目乐天溪大桥经过3年施工，仅完成了基础和部分桥墩、桥台，出现了一些质量事故，如沉井下沉偏离40cm左右，桩基混凝土强度达不到要求而返工等，而承建大桥的施工单位又无建桥经验与相应的建桥设备，经总公司（筹）研究，决定更换施工单位，成立项目管理机构，推出项目管理和建设监理管理办法，全面负责大桥的建设工作。

乐天溪大桥管理机构（处级）：从总公司（筹）经营管理组抽调部分人员组成，履行业主职责。主要是：施工承包单位的资质审查、考核，施工承包合同谈判与签订，协调外部关系与总公司（筹）内部各处、室的关系，施工物资订货，审查施工单位的报表、工程统计，编制大桥投资计划，工程结算，组织大桥建成后的重载试验等。

建设监理单位：由工程技术组抽调部分人员组成，执行建设监理的职责。具体负责审查施工单位的进度计划、工程质量检查控制，隐蔽工程验收，施工附属设施规模与设计审查，工程量认定，工程验收，协调施工单位与其他施工单位的关系，协助施工单位搞好现场管理等。

由于三峡工程重新论证工作已接近尾声，各专题论证组处于分别编写论证报告阶段，参加论证的人员大部分返回。为了加强队伍建设，总公司（筹）机构进行调整，成立了“利能水利水电发展公司”和“利源水电工程公司”，有关处室也做了相应调整。

1990年坝区在建项目已全部完成，已建项目要加强维护与保养和已竣工项目的管理，成立了总公司（筹）领导下的前方管理所，组建方式和已试行过的项目与建设监理机构相同。全面负责前方的管理工作，这种管理形式一直维持到1992年11月。

（三）1992年11月至1993年9月

1992年11月三峡工程建设委员会在武汉举行第二次会议。会议决定在论证报告正式审查批准前，可以进行以“四通一平”为主要内容的前期施工准备工作，同时决定在初步设计未审查批准前，由总公司（筹）与葛洲坝工程局签订施工协议，前期施工准备工程由该局承担。

为了适应形势变化，全面开展以“四通一平”为主要内容的前期施工准备工作的管理，在总结乐天溪大桥试行项目管理经验的基础上，在总公司（筹）的直接领导下，成立了相应的管理机构，由总公司领导兼任负责人，取代1990年成立的前方管理所。同时组建了12个项目管理单位。

在总公司正式成立以前，由于机构还不健全，人员也不配套，在此情况下，为了满足工作需要，这种管理方式是必要的，对于打开初期的局面起到了一定的作用。但是在实施过程中，由于对有关政策、法令、标准、办法的认识和理解深度不同，也存在一些具体问题。

二、1993年三峡工程建设管理工作

1993年9月27日，中国长江三峡工程开发总公司正式成立，同时组建了相应的管理机构，从此工程管理开始走上正轨。

为了适应基本建设体制改革的需要，在三峡工程建设中按社会主义市场经济法则，经过国务院同意全面推行国际上通行的工程管理办法，实行“项目法人负责制、招标承包制、建设监理制、合同管理制”等管理制度。

（一）合同管理

工程项目在承包合同签订以前的招标、选定施工承包单位、合同谈判，由总公司内部各职能部门共同负责。但是，在招标阶段由于各个时期的内容不同，有关单位的参与程度也有主次之分。具体讲，在决标以前以计划合同部、工程技术部为主，工程建设部所属各部配合；决标以后在合同谈判时以工程建设部有关部门为主。合同签订以后，由建设部各相关工程项目部执行。项目管理的基本内容，以合同条款为依据，着重于外部和施工条件的建立，具体合同条款内容则委托监理单位执行。

根据施工需要，在招标选定施工承包单位的同时（一般应在招标以前），采用竞标的方式选聘工程监理单位。从1993年10月起，开始选聘工作，至年末有长江水利委员会宜昌监理中心、武汉监理中心，中南、华东、西北水电勘测设计研究院，葛洲坝电厂监理中心，总公司多能公司监理中心、南京工程兵学院监理中心，以及铁道部研究院北京分院和第四研究院等10个单位入聘，分别担任右岸一期工程、右岸二期围堰与拌和系统场平、永久船闸、临时船闸、左岸厂坝一期开栏、水电项目、部分房建、右岸生活区房建，西陵长江大桥和对外交通等项目的监理工作。

建设监理单位受总公司委托，在授权范围以内，对施工单位按照合同条款，本着公正原则，实行全方位、全过程的监督管理。根据合同管理，监理单位有审查图纸的权利。为了便于工作，理顺设计与监理单位的关系，总公司又制订了有关规定，作为设计合同（或协议）的补充。补充规定如下：

（1）监理单位负责督促协调设计单位根据供图协议和工程进度要求，按时提供设计文件和图纸；

（2）监理单位可以直接召集设计人员进行设计技术交底工作；

(3) 监理单位对图纸审核后提出的修改意见和设计优化方案，设计单位应予以认真研究，作出答复，并负责优化方案的设计工作；

(4) 由监理单位组织的工程项目阶段验收，隐蔽工程验收，单项工程项目验收，设计单位应派员参加；

(5) 由监理单位主持召开的各种协调会，专题研究会，设计单位应派设计负责人参加。

(6) 根据水利电力设计有关规定，设计单位应选派足够数量、专业齐全的设计人员进驻现场，配合监理单位解决施工中出现的各种设计与技术问题。

(二) 项目管理

三峡水利枢纽是一项巨大的系统工程，根据初期建设以准备工程为主，相应进行主体工程开挖与导流工程施工的特点，划分为若干项目，实行项目管理。各工程项目单位对工程的进度、质量、投资、规划、技术负责，具有相对的独立性，但是为了解决征地移民、社会治安、总体规划、技术服务、环境保护、监理单位选聘与管理、计划合同管理等工作，又设立综合管理部门（总公司二级单位)，统一掌握各项标准，协调外部关系，实行总体控制。根据这一设想，1993年设立了前方工程项目管理机构。

各工程项目部根据所属项目再划分为若干项目处。项目处设置是动态的，属非常机构，不是一级管理单位，而是各工程项目部内的具体实施单元。具体任务是与监理单位协助施工承包单位按照合同工期完成工程任务。

同时，在各工程项目部设立综合管理处，负责工程项目部的工程计划、统计、合同、文件、资料、工程价款结算、安全、质量、竣工验收、行政和生活服务工作。

(三) 综合管理

除按工程范围和内容划分的各个工程项目外，凡涉及到全局性的征地移民、技术服务性单位的选聘与管理、水情水文与气象、监理协调、测量试验、总体规划、环境保护、安全质量事故处理与计划统计、行政财务、安全监测、工区治安与交通管理均由综合管理部统一进行管理。

凡属职能性的工作，在综合管理部设立相应处室进行管理；凡属技术服务性而非职能性工作，则采用委托方式。

1993年委托技术服务单位及其主要任务：

(1) 测量中心（由第四工程局承担）：主要任务是全坝区施工测量网补测与维护，检查施工与监理单位接的收方测量、复测其控制测量成果，以及由工程部各工程项目部需向大比例尺地形测量，同时受监理单位或施工单位委托，可承担部分施工测量任务。

(2) 试验中心（由水电三局承担）：承担工程建设部安排的各种试验工程，各监理单位试验成果的检查试验和受委托承担监理职责范围内的试验工作。

(3) 气象服务中心（由宜昌市气象局承担）：具体负责坝区的气象预报和天气预报。

(4) 水情预报中心（由长委水文局和葛洲坝电厂承担）：具体负责三峡工程的水情预报，为防汛工作提供准确的信息。

(5) 水质监测（由宜昌市卫生防疫站承担）：按照饮水标准对坝区水源进行监测。

(6) 噪声与灰尘监测（由宜昌市环保局承担）：监测的目的在于掌握坝区噪声与空气中砂尘含量的动态变化，以便督促各施工承包单位采取措施，按照施工承包合同的规定搞好环境保护。

1993年，中国三峡总公司在加强内部建制管理的同时，根据社会主义市场经济原则，在三峡工程建设中，全面执行企业法人负责制，始终坚持招标承包制、工程监理制、合同管理制，密切联系实际，初步建立起与国际惯例接轨的建设管理体制，各项工作正逐步朝着科学管理体系发展，工程建设呈现出一派蓬勃向上的好势头。

从1993年9月份开始到年底，先后进行了12个项目的招标。经过全国88家企业平等竞争，最后有14家企业中标，承包合同额为6.58亿元。另外，右岸一期工程，用议标形式于1993年12月31日签订施工承包合同18.68亿元，至此，全年签订合同13个，总金额达25.26亿元。

在招标工作中，坚持公开、公平、公正的原则，选择相对优势的施工单位。三峡工程招标方式主要采用公开招标和邀请招标形式进行。凡是工程重大、技术复杂、工期较长的建设项目，一律实行公开招标，而工程量小、工期紧的项目采取议标方式。对于评标工作，严格按照专家初评、定量评标、定性分析、集体决标四个步骤进行，并明确投标工作“四不准”。即：不准泄露招投标文件，不准干预已确定的投标程序，不准接受投标单位的宴请、礼品和礼金，不准为投标单位说情、干预评标工作的正常进行。

由于引入市场竞争机制，保证了施工质量，促进了水电施工趋于联合集团的发展，使我国水电施工组织形式发生了深刻变化。

（工程建设部 汪大彬）

三峡工程施工区与河道水域管理

三峡工程的施工区域包括陆地和水面两部分。陆地面积为征地红线内15.28km^{2}和红线外专用公路及其部分附属设施；施工水域为上起伍相庙下至莲沱全长31.5km的水面。根据国务院领导关于“三峡工程坝区是施工区，不是城区。”、“为了减少管理层次，施工期间在坝区不另设行政机构，17年以后设立什么样的行政机构，根据当时的情况再定”等指示精神，对工区的管理实行以“三峡工程开发总公司为主，地方政府配合”的方针。

三峡工程坝区的管理体制是明确的。有关方面因此于1993年在坝区组建了相应的管理机构。

三峡总公司根据上级指示和工程管理需要在坝区成立了工程建设部，全面负责工程全过程管理。

宜昌市人民政府在坝区成立了政府派驻坝区的三峡工作委员会；同时经公安部批准，宜昌市公安局在坝区组建了公安分局。

交通部授权和批准由长江有关单位在坝区成立了工程施工航运指挥部，负责施工水域的治安、安全消防、河运管理，配合总公司对航运建筑物进行监督管理。

由于宜昌市人民政府三峡工作委员会的责任范围仅在征地红线之内，而征地红线以外的专用公路及部分附属企业，在建设和运行过程中，仍由所在地的县人民政府给予配合和支援。

三峡总公司是三峡工程的项目法人单位，是三峡工程的组织者和管理者，除各项目管理工作涉及执法问题、协调地方关系、征地移民外，对工程建设过程中实行全方位全过程管理。管理范围主要是施工区(坝区)与河道水域。

一、施工区管理

对施工区（含专用公路）实行封闭式管理。其目的是给工程建设创造一个良好的社会环境，减少不必要的施工干扰，保证工程建设按计划正常进行。为此，1993年总公司制定：

坝区封闭管理办法

根据三建委二次会议关于“三峡坝区实行封闭式管理，由三峡工程开发总公司负责”以及李鹏总理关于“对坝区重点部位实行封闭式管理，保证施工秩序井然”的指示精神，依据三峡工程区的实际情况，制定本办法：

（一）封闭管理的范围及方式

1. 红线范围内的已征土地均属于封闭式管理范围。除在一些必要的地点为地方人员、车辆留置出入口外，重要的施工部位实行全封闭式管理，非工程建设人员、车辆不得入内，以免妨碍施工。

2. 总公司保卫处在陡山沱、乐天溪、覃家沱码头（将来在高速公路出入口处、西陵长江大桥两侧）等要害处设置执勤卡，派驻干警和总公司的武警，实行严格验证制度，把好封闭式管理的第一关。

3. 逐步实行封闭管理，在目前条件具备的地方，尽快构筑围墙或铁丝网，凭证出入，防止移民返流、乱圈乱盖等现象发生。

（二）管理区域及职责划分

1. 施工区域的封闭管理实行统筹安排下的区域管理制度。即在总公司保卫处的统一安排和统一管理下，总公司工程建设部向各中标单位下达区域管理委托书。按标书、合同所规定的范围，由承包单位负责维护本封闭区域（施工区）的施工秩序。

2. 根据目前的实际情况，暂时划分为三个管理区。右岸管理区；左岸管理区：乐天溪大桥——西陵大桥以东；左岸：西陵大桥以西——上游红线范围内。

一个管理区域内由多个施工单位负责施工，保卫处委托一个较大的施工单位牵头管理，并在所负责的区域内组织治安联防。

3. 各施工单位应按三峡开发总公司颁布《整顿施工秩序》和《加强坝区已征土地管理》两公告的精神，认真履行自己的职责，不容许有任何丑恶行为发生，保证所负责封闭区域内施工秩序井然，月底向总公司保卫处上报一份封闭区域内综合治理的报告，由保卫处汇总后上报总公司。

（三）管理的具体内容及办法

1. 施工单位进场

(1) 施工单位人员设备进场前，必须执中标通知书、有法人签字的合同文本和有规划处、征地办及主管项目负责人的签字，到保卫处办理进场手续。与保卫处签订治安管理责任书。

(2) 进场的设备、车辆应在规划处、征地办所划定的承包施工区域内停放，严禁乱堆乱放。

(3) 施工人员租住公寓或搭建易拆除的临时住房，不得携带家属长住。临时到工地支援或检查帮助工作人员，应到保卫处或各施工单位的保卫（公安）部门办理留住手续。施工任务完毕后，一个月内撤出工程区。

2. 非中标单位和社会服务单位

(1) 除中标单位外，其它任何施工单位和社会服务单位，未经业主同意不得擅自进入坝区，已经进入的均属非法，应限期撤离。更不能在坝区随意围地盖房、设点经商，扰乱正常施工秩序和移民工作的正常进行。

(2) 合法进入坝区的施工单位，无论是业主提供或自行营造的房屋或施工设施，只能用于施工服务，不得将房屋和设施租给或出让给社会服务单位和个体户经商。

(3) 准入的社会服务单位应指定地点经营，服从总体规划的要求。并向有关方面办理合法经营手续。

(4) 任何单位或个人不得向坝区未搬迁的移民租房、租地，以免影响征地移民工作的顺利开展。

(5) 任何单位和个人均要顾全大局，为三峡工程着想，不得以任何理由向总公司和执法部门为非法进入坝区的单位和个人说情，要求照顾。一经查出以违纪论处。轻者教育，重者要执行纪律。

(6) 任何单位和个人不得利用手中职权，私自引进施工单位和社会服务单位，搞“权钱交易”为个人谋取私利。更不能为自己的亲属或朋友在坝区设点经商、承担施工任务大开方便之门。

3. 消防管理

(1) 总公司建设部成立坝区防火安全领导小组，常设机构设在保卫处消防科，负责整个封闭管理区域内的消防管理工作。

(2) 总公司成立专职消防队，负责总公司所属区域的防火、灭火工作。

(3) 各施工单位成立防火安全机构，明确消防责任人，接受坝区防火安全领导小组的监督、检查，成立义务消防队，配合专职消防队开展防火、灭火工作。

(4) 坝区内的临建项目和辅助项目的消防建审，统一归口由保卫处上报审查。

4. 交通管理

(1) 保卫处成立交通科，负责对外交通公路和工程区主要干道的交通管理及一般交通事故的调解处理工作。

(2) 对外交通公路和主要干道实行交通管制。陡山沱以上，右岸岱石以上，均属工程施工区，非工程车辆或为工程服务的车辆及其它社会车辆均不得进入工程区，确需进入工程区的须到保卫处办理通行证并在指定的线路行驶。

(3) 上至伍相庙，下到莲沱的长江水域为三峡施工水域，过往船只要严格遵守坝区航运指挥部的有关规定，防止事故发生。

(4) 车辆在工区内要遵守限速规定，禁止超速行驶。遇有大型载重车辆，要主动让路。遇有首长车队，要靠边暂停。

(5) 装有易燃、易爆有毒等危险物品的车辆，不得与其它车辆混渡。进入工区前要接受保卫处交通管理人员的检查。

为了保证坝区封闭管理办法的实施，总公司在坝区范围之内发布了两个公告：

关于整顿工程区(施工区)秩序的公告

长江三峡工程自国务院批准进入施工准备期以来，在地方各级政府和施工单位的大力支持下，施工征地移民工作和各项施工准备工作取得了较大的进展。但是近来相继发现一些未经允许或未承担建设工程项目的一些施工单位，任意将施工设备停放在施工区或抢占施工场地，有些单位租用已经动迁或即将动迁的当地移民的原有房屋。这严重影响干扰了施工区各项施工活动的正常进行。为了整顿施工秩序，创造一个良好有序的施工环境，特公告如下。有关单位应认真执行。

(一) 凡与本公司签定施工承包合同、施工协议以及承包合同规定可以分包项目的所有施工单位是经本公司同意的合法施工单位。应在合同规定及本公司指定或同意的工程区域内施工，不得在规定区域外任意抢占施工场地。

(二) 有承包任务的各施工单位，按规定应到本公司保卫处办理进场手续。承担分包任务的施工单位的施工设备必须喷涂本单位的正式名称，不得将本单位施工设备改涂主体承包单位的标志或名称。

(三) 任何未经本公司同意进场的施工单位，不得将设备运进工程区，更不能在工程区内营造临时房屋或小型工程设施。一经查出，立即清除或强令撤退。

(四) 任何单位（含本公司同意的施工单位）和个人，不得在工程区域内和道路两侧营造商业性用房。现已营造的商业用房必须在本公告公布之后的一个月内拆除，否则将采取强制性措施予以清除。

(五) 工程区已建的各类设施，任何单位或个人不得强行占用，否则以侵占国家财产论处。对于经本公司同意的施工单位，必须按规定的程序办理租用手续。

(六) 以上规定由总公司保卫处在坝区公安分局的协助下，负责实施。

关于加强坝区已征土地管理的公告

为了适应三峡工程建设的需要，自1985年以来在各级地方政府和移民机构的支持和协助下，已先后征用土地万余亩，保证了前期施工准备的用地要求。随着准备工程的全面展开，已征土地已不能适应建设的需要，除继续向各级地方政府申请工程用地外，对现征土地必须加强管理，特作如下规定：

（一）右岸一期主体工程和相关的临建工程，中国长江三峡工程开发总公司（以下简称本公司）决定由长江葛洲坝工程局施工。长江葛洲坝工程局应在指定的地域内进行全面规划，统一安排，合理使用土地，应充分依托后方基地，尽量减少承担施工任务的下属单位的进场人员和控制临时设施的规模，以缓解当前土地使用方面的矛盾。

（二）右岸工程的各工程项目，将通过招标选定施工单位。任何未中标承建工程的单位不能在本公司征用土地范围（通称红线）内占用土地。中标单位只能按标书规定的范围内进行临时设施的布置与修建，不得任意扩大用地范围，否则以违约论处。

（三）任何单位不得在上述征地范围内购置土地和地面附属物（如房屋、林木、供电线路等）。已购者，应及时无偿退还本公司，由此造成的一切经济损失自负。

（四）征地范围（红线）内土地均属工程用地，本公司行使使用和管理权。所有移民应按地方各级政府的安排，尽快搬迁至安置地点。已搬迁的移民应在迁入区定居，不得以任何理由回流或另择其它已平整的场地兴建住宅；凡劝阻无效，本公司有权提请地方各级政府和移民机构强制处置。

（五）凡经业主同意进场的承制临时和准备工程的施工单位，因施工期较短，不得在指定的土地上兴建永久或半永久性建筑，施工用房（含住房）应以易拆的活动房屋或工棚为主。

（六）在工程竣工后，各施工单位应按合同条款规定，在规定的时间内撤退，做到工完场清，不得以任何理由拖延拒绝撤退。

以上规定有关部分是严格贯彻地方各级政府和移民机构的指示精神，现公告周知，各单位及个人应切实遵照执行。

二、施工水域管理

三峡施工水域，上起伍相庙，下至莲沱31.5km。水上治安管理，经公安部与交通部批准，由三峡施工航运指挥部全面负责。为维护水上施工秩序，制定了“关于加强三峡工程施工水域安全管理的通知”的规定。

通知全文如下：

三峡工程进入正式施工准备阶段以来，在坝区水域虽未发生碍航及施工安全事故，但是通过年底现场航运安全检查，反映出安全上存在不少问题，坝区水域的安全生产形势不容乐观。

为了确保三峡工程施工的顺利进行，进一步加强坝区水域的水上安全管理，现将有关规定通知如下：

（一）各单位在安全生产上要落实第一领导负责的法人责任制。坚决贯彻“安全第一，预防为主”的方针，大力开展安全教育，及时整改事故隐患，一定要把安全生产当作头等大事来抓。

（二）凡在坝区水域内修建桥梁、码头、滑道、泵站等水工建筑物，架设过江缆道，从事测量、钻探、潜水、打捞、爆破、采砂、挖泥、清淤、弃碴及其它水上施工作业的单位，应事前在宜昌港监局办理申请手续，填写《水上水下施工作业申请书》，并提交上级机关的批准文件或合同标书的复印件及有关设计、技术资料、施工计划等，经审核（必要时通过现场查勘或组织有关部门论证）同意后，发给《水上水下施工作业许可证》，要发布《通航通告》后，方准进行施工作业。

（三）水上、水下工程施工期间，原则上施工与通航相互兼顾。当工程确需禁航施工时，凡禁航时间为一天内的6小时以下或连续禁航天数不足3天者，应在10天前申报，当超过以上时间标准时，应在20天前申报。

（四）在本水域内装卸或渡运一级危险品（炸药、雷管、汽油）应事先申报，由航运管理机关派员监装或派出专船渡运。

（五）从事影响水上安全的爆破作业，一般应在5天前向宜昌港监局申报；其作业在同一地段且每天放炮时间固定的长期爆破作业，可一次申报，长期作业。

爆破作业不得损坏航标设施。

（六）抛泥、弃碴作业应征得宜昌航道分局及宜昌港监局的同意，并在其指定范围内（用专用标志标示）抛弃。

（七）工程船及工地夜间作业时，其强照明灯应背向航道，并不得使用易与航标相混淆的灯光。

（八）防止水域污染，严禁将建筑垃圾及废弃物倾入江中。施工中不得遗留妨碍航行、停泊安全和潜在危险的物体。

（九）工程竣工后应向航运管理机关提交竣工报

告中有关航运方面的图纸及技术数据。

（十）本水域的锚地由航运管理机关统一设置。原有锚地应限时撤除。

（十一）坝区水域内已有的码头、渡口、渡轮应重新经宜昌港监局核准。

（十二）施工单位等租用的民船应符合船舶安全规定，在签约前要取得宜昌港监局的认可。

（十三）坝区内施工船、渡轮及租用的民船应在宜昌港监局办理定期签证，并随时接受安全检查。

（十四）坝区船舶应按规定配备合格的消防设施。

坝区水域的治安管理和消防监督由长江航运公安机关负责。

（十五）坝区船舶必须配备甚高频无线电话设备。船舶使用甚高频无线电话应符合国家《无线电话管理条例》的规定。按指定频道使用。

（十六）港监部门负责坝区水域内水上交通事故的调查处理、负责组织船舶进行施救。当其事故对水上交通造成或可能造成危害时，有权采取强制性处置措施。

（十七）航道部门根据施工情况及水流条件适时调整或设置航标，各施工单位和船舶应加以爱护。

（十八）对违反本通知之规定者，港监等管理机关依据有关规定进行处罚。触犯刑律的由司法机关追究刑事责任。

本通知由三峡工程现场航运指挥部组织宜昌长江港航监督局、宜昌航道分局、长航宜昌公安分局、长航宜昌通信导航分局实施。

特此通知，希遵照执行。

通过加强施工区与河道水域管理工作，使坝区施工秩序、文明施工和社会治安均得到相应改善和提高，为开创水电建设施工组织现代化，实现“一流文明施工”工程作出了初步的探索。

三峡工程建设监理工作

水电建设监理早在鲁布革、广州抽水蓄能水电工程就开始试行。在此经验基础上，三峡总公司筹建期对建设监理做了初步探索，其目的在于积累经验、培养人才，为建设三峡服务。

（一）筹建期监理工作

为承担北京十三陵抽水蓄能电站工程的监理任务，1988年，总公司筹建处从各部门抽调人员、组成监理机构，即“利源工程公司”。同时，在三峡前期准备工程施工时，成立了“三峡前期准备工程前方指挥所”，并对乐天溪大桥等部分工程实行业主单位自行监理。

通过上述监理工作的探索，1992年7月组织人力编制了《三峡前期准备工程项目建设监理规划》。

（二）三峡工程建设监理制度初步建立

1993年9月27日中国长江三峡工程开发总公司正式成立后，决定在工程建设中全面实行建设监理制。9月中旬，即组织人员对三峡工程建设监理制的实施进行了研究；10月中旬，分别邀请水电、交通、铁路系统部分单位以及部分院校、科研单位，先后召开了“三峡工程左岸监理工作”和“三峡工程对外交通监理工作”两个座谈会，初步明确了三峡工程建设监理的机构设置、监理工作内容、监理方式、监理与各方面的关系等，从而初步建立了三峡工程建设监理制度。

1．监理工作原则

（1）三峡工程建设监理是对工程建设实施阶段全过程的全面监理；

（2）三峡工程建设监理的主要职责是：在业主授权范围内，以合同为依据，对工程项目的实施实行全过程的监督与管理，并通过工程进度、质量、造价的有效控制对合同与信息的实际管理、对参与该项目施工各方的组织协调，使工程按合同目标顺利进行。

2．监理工作机构设置

三峡工程建设监理机构是一个由业主统一组织和指导下的多个监理单位组成的监理组织体系。它的设置必须与工程规模大、工期长、项目多的特点相适应；必须与工程项目的划分和标块的划分相适应；必须与我国监理队伍的现有实力和实际水平相适应；必须与业主单位的项目管理组织机构、业主的职责和自身力量相适应。因此，三峡工程建设监理工作机构，应按工程项目或部位分别设置监理单位。

三峡工程建设监理模式一般以社会监理为主、业主自行监理为辅。而设计单位可以承担自己所设计工程部分项目的监理，但必须在人员上、机构上、职责上与原设计单位严格分开。

3．监理单位的选聘

对监理单位的选聘，一般采用邀请招标，即通过竞争择优委托的方式进行。承担三峡工程主体工程项目和大型准备项目监理任务的单位，必须具有甲级监理单位的资质。监理单位的选择，必须结合监理工程项目的特点，对监理单位及其人员的综合素质进行全面分析和评价。至于监理费用报价的高低不能看作重要标准。

监理任务的委托，必须签订正式的“监理委托合同”。但考虑到三峡工程建设期较长，影响因素较多，而监理工作又尚处于探索阶段的特点，为使合同双方都留有调整的余地，合同一般采取分期签订的办法；为保持监理工作的连续性和整体性，监理单位也要考虑工程项目实施的全过程来规划自己的工作。

4．正确处理业主与监理单位的关系

业主单位与监理单位的关系是委托与被委托的关系，不是行政隶属的关系。在保证工程承包合同目标全面实施方面，监理单位直接对业主单位负责，并在监理业务活动中，维护业主单位的合法权益，接受业主单位对监理工作的检查、监督。业主单位必须尊重和支持监理单位在业主授权范围内独立的、公正的监督与管理工程承包合同的实施。监理单位是代表业主的现场施工的唯一管理者，业主单位的意见和决策必须通过监理单位贯彻执行，以保证现场施工命令源的唯一性。

监理单位与设计单位的关系不是监理与被监理的关系，而是分工合作，相互配合的关系，监理单位受业主委托负有贯彻设计意图、核审并签发用于施工的设计图纸、文件，对设计提出优化意见、管理业主单位与设计单位签订的供图协议等项责任。业主单位应协助监理单位与设计单位建立起良好的工作关系。此外，业主还须作好如下工作：

(1) 控制监理费用。为使有限的监理费用得到合理安排和使用，对监理费用必须加以控制。但是，监理费用的控制必须符合国家现行规定、必须考虑到监理市场的现状及其发展趋势，以不影响监理单位及其人员的工作积极性并力求取得最大效益为前提。目前阶段，三峡工程监理费用洽商的基础是国家物价局、建设部以〔1992〕价费字479号文颁布的《关于发布工程建设监理费用有关规定的通知》。

(2) 做好监理单位的任务委托。1993年10月为规范监理单位的选聘和委托工作，工程建设部组织编制了《三峡建设监理委托合同编制样本（试行）》以及《三峡工程建设监理单位选聘和委托工作程序》。为加强对监理单位选聘工作的组织领导，11月工程建设部正式成立了以工程建设部主要负责人张宝声为组长、陈福厚和综管部及各工程项目部主要负责人为副组长的“监理单位选聘工作领导小组”，从而保证了监理单位选聘与委托工作有组织、有领导、严格按一定程序地顺利进行。

1993年底以前进场的监理单位，如下表。

已进场监理单位统计表

监理工程	监理单位名称	驻工地监理机构名称	监理单位资质	合同签订日期
西陵长江大桥工程	铁道部科学研究院	铁道部科学研究院长江三峡工程西陵大桥监理总站	建设部资质证书 甲级	1993．12．24
长江三峡工程对外交通专用公路工程	铁道部第四勘测设计院	铁四院长江三峡工程专用公路工程监理办事处	建设部资质证书 甲级	1993．12．24
永久船闸一期工程	电力部、水利部中南勘测设计研究院	电力部、水利部中南勘测设计研究院三峡工程建设监理中心	建设部资质证书 甲级	1993．12．24
监时船闸及升船机一期工程	电力部、水利部华东勘测设计研究院	电力部、水利部华东勘测设计研究院三峡工程建设监理中心	建设部资质证书 甲级	1993．12．24
右岸一期工程	长江水利委员会宜昌工程建设监理中心	长委会宜昌工程建设监理中心	具有建设部甲级监理单位资质	1993年12月末以前暂未签订合同，但已开始监理。
三峡工程东岳庙生活区房建工程	南京工程兵工程学院工苑建设监理公司	南京工程兵学院工苑建设监理公司三峡建设监理部	建设部资质证书 甲级	1993．8．9

计划·合同

1993年三峡工程招投标工作

一、概况

1993年是三峡工程建设的第一年。9月27日中国长江三峡工程开发总公司正式成立，标志着总公司八年的筹建工作已完成了它的历史使命。

三峡工程是全国人民关注的工程，也是世界关注的工程。所以各界建筑施工企业都希望能参与三峡工程的建设，并将参与三峡工程建设视为一件十分荣幸的大事。特别是国内各水电施工队伍，慕名前来报名参与投标者，络绎不绝。据不完全统计，前来三峡参与竞争投标者，中央各部委系统的有12家，他们是水利、电力、交通、铁道、冶金、煤炭、建工、化工、地质、核工业、海军以及水电武警部队等。除台湾、海南、西藏、宁夏四个省（区）外，其余26个省（区）市，均有前来报名参加工程投标的。

招标投标，是社会主义市场经济的竞争形式，也是企业实力较量的战场。不少企业为了在投标竞争中取得胜利，自动地组织各种形式的联合体。如水电系统的“三、七、八水电联营公司”是由中国水电三局、七局、八局组成；“四达水电联营公司”是由中国水电四局、五局、六局、九局联合组成；“三峡水电联营公司”是由中国水电一局、十一局、十四局组成；以及中国葛洲坝水电集团公司（即中国长江葛洲坝工程局）和水电武警指挥部等。地方省级的承包施工企业也有组织集团公司的，如广西省、湖北省、陕西省和辽宁省等联合组建名为宜昌市原水电工程联营公司。

除上述各种形式的联合体外，也有些是单个来三峡投标的。如中国水电第二工程局、中国水电第十三工程局等。总之，原水电部直属的15个水电施工工程局，除水电十局和十二局外，都不同程度地参与了三峡工程的建设。

我国水电工程施工企业，是建国初期组建的。它们主要分布于东北的丰满、华北的官厅、华东的治淮工程、华中的荆江分洪工程及西南的狮子滩等。60年代中期，我国兴建第一个大型水电站——黄河三门峡水电站工程时，这些水电队伍曾会战于此。70年代初期，三门峡工程竣工后，它们又分赴黄河上中游的刘家峡、八盘峡，长江上游的龚嘴水电站、长江支流的丹江口水电站以及新安江、松花江、珠江和闽江等处。他们是我国水电建设的精英，从事水电建设几十年，是经验丰富、实力雄厚的施工队伍。今天，我国最大的也是世界最大的水电站——长江三峡工程即将正式开工，他们又从四面八方云集于此，这对于贯彻中央领导同志要把三峡建设成为第一流的工程的指示，选择一流的水电施工队伍提供了最佳的保证。

二、评标、决标原则和方法

招标，是社会主义市场经济的需要，也是各企业实力较量的战场。竞争是激烈的，也是无情的。一般说来，企业素质好的取胜的可能性就大些，反之就差些。但是，由于来三峡参与投标的都是在国内享有盛誉的企业，而这些企业之间的素质差异甚微，再加上三峡工程规模虽大，但就其结构而言，与其它水电站并没有太大的差异，招标容量是有限的。因此竞争更为激烈；这，既为招标择优提供了好中求好、优中选优的条件，又为评标、决标增加了难度。为了使评标决标切合实际、避免差错，我们提出了一些原则和方法。这些原则和方法，经过1993年的实践，证明是可行的。

1．公开、公平、公正的招标原则

总公司为了搞好工程招标，总结了国内外水电站招标和三峡工程论证过程中的经验，提出了公开、公平、公正的“三公”招标原则。因为三峡工程是全国人民关心的工程，是经过全国人大决议实施的工程，希望能得到全国人民的监督，所以公开招标是必由之路。为了增强工程招标的透明度，在邀请招标时，也按公开招标的程序办理，只是将登报改为发邀请函。

“公平”，主要是体现在平等竞争中的合情合理、不偏不袒。凡来三峡投标的施工企业，只要符合投标资格，不论企业大小，都一视同仁，让其参加平等竞争。

“公正”，主要体现在评标和决标工作中的公平正直。这是招标过程中最关键最主要的一环。为了体现评标、决标的不偏不倚和公平正直，我们的具体方法是：定性评议、定量打分、专家推荐、领导批准。为了做好定性评议和定量打分，对每个项目的评标，都聘请一些专家。对所聘的专家，要求与投标者没有任何瓜葛，以确保评标的公平正直。

为了做好定量打分工作，除专家组详细阅读投标书外，评标会务工作人员，以最快速度摘录标书中的主要指标，供评审专家参审。

定量打分是采用加权平均法进行的。具体内容和说明详见表 1。

表 1　　加权平均计分表

指标因素 标书名称	报价书			技术装备情况	施工组织及技术素质	资信	投标者优惠	前后施工的连贯性	地理位置局限性	$\overline{Z}Ai$	$\frac{\overline{Z}Ai}{\overline{Z}Ai_{max}}$	100 分制得分
	总价额度	单价合理性	临建工程合理性									
权　重	20	25	5	15	20	5	5	3	2			
A_1												
A_2												
A_3												
Ai												

说明：1. Ai——指某一个投标者，评分者对每一个 Ai 都要评定分值。

2. $\overline{Z}Ai$——指第 Ai 个投标者得分的合计。

3. $\overline{Z}Aimax$——指第 Ai 个投标者中得分合计最大者。

2. 1993 年招标简况

1993 年 8 月起到年底止，共计招标（含邀请招标）15 项，合同金额共 9.44 亿元。根据投标报价最高、中等、最低三个等级统计，其中标情况见表 2。

表 2　　1993 年度招标统计

项目名称	中标项目数		中标金额(亿元)		备注
	项目数	%	中标金额	%	
最高报价	/	/	/	/	
中等报价	8	53.3	6.85	72.6	
最低报价	7	46.7	2.59	27.4	
合　　计	15	100%	9.44	100%	

从表 2 的统计看，1993 年招标中的评定标是良好的。72.6%的中标项目均系中等报价水平，符合一般实际；最低报价中标者仅占 27.4%，这是由于小量的土方工程用人工较多的缘故。

至于不同的招标方式，详见表 3。情况也是良好的。

表 3　1993 年不同招标方式中标统计

招标方式	招标项目数	签订合同金额(亿元)	%	备注
公开招标	7	5.06	53.5	
邀请招标	8	4.35	46.5	
合　　计	15	9.41	100%	

3. 1993 年招标工作的回顾

1993 年三峡工程的招标工作，总的看是成功的。首先，数以百计的施工企业前来投标，而三峡工程的招标项目容量有限，给招标工作带来了一定的难度，为避免人力物力的浪费，采取了一定的措施加以筛选限制。据统计，平均一个项目有 17 家企业投标，中标却只能一家。有的投标者说，中标与否是次要的，能参与三峡工程的投标就是一件喜事，甚至有的企业说，参与三峡工程投标，即使落标也提高了企业的知名度。在这种情况下，作为业主，更应采取公开招标，坚持“三公”原则，在三峡工程实施的第一年，造成一个招标竞争市场的声势，也是十分必要的。第二，1993 年的评标决标是正直合理的，前面表 2、表 3上的数字均已说明了这一点。第三，招标带来了速度和效益。根据已执行的合同统计，凡是通过招标发包的工程，除个别因某些客观因素影响，如施工征地搬迁滞后，影响了工期外，每个承包项目的工期，都在合同规定之内或者有所提前。与此同时，工程造价也有相应的降低。第四，初步树立了社会主义市场经济观念。过去，我国水电建设，长期以来执行的是计划经济，按照国家下达的计划行事，企业的一切国家都包下来；国营水电施工企业，不管有无工程任务，都有“大锅饭”可吃。前几年，在水电建设战线上，虽然也进行过一些工程招标，但大多数是区域性的。所谓区域性，即工程在哪个地区，投标和中标者多系那个地区的企业，全国性竞争少。三峡工程招标是面向全国，公开竞争。在招标管理办法上，公开地标明：“三峡工程发承包不受地区、部门限制，均一视同仁，对于外地区、外系统、外部门的承包单位，都一律提供方便”和“三峡工程的发承包制是法人之间的经济活动，即招标与投标、发包与承包之间的经济关系。除此之外，没有其它任何行政或隶属关系”。招标管理条文是这样写的，实际操作中也是这样做的。原长江葛洲坝工程局（现改组建为中国葛洲坝水电集团公司），拥有职工 5 万余人，修建葛洲坝工程后，尚未接到较大的水电工程，从地理条件看，理应直接进入三峡工程的建设。但是，对他们也不例外，主体或较大的项目，他们也是以一个普通的承包企业的身份，参加投标竞争。

三、1993 年合同执行情况

1993 年签订工程议标合同共 12 个，合同价 5.89 亿元，详见表 4、表 5、表 6。主要工程是对外交通专用公路、西陵长江大桥、9 万吨水厂船制造、南村坪天然砂石系统等。对外交通中的三桥一隧工程按合同工期计划进行；西陵长江大桥右桥墩因征地搬迁问题拖至 1994 年正式开工；9 万吨水厂船 10 月份招标签约，积极投入了制造；南村坪砂石系统因征地问题，拖至 1994 年开春后进点施工。1993 年议标的 100 项工程，合同价 20.18 亿元，除跨年度执行的右岸一期工程、江峡大道、左岸场平、200kV 输变电系统、左右岸水厂、太阳堡微波、场内主要交通、房建工程等 40 多项合同之外，其余 50 多项合同在 1994 年初相继执行完成，按程序报批了竣工结算手续，合同执行情况良好。

表 4　1993 年三峡工程已签合同汇总表

项目内容	建安工程合同		工程技术服务合同	工程监理合同	征地移民合同	设备合同		物资合同	其他合同	合计
	招标	议标				施工	供电			
件数	11	100	65	5	5	1	6			193

表 5　1993 年三峡工程建安工程议标合同汇总表　单位：万元

项目 / 数字	供水项目	供电项目	通信项目	场平排水	场平交通	房建仓库	对外交通	其他	合计
合同数	5	17	20	7	8	34	2	8	99
金　额	3724.19	4661.98	288.31	1401.83	1770.96	1535.51	187.02	1642.82	15025.6

表 6　1993 年工程技术服务合同汇总表　单位：万元

项目 / 数字	委托设计、勘测、试验科研等	对外交通	场内交通码头	房建仓库	供电工程	供水工程	通信工程	场平排水	其他（含科研监测）	工程监理合同	合计
合同数	65	8	5	24	12	3	2	2	9	5	70
合同价	4451.63	2819.63	129.01	858.49	106.07	131.53	13	7.15	391.59	2535.4	699.87

四、尚待解决的问题

1993年的工程招标总的来说是成功的，但也存在一些不足。1993年全年三峡工程共签各种合同375项，总金额30.7亿元。可是真正通过正规招标择优施工企业的只有15项，金额约9.4亿元，占全年投资30.7%，即大部份合同未能按正规程序招标（不含议标）签约。这对于引入竞争机制，择优选定施工队伍是有欠缺的；同时对节约工程投资，降低造价也是不利的。当然，其中有客观原因，如总公司9月底才成立，各部门主要人员尚未到位。而引入竞争机制，实行招投标，实际上是从8月份才开始。

（计划合同部　唐增发、杨友琴）

财　务　工　作

1993年总公司财务管理基本情况

1993年，是三峡工程建设开工的第一年，也是三峡总公司正式成立的一年。总公司的财务管理逐步展开。这一年从总公司财务管理来讲，主要是理顺外部财务关系，拓宽资金筹集渠道，为三峡工程提供资金保证；建立财务机构，配备干部人员；建立规章制度；探索法人负责制财务管理的新途径。为三峡工程第一年的建设，为总公司正式成立的财务管理奠定了一定的基础。

（一）理顺外部财务关系

总公司在筹建期间，由水利电力部管理，后因机构改革，水利电力分家，另成立能源部。由水利部和能源部管理。1993年1月3日国务院国发〔1993〕第1号文件决定成立中国长江三峡工程开发总公司。1993年7月29日国务院国函〔1993〕111号文件确定三峡总公司计划单列。根据这一精神，首先从理顺财务关系方面开展了以下工作。

1．财务计划在财政部单列。为了便于加强三峡工程的管理，搞好总公司的财务管理，及时筹措资金，总公司根据国务院国函〔93〕111号文件精神，向财政部提出申请，要求财务计划在财政部单列。1993年11月20日财政部以财工字〔93〕第375号文下发《关于中国长江三峡工程开发总公司有关财务问题的批复》，批复中指出：为便于对三峡总公司的财务和资金管理，同意将三峡总公司纳入中央预算管理，财务计划在财政部单列。从此总公司的财务正式由财政部直接管理。

2．在财政部设立预算拨款户头。总公司纳入中央预算管理，财务计划在财政部单列后，总公司以三财字〔93〕第56号文向财政部申请设立中国长江三峡工程开发总公司预算拨款户头。财政部同意设立这一户头，总公司正式在财政部立户。

3．进行产权登记。总公司正式成立，要进行产权登记。总公司以三峡筹财字〔93〕第138号文向国家国有资产管理局发出了《关于申请办理中国长江三峡工程开发总公司开业产权登记的函》。根据有关文件精神和总公司的实际情况，当时的资产主要包括两部分：一是国家拨入的三峡工程建设基金的资本金；二是葛洲坝电厂的资产。文件申请将这两部分作为三峡总公司的注册资本，办理开业产权登记。国家国有资产管理局同意批准登记，当时国有资本金总额为371886万元。

（二）疏通筹资渠道，积极筹措资金

筹集资金是财务部门的首要任务，三峡工程能够顺利进行的关键是及时足额筹集到工程所需资金。1993年把疏通筹资渠道作为财务工作的重点，并确立了拓宽筹资领域，多渠道、多形式，按投资流的要求广集资金，保证工程建设的需要的筹资方针。按照这一方针，1993年在筹集资金方面做了以下工作。

1．理顺三峡基金的拨付渠道。三峡基金刚开始征收，由于各种原因，征收、拨付都存在一些问题，渠道有待进一步畅通。我们及时向财政部、电力部、国务院三峡工程建设委员会办公室反映情况，并编印了“三峡工程建设基金”统计快讯，送有关领导和部门。有关部门非常重视，专门下发了《关于筹集三峡工程建设基金的紧急通知》。同时，配合财政部、电力部在大连召开了全国三峡基金征收管理座谈会。在有关部门的配合支持下，三峡建设基金的征收上缴拨付逐步加快。促进了资金的及时到位。

2. 与建设银行总行共同制定了三峡基金管理暂行办法。根据财政部的规定，建设银行总行与总公司制定下发了三峡基金管理暂行办法。就三峡基金的拨付、划转、使用、结算作了具体规定。

3. 三峡建设资金及时到位。1993 年度实际到位资金 17.16 亿元，临时周转贷款 1 亿元。由于资金的及时到位，保证了三峡工程的顺利进行。

（三）建立财务机构，配备人员

要开展财务管理工作，必须建立机构，配备人员。

1. 设立财务部，明确职能。总公司以三峡筹人字〔95〕第 145 号文件《中国长江三峡工程开发总公司组织机构实施方案》规定设立财务部，明确了财务部的主要职能。

2. 财务部按照规定的职能，拟定了财务部的主要任务，内部机构设置，以及各自的任务，工作责任和人员编制。

3. 配备干部和人员。总公司发文明确了分管财务的副总经理，任命了副总会计师，财务部的主任、副主任，各处处长，并对人员进行了调整，各项工作相继展开。

（四）建立规章制度

要加强财务管理，必须建立规章制度，有了健全的规章制度，才能约束财务行为。1993 年主要制定了以下制度：

1. 工程价款结算管理办法。工程价款结算是一个十分重要的环节，关系到工程建设的整个管理。在调查研究的基础上，制定了《中国长江三峡工程总公司工程价款结算暂行办法》并以三峡财字〔93〕第 93 号文下发执行。暂行办法规定了结算依据、结算办法、结算程序等。

2. 控制社会集团购买力管理暂行办法。为了搞好总公司社会集团购买力的管理，经省控办批准，总公司社控计划在省控办单列。总公司财务部行使相当于地（市）级小汽车定编办公室和控购办的职能，安排专人归口管理总公司及所属系统控制社会集团购买力的各项工作。业务上接受省控办的监督和管理。为此总公司制定了控制社会集团购买力管理暂行办法，办法规定了总公司社控机构的职责，控购范围，控购指标，控购商品的审批程序及有关事项。

3. 会议费业务招待费管理暂行办法。为了加强会议费业务招待费的管理，制定了会议费、业务招待费的管理暂行办法，于 1994 年初下发执行。

（五）探索业主负责制财务管理的新思路

李鹏总理明确指示三峡总公司要适应社会主义市场经济的新体制，实行业主负责制。三峡工程又是一个大型的水电工程。加上投资体制改革的逐步深入，如何搞好三峡工程的财务管理，有许多问题需要研究。由李永安副总经理牵头，组织力量进行了专题研究。一是探讨了三峡总公司的财务管理特点。二是分析了法人负责制对财务管理的要求。三是研究了实行法人负责制与加强财务管理的关系。四是提出了业主负责制下应树立新的理财观。五是研究了筹划、筹资、建设、生产经营、经营成本分配等五个阶段的财务管理。六是对搞好三峡总公司的财务管理，应做好哪些基础工作进行了分析。

（六）1993 年资金到位及使用情况

全年共筹集资金 18.16 亿元。其中财政拨入资本金 17.16 亿元，分为四个部分：三峡建设基金每度电加价 162591 万元，葛洲坝电厂利润 11000 万元，财政部直接拨付用于移民经费和三建委办公室开办费共 3000 万元，临时周转贷款 1 亿元。

全年共安排使用资金 16.47 亿元。其中：建安工程 5.2 亿元；库区移民资金 2.75 亿元；坝区及交通征地费 2.28 亿元；勘测设计费 1.2 亿元；科研论证咨询费 0.22 亿元；设备费 1.22 亿元；归还贷款及利息 0.78 亿元；管理费 0.24 亿元；其他支付 0.37 亿元；年末资金略有节余。

（财务部 胡亚益）

中央领导同志关于三峡工程资金筹措问题讲话的主要精神

1992 年 10 月 21 日国务院第 205 次总理办公会议研究三峡工程建设有关问题后，中央领导同志就三峡工程的资金筹措作了一系列的重要指示。

国务院第 205 次办公会议纪要指出：

三峡工程建设所需资金的筹措问题由国家计委姚振炎同志牵头，财政部、人民银行的负责同志参加组成小组，研究提出意见。

从电费加价中，每度电提 3 厘钱作为三峡工程建设资金，这笔资金要保证收上来，任何单位和个人都不得拖欠。请国家计委会同财政部、能源部抓紧制定征收办法。

提高葛洲坝电厂上网电价，作为三峡工程建设的资金，其中加价部分由中央和地方共同承担。

李鹏总理1992年11月19日在武汉召开国务院三峡工程工作会议上的讲话中就资金问题作了重要指示：

有了组织，配备了干部，有了移民方针，剩下的就是资金渠道问题。这是个大事情。总之一句话，就是多渠道集资。我们已经出台了3厘钱（电费3厘钱），这3厘钱应全额征收。因为人大作了决议，全国都要作贡献。3厘钱加到每个老百姓、每个企业身上并不是很多的。随着经济的发展，随着将来电价调整以后，是不是还可以增加一点，我们今天不定案。

第二个渠道就是银行贷款。这是主渠道。随着经济发展，银行这三年每年拿出十个亿是可以的，作为长期的贷款，但是利息比较高。要它免息是不行啦，银行是吃利差的，稍微优待点是可以的，优待太多不行。这两笔钱配合在一起用。那个钱是无息的，是软贷款，甚至不是贷款，根本不用还的。这样，资金成本就下降了，比原来讲那个动态就下降多了。这个钱再搞10亿。

第三个渠道就是葛洲坝电厂的发电利润。葛洲坝电价才每度4分钱，太不合理，这个不行。一下子涨，负担可能重。是不是用这样一个方法：一年涨1分，分4年涨完，涨到九六年就涨到8分了，这就比较合理。葛洲坝电厂的电涨到8分，按160亿度电算，抛弃它的运行管理费、还贷等外，至少每年还有五、六个亿左右的利润。这也是没有利息的钱。这个钱经济效益就很大了。

第四点就是发行股票的问题，可以继续研究。

第五点，争取一些国际的资金。国际资金，比如说是国外政府贷款，协力资金能不能争取到一点，世界银行的资金啦，以及买方信贷。将来水轮机肯定可以搞点买方信贷。真正开工了，真干了，那个时候就是另外一件事情。真干了，考察的结果，三峡是很有效益的，很有前途的，就有吸引力。水力电价低，阻碍了水利电力的发展。我们应该用还本付息，加上一定的利润来考虑这个电价，这就有前途了。

第六点，比较差一点的就是发行公债了。发行债券，因为建设周期长，负担重，还在借新还旧。刚才讲的，在建设过程中给这个公司很大的负担也不好。总之，我们从现在已经出台的措施和国内能够给的贷款，至少在前三年或者前五年，这点资金可以保证。看起来对一个工程来讲，量是很大的，但从整个国家的建设规模来讲，那还是很有限的，可以干的。资金的渠道，债权债务、银行贷款、发行股票等，执行单位是三峡总公司。

1993年4月2日，李鹏总理主持召开国务院三峡工程建设委员会第一次会议，会议纪要指出：

资金筹措一直是三峡工程建设中的关键问题之一。国务院已发出通知，除国家扶贫地区农业排灌用电外，每度电征收3厘钱作为三峡工程建设基金，这是三峡建设的基本资金。征收这笔资金的任务由电力部负责按期完成，电力部对这一任务态度要坚决。

银行贷款、国际融资也是筹集资金的重要渠道。要选择最适合三峡工程的方式积极筹措。请郭树言同志组织进行可行性研究。国内外人士为三峡工程的捐款，可以接受。

李鹏总理在会上讲：关于筹资，这是一个关键。渠道之一是把电费中增加的3厘钱作为建设资金。按照全国每年5000亿度发电量可以征收加价款，就有15个亿，10年就是150个亿，而且发电量逐年还得增加，电价也不会总是一个价格。这可以说是一个基本的投资数。这件事由电力部负责。这要作为电力部的一项主要任务。电力部对这事要坚决，这是你的本职任务。另外，我们要采用银行贷款。同时，还可以通过国际融资。总之，向国内外集资是一条渠道，但是基本资金是电价提高的3厘钱，这叫做国家专项建设基金，这是可靠的。所以，根据这一情况，钱基本上是有保障的，应该说优于其他工程。

1993年5月27日，邹家华副总理主持召开国务院三峡工程建设委员会办公会议，研究三峡工程建设资金的落实问题。会议纪要指出：

1．三峡工程事关国家大局，国务院决定征收三峡工程建设基金是一项重要决策，各地区、各部门要采取有效措施，切实做好收缴、入库工作。

2．三峡工程建设基金的收缴、入库工作，牵涉面广，环节多，任何地区、部门、单位不得拖欠、挪用。一经发现，要追究主要领导的责任。

1993年7月26日，邹家华副总理主持召开国务院三峡工程建设委员会第二次会议，会议纪要指出：

三峡工程从整体上说自筹能力很强，第11年首批机组发电后即开始有收入，建设期内预计可发电5079亿度，加上国家为三峡工程建设制订的现有政策，整个工程建后1～2年内，即可还清所有贷款本息。

首批机组发电前的11年是纯投入期，也是整个建设期间资金平衡最困难的时期，当前，工程急需解决的是大江截流前5年所需资金。会议决定，大江截流前5年所需资金主要由国家安排，具体按以下途径进行筹措。

1．关于3厘钱的性质和征收工作

国务院决定从1992年煤运加价中，每度电征收3厘钱，今年又扩大到除国家扶贫地区农业排灌用电外，每度征收3厘钱，作为三峡工程建设基金。这笔资金是国家对三峡工程的投入，不加各种税收和费用。

2．关于三峡总公司自有资金

葛洲坝电厂利润和现有电价加价4分（从今年起每年加价1分，4年到位），作为三峡总公司自有资金。葛洲坝电厂董事会要把钱管住，用于三峡工程建设。

3．关于利用人民银行专项贷款

大江截流前5年的资金缺口，按1993年5月末价格，每年约需25亿元。这部分资金缺口请中国人民银行安排专项贷款，相应的投资规模请国家计委安排，由三峡总公司与银行签订合同，统贷统还。

4．关于利用中国银行优惠贷款

三峡工程共约需外汇16.4亿美元（1993年5月末），大江截流前5年约需外汇4.2亿美元，原则上利用中国银行优惠贷款解决。但也不排除利用条件合适的出口信贷。

除上述筹资措施外，还继续研究扩大三峡建设基金规模，开辟其它资金来源，例如可研究葛洲坝电厂股改上市、国内外发行债券。

李鹏总理1993年12月23日在宜昌考察三峡工程施工准备和移民工作座谈会上指出：

兴建三峡工程是党中央、国务院的决策，是全国人民代表大会通过的，是跨世纪的大事，是全国人民的大事。全国人民都要支援三峡工程。受益地区也好，没有非受益地区，只有非直接受益地区，都受益。一个叫直接受益，一个叫非直接受益。因此，国家已经确定的三峡基金从电费出，一定要交。我昨天表态了，不要在这上面开任何口了，我们不要搞那么多小打小闹，这个钱都要交齐。电力部要做好收缴工作，财政部要做好及时拨款，这两位部长我这次特别请你们来，都要当作自己的事情办。电力部负责把钱收上来，要作为一项主要任务抓，减免的口子不能开，我们要用必要的经济手段和行政手段。

对于明年再增加1厘钱的收缴办法，由电力部回去和三峡办研究，我的总的想法是简单化、规范化。

明年工程所需资金，除了国家确定的建设资金，4厘钱加上葛洲坝电厂的利润外，不足部分由银行贷款解决。我们筹资的目前主要是国外资金，国内资金也可以搞一点。国内资金不要和银行争这个钱。当然我们筹资还有一条路子，就是设备可以争取买方信贷。

1993年12月25日邹家华副总理在国务院三峡工程建设委员会第三次会议上的讲话指出：

李鹏同志最近专门考察了。今天发的李鹏总理在三峡的讲话，我都赞成。刚才李鹏总理讲，希望各地方都来支援三峡这样一个大的工程，各个部更应该带头来支持三峡移民，支持三峡工程的建设，我完全同意。因为这个工程的建设实在太重要了，总理讲功在当代、利在千秋，非常正确。这是子孙万代的事情，是我们在中国这块土地上面改变面貌，并将对经济结构产生很大影响的一个工程。所以，确实需要全国都来支持。

关于三峡工程建设基金的征缴工作，各省、市有关部门要保证完成。今年7月，我们开过一次会，重点就是解决3厘钱的征缴问题，但到目前为止，还有四个省拖着。（总理：这次宜昌会上讲了，哪一个省都要做贡献，你有困难的话，中央另外支持你。）现在，这3厘钱的资金入库总的还好，入了财政金库后，财政马上投到三峡公司，三峡公司分一块拨到移民，路子是通了。现在需要督促的是有少数省、市仍然拖欠，一定要做工作，必须保证。这么大的工程，如果资金不保证，那不是小问题。

三峡工程建设基金

三峡工程建设基金是国家在一定时期内通过电力加价等特殊措施而筹集到的、专项用于三峡工程建设的资金。

1984年4月29日，中共中央办公厅和国务院办公厅厅发〔1984〕43号文转发的《关于开展三峡工程筹备工作的报告》中指出，葛洲坝电厂所创造的利润上交总公司，作为三峡工程投资的组成部分。根据这一精神，原水利水电部以〔84〕水电财字第133号文发出《关于将葛洲坝电厂发电利润划作三峡工程建设资金的通知》，《通知》规定葛洲坝电厂所创造的利润，从1984年1月1日起除按规定提取企业留利外，其余全部转交三峡工程开发总公司首先用于按贷款合同规定应偿还的银行贷款，其余部分用于三峡工程建设。三峡工程开发总公司应作为国家拨给的基本建设投资，通过建设银行管理和使用。1991年12月3日财政部以〔1991〕财工字第429号文颁布了《三峡工程建设基金收支使用管理办法》。该办法对三峡工程建设基金的内容、国家预算收支科目、三峡工程的项目计划和资金使用计划、三峡工程建设基金的管理、三峡总公司各项资金收支活动的监督等都作了具体规定。

1992年7月11日，国家物价局以〔1992〕价工函字353号文下发《关于1992年煤运加价用电加价及筹集三峡工程建设基金等问题意见的函》，其中要求电力企业在节能降耗、努力消化铁路货运、煤炭提价影响的基础上，今年燃运加价用电加价标准全国每kW·h提高

1分5厘，其中3厘作为三峡工程建设基金。

为落实第205次总理办公会议精神，1992年12月20日财政部、国家计委、能源部、国家物价局以〔1992〕财工字576号文下发《关于筹集三峡工程建设基金的紧急通知》。通知规定三峡工程建设基金专项用于三峡工程建设。在财政上列收列支，专款专用，任何部门和单位都不得截留、挪用。除葛洲坝电厂上交利润按原办法执行外，全国用电量每kW·h加收的3厘钱，由各省、市、自治区、电力局（电管局）负责随电费一起征收。并随之下发了《三峡工程建设基金收支使用管理的补充规定》。《补充规定》进一步明确了三峡工程建设基金的内容，指出“三峡基金”目前包括两部分：葛洲坝电厂上交中央财政的利润和按全国用电量每kW·h征收的3厘钱。同时要求为保证三峡基金的征收任务，每年由能源部商财政部根据国家确定的电量计划，下达各省、市、自治区征收三峡基金的年度任务，各地在实际执行中要保证完成，并力争超收，并规定任何单位都不得拖欠三峡基金。

1993年4月14日，国家计委、财政部、电力工业部、国家物价局以计投资〔1993〕631号文下发《关于提高葛洲坝电厂上网电价筹集三峡工程建设资金的通知》。《通知》规定从1993年1月1日起，对葛洲坝电厂上网电价在现行电价的基础上每年提价1分，分4年到位，作为三峡工程建设基金。

1993年6月14日国务院办公厅以国办发〔1993〕134号文下发了《关于筹集三峡工程建设资金的通知》，要求各省、自治区、直辖市人民政府要从大局出发，服从国务院的决定，严格按规定的范围征交“三峡基金”，不得以任何理由减免和缓征。各有关银行对电力部门入库的“三峡基金”要及时汇入中央总金库，不得滞留和挪用。财政部驻各省、自治区、直辖市财政厅的中央企业财政驻厂员处，要认真担负起“三峡基金”的征收管理的监缴、催缴任务，使三峡基金及时、足额入库。各省、自治区、直辖市财政、电力、计划部门要密切配合，采取有力的措施，做好三峡基金的征收工作。

三峡基金征收管理座谈会（大连会议）

为了全面了解三峡建设基金（3厘钱）的收缴情况，确保三峡资金的及时到位，财政部于1993年7月13～15日在大连召开了三峡基金座谈会。这是开征三峡基金以来的第一次全国性会议。有关省、市、自治区财政厅（局）中企处，五大网局以及财政部、国家计委、电力部、国家物价局、中国人民银行、国务院三峡工程建设委员会办公室、三峡总公司，共40多人参加会议。

会议汇报了财政部等四部、委、局〔92〕财工字第576号及财政部财工字第176号文件下发后，各省、市、自治区、直辖市的有关部门对征收三峡基金采取的具体措施，意见和安排，以及1992年和1993年上半年的征收情况。同时反映了三峡基金在征收过程中存在的问题，对解决这些问题提出了具体意见。

自国务院决定开征三峡基金以来，到1992年底止，已开征省、市应收7亿元。电力部门实收6.6亿元。1993年1～4月应收3.3亿元，实收2.8亿元。截止1993年6月15日，电力部已上缴中央财政总计3.59亿元。

存在的问题有：一是一些省、市政府规定暂不征收、延缓征收或扩大免征范围；二是用户拖欠电费严重，使三峡基金回收困难；三是资金在途金额大，时间长；四是全国征收情况不平衡。

会议对三峡基金的征收管理提出了建议：

一是要进一步做好宣传、催交工作；

二是采取有力措施、建立定期信息反馈制度，及时掌握、报告实际征缴工作的情况与存在的问题，将责任落实到人；

三是各地电力部门要争取财政、银行、税务等部门的大力支持与密切配合，努力减少三峡基金解缴的环节，缩短资金在途时间，严禁挤占、挪用，确保三峡基金及时、足额缴库；

四是建议国务院加强宏观监督、指导，督促至今未开征三峡基金的省、市、自治区，尽早开征三峡基金，以保证三峡工程顺利进行。

总公司开业产权登记

总公司在正式挂牌前，按规定要进行产权登记。1993年8月27日总公司以三峡筹财字〔93〕第138号文向国家国有资产管理局发出了关于申请办理中国长江三峡工程开发总公司开业产权登记的函。根据中共中央、国务院有关文件精神和总公司成立时的实际情况，三峡总公司成立时的资产主要包括两部分：一是国家以三峡工程建设基金拨入的资本金；二是葛洲坝水力发电厂的资产。文件申请将葛洲坝水力发电厂资产和已经投入的三峡工程建设基金作为三峡总公司注册资本，办理开业产权登记。国家国有资产管理局批准登记国有资本金总额为371886万元。

总公司社控指标单列

随着工程建设的逐步开展，总公司工程建设与管理、工程监理、内外事接待等工作任务日趋繁重。在车辆、设备等方面属于社控范畴的数额较大。根据三峡工程的任务和特点，总公司以三峡筹办字〔93〕第4号文件的形式向湖北省控制社会集团购买力办公室(简称省控办)申请社控指标单列。省控办于1993年12月11日以鄂控发〔1993〕第17号文批复：同意总公司财务部行使地、市、州级 小汽车定编。负责本公司及所属系统小汽车定编和控制社会集团购买力各项工作。

具体意见如下：

1．业务上直接向省控办负责、备专门印章、安排专人进行管理。

2．负责购置小汽车申报审批的初审和转报工作。直接负责对购置其他7种专控商品的审批工作。

3．按规定向省控办报送本公司社会集团购买力支出月报表和年报表。

4．做好有关其他各项工作。

探索三峡总公司财务管理新思路

三峡总公司在成立之初，李鹏总理对三峡工程的经营管理作了明确的指示：适应社会主义市场经济新体制，三峡工程要采取国际通用的工程项目业主负责制。即业主从建设项目的筹划、筹资、建设、直至生产经营、归还贷款本息以及资产保值增值的全过程负责。三峡工程又是一个特大型的水电工程，如何搞好财务管理，有许多问题需要研究探索，财务部组织力量对此进行了专题研究，分析了三峡总公司的财务管理问题。

(1) 三峡工程财务管理的特点。三峡工程财务管理的特点表现在：资金需求量大；筹资任务重。国有资产投入占主体；国有资产保值增值任务重。

(2) 法人负责制对财务管理的要求。总公司实行法人负责制是建立现代企业制度的客观要求，是投资管理体制的重大改革。核心是明确企业的法人地位。其特点是适应现代企业制度的要求做到产权明晰，权责分明，政企分开，管理科学；其内容是对筹划直至生产经营的全过程负责；其要求是处理好与各方面经济利益关系；其目的是要提高经济效益。这每一个方面都与财务管理密切相关，并且都要通过财务管理体现出来。同时，也只有加强财务管理，才能真正实行法人负责制。

(3) 确立法人负责制下新的理财观。一是树立质量工期成本的整体效益观；二是树立按投资流管理资金的动态管理观；三是树立资金成本观；四是树立财务风险观。

(4) 研究项目筹划、筹资、建设、生产经营、经营成本分配各阶段的财务管理。

(5) 分析了搞好三峡工程财务管理的保证及条件。要坚持以建设有中国特色的社会主义理论为指导，进一步解放思想，实事求是，更新观念。坚持“三个有利”的标准来解决财务管理中的问题。同时要加强基础工作，提高人员素质，搞好培训、健全机构、应用现代电子技术等。

防　汛　工　作

1993年坝区防汛工作

一、坝址以上流域水文气象概况

长江三峡水利枢纽坝址以上积水面积有100万km^2，约占长江全流域面积的55%，多年平均流量为14300m^3/s，年径流量为4510亿m^3，坝址以上洪水总量平均有接近1/3是来自金沙江，2/3以上来自宜宾至宜昌之间50万km^2的暴雨区，据各时段多年平均洪量统计：金沙江屏山站洪水平均约占宜昌站的27～32%，岷江高场站约占17～19%，嘉陵江北碚站约占19～25%，沱江占4～5%，屏山到寸滩区间和寸滩至宜昌区间分别占8～9%和8～10%。由于坝址以上流域西部为高原，受环流形势和水汽条件的限制，约有40万km^2范围基本无暴雨产生，故雨洪来源主要在东部60万km^2的山区盆地的暴雨区，日雨量大于50mm的暴雨笼罩面积一般只有3～4万km^2，最大可达10万km^2，最大日暴雨一般为200mm左右。根据历史资料统计,长江4月16日～10月15日为汛期,6月～10月为洪水期,(一般称6月15日到9月15日为主汛期)6月中旬～7月中旬为梅雨期,7、8月来水量最大,大洪峰出现的机会也最多。而坝址又处于鄂西灾害性天气频发区,多年平均降水量在1100mm以上,特别是在7、8月容易产生突发性的大风、强雷暴等危害极大的灾害性天气,一般在立秋前后极易产生,如1993年坝区仅7月就有17个雷击日。寸滩到坝址流域区间水雨情极为复杂,5.6万km^2的暴雨带一旦与长江寸滩以上来的大洪水遭遇极易产生特大洪水,且此区水文气象预报工作难度较大。

二、1985～1992年坝区防汛工作

(一) 来水情况

自1984年底成立中国三峡工程开发总公司筹建处到1992年底，三峡工程坝区平均来水频率为52.3%（见表1），其中1985、1989、1990年为偏丰年份，1986、1988、1992年为偏枯年份，1987、1991年为中水年份，来水大于45000m^3/s的洪水（包括1993年）有16次（见表2），最高洪峰为64000m^3/s，出现时间为1989年7月12日2时。

表1　1985～1993年长江三斗坪站流量特征值统计

年份	最大峰值 m^3/s	年平均流量 m^3/s	年径流量 亿m^3	来水频率 %
1985	47300	15100	4764	30.4
1986	46800	12600	3963	86.9
1987	61700	14100	4454	52.5
1988	49800	13500	4271	67.5
1989	64000	15400	4869	22.7
1990	45600	14800	4665	35.0
1991	53200	14400	4539	45.9
1992	50300	13300	4180	77.7
1993	53000	14900	4788	32.3

(二) 防汛工作

1993年以前的防汛工作，因三峡工程处于前期准备阶段，以四通一平为主，主要项目在陆上，水上只有码头施工与2000m^3/d的水上水厂船是汛期防汛工作的重点，而且施工单位仅葛洲坝工程局一家，防汛工作主要由葛洲坝工程局承担。总公司每年成立非常设性防汛办公室，仅负责报汛工作，其坝区水情资料由葛洲坝水库调度室提供。

三、1993年坝区水情、气象与防汛

(一) 坝址及以上流域天气形势及来水特点

年内降水分配不均，前期偏枯后期偏丰。前期由于副热带高压位置偏南，雨带长期维持在华南沿海一带，四川盆地和寸滩至坝址区间降水明显偏少，坝址流量偏枯，特别是6月份，平均流量为11500m^3/s，

表 2 1985～1993 年洪峰小于 45000m³/s 洪水统计

洪峰流量 m³/s	峰现时间 月 / 日 / 时	三斗坪水位 (m)	起始时间 月 / 日 / 时	结束时间 月 / 日 / 时	最大 1 日洪量 亿 m³	最大 3 日洪量 亿 m³	最大 5 日洪量 亿 m³	最大 7 日洪量 亿 m³
47300.0	7 / 5 / 2	70.09	7 / 2 / 2	7 / 8 / 14	40.5	119.1	196.6	270.3
46800.0	9 / 19 / 8	69.86	9 / 15 / 14	9 / 23 / 14	39.4	113.8	178.8	239.5
46800.0	7 / 7 / 5	69.83	7 / 5 / 8	7 / 10 / 14	39.1	111.2	171.5	212.9
45000.0	7 / 1 / 14	70.78	6 / 29 / 20	7 / 4 / 14	38.3	108.9	170.2	231.0
61700.0	7 / 24 / 8	74.68	7 / 21 / 2	7 / 29 / 2	52.1	150.6	233.7	298.2
45600·0	8 / 1 / 14	71.11	7 / 30 / 14	8 / 4 / 2	38.6	112.0	182.3	243.7
49800.0	9 / 6 / 2	72.02	9 / 4 / 2	9 / 8 / 14	42.2	121.3	194.8	266.1
64000.0	7 / 12 / 2	74.35	7 / 10 / 20	7 / 18 / 20	53.5	160.2	251.4	324.8
46700.0	7 / 31 / 2	71.21	7 / 30 / 2	8 / 3 / 2	38.9	113.3	166.8	214.7
45600.0	7 / 4 / 12	70.86	7 / 1 / 2	7 / 7 / 2	38.7	109.6	169.8	224.4
53200.0	8 / 14 / 8	72.72	8 / 11 / 14	8 / 21 / 14	45.9	137.1	224.2	302.4
50300.0	7 / 20 / 2	71.40	7 / 15 / 14	7 / 28 / 8	43.3	127.4	204.1	267.4
49000.0	88 / 14 / 20	71.79	8 / 11 / 20	6 / 16 / 2	41.5	124.9	204.8	287.1
49900.0	8 / 16 / 20	72.11	8 / 16 / 8	8 / 18 / 8	42.0	124.5	204.8	287.3
48500.0	8 / 20 / 2	71.72	8 / 18 / 14	7 / 25 / 8	41.1	121.0	203.9	287.3
53000.0	9 / 1 / 2	72.66	8 / 26 / 20	9 / 9 / 20	45.2	132.0	214.9	313.5

表 3 1993 年三峡坝区暴雨统计表

降水开始时间 月 / 日 / 时	降水结束时间 月 / 日 / 时	降水量 (mm)
5 / 19 / 21	5 / 20 / 15	25.1
5 / 26 / 19	5 / 27 / 10	26.9
6 / 3 / 13	6 / 4 / 7	43.1
6 / 24 / 21	6 / 25 / 4	37.6
7 / 21 / 6	7 / 22 / 2	24.0
7 / 22 / 19	7 / 23 / 10	47.0
8 / 2 / 16	8 / 3 / 19	53.5
8 / 25 / 13	8 / 26 / 13	37.9
8 / 28 / 14	8 / 30 / 24	33.0
9 / 9 / 9	9 / 10 / 18	45.2
9 / 17 / 1	9 / 17 / 21	30.4

注：本表所列数据均为宜昌县乐天溪镇八户店村杨家嘴所在地的自记降水量值。

为宜昌站 113 年资料中排倒数第三位。进入 7 月下旬后，副热带高压在北纬 23 度附近，西风带系统不断影响盆地和寸滩至坝址，降水加强，暴雨频繁，流量较常年明显偏大。8 月份三斗坪站月平均流量达 39700m³/s，45000m³/s 以上流量持续了 10 天，在宜昌 113 年资料中排最大值第二位，年平均流量为 14900m³/s，比多年平均值 14300m³/s 偏多 4.2%。年最大洪峰流量为 53000m³/s，出现在 9 月 1 日 02 时，年最小流量为 3150m³/s，出现在 2 月 13 日 08 时。1993 年三斗坪水位站保证年水位为最高水位 72.63m 为 15 天，71.05m 为 30 天，69.78m 为 90 天，67.88m 为 180 天，66.44m 为 270 天。坝区 5～9 月发生大的降水共 10 次，具体统计值见表 3。全年坝区水雨情特值见表 4。茅坪溪流域来水主要受灾害性天气影响较大，全年大于 30m³/s 的洪水达 10 次（见表 5），全年水情特征值见表 6。

（二）汛前准备

1. 坝区水文测站的建立

根据三峡工程前期准备工作防汛需要，为提供茅坪溪改道防护工程施工、一期土石围堰试险段、水上供水船、坝区码头及防汛的决策依据和三峡主体工程前期水文资料；并为 1993 年后的水文观测创造条件，2 月 12 日与长委会葛洲坝水文实验站签定了“三峡坝区 1993 施工水文观测委托承包合同”，2 月中旬总公司（筹）科技情报处有关同志会同长委会葛洲坝水文实验站对新设站址进行了查勘定点，并对借用坝区原有测站八河口站、茅坪（二）站、茅坪（一）站、茅坪溪官庄坪水文站的维修、更新等事宜现场进行了商定，要求3月24日正式开展测报工作。

2．水情气象预报系统建立

在此之前，三峡开发总公司没有常设防汛机构和坝区水情气象系统。为满足1993年坝区施工前期准备工作对水情气象预报的要求，提高气象预报的可信度，元月中旬由葛洲坝水力发电厂在建设部建立了简易气象观测站。同时，为满足茅坪溪防护工程近期施工防汛需要，总公司（筹）拟定葛洲坝电厂建立茅坪溪流域水情预报系统。该流域出口官庄坪水文站只有半年实测资料（即1993年下半年），大于30m³/s的洪水只出现过4次。这对编制茅坪溪流域水情预报方案是无法满足要求的，因此总公司（筹）同意葛洲坝水力发电厂利用近坝区水情遥测系统，在茅坪溪大溪、小溪上游分别建立了尖沟、铜宝观两个遥测雨量站。

表4　1993年坝区水雨情特征值

特征项	特征值	出现时间
年平均流量	14900m³/s	
年 经 量	4699亿m³	
年平均水位	67.10m	
年最高水位	72.71m	9月1日05时
年最低水位	63.39m	2月2日20时
年最大流量	53000m³/s	9月1日02时
年最小流量	3150m³/s	2月13日08时
年最高气温	38.7℃	7月15日
年最低气温	-2.5℃	1月15日
年总降水量	1266.6mm	
一日最大降水量	58.1mm	8月2日
最长连续降水日数	9 天	1月5～13日
最长连续无降水日数	29 天	12月3～31日

以上测站见表7。

（三）坝区水情气象预报服务

1．水文观测

按照长江干流水位站观测标准（国标GBJ138—90）非汛期2段2次，汛期4段4次。当干流流量达到40000m³/s以上时进行8段8次观测。茅坪溪官庄坪水文站观测标准按水利部1980年2月颁行《水文测验试行规范》执行。茅坪溪隧洞口水位观测标准按施工现场实际需要规定为：水位97.5m以下，二段制观测；水位97.5m以上时，涨水时，涨水面每半小时观测一次（含起涨水位），峰顶至退水面拐点半小时观测一次；退水时，退水面（拐点以下）98m以上每小时一次；98m以下2小时观测一次。

为保证各测站准时准确地传递测报资料，长委会

表5　茅坪溪官庄坪站峰量大于30m³/s洪水统计

峰现时间 月/日/时/分	洪峰流量 m³/s	官庄坪水位 (m)	起始时间 月/日/时	结束时间 月/日/时
5/27/11/12	55.5	95.48	5/26/20	5/28/8
6/3/23	70.0	95.66	6/3/20	6/4/20
7/8/23	32.0	95.22	7/8/20	7/9/8
7/21/16/12	51.2	95.40	7/21/8	7/22/20
7/23/9	82.0	95.67	7/22/20	7/24/8
8/7/20	41.2	95.41	8/7/2	8/8/20
9/10/20	32.0	95.28	9/10/8	9/11/20
9/17/11	105	95.86	9/16/20	9/18/8
9/20/15	50.0	95.43	9/20/2	9/21/8
9/21/15/30	33.4	95.30	9/21/2	9/22/20

表6　茅坪溪官庄坪站水雨情特征值

特征项	特征值	出现时间
年平均流量	3.24m³/s	
年　经　量	480万m³	
年平均水位	94.68m	
年最高水位	95.90m	9月17日11时
年最低水位	94.08m	6月24日20时
年最大流量	106m³/s	9月17日11时
年最小流量	0.47m³/s	6月24日20时
年总降水量	1297.1mm	

葛洲坝水文实验站在坝区建立水情测报中心。除各测站安排专业人员外，在坝区水情测报中心安排2名人员负责水文资料的收集、校正、传递和对各测站的管理，以及日报、月报、年报的整编等工作，做到报汛及时、资料齐全。

2．水情气象

在三峡工程坝区建立水情预报服务中心，进行水情预报作业和预报服务，其服务内容是：按时向总公司防汛办公室及施工单位提供葛洲坝、三斗坪站及茅坪（一）站、茅坪溪官庄坪和隧洞口等站水情气象实况和预报；根据每日8时坝址以上流域的水雨情资料，提供12小时、24小时、48小时葛洲坝水位及流量、三斗坪水位、茅坪（一）站水位预报；提供洪峰实况及相应水位和5天预报。提供官庄坪站、隧洞口

表7　　1993年坝区水文测站一览表

河系	站名	类型	提供内容	建站日期	运用时间	位置	用　途	服务对象	备注
长江左岸	伍相庙	水位	水位	3.22	12.31	伍相庙	为狮子包站补充站，并为永久船闸进口施工控制站	为二期施工累计资料	新建
长江左岸	狮子包	水位	水位	3.22	12.31	狮子包	左岸上游控制站，包括临时船闸上游，二期施工上游累计资料	左岸上游施工	新建
长江左岸	八河口	水位	水位	连续使用	12.31	八河口	为左岸下游，永久船闸出口的永久控制站	左岸下游施工	加密段次升为专用
长江右岸	茅（二）	水位	水位	连续使用	12.31	茅坪镇上	为茅坪（一）站补充站，为施工期建自动站雨量资料	为二期施工累计资料	加密段次升为专用
长江右岸	茅（一）	水位	水位	连续使用	12.31	茅坪镇下	一期围堰上游水位预报站	一期围堰防汛	加密段次升为专用
长江右岸	高家溪	水位	水位	3.22	10.	高家溪	为围堰下游、茅坪出口高家溪改道、白庙子水厂船累计资料	水厂船、右岸沿岸施工	新建
茅坪溪下游	官庄坪	水文	水位流量雨量	92.6	12.31	三溪村	为水情预报提供实时资料，累计茅坪流域水文资料	水情中心及隧沿施工	延用
茅坪溪大下	隧洞口	水位	水位	3.22	12.31	秭归县九里镇	为隧洞施工提供防汛决策依据	隧洞口施工	新建

站6小时、12小时、24小时水位流量预报。提供官庄坪站30m^3/s及以上洪峰流量及相应水位预报(包括隧洞口水位预报和实况),超过30m^3/s的预见期达2小时以上(因隧洞口施工,大溪涵管过流能力只有30m^3/s,超过此值时,需提前通知施工单位挖出涵管桥左侧土坝泄流,并提前将100m高程以下的机械设备撤离)。提供12小时、24小时、48小时坝区、茅坪溪流域天气预报及每日8时实况。及时提供灾害性天气预报(大于25mm/h强度降水、5级以上大风等),灾害性天气预报预见期应达到2小时以上。提供中长期水情、气象预报,为施工决策提供重要参考依据。

(四)工程防汛

1. 防汛重点:一期围堰(试验段)、茅坪溪改道、供水工程设施及涵桥码头等。

2. 防汛标准

(1)进入汛期流量标准45000m^3/s;

(2)三峡前期工程设防标准65000m^3/s,坝址水位75.50m;

(3)一期围堰防汛标准:5%($Q=72300m^3/s$,坝址水位76.95m);

(4)长江封航流量60000m^3/s;

(5)三峡坝区2~3日最大暴雨量200~300mm;

(6)在葛洲坝坝前水位为66m时,不同流量下三斗坪水位为:

40000m^3/s	71.51m
50000m^3/s	72.45m
60000m^3/s	74.50m
70000m^3/s	76.48m
80000m^3/s	78.43m

1993年防汛工作,在总公司的直接领导下,各项目部门对施工单位报来的防汛工程计划,抓紧现场实际调查,由防汛办公室统一上报立项及签订合同。供应部门根据计划备好必要的物资器材,保证渡汛物资供应,实行对口分工负责,落实到人的原则,组织实施、检查和督促,取得了施工防汛双胜利。

(工程建设部 刘尧成、袁廷敏)

1993年葛洲坝电厂防汛工作总结

(一)概述

汛前,厂防汛领导小组召开会议,成立了防汛办公室,调整了防汛领导班子,传达了1993年全国电力系统防汛和大坝安全工作会议的精神,扎扎实实进行备汛工作和防汛演习。入主汛期厂领导轮流上岗值班,全厂职工积极行动,全面设防,全力以赴,牢固树立防大汛、抗大洪的思想。

今年汛期葛洲坝以上流域来水特点是:前期偏枯、汛期偏丰。由于副热带高压位置较常年偏南,雨带长期维持在华南沿海一带,四川盆地和区间降水明显偏少,致使入库流量偏枯。特别是6月份平均入库流量仅为11500m^3/s,相应来水频率为97.5%,比常年偏少近四成,为建库以来最小的一年,在宜昌站113年资料中排数第三位。当进入7月下旬以后,副热带高压明显偏弱于常年,西风带系统不断影响盆地和区间,降水加强,次数增多,暴雨频繁,入库流量较常年明显偏大。特别是8月份,年均入库流量达到39700m^3/s,比常年偏多四成,为建库以来同期流量最大值,流量大于45000m^3/s以上的历时持续10天,在宜昌站113年资料中排最大流量第二位。5~10月份来水总量3707.4亿m^3。汛期逐月来水分配见表1。

表1 汛期逐月来水情况表

月 份	5	6	7	8	9	10
流量(m^3)	10700	11500	26900	39700	32000	19100
频率(%)	66.00	97.5	67.0	2.8	20.5	51.4

今年汛期来水分配对发电极为不利,前期来水偏枯,6月份特枯,水量不够;8月份特丰,水头不足。为了多发电,我厂机组检修及运行人员利用低谷弃水时对机组消缺,发电用水不够时对机组检修,合理安排机组小修。水库调度人员克服各种困难和不利条件,勤分析水情,勤动闸门抬高库水位、降低耗水率。在7、8、9月份大洪水期间,月平均库水位分别高达66.35m、66.26m、66.33m。加强网调联系,在满足系统调度要求的基础上尽力减少弃水调峰损失,最大限度地使机组安全满发、超发,来弥补因来水分配对发电不利的影响。截止10月底,我厂累计发电量131.2亿kW·h,5~10月份平均调峰40.4万kW,最大日调峰83.6万kW,弃水调峰损失电量3.7939亿kW·h。为力争完成厂部提出的全年发电157亿kW·h的奋斗目标,全厂职工齐心协力,千方百计,在确保安全渡汛的基础上,挖掘机组潜力,节水增发电能。

汛期枢纽调度运用复杂、难度大,为保持高水位运行,各泄水建筑物启闭频繁。二江泄水闸共操作1420次,大江排沙底孔运用9孔次,二江排漂孔及大江排漂孔、排沙洞根据需要进行排漂和排沙。为了保证枢纽的安全渡汛和长江航运的畅通,葛洲坝工程防汛协调小组共召开7次协调会议，各单位勇于承担困难，通力协作，各负其责。大江冲沙闸共运用5次，泄洪冲沙历时长达724小时，三江冲沙闸共运用2次，历时23.5小时。

（二）水情预报和洪水调度

1．水情站网布设和水情传递

今年的报汛站在去年的基础上有所减少，取消了干流寸滩及乌江武隆以上的雨量报汛站，适当增加了近坝区雨量站。今年共布设报汛站82个，比去年减少32点。同时我厂近坝区报汛遥测系统经过改造正常投入运用。

水情的信息传输仍以邮局有线电报为主。8月24日以后我厂水情电报的接收系统正式并入全国电报网，使水情电报收发传递更为迅速和规范化。汛期4～10月份我厂共收水雨情电报18304份，发报1135份，均做到了收发报准确无误。

汛期利用重庆水文总站向我厂提供寸滩站三天水情预报及武隆站一天的水情预报，增长了我厂水情预报的预见期。

2．气象预报

汛期，为水库调度，提高葛洲坝以上流域，特别是三峡区间未来12、24、48小时的降水预报精度，对区间大的降水过程，及时与中央台、万县台、宜昌台会商。同时，加强了对近坝区雷雨大风和局地强降水等灾害性天气的监视和预报。

为提高暴雨特别是近坝区雷电大风等灾害性天气的精度，新装了一套展宽数字化卫星云图自动化接收处理系统和一台713雷达回波显示终端，使主汛期（5～9月）三峡区间24、48小时降水预报准确率分别达到66%和64%，20mm以上降水24小时预报准确率为32%。

3．水情测报

今年4月份近坝区遥测系统经过改装正式投入运行，并增设四个遥测站。重新测试部分站点的信道，对一些信道条件差的站点进行移址。在三斗坪新设一气象观测场，为三峡施工服务。整个汛期系统沟通率达到93%。

对坝区水位遥测系统中心亦进行了改造并增设了2个新的遥测水位站，使坝区水位遥测值直接进入VAX—11/750计算机，为水库调度人员及时掌握枢纽各部位的水位变化，正确实施洪水调度及冲沙调度方案，确保大坝安全起到了积极作用。

4．水情预报

汛期水情预报加强了与干流主要报汛站的联系，积极与气象预报人员会商。预报方法仍用水位、流量关系预报同计算机模型预报相结合，并进行实时修正。流量大于45000m³/s时，同时作出洪峰及过程预报。干流洪水预报采用上下游水位（流量）相关法，区间洪水采用经验单位线法。计算机预报模型在原来基础上加入新安江概念性模型，增加了预报手段。对于特殊水情及大洪水采用多种预报方法综合比较，提出最终预报结果。保证了预报质量，为水库调度提供了可靠的决策依据。汛期各月预报误差统计见表2。

表2　汛期洪水预报误差统计表（%）

月份	5	6	7	8	9	10
12h	3.4	3.3	2.1	1.3	0.08	1.3
24h	4.3	4.3	2.7	1.9	1.9	1.6
48h	6.6	7.8	5.9	4.1	4.1	2.5

5．洪水调度

进入8月份后台风活动频繁、副热带高压明显弱于常年，长江上游出现连续阴雨天气。受7号台风西移影响，8月9日四川盆地和三峡区间连降大到暴雨，过程雨量在100mm左右。8月15日受高空冷空气的影响，万县、奉节区间再降暴雨，最大雨量152mm，两次降水过程在寸滩以上形成的两个洪峰与三峡区间洪水遭遇，入库流量形成3个洪峰，大于45000m³/s的洪水过程维持时间长达153小时。

此次洪水来临前，水调人员提前72小时发布洪峰预报，预报误差为3%。根据预报13日9时开启大江冲沙闸泄洪，适时开启大江排沙底孔进行厂前排沙。洪水期间为了多发电，水库调度人员尽量抬高库水位运行，同时水工厂及时投入劳力1000多人在栅前清渣1600多m³，使全厂出力保持在179万kW以上。

8月25日嘉陵江及三峡区间出现一次大的降水过程，28日再次出现自北向南的暴雨过程，前后形成入流过程的2个洪峰。前峰出现在30日8时，洪峰流量51500m³/s；后峰出现在9月1日2时，洪峰流量53000m³/s，是今年最大的一次洪峰。洪水期间及时开启大江冲沙闸泄洪，增开大江电厂两个排沙底孔，各水工建筑物、机电设备运行正常水库水位维持在66.25m左右，全厂总出力在155万kW以上。

（三）冲排沙调度

1．大江冲沙闸泄洪冲沙运用

根据运行调度规程，入库流量大于35000m³/s时开启大江泄洪冲沙闸。今年大江冲沙闸在流量大于35000m³/s时参与泄洪冲沙3次，在流量小时25000m³/s的情况下又进行了2次汛末冲沙。

由于2号船闸出现故障需进行抢修，造成上下游严重压船现象，根据航运部门的要求，在入库流量大于20000m^3/s时启用1号船闸。10月4日葛洲坝工程防汛协调小组召开第5次会议，商讨大江航道冲沙事宜，决定进行大江航道冲沙。10月5日开启大江冲沙闸，最大泄量10500m^3/s，历时48小时。10月20日召开第7次会议，商讨再次进行大江航道冲沙。主要原因是大江航道下游局部地段淤积仍很严重，碍航泥沙在110万m^3之多，故决定10月20日开启大江冲沙闸冲沙，22日晨关闭，最大冲沙流量12000m^3/s。这两次冲沙得到华中网局的大力支持，最大压负荷近140万kW。水库调度人员与网局电力调度加强联系，精心调度，密切配合，使两次冲沙调度园满成功。

2．三江航道冲沙

因今年汛期未发生大于60000m^3/s的洪水，三江冲沙闸未参与泄洪。根据宜昌航道分局在大汛后的测量资料，三江上、下游航道淤积均较严重。下游航道平均淤积高程达38m，局部达40.6m，上游航道平均淤积高程60m，局部达62.2m，为保证三江航道的畅通，三江冲沙闸进行了两次汛末冲沙。

特别是10月9日的汛末冲沙，冲沙效果比较明显，冲沙后三江下游航道绝大部分淤积高程在35.5m以下，剩余淤积量为8.9万m^3，辅以机械清淤，即可确保三江航道的畅通。

3．排沙底孔（洞）的运用

葛洲坝枢纽水流主流在大江，大江泥沙粒径较二江粗，愈靠右侧愈粗。按枢纽运行规程，汛期适时开启大江冲沙闸、排沙洞和排沙底孔，是排泄泥沙减少水轮机过流部件磨损的重要措施。随着三峡工程前期准备工作进展，特别是试验围堰的施工，水流的含沙量增大。入汛以后，从7月22日起陆续开启13号至21号机组排沙底孔各一个，到9月7日开始关闭，于9月11日才全部关完，各孔运用累计历时8665小时。排沙洞也运行两次。两次运用均开启右孔，总历时1470小时，导排了大江厂前的大量泥沙。

（四）存在问题

1．1993年起，长委会所属报汛站价格放开，协议收费，要求按电厂发电效益比例收取报汛费，经双方协商，24个站（含寸滩3天预报和武隆1天预报）以63万元达成协议（1992年收费7.75万元），1992年收费又要上涨30%。建议水利部、电力部联合制订水情站网合理收费办法，制止某些测站乱收费，乱涨价。

2．库区水情自动测报系统经多年来多方的努力，已达到应用水平，目前已进行测站调查、总体设计工作，应配合三峡工程的施工，尽快建成为三峡工程施工期洪水预报和葛洲坝电厂的水库调度，发挥应有的作用。

（葛洲坝电厂）

科 研 攻 关

三峡工程科学研究十年回顾

（1984～1993年）

三峡工程是一项涉及科学技术、经济、社会发展等多门类的复杂的系统工程。早在50年代开始，党中央、国务院就责成有关部门组织开展对三峡工程的勘测、规划、科研论证工作。1958年国家科委将三峡工程列为国家重点科研项目，取得了数百项科研成果。1984年底，中国三峡工程开发总公司筹建处成立并参与组织三峡工程重新论证工作。

为配合三峡工程重新论和三峡工程可行性报告的编制，国家科委安排了“七五”攻关第十六项“三峡工程重大科学技术关键技术问题研究”，国务院重大办安排了成套项目研制第五十项“三峡工程重大装备的研制”科研项目，与此同时，中国三峡工程开发总公司（筹）安排了三峡工程前期科研项目（含论证科研课题）。三峡工程可行性报告经国务院三峡工程审查委员会审查通过后，为配合长江水利委员会初步设计，中国三峡总公司（筹）又安排了相应的前期科研项目，并为三峡工程的前期施工准备安排了部分施工规划及施工科研项目。这些科学研究及科学试验所取得的成就，为三峡工程的正式开工创造了有利条件。

三峡工程科学研究工作，涉及泥沙与航运、水文、地质、水工、施工、建材、金属结构、机电设备、生态环境等多学科、多专业，是一项空前的科研大协作。全国有数十个知名的科研单位和高等院校参加了这一科研大协作，并有数千名科研人员、工程师、专家教授为三峡工程的科研工作贡献了智慧和力量，并取得数十项科研达到当前国际水平和国内领先水平的好成绩。

三峡工程科研组织工作主要由国家科委、国务院重大装备领导小组和原水电部负责组织实施。其间，中国三峡工程开发总公司（筹）为配合可行性报告审查和初步设计及三峡前期施工准备，也先后安排了前期科研项目和部分施工科研项目，并参与三峡工程科研项目的组织管理。

十年来，三峡工程的科研工作取得了丰硕的成果，共提出了1800多份研究报告。为了集中地反映这些科研成果，1992年国家科委主编了《长江三峡工程重大科学技术研究课题研究报告集》；水利部科教司编辑了《长江三峡工程泥沙与航运关键技术》上、下册；三峡总公司也在1993年编辑了《长江三峡工程施工关键技术研究报告》，1991年三峡总公司（筹）委托长江科学院收集十年来的科研成果建立"三峡工程科研数据库"并陆续将已收集到的科研成果编成三峡工程科研文集，共12卷计19册。

此外，水利部重大办主编的《三峡工程重大装备研究报告》也将付印出版。

下面主要围绕科学研究与科学试验工作进行简要的回顾与介绍。

（一）泥沙与航运问题研究

自1985年以来，对泥沙与航运开展了大规模的试验研究工作。共进行了下列课题。

1．三峡水库来水来沙条件的分析研究，包括三峡以上地区历年来沙趋势分析研究，在全面收集分析长江上游实测泥沙资料的基础上，运用模糊数学灰色控制系统理论对实测资料进行理论分析，探讨来沙变化规律，并从宏观研究上游水库（包括支流小库）的拦沙作用及对三峡工程的影响。

2．三峡回水变动区泥沙冲淤、河床演变及对防洪和航运的影响及其对策研究。本项研究运用物理模型和数学模型方法，根据三峡水库不同的正常蓄水位方案（150m和175m高程）的变动回水区范围及相应的河道状况，选取了若干个重点库段进行模型试验，先后建造了9座泥沙模型，详细研究变动回水区13段的泥沙冲淤，航道变化情况，研究了通过水库调度和整治改善航道、港区的措施。

通过研究得出正常蓄水位175m方案，变动回水区主要受泥沙淤积影响的河段是重庆河段，水库运用初期对港区影响较小的结论。水库运用数十年后九龙坡港区将由于边滩淤积，影响到港区作业，将待下一步进行研究。

3．坝区泥沙问题研究由南京、武汉两座坝区泥沙模型进行平行试验互相验证。研究了坝区泥沙淤积，通航以及不同施工通航方案的通航泥沙问题。同时研究了引航道的泥沙淤积及疏浚措施、冲淤措施。此外还研究了电站引水防沙措施。

4．三峡工程兴建后对下游河床冲刷，水位降低河床演变问题。

5．兴建三工程后水沙调节对长江口的影响。

6．三峡电站日调节不稳定流和大坝泄洪对两坝间（三峡～葛洲坝）通航水流条件的研究。

通过7年的研究，上述问题比过去又有了进一步的成果，为三峡工程论证提供了可靠的依据。三峡工程泥沙与航运问题的研究，运用物理模型数量之多，工作之深，在国际上也是少有的，不少国外专家参观后均称赞这一研究工作。由于泥沙问题十分复杂，而且直接对长江航运产生巨大的影响，在初步设计阶段仍应将该项目列为重要研究课题。

（二）枢纽及通航水力学研究

三峡工程枢纽布置是涉及三峡工程全局性的问题。分别在武汉及北京两座水力学整体模型上进行试验研究，共作6种泄洪建筑物及电力布置方案。这6种方案分为导流明渠通航方案和导流明渠不通航方案。泄水建筑物水力学问题主要对表孔的水力特性，包括泄流能力与压力分布、溢流面的空化特性及掺气减蚀进行研究。同时也研究了为减少溢流前沿采用部分厂房顶溢流的方案。

三峡工程船闸水力学问题分别在武汉、宜昌、南京及天津等地进行模型试验。首先进行了选型的研究，对分散三级方案及连续四级、连续五级船闸方案在模型上进行试验；其次对闸室输水水力特性和船舶停泊条件进行试验。试验表明采用快速开启阀门（tv＝1s）输水时间均小于12分钟，而慢速开启均大于12分钟，但对于多级船闸闸室冲水时，船舶的系缆力起控制作用，必须采取措施以降低进入闸室水流的能量。对抑制阀门的空化进行了顶扩体型与突扩体型的试验研究，结果表明当快速开启阀门时突扩体型有明显优点。阀门水力学方面着重对开启速度、门型及阀门后通气措施进行了研究。

对导流分期及导流水力学分别在宜昌及北京两地进行了模型试验，并对两种临时通航方案进行了对比研究。

（三）水工及通航建筑物结构研究

溢流坝段为多层大孔口结构，可行性报告上的代表方案，有表孔、深孔和导流底孔三排泄水孔口。由于孔口大，层次多，因此坝体的应力分布是否合理，关系到设置多层孔口方案是否成立。研究时采用了三维光弹实验方法，平行用三维有限元计算。此外还对该坝段的温度应力（包括通仓浇筑和分缝分块浇筑两种方案）用 NOLM—85 有限元程序计算了 18 种方案。研究的结果表明多层大孔口对坝体形成严重削弱。同时进行了坝体动力有限地分析及动力模型试验，并对该坝段的动力安全度进行了分析。研究中应用可靠度理论和方法来评价坝体和各部位的安全度。

三峡工程左右两岸的坝后式厂房，引水压力钢管，直径达 12.3m，不计水锤的 PD 值 14514kg/cm，属于超巨型压力管道。着重研究了三个问题：①坝内钢管全埋式布置与结构分析；②浅埋式坝身钢管布置与应力分析；③钢衬钢筋混凝土管道结构布置与分析。电站水下结构分析，着重研究了两方面的问题：①水下结构模态特性的整体计算，结构振源机理分析与共振校核，以及在地震和机组动荷载作用下的整体动力及反应分析；②厂房水下结构整体有限元分析及三维光弹试验。

三峡船闸的结构研究，包括了下列三个方面：

（1）船闸结构选型包括闸首结构选型及闸室结构选型；闸首结构着重研究了分离式结构与整体式结构，并探讨了不同底板厚度的影响；闸室结构选型，对重力式，衬砌式及混合式进行了对比，并对薄衬砌锚固式进行详细研究。

（2）船闸锚杆应力和锚固板应力分析，研究了闸底板～锚杆～岩基的相互作用，混凝土底板的温度徐变应力。

（3）船闸区的整体稳定、局部稳定，由于船闸区的高边坡高达 140m，高边坡的稳定极为重要。同时对断层裂隙发育的特殊地段的局部稳定（如 F215）进行研究；并采用地质力学模型及三维有限元计算进行了稳定研究。

（四）库区、坝区地质、岩石力学和地震问题的研究

本项研究始于 50 年代中期，早在 50 年代～60 年代中期，就作过大量基础地质研究和坝区、坝段、坝址的比较选择。“七五”期间又进一步在下列 5 个方面进行了深入的试验研究。整个研究工作配合论证工作进行。

1．坝区及外围地壳稳定性问题，在研究过程中对深部地质构造特性、主要断裂活动，坝区地震危险性等方面进行深入的探讨。对于合成孔径侧视雷达图象解释所提出的“三斗坪坝区北北东向线性影象”经过槽探、硐探、钻探、地面核查和浅层地震探测验证，已确认该线性影象不是断裂，也不存在与之相对应的稳伏断裂。彩红外图象解释提出的“狮子口北北西向线性影象”主要是长江南岸 10 余 km 地段内走向近南北的陡立岩层和小断层以及陡崖、沟谷的综合反映，不存在北北西向大断裂。研究表明三峡地区地壳稳定性是相对较好的，工程所立的黄陵结晶岩地块的稳定性和安全度更高。

2．关于水库诱发地震的研究。首先通过对水库诱发地震形成机制和发生过程进行了探索，同时通过已有水 库诱发地震的震例分析进行对比研究，对区域应力场测试，并对重点地段地震活动加强观测。研究认为三个库段：坝址玉庙河库段不具备发生较强水库诱发地震的条件，但蓄水后不排除诱发 3 级左右的浅原小震的可能。庙河至白帝城库段，有两个地震带穿越本库段。有发生较强水库诱发地震的可能。对水库最大可能诱发地震危险性初步分析，假定在距坝址最近的九溪湾断层发生强度为 6 级的诱发地震，影响到三斗坪坝址的烈度也不超过 6 度。白帝城以上库段，地震活动微弱，一般不具备发生水库诱发地震的条件。

3．库岸稳定性问题。库岸线总长约 1300km，总体稳定条件较好，其中稳定条件较好的约占 80％以上，稳定性差的 14 处，变形还在发展的有链子崖、黄腊石等 8 处重点库段均进行了监测，并作了防治方案。

4．坝区高边坡稳定的研究和坝区岩体工程问题研究。

5．三峡环境地质评价与预测。

（五）施工技术、施工机械及建材的研究

三峡工程工程量大，施工复杂，“七五”期间着重研究了下列几个重大关键问题

1．二期深水土石围堰的围堰结构型式及施工技术，对围堰主要填筑材料——风化砂的物理、化学、力学性质及深水抛填后的密度、自然坡角等进行研究；防渗墙结构采用刚性材料和柔性材料的研究。并对围堰体防渗墙的应力、应变分析，在试验研究过程中采用了土工结构离心机试验技术及大型平面应变仪等。

2．三期碾压混凝土围堰，提出了使用高掺量粉煤灰碾压混凝土作为围堰材料，并在岩滩水电站工程的围堰工程上作了中间试验，并探讨了在一个枯水期浇 130m³ 上升 90m 的可能性。

3．大坝混凝土快速施工技术的研究，对施工栈桥，起重机，水平运输，平仓振捣及拌和楼等各个环节均作了详细的分析，并对通仓浇筑及温度控制作了研究，论证了一年浇筑 460 万 m³ 的可能性。

4．对高边坡的施工作了全面研究。在施工机械

方面，对自动化拌和楼的设计方案研制了一座 4×$2m^3$ 的拌和楼在五强溪工地应用。对长臂高架塔机作了可行性研究，并研制挖掘二期围堰心墙深槽用的 CF18 反循环挖掘机；混凝土料罐车，布料机等设备的研制。

5．建材方面对混凝土所用水泥、粉煤灰的品质作了选择性的研究。研制了外加剂，对人工砂进行了对比试验，作了混凝土级配试验及大型试件（不湿筛）的抗拉试验，对混凝土热学性能及徐变作了试验，以及抗冲耐磨的特种混凝土材料试验。

（六）升船机及大型金属结构关键技术的研究

三峡工程升船机的研究开始于 1958 年，经过长期大量的方案比较及科研工作，选定一级垂直升船机方案，主体部分采用钢丝绳卷扬平衡重式，包括承船厢、卷扬提升设备、平衡重、承重塔柱等。船厢在钢丝绳悬吊状态下进出船的速度和水动力特性研究已在南科院及长江科学院的整体动态模型上试验；对船厢的 48 提根升钢丝绳在提升过程中受力不均衡，船厢四角吊点受紧急刹车作用而产生局部应力问题，液压平衡装置等均开展了研究；升船机提升机构同步提升及大尺寸转筒的研制等均获得了初步的成果。运行中保证安全的关键是船厢漏水和断钢丝绳，对此均做了专门的研究分析。

升船机的承重塔柱采用计算与模型试验同时研究了多种方案；塔柱日照下的温度场及温度应力涉及塔桩柱选型已作专门研究。对升船机的上闸首作了分离式和整体式两种方案的比较，同时作了上闸首的温度场及温度应力分析，为初步设计选定型式提供了依据。

大型压力钢管的研究，已经对国产高强钢板的选材调研中，并认为均可立足于国产钢材。

（七）大型机组及综合自动化技术的研究

三峡工程大型机组已开展对水轮机型式选择、水轮机特性和参数的优选，对水轮机通流部件进行数字模型计算和物理模型试验，并初步研制出为三峡电站的模型水轮机转轮，为进一步研制效率较高的转轮迈出了第一步。并对加拿大提供的模型转轮进行了对比试验，取得了较好的成果。

在发电机方面对发电机参数进行优选的同时对发电机推力轴承型式进行了改型研究，并着手对氟塑料新型推力轴承的结构进行了研制，并已取得初步成果。

在电站接入电力系统方面，研究了交、直流混合接入方式，并对电气结线可靠性进行了研究。三峡工程综合自动化系统的规划，包括水情测报、水库调度系统、发电厂监控系统，三峡——葛洲坝通航联合调度系统，安全监控系统及通信系统已进行了初步的研究。

（八）电力系统研究

三峡工程建成后必将形成以三峡水电站所在地区华中电网为中心的超高压、多大区联合电力系统。这个电力系统地域范围广，涉及因素多，技术难度大而且建设周期长，必须从宏观战略角度进行研究。本项研究着重研究了下列几方面的问题：

1．电源规划及能源平衡发展，从大系统角度研究三峡水电站的合理性，研究工作从三峡供电区的负荷需求，到优化供电区系统的电源结构，到全面煤炭与电力需求出发，优化全国分地区的煤电运系统结构与布局，开发了负荷预测、电源优化、煤电运系统优化等 8 个数学模型和软件，论证了三峡水电站的经济合理性。

2．三峡电力系统网络结构，从能源规划、电源规划，以及输电网络结构规划三个层次进行研究，并提出了输电系统网络结构规划的原则、理论方法、数学模型和计算软件，得出三峡输电系统网络结构优化方案。

3．多大区电力系统互联及运行性能分析，研究了互联系统的稳定水平分析，有功——频率动态过程分析及低频减载装置的整定，负荷频率分散控制、联络线功率振荡及其控制，交直流并列运行直流功率控制。

4．三峡工程交直流混合输电系统的仿真，采用非实时数字仿真为主，适当扩充已有物理仿真，开发了 20 个实用程序。

5．电力系统对三峡电站电力设备运行参数的要求及网络可靠性。

6．提高三峡电力系统安全稳定运行综合技术措施。

7．长江上中游及邻近地区水电优化开发及对三峡电站的影响。

8．水电站群优化补偿调节与三峡水库综合利用（防洪、发电、航运等）优化调度。

9．三峡梯级电站短期优化运行，研究了三峡多机组大容量梯级电站在联合电力系统中的短期优化运行、三峡梯级电站超短期优化运行、三峡梯级电站发电航运综合短期优化，三峡工程计算机监控系统方案等 4 方面的内容。

10．三峡工程重大动能经济问题，研究内容包括从三峡工程与国民经济发展看三峡工程投资的宏观经济效益，评价三峡工程财务可行性在三峡电站实行分时电价的意义，三峡工程的投资分摊及集资方式和三峡电站季节性电能的合理利用等。

（九）规划（含防洪、水文）及综合效益研究

这一部分主要研究以三峡工程为核心的长江防洪系统、三峡工程的综合效益及三峡地区开发规划等内容。

1．长江防洪系统的研究，包括长江水文水情研究，其内容为防洪基本资料、洪水随机模拟、暴雨洪水预报等。根据长江水文水情资料以系统工程的概念和方法将宜昌以上支流的水库群、三峡水库，宜昌以下的堤防工程及分蓄洪区组成一个完整的防洪系统来研究。通过建立长江防洪系统模拟模型、防洪效益计算模型、水资源系统优化分析模型和防洪效益风险分析模型进行研究，结果认为三峡工程可能有效地控制宜昌以上的洪水，是长江防洪系统中不可替代的重要组成部分。

2．三峡工程的综合效益研究包括了以下的内容：①投资研究；②防洪效益分析；③航运效益分析；④财务评价研究；⑤国民经济评价研究；⑥关于国家经济承受能力分析；⑦对国家、地区、部门的影响分析；⑧经济风险研究；⑨投资决策支持系统研究；⑩多目标系统评价；⑪三峡工程与中线南水北调的关系；⑫大型水利水电工程经济评价情报信息研究；⑬超大型工程多目标决策理论与方法研究。

3．三峡地区开发规划研究包括下列内容：①三峡地区经济社会发展战略，包括经济发展目标、社会发展目标、科技发展目标、生活发展目标及生态环境目标；②三峡地区农业发展规划要点，包括粮食生产、经济作物、果品、土特产资源、林业、畜牧业、草山草坡、渔业及农村能源等的开发规划要点；③三峡地区工业交通开发规划要点，包括交通运输业和工业结构调整等的规划要点；④社会发展规划要点，包括人口控制规划要点、教育发展要点、文化卫生事业发展规划要点和科技发展规划要点；⑤服务体系发展规划要点；⑥其它有关问题及政策措施，包括三峡工程移民与地区开发的关系，库区移民投资分析和资金使用管理办法以及对三峡地区开发的适度优惠政策和建立经济开发试验区等。

（十）生态与环境问题及库区移民问题

长江流域是一个完整的大生态系统，三峡工程的兴建对这个大生态系统到底会产生怎样的影响，这是国人所关心的问题，早在50年代长委会在编制长江流域规划要点及三峡水利枢纽初设要点时就对一些生态和环境因素如水质、水生生物、陆生生物、自然疫源、回水影响、水库淹没、岸坡稳定、库区移民和人类活动进行了一些调查与研究，但作为一个大系统来研究还是论证工作开始后的事，研究的内容包括：

(1) 三峡工程对长江水域生态的影响和对策；

(2) 三峡工程对长江沿岸地区陆地生态的影响和对策；

(3) 三峡工程对长江水生生物和珍稀物种的影响及对策；

(4) 三峡工程对下江段和长江中下游湖泊及低洼地区环境的影响和对策；

(5) 三峡工程对河口生态与环境的影响及对策；

(6) 三峡工程对库区环境地质的影响和对策；

(7) 三峡工程对库周地区气候与水文的影响和对策；

(8) 三峡工程对库区环境污染及人群健康的影响和对策；

(9) 三峡库区水土流失现状趋势对生态环境影响及对策；

(10) 三峡工程对生态与环境影响的综合评价。

并应用遥感资料编制了库区环境地图集。

三峡库区移民是一极复杂的问题，自1985年以来对库区开展了广泛的调查研究，工作的广度和深度均是空前的，在调查研究的基础上，着重开展了下列几方面的分析研究：

(1) 移民环境容量的分析，包括土地承载能力的分析，二、三产业及城镇环境容量；

(2) 库区农村移民安置的去向；

(3) 库区城镇、工矿企业、交通、电力、通信及文物古迹的迁建和恢复重建的规划意见；

(4) 库区淹没处理投资估算；

(5) 三峡库区移民政策措施的研究。

由于三峡水库移民问题是一个涉及社会技术经济多学科的复杂系统工程，又是三峡工程的重要组成部分，如何贯彻开发性移民方针，在开发内容、资金利用与效益、实施办法、管理体制等方面，必须进一步深入研究。

总观三峡工程科研工作十年来的工作，丰硕的三峡科研成果为三峡工程可行性论证及三峡工程可行性报告的编制提供了可靠的依据。见附件1、附件2。

（工程技术部　储传英、张光树、谭承敏、尹庭伟）

附件1：

三峡工程科研经费的使用与管理

三峡工程的科研工作，从建国以来，一直受到中央领导的重视和关怀。在全国各个部门、科研单位和高等院校的支持与配合下，开展了大量的科学技术研究，取得了丰硕的成果，为工程设计提供了科学依据。

三峡工程科研项目的设立与管理，大体分为三部分：①国家重大科技攻关项目；②重大装备项目；③一般设计施工项目。第一、二项分别由国家科委和国家重大装备领导小组组织进行，第三项由总公司组织管理和实施。

设计施工科研的实施，主要分四个步骤进行：①编制科研计划；②确定承担单位；③签订科研合同；④合同管理。科研经费确定，根据科研项目的研究内容、所需的人力、物力和时间等，在签订科研合同时，由承担单位做出每个项目经费概算，由总公司科研处具体管理人员对合同的经费概算，逐项进行审核，并提出意见，报总公司主管科研负责人审定。合同签定后经费的拨付，先由科研处管理人员开发“拨款通知单”送总公司主管科研负责人、计划合同部和财务部负责人签字后再由财务处在三峡建行办理拨款事宜。经费的支付，一般按签定合同后先拨付30%，中间拨付40%，最后在提供成果后拨付30%。

科研经费的使用，总公司制定的科研管理办法中规定专款专用，不得截流与挪用，若有这类事件发生，拒付拨款。科研管理人员到承担单位进行检查了解，年终承担单位向总公司汇报年度经费使用情况，合同结束验收时，承担单位要提出经费决算报告进行审查。

附件2：

十年来三峡工程科研项目统计

表1 **1985年三峡工程前期专项科研课题统计**

课题名称	起止时间	承担单位
三峡工程泥沙与航运关键技术的研究	1985．10～1986．10	水利科学院、南京科学研究院等
三峡工程水工建筑物(包括水文)关键技术研究	1985．9～1987．12	长江水利委员会、河海大学等
三峡工程施工关键技术和重大施工机械的研究	1985．9～1986	长江水利委员会、长委科学研究院等
三峡水电站大型机组、超高压输变电和综合自动化技术与设备的研制	1985．10～1990	长江水利委员会
三峡工程对生态与环境的影响及其对策研究	1985．4～1987．3	中国科学院、华东师范大学等
三峡工程的地质与地震问题研究	1985．12～1986．12	水电部科技司、地矿部水文地质司
未来三峡省经济社会发展规划研究	1985．10～1986	中国社会科学院
三峡工程电力系统规划及综合效益研究	1985．9～1987	长江水利委员会、北京能管所
三峡工程综合评价、经济分析及其软课题研究	1985．11～1986．11	国家科委研究中心

表2 **“七五”长江三峡工程重大科学技术研究课题统计**

课题名称	起止时间	主持部门
三峡工程泥沙和航运关键技术研究	1986～1990	水利电力部、交通部
三峡工程库坝区地质和地震问题研究	1986～1990	地质矿产部、水利电力部、国家地震局
三峡工程水工建筑关键技术研究	1986～1990	水利电力部
三峡工程施工关键技术研究	1986～1990	水利电力部、中国三峡工程开发总公司(筹)
三峡工程电力系统规划及关键技术研究	1986～1990	水利电力部
三峡工程生态与环境的影响和对策研究		中国科学院
三峡工程防洪问题和综合利用效益研究	1986～1990	国家科学技术委员会、水利电力部

表 3 “七五”国家科技攻关三峡工程施工关键技术研究课题统计

专题名称	起止时间	承担单位
三峡工程施工关键技术研究		中国三峡工程开发总公司（筹）
三峡工程二期深水高土石围堰施工技术研究	1986．1～1990．12	长委科学研究院、基础公司葛洲坝工程局等
三峡工程三期碾压混凝土围堰高强度施工技术研究	1986．9～1989．6	广西岩滩水电建设公司、水利科学研究院等
三峡工程人工制砂新工艺	1986．1～1990．6	长江水利委员会、葛洲坝工程局等
三峡工程坝体混凝土快速施工技术研究	1986．1～1990．12	长江水利委员会、葛洲坝工程局等
三峡工程陡高边坡开挖加固技术研究	1986．1～1990．12	长江水利委员会、长委科学研究院等

表 4 “七五”国家科技攻关三峡工程泥沙与航运关键技术研究课题统计

专题名称	起止时间	承担单位
三峡水库来水来沙条件的分析研究	1986～1990	长江水利委员会水文局、南京大学、武汉水利科学院
三峡回水变动区泥沙冲淤、河床演变及对防洪和航运的影响及其对策研究	1986～1992	长委科学研究院、水利科学研究院、南京科学研究院
坝区泥沙及通航条件的研究	1986～1988	长委科学研究院、南京科学研究院等五个单位
原型观测及原型观测新技术的研究	1986～1990	长江水利委员会、水文局、长江航运局
三峡水库下游冲刷引起的水位降低及其对下游和河口地区的可能影响	1986～1993	长江水利委员会、水文局、长江航运局
泥沙数学模型及糙率的研究	1986～1990	国际泥沙研究培训中心等三单位
航运经济和营运研究	1986～1990	长江航运局、水利水电规划总院
两坝间(葛洲坝～三峡)通航水流技术标准试验研究	1986～1990	长委科学研究院、西科所、水利水电总院

表 5 三峡工程“七五”重大技术装备研究课题统计

专题名称	起止时间	承担单位
大型专用施工机械设备	1988．1～1990．12	水电基础公司
三峡水电站机电设备选型及参数计算优化技术	1988．1～1990．12	长江水利委员会
发电机参数优化	1988．1～1990．12	长江水利委员会
三峡电气结线可靠性技术研究、电气设备及主要参数优选	1988．1～1990．12	长江水利委员会
水轮机及通流部件优化计算及运行性能的研究	1988．1～1990．12	长江水利委员会
水轮机同台对比试验及原模型验收技术	1988．1～1990．12	长江水利委员会
三峡超大型机电设备安装技术	1988．6～1990．12	水电部机电所
三峡水电站水、机、电过渡过程与最佳调节方式的研究	1988．1～1990．12	水利水电科学研究院
三峡水电站综合自动化系统工程试验与研制	1988．1～1990．12	水利科学研究院
三峡水轮发电机 6000t 级推力轴承研制	1989．11～1992．2	东方电机厂等
三峡升船机关键技术研究	1988～1991	洛矿、二重、长委、上海交大等

表 6　1987 年三峡工程前期专项科研课题统计

课题名称	起止时间	承担单位
规划及综合经济研究	1987.1～1990.12	长江水利委员会、中国科学院等
泥沙与航运问题研究	1987.1～1990.12	长委科学研究院、南京科学研究院等
三峡工程地质及岩石力学研究	1987.1～1990.12	长江水利委员会勘测总队、长江水利委员会等
三峡工程水文预报及设计洪水研究	1987.1～1990.12	长江水利委员会水文局
水工建筑物问题研究	1987.1～1990.12	长江水利委员会等
升船机主要技术问题试验研究	1987.1～1990.12	长江水利委员会、大连理工大学等
超大型金属结构及机械设备主要技术问题研究	1987.1～1990.12	长江水利委员会、上海交通大学等
机电及自动化技术研究	1987.1～1990.12	长江水利委员会、华中理工大学等
施工技术及建材研究	1987.1～1990.12	长委科学研究院、葛洲坝工程局等
三峡工程对环境主要影响因素和对策研究	1987.1～1990.12	长江水利委员会水保局、长江水利委员会等
三峡工程管理及其他研究	1987.1～1990.12	葛洲坝水电学院、长委科学研究院等

表 7　1990 年三峡工程前期专项科研课题统计

课题名称	起止时间	承担单位
三峡工程泥沙与航运问题研究	1990.10～1991.6	长委科学研究院、交通部、三峡办等
三峡工程水文预报方法及设计洪水研究	1990.10～1992.6	长江水利委员会水文局、河海大学
三峡枢纽水力学研究	1990.10～1991.10	长委科学研究院、南京科学研究等
三峡坝区工程地质及岩石力学研究	1990.10～1991.10	长江水利委员会勘测总队、长委科学研究院
三峡枢纽建筑物结构及建筑物安全监测研究	1990.10～1991.10	长委科学研究院、南京科学研究院、长江水利委员会
升船机关键技术研究	1990.10～1991.12	长江水利委员会、长委科学研究院等
三峡机组自动化技术研究	1990.10～1991.7	长江水利委员会
三峡工程建筑材料及施工的规划研究	1990.10～1991.6	长江水利委员会、葛洲坝水电学院、葛洲坝工程局
三峡工程规划及综合经济研究	1990．10～1991．10	长江水利委员会、长委科学研究院
三峡工程对生态环境影响研究	1990．7～1991．6	长江水利委员会、水保局
三峡工程数据库及管理系统	1990．12～1991．12	长江水利委员会、长委科学研究院

表 8　1991 年三峡工程前期专项科研课题统计

课题名称	起止时间	承担单位
三峡工程水文预报、设计洪水及综合技术经济研究	1991．11～1992．11	长委科学研究院、长委会水文局等
水库、河道泥沙问题研究	1991．11～1992．11	长委科学研究院、长委会水文局等
水工建筑物问题研究	1991．11～1993	长委科学研究院、河海大学等
三峡工程坝基处理、库坝区滑坡与变形监测技术研究	1991．7～1993．4	长委会勘测总队、长委科学研究院等
加快施工进度技术研究	1991．10～1993．9	长江水利委员会、长委科学研究院
船闸及高边坡主要技术问题研究	1991．11～1993．11	南京科学研究院、河海大学等
三峡生态环境及其改善措施研究	1992．7～1994．3	中科院成都分院
三峡工程管理及其他课题研究	1991．11～1993．7	华工理工大学、华东师范大学等

1991～1993 年
表 9　三峡工程施工科研项目统计

课题名称	起止时间	承担单位
准备工程	1990～1993	武汉测绘学院、河海大学
主体工程	1990～1993	重庆交通学院、葛洲坝水院
施工机械	1990～1993	杭州机电研究所、水电基础公司
工程管理	1990～1993	河海大学

三峡工程输变电工程重大科技课题

前　言

三峡工程输变电工程涉及的供电区域范围广，工程建设持续时间跨度长，具有特殊的艰巨性和复杂性。因此，输变电工程规划设计建设过程要紧密与科学技术开发相结合，引进、吸收当代国内外先进的电力系统技术和经营管理成果。

根据《三峡工程输变电工程设计工作纲要》，提出三峡输变电工程重大科技课题，并按此组织各有关科研单位参加和做好课题的攻关工作。

为配合三峡输变电工程的设计，国家科委、能源部针对三峡工程具有多目标综合开发，技术难度大的特点，在电力系统规划、设计以及输变电设备等方面进行了广泛的研究。现将科题名称及主要内容转录如下：

（一）国家科委直接安排的课题

1．三峡电力系统能源规划与电源规划研究（编号：85—16—05—01）

（1）三峡电力系统负荷发展研究；

（2）三峡电站在全国电力规划中的的地位和作用，三峡电站供电范围及供电容量优化研究；

（3）三峡供电区能源发展规划；

（4）全国 2000～2020 年各大区电源发展规划研究。

2．三峡电站输电网络研究

（1）三峡电站向华中、华东的输电方式研究；

（2）三峡电网与全国联网的输电网络研究；

（3）三峡交直流输电运行问题研究；

（4）三峡输电网络的无功补偿措施方案研究；

（5）三峡输电网络的短路电流水平及限制措施研究；

（6）三峡电站结线的结构及对三峡输电网络结构的影响；

（7）三峡电网规划数据库及电网规划程序完善及新模块的开发；

（8）从全国联网的全局研究三峡是否出特高压的输电线。

3．三峡电站远距离输变电关键技术研究（编号：85—16—05—03）

（1）交流和直流高压送电线的合理送电能力研究；

（2）三峡电站及输电绝缘配合问题研究；

（3）跨江线路工频电场对航运安全的影响；

（4）交直流工程线路电磁干扰研究。

4．三峡跨流域调度和集中控制技术（编号：85—16—05—04）

（1）三峡电站跨流域调度技术及效益分析和方案研究（包括水火电）；

（2）跨流域调度集中控制的通信系统布局研究（包括综合数据传送）；

（3）三峡电站综合调度研究（包括发电、防洪、航运）；

（4）三峡电站调度自动化研究。

5．三峡电站调峰作用及最终容量的研究（编号：85—16—05—05）

（1）供电范围及其邻近地区水火电峰能力及其合理布置研究；

（2）系统内可调峰大型水电站配合运行方式研究；

（3）防洪、航运、排沙对三峡调峰方式约束及对三峡装机容量影响分析；

（4）三峡电站与葛洲坝电站配合运行方式研究；

（5）长江上游远景大水库、电站修建对三峡电站运行方式及装机容量影响的研究；

（6）三峡电站调峰作用及最终容量的经济分析及风险分析。

（二）能源部安排课题

1．大截面、大容量送电的研究（编号：BSD85—01）

（1）600mm² 及以上截面导线及分裂型式的计算研究；

（2）配套的金具研究；

（3）大截面分裂导线电晕及防止对策的研究；

(4) 大截面导线防振研究。

2. 大跨越的研究（编号：BXD85—02）

(1) 跨越塔型结构的研究；

(2) 相应塔型基础的研究；

(3) 跨越导线的研究（输电能力的优化匹配，不形成卡脖子段）；

(4) 配套的金具研究；

(5) 防雷防振措施的研究；

(6) 导线上航空障碍标志的研究。

3. 输电冰害、舞动、污秽及防治对策的研究（编号：BXD85—03）

(1) 鄂西北地区冰害调查及形成机制的研究；

(2) 川东地区冰害调查及形成机制的研究；

(3) 输电冰害防治对策的研究；

(4) 大截面导线舞动防止对策的研究；

(5) 防污闪技术研究。

4. 交直流输变电新技术新设备的研究（编号：BSD85—04）

(1) 可控串联补偿、电力移相器等灵活交流输电装置的研究；

(2) 500kV 变电所应用 GIS 的研究；

(3) 500kV 变电所应用双机系统的计算机监控方案的研究；

(4) 多端纯直流输电系统技术的研究；

(5) 三峡系统采用 500kV 紧凑型和同杆多回路输电线路的研究；

(6) 水泥杆型及新钢塔型技术的研究；

(7) 采用直升飞机施工新技术的研究及应用。

5. 三峡继电保护的研究（编号：BSD85—05）

(1) 三峡输电系统继电保护配置方案研究；

(2) 适用于串联补偿输电线路，使用新型继电保护装置研究；

(3) 直流输电系统继电保护配置方案研究；

(4) 三峡输电系统的重合闸方式及最佳重合闸时间方案研究；

(5) 谐波对继电保护影响及防治对策研究。

6. 三峡系统安全自动装置的研究（编号：BSD85—06）

(1) 三峡电站输电系统稳定控制方案研究；

(2) 三峡电站输电系统交直流混合输电时对安全稳定控制系统方案研究；

(3) 适用于三峡电站输电系统的新型安全稳定控制装置研究。

（三）电力系统经济方面

1. 从三峡及其邻近地区的能源合理布局出发研究三峡电站电力电量的合理分配（编号：BSD85—07）

(1) 不同的电力、电量分配方案对三峡及邻近地区能源系统的影响（能源结构变化、经济性、区域间能源交换、环境等）；

(2) 三峡电站提前或拖后投产对三峡及邻近地区能源系统的影响；

(3) 在不同水文年、三峡枯水期容量和电量补偿的研究；

(4) 三峡电站季节性电能利用的研究。

2. 三峡电站接入系统及三峡电力系统骨干网架研究（编号：BSD85—08）

(1) 三峡电站接入系统方案论证；

(2) 三峡电站送出工程项目建设次序优化；

(3) 三峡电力系统骨干网架的形成及发展研究；

(4) 三峡电站主接线的可靠性研究；

(5) 三峡电站出线走廊及过江总的选择研究。

3. 三峡输电系统定性问题及提高稳定性措施的研究（编号：BSD85—09）

(1) 三峡输电系统稳定性（角度、电压）分析及其新方法新模型研究；

(2) 三峡电站发电机组参数、励磁系统、调速系统及各种稳定器应用的研究；

(3) 三峡电力系统事故后恢复措施的研究；

(4) 三峡系统无功补偿及电压水平控制研究。

4. 三峡电站大区联网经济效益分析方案选择（编号 BSD85—10）

(1) 三峡供电系统与华北系统的联网效益分析和方案选择；

(2) 三峡供电系统与华南系统的联网效益分析和方案选择；

(3) 三峡供电系统与西北系统的联网效益分析和方案选择；

(4) 三峡电网与其他电网互联方式与结构的研究；

(5) 三峡供电系统与西南系统的联网效益分析和方案选择。

（四）电力系统通信方面

1. 三峡电力系统调度及自运化研究（编号：BSD85—11）

(1) 三峡电力系统调度管理原则、关系、体制和分层控制功能的研究；

(2) 三峡电力系统中长期水火电优化调度的研究；

(3) 三峡电力系统经济调度和安全分析；

(4) 三峡电力系统计算机在线控制系统的研究；

(5) 三峡电站投运对华中、华东、四川电网调度运行管理的影响；

(6) 三峡电站与葛洲坝电站梯级调度管理系统研究；

(7) 三峡电站调峰调频方案研究；

(8) 三峡电力系统与相关电网调度自动化系统计算机信息交换方案研究；

(9) 三峡电力系统调度管理控系统配置及功能研究；

(10) 三峡电网电能计量管理准则及系统方案研究；

(11) 三峡电站远动与监控系统方案研究。

2．三峡电力系统调度通信研究（编号：BSD85—12）

(1) 三峡电力系统调度通信与现有通信网间的协调及通信优化研究；

(2) 现代化通信新技术调研及对三峡通信的影响；

(3) 三峡电力系统调度通信需传递的信息技术要求、流量流向研究；

(4) 电力线载波频率分割装置的研究；

(5) 采用相分裂导线开设电力线载波通道的研究；

(6) 采用地线复合光纤通信方式的研究；

(7) 各种通信方式（微波及地线复合光纤等）的比较；

(8) 采用地线复合光纤运行线路故障及绝缘子在线监测技术的研究。

（五）电网为三峡工程筹集资金及经济方面

1．葛洲坝电站为三峡工程筹资上网电价调整方案的研究（编号：BSD85—13）

(1) 葛洲坝电站电价和财务（包括债务）状况的调查；

(2) 葛洲坝电站上网电价的研究；

(3) 葛洲坝电价调整对偿还债务及对三峡工程筹资作用的研究。

2．华中电网电价调整承受能力及对策研究（编号：BSD85—14）

(1) 华中电网电价的现状及用户支付电费的情况调查；

(2) 葛洲坝电站上网电价调整而用户电价不调整，对华中网局财务情况的影响；

(3) 上网电价调整对用户承受能力的影响；

(4) 对策研究。

3．三峡输变电工程造价及受物价影响的风险分析（编号：BSD85—15）

(1) 输变电工程的实物量及投资估算；

(2) 输变电工程的实物量分解；

(3) 输变电工程的实物量变化的风险分析；

(4) 价格变化对输变电工程投资的风险分析；

(5) 汇率变化对输变电工程投资的风险分析；

(6) 上述风险的对策研究。

4．三峡工程自我筹资能力及风险分析（编号：BSD85—16）

(1) 三峡工程建设期内各年发电量；

(2) 三峡工程售电收入及上网电价、电网承受能力；

(3) 三峡工程建设期内售电收入可用于投资的数量。

5．三峡工程利用外资及风险分析的研究（编号：BSD85—17）

(1) 利用外资的渠道及吸引外资的政策；

(2) 利用外资的数量及偿还方式。

6．三峡工程使用银行贷款及风险分析的研究（编号：BSD85—18）

(1) 贷款数量及可能性；

(2) 贷款利率及还款期、偿还方式。

7．三峡工程发行债券及风险分析的研究（编号：BSD85—19）

(1) 发行债券的可行性及潜力；

(2) 发行债券的数量、方式、种类、利率及偿还方式；

(3) 发行债券对国家经济的影响。

8．三峡工程发行股票及风险分析的研究（编号：BSD85—20）

(1) 发行股票的可行性及潜力；

(2) 发行股票的数量、方式、种类；

(3) 三峡工程股票的交易、流通、分红、股东权限问题的管理方法及政策。

生态环境与文物保护

1993年生态与环境保护工作

（一）概况

三峡工程建设将对三峡库区及长江流域的生态与环境产生广泛而深远的影响，为国内外所关注。

在中国三峡工程开发总公司筹建期间，总公司筹建处对生态与环境保护工作一直十分重视。三峡库区环境保护工作主要由原科技情报处兼管，参与并协调三峡工程论证，可行性研究和初步设计审查中有关环境保护部分的论证、研究和审查工作。

在三峡工程论证期间，设有生态与环境专家组。1988年1月提出的《长江三峡工程生态与环境专题论证报告》中指出："三峡工程对生态与环境的影响是广泛而深远的。各因素之间利弊交织，应从流域全局出发进行系统分析和综合评价"。

在诸多因素中，库区移民环境容量是工程决策中比较敏感的制约因素，需要认真对待，慎重处理。在论证中还提出了一些建议。

在三峡工程可行性研究期间，总公司（筹）曾委托中国科学院环境评价部及长江水资源保护科学研究所进行环境影响评价。1991年12月他们提出了《长江三峡水利枢纽环境影响报告书》。《报告书》明确指出："三峡工程涉及因素众多，相互关系复杂。工程对库区及长江中下游乃至河口地区生态与环境，都有不同程度的影响。"认为工程的兴建，对环境的有利影响主要在中游，不利影响主要在库区。库区移民环境容量是工程决策中比较敏感的制约因素。总的结论是："三峡工程综合效益巨大；对生态与环境的不利影响，大多数在采取对策和措施后可以大大减免；生态与环境问题不影响工程的可行性。"该《报告书》上报国务院，连同《国务院关于提请审议兴建长江三峡工程的议案》及其它文件，一并报请第七届全国人大第五次会议审议。

1993年7月26日，国务院审查批准了《长江三峡水利枢纽初步设计报告（枢纽工程）》。《初设报告》第十一篇为《环境保护》，对三峡工程可行性研究报告和环境影响报告的主要结论，进行了认真的复核，认为是可信的。总的评价结论是："三峡工程对生态与环境的影响是广泛而深远的，工程的综合效益是大的，对不利影响采取对策措施可以减免，生态与环境问题不影响工程建设的决策"。

1993年9月27日，中国长江三峡工程开发总公司正式成立后，即着手组建环保机构。同年11月30日，总公司以三峡人字〔1993〕第64号文通知决定成立环境及文物保护委员会，由贺恭副总经理兼任主任、副主任程山、执行委员王儒述、委员高家衡、汪大彬、李福源等。在总公司领导下，沟通上下左右，设计施工及条块关系，开展三峡工程环境及文物保护工作。在工程建设部还设有环境保护处负责施工区环境保护的日常工作。

（二）1993年生态与环境保护工作

1993年1月8日水利部《水利简报》第6期以"三峡坝址上游茅坪溪污染严重"专题，上报中共中央、人大常委会、国务院、中央军委，列举茅坪溪被污染情况。由于茅坪溪沿岸有22家造纸厂和两座黄金矿，全年废水排放量超过160万t，据1992年8月～12月长江流域水环境监测中心现场监测资料，河水已受到严重污染。其中九里坪河段河水呈强碱性，化学需氧量值超过五类水质标准值38倍，5日生化需氧量超过50倍，挥发酚超过8倍，水体油度达7200，呈酱油色。纸厂和金矿，生产工艺落后，废水直接排入江河，水污染影响三峡坝区生态环境和三峡工程建设。希望地方环保部门切实抓好污染源监督管理，认真落实污染源治理的各项措施和办法，保护好三峡库区水环境。宜昌市环保局1993年2月25日向宜昌市委、市政府书面汇报，并要求秭归县委、县政府尽快提出治理计划和实施措施。三峡总公司（筹）为敦促湖北省、宜昌市两级人民政府及环保局重视茅坪溪防护区环境污染问题，曾于1993年4月14日送发《关于茅坪溪防护区环境污染情况和防治意见的函》，建议地方环保部门根据环保法规，切实抓好污染源的监督管理，认真落实污染源治理的各项措施，限期改造设备工艺落后的厂矿企业，保护好三峡库区水环境。

为做好三峡施工区环境现状调查、监测及分析评价咨询工作，总公司（筹）委托电力部、水利部中南勘测设计院，从1993年2月开始，对施工区大气、水质、噪声进行监测。大气及噪声按春、夏、秋、冬四季监测，水质按丰、平、枯水期监测，共获得7684个监测数据。1993年5月提出了《长江三峡水利枢纽施工区环境影响初步分析咨询报告》。

1993年三峡工程尚处于施工准备阶段，全年环境现状监测所得资料是：施工区大气环境质量良好，符合国家Ⅰ级或Ⅱ级标准，无超标现象。长江干流水质总体是好的，支流茅坪溪受到严重污染，水质较差，已如前述，并已向有关领导单位汇报，尽快采取有效措施加以改善。左岸田秋鱼油库原设在鹰子嘴水厂上游的100m，为确保生活用水质量，已将油库外迁。施工区内噪声基本未超标，尚无弃碴废水废气污染。

1993年10月3日全国政协副主席钱伟长、文化部副部长王济夫等率全国政协三峡工程文物保护调查团来中堡岛坝址文物考古发掘工地视察，总公司总经理陆佑楣、副总经理李永安等同志陪同在坝址视察。10月5日宜昌市人民政府主持汇报会，汇报三峡工程施工区文物发掘情况，钱伟长副主席对三峡总公司重视并支持文物发掘工作表示满意。

1993年12月9～13日，总公司技术委员会派人参加了三峡工程建设委员会办公室主持召开的“三峡工程环境保护工作会议”之后，结合三峡工程建设实际，委托长江水资源保护科研所编制《长江三峡工程生态环境监测系统规划》及《长江三峡工程施工区环境保护实施规划》；委派中科院环境评价部及长江水资源保护科研所合编《长江三峡水利枢纽环境影响报告书简写本》中英文本。

（技术委员会　王儒述）

关于茅坪溪防护区环境污染情况和防治意见

（1993年4月14日中国三峡工程开发总公司筹建处以三峡筹技字〔93〕第73号文致函湖北省人民政府、湖北省环保局、宜昌市人民政府、宜昌市环保局等单位。）

茅坪溪位于湖北省秭归、宜昌、长阳三县境内，流域面积130km²，主河道长23km。茅坪溪防护区是三峡工程和未来三峡国家公园的组成部分。防护区原有环境污染严重，最近又新建扩建一批厂矿企业，必将进一步加剧防护区大气、水质、土壤等环境污染和生态破坏。必须按照“谁污染、谁治理”、“谁开发、谁保护”的原则，采取得力措施防治污染，保护生态环境。

（一）茅坪溪内现有造纸厂22家，其中县办1家（县人民纸厂），镇办3家，其余18家为村办户办厂。均无污水处理设施，废水（含石灰、烧碱、毛竹腐植质等成份）不经处理直接排入溪内。县办金矿1家，日排含氰剧毒废水200t。虽建有露天污水沉淀池，但时有废水溢漏事故发生，造成水生生物大量死亡。茅坪溪内全年废水排放量超过160万t以上。据长委会三峡水环境监测中心《长江三峡水域环境监测通报》1993年第1、2期报导：茅坪溪溪水属Ⅴ类地表水。其中5日生化需氧量超过地表水Ⅴ类标准50.2倍，挥发酚超过7.95倍，河水呈酱黑色，金属毒物和非金属有害物检出率较高。溪水基本失去使用价值，既不能用于农灌，也不能用于工业和水产养殖，更不能生活饮用。新建茅坪溪改道口在三峡工程右岸生活区上游排入长江，严重污染水厂取水口水质，影响施工人员身体健康。

（二）目前县、镇、村都在防护区内开发自然资源，新建扩建各种厂矿企业，这些企业在建厂前大多未按《环保法》规定做环境影响评价。既无环保设施，又不按“三同时”要求设计、施工和运行，必将进一步加剧环境污染和生态破坏。其中污染较严重的企业有：

1. 县办冥纸厂：是县人民纸厂的扩建工程。已引进外资并动工兴建，计划年产冥纸2400t，将排放大量废水，但无废水处理设施。

2. 县办烟厂：正在审批中，计划年产20万大箱，今年年产2万大箱，将排放大量废气。

3. 县办水泥厂：在距茅坪镇18km左右的陈家。计划年产砌墙用50～100号水泥10000t。排放大量粉尘废气，严重污染周围2000多亩蔬菜、脐橙基地。

4. 村办石灰厂：已有庙沟、四溪、日月坪3家。计划在四溪村（距茅坪镇30km左右）再建1座大型石灰厂，将排放大量废气污染周围农村。其中日月坪村石灰厂，将破坏风景胜地“五龙抢珠山”。

5. 县、镇、村办采石场：遍地开山采石，其中四溪村采石场计划年产石料100万m³，堆放在大溪竹景公园内，严重破坏景观。

（三）李鹏总理1992年11月视察三峡坝区时指出：“要把三峡地区建成国家级公园，要保护好茅坪保护区。”在开发建设的同时，必须认真保护生态环境及国家旅游资源，保障当地居民和三峡工程施工人员的身体健康。请省市地方政府及环保部门支持重视，并建议采取如下措施：

1. 广泛宣传有关环境保护政策法规，做到有法必依，执法必严，违法必究。

2. 新建扩建企业一定要做好环境影响评价工作，对污染严重的村办户办企业亦应进行环境影响评估，坚持经济建设和环境保护协调发展的方针。

3. 严禁在风景区内建采石场，已有采石场应限期停产转移。严禁在蔬菜、水果基地兴建有严重污染的企业。

4. 根据“谁污染、谁治理”的原则，对污染严重的造纸厂、金矿等，必须采取坚决措施进行综合治理，茅坪溪应采取排污总量控制法治理，实行发放排污许可证制度。对超标排污企业应限期治理。对限期治理仍不能达标者，应即关闭或转产。

5. 茅坪开发区必须实行“谁开发、谁保护”原则。新建工矿企业，必须选择无污染或少污染企业，贯彻执行基本建设项目的“三同时”原则。限期迁移或停止已建在建的污染严重的企业。

6. 茅坪溪污染问题已引起有关部门重视，秭归县人民政府和县环保局正在积极采取措施进行防治。建议省市人民政府和环保部门在环保投资上给予政策性倾斜，在人力物力上给以必要支持，使茅坪溪河水早日治理达标，切实保护好生态环境。

关于做好三峡工程库区文物保护前期工作有关问题的通知

（本通知由国务院三建委移民开发局于1993年10月8日以国峡移发〔1993〕第80号文通知湖北省三峡工程移民开发局，四川省三峡工程移民办公室，三峡库区各市、地、县、区移民局（办）参照执行）

三峡工程库区文物是国家宝贵财富，内容丰富。虽经几十年的工作但只是对地面文物比较清楚，地下文物状况掌握资料较少。三峡工程正式开工在即，有计划的处理水库淹没和移民安置任务必须与工程进度相协调，如不高度重视和抓紧工作，将难以防止重点文物被淹没和破坏。为此，做好水库淹没区和安置区文物保护工作是各级移民机构应负的责任；各级移民机构工作人员做好文物保护工作，是执行国家文物保护法应尽的义务；也是各级移民工作人员爱祖国、爱人民和具有历史唯物主义精神的体现。目前库区各县正在进行水库淹没处理及移民安置规划，其中有关库区文物古迹调查、发掘、迁建、保护规划，要在国家和省市文物主管部门的指导下，做好专项编制，单独上报，除长委会复核外，还要经国家文物主管部门审核。根据目前各县规划进行情况，特提出如下要求：

1. 文物古迹是不可再生的宝贵历史财富，若有失误，将造成不可弥补的损失。各级移民机构应组织全体人员重新学习《中华人民共和国文物保护法》，做到有法必依，执法必严，违法必究，高度重视保护国家文物，全面贯彻国务院发布的《长江三峡工程建设移民条例》。

2. 认真进行受淹文物古迹的调查，积极配合文物主管部门查清文物古迹的名称、地点、地面高程、范围、年代、种类、数量、级别和历史、艺术、科学价值。

3. 积极配合文物规划单位对地面文物进行全面评价，提出保护、迁建等处理方案的建议。

4. 对地下文物古迹，按照“重点保护、重点发掘”和满足工程进度先淹先发掘的原则，积极做好各项配合工作。

5. 对库区洪、枯水碑刻、题记，要配合做好有关专业学科的评价和提出保护、迁建、安置等处理方案的建议。

6. 结合三峡工程进度，本地迁建规划实施步骤，提出受淹文物古迹分期分批分级处理的时间序列的建议。要切实增强保护文物的观念，把保护文物和发展旅游，保护文物和建设新的名胜景点，保护文物和复制古董区别开来，特别在资金渠道上要分开，确保国家保护文物的投入真正用到保护文物上。

7. 在安置区虽不受水库淹没，但为实现安置搬迁规划必然要占用土地，包括城市、集镇、公路复建、企事业单位新址等移民工程基本建设用地范围内的地面、地下文物，都应和受淹文物同样重视。特别要注意做到，对所选新址要请文物部门做出对文物影响的评价，能避开的避开，实在避开不了的，要主动配合文物部门提出处理方案，并按规定权属批准后方可做为总体规划的附件一并报批。

8. 作好防止破坏的工作。各级移民部门在淹没区和安置区中，如发现有破坏地面、地下文物的情况或苗头时，应及时、主动向文物主管部门和上级移民机构及政府报告，并积极协助做好保护和抢救工作。在各项移民工程建设施工中，如发现有文物及古迹露头时，要主动与承发包单位联系及时保护现场，防止破坏并报文物部门鉴定处理。

9. 文物保护规划前期工作时间十分紧张，有条件和看得准的地方应尽早开展工作，在前期工作费用上要千方百计保证按合同期限到位。

三峡工程淹没区文物保护规划大纲

（本《大纲》由国家文物局以（93）文物文字第689号文致函国务院三峡工程建设委员会审报）

前　言

我国是世界四大文明古国之一，有着悠久的历史和灿烂辉煌的古代文化。三峡地区富有地方特色、绵延数千年的文物极其丰富，是我国古代文化的重要组成部分。保护好这些祖先遗留下来的丰富的文化遗产，是历史赋予我们这一代人的责任，是惠及子孙、功在千秋、利于人类和民族发展的事业。三峡文物保护工作的成功，不仅涉及到文物本身，而且有利于工程建设和社会发展，将成为三峡工程属于高水平文明工程的重要见证。为了做好三峡工程的文物保护工作，制订科学的规划是非常必要的。因此，我们以历年来三峡地区的文物调查、考古发掘资料和研究成果为基础，制定《三峡工程淹没区文物保护规划大纲》。三峡工程坝区（即工程区）文物保护规划，因三峡大坝施工在即，已报送上级及有关部门。目前尚未得到库区移民新址的有关资料，本大纲不包括此部分工作的文物保护规划，但因移民规划和试点已经进行，该规划的制订也较迫切，将另行安排。

一、编制依据和指导思想

（一）编制依据

《中华人民共和国文物保护法》；

《中华人民共和国环境保护法》；

《国际古迹保护与修复宪章》；

《关于兴建长江三峡工程的决议》；

《纪念建筑、古建筑、石窟寺等修缮工程管理办法》；

《田野考古工作规程》；

国家文物局与财政部、国家计委联合颁发的《考古调查、勘探、发掘经费定额管理办法》；

国家其它有关法令文件。

（二）指导思想

1．鉴于文物的不可再生性，对三峡工程淹没文物要采取得力措施将损失降低到最小程度，尽最大可能进行抢救；

2．鉴于文物保护工作的规律和特点，三峡工程的文物保护工作必须“超前”进行，在保证质量的同时，提高速度，工程建设部门必须积级给予有力配合，保证经费、提供信息，并给予一定的时间；

3．以总体规划、全面抢救为前提，以重点保护、重点发掘为原则；

4．文物迁移必须遵守不改变文物原状的原则；注意保护文物所固有的环境风貌和历史文化传统。

5．考古发掘必须作好全面的科学记录，对出土文物和重要遗迹要积极采取措施予以保护，力争解决重要学术课题；

6．文物保护工作中注意发挥文物作用，促进工程建设和库区经济发展。

二、文物概况

（一）淹没区范围及地貌特征

长江三峡工程淹没区范围上起四川省江津县，下至湖北省宜昌县三斗坪镇中堡岛，涉及湖北省的宜昌、秭归、兴山、巴东；四川省的巫溪、巫山、奉节、云阳、开县、万县、万县市、忠县、石柱、丰都、武隆、涪陵、长寿、江北、巴县、江津、合川和重庆市共22个市县，淹没陆地面积约为632km²，淹没耕地面积35万亩。

淹没区包括著名的三峡峡谷地带，但大部分是长江干、支流两岸较为平缓的宽阔台地，既是现代村落与人口较为密集的地区，也是适宜于古代先民们劳动耕作、休养生息的重要地区。在这些平缓台地上，埋藏着三峡地区绝大部分古代地下遗存，耸立着各种类型的古代建筑。

（二）文物概况

根据对三峡淹没区海拔高程177m以下范围进行较全面的文物调查。目前已知文物点828处（详见附表）。其中地下文物445处，地面文物383处。

地下文物中各类古文化遗址266处，古墓葬（指墓群）179处。

地面文物中寺庙44处，典型民居109处，桥梁66处，石阙2处，塔3处，城墙（或城门）、地址14处，亭、池3处，牌坊3处，纤（栈）道7处，石窟（造像、崖画）19处，石（碑）刻、摩崖题刻91处，近现代典型建筑5处，近现代纪念建筑8处，其它8处。

在三峡淹没区的各类文物中，已经公布为文物保护单位的共155处，其中全国重点文物保护单位1处，省级文物保护单位10处，市、县级文物保护单位144处。

需要说明的是：第一，由于我国目前的文物保护工作是以配合国家经济建设为中心，贯彻保护为主抢救第一的方针，而三峡地区过去没有进行过大的基本建设，所以，与国内其它地区相比，三峡地区的考古发掘和文物保护工作都是比较薄弱的。目前淹没文物中已公布为各级文物保护单位的数量较少、级别也较低，例如：地面文物中的民居，基本都还未列为保护单位；地下文物更是如此，在总数445处中仅14处得列，而其中11处均属兴山县。从兴山、云阳、忠县、奉节、万县市、万县已将地面文物全部或绝大部分公布为县级文物保护单位的情况推断，目前已知的文物点大部分应属县级以上文物保护单位的水平。第二，淹没区内旧石器时代遗址及古生物化石地点、明清时代墓葬群等目前正在调查统计。这些工作完成后，文物点的数量和种类将有所增加。

三、文物保护工作历史及现状

50年代，长办考古队、中科院考古所长江队和湖北、四川两省文物部门在三峡地区进行过一些考古调查，其间进行过一些零星的小规模试掘。50年代末～70年代初，四川省博物馆对巫山大溪遗址的发掘，确定了“大溪文化”在中国考古学文化序列中的地位；对忠县㽏井沟遗址进行试掘，为提出“㽏井沟文化”建立了基础；对涪陵小田溪先秦墓地的发掘，为巴文化的研究提供了实物资料；70年代初～80年代初，为配合葛洲坝工程建设，湖北省文物部门进行过两次考古调查和小面积发掘；1984～1986年，湖北、四川两省为配合三峡大坝的前期工程，对三峡库区海拔高程150m以下范围进行了考古调查；同时，国家文物局组织有关单位对坝区部分遗址进行发掘；三峡工程确定兴建后，国家文物局又组织湖北、四川两省文物部门对三峡工程淹没区进行了一次规模较大的文物普查。

三峡库区地面文物保护工作历年来不断进行。如著名的涪陵白鹤梁枯水题刻，从50年代～80年代末，共进行过3次大的维修保护，使得这一批珍贵的水文资料得以妥善保存；忠县丁房阙和无铭阙，从50年代至今，各进行过2次修缮；石宝寨从1953年以来，每年都要进行保养性维修，同时进行过几次大的维护；白帝城、张飞庙历年也进行了保养和维修；屈原祠、昭君故里从70年代～80年代先后进行过几次修缮。此外，自80年代始还维修大宁河栈道、巴东秋风亭等等。

建国以来，三峡地区的文物保护和考古发掘虽然经过各方面努力，做过一些基础工作，但整个工作还是相当薄弱的。这与三峡地区古代文化在中国历史文化发展过程中所占的重要地位极不相称，也给目前的淹没区文物保护规划的制订及今后的保护工作增加了难度。特别是对地下文物的研究，掌握的还仅仅是一些点的初步情况，整个三峡地区的古代文化序列尚未建立。三峡地区的原始文化类型和相互关系，巴文化的起源、发展特征及巴楚关系、巴蜀关系，三峡地区乃至整个长江流域古代文化与黄河流域古代文化的关系，从而探讨多元一体的整个中华民族古代文明起源及发展史等等，都是在这一地区亟待解决的重要学术课题。

四、文物价值评估

三峡工程淹没区的文物，具有重要的历史、科学、艺术价值是勿庸置疑的，但做出具体评估尚需要全面深入研究，特别是对地下文物，必须经过发掘取得较多资料后，才可完成。因此，这里暂以目前有限的资料和线索，就地下文物、地面文物以及保护工作将产生的社会意义做一较为概括的评估。

（一）具有重大历史和学术价值的古文化遗址和古墓葬

三峡工程淹没区长江干、支流两岸的一、二级台地上，分布着十分密集的古代文化遗址和墓葬群，是自古以来我们祖先生息繁衍之所在。这些地下遗址埋藏延续时间久远，有自己独立的文化发展体系。自石器时代至明清时期，绵延不息。它在整个中国考古学文化链条上是不可缺少的重要环节。有的遗址不仅文化层堆积较厚，而且包含着几个不同时代的文化遗存；有的遗址里并存着同时代或不同时代的墓群；一个墓地沿袭几个不同时代的情况也较多见。如果失去这些表现具有相对独立文化体系，进行对比研究的典型遗址和重要材料，其历史的和地域的空白将是永远无法弥补和替代的。

1．旧石器和古生物化石地点的调查和发掘可望对人类起源等问题做出进一步的解答

建国以来的考古发掘成果表明：早在200万年以前，三峡两岸就生活着我们的原始先民。1985～1988年对巫山大庙龙骨坡猿人遗址的多次发掘，出土的直立人化石、巨猿牙齿及打制石器，证明三峡地区为人类起源的重要地区。研究结果表明，巫山人化石属于直立人的一个新的亚种。此外，在库区范围内的新生代地层及喀斯特洞穴发现多处哺乳动物化石地点，对全面认识三峡地区的地质发展晚期历史和动物区系的环境演变具有重要的历史价值和科学价值。

2．新石器时代文化遗存是多元一体的中华民族原始文化的重要组成部分

三峡地区的新石器时代文化遗存，除了众所周知的“大溪文化”发现地大溪遗址外，在巫山刘家坝遗址、秭归朝天嘴、柳林溪遗址，发现了早于“大溪文化”而相当于湖北宜都县城背溪文化的新石器时代文化遗存，距今约有7000年的历史。在此之后的世界闻名的新石器时代“大溪文化”、“屈家岭文化”以及“龙山文化”遗址的文化特征，也与邻近地区的江汉平原、成都平原同时期遗址的文化面貌有较大差异。尤其是宜昌杨家湾遗址中刻划在陶器上的文字符号，更是研究中国文字起源不可多得的重要资料，因此这一地区应是有望获得汉字起源研究突破性进展的重点区域之一。而巫山以西地区的新石器时代文化，则更是中国史前研究领域里一片有待开垦且定能获得重大成果的处女地。

3.夏商周遗址的发掘将揭示灿烂的古代社会文明，破解巴人千古之谜

80年代，在湖北宜昌中堡岛、秭归朝天嘴、鲢鱼山、路家河、忠县中坝等遗址，发现了相当于中原地区夏商时期的文化遗存。将这些遗址进行系统的发掘研究，对于了解我国的文明发展史，巴人起源以及社会制度的进化演变等，将会提供极其丰富的实物资料和可靠的依据。

据文献记载，三峡工程淹没区是中国古代少数民族——巴族的聚居区。因此，这里是唯一可以解开巴人之谜的地区。多年的研究工作表明，众多的春秋战国时期的巴人遗址，将可了解到巴人发展的历史轨迹。而一些遗址的发掘资料表明，这一带同时又是巴、楚交界之处，亦是研究巴、楚两国政治、经济、军事、文化交流的重要地点。

4.秦汉至明清的丰富地下文化遗存是三峡人民的生产、生活的真实反映，在我国历史上占有重要地位。秦汉以后，中央集权，在湖北、四川广置郡县，浓厚的地方文化特色中，融入了更多的中原文化因素。

三国时期，川东地区作为蜀汉拒吴的军事要塞，地位十分显要，也是国内外三国研究者们极为关注的地区。而这一时期考古工作的重要任务之一，是研究三国蜀汉与东汉时期的文化断代分期。

唐代以后，三峡地区的文化发展已融入整个中华民族古代文化发展的长河中，继续蓬勃发展。明清时期的三峡地下文物以墓葬为主，遍布于长江干、支流两岸的村村寨寨，数量在数千座以上，其随葬品在一定程度上反映了明清时代三峡人民的生活状况。

(二)与雄奇风光相辉映的丰富多彩的地面文物古迹

长江三峡风光驰名中外，星罗棋布的众多文物古迹已成为其有机的组成部分。历代人们在歌咏长江、赞叹三峡，征服大自然的过程中留下无数创作奇迹。淹没区地面文物的历史、科学、艺术价值，以自然胜境和历史悠长依托，尤显珍贵和隽永。

1.古建筑明珠烁目，精彩纷呈

淹没区现存最早的地面建筑是忠县的无铭阙和丁房阙，在全国不足30处的汉阙中占了2处，特别是其重檐结构的建筑特点，国内汉阙中绝无仅有，代表着三峡地区汉阙的一种独特风格。

淹没区现存的古代建筑大多是明清两代的，数量众多的古代民居、楼塔亭坊、寺庙桥梁及城门城墙等，一般依山傍势而建，地方特色非常浓郁，是我国民族文化宝库中的宝贵财富。长江明珠石宝寨修建在孤峰突起、四壁如削的玉印山，12层塔式楼阁依山而起，外观如宝塔，直插云霄，红墙、灰瓦、绿树交相辉映，设计造型别具匠心，是建筑艺术上的一朵奇葩。张飞庙始建于唐代，清同治九年（1870）年毁于长江特大洪水，同年重建。张飞庙周围环境清幽，林木葱郁，占地150亩。山门是独具风格的“斜门歪道”，意寓西望成都，忠于刘汉。主要建筑有结义楼、望云轩、桓侯楼、助风阁、杜鹃亭等。奉节白帝庙始建于唐代以前，西汉末年公孙述据蜀中，闻殿前井中有白龙出，遂自称白帝，改原鱼腹城为白帝城。三国时期刘备伐吴，兵败后退守白帝城，临终时在此托孤于诸葛亮。

大量清代民居如江北县佘家院坝民居群、巫山大昌镇民居群、秭归新滩民居群等，具有鲜明的地方特色，目前仍在使用，是研究我国古代建筑发展史和当地建筑文化的重要实物例证。

长江支流上众多的古代桥梁，型式多样，造型各异，既有多孔石拱桥，又有单孔石拱桥、石梁桥，是研究古代交通史和桥梁史的十分宝贵的历史资料。

2.石刻和石窟造像是雕刻艺术的杰作

淹没区石窟造像和石刻以唐宋时期为代表。开凿于盛唐时期的忠县临江岩摩岩造像，具体体现了这一历史时期科学技术和文化艺术水平，是三峡地区最早的佛教造像，共有三龛，是唐代多见的一佛二菩萨二弟子。我国佛教造像自北魏由印度传入，到唐代传入四川北部，而四川东部和南部，多为宋代以后的摩崖造像。忠县临江岩的盛唐佛教造像，是迄今为止川东发现最早的造像，已辑入《中国美术全集》。元代末年战争频繁，佛教造像在全国范围内已不多见。而农民起义领袖明玉珍在重庆所建大夏政权时期，在重庆南岸开凿的弹子石大佛是独一无二的元代大佛，十分珍贵，在佛教史上独树一帜。三峡第一峡——瞿塘峡入口处南岸的瞿塘峡石刻，布列于长200m，上下宽13m的陡峭崖壁上，有历代楷、隶、草、篆体阴刻

12 幅，气势恢宏，字体苍劲。其中南宋乾道七年刻的“皇宋中兴圣德颂碑”宽 7.2m、高 4.1m、900 余字，是宋孝宗为宋高宗歌功颂德碑，尤为珍贵，是研究宋代石刻艺术和书法艺术不可多得的史迹。

3. 三峡特有的水文文物弥足珍贵

著名的全国重点文物保护单位涪陵白鹤梁枯水题刻，有“世界第一古代水文站”之称，同时也是珍贵的石刻艺术品，被誉为“水下碑林”。它位于涪陵城北长江中，是一道长约 1600m，宽 15m 的天然石梁，江水枯落时才浮现水面。上面刻有自唐广德元年～20 世纪初共 1200 年间 72 个年份的枯水情况，共计 163 段，雕刻石鱼 18 条，故这一文物也俗称为“石鱼”。如将这些材料加以整理，可得出 1000 余年长江上游水位变迁表。类似白鹤梁的长江枯水题刻还有位于云阳城南长江水中的龙脊石，长约 200m，宽 10m，梁上刻有自北宋元祐三年（1088）以来题刻 170 余段。这些水下的题刻，是我国古代劳动人民智慧与艺术的结晶，在世界上也是独一无二的。忠县汪家院子南宋绍兴二十九年洪水题刻，海拔高程 158m，是长江上游有记录的水位最高、年代最早的洪水题刻，也是长江水文研究的重要历史资料。

五、三峡文物的社会意义

淹没区文物所蕴存的历史信息是大量的、多方面的，保护和研究这些文物对环境保护、三峡工程建设、当地社会及经济发展的意义至关重要。

（一）保护文物，建设精神文明

文物是历史的载体，是研究历史的基础，同时，也体现了一个民族的精神。淹没区的文物，在全国乃至世界具有重要地位，同时也为三峡地区的人民所独有，同三峡的山形水势一样已溶进三峡人民以及更广大的民众的血液魂魄之中。保护好三峡文物，可以增强我们民族及这一地区的人民的自尊和自信，增强进取心与凝聚力，对建设精神文明具有非常重要的作用。

（二）保护文物，促进环境保护和新建设

文物反映了人与大自然的关系，关于环境、地质、地震、气象、水文等资料都有进一步探取的可能。例如：在一些遗址不同时代的考古学地层中，有大量的泥沙、鱼骨，如果离开了文物遗存，这些泥沙当然毫无意义，正是各不同时期的文物存在于不同的地层里，使我们得以推出距今数千年以前，大禹时代乃至宋代到近代，三峡地区历史上曾遭受长江特大洪水袭击。这一信息的获得，不仅超出了沿江石刻的年代范围，也超出了史书记载的范围，与较后期的沿江石刻一样，具有直观性和真实性，是探讨历史水文变化规律的直接证据。同时，各个地层中与文物共存的大量鱼骨、兽骨及植物孢粉等，是研究三峡地区在各个历史时期气候变迁、动物群演变进化、植被生长等生态环境的实物资料。还有巴东西襄口墓地反映的地震情况，这些都对三峡以至更广范围的环境保护和包括三峡水利工程在内的各种建设有着非常紧迫的作用和意义。

（三）保护文物，发展旅游经济

长江三峡物华天宝、人杰地灵。在风光秀丽的自然景色之中，点缀着星罗棋布的各类人文景观，构成了三峡地区驰名世界的旅游观光胜景。充分保护利用三峡文物资源，通过地面文物的搬迁复原，重现三峡历史风采，结合地下出土文物的展示宣传，提高三峡文物知名度，辅以三峡新的自然景观开发三峡旅游业（如三国旅游线的开通，三峡水库大坝的开放等），以文物促旅游，以旅游带动三峡地区的工业、农副业和第三产业的启动，进而带动整个三峡地区经济的起飞，将是一条切实可行并且见效迅速的路子。

六、文物保护初步规划

（一）工作方案

1. 在现有资料的基础上继续调查和收集文物及有关资料，并在文物保护工作的全过程中，逐步建立一套完整的文物档案，包括图纸、照片、文字说明、统计表和必要的录像资料、模型等，形成科学的现代化的资料管理体系。在文物保护过程中，还要逐步建设文物资料的保存、整理研究及陈列的场所和系统。

2. 根据已掌握资料，选择重点保护、发掘项目。确定地下文物试掘点进行试掘。进一步掌握三峡地区地下文物种类、文化内涵、文化性质及数量；确定地面文物搬迁保护试点，为今后的保护搬迁积累经验。在此基础上，进行各保护专题和可行性方案论证，充实本规划大纲，完成淹没区文物保护规划。

3. 地下文物保护项目概述

（1）考古勘探：三峡地区古遗址、古墓葬分布范围广、面积大，而这些地下埋藏大部分仅做过地面调查，只有极小部分进行过试掘。并且由于长江历年洪水泛滥，在两岸台地上留下较厚的泥沙淤积层，使得相当一部分遗址及墓葬的情况不被了解。因此，要做好淹没区地下文物的考古发掘及研究，必须采用包括遥感、物探在内的现代化手段进行必要的考古勘探，以便进一步掌握地下文物的各种详细情况，为以后的考古发掘奠定基础。

（2）考古发掘：考古发掘是地下文物保护及研究

的重要手段。考虑到工期、经费及技术力量等原因，拟选择占总面积约10%左右的遗址，30%左右的墓葬进行重点发掘保护。遗址分四种情况：第一种，重要的古文化遗址，进行大面积揭露；第二种，比较重要的古文化遗址，进行局部发掘；第三种，一般性古文化遗址，适当进行小面积发掘；第四种，对于一些情况比较清楚或保存较差的遗址不列入考古发掘计划。

(3) 整理出版：对遗址和墓葬的出土文物进行修复、统计、测试、整理及研究，及时发表发掘简报，对重点的考古资料编写出版专题发掘报告。

(4) 保管及展示：对出土文物进行收藏、登记、入库等保护工作，并建立适当陈列展示系统对文物进行陈列展览，以达到充分发挥文物综合效益的目的。拟在库区建立15～20个博物馆，其中在万县市建立一个省级"三峡历史博物馆"。

4. 地面文物保护工作项目概述

淹没区地面文物的搬迁保护，应视其不同类别和所处的特定地理环境，纳入淹没区移民搬迁的整体规划中。在新城选址、城建规划、环境保护规划中，充分考虑文物搬迁的环境风貌及自然风貌，地面文物的保护主要分为三大类。

第一类，就地保护。地面文物一旦离开了它所处的历史地理位置和环境，其文物价值便会大大降低。因此，凡是具备保护条件的，应尽量采取措施就地保护。如白鹤梁枯水题刻、龙脊石枯水题刻、重庆弹子石大佛、涪陵市涪州城墙、忠县石宝寨、万县钟楼、奉节耀奎塔、白帝城等，可采取围堰筑堤，或加固山体等方法就地保护。

第二类，搬迁保护。地面文物的搬迁保护是再现三峡历史风貌和人文景观的必要手段，应与库区新城的搬迁相结合，在新城内或周围的相应环境中统筹安排。这一类大致分为三个部分：一是整体搬迁。凡是整体结构比较完整的古代建筑如寺庙、塔楼、桥梁、民居等，应搬迁复建到相应的地理环境，如张飞庙、屈原祠、秋风亭、大昌民居群等；二是部分搬迁。一些整体结构不完整而部分构件特别精美的建筑采用局部搬迁保护，如云阳县城墙、石柱县禹王宫、秭归县胡家大屋、兴山县吴宜堂老屋等；三是凿石搬迁。三峡两岸大量的石刻、题记、石窟造像等可考虑将其切割下来陈列展览或易地保护，使其发挥应有的作用。

第三类，取齐资料。对各类文物中一些不可能进行搬迁的文物点，如古栈道、纤道等，采取照像、绘图、记录、拓片、复原模型等手段，取齐资料，为以后的研究提供原始依据。

(二) 组织形式

根据钱正英同志在三峡工程移民规划工作大纲审查会议上对文物保护工作的意见及《长江三峡工程初步设计阶段水库淹没处理及移民安置规划大纲》中关于"文物古迹由长委会委托国家文物主管部门业务负责，组织有关部门和单位，作出评价、提出保护、迁建和发掘方案"的意见，三峡文物保护的组织工作为：

1. 由国家文物局会同湖北、四川省、重庆市文物部门组成三峡工程文物保护领导小组，并常设办公室，负责三峡淹没区文物保护工作。

2. 由国家文物局在湖北、四川库区各设一三峡文物保护工作站，在重庆市建联络站，负责文物保护及发掘工作的具体实施。

3. 由于三峡文物保护工作时间长、工作量大，仅仅靠湖北、四川两省力量是不够的，必须统一组织全国文物考古力量，协调行动，同时，尽可能组织多学科的合作，争取国外各方面的援助。

(三) 工作初步规划实施概要

1. 1993～1994年，主要进行以下几个方面的工作

(1)积极配合坝区施工，立即着手进行大坝施工区的文物保护工作，着重做好中堡岛、三斗坪、白庙子、杨家湾、茅坪等处重要遗址的考古发掘工作。同时对库区内的重要遗址及墓葬进行勘探和小规模发掘工作。

(2)对淹没区及库区的地面、地下文物进行调查工作。着手制定重要的地面文物如张飞庙、石宝寨、白鹤梁、龙脊石等工程的设计方案。

(3)筹建三峡文物保护工作站、筹建三峡文物资料信息库及保管系统，编辑出版《三峡文物地图集》，同时培训有关人才，为下一步工作的大规模开展打好基础。

(4)在以上工作的基础上，逐步开展对三峡文物保护课题论证，着手制定《三峡工程文物保护规划》。

2. 1995～2000年，根据三峡工程建设的进展情况，完成约70%的工作量，重点完成155m高程下的文物保护工作。

(1)全面展开三峡文物保护工作中需重点进行的地面文物保护工作，完成工作规划、方案设计、项目论证并使工程实施。

(2)完成地下文物的调查及前期勘探工作，搞清重点遗址及墓葬的性质及文化面貌。对一些典型的、有代表性的遗址和墓葬进行大规模的发掘。

(3)建立三峡淹没区文物资料信息库及保管系统，形成现代化的资料管理体系；建立三峡文物的保管及展示系统。

(4)根据文物保护及考古发掘工作所获得的资料，大力开展科学研究工作，出版5～10部科学研究报告，力争在考古学研究领域获重大突破性进展。

(5)建立一支三峡文物保护研究队伍，使三峡文物的保护、研究工作在多学科参与的基础上获得较多的

生长点。

3.2001～2005年，根据三峡工程建设的完成情况，按计划完成三峡淹没区文物保护工作。

(1)在深入科学研究的基础上，完成为配合三峡工程建设而进行的考古发掘工作，重点进行考古资料的整理、记录及报告编写等科学研究工作。

(2)完成地面文物的保护工作，在此基础上编辑出版科学研究报告，为发挥文物作用做好基础工作。

(3)完善三峡文物资料信息库，完善三峡文物的保管及展示系统，建立15～20个博物馆，并建立一个省级的“三峡历史博物馆”。

(4)充分发挥文物优势，开发三峡文物的旅游观光效益。配合有关部门，建立三峡文物的旅游观光系统。

七、经费框算

(一)地下文物保护经费

1.调查费：根据国家计委、财政部、国家文物局联合颁发的（90）文物字第248号文件规定，500～1000元/km^2计，库区文物调查费80万元；

2.考古勘探费：三峡地区大部分地区不能使用探铲，考古勘探需用遥感、物探等现代化手段进行，按总面积1元/m^2计，共需勘探费约3000万元。

3.考古发掘费：三峡淹没区地下文物包括遗址、窑址、墓葬和其它类。其中各类遗址面积2334.435万m^2，按情况选择其中10％的数量进行发掘，面积为233.4435万m^2，按200元/m^2计，共需4.6亿万元；墓葬总面积864.675万m^2，选择其中30％进行发掘，面积为259.4025万m^2，按200/m^2元计，需约5.2亿元。

总额为：10.1亿元。

(二)地面文物保护经费

涪陵白鹤梁、忠县石宝寨、云阳龙脊石重点文物的保护经费预算耗资较大，粗略估算为2亿元。其他文物搬迁保护费5亿元（含石刻搬迁），部分搬迁经费3000万元，就地保护经费3000万元，收集资料费1000万元。

总额约为7.7亿元。

(三)保护展示系统经费

拟在三峡地区建15～20个博物馆，作为整理、研究、展示三峡出土文物的场所，以每个博物馆1000万元计，总额为：1.5～2亿元。

以上总计约19.8亿元。

(四)拨款方式

(1)根据工程进度及安排、采取分期拨款方式；

(2)1993年内先期拨付调查及规划费等前期工作经费；

(3)2000年以前逐年拨付总经费的50％～70％，以保证文物保护工作超前进行；

(4)2005年以前文物保护经费应全部到位，以保证三峡文物保护工作顺利完成。

八、附　件

1.三峡淹没区文物分类统计表。

2.三峡淹没区文物高程统计表。

附件 1

三峡淹没区文物分类统计表

市县别		地面文物·古建筑·寺庙署祠	民居	阙	塔	城门（墙）	亭池	牌坊	桥梁	栈道纤道	其它	石窟、造像崖画	石刻、碑、摩崖	近现代纪念建筑	近现代典型建筑	小计	地下文物·古遗址	古墓葬	小计	合计	各级文物保护单位·国家级	省级	市（州）级	县级
四川省	巫山县	3	56			3			5	1		1	3	1		73	34	5	39	112		1		4
	巫溪县					1			1							2				2				1
	奉节县	5	2		1	2	1			2	1	1	5			20	17	19	36	56				13
	开　县	1													2	3	4	8	12	15				1
	云阳县	7	1			2	1	1	3		3	5	6		1	30	12	15	27	57		2		26
	万县市				1				3			2	6	1		13	5	4	9	22			13	
	万　县				1				3			1	2			7	19	30	49	56				6
	忠　县	8		2								3	4			17	12	11	23	40		3		13
	丰都县	1	8			1			1			2	5		1	19	27	14	41	60				5
	石柱县	2	4						2			1	1			10	3	1	4	14				10
	涪陵市	1	2			1			11		1		10			26	5	7	12	38	1		6	
	武隆县								2	5			11			18	3	1	4	22				5
	小　计	28	73	2	3	10	2	1	31	8	5	16	53	2	4	238	141	115	256	494	1	6	19	84
重庆市	江津县												1			1	1		1	2			1	
	市中区												2			2				2				
	南岸区											1				1	3		3	4		1		
	九龙坡区																5		5	5				
	大渡口区																1		1	1				
	巴　县	4							14			1	3	1		23	14		14	37		1	2	7
	长寿县	2							1			1	4			8	15		15	23				
	江北县		1					1			1					3	15		15	18				2
	合川县																							
	小　计	6	1					1	15		1	3	10	1		38	54		54	92		2	3	9
湖北省	巴东县	2	6				1		7				14	6		36	25	44	69	105			3	8
	秭归县	8	47			3		1	11		1		12	1		84	40	11	52	115		1		4
	兴山县	1	3			1			3							8	3	8	11	19				14
	宜昌县		1													1	7		3	3				
	小　计	11	57			4	1	1	21				26	7		109	75	63	135	242		1	3	26
总　计		45	131	2	3	14	3	3	67	8	7	19	89	10	4	405	267	178	445	850	1	9	25	119

附件 2

三峡淹没区文物高程统计表

高程	省市	地面文物															地下文物			合计
		古建筑										石窟、造像、崖画	石刻、碑、摩崖	近现代纪念建筑	近现代典型建筑	小计	古遗址	古墓葬	小计	
		寺庙署祠	民居	阙	塔	城门(墙)	亭池	牌坊	桥梁	栈道、纤道	其它									
90 m以下	四川省																			
	重庆市																			
	湖北省	3	28						4		1		8			44	33	2	35	79
	小 计	3	28						4		1		8			44	33	2	35	79
99～135 m	四川省	5	39			2	1		6			3	12			68	50	12	62	130
	重庆市																			
	湖北省	6	19			3		1	12				18	3		62	28	29	57	119
	小 计	11	58			5	1	1	18			3	30	3		130	78	41	119	249
136～156 m	四川省	16	31	2		5	1		9	3		6	20	2	3	98	36	49	85	183
	重庆市								2							2				2
	湖北省		4			1			3							8	9	19	28	36
	小 计	16	35	2		6	1		14	3		6	20	2	3	108	45	68	113	221
157～177 m	四川省	7	3		3	3		1	15	4	5	7	18		1	67	53	52	105	172
	重庆市	4							11			1	9			25	21		21	46
	湖北省	2	6				1		2					4		15	1	10	11	26
	小 计	13	9		3	3	1	1	28	4	5	8	27	4	1	107	75	62	137	244
178～193 m	四川省								1	1			3			5	2	2	1	9
	重庆市	2	1					1	2		1	2	1	1		11				11
	湖北省																1	3	1	1
	小 计	2	1		3	1	1	2	4	1		2	4	1		16	3	5	8	24
总 计		45	131	2	3	14	3	3	67	8	7	19	89	10	4	105	234	178	112	817

注：1. 本统计表不包括重庆市 33 处石器点；

2. 对高程跨度较大的文物点，按其低高程点统计。

队 伍 建 设

职工队伍建设概况

总公司从1984年筹建到1993年正式成立，一直重视职工队伍的建设工作。现将这方面的情况分述如下：

(一) 1984～1993年总公司专业技术人员构成情况

总公司自1984年12月筹建至1993年底，共有专业技术人员362人，其中具有高级专业技术职务的100人，中级的178人，初级的82人，未评聘专业技术职务的2人。按专业分，工程技术227人，其中具有高级职务的76人，中级职务的111人，初级职务的39人，未评聘职务的1人；财会专业39人，其中具有高级职务的5人，中级职务的11人，初级职务的22人，未评聘职务的1人；经济专业73人，其中具有高级职务的15人，中级职务的44人，初级职务的14人；卫生技术5人，其中具有中级职务的2人，初级职务的3人；政工专业12人，其中具有高级职务的5人，中级职务的7人；新闻专业4人，其中具有中级职务的3人；图书档案专业初级职务2人。

(二) 总公司专业技术职务评聘情况

总公司(包括筹建处)自职称改革后，至1993年底，共组织了五批专业技术职务评聘工作，分别是：

1. 1988年10月～1989年元月，经总公司中、高级评委会评审，有37名同志具备高级工程师任职资格；13名同志具备工程师任职资格；6名同志具备经济师任职资格；6名同志具备会计师任职资格。经水利部评审，7人具备高级经济师任职资格；4人具备高级会计师任职资格。

2. 1990年5～6月，经总公司中高级评委会评审，有8名同志具备高级工程师任职资格；1名同志具备工程师任职资格；7名同志具备经济师任职资格。

3. 1991年3～9月，经总公司中、高级评委会评审，有5名同志具备高级工程师任职资格；26名同志具备工程师任职资格；12名同志具备经济师任职资格；1名同志具备会计师任职资格。经水利部评审，1名同志具备高级经济师任职资格；5名同志具备高级政工师任职资格，7名同志具备政工师任职资格。

4.1992年2～4月，经总公司中级评委会评审，有6名同志具备工程师任职资格；5名同志具备经济师任职资格；3名同志具备会计师任职资格。

5.1993年4～6月，经总公司中、高级评审委员会评审，有6名同志具备高级工程师任职资格；25名同志具备工程师任职资格；15名同志具备经济师任职资格。经水利部评审，2人具备高级经济师任职资格。

(三) 1984～1993年总公司接收大、中专毕业生情况

总公司自1984年筹建至1993年总公司正式成立，共接收国家统分的大中专毕业生164名，其中按年度分，分别是：

1984年41名，1985年36名，1986年39名，1987年10名，1988年7名，1989年8名，1990年6名，1991年3名，1992年6名，1993年8名。

(四) 1984～1993年总公司调入干部情况

总公司自1984年筹建至1993年总公司成立，先后调入工程技术及管理干部337名，其中：1985年调入196名，1986年调入47名，1987年调入28名，1988年调入12名，1989年调入6名，1990年调入3名，1992年调入4名，1993年调入41名。

此期间，共调出职工28名，办理离退休手续12人，开除公职1人，死亡5人。

(五) 总公司筹建以来，职工工资增长情况

1. 根据国务院国发〔1985〕2号文件精神，总公司（筹）于1985年7月进行了工资制度改革，当时总公司（筹）有170名职工列入了套改范围，人均增资额为24元，套改后职工月平均工资为150.25元，年平均工资为1803元。

2.1987年1月，总公司根据劳人薪〔1986〕97号文件精神，为职工人均晋升了半级工资，升级范围人数为178人，人均增资额为6元，升级后职工月平均工资为156.25元，年平均工资1875元。

3.1987年10月，总公司根据劳人薪〔1988〕4号文件精神，为具有中级以上专业技术职务的知识分子晋升了一级工资，人均增资额为14元，升级后职工月平均工资为174元，年平均工资为2089元。

4.1989年10月，总公司根据国务院国发〔1989〕83号文件精神，为职工晋升了一级标准工资，人均增资额为13元，升级后职工月平均工资为206元，年平均工资为2473元。

5.1990年12月，水利部以人劳工〔1990〕35号文批准，同意总公司职工将一级浮动工资转为固定工资。浮动工资转一级固定工资后，职工月平均工资为226元，年平均工资为2720元。

6.1993年1月，水利部以人劳工〔1993〕1号文批准，同意总公司职工将浮动工资转一级为固定工资。浮动工资转一级固定工资后，职工月平均工资为526元（包括职工每人每月增加小伙食补贴90元），施工津贴131元，粮食补贴等）年平均工资6312元，较1992年底前的工资，增加了2.32倍。

（六）职工培训情况

总公司自筹建以来，把对职工的培训工作作为一项经常性的工作来抓，几年来，主要抓了如下几项：

1. 对历届大中专毕业生报到后，都安排一周左右的时间进行入厂教育，使他们进入总公司后，首先对总公司的情况有个基本的了解，对三峡工程有个初步的了解。

2. 在筹建期间，由于三峡工程没有开工，为使分配来总公司的大中专毕业生得到锻炼，提高技术业务水平，将分配来总公司的大中专毕业生派往各水电施工工地，设计科研院所和水电建设单位实习和支援工作，时间1～4年不等，见习期满要进行考核，对优秀的可以晋升半级浮动工资，对不合格的低定工资或延期转正定级。接受此种锻炼的约100人。

3. 举办英语、计算机、经济管理、工程技术、水电建设监理工程师等方面的培训班，参培人员达800人次。1993年举办一期汽车驾驶培训班，有30名专业技术人员取得驾驶执照。

4. 选派540人次到各高校进行岗位培训和技术业务培训。

5. 重视成人后续教育，共培养硕士研究生12名，本科毕业生6人，专科生19人，中专生1人，计38人取得后续学历。

6. 在实际工作中锻炼培养人才。先后选派约50名年轻人参加十三陵抽水蓄能电站、湖南渔潭水电站和三峡前期施工准备的监理和管理工作，为三峡工程建设管理锻炼了队伍，培养了人才。

（人事劳动部）

总公司机构设置和干部配备情况

1984年

12月10日，水利电力部以〔84〕水电劳字第100号文明确中国三峡工程开发总公司为国务院直属局级单位，由水电部代管。为了抓紧进行总公司的筹建工作和三峡工程的施工前期准备工作，决定成立中国三峡工程开发总公司筹建处，由陈赓仪同志任主任。水电部驻葛洲坝工程代表处划归筹建处领导。

1985年

4月，中共水利电力部党组以〔85〕水电党字第42号文批准，同意成立中共中国三峡工程开发总公司筹建处党组。陈赓仪同志为党组书记，谢家涛、哈秋舲、刘一是、项关福同志为党组成员。

8月，中共中国三峡工程开发总公司筹建处党组以三峡筹党字〔85〕第04号和第05号文任命杨伟寿同志为中国三峡工程开发总公司筹建处副总会计师（副司级）；任命王梅地同志为中国三峡工程开发总公司筹建处副总经济师（副司级）；任命项关福同志为中国三峡工程开发总公司筹建处咨询组组长（副司级）。

11月，中共水利电力部党组以〔85〕水电党字第128号文批准，同意中国三峡工程开发总公司筹建处下设咨询组、技术委员会、办公室、经营管理组、工程技术组、人事组、党组纪律检查组、机关党委及北京办事处。同意总工程师、总经济济、总会计师、纪检组长、北京办事处主任按正司级干部配备，其副职按副司级干部配备。办公室、机关党委及各组负责人正职按副司级干部配备，副职按正处级干部配备。咨询组组长、副组长、咨询技术委员会主任、副主任、委员等原级别待遇一律不变。

12月，中共中国三峡工程开发总公司筹建处党组以三峡筹党字〔85〕第9号文决定：谢培焕同志任中共中国三峡工程开发总公司筹建处机关委员会书记（副司级）。

1986年

9月，水利电力部以〔86〕水电干字第167号文任命哈秋舲同志为中国三峡工程开发总公司筹建处总工程师（正司级）。

10月，中共中国三峡工程开发总公司筹建处党组以三峡筹党字〔86〕第14号文和第15号文任命：陈福厚同志为中国三峡工程开发总公司筹建处副总工程师(副司级)；刘洪泰同志为办公室主任(副司级)；张瑞伟同志为工程技术组组长(副司级)；史振寰同志为工程技术组副组长(正处级)；李茂和同志为经营管理组组长(副司级)；雷克明同志为经营管理组副组长(正处级)；罗洪同志为人事组组长(副司级)；李启凡同志为北京办事处主任(正司级)；于世中、王麟书同志为北京办事处副主任(均为副司级)。

1987年

1月，中共水利电力部党组以〔87〕水电党字第1号批准，同意谢家涛同志任中共中国三峡工程开发总公司筹建处党组纪律检查组组长（正司级）。

6月，中共中国三峡工程开发总公司筹建处党组以三峡筹党字〔87〕第04号文任命程山同志为技术委员会主任。

8月，中共水利电力部党组以〔87〕水电党字第46号文批准，同意增补程山同志为中共中国三峡工程开发总公司筹建处党组成员。

10月，中共中国三峡工程开发总公司筹建处党组以三峡筹党字〔87〕第010号文任命储传英同志为中国三峡工程开发总公司筹建处副总工程师(副司级)。

1988年

2月，中国三峡工程开发总公司筹建处以三峡筹人字〔88〕第14号文决定：任命杨玉文同志为中国三峡工程开发总公司筹建处咨询组咨询（原副局级不变）。

5月，中共湖北省委组织部以鄂组发〔1988〕48号文通知：省委同意撤销中共中国三峡工程开发总公司筹建处党组，成立中共中国三峡工程开发总公司筹建处临时党委。临时党委成员由陈赓仪、程山、谢家涛、哈秋聆、刘一是、项关福等六同志组成，陈赓仪同志任临时党委书记。

1990年

3月，水利部、能源部以水人劳〔1990〕29号文批复，同意中国三峡工程开发总公司筹建处将经营管理组改称为经营管理部，工程技术组改称为工程技术部、人事组改称为人事部，并单设财务室和审计室。

8月，中国三峡工程开发总公司筹建处以三峡筹人字〔90〕第84号文对机构名称改称后的二级机构的干部作了调整：雷克明，高家衡同志任经营管理部副主任（正处级）；邓景龙同志任工程技术部副主任(正处级)；陶楚才同志任人事部副主任（正处级）；奉昌芝同志任审计室副主任（副处级）。

1992年

7月，三峡总公司（筹）临时党委以三峡筹临党字〔92〕04号文免去谢培焕机关党委书记，任命黄国锋为机关党委书记（副司级）。

1993年

元月3日，国务院以国发〔1993〕1号文通知：成立中国长江三峡工程开发总公司，任命陆佑楣同志为总经理。

7月6日，国务院以国人字〔1993〕105号决定，任命李永安、袁国林、贺恭、王家柱、秦中一为中国长江三峡工程开发总公司副总经理。

8月31日，总公司以三峡筹人字〔93〕第145号文关于印发《中国长江三峡工程开发总公司组织机构实施方案》和《总公司领导分工》的通知中明确：(1) 总公司设总工程师、总经济师、总会计师，协助正副总经理分管专业工作；(2) 总公司设高层次的技术委员会，在总经理领导下负责工程重大技术问题的研究和咨询；(3) 总公司设置机关职能机构和工程项目管理机构，成立若干专业公司、实业经营性公司和驻外办事机构；(4) 葛洲坝水力发电厂是总公司的组成部分；(5) 总公司机关职能机构设：办公室、工程技术部、计划合同部、财务部、人事劳动部、国际合作部、审计室、纪检办公室和监察室、直属党委 工会委员会；(6) 工程项目管理机构设工程建设部，下设综合管理部、准备工程部、交通工程部、右岸工程部、左岸工程部；(7) 专业公司、实业经营性公司和驻外办事机构设：财务公司、物资公司、设备公司，保留利能、利源、江峡等公司，成立实业总公司，设北京代表处和武汉、上海、重庆、广州等办事处。

9月27日，中国长江三峡工程开发总公司在湖北省宜昌市正式成立。

10月24日，总公司以三峡人字〔1993〕第21号文决定：聘任哈秋舲同志为总工程师。

10月24日，总公司以三峡人字〔1993〕第22号文和第23号文决定：聘任张宝声同志为工程建设部第一副主任（正司级)；聘任陈福厚同志为总公司副总工程师兼工程建设部副主任（副司级)；聘任黄源芳同志为总公司副总工程师（副司级）；聘任王梅地同志为总公司副总经济师兼计划合同部主任（副司级）；聘任刘匡华同志为总公司副总会计师（副司级）；聘任邓景龙同志为工程建设部综合管理部主任（副司级）；聘任高家衡、汪大彬同志为工程建设部综合管理部副主任（正处级）；聘任张新发同志为工程建设部准备工程部副主任（正处级）；聘任王忠诚同志为工程建设部交通工程部副主任（正处级）；聘任史振寰同志为工程建设部右岸工程部主任（副司级）；聘任蒋养成同志为工程建设部右岸工程部副主任（正处级）；聘任张兴德同志为工程建设部左岸工程部副主任（正处级）；聘任郭翔鹏、郭汉蕙同志为总公司工程技术部副主任（正处级）；聘任唐增发同志为总公司计划合同部副主任（正处级）。

11月4日，总公司以三峡人字〔1993〕第33号文决定：聘任胡柏枝同志为总公司财务部主任（副司级）；聘任奉昌芝同志为总公司审计室副主任（正处级）。

11月13日，总公司以三峡人字〔1993〕第43号文至第49号文分别决定：聘任刘洪泰同志为总公司办公室主任（正司级）；聘任刘荣波、谭德骏同志为总公司办公室副主任（副司级）；聘任储成海同志为总公司驻上海办事处主任（副司级）；聘任陶楚才同志为总公司人事劳动部主任（副司级）；聘任黄国锋同志为总公司监察室主任（副司级）；聘任杨清、甘伍、于文星同志为总公司驻北京代表处副主任（副司级）；聘任史振宇同志为物资公司经理（副司级）；聘任肖崇乾同志为设备公司经理（副司级）；聘任潘大中同志为实业总公司经理（副司级）；聘任陈绪贵同志为实业总公司副经理（正处级）；聘任于治云同志为多能公司代经理（副处级）；聘任李茂和同志为利能公司经理（副司级）；聘任张端伟同志为利源公司经理（副司级）；聘任杨玉文同志为利源公司机电总工程师（副司级）；聘任刘纪胜同志为江峡公司副经理（正处级）。

11月28日，总公司以三峡人字〔1993〕第58号文决定：聘任潘家铮同志为技术委员会主任；聘任程山同志为技术委员会常务副主任；聘任张津生同志为技术委员会副主任；聘任于世中、王儒述、李肇庚、吴树德、沈维义、储传英、程海峰、魏永辉同志为技术委员会委员。

12月29日，总公司以三峡人字第102号文决定：聘任赵泽黎同志为总公司财务部副主任（正处级）。

总公司跨世纪人才开发规划要点

长江三峡水利枢纽工程规模宏大，举世瞩目。总公司作为三峡工程的业主，全面负责三峡工程的资金筹措、工程建设和投产后的经营管理。为了实现李鹏总理提出的“三个一流”，关键在于要有“一流”的跨世纪的人才。为此，总公司制定了“跨世纪人才开发规划”，其要点为：

（一）人才开发的目标

1. 人才开发群体目标：大力加强人才开发，使总公司的人才群体配置能够满足把总公司建设成为具有国际先进水平的水电工程建设、水电工程建设监理、水电站运行管理，以及具有强大实力，从事综合开发，多元化经营的经济实体的需要。

2. 人才开发个体目标：①培养出2～3名中国工程院院士；②培养出20名左右各专业的国内外知名度较高的专家；③培养出一批高水平的领导决策人才，包括5～10名国内外知名度较高的管理专家和优秀企业家；④把总公司大多数人员培养成具有工程技术、经济管理、法律、财会等综合知识，成为掌握外语、计算机、汽车驾驶等技能的复合型管理人才。其他人员达到一专多能，成为掌握多种应用技术的优秀职工。

（二）人才开发的方式

1. 短期脱产培训；
2. 自办各种培训班、讲座；
3. 选送有实践经验的专业人才去高校深造；
4. 与大学联合举办研究生班；
5. 鼓励职工自学文化、科学技术，对自学成才给予奖励；
6. 派专业技术人员出国参加培训；
7. 在实行工作中培养人才；
8. 实行人才内部流动。

（三）人才开发的组织保证体系

1. 成立人才开发领导小组；
2. 建立后备干部制度；
3. 建立健全人才开发有关的各项制度；
4. 全体员工都树立“全员开发、终身开发”的意识。

精 神 文 明 建 设

1993年新闻宣传工作概况

1993年是深入贯彻落实党的十四大精神，实行全面改革开放、建立社会主义市场经济体制、全国经济建设蓬勃发展的一年，也是举世瞩目的三峡工程进行全面施工准备、中国长江三峡工程开发总公司正式成立的一年。这一年，精神文明建设的总思路是：以邓小平建设有中国特色的社会主义理论为指导，适应改革开放、建立社会主义市场经济体制的新形势，积极配合总公司按照社会主义市场经济的原则，建立适合三峡工程特点的工程建设管理体制和经营管理体制，做好总公司从筹建到正式成立这一转变中的思想政治工作，实现平稳过渡，尽快步入正规，开始全面施工准备。围绕这个总思路，组织广大职工认真学习邓小平同志建设有中国特色的社会主义理论和党中央、国务院关于兴建三峡工程、搞好总公司建设的指示，开展多种形式的宣传教育活动，加强企业文化建设和宣传舆论建设，取得较好成效。

（一）开展理论教育、适应改革形势

这一年，根据党中央和省委的部署，重点组织广大职工认真学习了党的十四大文件、邓小平同志的南巡讲话和《中共中央关于建立社会主义市场经济体制若干问题的决定》。使广大职工进一步认清了改革开放、发展社会主义市场经济的新形势，明确了必须把是否有利于发展社会主义社会的生产力，是否有利于增强社会主义国家的综合国力，是否有利于提高人民的生活水平，作为决定各项改革措施取舍和检验其得失的根本标准。对进行经济体制改革的目标、基本原则、基本框架和总体设想有了进一步的认识；对转换经营机制，建立现代企业制度，结合公司的实际，进行了初步的探讨和研究。

（二）做好思想工作、实现平稳过渡

总公司从筹建到正式成立，涉及到新老领导班子的交接和更换，要建立新的管理体制和机构，进行机构人员的调整与安排。在这个变动的过程中，各级党组织和领导同志，加强思想政治工作，大力宣传兴建三峡工程的重大意义，教育广大职工树立作为一名三峡建设者的光荣感、自豪感和责任感，正确地认识和对待体制、机构、职位的调整和变动，自觉地为建好三峡工程作奉献。因而，在整个变动过程中，全公司人员思想稳定，各项工作井然有序地向前推进，全体职工豪情满怀地迎来了1993年9月27日总公司正式挂牌成立的喜庆日子。

（三）重视企业文化、树立企业精神

总公司成立伊始，总公司领导就非常重视企业文化的建设。陆佑楣总经理亲自为总公司设计了徽志，并在总公司成立大会上提出了总公司的企业精神。

1．公司徽标设计及创意说明

（1）徽标整体呈圆形，圆圈外围上下分别有“中国长江三峡工程开发总公司”的中英文对照字环绕，内圈自上而下分别由天空、三峡、大坝及水纹构成圆形美术造型。三峡由三座峡谷的山体构成，其意为瞿塘峡、巫峡和西陵陵。大坝由写实的泄洪坝段、厂房坝段、挡水坝段以及永久船闸和升船机简约勾勒而成，大坝镶嵌在西陵峡内，水纹由八道平行直线由近至远粗细表示，空白之处即为天空。整个造型呈同心圆状向外幅射。徽标的色彩以单色的白、蓝为基本色调，简洁而明快。在各种场合使用，可以多色彩，但必需协调、美观和大方。

（2）徽标的圆形造型，象征着中国长江三峡工程开发总公司的企业精神之一——“团结”，表达了公司职工团结一致“为我中华，志建三峡”的向心力、凝聚力。

（3）徽标造型呈同心圆状向外幅射，象征着三峡工程是全国人民同心同德、共同关心、支持和奉献的结果，三峡总公司肩负着全国人民的重托。

（4）徽标的三峡及山体造型，即真实地代表了神奇的长江三峡，也以山体稳重、开放、明朗的美术造型，体现了三峡建设者的精神风貌。山体对开处的空白，既象一扇改革开放的、友好的、充满希望的大门，又似一个象征胜利和成功的英文字母“V”，表示了建设者们一定要高水平、高质量建成三峡工程的必胜信心，预示着三峡未来的广阔前景。

(5) 徽标中蓝色的天和水线造型，恰似未来的高峡平湖，蓝天共湖水一色，万顷碧涛波连波，象征着三峡建设者们具有海一样的广阔胸襟和为开发长江，造福人民而一往无前、奋斗不息的崇高理想。

(6) 徽标中大坝造型，直观、简洁、朴素，也表达了三峡建设者求实的风格和艰苦创业的精神。

(7) 徽标中三峡总公司全称的中英文对照是向世界人民表示要让三峡走向世界，让世界了解三峡。

2．总公司企业精神

团结 创新 求实 高效 奉献

3．企业家格言

为我中华 志建三峡

4．总公司口号

“创造三峡速度，建立三峡模式，树立三峡形象”，争创“一流文明施工，一流工程质量，一流现代化管理”。

(四) 及时创办报纸、搞好舆论宣传

1．《中国三峡工程报》筹备工作

1992年4月3日，七届人大五次会议胜利闭幕，三峡工程在近期上马已成定势。如何为这个宏伟的跨世纪工程上马创造一个良好的舆论环境，时任中国三峡工程开发总公司筹建处主任的陈赓仪同志先后召集办公室、宣传处和葛洲坝电厂的有关负责同志商讨办报问题，并由杨辟如同志（时任宣传处长）拟订出筹办报纸的方案。

1993年1月，国务院下达1号文件，决定正式成立中国长江三峡工程开发总公司，办报步伐随之加快。同月18日，总公司（筹）发出11号文，通知成立《中国三峡工程报》筹备领导小组，以程山（时任总公司筹建处技委会主任）为组长，候广忠（葛洲坝电厂厂长）为副组长，刘洪泰、杨辟如、汤光友为成员。筹备小组设办公室，具体负责报纸筹办工作。

同年4月中旬，国家新闻出版署和湖北省新闻出版局下文批复同意创办《中国三峡工程报》，编入国内统一刊号：CN42—0097。并同意程山兼任社长，杨辟如任总编。

至此，已全部完成筹备工作。

2．办报宗旨及内容

《中国三峡工程报》是三峡工程业主——中国长江三峡工程开发总公司的机关报。以宣传三峡工程意义、报道三峡工程建设、移民开发和库区经济文化发展情况为主要任务。为此，《中国三峡工程报》的办报宗旨是：以邓小平同志建设有中国特色的社会主义理论为指针，立足三峡工程，面向川鄂千里库区，辐射全国，走向海外。实施正确舆论导向，系统而及时地报道三峡工程的规模、效益和施工、移民诸方面的信息、成绩和经验。公正客观地反映海内外各界人士对兴建三峡工程和发展库区经济文化事业的意见和建议。

根据上述办报宗旨，版面主要内容如下：

一版：要闻。设《峡江论坛》（言论）和《西江电波》（短新闻）两个主要专栏。

二版：施工、移民。设《坝区纵横》、《施工动态》、《移民广角》、《库区新貌》等专栏。

三版：综合版。包括设计、科技、管理、经济信息、精神文明建设和社会新闻等。

四版：文化文艺版。刊登文艺作品，电影电视评论、三峡考古、三峡风景线和民风民俗等。

3．通联网建设及成绩

《中国三峡工程报》于1993年4月28日开始试刊，为对开四版大报。

在试刊期间，曾先后邀请宜昌市新闻协会和宜昌市新闻单位及中央、省报刊驻宜机构的领导同志参加座谈会，曾邀请设计、监理和施工单位的宣传部门领导同志和负责通讯报道干部参加通讯报道会，征求意见，听取反映，布置通讯报道工作。与会同志反映，《中国三峡工程报》虽然筹办时间不长，但展现在读者面前的是一张起点高、气魄大、版面新、内容丰富的报纸，具有三峡特色，受到社会各界的好评。

1993年9月27日，总公司正式挂牌成立。《中国三峡工程报》亦正式创刊。从试刊到年底，主要工作和主要成绩可概括为六个方面：

(1) 共出报25期、110版（含扩版），用稿（含照片）1000余件（其中，工程报道55%、移民25%、其它20%）。初步形成了《中国三峡工程报》的模式。

(2) 积累了一些经验，办报质量不断提高。1993年4～7月，经上级新闻主管部门推荐和批准，报纸合订本在国家新闻出版署和全国报纸与期刊协会主办的全国首届报刊博览会上展出（地址在北京军事博物馆），获得好评。

(3) 组建了一个以在职编采职工为重要力量，以聘请职工为辅助力量的办报班子。

(4) 初步形成了通讯报道网络，1993年全年共收到通讯员来稿6100余件。

(5) 初步形成了发行网络，全年共发行报纸3.5万份。

(6) 适时开展广告业务。

（新闻宣传中心 刘荣波、杨辟如）

移民开发

Ⅲ

巫　峡

征　地　移　民

1993年三峡库区移民工作概况

三峡工程库区移民工作，从1993年开始进入有计划的组织实施阶段。1993年1月，国务院三峡工程建设委员会成立了三峡工程移民开发局，负责三峡工程移民工作规划、计划的制定和监督实施。

根据三峡工程“分期蓄水，连续移民”的特点，遵循“突出重点，远近结合。移民进度与工程进度相衔接；在资金到位的情况下，移民宜早不宜晚”的方针，1993年库区移民工作主要反映在：

（一）促进三峡工程移民工作走上了法制化轨道

依照国家有关法律规定及党和国家领导同志的指示，移民开发局配合国务院法制局、水利部和川、鄂两省共同完成了《长江三峡工程建设移民条例》的研究制定，1993年8月19日李鹏总理签署国务院第126号令，正式颁布了《长江三峡工程建设移民条例》，使三峡工程移民工作有法可依，有章可循，为大规模移民奠定了基础。

（二）开始了分县移民安置规划的分期分批编制

川、鄂两省及库区有关地、市、县组织大批力量投入了这项工作。列为第一批的湖北宜昌、兴山、秭归、巴东四县的移民安置规划，在水利部长江水利委员会和湖北库区省、市、县的共同努力下，提出了分县移民安置规划初稿；四川库区的规划工作也进行了部署和协调组织。同时，加强了移民工程的单项设计工作，在川鄂两省库区102项城镇基础设施工程和公路路桥工程的设计中，有18项完成了评审，60个乡的移民实施规划也正紧张进行。

（三）完成了一批库区移民工程项目

1993年，不含2亿元以工代赈，国家共安排三峡工程库区移民经费3亿元（实际到位资金2.5亿元）。为了确保与工程进度相衔接，计划安排和资金使用突出了规划设计、大农业开发、城镇基础设施、工厂迁建和各种专项设施建设。其中，规划设计突出了分县移民安置规划的编制和若干单项工程的设计；大农业开发突出了与移民紧密挂钩的土地开发和配套建设。这一年，在移民资金到位较晚的情况下，仍完成了移民土地开发27847亩，城镇道路11条，桥梁5座，工厂迁建3个。在建的有13条城市道路，13条郊外公路复建，10处通信设施，3处输变电工程，22个迁建工厂，1座替代电站和35920m²的房建等项目。

（四）各省（市）、各部委对口支援库区移民工作初建成效

1993年，是国务院号召全国各省市、各部门对口支援三峡库区移民工作的第二年。一年来，近60个中央部门和20个省、市与库区20个县（市、区）结成了377对支援关系，共完成支援项目100个，支援资金1.3亿多元，帮助培训人才300多人，吸收库区劳力1500多人。同时经过调查研究，并根据各地、各部门开展对口支援的情况和存在的问题，移民开发局提出了《关于深入开展对口支援三峡库区移民工作的意见》，提交1993年在京召开的移民工作会议讨论修改后，报国务院转各省市、各部门贯彻执行。

（五）积极为开发开放三峡库区创造条件

移民开发局还积极配合国务院三峡工程建设委员会办公室、国务院特区办等有关部门，在征求川、鄂两省意见和调查研究的基础上，起草了对三峡库区实行优惠政策的文件，上报国务院；配合国家计委、国务院三峡工程建设委员会办公室，完成了三峡地区经济发展规划纲要的编制初稿。组织三峡库区各地、市、县参与了国家计委、国家经贸委和国务院侨办等部门10月在深圳举办的招商活动，宣传了三峡工程，介绍了三峡库区经济发展的重点和一批可供合作的项目，为广泛吸引外商和港澳台同胞共同参与三峡工程和三峡库区建设起到了积极作用。

（国务院三建委移民开发局办公室）

坝区施工征地移民工作

（一）概况

三峡坝区地处鄂西山区，境内群山连绵，沿江峡谷阶地地形平缓。征地区前面是长江，后面是陵岭的沿江走廊，各处宽窄不一，最宽处在茅坪河边的杨贵店，距长江岸约2km，最窄处在东岳庙，长江和悬崖之间仅有100m。

由于坝区4镇的沿江带征地涉及的村组自然条件和社会经济条件优越，与山区相比，人口稠密，670人/km^{2}左右。初中文化程度以上占人口的40%左右，劳动力系数为0.55，人均耕园地1.30亩，是柑桔主产区。据1991年统计年报数分析，坝区所在4镇涉及村组工农业总产值为1193.75万元，其中农业产值为1019.91万元，占工农业总产值的85.4%，人均收入629元，人均纯收入475元。

由于近几年柑桔生产发展快，农民家庭经营效果好，征地区农村经济状况有明显的改善，不少农户建了新房，增添了一些耐用消费品，沿江地带成为上述4镇的富裕区。

根据国务院三峡工程建设委员会三峡工程初步设计审查会议核心专家组1993年5月“《长江三峡水利枢纽初步设计报告（枢纽工程）》审查意见”同意的施工总布置，以及1993年3月三峡工程建设委员会办公室对《三峡工程初步设计坝区征地移民安置规划报告（送审稿）审查情况的报告》的批复，结合工程实际情况，本着满足工程建设的需要，加快工程进度，尽量节约用地，减轻征地移民困难的原则和施工总进度的要求，对初设报告中的红线范围作了适当调整，并取消了初设报告中的黄线。

征地线面积为葛洲坝库区淹没线75m等高线与三峡工程坝区施工征地线包围的面积计算，共计15.277km^2（宜昌县13.679km^2，秭归县1.598km^2），其中左岸9.008km^2（坝轴线上游2.640km^2，坝轴线下游6.368km^2），右岸6.269km^2（坝轴线上游2.390km^2，坝轴线下游3.879km^2）。征地线经湖北省土地管理局土地勘测规划队根据控制点坐标实地测量，并埋设固定界桩标志。经长委会、中国三峡开发总公司、地方政府、移民及土管部门组织验收，达到质量要求，可作为调查、规划的依据，征地范围经国家批准后，界桩可作为征地线永久性标志。

（二）坝区施工征地实物汇总统计

1．三峡坝区施工征地人口汇总表（见表1）

2．三峡坝区施工征地搬迁期人口规模汇总表（见表2）

3．三峡坝区施工征地房屋汇总表（见表3）

（三）坝区移民征地工作的问题

1993年坝区征地移民计划征地7884亩，移民5268人。按目前完成情况，到年底前需新征地3412亩，搬迁移民4457人，任务十分繁重。为支援三峡工程建设，广大移民群众在各级地方政府和有关部门帮助支持下，顾全大局，克服困难，作出了很大奉献。

但根据1993年施工进度安排，长委会提出今年下半年需征地12028.95亩，7月已征718亩。至此，今年8～12月需征11310.95亩，其中红线内5638.7亩，对外交通及中转站3340.5亩，南村坪料场135亩，下岸溪料场1298.7亩，高石路及石板溪料场898.05亩。初步分析，必须征用的土地比原计划增加4000亩，搬迁移民人数增加2000人。征地移民工作仍然十分艰巨。

总结前一段移民征地工作，征地移民影响施工进度的主要问题，大致有如下几点。

1．经济政策不落实，居民点建设缓慢

主要反映在移民搬迁过渡时期生活补助费和青苗费兑付滞后，给群众生活带来困难，临时搬迁在红线内，造成二次搬迁；居民点建设缓慢，致使移民想搬迁也迁不出去。

表1　三峡坝区施工征地人口汇总表　单位：人

县	农村			单位		学校		居民		企业、专项		合计	
	户数	小计	其中非农业	小计	其中非农业	小计	其中非农业	小计	其中非农业	小计	其中非农业	小计	其中非农业
宜昌	2614	8409	237	182	105	5		215	215			8811	557
秭归	530	1718	12	203	203	28	28	39	39	10	10	1998	292
合计	3144	10127	249	385	308	33	28	254	254	10	10	10809	849

表 2　　三峡坝区施工征地搬迁期人口规模汇总表　　单位：人

县	镇	项目	农村				单位			学校			居民			企业专项			合计			占地不占房需搬迁	集镇外迁占地搬迁	炸药库占地	总计
			调查	占地搬迁	增长	小计	调查	增长	小计	调查	增长	小计	调查	增长	小计	调查	增长	小计	调查	增长	合计				
宜昌县	乐天溪	户数	438	22	74	534													460	74	534				534
		人口	1501	73	57	1631	74	3	77										1648	60	1708				1708
	太平溪	户数	726	10	119	855							9	1	10				745	120	865		17	25	907
		人口	2493	34	92	2619	17	1	18	5		5	34	1	35				2583	94	2677		50	75	2802
	三斗坪	户数	1450	83	247	1780							67	11	78				1600	258	1858	138		9	2005
		人口	4415	273	171	4859	91	3	94				181	7	188				4960	181	5141	405		25	5571
	小计	户数	2614	115	440	3169							76	12	88				2805	452	3257	138	17	34	3446
		人口	8409	380	320	9109	183	7	189	5		5	215	8	223				9191	335	9526	405	50	100	10081
秭归县	茅坪	户数	530		85	615							21	3	24				551	88	639		36		675
		人口	1718		63	1781	203	7	210	28	1	29	39	1	40	10		10	1998	72	2070		106		2176
合计		户数	3114	115	525	3784							97	15	112				3356	540	3896	138	53	34	4121
		人口	10127	380	383	10890	385	14	399	33	1	34	254	9	263	10		10	11189	407	11596	405	156	100	12257

表 3　　三峡坝区施工征地房屋汇总表　　单位：m^2

房屋分类		农村				单位	学校	居民	企业	专业项目	合计
		农户	公房	村组副业	小计						
正房	框架		1997.5	289.5	2287.0	354.0					2641.9
	砖混	37147.8	4745.6	1552.7	43446.1	24575.2	3937.6	440.2	4296.1	1289.4	77984.6
	砖木	32523.8	2795.7	3358.4	38677.9	15072.4	2415.6	2413.6	4039.6	681.6	63300.5
	土木	264834.6	12648.6	1479.7	278962.9	5015.2	11528.6	3385.6	2657.3	542.5	302092.1
	小计	334506.2	22187.4	6680.3	363373.9	45016.8	17881.8	6239.4	10992.8	2513.5	446018.2
偏房	砖木	4728.0	169.9		4897.9	326.1		97.2			5321.2
	土木	32374.0	398.8		32772.8	8.2	144.2	56.2			32981.4
	小计	37102.0	568.7		37670.7	334.3	144.2	153.4			38302.6
附属房		45418.6	458.6		45877.2	597.4	350.2	939.4			47764.2
合计		417026.8	23214.7	6680.3	446921.8	45948.5	18376.2	7332.2	10992.8	2513.5	532085.0

2．移民生产安置不落实

由于移民生产安置工作没有落实在实处，政策宣传缺乏号召力，致使在征地时，村组干部提出一些附加条件，甚至提出与移民政策相违背的补偿条件等情况时有发生。据不完全统计，共发生阻拦施工事端12起，严重影响了正常施工。

3．资金到位不及时

据统计，今年7月底移民征地经费计6100万元，而真正到县级政府帐上资金只有4000万元，其中宜昌县2500万元，秭归县1500万元。此外，据反映，转到地方建行的征地移民资金无法入帐取出。

这些因素直接影响了征地移民进度。建议各级地方政府在加强《三峡移民条例》政策宣传的同时，集中力量抓好移民居民点的规划和建设，搞好移民生产生活安置，使群众真正认识到“开发性移民”是一条改造自然环境发展经济建设的一条为民致富之路。

（计划合同部　*唐增发、杨友琴*）

加快坝区征地移民工作

为落实国务院三峡工程建设委员会第二次会议精神，8月7～10日郭树 言同志在宜昌召开现场办公会，协调解决坝区征地移民问题。会上，传达了委员会第二次会议纪要，分别听取了中国长江三峡工程开发总公司（以下简称三峡总公司）、长江水利委员会驻宜昌代表处、葛洲坝工程局和湖北省、宜昌市的汇报，实地考察了坝区征地移民情况和工程进展情况，并与贾志杰省长交换了意见。

今年上半年，特别是委员会第一次会议以来，在资金不到位的情况下，各有关方面顾全大局、克服困难，前期准备工作取得了显著成绩。征地移民工作在建设委员会移民开发局和湖北省组织领导下，宜昌市及所属宜昌县、秭归县各级政府做了大量艰苦的工作，目前已征地4472亩，移民1011人。同时涌现了一批响应政府号召积极搬迁的先进典型。

目前，三峡工程的初步设计已经批准，组织机构已基本健全，资金也逐步到位，前期准备工作进度加快。但征地移民工作滞后，已成为制约坝区工程进展的关键因素。为切实解决好这两个问题，决定采取以下措施：

（一）成立坝区征地移民协调领导小组

由湖北省陈水文副省长任组长，宜昌市罗清泉市长任常务副组长，三峡总公司、葛洲坝工程局、长江水利委员会驻宜昌代表处和宜昌县、秭归县政府为成员单位。协调领导小组下设办公室，由上述成员单位各派一名得力干部组成，常驻坝区，现场集体办公，随时协调裁决坝区征地移民中出现的问题，并逐月向国务院三峡工程建设委员会办公室汇报进展情况。

（二）征地移民进度，按月算帐

今年坝区的征地计划是7884亩，已征4472亩，需新征3412亩。移民计划是5268人，已搬迁1011人。12月底以前需搬迁4457人（其中包括遗留问题的200人）。逐月计划为9月10日前1200人，10月10日前1200人，11月10日前1200人，12月底以前857人。上述任务，请湖北省宜昌市抓紧工作，按月考核，保证完成。要加快移民实施规划和移民点的建设，尽量避免二次搬迁。坝区各级政府要妥善安排移民过冬。

（三）落实移民资金

一是“3厘钱”，在邹家华副总理关心下，国务院办公厅给各省市发了电报，征缴进度加快。在国家计委、财政部、人民银行、电力部的支持下，基本理顺了“3厘钱”的资金渠道，目前电力部已上缴10.3亿元，上缴国库9.7亿元，三峡总公司已收到6亿元。二是根据实际情况一次性拨给宜昌市914万元，由宜昌市政府包干，解决1984年至1986年坝区征地遗留问题。三是将坝区耕地占用税4000万元返还宜昌市，用于开发性移民，专款专用。四是对葛洲坝库区消落区的补偿标准，实事求是搞实际作物补偿。

（国务院三峡工程建设委员会办公室）

三峡库区移民试点工作八年回顾

在三峡工程的可行性论证过程中，为了探索如何解决三峡工程移民搬迁安置的新路子，从1985～1992年在库区连续进行了8年的移民开发试点工作。现对三峡工程库区移民试点的概况、成果及基本经验作一个简要的回顾。

（一）试点工作提出及概况

长江三峡工程的水库淹没处理及移民搬迁安置，是三峡工程建设中最艰巨、最复杂、最困难的工作，同时也是一个复杂庞大的系统工程。按175m建设方案，库区淹没涉及川、鄂两省的21个县（市、区），截止1991年度的调查统计，淹没区内的人口有84.62万人，耕地和园地36.76万亩，工厂1599个，全部或部分淹没2个市、11个县城、114个集镇。这样大规模的移民搬迁安置，在我国建库历史上从未有过，国内外都极为关注。

党中央、国务院对三峡工程的移民搬迁安置十分重视。李鹏总理多次指出：“三峡工程成败的关键在于移民。”为了妥善地解决好三峡工程的移民搬迁安置问题，党中央、国务院在总结过去40年水利建设移民搬迁安置工作经验的基础上，提出了开发性移民的新思路。1984年，党中央、国务院在审议三峡工程150m建设方案的可行性报告时，中央领导明确指出：“三峡库区的资源很丰富，三峡工程的移民安置，要改变过去那种单纯赔偿的办法，利用三峡库区的资源优势，为移民开发新的生产门路，探索开发性移民的新路子。”在三峡库区进行开发性移民试点，正是在这样的背景下提出来的。

1985年开始进行三峡库区移民试点，主要由三峡省筹备组负责。1985年6月，三峡省筹备组撤销后，中央决定成立国务院三峡地区经济开发办公室，具体负责三峡移民试点工作。1991年7月，为了加强三峡移民试点工作，国务院成立了三峡工程移民试点工作领导小组，进一步加强了对三峡库区移民试点工作的领导，并且增拨资金，加大了移民试点的力度。直到1992年，三峡库区的开发性移民试点工作已持续不断进行了8年。8年来，原三峡省筹备组和以后成立的国务院三峡地区经济开发办公室，在国务院和三峡工程移民试点工作领导小组的领导下，会同川、鄂两省和所属有关各级政府，认真贯彻执行中央所制定的开发性移民方针，在农村移民位置、城镇搬迁、工厂迁建、人才培训等方面，进行了认真的探索和实践。

试点区域的范围，开始是三峡工程150m方案库区所涉及的宜昌、秭归、兴山、巴东、巫山、奉节、云阳、开县、万县、万县市、忠县、石柱、丰都、涪陵市、武隆等16个县（市）。以后，随着工程可行性提出175m方案，库区的范围扩大到重庆市的长寿、江北和巴县，因此，从1987年起将试点的范围扩大到了重庆市的长寿、江北和巴县，共计19个县（市）。1992年，万县地区改为万县市，其行政建制将原万县市和万县合并划为市属的天城、龙宝、五桥3个县级区。至此，试点的范围也就相应变为20个县（市、区）。

（二）试点的主要方面及成果

1985～1992年的8年间，国家共安排移民试点投资计划47720万元（含2亿元的以工代赈物资折款），实际到位45570万元。其中，除用于三峡库区移民试点机构的行政管理经费3392万元外，共有42278万元用于移民开发试点项目。其试点的主要方面和具体成果是：

1．以大农业为基础，农工副相结合开展移民

用于农业改土建园、果园配套投资11671.8万元，占总投资的25.6%，共完成改土建园面积14.8万亩，已定植柑桔6万多亩，种植茶园5750亩、桑树4209亩、沙田柚3836亩，另有红果、葡萄、枇杷、桃、李、梨、板栗等其他果树5000多亩，现在挂果面积已达2万多亩。已经开发的土地，除去返还荒地原主和因淹没范围发生变化，以及少量被雨水冲毁以外，可用于安置移民的部分约8.45万亩。试点开发土地进行得好的村、组，由于充分利用新开发的土地种植水果、蔬菜等，收入成倍增加，移民对搬迁安置充满信心，改变了对水库淹没的担忧。例如湖北省巴东县东壤口乡雷家坪村一组，1986年利用移民开发经费17.1万元，开荒造梯田建设柑桔园315亩，在果苗定植前期，就及时利用新开的园地种植粮食、油菜、西瓜、蔬菜等。1988年全组人均增加收入316元，其中每人平均收入1000元以上的7户，3000元以上的2户，全组68户，当年就有电视机38台、收录机18台、缝纫机8台、洗衣机2台，成为先富后搬的典型。在试点的20个县（市、区）中，各县都出现了象这样开发果（经）园致富的典型，对农业开发起了很好的带动作用。因此，当时在库区曾出现争着向移民局申请投资开发土地的热潮，为农村移民安置探索出了以大农业为基础，农、工、副结合进行安置的路子。

2．兴办工业项目，解决移民就业

用于工厂迁建、工业安置移民试点的投资5254.9万元，占总投资的11.5%，兴办了28个工业试点项目，初步安置农村移民2275人。这批工业试点多是“短、平、快”项目，很快建成投产，大多数都取得了很好的社会效益、经济效益和移民安置效益。其中，有的厂第二年就回收了投资。例如万县市的川东油漆厂，共使用移民试点经费10万元，接收农村移民劳动力15人，工厂效益很好，第二年就归还了全部投资。还有的工厂使用的移民试点资金，五年就周转了两次，创造了利用移民投资周转滚动增值，扩大移民安置效益的好经验。实践证明，只要项目选得准，确实可以解决部分农村移民的就业问题。但在实践中也使大家很快认识到，建厂办企业，只能安置农村移民中的青壮年劳动力，部分改善农村移民就业结构。但年龄稍大的劳动力和小孩不可能都进工厂，如果没有大农业为基础，这部分人的安置仍然无法解决。经过兴办工业项目安置农村移民的试点，大家对于办工业安置移民有了一个更全面的认识。

3．探索城镇搬迁新途径

用于搬迁城镇“三通一平”的投资23433.2万元，占总投资的51.4%。其中，修建道路37条、157.79km；建设桥梁6座，总长802m；建水厂11座，日供水11.51万t；供电工程4处；同时为改善新城的投资环境，结合搬迁补偿，还进行了邮电、通信等工程的试点工作。这些试点项目，不仅为城镇搬迁打下了一定的基础，而且探索了城镇搬迁的经验。

4．结合移民开发项目培养人才

用于勘测设计、规划论证、人才培训等其他费用，投资1700万元，占总投资的3.7%。其中，培养大中专毕业生110名。同时还进行了各种层次的实用技术培训2万多人次。其中，有的是上岗之前先行培训，达标之后再上岗操作；有的是根据生产需要进行短期培训，边培训，边使用；有的是委托大专院校和科研单位进行专业培训，为移民开发项目训练业务骨干；有的县还创办了“四结合基地”，即技术培训、优质苗木培育、丰产示范和移民安置四结合，把实践和教学融为一体，互教互学，增加了培训的效果，成为向农民传授实用技术的一种好形式。8年移民试点，在人才培训方面，虽然投资不多，但探索了许多好的形式和经验。

（三）试点中取得的基本经验

国务院副总理邹家华于1991年6月考察三峡库区移民试点情况后，在《关于三峡及移民试点工作的有关问题》的报告中指出：“自从1985年以来，三峡移民试点工作已经取得了不少的成绩，经验是成功

的。这充分证明国务院、党中央制定的方针，即把过去的赔偿性移民改变为开发性移民是正确的。这一点不但对三峡工程是十分重要的，而且为今后国家其他水库移民的工作提供了重要经验。”1993年12月，国务院副总理邹家华、国务委员陈俊生在京主持召开的三峡工程移民工作会议上，对8年移民试点进行了全面总结，国务院三峡工程建设委员会副主任李伯宁概括了7条基本经验。

1.总结和完善开发性移民方针

三峡库区在8年移民试点中，始终坚持开发性移民方针，并在实践中逐步加深理解，总结和完善了开发性移民方针的深刻含义：

(1) 开发性移民，主要是利用移民投资（除去必须的一次性补偿部分），由有关人民政府有领导、有组织、有计划地，因地制宜开发本地各种资源，并帮助搞好经营管理，给移民安置一个稳定的生产生活出路。而不是按淹没的实物定个赔偿标准，发了赔偿费就完事大吉。定补偿标准，只是作为工程移民定概算的依据，而不是按标准简单地发钱。这是反映在移民经费上一次性赔偿和开发性移民的根本区别点。

(2) 开发性移民，国家对移民安置的原则是，不仅不降低或略高于原来的生产、生活水平，而且要积极帮助移民重建家园，发展经济，为其走向小康和致富之路创造条件。最后使移民安居乐业，长治久安。

(3) 开发性移民，除在国家的必要支持下，还包括移民资金的合理补偿；国家经济发展计划中有意识地为安置移民多排些项目；中央、国务院各部门，在主管业务内，有意识地为支援移民安置，按照搬迁计划，密切配合，给以支持照顾和倾斜；各省（市）、各单位、企业以安置移民为首要目标的对口支援；以及为结合安置移民，广泛引用中外投资等。同时，库区的各级党政领导，要充分发挥群众的自力更生、艰苦创业的革命精神和社会主义积极性、创造性、自觉性，不等不靠，千方百计地为移民争作贡献，努力增强当地的造血机能，摆脱单纯依靠国家的思想。

(4) 开发性移民除去必要的一次性补偿部分以外，有相当部分移民资金作为开发资金，可以周转滚动，重复用于移民开发，尽量提高其使用效益。这也是一次性赔偿与开发性移民在资金使用上的重要区别点。

2.总结出移民安置的六个先行

(1) 搞好移民安置，必须首先制定一个符合中央开发性移民方针、政策，符合库区实际情况，充分体现和调动中央和地方，国家、集体、个人积极性的移民规划来，因此规划要先行。

(2) 从工程和移民来说，移民难于工程，因此移民应先于工程。保证移民先于工程或和工程同步完成，以保证工程按时发挥设计效益。

(3) 在城乡移民上，失去土地生产手段的农村移民难于城镇，因此农村移民应该先行。

(4) 安置农村移民应进行大农业的综合开发，其中土地开发或改造中低产田要先行，必须首先掌握为安置移民所需要的土地，这是大农业开发的根本。

(5) 城镇搬迁，为给搬迁和发展创造条件，“三通一平”要先行。

(6) 受滑坡和泥石流威胁的城镇要先行，以及为适应发展移民经济，开发人才培训要先行。

只有做到这六个先行，移民工作才可能按部就班有计划、有步骤地顺利进行。

3.要早动手、早投入，力求加快移民进度，这是保证工程及时发挥设计效益的先决条件

1993年12月，李鹏总理在宜昌视察三峡工程和移民时，及1993年12月25日在国务院三峡工程建设委员会第三次会议上的讲话都强调指出：“三峡工程的成败决定于移民，移民是关键”，“要坚持开发性移民方针”；“要按照三峡移民条例办事，依法移民”；“要全面规划，突出重点，远近结合，移民进度要与工程进度相衔接；在资金到位的情况下，宜早不宜晚”。按照李鹏总理“宜早不宜晚”的指示精神，三峡移民需要早动手的原因主要有以下五个方面：

一是考虑到了三峡工程既然决定和公布了17年建设的目标，那么移民如果不能和工程相衔接，不及时把库区移民全部迁移，即使工程完成，万一长江上游发生特大洪水，也很难发挥工程蓄水拦洪作用，中下游特别是荆江大堤的安全亦无保障。

二是三峡移民数量大，任务重，时间紧，必须按照实际情况和可能，与工程密切配合，按照总体规划和远近结合的分年计划安排，有计划、有步骤、有节奏地均衡进行。由于三峡工程135m发电水位移民只有20多万人，占整个库区移民120万人的比重很小。如果在11年内，只能移走135m水位以下的20多万人，那么剩下移民都集中在以后的6年内搬迁，则平均每年搬迁16万人，这样的强度，显然是难以做到的。即使按原定的20年搬完的方案，11年后剩下的100万人，按9年计算，每年也要迁移11万多人。在这样短的时间内，完成这样集中的大量移民，也是不容易做到的。因此，移民进度越早越好，越快越好。只有这样才能和工程相衔接，才能保证工程完成时就能及时发挥设计效益。

三是移民试点证明，移民越早，安置的人数越少，国家花的赔偿费越少，工作难度也越小。因为移民投资既受物价的影响，又受人口和固定资产等淹没

指标增长的影响。如果不从现在起，加快移民搬迁步伐，就将增加移民和工程投资的总概算，这是必须认真考虑的一个问题。

四是从发电来说，即使工程提前完工了，如果移民搬不走，就不能蓄水发电。在三峡工程的筹资计划中，发电收入又占很大比重，如果移民不及早完成搬迁，或移民搬迁的速度赶不上装机发电要求水位的速度，也就没法保证完成筹资要求的发电指标和电费收入，这必然影响工程的顺利进行。

五是从移民和库区的经济发展来说，也是搬迁越早越有利。所以，川、鄂两省的库区群众，一致强烈要求国家早投入，早搬迁，原因即在于此。李鹏总理提出："突出重点，远近结合，在移民进度上，在资金到位的情况下，宜早不宜晚"，是充分考虑了工程和移民在进度上的合理安排，充分考虑了库区广大干部群众对加快移民进度和发展库区经济的强烈愿望的。

4. 探索出农村移民安置的路子

农村移民是三峡移民安置中最困难的部分。8年的移民试点经验，也证明三峡工程农村移民以大农业为基础，以土地为根本，实行就地后靠，就近安置的路子是完全正确的。从三峡库区的实际的情况来看，以开发大农业为基础，在本乡、本县自我消化，安置好农村移民是有条件的。但当前对这一问题的认识有不同的看法，如有的认为库区土地少，农村环境容量不够，主要靠发展二、三产业来安置；有的认为群众不愿从低处往高处搬，而愿搞二、三产业或外迁；也有的想靠招工和劳务输出解决移民问题，等等。对这个问题，试点中也有个认识和探索过程。在1985年开始搞移民试点时，我们也设想通过兴办工业企业来安置农村移民。因此，创办了28个工厂。但我们很快就发现进这些工厂做工，只能是移民中20岁左右的知识青年劳动力，而剩下的老弱病残，工厂无法安置，也无力进行搬迁和重建家园，更承担不了发展家庭经济的任务。所以，我们不得不转回来从开发土地，从开发大农业来安置农村移民。并通过移民试点的探索和实践，证明库区是有足够的环境容量来安置农村移民的。

5. 城镇搬迁"三通"要先行

为给城镇搬迁创造条件，首先在搞好旧城镇搬迁规划的基础上，先搞好搬迁区的"三通一平"。

移民试点证明，提前搞好搬迁区的"三通一平"(即通路、通水、通电)，是花小钱，办大事，投入少，效益高，事半功倍，一举三得的大好事。如在试点过程中，涪陵市根据城市发展总体规划和三峡工程上马后"依托旧城，后靠东移"的城市迁建要求，结合乌江大桥的引桥工程，多方集资2400多万元，其中移民试点资金补助了470万元，修建了全长7.5km的三环路，为城市搬迁和发展提供了32.8km²的建设用地。几年来，已在沿路两侧修建各种房屋达30万m²，建房总投资8000多万元，既有效地控制了水下建设，又为城市的发展创造了条件。又如万县市，在试点中投入城市"三通"移民经费1469万元，帮助修建了龙宝新开发区的道路和水厂，现已吸引10家工厂到新区，基建的投资额达2.2亿元。巴东县把葛洲坝水库迁建补偿经费和三峡移民试点经费捆在一起，在新城区修建道路6.67km，蓄水池1座，以及部分高低压供电线路。同时，县政府为了鼓励提前搬迁，制定了一些优惠政策，吸引了一大批行政、企事业单位到新区建设，减少了水下投资近亿元。提前搞好城镇"三通"，其明显效益是大大减少搬迁城镇淹没线以下的水下建筑。

6. 搞好智力开发、人才培训工作

长期以来，三峡库区由于历史原因，一直是全国18个连片的贫困地区之一。这里的教育不发达，农民文化素质差，有的县初中以上文化程度的不到20%，缺乏起码的科学技术和管理经验。为适应开发性移民和库区经济发展的需要，在移民试点中，多层次、多渠道，长期和短期相结合，对进厂的移民，先培训合格，然后上岗生产；对开发柑桔等经济园林的技术人才，则以就地现场培训为主，注重田间操作技能，推广普及适用技术，收到了很好的效果。同时，还采取与大专院校、科研单位、先进企业和先进地区挂钩，请进来，派出去，代培人才。除此之外，在库区一些乡镇还相继成立了农业技术学校，有的还通过县职业高中、成人中专、电视大学等，建立了移民培训基地。采取基地培训，现场教学，送教上门等各种形式，培训技术人员。如宜昌县采取多种形式，举办各类移民培训班达215期，培训移民3300余人次，获得初中级技术职称的移民70人。这些都为移民试点和今后的移民工作，提供了有利的条件。

7. 探索出移民资金周转重复使用，滚动增值的路子

在三峡移民试点中，我们为贯彻执行中央制定的开发性移民方针，对一些经济效益较好和能接收移民的搬迁企业，在移民资金使用上，采用了签订合同，资金周转使用，滚动增值的办法，取得了很好的效果。对于定期收回的资金，不再上交国家，继续用于本企业或本县的移民安置和经济建设。如万县市化妆品厂，1985年投入试点经费30万元，安置移民30人；1986年还清了贷款，1987年又投入移民试点经费54万元，安置移民55人，到1990年全部收回，并继续周转使用；到1992年，又安置移民54人，这

样6年周转3次，共安置移民139人。这既帮助了企业的发展，又让企业为移民作出了贡献，国家、企业都有利。再如巫山县卷烟厂，1986年投入移民试点经费75万元，使工厂得以迅速发展，并安置了农村移民158人，1988年还清了全部贷款。这既有利于安置移民，又有利于企业和地方的经济发展，充分发挥了移民资金在安置移民和发展经济中的高效益。这个好经验，得到了邹家华副总理的多次赞扬。

以上这些经验，是在党中央、国务院的正确领导下，在两省和库区广大干部群众的共同努力下，对水库移民"一次性补偿"旧模式进行了八年艰苦卓越的改革与实践取得的成绩，为贯彻《长江三峡工程建设移民条例》和落实党中央、国务院制定的开发性移民政策奠定了基础。这个重大改革，不只对搞好三峡移民有现实意义，在我国水库移民工作上，也是一个创举。同时，我们也清醒地看到，小规模的三峡移民试点，不能替代大规模的建制即成村、成乡、成县移民。因此，不能满足于已取得的移民试点经验，要在已有经验的基础上，继续探索大规模成建制的搬迁经验，进行新的探索，以胜利完成三峡移民的全部任务，为三峡工程及时发挥设计效益创造条件。

（移民开发局　殷之铬）

开发与规划

长江三峡工程水库淹没处理及移民安置规划大纲（摘要）

（本《大纲》由国务院三建委办公室以国三峡办发计字〔1993〕013号文通知在库区试行。）

前　言

三峡水库干流600km，库岸总长5000多km。根据枢纽工程初步设计研究的施工进度，从施工准备(1993年)开始至第5年第一期导流，20年一遇洪水坝前水位78.2m；至第10年坝前20年一遇洪水位为82.28m；至第11年第一批机组发电，坝前水位为135m；至第15年，水库开始按初期蓄水位运行，坝前水位156m；至第17年，枢纽工程全部建成，坝前水位可以抬高到175m运行。但水位由156m抬高到175m，中间停留多长时间，需视工程运用情况和移民状况而定。水库坝前达到最终蓄水位175m，汛期20年一遇设计洪水回水末端在巴县木洞镇的弹子田，淹没范围涉及川、鄂两省19个县市，13个城（市）镇，127个集（场）镇。汛后11月份20年一遇设计来水回水末端在江津县羊角滩，涉及重庆市区及江津县。据1991年底～1992年初调查复核，主要受淹实物指标为：直接受淹人口84.46万人，淹没耕地25.73万亩，园地11.02万亩，河滩地5.8万亩，受淹工矿企业1602个，以及淹没区的各类专业设施。

三峡水库淹没处理及移民安置，涉及范围广，移民数量大，项目多，持继时间长，具有特殊的复杂性和艰巨性，是一项复杂的系统工程，而且其中很多单项工程本身就是大的基本建设项目，需按基本建设程序进行各阶段的勘测、规划设计，才可能避免出现大的偏差或失误。移民工作能否顺利进行，是三峡工程能否顺利兴建的关键。为使移民工作科学而有序的进行，需认真做好水库淹没处理及移民安置规划。

由于三峡工程规模巨大，移民任务非常艰巨，钱正英同志请示邹家华副总理同意，提出将初步设计分成枢纽工程、库区移民安置规划、输变电工程等三部分单独编制、分别审查，前两部分由长江水利委员会(以下简称长委会）负责，输变电工程部分由能源部组织编制。长委会根据这一部署，除按期完成枢纽工程初步设计编制上报外，并抓紧时间开展了初步设计阶段的移民安置规划，已会同川、鄂两省，开展了秭归县（规划试点）、巴东县、兴山县的移民安置规划，城镇新址的地质复勘、规划，专项设施规划，工矿企业迁建补偿投资评估等，也相继开展了工作。由于移民安置已进入实施阶段，经国务院三峡工程建设委员会第一次会议同意，为适应三峡工程库区移民安置的需要，简化规划设计工作阶段，在可行性论证报告和初设阶段淹没实物指标调查的基础上，直接进行分县(市、区）移民安置规划，分期分批完成。

本阶段水库淹没处理及移民安置规划的主要任务是：提出淹没处理标准和配套政策措施；完成农村移

民安置规划；完成城镇迁建规划；完成工矿企业迁建补偿投资评估和迁建规划；完成各类专项设施迁建总体规划；提出水库淹没处理投资。对某些淹没时间晚，以及目前还有许多不确定因素，尚需进行多方案比较研究的项目，提出专项规划计划，待本阶段规划完成后，继续深入研究。

为了统一政策，统一标准，保证各县（市、区）和各专项设施规划的质量，结合规划试点，在原拟的《长江三峡工程初步设计阶段水库淹没处理及移民安置规划大纲》（第五稿）基础上，经修正完善，编制出本规划大纲，作为编制规划的依据。

一、总 则

（一）编制依据

1．全国人民代表大会七届五次会议：关于兴建长江三峡工程的决议。

2．国务院三峡工程审查委员会：长江三峡工程可行性研究报告的审查意见。

3．长江三峡工程建设移民条例（草案，待批）。

4．关于长江三峡库区实行对外经济开放及有关政策的建议（草案，待批）。

5．国务院办公厅国发〔1992〕(20）号文：关于加强水库移民工作若干意见的通知。

6．国务院办公厅国办发〔1992〕(14）号文：关于开展对三峡工程库区移民工作对口支援的通知。

7．国务院办公厅国办发〔1992〕(17）号文：关于严格控制三峡工程坝区和库区淹没线以下区域人口增长和基本建设的通知。

8．水利水电工程淹没处理设计规范（试行）。

9．长江三峡工程移民专题论证报告。

10．长江三峡水利枢纽可行性研究报告。

11．国家有关法规：

(1）中华人民共和国水法；

(2）中华人民共和国土地管理法；

(3）中华人民共和国城市规划法；

(4）中华人民共和国文物保护法；

(5）中华人民共和国水土保持法；

(6）中华人民共和国森林法；

(7）中华人民共和国环境保护法；

(8）国务院：大中型水利水电工程建设征地补偿和移民安置条例；

(9）国务院：国有资产评估管理办法；

(10）其它有关法令、规程、规范、条例。

（二）指导思想和规划原则

1．三峡工程水库淹没处理和移民安置实行开发性移民方针，坚持国家扶持、政策优惠、各方支援、自力更生的原则。

2．三峡工程水库淹没处理的设计标准和补偿标准，按国务院三峡工程审查委员会通过的《三峡工程可行性研究报告》中确定的标准为依据。

3．移民安置规划与库区建设、资源开发、环境保护与治理、社会经济发展规划紧密结合，通过采取补偿、补助、扶持和后期淹没损失、对工程直接贡献与效益挂钩的政策，妥善安置好移民，促进库区社会经济的发展和繁荣，改善区域环境质量。

4．三峡工程移民安置规划是库区社会经济发展规划的组成部分，但不能代替库区社会经济的发展规划。各级地方政府要在国务院有关部门的指导下，制定以三峡工程移民安置规划为契机的城乡社会经济发展规划。规划设计标准一定要从国情、国力出发，从库区实际出发，量力而行。整个发展规划的资金有多种渠道，三峡工程移民安置的资金是多种渠道中的一种重要渠道。为了实现发展规划，需多方面开辟资金渠道。发扬艰苦奋斗、勤俭建国的精神建设库区。

5．农村移民安置，应当以大农业为基础，通过开发可利用的土地，改造中低产田地，建设稳产高产粮田和经济园林，发展林业、牧业、渔业、副业，有条件的地方应当积极发展乡村企业，发展第二产业、第三产业，多渠道、多产业、多形式、多方法妥善安置移民，使移民的生活水平达到或者超过原有水平，并为三峡库区长远的经济发展和移民生活水平的提高创造条件。

农村移民尽可能在本组、本村、本乡实行就地、就近安置，若安置不了，在全县内统筹规划安置。如本县安置确实有困难，可在上级统筹下，在邻县或外省安置。

6．要十分珍惜和优先开发土地资源，这是农村移民安置成功的关键。在严格保持水土、改善生态与环境的条件下，合理规划荒地资源的开发。

7．实施开发性移民方针，发展三峡库区经济，要依靠科学技术，重视教育与智力开发，培养和引进专业人才，鼓励科学技术研究，吸收先进科技成果，进行高层次资源开发和建设。

8．城镇（包括场镇）迁建新址应选择地质上整体稳定，地形条件相对较平缓，高程在水库最低建设高程以上，有可供使用的建设用地面积和水陆交通条件方便的地点；城镇规模与标准要从库区实际条件出发，为移民创造布局合理、设施基本配套、交通便利、有利生产、方便生活的居住和工作环境；城镇规划要正确处理好近期和远期的关系。总体规划要考虑远景规划发展的可能，为远期发展留有余地，近期以移民搬迁安置和相应基础设施建设为主；城镇规划要十分珍惜土地、合理用地、节约用地，要重视建设区及周围地区生态与环境保护，防止环境恶化。

按照移民安置规划，对迁建城镇给予的迁建补偿经费均应列入移民经费，迁建费用超过补偿费的部分由有关地方政府自行解决。

9．受淹工矿企业，应根据淹没程度、淹没性质和各工矿企业的具体特性确定改建、迁建方案。对局部或附属设施受淹的企业，应通过改建、防护等措施，恢复其配套生产能力。对大部分或主要车间受淹的企业，应根据其具体情况选择改、并、扩、转建设方案，同时选择新厂址，为其恢复、发展创造条件；工矿企业改建、迁建应与技术改造、技术进步、产品更新、污染防治相结合，并通过扩大规模，提高经济效益与安置移民就业相结合；工矿企业改建、迁建中要合理布局，注意节约用地。

按原规模和原标准拆迁改建、重建所需要的投资，经核定后列入移民经费，扩大规模和提高标准需要增加的投资，由有关单位自行解决。

10．三峡工程水库淹没的公路、桥梁、港口、码头、水利工程、电力工程、电信工程、广播线路、水文站网等专业设施，需要恢复重建的，要根据安置区的建设规划予以复建。按原规模和原标准，或者为恢复原功能所需的复建投资经核算后列入移民经费；扩大规模和提高标准与等级需要增加的投资，由有关单位自行解决。

11．文物古迹是各时代人类在生产、生活和斗争中遗留在地面和埋藏在地下的具有历史、艺术、科学价值的文化遗产。它以不同形式、从不同领域、不同侧面反映了人类认识世界、改造世界的历史发展进程。长江三峡库区的文物古迹是中华民族的重要财富之一，在三峡工程的建设和淹没处理中必须十分珍爱，高度重视。受淹文物古迹的处理，要在以往工作的基础上进行补充调查并分别作出评价。按照“重点保护、重点发掘”的原则，提出保护、迁建、发掘、存放和展示规划。

12．要十分重视淹没与移民搬迁对环境的影响，十分重视库周及安置区的环境建设。对淹没区的污染源要根据卫生防疫要求提出清理规划；对城市、集镇、居民点、工矿企业的搬迁建设和资源开发，都要根据森林、水土保持和环境保护等法规提出环境保护的要求和对策措施，把开发与治理紧密结合起来，促进库区的生态与环境向良性循环转化。

13．采取工程防护措施，保护土地资源。对各地库周淹没深度不大的城区、村镇、工矿、耕地按照技术可行、经济合理的原则，凡有条件防护的都应加以防护利用，减少移民安置难度。

14．水库淹没处理和移民迁移安置进度，要保证枢纽工程分期蓄水、顺利兴建的需要，遵循先低后高，先下游后上游，先淹先迁安的原则，同时还要对一些虽然淹没时间晚，但为了减少淹没线下损失和地方经济发展必须提前的项目，如城镇迁建新区基础建设、农村移民土地开发及部分专业设施建设等，应本着投资经济合理的原则，统筹规划适时安排。

15．水库淹没处理和移民安置规划涉及面宽、上下左右制约因素多，情况复杂，因此，各方面，各部门都要正确处理好国家、集体、个人之间的关系，中央和地方的关系；都要本着为三峡工程作贡献的精神，主动协调配合，相互促进，顾全大局，团结协作，共同把移民安置规划搞好。

（三）淹没处理标准

根据规范和三峡工程移民专题论证，并经三峡工程审查委员会审查同意，主要淹没处理标准如下：

1．土地淹没线：坝前175m接5年一遇洪水和11月份5年一遇来水的设计回水水面线。

2．人口、房屋、中小型工矿企业、大型企业的附属建筑物、专业设施等的淹没线：坝前177m高程（175m高程正常蓄水位加2m风浪浸没影响）接相应的20年一遇洪水和11月份20年一遇来水的设计回水水面线。

3．大型工厂主要车间淹没线：坝前177m高程水平线接100年一遇洪水的设计回水水面线。

4．施工期分级水位移民线：坝前水位90m、135m、156m各接20年一遇洪水的设计回水水面线。

5．设计水面线回水末端位置：设计洪水回水末端位置按高于同频率天然水位0.3m处确定。汛后11月份设计来水回水末端位置按高于同频率天然水位0.3m处确定。

6．滑坡、坍岸、孤岛、浸没区：经地质部门鉴定确认的是因水库淹没影响产生的滑坡、坍岸、浸没区以及水库蓄水后失去生产生活条件的孤岛均应作为淹没处理范围。

（四）任务与要求

1．农村移民安置规划

以土地为依托的大农业生产安置规划定量到村民组，集中安置的居民点选址定位到村民组，均由地方政府编制移民实施计划落实到户。以二、三产业安置的移民户，对现实可行的项目，列入近期计划，落实其安置移民人数指标，目前难以定量的项目，着重调查资源情况，作为今后移民安置的备用容量。经县（市）内统筹平衡后，如果本县安置确有困难，在上级统筹下，提出外迁安置方案。

2. 城市、县城、建制镇规划

首先完成总体布置规划的编制和审定，再完成近期淹没搬迁修建性详规，对受淹没的行政、企业、事业、公建、居民住宅，规划做到定界、定点、定位。

3. 场镇迁建规划

在选址和规划方案审定的基础上，完成搬迁修建性详规。

4. 工矿企业迁建规划

对受淹工矿企业逐家进行补偿投资评估，按原规模和原标准拆迁重建，提出补偿投资概算。由地方政府结合发展规划，提出改建、迁建方案。

5. 受淹公路复建规划

在区域公路网发展布局的基础上，结合城乡移民发展安置规划，确定复建公路的走向、规模和标准，完成复建公路 1/10000 地形图选线规划，并估算补偿投资。

6. 港口规划

主要港口在审定的城镇总 体规划的基础上，按交通部《港口总体布局规划编制办法》完成港口总体布局规划和近期受淹港口复建规划和补偿投资。

7. 邮电、广播、电视复建规划

沪（上海）～汉（武汉）～成（成都）通信线和长航通信线，根据全国总的通信发展规划和库区城镇迁建布局，分别提出改建复建规划和因三峡工程淹没而需的补偿投资。地方通信线和广播电视，根据库区城乡移民安置规划，按原标准恢复原功能，提出复建规划和补偿投资，规划到村组。

8. 文物古迹

调查核实受淹文物数量，作出评价，提出处理意见并估算投资。

9. 其它专项设施

包括水利工程，水火电站，输变电工程，水文站网，输气管道，结合库区建设规划，按原规模和原标准恢复重建，提出重建规划和补偿投资。

10. 库底清理规划

根据库区特点和卫生防疫、航运、渔业等要求，提出清理规划，估算工程数量和投资。

11. 对凡具有工程防护条件的城镇、农村、工厂等作出防护工程规划。

12. 在本阶段对移民安置规划中一些重大问题，开展专题研究，对移民安置中难以解决的问题和淹没时间 晚，不确定因素较多，需要专题研究的项目，提出建议和研究计划。

13. 补偿投资概算以国家审定的可行性研究报告中所确定的补偿原则、补偿标准和总投资为基础，再考虑淹没实物增长，迁建复建规划，以及物价和近年来国家有关政策调整等因素，由长委会归口，编制补偿投资概算，以及主要材料、设备计划和分年计划。

（五）移民进度、搬迁建设高程与补偿价格水平年

1. 关于水库淹没处理与移民搬迁进度

审查通过的三峡工程可行性研究报告中提出枢纽工程建设工期为 18 年（包括 3 年施工准备），考虑到移民安置任务的艰巨性，移民搬迁安置的时间定为 20 年。初步设计中提出的枢纽工程施工期为 17 年（包括 2 年施工准备）。根据先低后高，先淹先迁，满足枢纽工程分期蓄水、顺利兴建的原则，并充分考虑水库移民搬迁的特点及资金投入的经济合理性，水库淹没处理和移民安置进度总的安排为：

（1）1993～1997 年，5 年时间。1993 年～1994 两年施工准备内，坝前水位处于目前天然情况。自 1994 年末一期围堰截流到 1997 年末二期大江围堰截流 3 年时间内，坝前 20 年一遇设计洪水位为 78.2m，水位抬高不多。库区移民主要工作是：

①完成各县、市移民搬迁安置规划和各项淹没处理方案的研究、比较、协调及平衡；

②完成 135m 蓄水位以下涉及的淹没项目和移民搬迁工程的设计与审查，以及其它必须提前的设计任务。

③为减轻下阶段移民安置的难度和强度，安排完成 90m 高程涉及的淹没项目处理和移民搬迁安置任务。

（2）1998～2002 年，5 年时间。自 1997 年末二期大江围堰截流，到 2002 年末封堵导流明渠的 5 年时间内，坝前 20 年一遇洪水位 82.28m。库区移民的主要任务是完成 135m 蓄水位以下及影响涉及的淹没项目处理和移民搬迁安置，同时还要完成下一阶段有关项目和移民搬迁工程的设计与审查任务。

（3）2003～2007 年，5 年时间。自 2002 年末导流明渠封堵，到 2003 年 6 月坝前蓄水位达到 135m，开始围堰发电运行，库区移民的主要任务是完成 156m 初期运行水位以下，及影响涉及的淹没处理项目和移民搬迁安置任务。同时还要完成后一阶段有关项目和移民搬迁工程的设计与审查。

（4）2008～2009 年，2 年时间。自 2008 年枢纽工程开始按初期水位 156m 运行，到 2009 年末枢纽竣工，蓄水位达到 175m 正常蓄水位高程，2 年时间内要完成余下淹没项目处理和后期几十万移民的搬迁安置，时间短，任务非常艰巨，移民强度大，需采取有效措施，提前做好充分准备，才有可能预期完成。

2. 考虑防洪和泥沙淤积的可能影响，库区搬迁建设最低高程为：城镇、集镇、农村居民点等，在涪陵以下为182m，长寿为188m，重庆市为196m；大型工厂重要车间，丰都以下为182m，涪陵为185m，长寿为191m.，重庆市为200m。

3．采用与三峡枢纽工程初步设计一致的价格水平年，即以1993年5月价格作为淹没处理和移民补偿静态投资概算的价格水平年。

（六）分工安排

根据国务院三峡工程建设委员会的统一部署，三峡水库淹没处理和移民安置规划工作在三峡工程移民开发局的组织领导下，具体技术工作由长委会牵头负责，紧密依靠各级地方政府和国务院有关主管部门，共同完成规划任务。

具体安排如下：

1．农村移民安置规划，由长委会会同库区县（市、区）政府共同完成，省、地派人指导。

2．移民安置区土地资源调查资料，由川、鄂两省土管部门按全国农业区划委员会颁布的《土地利用现状调查技术规程》要求，提供详查资料，由长委会会同县（市、区）政府再根据详查资料，实地调查复核分解到村民组。

3．城镇和场镇新址地质复勘，由长委会负责完成。地形测绘，由长委会统一安排委托有相应资格证书的有关单位完成。

4．城市、县城和建制镇的选址。由长委会和县（市）政府共同勘察提出选址方案。总体规划，搬迁修建详规由长委会同川、鄂两省移民主管部门委托有关规划设计单位完成。请建设部加强指导。

5．场镇选址由长委会同县（市、区）政府负责完成。移民迁建详规由长委会委托有关规划设计单位完成。

6．受淹工矿企业迁建补偿投资在国务院国有资产主管部门的指导下，由长委会委托有资格证书的评估机构进行评估。工矿企业迁建规划，由地方政府或主管部门负责编制。

7．公路、港口码头、邮电通信、广播电视、水利电力等专业项目的复建规划由长委会商地方政府或主管部门，按隶属关系委托有关规划设计单位进行规划。

8．文物古迹按其重要性和保护级别，由长委会委托国家和两省文物主管部门业务负责，组织有关部门和单位，作出评价，提出保护、迁建和发掘方案。

9．受淹水文站网和河道观测设施的迁建规划，由长委会组织川、鄂两省水文部门负责编制

10．有关科研项目由长委会委托科研单位完成。

11．大的防护工程由长委会负责提出规划设计方案。

12．水库淹没与移民安置对环境的影响及其对策，在国家环保局的指导下，由长委会负责完成。

13．在上列规划工作的基础上，由长委会归口编制分县（市、区）的淹没处理和移民安置报告和单项规划（跨县、跨地区、跨省的工程）报告，上报三峡工程移民开发局。

（七）审查与审批

三峡工程水库淹没处理和移民安置规划涉及到川、鄂两省库区各县市社会经济的长远发展规划，因此必须根据规划项目的内容、性质、分层次进行审查。有的除按常规报主管部门审批外，凡涉及淹没处理与移民搬迁的项目，由上级移民主管部门审批。

1．各县（市、区）的单项总体规划，如城镇（市）的总体规划，重要的建制镇的总体规划，交通网络总体规划等，与地方经济密切相关，由三峡工程移民开发局派员指导，长委会和两省、组织有关部门和专家进行评审，并按隶属关系和有关规定报请上级主管部门或政府审批。

2．各县（市、区）单项的淹没处理和移民迁建安置规划，如城镇（市）、场镇的新区搬迁详规，单项专业设施的复建规划，农村移民安置规划等，由三峡工程移民开发局派员指导，长委会会同两省移民主管部门，组织有关部门和专家进行评审。

3．长委会根据以上两项规划成果，汇总编制分县（市、区）的淹没处理和移民安置规划报告，上报三峡工程移民开发局审批。

4．关于归口汇总的原则。凡属县管项目，或者虽非属县管项目，但其设施和建筑在一县境内，均以县为单位由长委会汇总上报。属于跨县、跨地区、跨省的项目，由长委会归口单独上报移民开发局审批，主要包括：

（1）沪（上海）～汉（武汉）～成（成都）邮电通信线；

（2）长航系统的专用码头；

（3）全库区的文物古迹；

（4）全库区的水文站网及河道观测设施；

（5）县级以上的公路；

（6）跨地区的高压线，邮电通信线；

（7）大型工矿企业；

（8）大型防护工程规划；

（9）其它需要单独上报的项目。

（八）规划进度安排

1．1993年完成湖北省宜昌、秭归、兴山、巴东4个县的移民安置规划，进点开展四川省的巫山、奉节、云阳、巫溪4个县的移民安置规划，1994年上半年完成。同时开展其余县（市、区）的城市、集镇的地质复勘选址、总体规划及其修编，凡有条件的可

进行修建性详规工作；对公路、邮电、电力工程等专业设施和文物古迹落实承担单位，办理委托手续，开展规划；对急需搬迁的工厂进行迁建补偿投资评估。

2．1994年上半年进点，年底完成万县市、万县（万县市与万县已合并划为3个市辖区）、忠县、开县、石柱、丰都、涪陵、武隆、长寿、江北、巴县、重庆市区、江津县等13个县（市）的城乡移民安置规划，以及专业设施的迁建规划。

（九）规划工作经费

1．移民规划所需工作经费，由长委会专题上报移民开发局审定后，根据分年计划，按专项经费适时直拨长委会统一安排。

2．凡不属于三峡水库淹没处理和移民安置任务的各地、各部门的远景规划经费由地方或部门自行解决。

3．凡参加三峡库区规划设计的单位和部门，都应本着支持三峡工程建设的精神，对勘测及规划设计、科研等各类经费要按低标准收取。

二、农村移民安置规划

（一）确定安置人口规模（略）

（二）安置方向和途径（略）

（三）规划内容和要求

1．核实基础资料

（1）移民安置区土地资源详查资料。以土地管理部门提供的土地利用现状调查成果为基础，以村民组为单位，调查核实土地总面积及其土地分类面积。土地分类按全国农业区划委员会1984年9月颁发的《土地利用现状调查技术规程》划分，面积以水平投影的标准亩计（1亩＝667m^2）。在未利用土地中，查明宜垦（宜经或宜粮）面积及其分布。在已利用的土地中，调查核实可供改造的低产坡耕地的面积分布情况。

（2）收集1989～1992年分县、乡（镇）村、组（淹没涉及区及安置区）以下统计资料：

①总人口、农业人口、劳动力、年龄结构、文化结构、人口增长情况；

②工农业产值、粮食及其他经济作物的播面、产量、农民收入结构和水平，人均占有粮食情况；

③收集已探明的有开发价值的矿产资源资料；

④淹没实物指标。以1991年底～1992年初调查核实之数为准。

⑤收集有关价格资料。包括农副产品、各种建材、人工、运输等单价及近年的变化情况；

⑥收集房屋、土地开发（荒地和坡耕地改造）和土地平整（居民场地平整）已竣工项目的综合单价。

2．移民安置生产规划

（1）种植业：开发土地资源，将宜垦荒地和低产地改造成高产稳产水平耕地。确定开发改造地点、数量、移民安置人数和配套措施等。

①安置标准：城镇郊区菜地人均0.4～0.8亩，果园人均0.5～1亩，粮地人均1～1.6亩；

②分成方式：开垦宜农荒坡为高产梯地，不少于70％安置移民；改造低产坡地不少于40％安置移民；

对原国务院三经办移民试点经费开发的耕地按原定标准划归移民的，一律纳入移民安置容量计算。其他部门开发的土地（如水土保持、扶贫开发的土地）都尽可能用于移民安置；

③根据安置标准和可供安置移民的土地逐组、逐村、逐乡核定移民安置人数；

④配套设施，包括水利设施，机耕道、人行道、渡口等配套项目的规划，确定其规模和数量，并尽可能和居民点的配套设施结合考虑。

（2）养殖业：进行养殖业资源调查，计算畜牧业和水产养殖业的安置潜在容量，其中现实可行的项目，可纳入移民安置计划，安置标准参照以下标准确定：大牲畜草场4～10亩/头，库湾养殖1.0～2.0亩/人，网箱养殖0.3～1亩/人。

（3）乡村企业和二、三产业：根据当地资源优势，综合考虑产、供销条件，兴办乡村企业和二、三产业，主要包括采矿、农村特产加工、建材、建筑、运输、商业、服务、旅游等。通过逐项分析选择原料充足、工艺简单、劳力密集、市场可靠、建设周期短、投资省、效益好的项目（含受淹企业结合搬迁扩建、技改项目），进行项目可行性研究，分析确定其建设地点、规模、投资和安置移民人数（按一个劳动力抚养0.9人计算）在各组、村、乡（镇）提供项目的基础上，全县平衡，筛选提出近期实施项目。

（4）防护规划：对淹没深度不大，地势平坦成片的农田和村庄，在技术可行，经济合理的原则下，采取工程防护措施，做出防护规划，并调查核实可保护的居民和农田数量，纳入移民安置总体规划。

通过以上规划，由下而上逐级汇总平衡，落实全县的移民规划。若本县安置确有困难，需要外迁的移民，可参照上述规划内容和要求进行外迁规划。

3．居民点规划

根据分组计算的建房人口（含淹地不淹房而在生产规划中需建房的人口）进行居民点规划，包括集体建居民点（100人以上）和分散建房两种形式，着重对集中安置点进行规划。农村居民点规划应尽量相对集中布置，以更好发挥基础设施作用。

（1）选址：居民点选址应与生产安置紧密结合，同时要与城镇、专业项目、工矿企业迁建复建项目相协调。新址要求地质稳定，地形相对较平坦，易于解决供水、供电、交通等配套设施。移民建房尽可能不占耕地，更不能占用、拆迁老居户的房屋。

(2) 标准：人均住宅用地按 $30m^2$ 控制。人均公建及道路占地 $10 \sim 15m^2$ 控制使用（不包括企业用地）。用电负荷每户 500W，农用电 15W/亩，人均用水 70 升/日（均不包括企业用电、用水）。

(3) 调查核实居民点的占地面积，包括耕地和非耕地，占有的土地只计算其土地补偿费，不折算生产安置人口。

(4) 配套设施规划：包括给排水、供电、通信、广播、交通等规划。对选定的居民点进行实地调查，做出布局，定点、定向核算其工程量和投资。

4. 投资概算

农村移民投资概算由两大部分组成：一是按淹没实物指标补偿，包括土地、零星经济林木、房屋、附属设施、搬迁运输、搬迁损失、误工、村组副业设施等；二是按规划指标补偿，包括居民点占地、土地平整、小型水利设施、居民点配套设施等。

(1) 单价分析：

①以生产组为计算单位，分析确定分乡（镇）各类土地的补偿倍数和每亩补偿单价；

②分结构、分类别分析确定各种房屋的综合补偿单价；

③分析确定附属设施、零星经济林木的综合补偿单价；

④分析确定移民搬迁费、搬迁损失费、误工补贴费及水利设施配套费的综合补偿单价；

⑤分析确定土地平整及居民点配套设施的综合补偿单价。

(2) 投资概算：根据淹没指标和规划指标，按照上述单价，计算分乡(镇)的农村移民补偿投资，经汇总平衡提出全县(市、区)的投资概算及其分年计划。

(3) 主要材料估算：主要是水泥、钢材、木材。根据淹没指标结合规划，参照定额规定，计算用量和分年计划。

三、城镇（市）迁建规划

(一) 迁建选址与地质环境复勘（略）

(二) 规划任务和规划原则

1. 在各县（市、区）域内城镇体系规划的基础上编制各受淹城镇的总体规划。城镇总体规划要根据三峡地区城镇特点，遵照《城市规划法》、《城镇规划编制办法》及本大纲总则中规定的指导思想和规划原则编制。

2. 在城镇总体规划的基础上，完成近期搬迁修建性详规。

(1) 正确处理好近期与远期、需要与可能、移民迁建与发展的关系。根据搬迁安置规模，确定各类不同性质用地的界限。通过建设条件分析和综合技术经济论证，精心规划，体现“标准不高水平高、造价不高质量高、面积不大功能全、占地不多环境美”的建设要求，合理确定有关经济技术指标；

(2) 满足城镇淹没区搬迁安置的需要，对受淹迁建的行政、事业、工厂、公建和居民，规划要做到定区、定界、定点、定位，为使搬迁建设能有条不紊进行，创造条件，提供依据；

(3) 搬迁规划要与住房制度改革相结合。

(4) 城镇迁建区内若有工厂、企事业单位、行政单位、大的居民区，要采取统一规划、近期保留、远期改造的方针，严格控制近期建设规模。需要拆迁城镇房屋，其补偿标准按照国务院《城市房屋拆迁管理条例》的有关规定执行；

(5) 根据当地经济条件、地形条件和分期受淹情况，提出分期建设、分期搬迁意见和建设管理办法的建议。

(三) 迁建人口规模（略）

(四) 主要技术经济指标与标准

1. 人均建设用地标准

受淹的城市和县城，现状人均建设用地 $50m^2$ 左右。迁建新址一般高差较大，起伏不平，人多地少，建设用地比较紧张。根据库区这些特点，参照 GBJ137—90《城市用地分类与规划建设用地标准》，城市宜采用 $80 \sim 90m^2$/人，县城宜采用 $70 \sim 80m^2$/人，建制镇宜采用 $60 \sim 75m^2$/人。

近期搬迁修建性规划中，城市按 $85m^2$/人，县城按 $75m^2$/人，建制镇按 $66m^2$/人，计算占地补偿规模。

2. 居住建筑主要技术指标

(1) 城镇（市）住宅配套建筑面积原则采用 $50 \sim 55m^2$；

(2) 住宅建筑层数：根据库区迁建特点，城市、县城宜建 5～8 层住宅，以 6 层为主；建制镇宜建 4～7 层住宅。建制镇中一般都有较大数量农业人口，应适当考虑农业户住宅，农业户要从严控制宅基地和住宅面积。

3. 公共建筑指标

近期建设应以城镇需迁建的各项设施为主，远期规划参照〔80〕建发城字 492 号文颁发的《城市规划定额指标暂行规定》和四川省、湖北省有关规划定额指标。商业贸易设施，要体现为社会主义市场经济服务，根据实际需要进行补充。

4．道路交通主要技术经济指标

（1）城市和县城、建制镇可根据道路在道路网中的地位、交通功能以及对沿线建筑物的服务功能情况，以及当地地形、地质条件参照下表选定。

道路类别	主干道红线宽度（m）	次干道红线宽度（m）	支路红线宽度（m）
城　市	25～30	20～25	9～15
县　城	20～25	15～20	6～9
建制镇	15～20	9～15	6～9

（2）各类道路最大纵坡及其它技术标准应符合GBJ137—90《城市道路设计规范》，建议值如下表：

道路类型	主干道	次干道	支路
最大纵坡％	6	7	8～9

5．给水

（1）城镇居民生活用水量标准

类型	近期		远期	
	生活用水量（升/人·日）	供水普及率（％）	生活用水量（升/人·日）	供水普及率（％）
城市	150～180	100	200～220	100
县城	140～150	100	150～200	100
建制镇	100～120	100	120～150	100

（2）工业用水量，根据库区迁建城镇产业结构及现状调查资料综合考虑确定。

（3）市政用水量和公共建筑用水量各按生活和工业用水量之和的3～5％计算。

（4）未预见用水量和水厂自用水量按前四项用水量之和的15～25％计算。

6．排水

（1）排水体制：新建城市，县城的排水系统原则上采用雨污分流制为主，建制镇可采用合流制

（2）生活污水量：原则上按生活用水量的80％计算。

（3）工业废水量：原则上按工业用水量的90％计算。

（4）排水工程设计的其它技术标准应符合GBJ14—87《室外排水设计规范》要求。

7．供电标准

类型	生活（kW·h/人·年）		工　业 kW·h/万元	市政占城镇总用电的百分数（％）
	近　期	远　期		
城市	250～300	400～450	3000～3600	5～8
县城	200～250	300～350	2500～3000	5～8
建制镇	150～200	250～300	2000～2500	3～5

8．邮电

（1）市话普及率：近期，城市15～20部/百人，县城10～15部/百人，建制镇3～5部/百人；远期，城市20～40部/百人，县城15～30部/百人，建制镇8～10部/百人。

（2）城镇邮电局（所）按照服务半径0.5km，每局服务人口1～1.5万人计算。

9．环境卫生设施

城市环境卫生设施有关技术标准应符合CJJ27—89《城市环境卫生设施标准》要求，建制镇可参照执行。

10．消防

城镇消防站的布局，应纳入城镇规划。消防站布局、技术标准应符合GNJ1—82《城镇消防站布局与技术装备配备标准》的要求。

11．公共绿地，采用国家规定指标的下限。

四、场镇迁建规划

（一）选址、地质评价（略）

（二）规划任务与规划原则

1．根据三峡库区的特点和近年来行政区划调整情况，在建制镇以下，凡是现乡政府所在地Ⅰ类场镇；乡政府驻地以下，经本次淹没调查确定的场镇为Ⅱ类场镇。

2．根据县域城镇体系规划和乡域内村镇体系规划意见以及新址建设用地容量确定场镇性质、人口规模、发展方向和建设特点。

3．由于场镇一般规模较小，公共设施较少，情况较为简单，因此场镇规划一般经征求各方意见，确定布置方案之后，一次完成近期搬迁的修建性详规。

4．场镇近期搬迁详规，是以满足场镇受淹部分的迁建安置为主，其规划原则与要求和城镇修建性详规相同。

（三）迁建人口规模（略）

（四）主要技术经济指标与标准

1．人均建设用地标准

三峡库区的场镇的具体情况差别很大，编制规划时，应以现状建设用地人均水平为基础，结合当地人均耕地状况，在下表范围内，合理确定。

类别	人均用地（m^2/人）
Ⅰ场镇	60～70
Ⅱ场镇	45～60

近期搬迁详规中Ⅰ类场镇 61m^2/人，Ⅱ类场镇按 50m^2/人的标准计算补偿。如果场镇内规划建设大型工厂，另行规划。

2．住宅建筑规划

对不同需求的村民户、居民户，采用不同的住宅类型。居民住宅建筑以 4～6 层为主，平均 5 层，农户住宅建筑以 3 层为主。

3．道路交通主要经济技术指标

集（场）镇道路系统规划，应根据镇区道路现状、实际地形地质条件和适应镇区交通发展需要合理布局，过境公路一般不宜穿越集（场）镇中心地段。各类道路一般采用村镇三、四级标准。

级别	红线宽度(m)	车行道宽度(m)	两侧人行道宽度(m)	交叉道口间距(m)
三	10～14	6～7	1.5 或不设	150～300
四	4～8	3.5	不设	80～150

4．供水与排水

（1）供水标准参照以下指标规划：

供水方式	最高日用水量（升/人·日）	平均日用水量（升/人·日）	时变化系数
集中龙头供水	20～60	15～40	3.5～2.0
供水到户	40～90	20～70	2.5～1.5
供水到户设水厕	50～130	55～100	2.5～1.5
户内设水厕淋浴、洗衣设备	130～190	90～160	2.0～1.4

注：公共建设的生活用水工业可按住宅建设生活用水量的 8～20% 进行估算。乡镇工业用水参照《村镇规划标准》（草案）有关指标确定。大型工业按其设计需要确定。

（2）排水工程，排水体制一般选择雨污合流制。工业污水应按《工业企业设计卫生指标》的规定执行。生活污水宜采用预处理。

5．供电

供电负荷可参照以下标准预测：生活用电负荷 1kW/户；乡镇企业用电量为：重工业万元产值 2000～4000kW·h；轻工业万元产值 800～1600kW·h。

6．邮电

支局（所）的设置和电话设施规模，应以县域电信规划为依据。电话普及率近期按 3～5 部/百人规划，远期按 6～10 部/百人规划。

7．环境规划

根据国家有关环境保护法规、标准和场镇具体特点编制环境规划。三峡库区是世界著名的风景旅游区，在各段国家划定的风景区、自然保护区和其它特别保护地内的场镇，不得建设有污染环境的生产项目和各类设施。

五、工矿企业改建、迁建规划（略）

六、专业项目规划

专业项目规划包括公路、港口码头复建规划、邮电、通信、广播电视设施的复建规划，水利、电力工程、输气管道及水文设施复建规划，受淹文物古迹处理等。规划的目的是恢复三峡水库淹没和淹没废弃的各项设施的功能，以适应移民安置后生产、生活的需要。

各项规划应在进一步调查核实淹没数量、分析淹没影响程度的基础上，按原规模（等级）、原标准、恢复原功能的原则，提出改建复建方案、补偿投资估算、三材用量及分年度实施计划，并考虑原有设备和旧料的回收利用。

七、淹没与移民安置对环境的影响及其对策（略）

八、投资概算及主要材料、设备计划（略）

九、提交成果（略）

十、附则

对各专业设施淹没处理和移民安置规划的纲要、办法、细则，由长委会根据需要另行编制。

（水利部长江水利委员会）

专　　论

Ⅳ

西陵峡

中国的经济发展与三峡工程的兴建

陆佑楣

陆佑楣，1934年生，江苏太仓人。中国共产党党员，高级工程师。1956年毕业于华东水利学院（现河海大学）河川结构及水力发电专业。1956～1970年参加黄河刘家峡水电站建设，任开挖队长、技术处科长、工程师。1970～1975年参加汉江石泉水电站建设，任生产技术组长、工程师。1975～1983年参加汉江安康水电站建设，任技术处长、总工程师、副局长、高级工程师。1983～1984年参加青海黄河龙羊峡水电站建设，任局长。1984～1988年任水电部副部长，1988～1993年任能源部副部长。现任国务院三峡建设委员会副主任、中国长江三峡工程开发总公司总经理。

（一）中国的经济发展

众所周知，中国正处在一个经济高速发展的时期，尽管在经济发展过程中出现了一些不平衡的现象，但通过国家的宏观调控和改革的不断深化，从整体来说，经济的持续稳定发展是无可置疑的。

纵观中国经济的发展过程，由于受到战争的影响，在本世纪的前半世纪，中国一直处于贫穷落后的状况，经济停滞不前，人民生活水平极为低下。1949年，中国人民推翻了半封建半殖民的统治，建立了新中国，政局逐步稳定，经济得到恢复。然而80年代的改革开放才使得经济得以高速发展。15年来，国民生产总值从1980年的4470亿元增长到1994年的43800亿元，扣除物价增长因素，实际增长了261%，可以预计到本世纪末，中国人民的生活质量可达到小康水平，年人均收入可达800～1000美元。

中国虽然有着高速发展的前景，然而毕竟是一个发展中国家，人口基数大，资源的人均占有量少，环境脆弱，这是中国经济持续发展的不利因素。在中国，大部分高山、平原、河流、湖泊，尚处在原始和半原始的状态，难以抵御严重的洪涝、干旱等自然灾害，经济发展受到制约，人民的生命财产安全没有切实的保障。新中国成立以来，虽然大规模地进行了河流、荒山的治理改造，然而由于财力物力所限，大江大河还没有得到根本性的治理。只有在改革发展的今天才使得长江的治理成为一种可能。

（二）长江的自然状态

长江是中国第一大河，名列世界第三。它发源于世界屋脊青藏高原腹部的唐古拉山脉的主峰格拉丹冬雪山西南侧。源头冰川起始处海拔6543m，冰舌末端海拔5400m。干流自西向东横贯中国大陆流入太平洋，全长6300余km。长江水量丰沛，宜昌多年平均流量为14300m^3/s。有3600多条支流，全流域集水总面积为180万km^2，占我国大陆总面积的18.8%。年入海水量近万亿m^3。沿长江两岸有重庆、武汉、南京、上海等大城市，长江流域是我国人口密集经济繁荣的地区。

万古长江，源远流长，作为中华民族的母亲河，长期哺育着中华民族。然而，在它漫长的历史年代里，由于自然的变迁和人为的原因也给中华民族带来了一定的灾难。高原泥沙从上游被带到中游平原河段，淤积于河道之中，洪水季节河床水位高出两岸陆地6～17m，致使富饶的江汉平源和洞庭湖区的1500万人口和150万公顷良田每年都受到洪水的威胁。一旦发生特大洪水，堤防漫溃，将会遭受巨大损失，并严重影响到国民经济的全局发展，这是我国的心腹大患。历史上长江曾多次发生洪水灾害，例如1954年的洪水，夺去了3万人的生命，受灾人口达1888万，受淹地区达300万公顷。使该地区乃至全国的经济发展受到严重影响。因此治理长江是几代中国人的期盼。

（三）三峡工程建设目标

建设长江三峡工程，是治理和开发长江的关键工程。经过70余年几代中国人的努力，长期的规划勘察，方案设计，科学研究、试验和论证，人们加深了对大自然的认识和对长江的自然规律的认识，得出的最终结论是，在有条件的情况下必须尽快建设三峡工程。

三峡工程坝址距长江的源头4500km，距长江下游的入海口1800km，位于闻名世界的瞿塘峡、巫峡和西陵峡三大峡谷的最后一个峡谷——西陵峡谷河段内。三峡工程首要的建设目标是防洪。修建拦河大坝，形成水库，滞蓄洪水，使荆江大堤的防洪能力由10年一遇提高到100年一遇。

长江水力资源极为丰富。三峡工程兴建后将形成115m高的水头，是目前世界上最大的水电站。其总装机容量1820万kW，年发电量达847亿kW·h，相当于4000万t标准煤炭的能源，将给沿江的工业城镇和广大地区提供价廉而清洁的电力，这是三峡工程最主要的直接经济效益，也是三峡工程建设的充分条件。

由于三峡水库的形成，改善了峡谷河段的航道，万吨级船队有半年时间可以直达重庆，通航能力可从现在的每年1000万t提高到5000万t，而且可降低航运成本30～37%。

建成后的三峡工程，作为中国大西南同东部沿海经济发达地区有机联系的纽带，以其巨大的综合效益，必将有力地带动和促进长江流域的经济发展和腾飞。对加快我国现代化建设进程，提高综合国力具有重要意义。

（四）三峡工程与市场机遇

三峡工程规模宏大。它由世界最大规模的水库移民工程、世界最大规模的拦河大坝、水力发电厂房、通航建筑物以及最大规模的远距离输变电工程组成。三峡工程建设是一项挑战性的工程，但经过认真论证分析，从当今世界的工程技术水平而论，三峡工程没有不可逾越的困难。

三峡工程以其巨大的建设规模，必将给中国长江流域乃至全国的建筑业、材料工业、机械电气制造业以及电力、信息产业提供一个不小的市场机会，也必将促进这一地区和全国的经济发展。

三峡工程需要当今世界上的最新技术，也将为国际工程界、机械、电气、电子信息界提供一个不可忽视的市场。就以三峡水轮发电机而论，其单机容量达70万kW，共计26台，如此大容量的机组，据了解大概只有中国才有这个市场。它已经引起了许多世界著名制造企业的兴趣。

（五）三峡工程建设资金

三峡工程建设将历时17年，自1993年施工准备算起到2009年全部竣工。根据工程进度安排，将在1997年实现长江截流，2003年首批机组发电，2009年全部建成。

三峡工程建设耗资巨大。按照1993年不变价格计算，三峡枢纽工程静态投资为500.9亿元人民币。由于建设周期长，考虑到建设期物价上涨因素和贷款利息的支付，建设期总的资金需求量将达2400～3000亿元人民币。

三峡工程建设资金的筹集有以下几个方面：(1)国家从全国销售电量中每度电征收0.004元，作为三峡建设基金；(2)已建成的葛洲坝电厂归属中国长江三峡工程开发总公司，该厂的发电收入全部用于三峡工程建设；(3)三峡工程2003年开始机组投产发电，其自身发电效益仍然投入三峡工程自身建设；(4)向国家开发银行或国内的商业银行贷款；(5)向国外发行债券；(6)利用国外出口信贷以及商业贷款等。

三峡工程的资金过程要经历三个时期。第一个时期是纯投入的借债期，约从1993～2005年，在2006年可达到收支平衡。不需再借新债。第二个时期是还债期，大约从2006～2012年。第三个时期是2012年以后的纯收益期。由于资金测算过程参变数很多，对未来的边界条件不可能进行准确的预测；但从总体上分析，三峡工程后期自身效益巨大，债务偿还能力极强，投资风险不大。

中国在刚刚过去的1994年，全社会固定资产投资为16000亿元，而三峡工程当年的投资仅占3.1‰。就是到三峡工程投资高峰年也只会占12‰左右。三峡工程虽然投资巨大，但在全国所占的比重是很小的。因此，中国有足够的国力完成三峡工程建设，也不会因为三峡工程建设而刺激中国的通货膨胀。

（六）关于水库移民

三峡工程移民也是一项浩大的工程。水库移民搬迁约达100万人口，需要重建家园。这一点对世界许多国家来说是不可想象的。但从中国的实际来说，水库淹没区都是沿江比较贫困的地区，大量移民资金的投入对这个地区来说是一个新的发展机遇。建设新型的小城镇，发展经济林业，工业农业重新发展，经过多年的试点是成功的。“开发性移民”的移民方针将促使库区新的繁荣。动迁库区100万人口换得下游1500万人口和150万公顷耕地的安全保障，从政治、社会、经济等任何一个角度看都是合理的。这就是为什么兴建三峡工程能得到库区人民的拥护和支持的原因。这也是由中国的国情所决定的。我们有信心圆满完成移民工程。

（七）生态与环境

三峡工程的兴建对生态与环境的影响，也是国内外各界关注的问题。经过长期观测和科学分析，认为目前长江流域局部地区生态与环境有所改善，但有很大一部分地区仍有恶化趋势，即使不建三峡，也该加快综合治理。兴建三峡工程对生态与环境有利有弊。在建设过程中，只要采取有效的措施，就可以兴利除弊。而且，兴建三峡工程正是加快该地区生态与环境的综合治理的难得的契机。

兴建三峡工程有利于生态环境的方面：(1)控制上游洪水，提高下游防洪能力，减少下游湖泊的淤积，减缓这些湖泊的萎缩；(2)调节中下游洪枯流量，有利于改善水质；(3)利用水能发电替代这一部分燃烧矿物燃料所排放的废气，每年可少排放二氧化碳1亿t，二氧化硫200万t，一氧化碳1万t，氮氧化物37万t。对改善大气环境极为有利。不利的因素有：(1) 库区搬迁量大，会增加本身就已十分突出的人与土地的矛盾；(2) 目前库区工业和生活废水年排放量已达10亿t，超过了国家标准。建成三峡水库后，水体流速减慢，自然净化能力减弱。如对废水排放不加以治理，将会加重局部水域的污染；(3) 水生物的生态系统结构将发生变化；(4) 泥沙运动规律将发生变化，会局部影响沿江和库尾港口码头的航道、船位和给排水工程；(5) 文物重新迁建等等。对其有利和不利的影响，只有在建设过程采取有效的科学对策，以及通过法律和资金的保证，严格执行国家已经制订的环境保护法，兴利除弊，可以使原有的生态环境得到综合治理，提高生态与环境的质量。对此我们满怀信心。

(八) 工程的进展情况

三峡工程经过两年的各项准备，完成了工程设计，制定了资金筹措方案，完成了管理体制及组织机构的建立，完成了坝区的建设用地征地手续，开始了道路、场地、供电、通信等设施的建设，并已于1994年12月14日宣布正式开工。目前已有20多个承包单位在坝区展开各项工程施工，一切正按照原定计划进行。

(九) 中国长江三峡工程开发总公司

为了实施三峡工程计划，中国政府决定成立了中国长江三峡工程开发总公司，作为一个经济实体、企业法人，全面负责三峡工程的建设和经营，承担建设期的一切债权债务。已建成的装机271.5万kW的葛洲坝电厂是总公司的组成部分。公司注册资金为39亿元人民币，总部设在湖北省宜昌市。

三峡总公司在建设三峡工程时采取全方位的开放，运用市场经济机制，广泛与国内外工程界、金融界、各类企业、科研单位、学者专家合作，吸取当今世界上最先进的技术和管理科学，建设三峡工程。

中国经济的高速发展，不可避免地要进行大规模的基础设施建设，要改造和治理大江大河，修建海港、高速公路、机场、城市改造、能源建设等等，长江三峡工程就是大规模基础设施建设之一，它的建设对中国的环境与发展将产生深远的影响。

项目业主责任制的财务管理

——长江三峡工程财务管理问题初探

李永安

李永安，1942年生，湖北汉阳人，中国共产党党员，高级经济师。1960年毕业于湖北省建筑工程学校，后到沈阳建筑材料工业学院进修一年。1961～1964年在湖北省工业设备安装公司实习，实习期满后任工长。1964～1974年在湖北省机械化施工公司任团委书记、办公室副主任。1974～1984年在湖北省基本建设委员会任科长、副处长。1984～1986年在湖北省人民政府办公厅任经济处长。1986年在湖北清江水电开发总公司任副总经理，1988年任总经理，1992年兼任湖北省人民政府副秘书长。现任中国长江三峡工程开发总公司副总经理。

三峡工程是一个举世瞩目的跨世纪的巨型工程，装机容量1820万kW，年发电量847亿kW·h，建设工期17年，静态投资按照1993年不变价格计算，约500.9亿元，移民人数约100万人，集防洪、发电、航运、旅游、养殖等综合效益于一体。同时，移民开发也将促进三峡地区的经济发展，产生相应的社会经济效益。三峡工程技术之复杂，资金需求之巨大，工程规模之宏伟，是我国历史上前所未有的。中国长江三峡工程开发总公司作为这一项目法人（业主），肩负着时代赋予建设经营这一工程的历史重任。

国务院〔1993〕1号文件规定：“中国长江三峡工程开发总公司，作为三峡工程项目的业主，实行自负盈亏、自主经营、全面负责三峡工程的建设和经营”。这一规定，明确了三峡工程的建设实行项目业主责任制。它以国有资产投入为主体，财务计划在财政部单列。这对三峡工程的财务管理工作提出了新的要求。在项目业主责任制下，如何搞好这一工程的财务管理，我们作了一些初步探讨。

(一) 实行项目业主责任制是投资领域改革的必然产物

建国以来，我国水电工程的投资管理，经历了几个发展阶段。在计划经济下，我们采取“自营制”的办法，即国家立项，政府投资拨款，指定施工单位建设，移交电网管理。这种管理办法造成建设与生产脱节，争投资、争项目的积极性高，花钱不讲效益，吃大锅饭，经济效益低的状况。

党的十一届三中全会以后，随着经济体制改革的逐步深入，水电等工程项目投资的管理办法由“自营制”改为“拨改贷”，即由过去的国家拨款改为国家通过建设银行发放贷款，项目建成投产后，由生产企业还本付息。这一改革的初衷是要提高投资的经济效益，与自营制比较，起到了一定的作用，但并没有从根本上解决提高投资经济效益的问题。首先，由于施工单位不管生产经营、生产经营单位又管不了施工，经济责任由生产单位承担，还是存在权、责不清的现象。其次，由于“拨”改“贷”在项目建成后需还本付息，从理论和实践上存在产权不清的问题。从企业角度讲，由于要归还贷款，在贷款还清之后，这部分资产就理应属于企业了；但从国家来讲，这部分资产是国家对企业的投资，如果承认这部分资产属于企业，国家就丧失了这部分资产的所有权，不利于国有资产的保值，也就更谈不上增值了。新的财务会计制度实施后，也不利于与新制度的接轨运行。

十四届三中全会提出了建立社会主义市场经济体制的基本框架，其中一个重要方面就是建立现代企业制度，而现代企业制度的要求就是要产权关系明晰。这一要求在投资领域项目建设中也要得到体现。为适应市场经济的发展，十四届三中全会提出了深化投资体制改革，建立项目法人责任制的管理办法。最近，全国计划工作会议要求，新开工项目都实行建设项目法人责任制（即业主责任制）。

业主责任制是指从建设项目的筹划、筹资、建设、直至生产经营，归还贷款本息以及资产保值增值全过程负责。也就是在建设项目筹划时，就把它作为一个企业法人，由其对建设经营全过程负责。这一办法明晰了产权关系，确立了企业的投资主体地位，规定了企业的责任，为提高效益奠定了基础。这是投资体制改革的重大举措，也是企业财务的一个新领域。

（二）实行业主责任制对财务管理的要求

总公司在成立之初，李鹏总理对三峡工程的经营管理作了明确的指示：适应社会主义市场经济新体制，三峡工程要采取国际上通行的工程项目业主责任制。作为业主，我们应责无旁贷地履行自己的职责，肩负起“责任制”重任，使三峡工程真正做到高起点、高效率、高质量、高效益，用实际行动树立业主形象。

中国三峡工程总公司作为业主，从性质上看，它从国家获得资本金，享有国有资产的法人所有权；向银行贷款，发行债券，是项目投资的实际负债人；公司按合同规定，负责项目建设后的经营还贷，是投资风险的承担者和效益的受益者。从任务上看，在建设过程中，负责工程的建设，通过招标选择施工单位和设备制造厂家，聘请监理单位对设计、施工进行监督，工程完工后，负责电厂的经营管理，并将取得的收入对长江中上游进行流域开发，同时开展多种经营，逐步发展成为集团公司。为了完成以上任务，公司就要建立起一种自我发展、自我约束、讲求效益的业主管理机制；公司的整个工作要以“经营管理为中心，项目管理为目标”；在经营方针上实行“以水电为主，以业主责任制为核心，实行招标投标制、建设监理制、投资包干制、内部约束制等制度。

从中国三峡总公司实行业主责任制的要求看，它是建立现代企业制度的客观要求，是投资管理体制的重大改革，它的核心是明确了企业的法人地位。其特点是适应现代企业制度的要求，做到产权明晰，权责分明，政企分开，管理科学；其内容是对筹划直到生产经营的全过程负责；其要求是要处理好与各方面的经济利益关系；其目的是要提高经济效益。而这每一个方面都与财务管理密切相关，并且都要通过财务管理体现出来。同时也只有通过加强财务管理，才能真正实现业主责任制，这对我们财务管理提出了新的要求。

1．树立质量、工期、成本统一的整体效益观

三峡工程投资大、工程复杂，形成的财务关系也相当复杂。因此，财务管理首先要树立整体效益观，从工程的全局出发，在资金的筹集 、使用分配过程中统筹规划，合理安排。三峡工程具有质量要求高，建设周期长，资金密集的特点，而这三个方面往往是相互制约、相互影响的对立统一体。这三方面反映在财务上主要是资金的使用、耗费即成本问题，但财务管理不能从单纯的成本观点出发，要在保证质量，尽可能缩短工期的前提下来降低成本。从整体效益出发，达到三者的有机统一。

2．树立按投资流管理资金的动态管理观

三峡工程工期长、工程项目多，不同的时间、不同的项目对资金有不同的需要，要保证工程顺利进行，就要按投资流的要求，根据工程对资金需求多少缓急，灵活的调度资金，组织资金的供应。

3．树立精打细算的资金成本观

业主要负责还贷，在筹集资金时要考虑利息，花钱要想到还钱。按江泽民同志“发扬艰苦创业精神，建好宏伟三峡工程”的要求，处处精打细算，从紧使用资金，从严控制建设规模。

4．树立财务风险观

三峡工程具有一定的风险，财务管理上既要敢于承担资金风险，又要通过加强管理，科学地运筹，尽量避免风险或降低风险，使其获得预定的投资效果。

（三）三峡工程业主责任制的财务管理

三峡工程反映在财务上的特点是：资金需求规模大、筹资任务重，资金使用有相当的节约潜力可挖，同时利益主体多元化，要真正实行业主责任制，就要维护国家和其他投资者的利益。因此，财务管理责任重大，这就要从项目的筹划、资金的筹集、建设、生产经营以及成果的分配的全过程进行管理。

1．筹划阶段的财务管理

这一过程的管理就是要从价值角度对项目进行可行性分析，参与项目的筹划，从整体角度预测项目的经济效益，以最低的财务风险，达到预定的投资报酬率，使其能够承担投资者的全部责任。三峡工程经过长期的规划、设计、论证、审查，集几代人的智慧，证明技术上是可行的，经济上是合理的。从经济效益看，三峡工程静态投资约 500.9 亿元，开工 11 年后发电，全部完工投资后 2 年即可收回工程全部投资。同时，供电、防洪、航运等方面还会带来不可估量的综合效益。

2．筹资过程的财务管理

筹集资金是财务部门的首要任务。三峡工程资金需求规模巨大，特别是前 11 年资金有较大缺口，能否足额、及时筹集到工程所需资金是三峡工程能否顺利兴建的关键所在。因此，拓宽筹资领域，多渠道、多形式的按投资流的要求广集资金，保证工程需要是筹资管理的基本方针。经过十多年的改革开放，我国综合国力显著增强，社会资金积累有了巨大的增长，加之对外开放格局的形成，这为三峡工程提供了良好的筹资环境。

（1）拓宽国家资本金的来源渠道。一是每度电加收 3 厘钱，这部分来源随价格的调整逐步适当增加；二是葛洲坝电厂的利润；三是葛洲坝电厂从 1993 年起每度电每年加 1 分钱，加到 4 分。做好工作，保证及时到位。

（2）积极争取政策性银行、商业银行及国外银行、银团的贷款。

（3）发行股票，实施葛洲坝电厂的股份制改造，在保证国家绝对控股的前提下，盘活国有资产的存量，使这部分资金得到滚动发展。

（4）采用用户信贷，对供电受益地区和单位，借鉴国际惯例，提前出售用电权和预收电费。

（5）引进技术设备，利用卖方信贷。

（6）发行国内外债券，在工程进展到一定时期，选择恰当的时机发行债券。

为了完成筹资融资的任务，减少中间环节，加快资金周转，灵活吞吐、调节余缺，成立财务公司专门负责这一工作，以保证工程建设所需的资金，促使工程顺利建设。

3．建设过程的财务管理

建设过程是资金使用、耗费过程，同时也是资产的形成过程，是财务管理的重要内容。建设过程的管理包括项目的质量、工期、成本三个方面。这三方面是既矛盾、又统一的辩证关系。质量是第一位的，整个管理必须以创优质工程为目标；由于占用资金多、工期的提前是最大的效益；投入的资金多，提前发电还贷可节约一笔相当数额的利息。因此，建设过程财务管理任务，就是在保证质量、综短工期的情况下，努力降低工程成本。

（1）采用招标承包制，降低工程成本。三峡工程建设初期，我们紧紧围绕“面向全国，公开招标”这个关键，引进市场竞争机制，让全国施工承包商云集三峡参与投标，形成竞争局面。按照公开、公平、公正的原则，以“敞开大门，欢迎各方，公开竞争，公正接标，综合选优，利于工程”为指导思想，实施招、投标。从 1993 年 9 月西陵长江大桥建设招投标为开端，至同年 11 月 2 条 9 万 t 水厂船决标，总公司已完成三峡施工准备工作第一阶段 11 项工程的招、投标工作。全国 10 个系统，75 个单位参加了投标，形成了竞争的局面。

（2）实行工程项目建设监理制。三峡工程监理采取监理制，即三峡工程的监理委托技术力量强，经验丰富，信誉好的工程监理机构实施监理。工程监理机构对三峡工程质量、技术、工期、成本实施全过程的监理。总公司与工程监理机构签订经济合同，明确双方的经济责任，同时授权工程监理机构实施经济奖惩的权力。

（3）推行限额设计，降低工程造价。项目设计的优化是极大的节约。在项目的初步设计及概算批准后，还应充分调动设计人员的积极性，挖掘设计潜力，在保证项目质量安全的前提下，达到降低工程造价的目的。三峡工程是庞大的系统工程，技术复杂，必须紧紧依靠科学技术，充分发挥科技人员的作用。三峡工程的设计，也要按经济规律办事，用经济合同推行限额设计管理，制定奖惩制度。设计单位必须对项目的静态投资所规定的工程量负责。凡优化设计，减少工程量，缩短工期，降低工程造价的，按比例分成和奖励。同时，还要广泛开展合理化建议活动，凡采用的并能提高效益的要给予奖励。

（4）健全激励约束机制，控制工程成本。为了全面落实包干责任制，有效地控制三峡工程的工程成本，总公司拟执行工资总额和经济效益挂钩的办法，把控制工程成本的任务落实到年度，同职工的切身利益联系起来。按项目法进行管理，将工程划分为若干项目，建立项目负责制。现已设立工程准备部、交通工程部、右岸工程部、左岸工程部，这些项目部对总公司负责，抓好该项目的质量、进度、成本的管理，总公司视其完成情况给予奖励和惩罚。

4．生产经营的财务管理

生产经营要坚持"以水电为主，多种经营，流域开发，滚动发展"的方针。生产经营阶段是项目建成后发挥效益，收回投资的阶段。财务管理在这一过程中就是保证生产经营的顺利进行，尽快收回投资。

(1) 实行工程建设与生产经营的一体化管理。工程建设与生产经营同步进行，建设、生产经营两个轮子一起转，在工程建设开始就规划生产经营，开展生产经营。现已成立生产经营财务处专门负责这一工作。

(2) 举办生产、经营、服务性企业，既为工程服务，又为其提供资金。生产性企业目前有葛洲坝电厂，将来有三峡电厂，在三峡工程建设阶段，就规划其生产经营活动；经营性企业有：设备、物资公司，服务、咨询、科研性企业有：利能、利源、江峡、多能、实业公司。对这些企业实行二级法人管理，采取不同的管理方式。对有些企业给予扶持，并注入资本金，使其增强活力，为工程建设服务。改变过去工程建设设备、物资供应、后勤服务由企业包管的办法，实现"小企业、大社会"的转变，减轻企业财务负担，集中精力搞好建设和生产。

(3) 实行滚动发展，提高投资效益。三峡工程投资巨大，提前发电即可及早收回投资，并将其投入流域开发，实现多目标、全方位、全流域滚动发展，增强实力，以水电为主，其他行业并举，逐步走向国际市场，使其发展成为跨国集团公司。

5．经营成果分配的财务管理

获得经营成果是建设、生产经营的目的。这一阶段的财务管理就是要正确处理好收益的分配关系，维护投资者的利益，使其资本保值增值。同时正确运用负债经营，搞好还本付息。

(四) 搞好三峡工程财务管理的保证

三峡工程的财务管理任务重，要搞好这一工作，首先要以建设有中国特色社会主义的理论和党的十四届三中全会的决定为指导，进一步解放思想，实事求是，更新观念，从"三个有利"的标准出发，来解决财务管理中的问题。

其次，要搞好财务管理，改革措施要相互配套，有关政策要适应，比如：为了调动企业的积极性，对投资多、工期长的项目，投资包干结余应采用按工程进度预提，用于单项工程之间的调剂和奖励；为了广筹资金，随着资本市场的建立与开放，在宏观金融政策的指导下，要扩大财务公司的融资权；为了降低成本，对于大型项目的设计，要建立竞争机制，择优选择设计单位，改变目前指定设计单位的作法等。

最后，要搞好三峡工程财务管理工作，还必须加强财务基础工作。三峡工程的财务管理必须适应三峡工程业主地位和职能的要求，为高效、优质、经济地建设三峡工程，并搞好与三峡工程经营为中心的多种生产经营活动提供优质的服务。因此，必须尽快加强财务的基础工作，提高财务管理水平，主要是做好以下几个方面：

第一，加强培训，提高人员素质。因为过去用行政办法管理基建及形成的现状，导致会计人员不能适应新形势下的财务会计核算要求。准备对总公司内所有的会计人员进行一次工程技术、概算、预算、金融、证券、会计核算以及新的财务会计制度等知识的系统培训。并实行会计持证上岗制度，促使其更新知识，提高素质，为搞好三峡工程财务管理工作奠定基础。

第二，选配人员，健全机构。随着工程的进展，缺乏相适应的财务人员，应尽快从水电建设、财政、金融等部门选调一部分素质高、经验丰富的财务人员充实财会岗位，并逐步接收财经院校的毕业生，达到以老带新，形成梯队专业人才结构。与此同时，健全机构，已设综合财务处，基建成本处、生产经营财务处、财务公司筹备处，并明确了相应的职责，为工程建设、生产经营、筹资融资等财务管理做好组织保证。

第三，应用现代电子技术，实行会计工作电算化。按照大胆探索，稳步推进的原则，聘请科研、财经院校从事会计电算化的研究人员，结合三峡工程建设的实际，力争3～5年的时间建立三峡工程会计电算化网络，实现财务管理电算化。

第四，健全内部审计机构。三峡工程是一个资金密集型工程，物资耗用量大，必须建立健全内部审计机构，搞好内部约束制度，制止违纪，堵塞漏洞，防止国家资产的流失，提高投资效益。

谈谈提高中国三峡总公司党员综合素质

——在中国共产党诞生74周年纪念大会上的讲话摘要

袁国林

袁国林，1937年生，河北深泽县人，中国共产党党员，教授级高级工程师。1962年毕业于天津大学水利系河川枢纽及水电站建筑专业。参加水利水电工作30多年，先后从事施工、设计、基建管理、流域管理和技术管理等工作。1962～1970年在水电部黄壁庄水库工程局任施工员、质检员、观测组长和设代组长等。1970～1979年在河北省邢台朱庆水库指挥部任施工组织设计组长，工程计划组长等。1979～1981年在水利部水利基建总局任工程师，1982～1985年在水电部基建司任副处长，引滦工程任工程计划处长等。1986～1988年在水电部建设局任副总工程师。1988～1989年在水利部建设开发司任副司长。1989～1992年在水利部淮河水利委员会任主任。1993年在水利部任副总工程师、总工程师。现任中国长江三峡工程开发总公司副总经理。

三峡工程规模宏大，任务艰巨。建设三峡工程不仅要靠综合配套的改革，靠先进的科学技术，靠科学的经营管理和严格的规章制度，还要靠一种精神，一种全体建设者所认同的精神。人总是要有一点精神的，一切改革行为、管理行为和规章制度，最终都要靠人来实现。人的素质，即包括技术和精神要素在内的综合素质，最终是决定一切的。在孔繁森以及“三峡工程优秀建设者”和优秀共产党员身上，就体现了他们良好的综合素质。这种良好的综合素质，是三峡工程建设取得成功的重要保证。

下面，就如何提高三峡总公司共产党员的综合素质，谈谈我个人的看法。

(一) 弘扬敬业乐群的精神

首先我要提几个问题，我们为什么要离开舒适的大城市来到三峡？为什么离开温馨的家庭、抛家别子来到三峡？为什么放弃了仕途之路、富翁之路而来三峡“打工”？为什么三峡总公司筹建8年，官不升、钱不长、队伍不散？大家会异口同声地回答，这是一种热恋三峡的事业心所激发的勇气和毅力。有了这样一种精神动力，就为三峡建设奠定了最重要的要素——最活跃的、无穷无尽的生产力。

三峡工程有着强大的吸引力，它吸引着全国各行各业的专家、学者、学生、工人来到这个地方，他们期望在这里大展宏图、贡献自己的聪明和才智。甚至很多港澳的同胞看过三峡工程后，个个热泪盈眶，流连忘返。目前，在公司人事部的人才信息库里，还存有近千份申请到总公司工作的档案材料。这并不是因为公司的福利、工资待遇有多高，而是因为我们所从事的事业是令人向往的光荣而豪迈的事业。

但是，光凭个人的勇气和热情是不够的，三峡建设是一篇雄壮的气势磅礴的管弦乐章，它需要各行各业的合力；需要各种技术知识的集成；需要依靠科学民主去探索许多未知的参数；更需要一个和蔼、理解、充满活力的环境。我们有的同志在工作一段时间之后，热情冷却了，勇气消退了，开始产生怀才不遇的感觉，有的甚至牢骚满腹，失去信心。这些同志绝大多数是很好的同志，但他们缺少一种素质，即乐群的精神和锲而不舍的毅力。他们不能适应环境，不会处理人际关系，有的孤芳自赏，有的傲气十足、唯我独尊。我们各级党组织要帮助他们调整个人和群体的关系，解决理想和现实的矛盾，我们每一位共产党员都要扬长避短、善于乐群，最大限度地发挥群体的积极性和创造力。

(二) 发扬艰苦创业、无私奉献的精神

三峡是奉献者的舞台，不是索取者的场所。三峡人要有这样一个精神准备，即“先忧后乐”、“先苦后甜”。淡泊的是名利和地位，热衷的是事业和贡献。置金钱和名利于脑后，把担子和责任放心头。总的来看，三峡总公司的大多数党员、员工是具备这种品德修养的，但随着时间的推移和社会上各种腐败因素的诱惑，有的人手脚松了、嘴变馋了，开始滋生消极、腐朽的现象。最突出的是利用手中的权力，以权谋私，以权享乐。有的人钻制度上的空子，假考察之名，行旅游、观光之实；借公事之由，行私家之便。有的人事情没办成，条件讲了一大堆，各种先进的设备购全了，办事效率却不见提高。这些现象虽然有的

只是个别的，但在社会上造成了很坏的影响，给我们业主的形象造成了一定的损害。我们提醒这些同志(包括个别党员)，一定要悬崖勒马，要反省一下自己的作风，不要视组织于不顾，视各种规章制度、法纪法规为虚设。一个人最容易得到的，也最容易失去。

对此，我们一方面要加强宣传，用那些克己奉公、无私奉献的典范来教育人，鼓舞人；一方面要抓以权谋私的典例，两手都要硬。正像在党员学习班上一些同志所说的："我们不但要建设好一座高质量的、一流的拦河大坝，我们还要筑起一座反腐倡廉的精神文明大坝。"

（三）发扬顾全大局、谦虚谨慎的作风

全国人民的支持是三峡建设取得成功的重要保证，集中力量办大事是社会主义优越性的重要体现。如果没有全国人民在人力、物力、财力上的支持，仅靠我们公司的几百人，要建设好三峡工程是不可能的。可最近一个时期以来，在三峡总公司出现了一些新名词，诸如"全国最大的老板"、"全国最大的公司"等等，这些说法一方面不准确，是随意夸张；更重要的是带有刺激性，它妨碍了我们与各方的交流。这不是件小事情，它实质是一种傲气和老大思想的体现。有了这种思想，就听不进别人的意见、看不见别人的长处、放不下自己的架子，团结不了人，那就会影响我们的工作，损害总公司的形象。

我们要对自身有清醒的认识。我们不过是受命来组织三峡工程建设的，有什么本事，有什么能力，只有在工作中去体现，要用实际行动来树立业主形象。对来自各方的人员要热情、谦虚，特别是一些窗口单位万万不能盛气凌人。企业法人没有大小，企业之间的行为只能用法律合同来规范。总之，"同是三峡建设者，甲乙丙丁都风流"。

（四）发扬科学民主的精神，认真贯彻民主集中制

民主集中制是我们党和国家的根本组织原则，只有实行民主基础上的集中和集中指导下的民主相结合，才能充分发挥各级党组织和广大党员的积极性和创造性。三峡工程规模宏大，工期较长，初步设计批准了，技术设计也大部分过关，但并不等于什么问题都解决了，还要不断地研究和探讨。在具体的施工过程中，也会碰到一些新问题、新情况，还要不断地进行研究、攻关。我们所面对的是巨大的长江，是许多世界级难题的挑战，任何重大技术决策上的失误都可能造成重大的损失。这就要求我们在技术、施工等问题上必须充分发挥科学决策、民主决策的作用，而不能用简单的拍板、定案去解决。我们有的同志在这个问题上显得不以为然，或者主观武断，听不得不同意见，总是一个人说了算，搞家长式作风。这样，就会导致脱离群众，把自己孤立起来，是很危险的。多听听不同的意见，甚至是与自己相悖的意见是很有益处的。在三峡工程的论证中，正是许多不同的意见，才促使我们不厌其烦地论证、试验，才使我们的初步设计日趋完善。尊重科学、尊重知识、尊重经验（但不迷信经验）、尊重老同志（但要注重发挥青年人的积极性），都是发扬民主的具体表现，都是唯物的，尊重历史的表现。

民主集中制的组织原则是科学的，是马列主义、毛泽东思想的精华。科学的东西在任何时期都有生命力。我们公司虽然是企业，但这个好传统却不能丢。书记和委员之间要绝对贯彻，干部和员工之间也应该提倡这种精神。大家都知道日本松下是很大的企业，其董事长松下有一个规定，开讨论会时总是让每个职员发表3分钟的意见后才做决定，以此来启发每个职员的主人翁精神。我们总公司的每个职员都是三峡总公司的主人，各级领导要学会调动每个员工的积极性，不要有雇佣思想，把人家看成"打工仔"。

（五）加强学习、不断提高党性修养

我们每一个党员都要读好两本书：一是邓小平同志关于建设有中国特色的社会主义理论，特别是《邓小平文选》第三卷的原著，它总结了我党过去所犯左的和右的错误的教训，是指导我们顺利地走向新世纪的指南，是我们党经久不衰的指导思想；二是关于党的基本知识的书，特别是党章。时时对照党章，用党规党纪来约束自己，才能使自己不犯错误。很长时期以来，我们有些同志丢掉了读书看报的习惯，代之以侃大山、发牢骚，这是无知的表现，也是缺乏修养的表现。前几天我重读了刘少奇同志的《论共产党员的修养》，很受教育。这本书，现在很难找到了，但今天看起来仍觉得有现实意义。

实践证明，许多在经济上、道德上、组织上犯错误的人，大多是不爱学习的人。他们往往凭主观，盲目地干。要想提高三峡总公司全体员工的综合素质，提倡多读书、读好书是一个重要的途径。

现在实行双休日，有了条件，要合理地安排好学习和休息，至少拿出半天到一天来读书，这样持之以恒，必有益处。

（六）要抓紧培养跨世纪的人才

当今社会的竞争就是人才的竞争、科技的竞争。三峡总公司要想不断地发展，就必须抓紧培养跨世纪的人才。三峡总公司从筹建算起到工程建设结束要持续25年的时间，而且不等三峡建完就会有新的巨大的水电工程等待我们去开发建设。因此，总公司要不断地发展下去，就必须把人才的建设、人才的培养规划放在一个很重要的位置上。

我们现在公司的情况是怎样的呢？从年龄层次来看，决策层的平均年龄已超过了56岁、管理层的平均年龄已超过55岁，绝大多数同志在职都跨不过本世纪，其中管理层的40多位干部中，30～40岁之间的仅3人，40～50岁之间的也不到10人。从工作情况来看，一方面很多领导同志反映很忙，一天工作十五、六个小时，执行劳动法很困难；另一方面很多年轻同志反映事不多、很悠闲。从思想情况来看，年轻同志希望能给自己压担子，能有施展才华的机会；而年老的同志却有的感到力不从心，岁月不饶人。

我们要清楚地认识到，占总公司职工70%的40岁以下的职工，才是三峡的希望、总公司的未来，应该创造条件，促使他们早日成才。在这个问题上，我们紧迫感不足，行动显得迟缓，这件事党组有责任，但同时也要看到总公司各级组织对这项战略性的工作还认识不足，缺乏积极性。

三峡的历史就是一代代前仆后继的奋斗史。要相信青出于蓝而胜于蓝，我们老同志的责任就是站好最后一班岗，铺好一条路，传带一批人。心底无私天地宽，三峡自有后来人。什么都不放心、不放手，是心胸狭窄的表现。

解决这个问题除了克服思想阻力以外，还要有相应的组织措施。要到生产第一线去考核年轻干部，要给他们有表现的舞台，要创造一切可能的机会，诸如汇报时要让年轻人发表一下见解，那怕是补充发言也好；写文章，让年轻人也动一动笔，即使是个草稿也可以；有条件的，要放飞，让他们独立去干。总之，要放手使用年轻人，大胆使用年轻人，唯有这样，总公司才会不断地发展。

（七）发扬公仆精神，关心群众生活

关心群众疾苦，走群众路线是我们党的传统作风。过去，我们党靠了它才能动员亿万群众，使他们团结在党的周围，打败了反动派，建立了新中国。在我们进行现代化建设、改革开放的新的历史时期，我们更应该发扬这种优良作风。孔繁森同志之所以受到群众的拥戴，就是因为他关心群众生活，关心群众疾苦；他自己不富裕，却收养了两个藏胞小孩；他一年输三次血，出差时还带着药箱给群众看病……；这些事迹无不催人泪下。我们学习他，就是要学习他这种公仆精神。

而我们有些同志却不是这样，他们官做大了，车坐小了，房子住宽了，脾气也渐长了。诚然，三峡总公司的生活条件和工作条件还是说得过去的，不必多操心柴米油盐问题，但人人都有一本难念的经，家家都会有烦恼事。总公司的职工们大都是通情达理的，他们一般不找领导的麻烦，但这并不等于他们没有困难和精神压力。我们应该多提倡促膝谈心，多了解他们的所思、所想，把握住广大职工的思想脉络，唯有这样，才能达到相互理解、相互信任。

我们的职工需要的是领导的信任、工作的舒畅和事业的成就，如果我们的干部成天板着脸孔、高高在上，摆官架子，那又怎么会有一个温暖而又和睦的工作环境呢？又怎样能调动各方积极性，把工作干好呢？

（八）加强基层党组织的建设，提高党员的纪律观念

加强党的建设，要首先加强各级党组织领导班子的建设，使党委一班人真正成为本单位、本部门的领导核心。为此，在班子内部，一定要认真贯彻民主集中制的原则，认真开展批评和自我批评。班子成员之间要互谅互让，相互支持，在坚持原则的基础上，加强团结。要牢牢记住，在一个班子内部，团结和友谊比什么都重要，决不能相互拆台、相互嫉妒。只有领导班子团结一致，才能有战斗力，才能带领全体党员和职工去完成建设三峡工程的艰巨任务。

加强党的建设，一定要健全党的组织生活，认真执行党的各项规章制度，加强对党员的教育、管理和监督，维护和执行党的纪律。每个党支部都要认真执行“三会一课”制度，定期召开支委会、党小组会、支部大会和民主生活会，领导要亲自上党课。我们有些支部常年不开会，不过组织生活；有些党员长期不参加组织生活，不交纳党费，还有的支部，去年的民主评议党员的工作至今还没有完成。这一切，都是这些党组织软弱涣散、党员的组织观念差、党性不强的具体表现。这种状况必须尽快扭转，并把“两先一优”活动在总公司的各级党组织中更广泛深入地开展起来。否则，任其涣散现象发展下去，就会形成党不管党，造成一些党员思想涣散，进而行为不轨，甚至走上犯罪道路。

加强党的建设，要教育党员和群众认真贯彻执行党的方针、政策、严格遵守国法政纪，严格遵守国家的财政经济法规和人事制度，不得侵占国家、集体和群众的利益，自觉抵制不良倾向，坚决同各种违法犯罪行为作斗争。在三峡工程的建设过程中，我们将接触到大量的资金、物资和设备，接触到方方面面的关系，如果我们不在这方面加强教育，防患于未然，那就有可能要出大问题。因此，各级党组织一定要把它当作一件要经常抓好的大事，常抓不懈，敢抓敢管，是非分明。出了问题要认真追究，严肃处理，不掩盖矛盾，不文过饰非，或者大事化小，小事化了。

加强党的建设，要注意不断增加党的新鲜血液，做好经常性的发展党员工作，要重视在中青年中发展党员，成熟一个，发展一个。目前，总公司党群比例约为1：1，但35岁以下的党员比例只占20.9%，因此各级党组织要注意做好对青年职工的教育和培养工作，增加青年党员的比重。这样，党的队伍才会充满活力，党的事业才能不断地发展壮大。

加强党的建设，还要注意发挥离退休老党员、老干部的作用。在2000年前，总公司的离退休职工将超过100人（占全员的15%左右）。对他们除了要在生活、安置等方面多加关心和照顾外，还要根据他们党性强、经验丰富、具有党的优良传统和作风的特点，充分发挥他们的余热，为加强总公司党的建设多提好的建议，对青年党员搞好传帮带。

历史赋予我们的使命是艰巨而又伟大的，作为一个三峡人，他的综合素质应该是传统精髓与现代意识的结合。他发扬传统却不媚俗守旧；他勇于开拓却不盲目冒进；他严守纪律却不僵硬古板；他满怀激情却又脚踏实地。三峡人是时代的幸运儿，就应该是这个时代的佼佼者。

名利淡若水，事业重如山。作为一名共产党员，我们要轻功利，重事业；多一份奉献，少一份索取；多一份苦干，少一份埋怨。在奔流不息的长江面前，人总是显得很渺小的，“子在川上曰：‘逝者如斯夫’”，这是圣人孔子的感叹，大文豪苏东坡在游完赤壁之后，也留下这样千古传颂的名句：“寄蜉蝣于天地，渺沧海之一粟，哀吾生之须臾，羡长江之无穷。”在他们眼中，长江的滚滚流水就犹如时间的飞逝、生命的消亡一样，是不可逆转的。而我们今天却要在长江上建造三峡大坝，控制流水去造福人民，这是何等的豪迈，何等的辉煌！因此，我们又有什么样的思想包袱放不下，什么样的个人私利抛不开的呢？“沧海横流，方显英雄本色”，让我们以更加高昂的斗志和大无畏的气概去开拓前进，为我中华，志建三峡，奉功当代，造福千秋。

坚持方向 总结经验 综合选优 有利工程

——三峡施工准备工程第一阶段招投标简析

贺 恭

贺恭，1943年6月生，汉族，内蒙古乌兰察布盟人，中国共产党党员，高级工程师。1966年毕业于武汉工学院动力工程专业。1967～1975年，在云南以礼河水电站、西洱河水电站参加水电建设，任技术员、秘书。1975～1984年，在云南省电力局工作，1980年任局办公室副主任，1983年任副局长，分管生产、经营。其间于1982年在大连理工大学电力管理研究班学习一年。1985～1993年，任云南漫湾水电站工程管理局局长、党委副书记。1992年被评选为云南省劳动模范。1993年当选为全国八届人大代表。现任中国长江三峡工程开发总公司副总经理。

按照国务院三峡建设委员会的要求，根据施工准备阶段工程进度的安排，从9月开始，三峡工程施工准备第一阶段招标工作已进行了2个月，11项标已完成了9项的定标和合同签约。从上级部门到社会各界对此十分关注，总体反映是好的，说明三峡工程实行业主负责制、按照国际惯例引入竞争机制、实行招投标制有着广泛的社会基础。中国长江三峡工程开发总公司虽刚组建不久，但我们有信心、有能力把招投标工作做得更好，也借此机会向各方面对招投标的大力支持表示感谢。

对招标如何看，对第一阶段的招投标工作如何评价，下一步如何既坚持方向又很好的改进工作，这是各方面都关注的，下面从几个方面阐述一些观点和看法。

（一）招投标制不仅是国际惯例，也是基本建设领域社会主义市场经济机制的重要组成部分

从世界范围看，特别是发达国家，凡实行市场经济机制的，在工程的组织上，运用竞争机制进行招投标承发包，实施经济合同管理工程，早已是惯例，并为各有关方面所熟悉和习惯，而且形成了比较规范的有法律约束的制度。我国的水利水电工程，从80年代初期，也开始在若干大型工程中引入招投标制，经过数年来的实践，逐步积累了一些基本的经验，并因此在多个大型水电工程上取得了质量好、工期快、造价得以控制的好成果。也可以说，大型水利水电工程实施招投标，连同业主（建设单位）负责制、合同管理制、工程监理制以及项目管理制，已初步构成了基本建设领域社会主义市场经济机制的雏型。

三峡工程举世瞩目，工程规模、资金投入空前，又时逢改革开放之年。因此，国务院一开始就明确三峡建设体制要实行业主负责制，要按照国际惯例、运用市场经济的办法组织建设，这个决策非常正确。因为，运用竞争机制和招投标办法从优选择承包方（包括施工、设备、物资材料等）能确保工程又快、又好、又省地建设；而且，通过三峡这个大系统工程的开发实践，走出一条具有中国特色的、集建设、运营和开发于一体的社会主义市场经济机制的路子，其意义将是很深远的。

（二）三峡工程实施招投标制的基本指导思想、特点、方式和措施

招投标国际惯例的最基本原则是平等和公正，即竞争者都是平等的，或者说竞争的规则对每个投标者都是平等的，决标是公正的。

我国数年来招投标制的实施也为实现平等和公正摸索了各种办法，一些行之有效的办法可为三峡工程所借鉴。当然，三峡工程由于其自身的特点也使招投标制的实行有别于其他工程：首先，三峡工程为全国各行各业所关注，各个系统的大型基建施工企业都深切希望能在三峡工程中做一点贡献，并且视此为信誉之所在；其次，三峡工程是个大系统工程，集坝体、厂房、通航建筑物及大量的附属企业和辅助设施于一体，涉及工程专业面很宽，且工程量浩大，施工地域宽阔，任何一个大型企业要在限定的工期内独立完成全部工程都是不大可能的。因此，势必需要而且可能将其分成若干标段和标块来进行招标，容纳队伍的量也就很大，由此而形成的招标竞争的激烈程度是空前的，仅第一阶段施工准备已招的10个标就有70多家投标，最多的一个标有近20家竞争。

从分析这些特点出发，概括地说，我们的指导思想就是：敞开大门，欢迎各方；公平竞争，公正决标；综合选优，利于工程。

基于这一指导思想，在具体工程项目的招标方式上，从各个具体项目的特点出发，一般采用公开招标和邀请招标两种方式。凡是工程量大、技术复杂、工期长的项目，在经过一段准备后，均实行公开招标。如第一阶段的对外交通“三桥一隧”及下一步的左岸堤顶开挖等；凡工程技术专业性强、队伍适应面窄而工期又紧的项目以及一部分工期紧、工作量不大的小项目则采取邀请招标的方式。如左岸陈坛、苏黄、苏覃公路。这两种方式均属竞争性招标，是三峡工程采取的主要招标方式，而且大多将采用公开招标方式。除此，对个别特殊要求的项目，采取非竞争性议标方式。如为了抢工期，加快施工前期准备步伐，在初设进行阶段，就充分利用葛洲坝工程局就近的优势，先行进入现场做部分前期准备，就采取先订协议继而进行议标的办法。

总之，各种招标的方式因工程而宜，目的在于选择最合适的队伍，把工程组织上去。

为了保证各种招标方式的平等性和公正性，我们主要采取两方面的措施。

第一是聘请专家组成评标组，并采取定量评分与定性分析相结合的办法评标。专家组由熟悉本工程技术、经济的高层次行家组成，专家以外聘为主，同时从工作出发，适当加入一些总公司的工程技术、经济业务方面的高层次工作人员。专家的结构，要能保证客观地、严肃地、有权威地开展评标，并注意选聘的专家与投标单位应是比较超脱的关系。定量评分，即按照综合选优的原则，将评标的主要因素，如报价的合理控制、施工组织措施的得当以及资质、信誉等分为若干子项，予以打分，并乘以不同的系数；定性分析，即在充分阅标、讨论和澄清问题的基础上，客观地分析各个投标商对工程适应的情况，并与定量评分结合分析，然后推荐中标单位。在专家评标推荐的基础上，总公司召开总经理办公会集体进行决标。

第二，从招投标工作需要出发，结合贯彻党中央、国务院提出的反腐败斗争的基本要求，对参与招投标的工作人员规定若干纪律，以约束和规范其自身的行为。比如，我们目前提出的“四不准”，即任何人不准干预已确定的招标工作的正常程序；任何人不准泄露招投标中应保守的秘密；任何人不准接受投标单位的吃请、礼品和礼金；任何人不准为投标单位说情、干预评标工作的正常进行。这些纪律规定既有保证平等、公正进行招投标的广泛意义，也有在当前反腐败斗争中，树立业主应有的公正、廉洁形象的特殊意义。我们诚恳地希望各方面支持并监督上述纪律规定的执行。

（三）三峡施工准备工程第一阶段招标的基本情况和评价

根据工程总进度的需要，并与招标设计的进度进行综合平衡，三峡施工准备工程第一阶段招标安排了11个项目。其顺序是：西陵长江大桥、对外交通“三桥一隧”、坝区14小区、左岸3条公路、9万t水厂船以及南村坪砂石系统等，时间跨度为9～11月。及至现在，前9个标已定标并大多已签订合同，有的队伍已进点准备。

这11个标，有4个系全国公开招标，有6个系邀请招标，一个是邀请议标。从参加投标的单位看，分布面很广，全国各省、市、区，大约有10个系统、75个单位参加了投标，特别是对外交通4个标段就有50个单位进行角逐，竞争十分激烈；从系统分布看，主要有水电、铁道、水利、交通、武警部队、地矿、煤矿、建筑、冶金、核工业等。

已定标的9个单位中，水电系统3家，铁道系统4家（有1家中两个标），武警系统1家，水利系统一家。所有中标单位，总公司决标均采用了专家评标推荐的第一名。这些中标单位，在报价方面，有4家属中高报价中标，有5家属低报价中标；在施工素质方面，9个单位均是从事本工程项目的佼佼者，在国内有较高的知名度和较好的施工业绩。

第一阶段招投标在社会上引起的反响是很大的，总的反映是好的，均认为三峡引入竞争机制迈出了第一步，说明业主是要下决心搞好招投标的。因而，应者云集、竞争盛况空前，且多数投标单位能正确对待中标和失利。同时也收集到一些反映和建议。

鉴于三峡工程首次招标，一是各有关方面还不大习惯和适应，有的单位对编标尚缺乏基本训练；二是竞争激烈，有的投标单位期望值很高，一旦失利，反映强烈；三是我们自身工作尚有需改进完善之处。因此，出现种种反映是很正常的，只要我们认真总结经验（包括各投标单位），在坚持招投标方向的前提下，不断改进工作，就一定可以把招投标工作做得更好。

（四）施工准备工程第二阶段招标的安排和打算

总公司对明年的计划进行了安排，并经三峡建设委员会办公室协调同意。为了及早安排工程，10月中旬，总公司又在现场召开了今年四季度和明年上半年的生产安排会，要求不失时机地充分利用今冬明春的黄金施工季节，打好1997年截流前的第一个战役(以一期围堰填筑、导流明渠及左岸大开挖为重点)。第二阶段的招标工作要紧密配合这一总体安排，准备分两段进行。

第一段，将外部交通的剩余标段（8座桥梁、两条隧洞及路面工程）的招标工作在年底前结束。同时把现场的主要前期准备工作项目，如场地平整、砂石系统、码头等继续进行招标。

第二段，集中力量对左岸的永久船闸工程的一期开挖，临时船闸、升船机工程的开挖以及左岸1～6号机组坝段开挖进行招标，拟在明年2月前完成定标工作。同时，抓紧右岸一期工程的议标和签约工作。

为了做好第二阶段的招标工作，我们将进一步采取以下措施：首先要加强对招投标的宣传工作，增加透明度，使各方面对招投标的基本常识，对三峡工程招投标的安排、做法和要求有深入的了解；其次要进一步做好招标设计，力求使招标文件和招投标程序趋于规范化、标准化；第三，要继续完善评标细则，使前述的定量评分和定性分析相结合的办法更加科学合理，充分做到综合选优；第四，一方面继续欢迎各方面积极参与竞争，另一方面要因不同的工程要求严格资格预审。总之，我们要不断地实践，不断地总结，不断地完善，通过招投标使三峡工程形成一个优化合理的施工格局。

在工程项目招投标的同时，与之相配套的工程监理单位的选择也将采取招标的办法。

目前，除右岸一期工程已与长江水利委员会监理中心议标外，还将在左岸一期工程、对外交通工程（包括西陵大桥）的监理选择上采取邀请招标的做法，以选择合适的监理单位。

三峡工程运用社会主义市场经济体制，是我国经济体制改革的必然，也是大三峡建设的必需。在这个宏大的改革和建设过程中，招投标仅是一个手段、一种方式，其目的还在于运用这种方式在三峡建设中，形成一个以经济合同为纽带的，资源和技术配置合理的施工格局。因此，就招投标承发包体制来说，招投标阶段的结束即是合同实施的开始。凡是中标的单位，都要和业主、设计、监理密切合作、信守合同、维护信誉，把承担的工程任务完成好。

总之，只有通过各方面的共同努力和相互协作，才能在三峡工程建设中，走出中国式的社会主义市场经济体制下的大系统工程的路子，也才有可能完成历史赋予三峡建设者的重任。

三峡工程规划设计研究工作的回顾与思考

王家柱

王家柱，1939年8月生，汉族，浙江海宁人，中国共产党党员，教授级高级工程师。1963年2月毕业于清华大学水利工程系，长期从事长江流域开发治理和大型水利枢纽工程设计和施工。曾参加葛洲坝工程设计施工全过程，主持大江截流设计，为施工组织设计和现场设计负责人之一。1986年后，全面主持长江水利委员会的技术业务工作。参与三峡工程论证，为主持编制《长江三峡水利枢纽可行性研究报告》和《长江三峡水利枢纽初步设计报告（枢纽工程）》的主要负责人之一。1988年国家授予有突出贡献的中青年科技专家称号。现任水利部长江水利委员会总工程师，中国长江三峡工程开发总公司副总经理。

长江三峡水利枢纽工程是世界上规模最大的水资源开发工程。其规模之大，效益之巨，对国民经济和社会发展影响之深远，以及工程技术之复杂，都大大超过了国内已建的任何工程，在世界工程史上也罕有其匹。三峡工程建设不仅全国人民关心，也引起了世界的广泛瞩目，1994年1月24日出版的，美国《时代》周刊，曾将其列为当代正在实施的世界八大工程奇迹之一。

三峡工程自提出设想至决策兴建，经历了70余年的漫长岁月。自40年代开始的勘察、规划、设计和研究工作，至今也有40年余年，其间积累了三代科技人员的心血。笔者自60年代初开始三峡工程设计研究工作，迄今也已30余年，1986年后成为设计工作的主要负责人之一，但仍是三峡工程设计的后辈——第三代。目前，三峡工程虽已正式开工，但要全部建成尚需十余年的努力奋斗和新一代的参与。本文将根据个人30多年的亲身经历和体会，对三峡工程规划设计简要情况和主要特点作一回顾和介绍，就正于国内外众多参与三峡工程设计研究工作的前辈和同仁，以及关心三峡工程建设的国内人士。

（一）三峡工程的规划设想和酝酿

最早提出兴建三峡工程设想的，是伟大的民主革命先行者孙中山先生。他在1919年所著《建国方略·实业计划》一文中，首次提出了三峡建坝的设想："以闸堰其水，使舟得以溯流而行，而又可资其水力。"1924年，他在《民生主义》一文中，再次强调了开发长江三峡水力资源的重要性。

30年代初，当时的国民政府开始研究三峡水力开发问题，曾组织过一些查勘、勘察以及初步研究工作。1944年，中国战时生产局顾问、美国经济学家潘绥（G·R·Passhal）首次提出三峡电站开发方案的具体设想，其建议的主要内容是：由美国投资并提供设备器材，在三峡建一座装机容量1050万kW的水电站，同时建设化肥厂，以廉价水电生产化肥出口偿还债务。同年5月，美国著名坝工专家萨凡奇（J·L·Savage）应邀来华，他在三峡地区查勘后，编写了《扬子江三峡计划初步报告》，即著名的萨凡奇方案。萨凡奇方案虽然因基本资料缺乏和未经详细的规划、设计研究，很多具体技术问题不落实，很难作为一个现实可行的设计方案，但已比较具体的提出了工程的开发任务、建筑物布置和投资框算，是从工程设想进入具体规划设计工作的重要进展。

为了具体开展三峡工程的规划设计工作，原国民政府资源委员会与美国内务部垦务局（U. S. Bureau of Reclamation），于1945年10月签订了设计合约，委托垦务局负责三峡工程设计，并先后派遣50余位工程技术人员前往美国参加三峡工程设计。1946年又委托美国有关的专业公司进行坝址的航空测量和地质钻探工作，以及水文、气象、泥沙等基本资料的收集工作。1947年初，基于众所周知的政治历史背景，国民党政府决定中辍与垦务局的设计合约，萨凡奇方案也最终未能完成其具体的设计工作。

1949年上半年，长江中下游地区相继解放。这一年长江流域发生了较大洪水，中下游若干堤防溃决成灾。在救灾、复堤的过程中，组建了流域管理机构——长江水利委员会（长委）。在50年代初期，长委一方面抓紧为编制全流域治理开发规划作基本资料的准备，一方面进行长江中下游防洪方案的研究，包括三峡工程和其它干支流一大批工程的比较研究。

（二）前期设计研究工作和决策

三峡工程的前期设计研究工作始于50年代中期，至1992年全国人大七届五次会议通过"关于兴建长江三峡工程的决议"，历时近40年。为该工程的前期设计研究和决策，不仅中国的科学界、工程界几代人付出了大量的精力和心血，前苏联、美国、加拿大等国不少专家也曾参与。所投入力量之雄厚，工作量之巨，在世界工程史上堪称罕见。

1954年，长江中下游地区发生了本世纪以来最大的洪水，造成了惨重的损失。洪水过后，中央即决定开展长江流域的综合治理和开发规划工作。从1955年开始，长委在全国有关单位的协作配合下，全面开始了全流域综合治理开发的规划工作，其中包括三峡等一大批重点骨干工程的比较选点和勘察、设计工作。这一工作于50年代末基本完成，长委编制完成了《长江流域综合利用规划要点报告》，该报告从长江流域治理开发的总体布局中，论证了兴建三峡工程的必要性。1958年3月，党中央成都会议通过了《中共中央关于三峡水利枢纽和长江流域规划的意见》，指出"从国家长远的经济发展和技术条件两个方面考虑，三峡水利枢纽是需要修建而且可能修建的。"从1959年到1960年末，在大量科研成果的基础上，长办（即长委）先后完成了三峡工程的《初步设计要点报告》和《初步设计报告》（草稿），建议大坝正常蓄水位200m方案并推荐三斗坪坝址。

1959年以后，由于国家出现了暂时的经济困难，以及60年代中期开始的文化大革命，使三峡工程的设计研究进程受到影响，但各项基础设计研究比较工作仍未完全停止，并继续进行。1970年底，中央决策兴建葛洲坝工程，其目的：是解决华中地区近期电力供应问题，同时也是为三峡工程作“实战准备”。

1981年，葛洲坝一期工程完成，“文化大革命”也已结束，三峡工程建设又提上议事日程。早在1979年9月，水利部召开了选定坝址的会议，并向国务院报送了《关于三峡水利枢纽的建议》。1980年8月，国务院决定由国家科委、国家建委组织专家论证，长办为配合论证编制了《三峡工程论证报告》，该报告汇总了自50年代至70年代末以前的设计研究成果。

1983年，根据上级领导关于减少淹没损失，促使工程尽快上马的要求，长办研究并提出了正常蓄水位150m的《三峡水利枢纽可行性研究报告》。同年5月，国家计委组织300多位专家进行了审查，1986年4月，国务院原则批准了该报告，并决定开始部分施工前期准备工作。

150m方案可行性报告经国务院原则批准后，国内有关部门和社会各界人士又从不同的角度提出了意见和建议。为贯彻重大问题决策科学化、民主化的原则，党中央和国务院于1986年6月发出通知，责成水电部组织对三峡工程的重新论证。

三峡工程的重新论证，有全国各行各业412位著名专家参加，历时三年。论证过程中，14个专家组分别对以往设计研究成果进行了全面的复核，对所有的重大问题，包括各方面有疑虑的问题，由长办和有关科研、设计部门和高等院校密切配合，补充进行了大量研究工作，最后形成了14个专家组的专题论证报告。以重新论证结论为基础，长委于1989年5月重新编制了《长江三峡水利枢纽可行性研究报告》。

1990年7月，国务院召开三峡工程论证汇报会。会议确定成立国务院三峡工程审查委员会，对重编的可行性研究报告组织审查。审查工作按“分专题，分阶段”的方式进行，先由163位专家组成的10个专题预审组进行预审，然后再由审查委员会集中审查。1991年5月预审结束，1991年8月审查委员会经集中审议后提出了审查意见。1991年9月国务院常委会议审议通过了审查意见，并决定向全国人大提出议案。与此同时，根据国家建设项目环境管理办法，由中国科学院环境评价部和长江水资源保护科研所联合编制了《长江三峡水利枢纽环境影响报告书》，并于1992年初相继通过了主管部门的预审和国家环保局的终审。

1992年4月3日，全国人大七届五次会议通过了《关于兴建长江三峡工程的决议》。至此，三峡工程的前期设计研究工作告一段落，三峡工程的设计工作也进入了一个新的阶段。

（三）工程实施阶段的设计研究工作

三峡工程可行性研究报告及环境影响报告书经国家正式批准后，工程前期设计研究工作即告一段落，进入实施阶段的设计研究工作。按我国以往工程建设管理体制，工程实施阶段的设计工作划分为初步设计和实施设计两个阶段。考虑到三峡工程的特大规模和特殊重要性，并为适应建立社会主义市场经济体制和与国际接轨，经上级批准，三峡工程实施阶段的设计研究工作分为初步设计、单项工程技术设计、招标设计、施工图设计等四个阶段。需要说明的是，三峡工程水库移民安置虽属工程建设的重要组成部分，但因其管理体制与工程建设不同，其规划、设计工作已确定另作安排，本文也不再论及。

1．初步设计

三峡工程初步设计在批准的可行性研究报告基础上进行。1992年12月，长委完成了《长江三峡水利枢纽初步设计报告（枢纽工程）》，该报告篇幅巨大，共分综合说明书、水文、工程地质、综合利用规划、枢纽布置与水工建筑物设计、机电设计、施工组织设计、枢纽工程概算、泥沙问题研究、综合经济评价、环境保护等11个分篇，共300余万字，附图254张。

1993年5月，国务院三峡工程建设委员会（三建委）聘请116位专家，组织了专家预审，1993年7月，由三建委正式批准：“《长江三峡水利枢纽初步设计报告（枢纽工程）》作为下阶段设计和施工的依据。”

2．单项工程技术设计

根据三建委的决定，对大坝、电站、永久船闸、升船机、机电、二期上游围堰、建筑物安全监测、变动回水区航道及港口等8个重要单项工程，需分别编制单项工程技术设计，由中国长江三峡工程开发总公司（三峡总公司）组织审定。

单项技术设计工作在初步设计完成后即开始编制，自1994年底至1995年中，长委已陆续完成并提交了7个单项技术设计报告，由三峡总公司组织157名专家分项进行审查，预计年内审查工作可全部完成。最后一个单项工程技术设计，即变动回水区航道及港口整治，将在1997年前后完成。

3．招标设计

三峡工程建设采取业主负责制、招标承包制、建设监理制、合同管理制等适应社会主义市场经济要求和与国际接轨的模式进行施工管理，所有重要工程均采取招、投标方式优选施工队伍。鉴于工程规模特大和单项工程技术设计未完成前即已开始准备工程和部分主体工程施工，工程招标需分部位、分阶段进行，招标设计项目多，相应招标设计也应适应这一具体实际开展工作。招标设计以批准的初步设计和单项技术设计为基础进行编制，主体工程招标设计由长委承担，由三峡总公司组织审查。审完的招标设计，即作为标书编制的依据。截止1995年中，已完成右岸一期工程等10余项主体工程的招标设计。

4．施工图设计

施工详图，包括相应的设计说明、技术要求等，在招标设计的基础上开展，随施工进展，陆续提供。三峡工程规模庞大，施工详图数量也很多。据不完全统计，截止1995年中，长委已提供各类报告700余份，1400万字，图纸已逾万张。

（四）三峡工程规划设计研究工作的主要特点

三峡工程设计已经历了设想、前期研究、决策和开始实施等几个重要阶段。就工程建设而言，今后的路还很长，需要认真总结以往的经验教训，努力使设计工作达到世界一流的水平。有鉴于此，试归纳设计工作的主要特点如后。

1．规划、设计的研究历时长，基本资料丰富、翔实、可靠

三峡工程自50年代中开始的大规模的勘察调查和规划设计至今也有近40年。长达半个世纪的规划设计研究历程之长，长时期积累的规划设计基本资料之丰富和翔实可靠程度，是国内外重大建设工程所罕见的。

例如，实测水文资料系列长达110余年，历史洪水调查资料追溯至公元1153年，实测泥沙观测资料也达近40年。坝址的地形、地质勘察工作自50年代中期以来从未间断，仅坝址钻孔进尺就达13.6万m，各类岩石力学试验共10884组；坝区地震台网监测已持续40年，历史地震记载长达近2000年。

三峡工程的基本资料，经国内外专家多次评审，一致的结论是完备、翔实、可靠，这就为工程规划设计提供了坚实的基础。

2．以流域规划为依据，工程开发任务明确

根据国内外大型水利工程建设的经验和教训，工程选点和开发任务的确定必须以全流域的规划为基础。虽然提出三峡工程设想时尚无长江流域规划，但工程的最终决策是以流域规划为依据的。1959年完成的《长江流域综合利用规划要点报告》，以及1990年经国务院批准的《长江流域综合利用规划简要报告(1990年修订)》，均论证和确定了三峡工程是综合治理开发的总体布局中不可缺少的关键组成部分，并推荐为近期兴建的工程。根据流域规划确定的防洪、发电、航运三大开发目标和工程基本规模，是规划设计的重要依据和工程效益正常发挥的保障前提。

3．以积极和慎重的方针为指导，反复进行多方案的比较、论证、审议，确保重大方案的决策无误

由于三峡工程规模巨大、影响深远，涉及面广，党中央和国务院一直采取积极和慎重的方针，要求对重大方案问题的决策进行多方案的比较，充分听取各方面的意见（包括各政府部门、地方政府，专家和技术人员、以及广大公众的意见），再慎重决策。

例如，坝址选择问题，在西陵峡下段长达50余km的河段内，先后比较过二个坝段（南津关石灰岩坝段和美人沱火成岩坝段），分别对15个坝址进行勘探和设计研究比较。这项工作从40年代中期开始，至1981年才作出决策，最后选定了火成岩坝区的三斗坪坝址。

又如水库正常高水位选择问题，因其关系到工程规模、投资和效益，且与各部门、地方和当地居民的切身利益密切相关，还涉及环境问题，更需慎重决策。三峡工程正常蓄水位比较研究从50年代开始，其比较范围从128～260m（均为海平面以上高程，下同），50～80年代初，研究的方案以190～200m为主；1983年，考虑减少水库移民的困难，提出了正常蓄水位150m方案；1986～1989年三峡工程重新论证阶段，又比较了150～180m范围内的六个方案，最后推荐采用“一级开发，一次建成，分期蓄水，连续移民”的方案，其最终正常高水位为175m，并最后得到了国务院和全国人大的批准。

其它如枢纽建筑物布置方案，泄洪布置和水库调度运用方式，通航建筑物型式和规模，水电站装机规模和单机容量等重大方案问题，无一不是通过数个甚至十数个不同方案的反复比较、论证和听取各方意见后才确定的。

4．充分依靠专家和科技人员，对三峡工程设计组织审查，确保设计方案的先进和合理

三峡工程的设计总成单位是长江水利委员会（简称长委）。长委本身具有一支门类齐全、经验丰富的技术队伍（她有5600余名技术人员，2000余名工程师，500余名高级工程师），曾承担过葛洲坝、江汉丹江口、清江隔河岩等一大批大型水利枢纽的设计任务，在国内外享有一定声誉。鉴于三峡工程的特大规模和特殊重要性，为了保证三峡工程设计质量，特别是对一些重大的技术经济问题作出明确的结论，组织了国内各行各业的专家对长委的的规划设计工作进行了严格的审查和把关，从而进一步保证了设计质量。

1986～1989年，在三峡工程重新论证阶段，有全国412位著名专家参加了论证工作，对涉及工程技术可行性、经济合理性，以及环境影响等主要技术经

济问题进行审议，并由长委和国内有关科研设计部门和高等院校进行了大量的补充研究工作。论证工作长达三年，是对三峡工程30多年设计成果的一次最全面的审查。最后提出的14份专题论证报告，回答了国内外人士关心和有疑虑的主要技术、经济和环境问题。

自1989年以来，对三峡工程设计较大规模的设计审查又进行过三次，每次均有百余位国内著名专家参加，分别对长委编制的可行性研究报告，初步设计报告，以及重要工程的单项技术设计进行审查。

1990年7月～1991年5月，由国务院三峡工程审查委员会组织对可行性报告进行审查，历时近一年，审查由国务院各有关部门主要负责人主持，参加审查的著名专家163人。

1992年12月，长委完成了“长江三峡水利枢纽初步设计报告”，又由国务院三峡工程建设委员会组织126位国内专家，组成10个专家组，对报告进行了审查。其审查意见已经国务院三峡工程建设委员会审议，1993年7月正式批准。

1994年以来，由中国长江三峡工程开发总公司主持，又组织157名专家，组成9个专家组，对长委编制的单项工程技术设计进行审查，现已完成大部份审查工作，将于年内完成全部审查工作。

组织国内各行各业的专家，对三峡工程设计进行分阶段、分步骤的审查，其目的在于确保重大技术经济问题的解决达到先进和合理的一流水平。

5．广泛组织全国范围科研攻关，为规划设计提供依据

三峡工程规划设计涉及的一系列重大技术经济问题，需要开展广泛的科学研究工作才能得到妥善的解决。

早在50年代，中国科学院和国家科委就组织全国200多个单位，近万名科技人员参加了三峡工程重大科技问题的全国性协作研究。这一研究工作的成果，为长委完成《初步设计要点报告》提供了科学依据。

70年代，中央批准兴建葛洲坝工程，围绕葛洲坝工程开展的大量科研工作，其成果和积累的经验，为三峡工程提供了有力的支持。

80年代，配合三峡工程重新论证，国家科委在国家“七五”科技攻关中将三峡工程科研列为重点之一，组织全国300多个单位，3200多位科技人员，进行科技攻关，取得400多项科研成果。

90年代以来，在国家“八五”科技攻关，国家自然科研基金会的研究课题中，继续列有三峡工程的重点科研课题。

三峡工程科研工作的广度和深度都大大超过了一般建设工程的科研规模。仅以工程泥沙问题研究为例，采用原型观测、数学模型计算、实体模型试验，与已建工程的类比分析等综合研究方法，取得的成果引用于规划设计，已为葛洲坝成功的工程实践所证实，并得到世界河流泥沙工程界的一致赞誉。三峡工程泥沙研究过程中，共建有12座实体模型，为工程规划设计提供了有力的科学依据。

6．广泛的国际科技合作

三峡工程的国际科技合作源远流长。早在40年代，美国以萨凡奇博士为首的一大批专家即开始了三峡工程规划设计的初步研究，其成果成为50年代三峡工程规划设计研究的基础和起点。

50年代，党中央国务院正式聘请了一批前苏联的专家组来华帮助进行长江流域规划和三峡工程的规划设计研究工作。

80年代以来，三峡工程的国际合作范围不断扩大，包括美国、加拿大、瑞典、意大利、德国、比利时、日本、俄罗斯、巴西、奥地利等国的有关机构和专家都曾参与过三峡工程的咨询和技术交流研究工作。其中需要特别提出的是中国与美国和加拿大的科技合作历时最长，范围也较广。

1982～1992年间，根据邓小平—蒙代尔签署的协议备忘录，中美两国在三峡工程规划设计中开展了广泛的合作。美国先后曾派遣数批专家到长委进行技术咨询，中国也曾几次派专家访问美国。这对三峡工程规划设计工作起到了一定的促进作用。

1986～1988年，由加拿大政府赠款，聘请世界银行参与，与中国合作按国际惯例编制了一套可行性研究报告，先后有近百名国际专家参加了报告的编制工作。该报告与中国国内的可行性研究报告几乎同时完成，起到了相互促进和印证的作用。加拿大编制的可行性研究报告除推荐的正常蓄水位低于中国最后选定的175m外，其它主要结论均与中国国内的可行性报告相同。

三峡工程的大门向世界敞开

秦中一

秦中一，55岁，汉族，山东昌乐人，中国共产党党员，教授级高级工程师。1961年毕业于北京清华大学燃气轮机专业，1973年在哈尔滨汽轮机厂从事设计及试验研究工作，曾任设计组组长、设计室主任、设计处副处长。1973～1983年任北京重型电机厂技术部门负责人，副总工程师。1983～1987年任国务院重大技术装备办公室处长、副主任，负责核电、火电、三峡输变电项目技术引进及国产化工作。1988～1993年任能源部总工程师，党组成员，负责火电建设、节能、援藏及有关工作。现任中国长江三峡工程开发总公司副总经理。

长江三峡水利枢纽工程经过近四十年的充分论证研究，终于在我国全面改革开放的新的历史时期正式动工兴建。由于它的巨大的社会效益和经济效益，空前的工程规模，挑战性的工程水平，引起各方关注。作为一项民族工程，三峡工程的兴建要依靠当代中国人发挥聪明才智，调集物力和财力资源，集中力量进行建设。同时，引进资金，以及工程所需要的技术和学习国外管理等经验，加强国际合作，使三峡工程建设成为一流的工程，也是必需的。

民族工程　千秋伟业

长江是世界第三大河流，水力资源极为丰富，在中国可开发的3.78亿kW·h水力资源中占53%，占世界水力资源的8.48%。长江哺育了世世代代的中华儿女，但洪水也使长江两岸人民深受威胁。每一次大的洪水，都造成人民生命和财产的巨大损失。

开发长江，建设三峡，兴利除弊，是中华民族几代人的心愿。1918年，孙中山先生首先提出了兴建三峡的宏伟理想，希望借此改善川江航道，开发水力资源，富国强民。在蒋介石政府时期，由资源委员会选派专家对坝址进行勘选，并与美国工程师萨凡奇一起提出了具体规划方案，曾引起各界关注。解放后，毛泽东、周恩来等党和国家领导人为了综合治理开发长江，再次提出三峡工程的宏伟设想，毛泽东还留下了“高峡出平湖”的壮丽诗篇；邓小平同志对三峡工程建设也给予了极大关注，他多次听取汇报，研究三峡问题。通过民主化和科学化的决策程序，在江泽民和李鹏同志的关心和领导下，三峡工程终于正式动工。

三峡工程何以如此牵动几代中国人，何以吸引如此众多的专家、学者投身于勘测、设计和论证之中，这除了三峡工程以其综合效益巨大，有极大的吸引力之外，也是中华儿女不断追求国家富强、民族繁荣所做的不懈努力。三峡工程是中华民族的伟大工程，如今得以实施建设，与中国经济高速、稳定、持续发展所取得的强大实力密不可分。可以想象，三峡工程的成功兴建也必将为中国经济的进一步腾飞提供巨大动力。

规模宏大　举世瞩目

三峡工程规模十分宏大，具有多项世界之最，其技术的复杂程度在当今世界也是极具挑战性的。它要求突破已经达到的先进指标，攀登世界水电建设新高峰。

三峡工程的防洪、发电、航运三大效益，均居世界同类水利工程前列。三峡水电站是世界在建的最大的水电站，它将安装26台单机容量为70万kW的水轮发电机组，总装机容量1820万kW。双线五级船闸和单线一级垂直升船机均属世界之最；主体建筑物的施工总量和施工强度在世界上也是空前的。

三峡工程具有庞大的各类市场，也要面临许多世界级难题的挑战，引得国际工程界、设备制造界、金融界、新闻界人士纷至沓来，截至1993年底来访外宾达327批4483人。特别是一些国际知名的大公司，它们不仅把三峡看成一个具有极大市场潜力的商业机会，也希望通过合作向全世界展示自己的水平和实力。

全方位的国际合作

三峡工程作为世界超级工程，它将在国际范围内寻求最广泛的合作。三峡工程的大门是向全世界敞开的。平等互利的国际合作将贯穿于工程建设和建成后经营管理的全过程，在以后滚动开发长江上游所有水力资源的建设中，也将坚持这一原则。

三峡工程所需的主要物资和设备都要立足于国内解决。如钢材、木材、水泥、粉煤灰、油料等工程建设必需的物资需求量是相当巨大的，及时地满足其供应是三峡工程成功的重要保证，这些主要立足于国内市场。三峡工程所需的机械设备，包括土石方工程设备、砂石料加工运输设备、混凝土生产运输设备、物资转运系统设备、发电机组设备、金属结构及安装转运所需设备，这些设备中，除了要从国内企业的产品中选购以外，还有一些产品是需要进口或进行合作生产的。

三峡工程的国际合作是全方位的。它涉及技术、管理、资金、物资设备等诸多方面。针对三峡工程需要解决的技术难题，面向国际范围，广泛而深入地进行技术交流和合作，学习国外一些大型工程建设管理的成功经验。从质量检测、工期控制、造价概算等各方面吸收别人的长处，为我所用；依据公开、公平、公正的原则进行国际招标，采购工程所需的大型现代化设备；按照国际惯例，争取出口信贷，解决资金部分缺口等等。

敞开大门，寻求最广泛的国际合作，这是三峡工程自身的客观要求，我们热忱欢迎国际各界人士参与到三峡工程建设中，并以此为舞台，展示自身实力，寻求发展机遇。

认真贯彻执行三峡移民条例
切实搞好三峡工程移民安置

唐章锦

唐章锦，注重经济问题和三峡移民问题的研究与实践。1986年党中央、国务院决定重新论证三峡工程方案以来，被国家有关部门聘为三峡工程移民专家组专家。1991年7月以前，任四川省万县地区行政公署专员，1991年8月至1993年5月，任国务院三峡工程移民工作领导小组办公室副主任、国务院三峡地区经济开发办公室副主任，1993年6月至现在，任国务院三峡工程建设委员会委员、国务院三峡工程建设委员会移民开发局局长。近年来发表过三峡移民文章10多篇。

1993年8月19日，国务院第126号令已经发布了《长江三峡工程建设移民条例》（以下简称《三峡移民条例》）。这是搞好长江三峡工程建设移民搬迁安置的重大举措。我们一定要认真宣传贯彻执行好《三峡移民条例》，切实搞好三峡工程建设的移民安置。

（一）宏伟的工程，艰巨的移民

举世瞩目的三峡工程，是治理长江水患，开发长江水力资源的关键项目。它的主要效益：

一是防洪。长江的洪水，历来是我国的心腹大患。据历史记载，西汉初年至清末的2096年间，长江共发生较大的洪水灾害214次，平均10年一次。1931年、1935年的两次大洪水，各死亡14万多人。1954年大洪水，武汉市岌岌可危，虽经军民奋力抗洪抢险，保住了荆江大堤和武汉主要市区，但受灾面积仍达4755万亩，受灾人口1888万人，死亡3万余人，京广铁路约100天不能正常运行。兴建三峡工程，可以使长江荆江河段的防洪标准，由目前不足10年一遇提高到100年一遇；遇千年一遇洪水，配合运用荆江分洪等措施，可保荆江河段安全，防止荆江两岸发生毁灭性洪灾，并可减轻长江洪水对洞庭湖地区的威胁，降低长江中下游的洪水淹没损失，极大地提高长江中下游防洪调度的可靠性和灵活性。

二是发电。初步设计装机1820万kW，年发电量847亿kW·h，主要供华中、华东、川东地区，相当于每年提供5000万t原煤的能源。

三是改善航运。三峡大坝建成后，长江上游水位将抬高70～100m，水库回水到重庆江津，万吨级船队可以直航重庆九龙坡港，年单向下水通过能力可由目前1000万t提高到5000万t，运输成本可降低35～37%。宜昌以下河段枯水期流量也能由目前的3000m^3/s，增加到4000～5000m^3/s，下游航运也将得到一定的改善。

同时，该工程在供水、水产养殖、改善生态环境、开发库区经济和改变库区贫困面貌等方面，也将发挥重要作用。总之，这是一项开发治理长江，造福子孙后代，对国计民生有着重大影响的特大型工程。

任何一项水利水电工程，都会有一定的淹没损失。三峡工程淹没损失的单位平均指标，虽然比全国已完工程淹没损失的单位平均指标为低，但由于工程规模宏大，库区淹没范围很广，移民搬迁的总量很大。据1991年对淹没实物指标的复核调查，三峡工程库区淹没湖北、四川的20个县（市、区）；全部和部分淹没2个城市、11个县城、111个集镇、1602个工厂，淹没耕地和园地37万亩、林地5万亩、河滩地6万亩，规划到2008年将搬迁人口113万。这样艰巨的移民搬迁任务，是我国水利水电建设史上前所未有的。因此，三峡移民搬迁安置，是三峡工程建设中的一个重要的制约因素。

党中央、国务院对三峡移民工作很重视，为三峡工程制定了开发性移民方针，并且从1985年起就拨款连续进行了8年的开发性移民试点，为移民工作积累了宝贵的经验，并得到库区群众的积极支持；全国各部门和各省、市、区对口支援三峡库区移民工作已经展开，还将向纵深发展，中央还提出要把开发性移民和对外开放结合起来。通过对外开放，广泛引进外资和技术，发展库区经济，为移民安置创造更好的大环境。这些都是三峡移民搬迁安置的有利条件。

（二）《条例》是三峡移民搬迁安置的基本法规

根据《国家土地管理法》第三十二条规定："大中型水利水电建设的征地补偿和移民安置办法，由国务院另行制定"。遵照该项规定，国务院于1991年2月制定和发布《大中型水利水电工程建设征地补偿和移民安置条例》。考虑到特大型水利水电工程的特殊情况，该《条例》的第二十五条又作了"特大型水利水电工程建设征地补偿和移民安置，由国务院有关主管部门另行制定，报国务院审批"的规定。三峡工程是特大型工程。为了做好三峡工程的移民搬迁安置工作，保证三峡工程的顺利兴建，遵照上述法律、法规的有关规定，结合三峡工程建设移民搬迁安置的特点，及时制定适用于该工程建设的移民条例，将三峡工程建设的移民安置工作纳入法制化的轨道，是非常必要的。

党中央、国务院十分重视三峡工程移民工作的法制建设。1992年4月4日江泽民总书记在田纪云同志"关于三峡工程库区移民情况的考察报告"的批示中指出："人大原则通过以后，要有具体规划，还要及早制定比较系统的法律规定"。李鹏总理1991年12月6日在听取人大常委、全国政协赴三峡考察团负责同志的汇报后明确指示："要抓紧制定移民条例"。《三峡移民条例》是根据国家的有关法律规定，以及党和国家领导同志的指示，针对三峡库区的实际情况，在认真总结八年来的三峡移民试点经验的基础上制定的。在制定过程中，又反复听取各方面的意见，作了多次的修改，最后经国务院审定发布的。它是三峡工程移民工作的基本法规，是搞好三峡工程移民搬迁安置工作的法律保证。

（三）开发性移民是三峡移民安置的根本方针

1984年中央在研究三峡工程可行性报告时，就提出了开发性移民新思路，指出："三峡库区的资源很丰富，三峡工程的移民安置，要改变过去那种单纯赔偿的办法，利用三峡库区的资源优势，为移民开辟新的生产门路，探索开发性移民的新路子。"三峡库区8年多的开发性移民试点，证明开发性移民方针是完全正确的，是顺应当前改革开放的新形势、适合我国国情的正确方针。

这次国务院发布的《三峡移民条例》，更进一步对开发性移民方针的内涵作了明确的阐述。《三峡移民条例》的第三条指出："国家在三峡工程建设中实行开发性移民方针，由有关人民政府组织领导移民安置工作，统筹使用移民经费，合理开发资源，以农业为基础、农工商相结合，通过多渠道、多产业、多形式、多方法妥善安置移民，使移民的生活水平达到或者超过原有水平，并为三峡库区长远的经济发展和移民生活水平的提高创造条件"。这段条文，是对开发性移民方针基本含义的集中概括。其中包含了下述四层意思：

(1) 开发性移民，是在有关人民政府的组织领导下，统筹使用工程概算中的移民经费，合理开发资源，拓展安置容量，妥善安置移民；

(2) 安置移民的途径，要"以农业为基础，农工商相结合，通过多渠道、多产业、多形式、多方法妥善安置移民"；

(3) 安置移民的目标，是"使移民的生活水平达到或者超过原有水平，并为三峡库区长远的经济发展和移民生活水平的提高创造条件"。这里既指出了移民的初期目标，也指出了长远目标；

(4) 开发性移民的关键是"合理开发资源"的"合理"二字。只有科学的，才是合理的。因此，"合理"二字中首先包括了要运用现代科学技术的概念。

以上几点，是开发性移民方针的基本内涵。至于开发性移民方针的外延，更为广泛。它包括一切有利于移民开发和库区经济发展的各个方面。因此，整个《条例》都是以开发性移民方针作为根本的指导思想，成为贯穿条例的主体。认真贯彻执行《三峡移民条例》，就必须首先坚定不移地坚持开发性移民方针。

（四）全面准确地理解《条例》，坚持按《条例》办事

三峡工程移民，是一个浩大的系统工程。为了搞好这样大量的移民安置，《三峡移民条例》除了制定正确的总的方针、原则、政策以外，还对与移民安置有关的各个方面，都作了原则的规定，以规范各方面的利益、关系和行为。整个《条例》共计6章43条，其各章的主要内容是：

第一章：总则，第一至六条。共6条。其中：第一、二两条，主要阐述了制定《条例》的目的和本《条例》的适用范围。第三、四、五条，主要是制定了三峡工程移民安置总的方针和原则。特别是对开发性移民方针的基本内容在条文中作了高度的概括。第六条，主要是对三峡工程移民工作的体制作了原则性的规定。因为三峡工程是国家主办的工程，又地跨湖北、四川两省，因此，移民工作必须实行“中央统一领导，分省负责，县为基础”的管理体制，《条例》对各级的职责，作了原则的规定，这对于搞好三峡工程的移民工作是非常必要的。

第二章：移民安置，第七至二十一条，共15条。涉及移民安置工作的各个方面。其中：第七条对移民安置规划的制定及审批作了明确的规定，这对于搞好移民安置是极为重要的。第八条对三峡工程的征地手续及征地补偿经费的使用作了原则规定。改过去算帐补偿的办法为“由湖北省、四川省人民政府以及三峡库区所在的市、县人民政府按照规划统一安排，用于土地开发和安排移民的生产和生活，这是实行开发性移民方针所必须采取的措施。第九至十三条，对农村移民的方向、途径、范围及有关政策措施作了规定。第十四至二十一条，主要对农村居民点的搬迁、城镇搬迁、工厂迁建、专业设施复建和被淹林木的处理，移民资金的管理使用等作了原则规定。由于三峡工程是跨世纪工程，整个移民的时间要经历3～4届政府，因此，在《条例》中明确规定“国家对有关地方人民政府及其主管部门负责人实行任期审计制度”。这是防止短期行为，搞好三峡移民的重要保证。

第三章：淹没区、安置区的管理，第二十二至二十六条，共5条。由于三峡工程的建设周期共有17年，如不加强淹没区的管理，仍在淹没线以下继续大量进行基本建设，就会造成社会浪费，加大工程的搬迁费用，于国于民都是极为不利的。因此，在三峡移民搬迁的过程中，切实加强淹没区、安置区的管理，即“鼓励和支持需要迁移的城镇提前进行基础设施建设”，为控制淹没区的基本建设创造条件；又要“加强对三峡工程淹没区基本建设的管理”，“严格控制三峡工程坝区和库区淹没线以下区域人口增长和基本建设”；同时，对已搬迁安置的“其搬迁前土地和遗留建筑物一律由当地市、县人民政府移民开发管理机构处理”等，都作了明确的规定。这些规定，既保证了三峡工程建设，又合乎库区人民的根本利益。

第四章：优惠措施，第二十七至三十七条，共11条。主要对移民安置工作的有关优惠政策，作了明确的规定。这包括从三峡电站的发电收入中提取一定的资金设立三峡库区建设基金。

第五章：奖励与处罚，第三十八至四十一条，共4条。主要是对在移民安置工作中做出显著成绩的单位和个人给予奖励，同时对非法占用移民经费，滥用职权、徇私舞弊，扰乱公共秩序的惩处作了规定。这些都是对三峡移民安置工作从法制上给予保证。

第六章：附则，第四十二至四十三条，共2条。主要是对条例的解释权和施行时间作了规定。

以上是《三峡移民条例》各章的内容概要。为了搞好三峡工程的移民安置工作，我们一定要全面正确理解和认真贯彻执行《三峡移民条例》。

（五）关于宣传贯彻执行《条例》的几个问题

（1）要认真做好《三峡移民条例》的宣传工作。不仅深入宣传，做到家喻户晓，而且要认真做好宣传，正确理解和执行《条例》的有关规定。要把国家的法规和政策，变为干部、群众的自觉行动，使《三峡移民条例》得到认真的贯彻实施。

（2）三峡工程坝区和库区的各级移民部门，要认真学习好《三峡移民条例》，全面正确地理解和掌握《条例》的内容，并在工作中认真贯彻执行。同时，要负责在本区域内认真做好《条例》的宣传工作，举办培训班，并对各地提出的问题进行研究和解答。

（3）对于《三峡移民条例》中明确还要制定具体规定的有关条款，我们将抓紧商请有关部门尽快制定有关规定。关于第三十七条所列对外经济开放的具体政策，正在征求各方面的意见，经国务院审定后将会出台。关于第二十七条从三峡电站的发电收入中提取一定的资金建立三峡库区建设基金的办法，由于电站第一批机组发电尚需11年时间，可以放到以后适当的时机再作研究。

(4)《三峡移民条例》是国家为三峡工程移民制定的基本法规，对它应抱严肃慎重的态度，应当正确理解，不能乱加解释。如有需要解释的问题，大家可以提出来，我们将按《条例》第四十二条的规定办理。若在执行中遇到必须补充的内容，也应按制定法规的程序办理。

总之，《三峡移民条例》已经正式发布，各方面都应全面正确理解和认真贯彻实施。

葛洲坝实战练兵　大三峡建设主力

中国葛洲坝水利水电工程集团公司

中国葛洲坝水利水电工程集团公司
董事长总经理乔生祥

中国葛洲坝水利水电工程集团公司
党委书记周大兵

葛洲坝水利水电工程集团是经国家批准，以全国最大建筑施工企业中国葛洲坝水利水电工程集团公司(原长江葛洲坝工程局)为核心，以承包工程为主，集工业、第三产业为一体，多元化经营的大型企业集团，经国务院批准已列入国务院大型企业集团试点。集团职工近6万人，专业技术和专业管理人员8000余人，机械设备13000余台(套)，有12个专业化、机械化工程公司，6个大型工业企业，9个大型商贸、旅游、服务性公司，4个勘测、科研、设计单位，5个医疗卫生单位，21所中学，1所国家重点技校，2所中等专业学校和1所职工大学；累计企、事业单位450个。年施工产值、多种经营产值达18亿元。集团具有工程总承包一级资质、水利水电建设一级资质，并且有对外承包工程和对外经营进出口业务的资质。具备土石方挖填3450万m^3/年，混凝土浇筑280万m^3/年，金属结构制作安装2.2万t/年的综合施工、生产能力，爆破、碾压混凝土、面板坝、混凝土温度控制(7℃工程)等施工技术，隧洞360°环向预应力施工技术达到国际先进水平。1971年以来，成功地建成了举世闻名的长江葛洲坝水利枢纽，投标承建了岩滩水电站导流和围堰、桂平航运枢纽、隔河岩水利枢纽、漫湾水电站混凝土和机电安装、大广坝水利枢纽、板桥水库、黄田机场和盐田港建设、珠海机场等。走向市场8年，承包了近100个项目，同时还在国外承包了6个工程项目。

集团8.4km^2基地是宜昌市区重要组成部分，是三峡工程建设可靠的后方基地。

葛洲坝集团自1992年11月挥师三峡以来，先后中标承包了右岸一期工程、茅坪溪泄水防护工程、左岸临时船闸及升船机工程、黄柏河和下牢溪特大桥、左岸江峡大道、右岸西陵大道以及左右岸其它交通、场平、水电设施、房建等工程，占目前已发包项目合同金额的84.33%，名副其实地成为三峡工程建设的主力军。

江泽民总书记在右岸基坑视察，并向葛洲坝人致意

国务院总理李鹏为葛洲坝集团公司揭牌

1993年11月28日，三峡右岸一期工程施工承包合同签订

三峡工程一期围堰开工典礼

洲坝水利枢纽工程全貌

鹰子嘴水厂场地平整

一期围堰防渗墙施工

隧洞全线贯通

群英联手
旨建三峡千秋大业
——四达水利水电工程联营公司

三峡工程总公司领导庆贺渣盐山隧道提前贯通

四达水利水电工程联营公司是中国水利水电第四、五、六、九工程局为参与三峡工程建设，联营组建适应三峡工程建设需要的经济实体。1993年10月25日正式在宜昌挂牌成立。全权代表联营四家工程局参加三峡工程招标项目的投标活动，以及对中标工程的施工管理。

联营组建该公司的中国水利水电第四、五、六、九工程局均为国内大型水利水电施工企业，一级施工资质等级，是全国500家最大施工企业之一。在中国的水利水电建设历史上，先后建成刘家峡、龙羊峡、碧口、引滦入唐、云峰、太平湾、猫跳河梯级等数十座大中型水利水电工程项目，安装发电机组总量逾1000万千瓦，是国内已建成的最高大坝、安装最大水轮发电机组、修筑最大库容的建设者。具有在各种地形、地质条件下从事水利水电施工的丰富经验，在修建高坝、大型机组安装、地下工程及岩锚施工技术等方面处于领先地位。现独立承建和参与施工李家峡、万家寨、水口、岩滩、宝珠寺、十三陵、天荒坪、小浪底、东风等大型水电站工程项目。自1992年4月3日全国人大五次会议通过《关于兴建长江三峡工程的决议》以后，联营四家工程局为适应三峡建设的需要，充分发挥各自的优势，增强竞争实力，组建了四达水利水电工程联营公司，积极参加三峡工程招标项目的投标与建设，在人力、物力、财力、设备、技术等方面给予可靠的保证。

目前，四达水利水电工程联营公司共拥有48000余名职工，其中高中级专业技术人员3100多人，固定资产逾10亿元。具有年土石挖填2000万立方米；混凝土浇筑400万立方米；砂石料生产800万立方米；金属结构制安5万吨；基础处理及灌浆20万米和200万千瓦水能发电机组安装及500千伏送变电施工的综合生产能力；年完成产值20亿元以上的实力。

四达水利水电工程联营公司自组建以来，发挥联营四家工程局的整体优势，在参加三峡工程的投标活动中，已中标三峡工程对外交通公路Ⅱ标段及标段内的路面混凝土工程。该项目为对外交通公路中地质条件最复杂，施工难度最大的地段，洞洞相接，桥桥相连，隧洞工程占总投资的百分之七十五。在施工安排上，该公司已投入近亿元的机械设备，沿线布置四个工区，推行项目法人管理，采取新奥法施工。自1994年4月10日工程正式开工以来，施工进度、工程质量等方面取得了令人满意的进展。

现在，四达水利水电工程联营公司正以自己的实力和优势奋力干好在建工程，全力以赴夺取新的中标项目，在宏伟的三峡工程建设中铸造辉煌。

宏伟的龙羊峡水电站大坝雄姿

北京十三陵抽水蓄能电站地下厂房施工场面

黄河上游又一明珠——李家峡水电站在施工中

东风水电站大坝

碧口水电站全景。

L段路基开挖

公司董事长：李其友
副董事长：宋维众　刘云祥　王谏吾
总经理：郑庆路
副总经理：戴隆源　黄文正　徐家琦
地址：湖北省宜昌市清波路17-7号
邮编：443002
电话：(0717)448120-7316

下红溪大桥

隧洞掘进

钻孔作业

三峡工程对外交通公路
——B段路基施工

三峡好创业 不远万里来

中国水利水电第十四工程局

党委书记汪先绪

局长马洪琪

三峡施工局领导班子成员：王永祥（左四）、张廉荣（左三）、张贵华（左二）、邓忠祥（左一）、潘宇晟（左五）

资质等级为"国家建筑安装一级"的国水利水电第十四工程局，是一以水利水电建筑安装工程为主的、取得国家对外经营权的、具有总承包能力综合性大型施工企业。拥有现代化的管理力、雄厚的科研技术力量、先进的施工设和科学的监测手段，对高水头电站、高土坝、高混凝土坝、混凝土面板堆石坝、大断长隧洞、大型地下厂房、复杂地质工程处理大型机组安装和金属结构制作安装等项目均具有良好的社会信誉和丰富的实践经验1991年被国家能源部评为"重合同、守信保质量"先进单位、"能源部先进施工企业"水电质量管理先进企业"。同年被中国水水电工程总公司评为"科技开发推广应用进单位"。1992年被列为中国500家经营规最大建筑企业第34名。

水电十四局自1954年建局以来，先后成各类电站113座。在国外承建喀麦隆拉都水电站、中非姆巴利水利枢纽工程。累安装水轮发电机组199台，总装机容量3000MW。

目前，水电十四局共有员工15000多其中管理人员3500人，具有高级职称的4余人，中级职称的近1300人。

水电十四局的大本营在云南省昆明举世瞩目的长江三峡工程向全国具有高质的水利水电建筑企业招标的消息传来，立即组建拥有2300多名职工，2300多万元先进施工设备的水电十四局三峡施工局，里迢迢赶来投标。在激烈的标场竞争中，举中标承建三峡工程对外交通专用公路—木鱼槽隧道进口段左右线共4010米工施工项目。中标后，全局职工团结拼搏，锐进取，克服征地移民滞后4个多月的影响及施工中地下涌水、岩爆、塌方频繁等诸困难，按工程业主的要求完成施工任务，三峡工程建设作出重大贡献。

工程局地址：云南省昆明市环城东路159号

电话：3169000-241或3164216

电传：3163460　邮编：650041

木鱼槽隧道混凝土衬砌15米钢模台车行走就位

采用全断面针梁钢模浇筑电站引水隧洞

承建鲁布革电站厂房

衬砌后的木鱼槽隧道进口及桥梁

三峡对外交通公路木鱼槽隧道进口段明挖工程

铁道部大桥工程局

进军大三峡

拼搏在西陵

江泽民总书记亲自按下钻机电纽

铁道部大桥局作为西陵长江大桥的中标单位而跨入峡建设大军。西陵长江大桥以单跨900米的悬索桥而居全国第一，被称誉为“神州第一跨”。该桥是由大局设计院设计，由大桥局第三桥梁工程处负责施工。

铁道部大桥工程局第三桥梁工程处是一个专门从事大型梁和基础工程施工的一级专业化企业。全处分设七个工程公司一个桥梁机械修配厂、机械经租站，及配套的各业务管理机构

全处有正式职工2500人。各专业技术人材齐全，拥有富有论基础和实践经验的工程技术人员520人，其中有高级工程107人，工程师63人，加之在各技术工种中，拥有一大批熟练的术工人，使该企业的技术力量十分雄厚。

全处拥有修建深水基础及制造、架设大型桥梁的各种大专业化机械设备，其固定资产价值4800多万元。

该处自修建南京长江大桥以来，先后在长江、汉水、黄河、江上建造了40多座铁路大桥、公路大桥及公路铁路两用大桥；烟台修建了万吨海港码头；在我国特区深圳、珠海等地修建了十座高层建筑的基础工程；在武汉地区还修建了大型水泵站。上工程，经国家组织正式验收后，其工程质量均被评定为优良其中，由该处修建的广东肇庆西江大桥于1987年荣获中国首“建筑工程鲁班奖”。

该处特别注重工程质量及企业信誉。多年来对工程质量一整套科学的管理办法和监测控制手段。因此该处施工的工程如南京长江大桥、湖北枝城长江大桥、武汉江汉第二公路大桥济南黄河双线铁路大桥等大型工程，经十数年乃至数十年的用后，基础及结构仍保持在优良状态。1988年铁道部受国家委组织各方面的科研力量，对已运行二十来年的南京长江大桥行了一次全面的试验与测定，最后经专家鉴定，大桥基础及各结构状态均为优良，它不愧为国家级金牌优质工程，不愧为国科技进步特等奖的光荣称号。

承建的广东省肇庆西江大桥荣获全国首届建筑工程鲁班奖

峡西陵长江大桥施工

程处地址：广东省花都市新华镇建设路34号
程处长：范应心
陵长江大桥工程指挥部地址：湖北省宜昌县三斗坪
挥长：周宗满

主塔墩施工

广东肇庆西江大桥

（摄影：马连威）

三七八法人代表工程局局长、高级工程师湛世明

组建大兵团 迎接新挑战

三七八联营总公司

乌江渡水电站全貌

中国水利水电第三、第七、第八工程局是国家大利水电施工一级企业。50年代初期组建。40多年在祖国的江河湖海、山川河流上单独成功地修安康、石泉、龚嘴、铜街子、柘溪、凤滩、乌江渡、东江、五等大型水电站，参与承建三门峡、刘家峡、龙羊峡、漫湾滩、小浪底、天生桥、大峡、大朝山等大型水利枢纽和站。刘家峡水电站获全国科技大会科技成果奖；乌江渡泉水电站获国家优质工程银质奖；安康水电站混凝土工程获能源部水电优质工程奖；东江水电站坝基开挖级放空洞开挖同时获水利电力部、湖南省建委共同颁优质工程奖；五强溪水电站一期围堰水下混凝土施工江截流设计与施工同时获能源部、湖南省建委颁发的进步奖……经过长期多方面的施工实践，水电三、七、在大型土石方开挖与填筑，高边坡开挖与锚喷，地下工300t预应力锚索施工，高坝及高拱坝混凝土综合机械工与低温混凝土控制，碾压混凝土筑坝，动水中浇筑混围堰，大型船闸建设及运行管理，水工混凝土试验站研高压灌浆及高压施喷，大型人工及天然砂石料生产，大力发电机组安装等方面积累了丰富的施工经验和先进工技术。企业职工50000余人，年施工产值12亿以上。拥中型施工设备6000余台(套)，具备年土石方开挖1200万米，混凝土建筑350万立方米；砂石生产500万立方米，制安30000吨，钻探灌浆8万米和30万千瓦机组安装及1伏输变电施工能力。

为发挥联合施工优势，更好地为举世瞩目的长江水利枢纽工程建设服务，中国水利水电第三、第七、第程局经过充分协商取得共识，经报请中国水利水电工公司，于1993年9月组建成三峡工程建设三七八联营司。

三七八联营总公司以雄厚的技术、经济实力，良好会信誉，较低的报价，在八大投标集团激烈竞争中，一标承建长江三峡左岸厂坝开挖工程。土石方开挖总量4立方米，填筑158万立方米，投标总报价4984万元。

龚嘴水电站

三门峡水利枢纽

代表:湛世明
事长:李友仁　邳大兴
理:胡懋初
经理:万善仁 王载良
地址:宜昌市常浏路6号
:宜昌市区0717-444581
工区0717-441245—4352

八总公司在厂坝分界处做预裂爆破试验

一期开挖设备之一

左岸厂坝一期开挖工程

三峡工程 铸军魂

武警水电部队三峡指挥部

1994年10月16日，江泽民总书记到三峡永久船闸视察，并听取武警水电部队常务副总指挥廖多祚大校、毕从俊大校关于船闸施工进展和部队官兵的生活情况汇报

1994年12月14日，开工典礼后，李鹏总理亲临坛子岭视察武警部队永久船闸工地

武警水电部队是全军唯一一支从事水电建设、维护社会稳的集团。20多年来，转战16个省（区）市，用自己的双托起二十多座大中型水电站。在引滦入津时被誉为"金之师"；在龙羊峡大坝抗洪时受到全军嘉奖；在世界屋西藏承建羊湖电站时名扬中外。

1993年4月，武警水电部队将《关于请求参加三峡水利枢建设的请示》送到了李鹏总理的案头。不久由贺毅少将任总指长、刘源少将任政委的武警水电部队三峡工程指挥部在宜昌立，并迅速组织力量参与投标。凭着雄厚的技术力量和先进的理水平，先后中标坝区苏黄路、孙许路和三峡主体工程永久船一期土石方开挖。

军人意味着奉献。中标后随即在左岸一块长满2米多高的草地里支起了几十顶绿色帐篷；在缺水、缺电、缺交通道路的况下，官兵们发扬了特别能吃苦、特别能战斗的优良作风，仅个月就在崇山峻岭中开辟了一条2.3公里的施工要道，受到三总公司领导的好评。

永久船闸位于三峡坝区制高点——坛子岭左侧，被喻为来的长江龙门；是控制工程总体进度的关键项目，也是目前世上规模最大、水头最高、技术最复杂的船闸工程。一期工程在岗岩占47%的峡壁上开出一条人工大运河，开挖总长度400米，最大宽度300米，最大深度90米，土石方开挖近2000万立，要在17个半月内完成。其施工强度是水电建设史上罕见的时，175米的船闸高边坡支护也是一个世界性的科学难题。

面对如此艰巨的任务，部队党委分别从江西、广西、河北建、江苏、上海等五省一市的水电部队调来了优秀的指挥员术员和大量优良的进口设备。

八百余名官兵冒着三峡夏季50℃高温，顶着炎炎的烈日受隆隆噪声，披着满身尘土，当年以超额8%完成了各项任务

与此同时，武警水电部队根据公安部和三峡总公司的要组建了警卫消防大队。一年来严格要求，严格训练，出色完成20余次中央领导视察时的警卫任务，和十余次消防灭火任务多次勇斗歹徒，协助公安机关追捕逃犯，多次受到上级表扬。

在三峡这块热土上，英雄的武警水电部队官兵既是工程设者又是工程保卫者。

武警水电指挥部兼三峡工程指挥部政委刘源少将亲临施工现场研究施工方案

永久船闸下游施工全貌

整装待发的车队

坛子岭下新愚公

武警水电部队三峡工程指挥部
地址：湖北省宜昌市桃花岭1-30号
电话：(0717)237925
工地电话：(0717)738068-4988
总指挥长：贺毅
政委：刘源
常务副总指挥长：廖多祚
副政委：毕从俊
电话：(010)3467799(北京)
(0717)237925(宜昌)

施工

(撰文：毕从俊　廖德
(摄影：廖德真)

船闸深处，机声隆隆

国际合作与交流

V

夔　门

友 好 往 来

1993年国际合作与交流概况

1993年是举世瞩目的三峡工程准备工程开始的一年，也是中国长江三峡开发总公司成立的一年。由于人大通过决议兴建三峡工程，海外很多公司闻讯而来，在广泛了解工程情况基础上探讨寻求合作机会。一年中接待了大量的参观考察团组，据统计，全年共接待43个国家和地区外宾来访团组327批4483人。主要来自美国、巴西、日本、韩国、加拿大、俄罗斯等国家。

（一）大批外国专家、政府官员、各界知名人士来坝址参观考察、访问。三峡工程的兴建强烈地吸引着他们，在参观考察坝址的同时，对移民、生态环境等表示了强烈的兴趣。例如2月20日巴西矿产能源部副部长一行考察了坝址；10月28日，受中国科协邀请，美国环保、工程、经济、教育各界知名人士组成的美国三峡工程考察团一行268人到宜昌考察、访问，总公司派员随船并详细回答了他们提出的问题；12月16日，日本东北大学总长、日中科技交流文化中心名誉会长西泽润一率日中电力技术研究会访华团一行45人对三峡工程进行了考察。这些大规模的考察访问，对海外各界人士正确、全面地了解兴建三峡工程的意义起到了很大的作用。如日本前首相海部俊树访问后用中文题写了“构想气宇雄大，国泰民安全”十一个字。

（二）技术交流和经贸洽谈主要围绕着大型土石方机械和大型水轮发电机组进行。例如6月18日“中国国际大型水电站设备和施工机械展览会”在北京国际展览中心开幕，自来加拿大、美国、德国、日本和国内及香港地区的70多家厂商的大型施工机械产品参加了展览；12月上旬，在成都召开了三峡工程设备供需洽谈会，来自美国、日本、韩国、中国等国家70多家大型设备制造厂约120名代表参加了这次国际性洽谈会，通过展览和洽谈，为三峡一期工程土石方大开挖选购最好的设备提供了条件。

11月底至12月中旬，在武汉举行了三峡工程水轮发电机组对外技术交流会，来自日本日立和东芝公司、德国伏依特和西门子公司、加拿大GEC公司、俄罗斯列宁格勒金属工厂和电力工厂的4个国家7家公司，约50名中外专家进行了技术交流，又分批到三峡工地考察，陆佑楣总经理和秦中一副总经理等与他们进行了亲切的座谈。

（三）展览会和技术研讨会十分活跃。6月28日～7月23日，三峡总公司制作的“三峡工程模型”第一次在香港展出，6天中共接待参观者2万人次；6月下旬在北京国际展览中心召开的三峡工程国际研讨会上，陆佑楣总经理致词，王家柱副总经理介绍了三峡工程的总体设计；陈赓仪同志8月4日参加了在韩国举办的大田’93世界博览会，放在显著位置的三峡模型吸引众多的韩国和世界各国人士以及关心祖国建设的港、澳、台人士，达到了使三峡工程走向世界的预期效果；总公司潘家铮、王家柱、王庆三同志10月20～28日应美国土木工程师学会邀请参加了1993年大会和小组会，不但进行了学术交流，而且举行多次三峡工程报告会，回答了美国朋友和记者的提问；国际三峡岩石力学与工程技术研讨会10月31日在宜昌召开，来自日本、美国、意大利和中国的90多位专家教授参加了这次会议，会议由中国三峡总公司哈秋舲总工程师主持；12月24日《三峡工程管理信息系统》规划方案研讨会在北京召开，IBM公司SON公司、DEC公司等15家实力雄厚的公司进行了现场演示。这些展览和技术交流既向全世界介绍了三峡工程，又向世界各国专家学习了先进的技术和经验，对以世界第一流的技术兴建三峡工程起到了积极的作用。

1993年，国际合作部在配合各业务部门，积极开展国际技术交流，搞好外事接待工作的同时，加强职工的政治学习，对职工进行经常性的外事纪律教育，使每个职工牢牢树立“外事工作无小事”的思想，认识到外事接待工作的重要性和必要性。在接待外宾来访时，能够热情主动地介绍公司情况，通过国际合作部这个窗口，较好地维护了公司形象。同时，针对三峡总公司在建设三峡工程中的地位和特点，开展调查研究工作，为制订适应三峡建设特色的组织、施工、国际科技交流等外事工作规章制度做了充分准备，为提高1994年的外事工作效益做了认真的探索。

（国际合作部　许可达）

潘家铮在旧金山三峡工程报告会上的发言

（1993年10月30日）

1993年，美国土木工程师学会（ASCE）致函中国土木工程师学会，邀请参加该学会在达拉斯举行的年会和小组会，并专为三峡工程组织了一个编号4P的小组会。同时，芝加哥美中科技协会及美国的水电专业咨询公司——哈札公司，和旧金山美洲中国工程师学会及硅谷中国工程师学会也提出了同样要求。中国土木工程师学会转请水利电力部及三峡总公司派员参加，经研究决定，派潘家铮、王家柱、王庆三位同志应邀去美，原定人员哈秋舲同志，因伤未成行。

美国土木工程师学会年会于10月24～28日在达拉斯如期举行。会前，20日下午，潘家铮一行在芝加哥哈札公司总部，向该公司高层技术人员和领导作了三峡工程的介绍并解答了问题；22日上午参观Rotec公司，下午由我国驻芝加哥总领事馆主持，邀请在美华人工程师和金融界、企业界新闻界人士，约有45人参加的三峡工程报告会，历时2个多小时；23日由美中科技协会主持，在智识系统学院再次作三峡工程报告会，历时3小时，到会人数40余人；24日飞抵达拉斯，参加25～27日ASCE年会及有关小组会和国际会；28日上午举行三峡报告会，会上放映了三峡工程录像片，作了介绍并回答了问题，历时2小时，到会约35人；29日由达拉斯飞往旧金山；30日由美洲中国工程师学会和硅谷中国工程师学会联合举办三峡工程报告会和座谈会，约有75人到会，潘家铮同志专题作了简短发言。

这次访美共举行5次报告会，通过各种渠道向在美华人及外国人报导了三峡工程情况，总的反应是好的，取得了一定的效果。

我们很高兴有些机会访问旧金山并就三峡工程作些介绍，衷心感谢所有资助这次活动的组织和所有出席的朋友们。

（一）中国为什么要修建三峡工程

三峡工程是个多目标水利工程，其效益王先生（王家柱）还要详细介绍，我只先简单提一下。三峡工程的第一位任务是防止长江的特大洪水灾害。

有史以来，长江流域发生过无数次洪水灾害，损失难以估计。就以本世纪1931、1935两次洪水，每次都死亡14万多人，淹地几千万亩。1954年洪水，政府组织百万军民抢险，仅保住了武汉市，但损失之大不忍细说，光死亡人数就达3万。这三次洪水比历史上发生过的特大洪水还是小的。现在长江两岸人口更多，工农业发展极快，一旦发生像1860、1870年那样的洪水，其后果真不堪想象。所以有人说长江发生特大洪水是中国的最大忧患。任何一个负责的水利工程师不能不考虑一个对策。我们总得对子孙有个交待！

修建三峡水库，配合其他措施就能防止发生这种毁灭性的灾祸。既然有这条路可走，我们为什么不修三峡工程呢？这是关系千百万人民生命的呀。我想一切主张人权的人都必然会赞成保护千百万人的生命安全的。

当然，这样做需要大量资金，完全靠国家拿钱是困难的。但三峡工程同时又是世界上最大的一座水电站，连同它的组成部分——葛洲坝电厂，每年发电超过1000亿kW·h，可回收电费数百亿元，这样我们才有把握说，三峡工程的资金是能筹到的，而且能迅速归还，更不要说这些巨大的电能全是清洁的能源，永不污染空气，不但对中国有利，也对全世界的环境保护作出了贡献。我认为，一切反对污染大气的人们，都会赞成利用三峡的水力资源的。

三峡工程还有许多其他巨大效益，因时间有限，就不细讲了。

（二）中国能修建三峡工程吗

过去，在长江上建坝确实是个梦想。但20年前，即在70年代，中国人民胜利地修建了长江第一坝——葛洲坝工程，创造了奇迹，葛洲坝工程取得了全面的成功。三峡工程虽大，但混凝土和土石方工程量无非是1.5和2.5个葛洲坝。时间已流逝了二十年，中国的科技水平又有了较大的提高，中国能不能建成三峡工程呢？我想答案是肯定的。

有人说，中国太穷，修不起三峡。中国确实是个发展中的国家，还穷，但中国是个大国，综合国力是强大的。11亿人民只要每人每月借给三峡工程5角线（相当于6美分）就足以建三峡了。三峡每年所需资金和材料，占整个国家的国民经济总产值和产量之比是极小的。例如，中国每年能产钢八、九千万吨，而三峡工程每年用钢仅十多万吨，是个多么小的比值！有的外国文章上说，离开外国的技术和资金，中国不可能建三峡工程，我认为这些作者根本不了解中国。中国人有能力有志气，一定能建成三峡工程。

但我们绝不闭关自守，相反，我们欢迎外国企业界、金融界、科技界来参与三峡工程建设。因为，首先这是对双方都有利的事，而更重要的是，这可以加深国家之间，人民之间的友谊与信任。三峡工程是跨世纪的伟大工程，我认为所有赞成世界人民团结的人士都会愿意做出贡献。我希望三峡工程的大坝将成为一座联结各国人民友谊的桥梁。

（三）修建三峡工程会有严重后果吗

有人说三峡工程虽好，但毁灭生态环境，所以不能修建。我认为这样的提法既不公正、又不科学。中国的生态环境学家们对此问题已进行了长期深入研究，问题已有明确的结论。

讲到环境影响，三峡工程首先是利大于弊，但我们现在只讲它的负作用。最主要的是要迁移100多万人。这件事如不做好，政府都要垮台的。但是，三峡库区是中国最贫困的地区之一。现在库区人民过着很落后的生活。通过三峡工程，国家的投入，集中全国力量的支援，移民的生活不仅能安排得比目前更好，而且将有不断发展的机会。在工程发电后，更要年年投入大量资金发展库区经济，这样他们才能真正翻身，所以库区政府和人民一致坚决要求快修三峡工程。我希望关心移民的朋友们能去库区看一看，问一问。

另外还有种种说法，什么三峡建库后，很快会被泥沙淤满啦，上游航道要永久堵死啦，美丽的景观永远消失啦，珍稀物种要灭绝啦，甚至四川都会被淹，上海都会受浸等等，这种说法太离谱了。没有这样的事。三峡工程修建后是会有些不利的影响，但都已研究清楚，通过制定措施，准备资金，是可以解决或改进的。中国环境专家的最后结论是：生态环境问题不是影响三峡工程可行性的问题。朋友们如果希望了解更详细的情况，欢迎你们来中国参观访问，我们可以给予更多的说明。

最后想说几句技术经济等问题以外的话。因为看到有人在文章中说，建三峡工程不是人民的意志，是少数领导好大喜功为自己树碑立传，这是不确切的。

中国过去最有权威的人无疑是毛泽东主席，但正是毛泽东，一直不批准搞三峡工程，他要求的是搞清问题、积极准备，到条件成熟时再建。以后最有权威的是邓小平同志。1984年中国政府已基本上决定要建三峡工程了，但当时有很多人对工程提出各种建议和意见后，正是邓小平建议暂停施工，组织重新论证。这样才有412位全国一流专家来重新全面研究。这些专家包括搞泥沙的、通航的、环保的、移民的和财经的各个领域。经过三年多的反复深入研究，403位专家得出一致意见：三峡应上，而且应早上，只有9位专家有不同意见。这样，中国政府才把它提到人大表决，并以多数票表决通过，所有的不同意见，都在各种会议上发表过，在大量书刊上发表过，有的重复很多次，请问，这难道是少数领导的好大喜功吗？

女士位、先生们，我是个工程师，不是政治家、演说家。我无意把自己的见解强加给任何人，而只想把自己亲历的事实真相说一说，希望大家理解。中国和美国情况有很大不同，中国现在有百万人民生活在洪水威胁下。中国的电力非常不足，人均用电量只有美国的1/20。中国人民要不要活得比现在好一点？如果是要的，那我相信各位对三峡工程的必要性会有比较客观的了解。

同时，我也希望问各位一个简单的问题：各位作为献身事业的土木工程师，有几位在一生中能遇到象建三峡这样的跨世纪工程？为什么不来取得个机会呢？因为你们不可能在美国密西西比河上有这样一个坝，即使你们能找到这样一个工程，也有钱、有技术能建它，我仍怀疑你们能在生态环境者和不同社会组织所提出的无数问题前获得通过。所以，我呼吁美国和其他国家的土木工程师们来和我们合作，表示出你们的兴趣来。

我必须结束我的发言，再一次感谢各位听取我的意见。

技 术 交 流

三峡工程国际合作始末

(1921～1993 年)

1918 年 1 月，第一次世界大战刚结束，孙中山先生希望利用西方战时的机器设备和技术发展中国的实业，用英文撰写《国际共同发展中国实业计划——补助世界战后整顿实业的方法》一文。该文于 1921 年译成中文出版，改名为《建国方略之二——实业计划》，文中对长江开发有如下论述：

"……此宜昌以上迄于江源一部分河流，……急流与滩石，沿流皆是。"

"改良此上游一段，当以水闸堰其水，使舟得溯流以行，而又可资其水力，其滩石应行爆开除去。于是水深十尺之航路下起汉口，上达重庆，可得而致。"

这是第一次提出开发长江水力资源，并希望通过国际合作实现建设三峡之目的。

从那时起，三峡工程的国际交流与合作，随着三峡工程研究的不断深入，持续了七十余年。七十余年来，三峡工程始终受到中外专家的关注。

国民政府
希望与美国合作建设三峡工程

国民政府第一份关于三峡工程的报告，《扬子江上游水力发电勘测报告》于 1932 年完成。这是第一份国际合作完成的报告，由恽震、曹瑞芝、宋希尚和美国籍的测量工程师（时为扬子江水道整理委员、测量总工程师）史笃培（G.G.Stroebe）主持，经过实地勘测，提出葛洲坝、黄陵庙两处低坝方案。

1933 年 5 月 3 日，国民政府交通部以第 5116 号指令，对扬子江水道整理委员会的《长江上游水力发电计划》进行批复，批复意见中涉及发电用途、坝址选择、动能规划、总体布置、淹没搬迁等项。虽批复明确，但终未能实现。

其间，1921 年，英国工程师波韦尔提出的三峡水电开发计划在《扬子江水道月刊》第一卷第一期刊出，和扬子江水利委员会顾问工程师、奥地利人白郎都在《扬子江之整理》一文中认为三峡具有"巨量电力"，"是项巨大工程，"但"殊非最近之将来所能实施。"对三峡工程均提出顾问意见。

直到 1944 年 4 月，中国战时生产局的美国专家潘绥（G.R.Paschal）在资源委员会协助下，提出一份《利用美贷筹建中国水力发电厂与清偿贷款方法》的报告。具体建议在三峡建造水力发电厂，装机 1056 万 kW，总计投资约 9 亿美元，利用三峡廉价的电力，制造肥料销往美国，测算在 15 年后借款可以还清。这是第一份提出利用外资、利用美国技术兴建三峡工程的报告。也是第一份提出三峡发电厂总装机超过 1000 万 kW 的报告。

1943 年，国民政府得悉萨凡奇应邀赴印度察勘远东最高大坝巴克拉（Bhakra）坝址，即于同年 8 月由国民政府资源委员会驻华盛顿代表 K.Y.YIN 去信，推动美国政府请求特派（Detailed to China）萨博士在访印后来华咨询六个月，名义是"规划战后开发西南水电"。

萨凡奇于 1944 年 4 月抵重庆，会见资源委员会翁文灏、钱昌照两位主管，并由黄育贤、李鸿斌和徐怀云安排日程察勘大渡河、岷江、螳螂川和龙溪河工程。9 月，国民政府经济部派专差送来潘绥建议兴建三峡高坝的信。翁文灏部长认为萨凡奇是世界闻名的大坝专家，定可作出正确评定。9 月中旬，萨凡奇乘民康轮顺流而下三峡，江防司令吴奇伟将军陪同，乘木船至石牌下游 3km 的平善坝，踏勘宜昌西陵峡上段。返回四川长寿后，利用缴获的日军宜昌峡航空测量地形图和中方 20 余名工程人员认真作大坝布置，2 个多月完成了《扬子江三峡计划初步报告》，至此，三峡工程合作研究进入了一个新阶段。萨凡奇在致翁文灏信中指出："扬子江三峡计划为一杰作。关系中国前途至为重大，将鼓舞华中、华西一带工业之长足进步；将有广泛的就业机会，提高人民之生活水准，将中国转弱为强。为中国计，为全球计，实现此一计划实属必要之图也。"

1944年10月底，美国战时供应局局长纳尔逊（Donald Nelson）访问重庆，国民政府托其将三峡工程初步报告带到美国送交罗斯福总统。白宫将此世界最大水利工程向新闻界透露，顿时震惊全球，三峡工程第一次在国际上引起巨大轰动。当时英国驻重庆商务参赞亲临长寿访问萨凡奇，而后将三峡工程情况向伦敦报告，以便英国在战后投资、供应设备等。这是三峡工程第一次在投资和设备方面引起外国的兴趣。

为此，当时国民政府即作种种准备，拟在战后即开始兴建三峡大坝。于是资源委员会成立全国水力发电工程总处，黄育贤为处长，聘美国联邦动力会议总工程师柯登（John Cotton）为总工程师，筹备三峡工程。1945年8月15日，日本投降。该年冬初美国莫里森·努德森公司（Morrison-Knudson Co.）副总裁兼总工程师杜恩（C.P.Dunn）至长寿与柯登商酌三峡坝址钻探，1946年4月19日，水力发电工程总处与莫里森·努德森公司正式签订钻探合同。

1945年10月1日，资源委员会与美国垦务局签订三峡工程设计合同。年底，政府行政院长、外交部长及资源委员会主任委员同时访问美国，商谈利用美国贷款兴建三峡工程。美国政府当时同意贷款30亿美元，年利3厘。中国将派大批技术人员在美国垦务局丹佛中心工作，预计1946年夏开始，两年内完成全部招标文件，发标施工。按该局建坝经验，十年内当可全部完工，装机进度将视用电需求而定。

1946年3月底，萨凡奇第二次来华，在长寿商酌三峡工程设计程序并再次对南津关以上坝址进行全面查勘，共用了九天时间。“这次旧地重游，更感三峡之伟大。……三峡计划因涉及防洪、灌溉、航运、农林、实业、发电诸方面，非仅关系中国之繁荣，为中国当局所重视，实乃一国际性之伟大工程。”这是萨氏全面认识三峡工程综合效益以防洪为首要“不再为害下游”的认识。

1946年9月，按设计合同，国民政府遴选技术人员赴美国垦务局参加设计。资源委员会派徐怀云为驻垦务局代表，杨国华为副代表，先后有60余人参加工作。按设计合同规定，利用美国垦务局工程人员，同时指导与训练中国派往的工程技术人员研究、试验、规划、设计、编制招标文件及工程概算，总称为扬子江三峡及支流开发总报告（Final Reports）。中方技术人员分别参与水文组（及经济研究）、泥沙研究组、大坝组、电力组、机械组工作。

由于国内形势迅速变化，1947年5月16日，翁文灏签名致电恽震、垦务局局长、萨凡奇、资委会专任顾问（原垦务局机械总工程师）拜天（W.C.Beatty）和徐怀云，终止三峡工程合作设计合同。

苏联专家组长对周恩来说
三峡可做施工准备

1949年10月，中华人民共和国诞生。

1949年解放大军南下时，正值长江发大水，堤防支离破碎，饿殍遍野，洪水灾害极为严重，险些造成荆江大堤决口、长江改道的毁灭性灾害。当时，中央曾考虑派林一山到广西当张云逸的副手，但最终决定在武汉将他留下来当中南军政委员会水利部长。1950年2月，由他负责组建长江水利委员会（以下简称“长办”）。

1953年2月，毛泽东在由武汉驶向南京的“长江”舰上听取了林一山关于长江流域规划、历史水文资料整编、三峡水库和萨凡奇的三峡计划的汇报。

1954年长江中下游发生100年一遇大洪水，中国南北交通大动脉京广铁路停运100天，武汉市水位超过1931年洪水位，造成重大的经济损失，但经军民奋力抗洪，确保了荆江大堤干堤和武汉的安全。

当毛泽东了解到修建三峡大坝减少的洪灾损失，其效益可能远远超过修建这项工程的投资后，更感到修建三峡工程的重要性，便决心将三峡排在“南水北调”之前，正式进行规划设计。

1954年12月中旬，在武汉驶往郑州的列车上，毛泽东和周恩来听取了林一山汇报三峡水利枢纽的建设问题。对苏联水利专家布可夫关于“中国水利专家不能做三峡工程，苏联专家也不能做”的意见，林一山认为如果苏联派出最高水平的专家来指导，依靠中国的水利专家是完全可以胜任的。

1954年特大洪水以后，我国政府正式向苏联政府提出要求，要求苏联派专家对长江流域规划和三峡工程技术问题进行指导，苏联部长会议主席布尔加宁给周恩来复照，承诺派遣专家来华。首批苏联专家马林诺夫斯基等12人于1955年6月抵达长江水利委员会。

苏联专家组长德米特列也夫斯基，曾领导规划、设计过古比雪夫、斯大林格勒、布拉茨克、克拉斯诺雅尔斯克等著名大坝，是列宁勋章获得者。他于1955年7月率领另一批专家抵华。从1955年6月至1960年8月的5年多时间里，先后有126位苏联专家来华协助、指导长江流域规划和三峡工程等工程项目的技术工作。

1955年10月至12月，为了集中力量进行长江流域规划工作（简称“长流规”），143位中苏专家第一次联合组织的长江上游地区干流及主要支流的查勘团，由李葆华、林一山率队查勘。

查勘后，苏联专家提出，长江流域规划应以重庆上游40km的猫儿峡枢纽为治江的重点工程，配以嘉陵江的温塘峡和岷江的偏窗子（高坝）等枢纽方案为上策，认为三峡枢纽规模太大，投资太多，不太现实。而长委会的专家根据多年的工作，认为长江中下游的防洪形势紧迫需要三峡工程，苏联专家建议的替代三峡工程的三个枢纽淹没太大，还不足以解决重庆以下30万km^2的暴雨问题，强调应以三峡工程作为“长流规”的主体。

1955年12月，周恩来在京听取林一山和苏联专家组长德米特列也夫斯基的汇报后，明确指出了长江中下游防洪的重要性与紧迫性，三峡水利枢纽有巨大的调蓄库容，对防洪有显著作用，且地理位置适中，综合效益大，应是“长流规”的主体。最后苏联专家组长亦表示赞同周恩来的意见。

在三峡工程地质方面，苏联于1956年7月派出苏联航测队100余人，10多架飞机分南北两线航测长江流域，历时一年又三个月。苏联派遣以苏联科学院院士波波夫为首的包括高级地质专家谢苗诺夫在内的喀斯特专家组，与中国方面的优秀地质专家侯德封、袁复礼、李承三、谷德振联合组成中苏专家喀斯特鉴定委员会，于1957年秋赴三峡实地勘查。他们的主要任务是对三峡坝址区及猫儿峡、北碚坝区的工程地质条件作出初步评价。先前中方专家经过勘查，在三峡初选了12个坝址，经过苏联专家复勘，筛选出太平溪、三斗坪、南津关三个为重点研究坝址。苏联专家赞同萨凡奇的南津关方案，中方专家认为应选在三斗坪。这次勘查后，双方歧见未解，后来综合两个方案优点，中方设计和地质专家提出了三斗坪——葛洲坝优化方案。直至1958年3月周恩来听取汇报并经实地察查后同意这个方案。1959年5月25日，苏方第二任专家组长巴克塞也夫作了一个重要的学术报告，得出结论：三斗坪的花岗岩坝区比南津关的石灰岩坝区具有无庸置疑的优越性，从地质条件、施工条件、枢纽布置、动能经济等方面作了全面论证，进一步肯定了三斗坪——葛洲坝方案的优越性。

在三峡正常蓄水位论证中，苏联水文水利专家从水能利用出发，曾提出正常高水位260m方案，回水至四川宜宾地区。苏联专家组研究后认为，正常高水位的选择不应使重庆主要部分受淹，水位最大限度不应超过235m。1957年夏天，中苏专家在庐山讨论了三峡枢纽水位问题，取得了共识。认为从综合利用长江水资源和国民经济现状及经济发展需要与减少淹没出发，三峡枢纽正常高水位以不超过200m为好。1958年3月25日《中共中央关于三峡水利枢纽和长江流域规划的意见》中明确指出：“为了便于今后有关的工业、农业、交通等基本建设的安排，并且尽可能地减少四川地区的淹没损失，三峡大坝正常高水位的高程应当控制在二百公尺（200m）（吴淞基点以上），不能再高于这个高程。”

苏联先后派来的126位专家中，专业配套齐全，有水文测量、河流泥沙、规划、航运、农业灌溉、水工、电站厂房、电力、机械等方面22个专业的专家，他们不但为一些综合性的研究，如“长流规”贡献了自己本专业的力量，而且还通过专业指导，培养一大批中方特别是长办的工程技术人员。他们不但重点研究“长流规”的主体三峡工程，而且还就长办规划设计中的丹江口工程、陆水等工程进行研究，对这些工程的规划、设计和建设作出了贡献。

1959年2月底，国家科委三峡组在北京召开扩大会议讨论三峡工程。5月，长办邀请有关部委院和66个单位的代表和专家188人在武昌讨论《三峡水利枢纽初步设计重点报告》，决定选用三斗坪坝址，大坝正常蓄水位为200m，唯航运设施和施工问题未能统一。1959年5月下旬，苏联驻华大使馆经济局负责人符明召集在华专家26人，对长办提出的《三峡水利枢纽初步设计重点报告》进行了5天的讨论，一致认为报告的论证是充分的，同意选择三斗坪坝址。5月25日，苏联驻长办专家组长巴克塞也夫在回答周恩来的问题时说：“我们认为，从各方面情况分析，工程的设计已达到立即可做施工准备的水平了。”

1960年春，水电部组织中苏专家数十人，在三峡坝址现场讨论坝线选择问题。长办建议用三斗坪上坝线。在长办工作的苏联专家组及多数其它单位的专家同意长办的意见，少数其他单位的专家主张选用上坝线下移约1km的中坝线，并建议在上、中坝线各打一过江平硐，以便查明两条坝线河床部分的地质条件再作决定。水电部研究后接受了打过江平硐的意见。1960年8月，在长办的全部苏联专家撤走后，未打完的竖井也停止了。这就是在中堡岛上的那口竖井，三峡工程以后的论证期间，接受过许多国内外要人和专家的参观。1993年11月，三峡工程右岸一期围堰施工时，这口中苏专家合作见证的竖井从地球上消失了。

美国再次参与三峡工程研究

苏联专家撤走以后的20年里，三峡工程的研究工作未曾间断。国家科委三峡组提出1963～1972年十年科研规划，把水库淤积及其预报调度、双水内冷大型水轮发电机组、升船机、高水头深孔泄洪及闸门、高压输电技术、大跨度地下建筑和人工骨料列入研究项目。1966年4月，长办完成了《三峡水利枢纽分期开发方案研究情况汇报提纲》，认为可以按正常蓄水位115m、150m和200m三期开发，先发电而后逐渐升高大坝增大防洪、航运和发电效益的方案。这就是现在三峡工程正在实施的三期施工、分期蓄水的雏型。为了给三峡工程做实战准备，中央及时批准了陆水、丹江口、葛洲坝工程的建设。这期间借助了苏联专家传授的经验和技术，也参照了世界各国水电建设的经验，逐步形成了我国一套较完整的治理和开发大江大河的技术和实施方式。

1978年4月，全国科学大会通过的1977～1985年科技发展规划中的第13项为“长江三峡水利枢纽工程重大技术问题研究”，三峡工程根据葛洲坝工程先建的新条件，围绕坝址选定、工程防护、分期兴建、移民规划、水库淤积进行工作，以便早日具备条件，争取90年代建成。

1978年，美国阿里斯—查尔默斯公司（Allis-Chalmers）总裁戴维·斯科特（David Scott）先生写信给邓小平，表示该公司一定能提供三峡工程所需的巨型发电机组。该公司曾成功地制造了大古力700MW水轮发电机组，并于1981年批准接受中国工程师在该公司进修2年。

1979年1月31日，中美两国政府在华盛顿签订科技合作协定。1979年8月28日，邓小平副总理和美国副总统蒙代尔在北京签署了“美利坚合众国政府水力发电和有关的水资源利用议定书”，建议贷款20亿美元兴建三峡工程。邓小平—蒙代尔协议之后，三峡工程的国际交流与合作呈现丰富多彩，波澜叠起的生动场面。

1980年3月15日，中美双方签署了中美两国政府的《水力发电及有关的水资源利用合作议定书附件一》。与此同时，美国陆军工程师团（U.S.Army Corps. of Engineers）、美国垦务局、美国田纳西流域管理局（Tennessee Valley Authority）高级代表团考察三峡。同年10～11月，水利、电力、交通三部10人组团考察哥伦比亚河梯级工程、胡佛坝、田纳西流域管理局和其他水利水电工程。

1981年4～6月，按中美双方签订的“议定书”，美国垦务局牵头组团10人考察三峡。赫詹森先生（Higginson）表示支持三峡工程。

1982年9月20日，中美双方在华盛顿签署了《中华人民共和国与美利坚合众国政府间水力发电及有关的水资源利用合作协定书附件二》，其中第四项为关于三峡工程多目标开发技术合作活动内容。

1983年10～11月，根据协议四条一款的规定，水利电力部派出10名代表赴美进行考察，考察了水电开发工程、美国垦务局、阿里斯—查尔默斯公司等。

1984年6月，水利电力部根据协议又派出23名工程师赴美国垦务局和陆军工程师团访问、进修。8月3日，中国技术进出口总公司和美国内务部垦务局签署《关于长江三峡工程技术咨询服务协议书》，水电部和美国垦务局签署《中华人民共和国水电部长江流域规划办公室和美利坚合众国内政部垦务局关于长江三峡工程技术合作协议》。协议规定美方就三峡工程的设计施工和运行方面的技术经济问题提供咨询，由中方支付咨询服务费用，协议有效期为五年。同时签署的还有附件一，即就三峡工程泥沙、船闸水力学及模型研究、坝址及库区地质、混凝土配合比及其质量控制、碾压混凝土（BCC）的应用，施工计划及进度安排等进行咨询，美方派8名专家来华，合同规定咨询必须在1984年完成，费用为13.15万美元，同时签署的还有附件二，即保函格式。

1985年4月12日，中美双方签署了合作协议附件三，即500kV GIS及开关站设备和布置、电站自动控制系统及继电保护、高水头大型闸站及启闭机、施工管理及施工进度计划、质量保证及质量控制组织机构、混凝土配合比及施工、碾压混凝土围堰设计、骨料处理、温控、拌合及浇筑、大体积混凝土重力坝结构分析、船闸充泄水系统及布置、电站厂房设计、坝基地质与钢管布置及坝基破坏可能方式研究、升船机塔楼分析等进行咨询，美方将派出18名专家来华就上述问题进行咨询，合同费用为57.9674万美元。附件三的咨询活动必须在1985年内完成。

1985年12月19日中美双方签署了合作协议的附件四，即美方将派专家17人来华，1986年内就碾压混凝土围堰设计、水轮发电机组尺寸计算及厂房布置、水轮发电机组标书文件编写方式、船闸及升船机、计算机软件运行操作及选择、工程选价估算等项目进行咨询，附件四的合同金额为31.4579万美元。中方有5人赴美工作。

1986年执行合同进展顺利，特别是美国垦务局派出的咨询专家就三峡水轮发电机组尺寸估计及标书编制进行咨询。他们结合大古力600MW和700MW机组招标设计、标书编制和合同执行中的问题进行了充分的准备，提出咨询文件，经咨询讨论后重新修改补充再向中方提供报告。

1987年5月19日，中美双方签署了合作议定书附件五，提出了在1987年下半年和1988年完成的咨询项目。这些项目涉及碾压混凝土围堰设计，岩石力学试验方法及三峡坝基岩体的利用，结合三峡设计地震推算地震荷载的实例，工程计算机应用软件等，合同咨询费用为11.6566万美元。

1988年5月29日，中美双方签署了附件五的补充项目，即船闸汽蚀振动资料及高边坡薄衬砌墙设计、库岸滑坡查勘监测处理、土工离心模拟试验、三峡工程下游河道整治与河槽冲刷、采用RCC修建160m高重力拱坝的技术咨询，附加补充项目的咨询费用为12.9751万美元。附件五及补充项目合计24.6317万美元。

1988年12月6日，中美双方提出附件六的咨询项目，由于中方缺乏外汇，只有美方单方面草签，中方没有签字。

1991年12月3日，由中国水利部外事司和美国内政部垦务局签署关于长江三峡工程技术咨询服务协议，继续就三峡工程的设计、施工和运行方面的技术经济问题提供技术咨询，咨询服务范围有：参加三峡工程初步设计，技术设计和施工详图阶段的复核及技术问题的研讨和咨询、水工建筑物设计、电站厂房布置、机组选择及电厂自动化、超高压输变电方案及设计、碾压混凝土试验设计和施工、船闸设计、大坝安全监测设计、工程施工管理和质量控制、工程运行和维护及其他双方感兴趣的项目。中方将为上述咨询项目支付费用。同时签字的附件一（W1201），规定内容为：美方协调工作、库岸滑坡、监测及处理、工程数据库、科研软件、大坝安全规划、地震探测和钻孔综合测量（包括地质力学参数和数据处理）、高水头船闸的考察和研讨、碾压混凝土技术咨询，及其他未定项目。附件一的总费用30万美元。

1992年执行附件一（W1201），美国垦务局派协调员来华商谈执行计划，落实中方多项赴美考察以及与长委协商三峡工程中美合作50周年纪念活动有关事宜。中方派出高水头船闸考察团（3人）和库岸滑坡勘察及处理考察团（3人）赴美考察。

1993年，美国垦务局协调员再次来华，就W1201协议的执行情况交换意见，并就美国大选后民主党执政的克林顿政府的新任垦务局局长对中美三峡工程合作的态度作了介绍。9月16日美国垦务局局长丹·比尔德发表声明，宣称目前垦务局的工作重点是水资源管理和环境改善，而不是兴建水坝工程。认为垦务局继续参与三峡工程与美国垦务局的职责不一致。垦务局将中止参与三峡工程。

1993年12月14日，美国垦务局局长比尔德先生正式通知中方，宣布自即日起中止长江三峡工程技术咨询协议W1201和协议规定的所有技术援助。1994年3月31日，美方提出中美三峡工程咨询协议最终财务报告，将30万美元咨询费的余款退还中方。至此，中美双方就三峡工程技术咨询长达16年的合作关系全面结束。

中美双方就三峡工程的技术咨询合作，美方以垦务局牵头，由美国垦务局（USBR）、美国哈扎公司（HEC）、美国莫里斯·努德森工程公司（MKE）、美国凯撒公司（KEC）、陆军工程师团（COE）、美国陆军工程师团水道试验站（WES）、美国工程师团莫比尔分局（COEMD）和美国阿丁那公司（ADIDA）、美国阿里斯—查尔默斯（Allis-Chalmers）的专家参加。中方则以长江流域规划办公室牵头，由长办、三峡总公司（筹建处）、葛洲坝工程局和有关单位的专家参加。

从1984～1994年期间，美国方面共派来华专家70人次。这些世界上著名公司的专家，拥有丰富的实践经验和资料信息，有的专家参加或负责过大古力第三电厂、伊泰普工程、古里Ⅱ电厂的建设，有丰富的设计、施工经验，代表了美国目前的先进水平。他们对三峡工程具体设计和实施中的40多个项目进行了短期咨询并提供咨询报告46份、技术资料40份、月度报告42份，此外还提供了各有关专业的大量有参考价值的技术规范、设计手册、指南导则等技术资料。

以上由中方支付技术咨询服务费用的国际合作，从合作协议附件一到附件五，共支付美方咨询费160万美元，加上W1201执行中已支付的14.4万美元，合计以咨询费方式支付美方的费用为174.4万美元。

加拿大参与三峡工程可行性研究

中国政府为了从更广泛的范围内论证三峡工程的技术可行性和经济合理性，希望委托资深的国际咨询公司独立编制一份符合国际惯例、能为国际金融机构接受的三峡工程可行性研究报告，既可为中国政府参考，又可为三峡工程在国际上筹资创造条件。这一愿望得到加拿大政府的大力支持，加方决定赠款聘请国际咨询公司编制这一报告。为此，两国政府于1984年11月签署谅解备忘录。1985年1月29日，长办（YVPO）与加拿大国际工程项目管理处——扬子江联合企业（CIPM—CYJV）公司就三峡二期围堰设计、施工设备选择、施工管理及全封闭组合电器及换流站等四项咨询工作及加方提供资金问题签署协议书，并由加方派遣专家来华咨询，中方派专家赴加配合以便完成上述四项合作项目。

1985年10月7日至21日，中国电力考察团访问加拿大。代表团代表水电部与加拿大蒙特利尔银行和加拿大对外关系部分别签署备忘录，由加方提供160万加元，由中、加双方合作进行三峡工程可行性研究。

1986年3月上旬，世界银行代表团访华，讨论三峡工程筹款问题。3月中旬，加拿大国际开发署(CIDA)代表团访华，商谈利用CIDA赠款全面进行三峡工程可行性研究事宜。5月，经国务院批准由经贸部代表我国政府与加拿大政府签约。由加拿大国际开发署提供赠款，加拿大两个政府水电机构（魁北克水电局、卑诗省水电局）和三个私营公司（SNC、Lavalin、ACREC）组成中国扬子江联营企业公司的咨询集团（CYJV），负责按国际通用标准与我国平行地编制可行性报告。由中国水电部、加拿大国际开发署、世界银行的中国和国际专家组成指导委员会，参与指导和监督。由加方编制的三峡工程可行性研究报告的技术部分由中方负责，加方复核；报告的经济可行性部分由加方负责，中方复核。中方主要参加单位有长委、三峡总公司（筹）、电规院等单位。5月下旬，世界银行三峡项目专家组和世界银行代表团联合查勘三峡库区及坝址。6月3日，CYJV来长委商谈加方负责的可行性报告编制问题，建议按单机容量761MW进行工作（注：当时为150m～180m蓄水方案比较），同年7月正式开始工作。

1988年8月，经过中、加双方专家的共同努力，经过由世界银行组织指导委员会专家的两次审议，由加拿大国际开发署负责、加拿大国际公司扬子江联营公司（CYJV）编制的《三峡水利枢纽可行性研究报告》编制完成。这个由中、加双方专家共同实地考察、研究、论证并经多种开发方案比较后提出的报告，是符合国际惯例编制的报告。共分10个专题，计11卷20本51个附录，约310万字。其中主要结论是：三峡工程是一个解决防洪和改善长江航运具有吸引力的项目，并将是一个重要的可再生的能源，没有一个现实可行的替代方案能对长江中游起同等的防洪作用；三峡工程的主要效益来自防洪和发电。航运有实际效益，但数量较小，没有替代方案能提供与三峡工程相等的效益。本工程在环境影响方面是可行的。推荐坝顶高程185m，正常蓄水位160m，总装机容量16750MW，水轮发电机组单机容量761MW、(845.56MVA)。工程可在18年内建成，第12年第一批机组即可发电。

1988年11月30日，历时9天的三峡工程论证领导小组扩大会议结束。有219位专家参加的会议审议了10个专题14个专家组由412位专家提出的意见，宣告自1986年6月开始的重新论证工作完成。论证结论是：三峡工程建比不建好，早建比晚建有利，建议中央早作决策。推荐坝顶高程185m，正常蓄水位175m，初期蓄水位156m，水轮发电机组单机容量680MW。至此，平行进行的两个可行性报告结论基本一致。

加拿大政府为中、加合作编制长江三峡工程可行性报告及专题研究项目，共赠款1424万加元，合作历时五年。

1988年9月，加拿大国际开发署在渥太华发表《关于三峡水利枢纽工程可行性研究的终结声明》："加拿大国际开发署审查了加拿大扬子江联营公司编制的《三峡水利枢纽工程可行性研究报告》，认为该报告满足了按项目指导委员会在可行性研究过程中的指示修改的职权范围。""加拿大国际开发署确信，加拿大扬子江联营公司的可行性报告连同中国的论证报告，必将为三峡工程今后的明智决策奠定基础。"

这次规模宏大的三峡工程国际合作，历时两年半。加拿大共派出各专业的专家89批541人次，除到现场察看外，在长委工作达3639人日。长委、三峡总公司（筹）还派出专家18批51人次在加拿大工作，约2970人日。为配合加方专家在中国国内工作，有450余名专家学者协助工作10000多工日。为了广泛听取各种意见，组织国内有关部、省厅、局、大专院校和县级机关200多个单位参加讨论、考察，展现了全方位深层次的合作。

世界各国竞相参与三峡工程

三峡工程众多具有挑战性的技术问题，强烈吸引各国工程界的关注。出于对中国人民的友谊，他们在所在国政府的支持下，积极参与工程的研究。中国有关方面也根据各国的特长，在与美国、加拿大合作的同时，有选择的与他们进行了富有成效的交流与合作。

1986年意大利派出阵容强大的代表团来华，探讨与长委在三峡工程上全面合作的可能性。长委各专业与他们进行了对口的讨论，弄清了他们的意向和特长。最终确定了合作研究和委托研究的四个课题，即三峡工程二期深水围堰初步设计咨询；微震监测系统咨询；地质力学模型试验咨询；三峡大坝安全监测系统设计咨询。水利部与意大利国家电力局（ENEL）1986年6月在北京签署了《中意三峡工程水电合作协议》。

意大利专家在其最终报告中，按协议提出了二期围堰采用塑性混凝土防渗墙方案和独自提出的土工合成材料组合层防渗方案作为二期围堰的实施方案，这两个方案都达到很高水平。意大利专家肯定了在三峡工程地区建立微震监测系统的可行性和迫切性，提出具体建网方案。对左岸厂房的地质力学模型试验，意大利专家确定了最终设计方案，参与试验，对试验成果进行了评估并提出咨询意见。对长委编制的大坝安全监测系统作了全面的初步评估，认为符合国际大坝委员会推荐的标准和意大利现成标准，基本满足三峡工程大坝安全监测的要求。

意大利方面除意大利国家电力局（ENEL）负责组织协调外，主要参与的公司还有 ELC、LOTTI、TREVI、RODIO、ISMES。共有 28 位意大利专家来华工作。合同总费用为 25.1 亿意大利里拉（按当时汇率折算为 163 万美元）。中方协议的执行单位为长委、三峡总公司（筹）等。

1993 年 8 月，意大利驻华大使馆科技参赞访问长委，与水利部、长委就继续进行三峡工程二期围堰设计进行讨论，后因意大利政府更迭频繁，经费未能落实而搁浅。

三峡双线五级船闸，是三峡工程主要建筑物之一，是维系长江航运的重要手段。闸首（室）两侧高边坡岩石开挖、锚固技术，船闸结构及充泄水方式等，都是世界上内陆船闸建设的重要课题。瑞典在岩石工程设计和施工方面具有丰富的经验，1984 年 3 月 17 日水电部与瑞典国家电力局签署了《三峡工程船闸技术合作协议》，1985 年 5 月 30 日又续签了第二期技术合作协议，瑞典方面为此合作项目赠款共 65 万美元。

主要合作项目由瑞典国家电力局独立负责完成，中国方面派员赴瑞典参与工作并配合他们在三峡现场测试工作。作为合作的成果，瑞典方面提出了设计报告。包括三峡工程船闸结构设计、船闸薄衬墙的设计、船闸两侧岩壁锚杆加固设计、船闸充泄水隧洞断面型式、排水洞和排水孔的布置和设计。此外，报告还对三峡船闸的施工程序、施工方法、施工设备选型以及施工安排等进行较详细的研究和分析。作为合作的成果，瑞典方面利用部分赠款向中方提供了一批工作急需、具有世界先进水平的仪器设备，如深孔水下应力测量仪和钻孔岩芯定向仪等。

中方主要执行单位为长委、三峡总公司（筹）等。

此外，与俄罗斯、德国、比利时、日本、法国、瑞士、巴西的科技交流与合作，涉及水工建筑物、升船机、水轮发电机组、洪水预警系统、液压技术、工程管理、资金筹措等方面。合作交流的方面主要是对方根据中方提供的三峡工程的特殊要求，利用其本国技术和经验，有针对性完成提出与中方交流材料，在中国进行技术交流，向中方提供技术建议方案，加深对该国技术水平的了解。在此基础上，促进互访考察和交流。这种形式的交流和合作，费用各方自理。因此，如果没有其所在国财务上的支持，难能持久。这种形式的交流，对中方了解对方的特点和长处，对深化中方的设计和研究工作都提供了有价值的参考。

三峡机组的国际交流合作引人注目

1983 年 6 月，国家计委对三峡工程可行性研究报告（正常蓄水位 150m）审查认为基本可行后，从 1983 年 12 月～1985 年，水电部先后邀请世界上著名厂商就三峡工程 500MW 机组进行技术交流。各国厂商按照长委编发的技术交流大纲进行了充分准备，携带他们经过初步研究的成果，来华与长委及水电部门的设计、安装、运行单位的专家进行交流。并介绍他们公司的历史以及最新技术发展、介绍他们在大型水轮发电机组设计、制造、安装和运行方面的经验，以及为三峡 500MW 机组所作的建议方案，包括参数、结构、工艺、材料等多方案比较。使中方在较短时间内不出国门集中了解了众多公司的技术水平，并获得了宝贵的技术资料，结识了许多朋友，为加强联系开展合作打下基础。

先后应邀参与交流的公司有：曾设计制造大古力 700MW 水轮机的美国阿里斯—查尔默斯公司（A—C 公司）、曾设计制造大古力 600MW 水轮机和 825.69MVA 水轮发电机的加拿大通用电气公司（GE Canda）、曾设计制造伊泰普 700MW 水轮机的德国伏依特公司（Voith）和法国奈尔皮克公司（Neyrpic）、曾设计制造伊泰普 823.6MVA 发电机的德国西门子公司（Siemens）和瑞士的勃朗·鲍威利公司（BBC）以及曾设计制造古里Ⅱ电厂 600MW 的日本日立（Hitachi）、东芝（Toshiba）、三菱（Mitsubishi）公司。

为了接触和了解三峡工程，在过去 10 年中，有些著名厂商曾接收中国水电、机械部门的工程师进修、考察。水电部于 1985 年组织了水电、机械部的工程师赴美国、巴西、委内瑞拉考察电站、制造厂，中国三峡工程开发总公司（筹）于 1988 年组织机电专业工程师赴苏联考察大型电站和机组制造工厂，了解了当前最大水电站、最大机组的设计、制造水平及运行管理经验。

1992 年 4 月 3 日，七届全国人大第五次会议通过《关于兴建长江三峡工程的决议》后，三峡工程的建设方案已经确定下来。为了接触和了解国外著名厂商对三峡 700MW 机组的想法，1993 年 11 月，国务院三峡工程建设委员会办公室会同中国长江三峡工程开发总公司（1993 年 9 月 27 日成立）和长江水利委员会，从1993年11月起，在武汉先后与日本日立公司、东芝公司、德国伏依特和西门子公司、加拿大通用电气公司、俄罗斯列宁格勒金属工厂和电力工厂进行了广泛的技术交流。这些公司共有60位技术专家和商务专家参加交流。他们参观了正在施工的三峡工程现场和已建成的葛洲坝工程，对三峡工程的规模留下了深刻印象。

三峡工程与国际合作的范围和方式，随世界科技发展水平和我国工程界的实力而有所差异。1949年以前，主要是依靠美国的筑坝技术由美国援助，中国参与的方式，即“全面依托”美国。50年代苏联专家全面援助时，中国已有一批自己的工程师，凭着对本国资源的深切理解，已不再盲从并能提出独立见解了，即“初成自我”。在60～70年代，依靠自己的力量，利用美、苏筑坝经验，形成了中国自己的专业配套的技术队伍，能独立自主的成功兴建长江上第一座大型水利枢纽——葛洲坝工程，标志着中国工程界的技术水平已形成“完善的自我体系”。改革开放以来，与国际科技交流和合作进入一个新阶段，极大地促进了我国科技水平的提高，开始进入“自主自由”阶段。三峡工程的决策，就是在中国经过几十年几代人的研究，参照国际大型水电工程的经验，吸取国际当代先进技术作出的正确决策。

三峡工程是国际工程界的超级工程，现代工程八大奇迹之首。作为人类改造自然的兴利工程，通过国际科技交流和合作，使三峡工程许多具有挑战性的课题得到解决。三峡工程不仅推动国际科技的发展，还将集当代科技之大成，为世界工程建设增添新鲜经验。

三峡工程属于中国，三峡工程也属于世界。

（中国三峡总公司　黄源芳）

三峡工程机电设备中外技术交流

（一）回顾

三峡水轮发电机组的中外技术交流可追溯到40年代，当时美国垦务局就开始三峡电站水轮机的设计工作，中方也派员参加了这个时期的设计。

1984年，国务院批准了《长江三峡水利枢纽工程可行性研究审查意见的报告》，明确三峡工程按正常蓄水位150m设计。

在1984～1985年，组织了针对三峡工程150m方案，单机容量500MW的设计进行了中外技术交流。这一时期为三峡水轮发电机组提供方案的有：日本日立公司（HITACHI）、东芝公司（TOSHIBA）、三菱公司（MITSUBISHI）、美国A.C公司（ALLIS CHARMERS）、法国耐尔皮克公司（NEYRPIC）、加拿大多米宁公司（DOMINION）、通用电气公司(CGE)、德国伏依特公司（VOITH）、西门子公司(SIEMENS)、瑞士BBC公司、爱雪维斯公司（ESCHER WYSS)、挪威NOHAB公司等。

1986年美国垦务局（USBR）两次来华进行交流和咨询，中国三峡总公司筹建处均派人参加了交流活动。

1986年8月，在武汉进行第一次技术交流，主要内容是水轮发电机组的选型。USBR专家根据大古力电站的经验，详细的介绍了大古力机组的设计、制造及运行情况，为三峡机组选型提出多个方案，并认真回答了中方提出的问题。USBR提供了大古力电站及其机组的有关资料和三峡机组方案选择资料，在三峡工程重新论证中作为重要参考。

1986年10月～11月，在武汉进行了第二次技术交流，主要内容是大型水轮发电机组招标。USBR专家根据其所积累的经验，详细介绍了编标、招标、评标的内容、要求及注意事项，还着重对封闭招标、两段式招标、议标等三种不同的招标方式进行了介绍，推荐三峡机组采购采用两段式招标方式。这些经验对机电设备招标起到了先导作用。

1988年3月和10月，苏联全苏动力机器出口公司专家组来华访问，就三峡工程水轮发电机组初选方案在总公司（筹）进行了技术座谈。苏联专家介绍了苏联大型水电站的情况，并就三峡机组初选方案讨论了以下技术问题：(1) 水轮机转轮制造；(2) 单机容量与机组台数优选；(3) 水轮机泥沙磨损；(4) 水轮机机型；(5) 施工期提前发电；(6) 水轮机模型试验；(7) 三峡水轮机结构；(8) 发电机冷却方式；(9) 推力轴承；(10) 发电机效率；(11) 发电机绝缘；(12) 发电机磁极压板用材等。对这些问题的讨论，为三峡工程的重新论证及机组选型提供了参考。

80年代的这些交流可称为当代三峡机电设备第一次交流。

（二）1993年三峡机组技术交流

三峡机组技术交流是针对批准的初步设计，单机容量700MW的机组而进行的。这是三峡机电设备进入实质阶段的首次交流。

1．交流会简况

1993年11月20日～12月19日，国务院三峡建设委员会、中国长江三峡工程开发总公司、长江水利委员会在武汉市联合举办三峡工程水轮发电机组对外技术交流会。应邀来华交流的有日本、德国、加拿大和俄罗斯等4国7家公司40余人，以及国内机械工业部、制造厂、科研等单位60多人参加了交流会。

在为期近一个月的技术交流中，中外专家在真诚、友好、合作和建设性的气氛中对双方关心的技术问题进行了广泛的交流。外商根据中方交流大纲，分别介绍了他们的历史、经营状况及在制造大型水轮发电机组方面的经验，并详细说明了所推荐的三峡工程的技术方案。通过交流，外商也进一步了解了三峡工程的情况和三峡机组运行水头范围大、运行中有泥沙磨损及装机强度高等特点，为其进一步研究取得了较为全面的资料。

本次交流会基本达到目的。外商提供的初步方案、参数、性能、结构、材料、工艺、运输、安装及交图交货进度等技术资料，满足了单项技术设计的基本要求和招标设计的初步要求。

2. 对各外商的印象

(1) 丰富的制造经验。为世界上大型水电站(如：美国大古力、委内瑞拉的古里、巴西和巴拉圭的依泰普、巴西的XINGO、加拿大的邱吉尔瀑布、俄罗斯的克拉斯诺雅尔斯克、俄罗斯的萨彦舒申斯克、阿根廷的亚舍列他等）提供了数十台机组。除东芝外，其他厂商都为中国的水电站提供过良好的机组设备。(见表1、表2)

表1 **外商生产的水轮发电机组情况**

电站编号	电站名称	电站特征参数	国家
Ⅰ-1	大古力	600MW机组，3台。H=86.9m，混流式，D=9.296m	美国
Ⅰ-2	大古力	700MW机组，3台。H=86.9m，混流式，D=9.22m	美国
Ⅱ	古里Ⅱ	600MW机组，10台。H=130m，混流式，D=7.136m	委内瑞拉
Ⅲ	依太普	700MW机组，18台。H=118.4m，混流式，D=8.45m	巴西/巴拉圭
Ⅳ	新　沟	500MW机组，6台。H=111.7m，混流式，D=7.2m	巴西
Ⅴ	邱吉尔瀑布	480MW机组，10台。H=313m，混流式，D=4.254m	加拿大
Ⅵ	克拉斯诺雅尔斯克	500MW机组，12台。H=96m，混流式	俄罗斯
Ⅶ	萨扬·舒申斯克	640MW机组，10台。H=194m，混流式	俄罗斯
Ⅷ	亚舍列他	135MW机组，20台。H=21.3m，混流式，D=9.5m	阿根廷

生产厂家	电站编号	生产情况
日立公司	Ⅱ	生产11、13、14、15、17、18、20号水轮机，共7台，1976年签订合同。 与西德合作制造15号发电机（定子空冷）。
东芝公司	Ⅰ-1	为CGE生产零部件－数控加工转轮叶片。
	Ⅱ	生产12、16、19号水轮机，共3台，1976年签订合同。 生产13、19号发电机，共2台（定子空冷）。
伏依特	Ⅰ-2	生产全部3台水轮机，1973年签订合同。(原A.C公司)
	Ⅲ	负责全部18台水轮机的机械设计。生产12台水轮机，1978年签订合同。(另6台由巴西重机厂和法国耐尔皮克公司生产)
	Ⅳ	生产全部6台水轮机，1982年签订合同。
	Ⅷ	负责水力设计和机械设计。生产9台水轮机，1980年签订合同。

续表 1

生产厂家	电站编号	生产情况
西门子	Ⅰ-2	发电机水冷定子改造，中标。
	Ⅱ	生产 17 号发电机（定子空冷），1976 年签订合同。
	Ⅲ	生产 60Hz 发电机 5 台；50Hz 发电机 4 台，1978 年签订合同。（另 9 台由 ABB 公司制造）。
	Ⅳ	生产全部 6 台发电机，1982 年签订合同。
CE Canada	Ⅰ-1	生产水轮机 3 台，1968 年签订合同。（发电机由西屋公司生产）
	Ⅰ-2	生产发电机 3 台（定子水冷），1973 年签订合同。（西门子进行定子改造）
	Ⅱ	生产 12、14、16、18、20 号发电机，共 5 台（定子空冷），1977 年签订合同
	Ⅴ	生产水轮机和发电机各 5 台，1967 年签订合同。（不锈钢转轮）
	Ⅷ	生产 4 台。
列宁格勒金属工厂	Ⅵ	生产全部 12 台水轮机，1968 年投运。
		生产全部 10 台水轮机，1978 年投运。
列宁格勒电力工厂	Ⅵ	生产全部 12 台发电机，1968 年投运。
		生产全部 10 台发电机，1978 年投运。

注：转轮直径≥8m 或单机容量≥480MW 机组。

表 2　外商近年来为中国水电工程项目提供机组情况

电站编号	电站名称	电站特征参数	
A	鲁布革	150MW 机组，4 台	
B	隔河岩	300MW 机组，4 台	
C	二　滩	550MW 机组，6 台	
D	五强溪	248MW 机组，5 台。D=8.3m	
E	天荒坪蓄能	300MW 机组，4 台	
F	十三陵蓄能	250MW 机组，4 台	
G	水　口	204MW 机组，D=8m	

生产厂家	电站编号	生产情况
日立公司	G	合同 2 台（承担水力设计、转轮供货和发电机推力轴承供货，其它由哈厂供货）
伏依特	D	合同 2 台（提供 5 台水轮机转轮）
	F	合同 4 台（水泵/水轮机）
西门子	A	合同 4 台（生产 4 台发电机线棒，国内合作 50%）
CE Canada	B	合同 2 台（4 台主要部件通过换货由 GE Canada 公司提供）
	C	中标
	E	GE Canada 公司和挪威 KB 公司、奥地利伊林公司生产

(2) 良好的管理水平。在质量管理方面，伏依特和 GE canada 都取得了 ISO/9001 质量认证，其他公司也具有严格的质量保证体系。

(3) 较强的设计及试验能力。采用完善的计算机软件进行三维流道设计，应力分析。根据所提出的技术条件，很快就可以完成水力设计并优化，使模型试验更有针对性，进而完成机组的结构设计。各厂商都具有高精度水力试验台和推力轴承试验台。GE Cana-

da公司1988年已为三峡680MW机组进行过模型试验，并取得较好的特性曲线。

(4)优良的加工设备。来华各水轮机制造厂商都拥有5轴数控铣床，除列宁格勒金属工厂外，都拥有承重500～600t回转半径12m以上的数控立车及大型热处理设备等一批具有当今世界先进水平的加工设备，均有能力用数控设备加工出高精度的三峡转轮、大轴等关键部件。其加工部件均可保证互换性要求。有的公司表示他们加工的转轮不需进行静平衡就可以安装；大部分厂商也表示能做出较少配重的转轮；一些公司在转轮和蜗壳焊接方面还拥有机器人焊接技术。

(5) 运输及与之有关的考虑。一些公司具有在制造厂加工成整体转轮后运至工地的能力；而另一些公司，则因路陆运输的限制将无法运出三峡整体转轮。但不论存在还是不存在运输问题，各厂商均考虑在中国设立合资（合作）工厂，或工地设立转轮加工车间等方案。有的提出了已深入研究的合资设厂方案；有的提供了工地设转轮加工车间的图纸。各厂商均表示在工地设厂也是三峡机组重件加工生产的最优途径之一。(各厂商提出设厂的建设周期为1.5～2年)。

3. 各国公司推荐的三峡机组主要参数

根据大纲要求，厂商提出的三峡机组主要技术参数如下：

(1) 转速：75rpm或71.4rpm；

(2) 比转速：262m/kW或249m/kW；

(3) 转轮标称直径：推荐值9.65～10.0m；

(4) 蜗壳最大宽度（机组段的控制尺寸）在34.325m以内；

(5) 吸出高度：推荐值4.5～6.68m；

(6) 水轮机真机最高效益：推荐值95.57～95.8%。

(7) 发电机效率：98.6～98.73%；

(8) 推力负荷：推荐值4230～6000t；

(9) 转轮重量推荐值395～500t；

(10) 水轮机总重2890～3400t；发电机总重3120～3730t。

4. 结构、工艺、材料及供货进度

(1) 转轮是水轮机的关键部件。各公司都采用铸焊结构，即叶片、上冠是分别铸造，下环是铸造或焊接件，最后将三部分组成整体转轮。叶片采用数控机床加工（包括叶片正、背面及焊接坡口）有些外商提出采用叶片压制成形技术。推荐采用全不锈钢，不锈钢材料为$Cr^{13}Ni_4$或$Cr^{14}Ni_5$材料。

(2)蜗壳在现场组装焊接。可以先在厂家数控下料，工地卷板。焊接可以采用半自动焊。焊接后进行焊缝无损探伤(超声波、X射线、磁粉)检查。除个别认为要进行水压试验外，大多数外商均认为没有必要。

(3) 座环结构。各厂商均推荐已有十几年经验的不经过整体加工结构。该结构可以很好的解决座环在现场施工中产生的变形，座环与顶盖间采用工地局部加工工艺。

(4) 推力轴承的结构有两种方案：一是放在下机架，一是放在顶盖上。推力轴承结构形式有：小弹簧支撑、弹簧梁双支点支撑、弹簧盘支撑，这都是传统结构。唯俄罗斯采用金属氟塑料瓦，可以简化推力轴承结构，运行维护方便。

(5) 推荐半伞式结构发电机，额定电压18kV，绝缘F级，转子圆盘结构，定子、转子均在现场叠片并下线，都采用数字式励磁装置。

(6) 发电机冷却方式：空冷、水冷两种方式。这两种方案均为成熟技术。

(7) 供货进度的关键取决于水轮机的制造。从合同生效到一台机组全部设备供货完成（离岸），50个月左右。各外商的交货能力为年产2～3台。

5. 要求外商下一阶段继续要做的工作

(1) 对机组转速75rpm和71.4rpm进行全面的技术经济分析。主要考虑机组效率、机组稳定性、主要部件重量及尺寸、机组总重、流道流速、转轮相对流速和发电机主要参数等方面。

(2) 根据经验做初期及后期转轮方案，并提出相应的特性曲线。

(3)对厂内制造水轮机整体转轮、工地设立转论组焊加工车间、在中国设立合资工厂等方案进行研究。

(4) 对发电机定子水冷和空冷方式分别进行技术经济比较。

(5) 对推力轴承放在顶盖方案和放在下机架方案进行比较。

(6) 在此次交流的基础上，对机组性能、参数、工艺、制造及供图供货等提出更切合实际的方案，并请提出进一步的辅助设备方面的资料。

总公司代表团在会议期间向各来华厂商发出了由陆佑楣总经理亲笔签名的邀请函，印发了介绍三峡工程业主中国长江三峡工程开发总公司和代表团组成人员的简介，并邀请与会中方专家去总公司座谈和进行工地考察。

（工程技术部　胡伟民）

直属企业(公司) Ⅵ

小三峡

葛洲坝水力发电厂

1993年工作概况

1993年，葛洲坝水力发电厂以安全生产为中心，以提高经济效益为目标，各项工作均取得了较好的成绩。

（一）技术改造、设备检修方面

全年共安排技改项目189项，资金5610万元，其中直接用于生产项目的资金4789万元。到年底，当年技改投资额已全部完成。全年共大修5台机组(含扩大性大修一台)，小修36台次机组，修补二江泄水闸闸室面积达1514m²，是1986年大围堰检修以来修补量最大的一次。4季度末，全厂主设备完好率达100%，其中一类设备率为91.7%；机组非计划停运次数8次，比上年下降33%；检修损失电量4376万kW·h，是历年来最低的一年；全厂发电机组平均可调小时达8094.9小时，平均利用小时6119.6小时。

（二）经营方面

全年实现电力销售收入81721万元（按平均售电单价52.29元/千kW·h计算），比上年增长18.27%；实现电力销售税金17074万元，下降5.58%；实现利润总额30176万元，利税47250万元，分别增长33.6%和16.8%。完成电力生产成本27856万元，单位成本17.78元/千kW·h。管理费用2253万元，财务费用6238万元。全厂资本利润率为11.87%，销售收入利税率57.82%，成本费用利润率83%。全员劳动生产率达46.28万元/人年，比上级主管部门下达的44万元/人年指标超过5.1%；多种经营总产值突破4000万元，实现利润500万元。财务工作在搞好上年度决算、当年预算的同时，顺利完成了新旧会计制度的转制工作，从7月1日开始执行的企业财务通行和企业会计准则，并全面推行了清产核资工作，对全厂资产所有权进行了界定，对固定资产进行了重估。通过清产核资结算表明，全厂原帐面固定资产原值为444705万元，实际为443830万元，重估后升值218303万元，现固定资产原值为663008万元。

（三）水库调度方面

本年度葛洲坝水库来水总量为4687.72亿m³，属正常偏丰年份。年内来水分配是：前期偏枯，后期偏丰。6月份平均来水仅11500m³/s，相应来水频率为97.5%，为水库蓄水以来同期流量最小的月份；而进入8月后，来水量逐渐增长，当月入库流量为39700m³/s，相应来水频率2.8%，为水库蓄水以来同期流量最大值，使发电水头大幅度下降，发电出力受阻。受7号台风西移及高空冷空气影响，8月9日、15日和25日四川盆地连降大到暴雨，3次降雨过程在寸滩形成了3个洪峰与三峡区间洪水遭遇后形成5个洪峰。年内最大洪峰流量出现在9月1日2时，峰值为53000m³/s。各次洪峰到来时，均开启大江冲沙闸泄洪，增开大江电厂两个排沙底孔进行厂前排沙，及时投入劳力在机组拦污栅前清渣，使全厂出力保持在179～155万kW之间。汛期，大江冲沙闸共开启运用5次，泄洪冲沙历时724小时；三江冲沙闸运用2次，历时23.5小时；大江排沙底孔运用9孔次，二江排漂孔及大江排漂孔、排沙孔根据需要也分别投入了泄洪排沙。

全年发电生产在前枯后丰的不利条件下，全厂职工广泛深入地开展了保安全、保超发电的“一条龙竞赛”活动，水库调度人员精心调度，准确预报，检修运行人员合理安排检修、及时调整负荷，主汛期时尽量抬高水库水位运行，降低耗水率，在满足系统调峰的情况下，减少弃水调峰损失，使上半年较上年同期少发12.4亿kW·h的严峻局面得到了有效的缓解。全年发电156.93亿kW·h，其中节水增发8.63亿kW·h。到年底，全厂累计发电1399.56亿kW·h，创工业产值110.6亿元（按1990年不变价计算）

（四）文明生产方面

为提高企业的综合素质和参与市场竞争的能力，根据电力部关于“水电厂安全文明达标考核实施细则”的要求，葛洲坝电厂从10月份起在全厂开展了安全文明生产达标活动。其主要做法是：强化达标意识，瞄准新的目标；加强组织领导，从严从难考核；深入发动群众，全力投入达标；突出达标重点，确保评审合格。经过3个月的艰苦努力，全厂安全文明生产水平有了很大的提高。经华中电力集团公司初检，安全、可靠性、经济技术、文明生产四项考核指标均在80分以上，初步具备了正式验收的条件。

安全方面。年内最高连续安全运行天数达422天,实现2个安全100天,共发生设备考核事故2起,人身重伤一起,统计事故19起。和上年相比,除人身重伤下降外,考核事故和统计事故均有所上升。

（五）科研方面

全年共安排科研计划13项，结转项目24项，实际完成率为80.9%。MEC－30多微机励磁控制器、HLDL型电流互感器、枯水期经济运行方案研究等5项成果分获厂科技进步一、二、三等奖。其中MEC－30多微机励磁控制器12月10日通过了部级鉴定后，同时获1993年度华中电力集团公司科技进步一等奖和全国青年科技发明大赛暨第二届青年科技博览会金奖。

（六）改革机构，创办文明企业

机构改革初获成功。按照“总体设计、分步实施、积极稳妥、注重实效”的思路，葛洲坝电厂从3月份开始，对全厂机构设置进行了重大改革。将厂直机关原有的26个处室撤并为15个，人员编制从497人相应减为227人，其余绝大部分人转移到多种经营行业，少部分重新回到生产和教学一线工作。陆续将原行政处所属的房产水电维修、食堂、招待所、冷饮站、液化汽站、生活物资供应点以及厂直汽车队剥离出来，成立了生活服务公司和运输公司；将原大江、二江分厂的主要检修力量抽出，同时并入厂直修配车间，成立了检修公司，原大江、二江两个分厂只保留运行人员和少量的维护人员，使人员由原来的997人减至446人，基本实现了“生产与生活分离，检修与运行分离，企业职能与社会职能分离”的改革目标。

由《中国企业报》社、《企业管理》杂志社和企业管理出版社联合组织的第二届中国知名企业调查，其结果于7月24日在北京揭晓，葛洲坝电厂以31.4%的得票率位居百家入选企业中的第17位，在4家入选的电力企业中名列第一，再次获全国百家知名企业殊荣。同时该厂还获得了“中国知名企业百花奖”。

（葛洲坝电厂　谢兴发、唐启彦）

设　备　公　司

1993年工作概况

中国长江三峡工程开发总公司设备公司（以下简称设备公司）的前身是三峡总公司筹建处供应处（以下简称供应处）。自1984年以来，为三峡工程的前期准备工程（主要是三通一平工程）作了不少工作。1993年，随着三峡工程准备的加快，供应处的工作也步入了快车道。主要做了如下三方面的工作：

（一）适应形势、转变观念、探索新的设备供应模式

为了适应社会主义市场经济的新形势，供应处应该具有适应国际、国内两个市场变化的应变能力；确保占三峡工程投资近1/3的各类设备供应；具有自主经营、自负盈亏、自我约束、自我发展的功能。

1993年8月31日，三峡总公司筹建处在《中国长江三峡工程开发总公司组织机构设置实施方案》中明确设立设备公司。

其经营范围与经营方式为：在总公司领导下，负责三峡工程的发电和输变电设备、金属结构、大型施工设备的采购、供应和租赁，及相应的设备监造、仓储、转运、零配件、机用特种油料的供应、维护修理及建设管理所需机电设备等业务。

在保证服务好三峡工程建设的前提下，可兼营：

1. 从事其它工程所需机电设备、金属结构、零配件的销售、仓储、转运、租赁、修理等业务。

2. 开展机电科研、设计、技术服务、信息咨询和机电监理业务。

3. 开展与设备有关的物资、劳务、房地产等，及其它多种经营业务。

（二）边筹建、边工作，率先在三峡工程中引进设备招投标制

1993年5月7～9日，在宜昌进行第一次竞争性招标，内容为“陈家冲变电所2台63000KVA/220KV变压器。中标厂家：衡阳变压器厂，中标金额750万元。

1993年9月7～8日，进行第二次招标，内容为：SF6断路器7台，隔离开关41组。中标厂家：平顶山高压开关厂，中标金额约390万元。

1993年10月20～21日，进行第三次招标，内容为：GBC—35高压手车柜42台，PGL1低压配电柜7面。中标厂家：湖北开关厂，中标金额约为150万元。

1993年12月2～3日，进行第四次招标，内容为：船闸等3个变电所主变压器SZ7—5000/35、SZ7—12500/35、SZ7—16000/35各2台。中标厂家：天津市变压器总厂、老河口市变压器厂，中标金额约310万元。

1993年12月6～9日，设备公司委托成都瑞地公司，在成都市成都科技大学国际会议厅，举行了“三峡工程设备供需洽谈会”。日本、美国、德国、瑞士、瑞典、捷克斯洛伐克、香港、韩国等27家世界著名厂商代表50多名，国内大型设备厂家50余家代表90多人以及八个施工中标单位。会上，设备公司与国内外厂商签定了十项合作协议意向书，并开始组建“三峡工程设备供需信息交流网”。

1993年12月20日，设备公司在《人民日报》海外版刊登了《三峡工程第一批施工机械设备招标公告》，经过厂家投标、专家评标、领导定标，并于1994年1月26日，在北京与五个厂家签定了六个合同，共计26台设备，合同金额98,938,535.60美元。

1993年6月，组织了三峡工程施工机械选型专家研讨会，为三峡工程施工机械选购制定了总的方案。

（三）人员配备

1.1993年10月，设备公司正式迁入宜昌市绿萝路29号办公。

2.1993年11月13日，三峡总公司总经理办公会研究决定聘任肖崇乾同志为设备公司经理（副司级）。不久又聘任了二级机构成员。

截至1993年底设备公司职工由年初的9人增加到14人。

（设备公司　卢正在）

物 资 公 司

1993年三峡物资供应概况

物资公司主要担负三峡工程建设所需木材、油料、水泥、粉煤灰、炸药及结构用钢材等6大主材的供应。1993年处于边组建，边工作，在人员少的情况下，一方面积极探索适应市场经济规律和三峡工程特点的供应方式和管理体制；一方面根据三峡前期准备工程对物资的需求情况，积极组织货源，保证正常施工需要。物资供应总量见下表。

品种 业务	钢材	木材	油料		水泥		
			柴油	汽油	325#	425#	525#
采购	11603t	1500m³	4189t	75t	1399t	7749t	3753t
供应	3546t	648m³	4256t	70t	1475t	9001t	3731t

1993年11月份，部分施工单位已进入施工场地，三峡前期准备工程将全面展开。由于年度基建投资计划国家尚未正式下达，主要物资供应渠道尚未明确，致使前期准备工程急需的钢材难以保证。为此于1993年1月12日，专题给国务院三峡建设委员会办公室、湖北省计委写了“关于解决三峡准备工程当前急需钢材”的请示。1993年1月16日，湖北省计委副主任焦俊贤在武汉市主持召开了“三峡工程前期施工急需钢材协调会”，湖北省物资厅、湖北省冶金总公司、武汉钢铁（集团）公司、鄂城钢铁厂、大冶钢铁厂等单位的领导同志参加了会议。通过协调会，落实38个规格3725t钢材。其中：武汉钢铁（集团）公司供应钢材1180t，鄂城钢铁厂供应线材、螺纹钢等共计1100t，其余1445t其它品种的钢材由湖北省物资厅、湖北省冶金总公司负责组织供应。

为了解决三峡工程所需水泥，根据国家计委计能源〔1992〕625号文件：“为满足三峡工程建设需要，扩建葛洲坝水泥厂三号窑年产水泥82万t，其中大坝水泥62万t生产线。考虑到三峡工程的特殊性和重要性，为确保扩建后的产品质量稳定，在扩建工程采用国内成熟的生产工艺和设备的同时，部分关键设备从国外引进。该扩建工程总投资固定资产部分由中国长江三峡工程开发总公司(筹建处)以补偿贸易形式从三峡工程施工准备前期基金中支付。水泥厂从 1993 年起分 8 年以水泥产品偿还。”同时,又根据国家计委计能源(1992)1231 号文件精神,于 1993 年 2 月 20 日与葛洲坝水泥厂签订了《补偿贸易》合同及《补偿贸易补充协议》。总公司从 1993～1995 年 3 月共计支付给葛洲坝水泥厂 49535 万元资金扩建三号窑建设。葛洲坝水泥厂从 1993 年至 2000 年分 8 年支付给三峡工程 525＃中热水泥、425＃低热水泥、425＃普硅水泥偿还资金。详细偿还计划见下表。

单位：万 t

年月 / 品种	1993	1994	1995	1996	1997	1998	1999	2000
＃525 中热水泥				6	25	24	19	
＃425 低热水泥				6	25	24	19	57
＃425 普硅水泥	0.7	1.6	2.6					

1993 年葛洲坝水泥厂向三峡总公司总计供应水泥 13052t，其中补偿贸易为 4822t，基本满足工程建设需要。

1993 年 4 月总公司派专家对湖南特种水泥厂进行了考察，并签订了“关于三峡工程使用湖南特种水泥厂中、低热水泥及 425＃普硅水泥的意向协议书”。

为解决油料供应，通过湖北省荆门市委对荆门炼油厂进行了考察，并与荆门市委签订了《原油加工供货合同和联合经营前方加油站合作意向书》。

1993 年 5 月对中国北方木材批发市场进行考察，并与中国北方木材批发市场签订《木材供应合作意向书》。

1993 年 5 月派人专程到国家计委、国内贸易部解决三峡工程主要材料供应渠道，供应户头，申请下达主材指标和参加全国物资订货会议问题。陆佑楣总经理在听取由于三峡工程计划单列尚未批准，物资供应户头无法确立，而三峡前期准备工程已全面展开，当前急需材料无法解决的情况后，立即带领物资公司人员前往国内贸易部申请解决。国内贸易部张皓若部长了解情况后，组织研究并决定：三峡工程在国家计委尚未正式立户前，可暂立临时户头。由国内贸易部先额外下达主材指标，并给代表名额参加 1993 年下半年全国钢材、水泥订货会。在这次订货会上，分别解决水泥 7 万 t，钢材 8 个品种、40 个规格共计 16985t。1993 年 10 月再次到国家计委、国务院三峡办、国内贸易部疏通物资计划和订货渠道，并于 11 月份参加 1994 年上半年全国钢材订货会，在会上订到钢材 8 个品种 20 个规格 347t。

(物资公司　沈延军)

实 业 总 公 司

1993 年工作概况

1993 年 8 月 31 日，中国长江三峡开发总公司筹建处三峡筹人字〔93〕第 145 号文《中国长江三峡工程开发总公司组织机构设置实施方案》关于成立实业总公司作出如下决定：“成立实业总公司，其经营宗旨是为三峡工程服务，为总公司职工服务，为总公司创收。承建三峡工程零星工程，承担三峡工程某些项目的施工监理，管理坝区商贸和房地产，开展其它多种经营，办好机关职工食堂、副食基地、房屋修缮、内部交通、幼儿教育、子女就业、搞好职工福利事业。多能公司作为实业总公司的下属公司”。

(一) 注册登记

1993 年 9 月初，调原葛洲坝电厂办公室主任潘大中，三峡开发总公司筹建处企业处副处长陈绪贵负责筹建实业总公司。

1993 年 9 月 15 日，在三峡总公司袁国林副总经理主持，陆总经理参加的专题办公会上，确定实业总公司注册所有制必须为集体所有制，注册资金 300 万元，实业总公司管理人员定员 22 人。

1993 年 10 月，实业总公司筹备组正式上报实业总公司章程，确定实业总公司经营宗旨为：为三峡工程建设服务，为三峡总公司工作服务，为三峡总公司职工生活服务。经营范围为：主营：水利电力工程、土木工程、监理、室内装璜、房地产开发、房屋及设备租赁；客货运输、仓储服务；经济技术咨询、信息服务、建筑材料、金属材料、机电产品、工程机械、汽车（不含小轿车）、石油产品、化工。

兼营：旅游、饮食服务、办公自动化服务、百货、五金、交电、劳保用品、文化用品、粮油制品、其它食品、农副土特产品；接受总公司委托承办三峡工程建设管理及经营业务；住宿服务、广告设计制作等。11 月 16 日向工商管理部门申请注册，11 月 20 日宜昌市工商局西陵分局正式批准实业总公司注册登记，并签发营业执照，编号 17917552－0－2。

（二）机构设置及人员编制

三峡总公司 1993 年 10 月 6 日批准实业总公司机构设制为

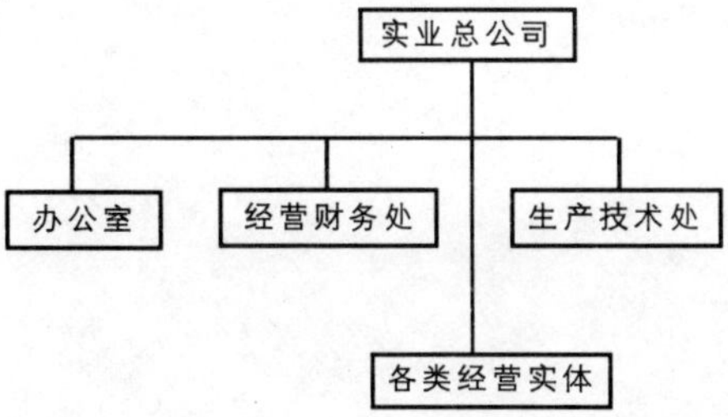

1993 年 11 月 15 日，三峡人字〔1993〕第 48 号发文：聘潘大中为实业总公司经理、陈绪贵为副经理；

1993 年 12 月 31 日，三峡人字〔1993〕第 106 号发文：聘任徐俊新为实业总公司办公室副主任；聘任曾洪为实业总公司经营财务处副处长；聘任向策为实业总公司生产技术处副处长；聘任许传洲为实业总公司生产技术处主任工程师。

1993 年 11 月 9 日，成立实业公司多能公司党支部，临时支部负责人为潘大中。

（三）公司初期的生产经营活动

1993 年实业总公司的主要活动是：

1. 筹备坝区接待中心。与原葛电厂坝区接待中心筹备班子衔接。12 月 20 日正式组建坝区接待中心领导班子。与葛电厂筹办人员办理移交手续，确保 1994 年 1 月 1 日正式营业。

2. 筹备左岸房建预制厂，提出左岸房建预制厂可行性研究报告，并受工程建设部委托进行左岸房建预制厂的规划设计工作。

3. 进行三峡坝区供水、供电、砂石料管理的可行性研究。进行广告公司的筹建工作。

4. 制订各项经营管理规章制度。

5. 1993 年 12 月 31 日，实业总公司实有从业人数 70 人，其中三峡总公司全民正式工 10 人，集体工 1 人，社会借聘、招聘 59 人。

（实业总公司　徐俊新）

报刊文摘

Ⅶ

灯影峡

新　闻　报　道

1993年报道三峡工程的新闻单位名录

时　间	新闻单位	报道内容
1月3日	中国商报	三峡工程进入施工准备阶段
4日	新华社电讯	为三峡工程建设作贡献　秭归县城东迁茅坪
8日	新华社电讯	四川妥善安置百万三峡移民
2月4日	经济日报	三峡工程准备工作今年起步
3月4日	环境报	能源部副部长陆佑楣说：三峡工程力争1997年大江截流
8日	新华社电讯	三峡移民由试点转入全面实施
18日	报刊文摘	三峡库区移民新尝试　六万农民将成海南人
21日	中国新闻	“两会”写真：毕克官大呼“抢救三峡文物”
4月3日	新华社电讯	国务院成立三峡工程建设委员会　李鹏主持委员会第一次会议
20日	湖北日报	三峡工程施工准备工作全面展开　我省全力以赴作好坝区征地移民工作
	新华社电讯	三峡工程施工准备工作全面展开　三建委部署加快步伐
23日	新华社电讯	国家投资5亿元用于三峡开发性移民
26日	人民日报	三峡寻梦：不是为了告别——海峡两岸“长江三峡文化资产维护考察团”纪行
29日	新华社电讯	科学负责严谨　确保万无一失　科技人员精心做好三峡工程设计
30日	新华社电讯	三峡工程首先淹没的县城归州镇开始搬迁准备
	新华社电讯	三峡工程绿色屏障加紧建设
5月2日	经济日报	三峡建行探索大联行大协作之路　迎接移民投资高峰到来
14日	新华社电讯	三峡工程初步设计审查会在京进行　邹家华要求专家把初步设计修改补充得更完善
24日	新华社电讯	保险公司承保三峡工程
26日	新华社电讯	三峡工程初步设计通过审查　李鹏总理曾经写信致贺
6月2日	新华社电讯	三峡库区移民进入有计划搬迁实施阶段
10日	人民日报	三峡工程移民局在京举行会议　希望库区人民及社会各界都来支持移民工作
7月27日	环境报	你好，三峡——三峡工程坝区施工现场采访录
	新华社电讯	国务院审查批准《长江三峡水利枢纽初步设计报告（枢纽工程）》　三峡工程进入正式施工准备阶段

时　间	新闻单位	报道内容
8月1日	新华社电讯	宜昌三峡移民开始搬迁
11日	新华社电讯	三峡工程准备工程建设进展顺利
23日	瞭望	长缨在手　待缚水龙——国务院审查批准《长江三峡水利枢纽初步设计报告（枢纽工程）》
29日	中国新闻	国务院发布长江三峡工程建设移民条例
	新华社电讯	长江三峡建设移民条例（全文）
9月12日	新华社电讯	我国基本管理体制的重大改革举措　三峡工程将实行业主责任制
13日	中国新闻	国务院任命陆佑楣为三峡开发总公司总经理
20日	经济参考	土苗山区移民的曙光　巴东开发性移民记实
29日	新华社电讯	长江三峡工程开发总公司成立　邹家华视察三峡工程现场和移民点
10月4日	新华社电讯	三峡工程库区第三座新县城奠基
5日	新华社电讯	湖北省军区支援三峡建设
24日	国际商报	三峡工程百万大移民——来自三峡工程坝区的报告
	交通报	三峡工程专用公路公开招标
29日	新华社电讯	郭树言在记者招待会畅言　三峡工程前期准备和移民进展顺利　所谓向新疆、西藏移民传闻纯属无中生有
30日	中国新闻	郭树言谈三峡工程库区移民安置
11月1日	光明日报	三峡工程需费多少？钱从何来？
5日	新华社电讯	三峡文物保护引起各方重视　抢救工作刻不容缓成为共识
9日	劳动报	把库区移民安置与经济发展结合起来　三峡工程百万移民策略已定
11日	环境报	三峡工程举世瞩目　长江环境不可轻心　三峡生态环境监测网成立
13日	人民日报	三峡工程筹资有新举措　民间性质的三峡建设融资团将成立
15日	经济参考	争当一流业主　建设一流工程——访中国长江三峡工程开发总公司总经理陆佑楣
	人民日报	科研院校联手　精兵强将会集　三峡地下文物抢救发掘全面铺开
24日	人民日报	认真做好三峡工程移民工作——国务院三峡工程建设委员会移民开发局局长唐章锦答本报记者问
12月3日	工人日报	明日三峡景如何
9日	新华社电讯	四川三峡库区移民试点成绩显著
14日	新华社电讯	三峡坝区文物抢救性发掘初战告捷　获得了一系列极为重要的考古成果
21日	新华社电讯	引进市场机制　形成竞争态势　三峡前期准备工程顺利推进
22日	湖北日报	三峡主体工程开始招标

时　间	新闻单位	报道内容
24日	新华社电讯	①李鹏考察三峡工程施工准备情况，强调三峡工程建设要用市场经济办法进行；②各民主党派中央全国工商联领导人和无党派人士在考察三峡工程汇报座谈会上的发言摘要　情系三峡　献计出力；③三峡伟业照千秋——李鹏总理考察三峡工程记。
26日	新华社电讯	李鹏主持会议听取三峡工程准备工作汇报　要求以对人民高度负责的精神把三峡大事办好
28日	新华社电讯	国务院召开三峡工程移民工作会议　邹家华强调要坚定不移地执行开发性移民方针
30日	新华社电讯	适应三峡工程建设需要　我国制订三峡地区经济发展蓝图
31日	新华社电讯	陈俊生在国务院三峡工程移民会议上强调正确处理七个关系，确保移民妥善安置
	人民日报	陈俊生在三峡工程移民会议上强调　确保三峡移民妥善安置

文　摘

关于三峡库区环境保护情况报道

据新华社4月29日播发的《三峡工程绿色屏障加紧建设》一稿报道："……涉及78个县市、795条小流域的长江上游水土保持重点防治工程成效突出，4年来共治理水土流失面积2.26万km^2，营造水土保持林1119万亩，治理区植被覆盖率平均增加10%左右，开始形成三峡工程的绿色屏障。……"

据《环境报》11月11日登载的《三峡生态环境监测网成立》一稿报道："……11月7日，由国家环保局主持召开的长江暨三峡生态环境监测网成立大会，在四川重庆举行。

……

"国家环保局副局长王扬祖认为，监测网的主要职责是服务与监督。一方面，要直接为工程建设服务，为落实或制定生态环境污染与破坏的防治和恢复措施提供及时、系统的科学依据；另一方面，监测网要为三峡和长江流域的环境监督管理服务。监测网是对建设工程依法实施监督管理的重要手段，其主要任务是：监测工程在施工过程中及运行后对生态环境产生影响的范围和程度；对减免工程对生态环境不利影响所采取的一系列措施的效果进行定期监测；对工程可能引起的环境污染、生态与自然资源的破坏事故进行应急监测；对与工程有关的环境纠纷进行促裁监测；系统监测并及时编写环境质量季报和年报；掌握各地向长江排污企业的排污状况，并与城市江段生态环境变化联系起来分析提出防治建议。……"

关于文物保护情况的报道

据《人民日报》4月26日登载的《三峡梦寻：不是为了告别》一稿报道："……3月26日清晨……，由海峡两岸关系协会、国家文物局和台湾海峡交流基金会、沈春池文教基金会联合主办的'长江三峡文化资产维护考察团'开始了为期8天的三峡之旅。团员中大陆方面和台湾方面各有20余人。……

考察团团长、台湾大学历史系教授陈捷先老先生一句话道出了大家的复杂心境：'长江水利非常重要，大坝兴建刻不容缓。同时我们还看到，三峡文物是海峡两岸中国人、甚至是全人类的共同文化遗产，我们期望此行能够有助于推动三峡的文物保护。'

……

"国家文物局副 局长张柏曾向随行的台湾记者作了这样的介绍：

"三峡水库的修建经历了数十年的起伏，因此从50年代开始，三峡库区就一直出没着考古队员们的身影。1984 年至 1986 年，配合三峡大坝的前期工程，对三峡库区海拔 150m 以下范围进行了考古调查；同时，国家文物局还组织对坝区部分遗址进行试掘。最近的一次文物调查，则是在去年为制定三峡工程淹没区文物保护规划而进行的。国家文物局成立了三峡文物保护领导小组，局长张德勤任组长。预计今年可以拿出一个文物保护的具体方案来。

库区的文物保护将分为地上、地下两大部分分头进行。地下部分拟选择占总面积约 10％左右的遗址、30％左右的墓葬进行重点发掘保护。而地面文物的保护主要分三大类：第一类是就地保护，如白鹤梁枯水题刻、重庆弹子石大佛、万县钟楼等；第二类是搬迁保护，如张飞庙、屈原祠和三峡两岸大量的石刻、题记、石窟造像等；第三类是取齐资料，这是指那些不可能或无必要搬迁，从而将会淹没水下的文物点，如古栈道、纤道等，必须采取照像、绘图、记录、拓片、复原模型等手段取齐资料。

……

"北京，在'海峡两岸长江三峡文物保护座谈会上'，国家文物局局长张德勤说：三峡工程论证和审议过程中，多次提出和明确过三峡工程文物保护的方针，就是要对文物古迹予以高度重视，尽可能地搬迁和保护，将不利影响降低到最小程度。他说：'希望社会各界人士、海内外同胞，与我们共同承担起这一重大责任，以无愧于长江三峡悠久锦长的历史，无愧于举世瞩目的伟大的三峡工程!'

……"

《据新华社 11 月 3 日播发的《三峡文物保护引起各方重视　抢救工作刻不容缓，成为共识》一稿报道：

"……政协副主席钱伟长率团考察三峡文物工作后的这种真切感受，在昨天举行的三峡文物保护座谈会上，得到与会人士的一致认同，'抢救三峡文物刻不容缓，义不容辞'，成为文物、建设等各个部门的共识。

"由全国政协教育文化委员会、国家文物局、光明日报社主办的这次座谈会上，一些专家、学者再次强调了三峡地区文物保护的重要性的紧迫性。

"……

"来自专家和文物部门的呼声，得到与会工程建设部门的积极响应。三峡工程建设委员会副主任李伯宁在发言中说，文物问题，始终受到我们的关注，以前也做了不少工作，今后要根据各位专家的意见进一步改进。他认为，抢救保护有价值的文物也是建设部门义不容辞的责任，有关经费将在工程概算中包括，过去估计不足的要加以改正。担负三峡建设各方面具体工程的三建委办公室、三峡工程开发总公司、国务院移民开发局的负责人也都表示，他们将全力保证三峡文保工作的费用，并教育全体三峡建设人员树立文保意识，在签订施工合同时增加文物保护条款，在工程安排、移民开发、新城建设等各项工作中兼顾文物保护工作的进行。……"

据《人民日报》11 月 15 日登载的《科研院校联手　精兵强将会集　三峡地下文物抢救发掘全面铺开》一稿报道："……12 日，中国社会科学院考古研究所、北京大学、吉林大学、南京博物院等 14 个单位在此间与国家文物局三峡工程文物保护领导小组办公室签订了三峡工程淹没区及移民安置区地下文物保护规划工作委托书——这意味着全国考古界的精兵强将已经紧急动员起来，联合进行三峡地下文物宝库的抢救保护和研究工作。……

"国家文物局要求各单位保证选派的考古人员的数量和质量，认真细致地、高质量地完成任务。一年后，各单位将提交自己所承担的有关县、市地下文物保护规划的详尽报告。"

据新华社 12 月 14 日《三峡坝区文物抢救性发掘初战告捷》一稿报道："长江三峡工程坝区文物大规模抢救性发掘已初战告捷。今年 4 月到 11 月的 8 个月里，考古工作者在三峡大坝坝址所在地中堡岛上完成了 1900 多 m^2 面积的发掘工作，获得了一系列极为重要的考古新发现。……"

关于三峡旅游的报道

据《工人日报》12 月 3 日登载的《明日三峡景如何》一稿报道：

"……对于即将淹于水下的名胜古迹，国家将根据不同情况采取有效的保护办法。坝前水位提高 100m 左右，锦绣三峡被重新剪裁，呈现在人们面前的仍是雄、险、奇、幽的壮观景色。

"三峡景观主要特色是山高峰秀，壁陡峡窄，水曲回环。兴建大坝后，江面拓宽，对原有高窄峡谷的景观有一些削弱，但影响有限。如瞿塘江两岸峭壁，崖顶高程约在150～350m之间，水库蓄水到175m时，较高的绝壁在水面上的净高度仍有170m之多，水位消落较多时，净高可达200m，再加上背后高达千米的赤甲山、白盐山衬托，“夔门天下雄”的气概不减当年。著名的神女峰高程约921m，剪刀峰约为787m，游人泛舟于峰脚下，离峰顶尚有六七百米之高差，仍须仰头眺望，幽深秀丽的景色变化不大。三峡河谷是宽窄相间的，水位上升后宽谷河段形成平湖，窄谷河段由于陡崖平峙，水面却增宽不多，岸畔高山连绵，如封似闭，凭目远眺，仍有“山塞疑无路，湾回别有天”的感觉。

“三峡滩多水急，水库蓄水后，换来的是万顷碧波的高峡平湖，湖光山色更加美丽。游客可泛舟湖面，轻歌漫游，尽情享受三峡自然风光，不必担心过滩履险。

“忠县石宝寨建在玉印山上，山脚高程为150～160m，石宝寨门高程约175m，寨顶高程约230m。三峡工程蓄水后，玉印山成为湖中孤峰，石宝寨塔楼可采取技术措施予以加固保护。12层塔楼濒临水边，宛如水上浮宫，景色将更加迷人。

“白帝城山头的高程约230m左右，连接后山的山凹高程约150m左右。水库蓄水后，凹部淹入水中。白帝城到奉节的江面将拓宽到400～800m，白帝城将成为扼守夔峡的湖中岛。蔚蓝色的湖水，环绕葱郁的山恋，将具有蓬莱仙岛的韵味。

“沿水库区有些高程较低的文物和景观，在三峡大坝建成蓄水后，无疑将被淹没，为尽可能地减少损失，对这些景观将采取补救措施。如张飞庙、秋风亭、屈原祠将新选适当地点重建，并作一定的发展，使之形成新的旅游景点。粉壁墙和孔明碑的石刻，可拓巾拍照，或重新凿刻，或切割下来，建馆陈列。兵书宝剑、牛肝马肺等自然景观，也将考虑在适当的岩壁上人工再塑制。涪陵白鹤梁石鱼等一般年份很难露出水面，三峡建库后将永沉水底。有关方面正在研究保护建馆保存，也许维持原貌修建水下博物馆。

“三峡工程，是一项改造自然的壮丽事业。工程建成之日，将是三峡景色更加诱人之时。

“未来的三峡水利枢纽工程，修建在西陵峡里的花岗岩区，白云缭绕的万山丛中，一道银灰色的混凝土摩天大坝，横断江底；高压输电铁塔，矗入云端；轮船通过多级船闸，驶进高峡平湖之中。大坝以上，形成一个600km的人工航道，山城重庆将成为优良的内陆港口。今日的险滩暗礁，尽埋湖底，原来的山涧沟壑，成为湖边的岛屿岬角。

“未来春游三峡，您可以湖上泛舟，欣赏那‘春江花月夜’的迷人景色。夕阳西下，落日熔金，渔歌互答，浮光耀眼，令人乐而忘返。

“盛夏来临，这里将成为新兴的山区避暑胜地，沿着湖边坡地，开辟出一个个游泳场，湖上游艇如梭，湖内人影绰约。

“当你驱车去参观三峡水电站时，高速电梯把你送到水下龙宫，使你仿佛走进了一个神话般的水晶世界，一台台巨型发电机组，在飞速旋转。几位白衣仙女，端坐在遥控台前，荧屏上显示出巨大的电流，以三峡为中心，已经形成一个北通京、津、唐、西达兰州，东至沪、宁、杭，南接五羊城的巨大电网，照亮了大半个中国。

“从平湖码头启锭进峡，宽谷处，湖面开阔，碧波荡漾；山间台地，遍布桔林、茶园，香飘四季；那披着雾纱的巫山神女峰，好似走下100多m的台阶，笑迎游客；由于长江旅游事业的大发展，游览胜地的大建设，这雄、险、奇、幽的三峡胜景，显得更富魅力。

“有人建议，把三峡库区建设成为国家公园和世界最大的娱乐场，使它成为人类绝无仅有、独具特色的世界旅游胜地。

“我们尽可放心，三峡工程上马兴建，三峡风光虽多少受些影响，但其绮丽迷人风韵将永远存在，而且因一些新景点的出现增光添彩，更加妩媚超群，甚至会出现一些意料不到的美景。正如毛泽东同志所预言：‘神女应无恙，当惊世界殊’！”

（新闻宣传中心　张晓芽）

海外人士谈三峡

基辛格再谈三峡工程

美国前国务卿亨利 .A. 基辛格博士是中国人民的老朋友，世界著名的政治活动家。他曾应我国政府邀请，多次来华访问。1982 年国庆节他第 11 次访华，曾专程访问重庆，并乘专轮顺江而下，游览长江三峡，参观三峡坝址和葛洲坝建设。我受外交部、水电部委派，有幸全程陪同，负责介绍两坝情况，并随行访问座谈。尔后，我们建立了私人联系，他多次来信关心三峡工程进展，祝贺三峡工程终审通过，并寄来大幅彩照和回忆录《白宫岁月》。

1993 年 6 月，我参加由原水利部杨振怀部长率领的中国水利学会代表团，应邀赴华盛顿参加第一届国际水科学及工程大会。代表团一行 10 人，有我国水电科学专家张光斗、林秉南、窦国仁、陈济生、戴定忠等。这是一次国际水电科学及工程的盛会，有来自 50 多个国家或地区的 300 多名专家、学者及工程技术人员参加。大会历时 6 天，分专题进行水科学、水资源开发、水利水电科学技术及工程建设经验交流，成果汇报、座谈讨论等，我国代表也各自在大会宣读论文。6 月 7 日晚，我国驻美大使馆主持召开三峡工程专题报告会，宣讲三峡工程建设，播放录像，即席答问，受到与会专家、学者、社会名流及中外记者好评。

基辛格办公厅秘书伊丽莎白·特纳小姐在 6 月 7 日电话及电传基辛格博士正式邀请，6 月 9 日下午 16 时 30 分在华盛顿特区第 18.K 街基辛格办公室会晤。

这是一套四室两厅套间，在综合大楼第 10 楼 1021 室。进门为会客室，里边为秘书室，内厢为基辛格办公室及休息室。办公室井然有序，秘书工作有条不紊。16 时 25 分伊丽莎白小姐在会客室接待，随即通报，16 时 30 分基辛格身着黑西服，满面笑容，从内厢走出，握手问好，邀我进内厢办公室沙发坐下。这实际是一间书房，一边书架摆满书卷图册，一边摆设办公桌及长沙发，秘书煮咖啡相待，会晤就在边喝边谈、轻松和谐的气氛中进行。

基辛格首先寒暄：“欢迎你来华盛顿参加国际水科学会议，几时到的，会开得怎样，走访了哪些地方?”我一一作答，并向他问候：“基辛格博士，你好！还记得 11 年前我们的长江之行吗?”他点头答道：“记得，记得，那年 10 月 1 日，从北京飞到重庆，参观了市容，第二天乘船顺江而下，游览了长江三峡，还看了三峡坝址和葛洲坝，乘船直达武汉。”基辛格神采奕奕，记忆犹新。

当我带去一本长江三峡工程画册，一个印有三峡水利枢纽鸟瞰图的瓷盘和其他小礼物时，话题转到了三峡工程。他深情地说：“三峡工程是世界最大的水电站，听说前期准备工作已开工，祝贺你们。”他还关心工程建设和生态环境问题，“将来还会对外招标，邀请外商参加建设吗?”我答：“三峡工程是特大工程，主要依靠我们自己力量设计、施工，将来遇到困难问题，也会请国外专家咨询，一些大型机电设备也可能引进国外技术或设备。”他含笑首肯，还对工程筹资和电力分配感兴趣。当我提到中国三峡工程开发总公司和中国水利学会欢迎他有机会再去长江三峡参观访问时，他表示感谢。我们晤谈近 50 分钟，当我起身告别时，秘书为我们合影留念，基辛格送我到门口，连声说：“谢谢你，再见!”

基辛格博士足迹遍世界，是国际新闻热点人物和世界风云人物。他今年 70 岁了，仍然头脑清晰，思路敏捷，还关心着世界大事，今年波黑战争冲突，国际社会还有人请他出面斡旋。他是中国人民的老朋友，不仅为打开中美两国关系作出了重要的贡献，而且十分关注中国的发展。他几乎每年都要来中国访问一次，1992 年冬来北京时，又强调中美两国关系，对两国和两国人民都有重要的意义。

这里介绍的是一个鲜为人知的故事，一段三峡工程的插曲，一位大人物和一位普通中国教授、高级工程师的私人交往。从这里也反映他平易近人，不拘一格广交朋友的一个侧面。当然，更重要的是展示他关心世界大事、关心中国经济建设的发展，关心举世瞩目的三峡工程的襟怀。

（原载《中国三峡工程报》，1993 年，王儒述）

大事记

Ⅷ

牛肝马肺峡

1993年大事记

《中国三峡建设年鉴》编辑部

一　月

3日　国务院国发〔1993〕1号文件决定成立国务院三峡工程建设委员会，李鹏任主任委员，邹家华、陈俊生、郭树言、贾志杰、肖秧、李伯宁任副主任委员，钱正英任顾问，国务院有关部委负责同志任委员。委员会下设办公室和移民开发局，同时决定成立中国长江三峡工程开发总公司（简称中国三峡总公司），并且明确总公司是一个自负盈亏、自主经营的经济实体，是三峡工程项目的业主，全面负责三峡工程建设和经营。调能源部副部长陆佑楣任总经理。

二　月

1日　陆佑楣总经理邀请潘家铮、李永安等6位专家来三峡工地，和筹建处、长委会的同志一起研究了三峡工程施工总体布置与施工管理方式，以及当年工程的具体安排，并对三峡工程对外交通方案和总公司章程进行了讨论。

19～20日　巴西联邦共和国矿业能源部副部长博格期一行来三峡访问，参观了三峡工程展览，并赴坝址进行了考察。

25～28日　清华大学张光斗教授在长江水利委员会总工程师王家柱同志陪同下，来工地了解三峡工程前期施工准备工作情况。

三　月

11日　郭树言同志主持国务院三峡工程建设委员会第一次办公会议，研究三峡工程对外交通运输方案。出席会议的还有李伯宁、黄镇东、魏廷琤、陆佑楣等。会议确定三峡工程对外交通运输选用公路为主、水运为辅方案。

21日　右岸茅坪溪小改道工程开工。根据中国长江三峡工程开发总公司和葛洲坝工程局双方于1992年11月18日签定的《前期施工准备工作协议》，由葛洲坝工程局五公司承担施工任务。该项工程于5月1日提前20天胜利竣工，为右岸一期工程土石围堰试验段开工创造了基本条件。

是月，经国家文物局及三峡文物保护领导小组批准，三峡文物保护湖北工作站在宜昌县三斗坪黄陵庙正式挂牌。

四　月

2日　国务院三峡工程建设委员会召开第一次会议，研究三峡工程施工准备工作。会议就三峡工程前期施工准备、资金筹措、征地移民等问题进行了讨论。其中关于三峡工程前期施工准备阶段，当前要做好以下几项工作：①抓紧进行枢纽工程初步设计审查；②当前移民工作的重点在湖北省，希望加强领导，抓紧进行坝区征地和移民，为整个移民工作开个好头。③同意汇报中提出的1993年计划安排；④对三峡库区工厂搬迁技术改造专项贷款应予支持。会议同时明确，葛洲坝电厂是三峡总公司的组成部分，产权归三峡总公司，但电厂必须服从电网的调度；成立葛洲坝电厂董事会，董事长由三峡总公司派出，总经理由华中网局指派。

4日　为筹集三峡工程建设资金，根据1992年国务院第205次总理办公会议决定，国家计委、财政部、电力部，国家物价局以计投资〔1993〕631号文联合发出通知：从1993年1月1日起，对葛洲坝电厂上网电价在现行电价基础上每年提价1分，分4年到位，每kW·h共提价4分，作为三峡工程建设基金。

8日　三峡工程设备采购第一标——陈家冲变电站63000kVA主变压器揭标，衡阳变压器厂中标。

10～13日　西陵长江大桥初步设计审查会在宜昌召开。经国家有关部委专家对悬索桥、斜拉桥和连续钢构桥三个方案进行评审，钢箱梁悬索桥方案获得通过。该项设计由长委会委托铁道部大桥工程局勘测设计院设计。西陵长江大桥是三峡工程施工期南北两岸的主要交通路桥。三峡工程建成后，大桥又是三峡城区与鄂西干线公路过江的永久公路桥。同时也是我国目前最大的悬索桥。

12日 湖北省代省长贾志杰在中堡岛考察三峡工程，并通报了湖北省支援三峡工程建设的有关工作情况，提出当前最紧迫最主要的任务是必须抓紧坝区的征地移民工作。总公司（筹）副总工程师陈福厚陪同考察。

13～14日 以武部健一为团长的日本经济考察团一行11人来总公司（筹）访问，主要了解三峡工程利用外资、技术成套设备招标等情况。

16～18日 国务院三峡工程建设委员会召开首次现场办公会。副主任郭树言、委员陆佑楣、魏廷琤一行视察了三峡坝区，并传达了国务院三峡工程建设委员会第一次会议精神。在听取各方面负责人关于设计、管理、移民、施工等前期准备工作的汇报后，对存在的问题进行了协调。确定今年三峡工程前期准备工作的计划投资为20.2亿。其中，前期施工15.2亿，库区移民5亿。

23日 中国三峡总公司（筹）召开全体职工大全，总经理陆佑楣同志号召全体职工要有清醒的头脑，要以谦虚的态度，确保三峡工程高质量、高效益。要认真贯彻执行国务院三峡工程建设委员会会议精神和李鹏总理讲话的精神，用实际行动树立起三峡工程项目业主的形象。希望公司全体职工通过学习和工作，成为各个方面所需要的专家，献身三峡工程建设。

24日 以新华社澳门分社社长、全国政协委员郭东坡为团长的考察团一行30人，参观了三峡工程展览，并了解了三峡工程移民和工程效益等情况。

28日 由中国三峡总公司主办的《中国三峡工程报》试刊号正式向全国发行，李鹏总理亲题报名。同时为创刊题辞的有：全国政协副主席、国务院三峡建设委员会顾问钱正英，国务院三峡建设委员会副主任李伯宁，中国科学院学部委员、中国机械工程学会前任理事长沈鸿，原水电部副部长、著名水利水电专家张含英，中共湖北省委书记关广富，湖北省代省长、国务院三峡建设委员会副主任贾志杰。

28～30日 三峡工程对外交通方案审查会在北京召开，公路方案获得通过。对外交通准一级公路全长28.64km，沿途经过四处隧道，最长的木鱼槽隧道长3614m；桥梁17座，其中特大桥4座。公路建成后日通过能力为6000车次，高峰可达9000车次。

五 月

2日 应中日友好协会邀请，日本前首相海部俊树一行9人来葛洲坝电厂和三峡参观访问。在参观了“长江三峡工程展览”和听到三峡工程介绍后，用中文题写了“构想气宇雄大，国泰民安全”十一个大字。

6～8日 《长江三峡水利枢纽工程区域总体规划》在宜昌通过评审。会议认为：湖北省城市规划设计研究院设计资料可靠，指导思想正确，分析论证充分，各项经济技术指标基本可行，总体布局合理，达到了国家《城市规划编制办法》规范要求。

8日 三峡坝区移民第一村——中堡村新居民点（谢家湾）破土动工。中堡新村以谢家湾、堰湾和长湾组成永久居民点，占地101亩，可安置562人。投资50万元，开挖土石量7万m^3。

13～25日 由国务院三峡工程建设委员会办公室组织的三峡水利枢纽工程初步设计专家审查会在北京召开。来自全国各地的126位专家，组成核心专家组和水文、地质、泥沙、枢纽、施工等10个专题组，历时12天，审查通过了三峡水利枢纽初步设计。该设计是长江水利委员会根据已批准的可行性研究报告编制的，共分11篇，300多万字。这次审查会是一次科学民主的审查会，国务院副总理邹家华在会议上作了重要讲话，全国政协副主席钱正英、计委主任陈锦华、副主任郭树言和水利专家张光斗、严恺、潘家铮等出席了会议。李鹏总理特地给会议发了贺信。

14日 水利部部长钮茂生、副部长何璟，国务院三峡工程建设委员会副主任李伯宁一行，在沿江考察三峡库区移民试点和长江防汛工作途中，抵中堡岛进行考察。

23日 湖北省三峡气象服务中心在宜昌市乐天溪正式挂牌成立。这是省气象部门为服务三峡工程建设，在中国气象局的大力支持下，在三峡地区成立的一个专业气象服务台。

27日 邹家华副总理主持召开国务院三峡工程建设委员会办公会议，研究三峡工程建设资金的落实问题。国家计委、国家经贸委、财政部、电力部、人民银行、建设银行、国务院三峡工程建设委员会办公室、中国长江三峡工程开发总公司、国务院三峡工程建设委员会移民开发局等部门的负责同志参加了会议。

29日 移民开发局国峡移发第9号文件，发布了《长江三峡工程库区移民资金管理办法》。此办法是根据中央为长江三峡工程制定的开发性移民方针和国务院有关文件的规定，为了加强三峡工程移民资金管理，提高使用效益，妥善安置库区移民而制定的。

31日 三峡工程2万t/d生活水和9万t/d生产水水上水厂船初步设计审查会在宜昌召开，并通过专家评审。水上水厂船是将取水净水集中布置在船上的新型给水设施，可随施工部位变化而变换船位，具有移船灵活的特点，适合水电工程施工供水。

六 月

1~4日 1993年三峡工程移民计划工作会议在北京召开。会议由国务院三峡建设委员会主持，副主任郭树言、李伯宁作了重要讲话，三峡工程移民开发局局长唐章锦作了会议总结。参加会议的有国务院有关部委，湖北省、四川省移民办公室和长江水利委员会等单位负责同志。会议总结了八年来移民试点工作经验，并对今后移民工作作了部署：要求突出重点，优先安排90m以下移民，积极为135m以下水位移民搬迁作准备。

会议还要求认真贯彻李鹏总理关于“移民工作主要是政府行为，要把移民工作纳入议事日程，并配一副职来抓这项工作，以确保三峡工程的顺利进行，使移民得到妥善安置”的指示。

3~5日 中国三峡总公司（筹）组织的“三峡工程土石方工程机械设备专家讨论会”在葛洲坝电厂召开。与会专家对土石方工程机械设备的选型、配套、数量和管理等问题，提出了许多有益的意见和建议。会议还邀请了中国水利水电工程总公司，长江水利委员会，水电三局、四局、六局、八局，葛洲坝工程局，葛洲坝电厂和华大集团三峡服务中心等单位。

13~14日 国务院三峡工程建设委员会副主任郭树言在考察三峡工程库区移民情况后，检查了三峡前期施工准备情况。并于次日听取了中国三峡总公司（筹）副总工程师陈福厚、办公室主任刘洪泰关于工程进度情况的汇报，以及长委会、葛洲坝工程局、宜昌市委市政府等单位的汇报。汇报会上郭树言副主任强调指出，各方面要协调一致，加快前期施工准备工作步伐。

18日 “中国国际大型水电站设备和施工机械展览会”在北京中国国际展览中心开幕。全国政协副主席钱正英为开幕式剪彩，中国三峡工程开发总公司陆佑楣总经理致开幕词。本次展览旨在为兴建三峡工程提供大型施工机械的选型，来自加拿大、美国、英国、法国、德国、俄罗斯、瑞典、瑞士、日本和国内及香港地区等70多家厂商的产品参加了展览。展览会由电力部、水利部、中国国际贸易促进会和中国三峡工程开发总公司联合主办。

25日 中央机构编制委员会办公室中编办〔1993〕28号文批准同意移民开发局行政编制50名，后勤编制5名；同意移民开发局内设办公室、计划财务司、规划司、经济技术合同司、驻宜昌办事处共5个司、室。

19~26日 首届“三峡杯”书画大赛优秀作品在北京劳动人民文化宫展出。本次献展作品共130件，是在全国两千余件征集稿件中精心评选出来的获奖作品和特邀作品。“三峡杯”书画大赛活动由《中国三峡工程报》社和中国书画函大书画研究会宜昌分会等单位联合主办。

28日~7月3日 中国三峡总公司制作的“三峡工程模型”第一次在香港展出。这次展览与湖北省对外经济贸易促进会组织的“’93湖北省暨武汉市（香港）经贸洽谈会”招商活动同时举行，展出6天，共接待参观者2万多人次。

29日 朱镕基副总理受李鹏总理委托主持召开国务院第六次常委会议，审议并通过了《长江三峡工程建设移民条例（草案）》。《条例（草案）》对移民的安置、淹没区和安置区的管理及各项优惠措施作了明确的规定。

29日 经过59天艰苦奋战，一期围堰试验段提前完成78.5m设计高程填筑任务。该试验段位于长江右侧、中堡岛上游，长753m，堰顶高78.5m、顶宽19m，填筑总方量46万m^3，水下清淤19万m^3，设计要求能抵御20年一遇72300m^3/s洪峰流量，是三峡工程前期施工的重点项目之一。

是月 三峡工程国际研讨会于6月下旬在北京国际展览中心召开。中国三峡总公司陆佑楣总经理致词，长江水利委员会总工程师王家柱同志介绍了三峡工程的总体设计。国外制造商介绍了各自的产品和技术，其中包括伏伊特、法国电力公司等著名工厂和公司。

七 月

4~6日 三峡工程对外交通“两桥一隧”设计审查会召开，并通过桥隧专家审查。黄柏河大桥、乐天溪大桥和木鱼槽隧道是三峡工程对外交通的重要通道，由铁道部第一勘测设计院设计。参加审查会的有交通部、水利部和四川、湖北、湖南、广东省级专业设计院，以及大专院校，共40名专家。

6日 国务院国人字〔1993〕105号文“关于李永安等五同志任职的通知”任命李永安、袁国林、贺恭、王家柱、秦中一为中国长江三峡工程开发总公司副总经理。

12日　第一期“三峡工程监理培训班”在葛洲坝水电工程学院举行开学典礼。中国三峡总公司陆佑楣总经理、袁国林副总经理参加了开学典礼并讲话。这期培训班由电力部主办，为期两个月，共80名学员。

14日　全国政协副主席、国务院三峡工程建设委员会顾问钱正英在陆佑楣、魏廷琤等同志陪同下，视察了三峡工程前期施工准备工作，并于当天下午听取了中国三峡总公司的情况汇报。

20日　下午2时，今年长江首次洪峰以38500m^3/s流量通过三峡坝区。这次洪峰持续时间长达12小时。为确保汛期施工，中国三峡总公司对长江防汛工作十分重视，先后在坝区长江干流上建了6个水位观测站，并配备防汛通信、车辆及各种防汛物资，立足防大汛。

26日　国务院副总理邹家华受李鹏总理委托，在北京主持召开国务院三峡工程建设委员会第二次会议，审查批准了《长江三峡水利枢纽初步设计报告(枢纽工程)》。并以国务院三峡工程建设委员会文件国三峡委发办字〔1993〕1号文下达审定枢纽工程概算按1993年5月末价格控制在500.9亿元以内。该《报告(枢纽工程)》是长江水利委员会根据国务院审查通过的《长江三峡水利枢纽可行性研究报告》和《关于兴建长江三峡工程决议》进行设计的，共分11卷，由综合说明、水文、地质、规划、枢纽布置与建筑物设计、机电、施工、概算、工程泥沙问题、经济评价、环境保护卷组成，约300万字。本次审查会是在今年5月13～25日初步审查的基础上进行的，根据审查，批准长江三峡工程建设将采用“明渠通航，三期导流”的施工方案。

29日　国务院以国函〔1993〕111号文关于中国长江三峡工程开发总公司有关事项的批复，进一步明确三峡总公司是三峡工程项目的业主，需要向国务院请示、报告的事项，由国务院主管三峡工程的领导负责审定。公司正副总经理，按干部管理权限任免。公司实行计划单列，具体由国家计委落实。

31日　国务院三峡工程建设委员会以国三峡委发办字〔1993〕1号文发出“关于批准《长江三峡水利枢纽初步设计报告(枢纽工程)》的通知”。

八　月

6日　中国长江三峡开发总公司向北方重型汽车有限责任公司购置40台TEREX3307矿用自卸汽车的订货合同在北京正式签字。三峡总公司秦中一副总经理，兵器工业总公司王德臣副总经理，美国TEREX公司总裁兰茨先生出席了签字仪式。

6～10日　国务院三峡工程建设委员会副主任郭树言一行10人在宜昌进行为期5天的现场办公。期间，详细了解了坝区施工进度和征地移民工作情况，指出“坝区征地移民工作是影响、制约工程进度的主要因素”，要求今年11月底前，完成全年的征地移民工作。并明确了四条措施。

10日　位于宜昌县小溪塔的“中华鲟园”开园。中华鲟系长江特产，是一亿四千二百多万年前遗存下来的古老珍稀鱼种。它的生活习性特殊，繁殖在长江上游金沙江，成长在我国东部沿海一带。为保护世界珍稀鱼种，自1982年以来中华鲟研究所共向长江投放215万尾中华鲟幼苗，加上网捕过坝等措施，其数量已接近葛洲坝建坝前的水平。

12日　中国三峡总公司召开生产协调会，陆佑楣总经理到会并讲话，指出：三峡工程招标必须公正廉洁。要求总公司各项目负责同志把好招标这道关，为工程选好施工队伍；要杜绝一切徇私舞弊等不正之风，不要在经济上陷入误区。

14日　湖北省三峡坝区征地移民协调领导小组成立。领导小组由湖北省政府、宜昌市、中国三峡总公司、长委会、葛洲坝工程局、三峡建行、宜昌县等单位负责人组成，副省长陈水文任组长，市长罗清泉任副组长。

15日　长江第二次洪峰于零点通过三峡工程坝区。这次洪峰流量为49500m^3/s，三峡工程一期围堰试验段再次经受考验。

17日　江泽民同志主持召开中央财经领导小组第7次会议，会议重点研究了三峡库区移民和资金筹集问题。会议指出：“库区移民事关三峡工程的进度，工作量大，政策性强，必须高度重视。要认真贯彻开发性移民方针，特别是农村移民，要立足于开发农业，‘就地后靠，当地解决’，并辅之以开发二、三产业和其他措施。要抓紧制定移民实施规划，在移民与工程进度相衔接的前提下，按照资金的可能，移民宜前不宜后、宜早不宜晚。要加强对移民工作的组织领导，‘中央统一领导，分省负责，县为基础’，调动各级干部和群众的积极性。特别是四川、湖北两省要切实负责，逐级落实。”

18日　三峡工程现场航运指挥部在宜昌成立。目前，长江日过坝运输船舶达200余艘次，预计2000年将达到500艘次。为保证三峡工程施工和长江航运安全，交通部批准成立“三峡工程现场航运指挥部”，并由中国三峡总公司统一指挥和协调管理。

19日　国务院总理李鹏签发国务院第126号令，发布《长江三峡工程建设移民条例》。

25～28日　为贯彻国务院三峡工程建设委员会第二次会议有关精神，建设委员会办公室在北京举行三峡工程升船机、超大型金属结构、大型施工机械设备国际合作与进口设备等问题研讨会，参加会议的有中国长江三峡工程开发总公司、长江水利委员会、清江水电开发总公司有关负责同志及专业人员。

28日　三峡坝区公安分局在坝河口成立。中国三峡总公司李永安副总经理到会祝贺，并希望公安部门的同志要切实抓好这项艰苦而又光荣的工作，为三峡工程建设提供一个可靠的安全环境。

28日　为组织全省支持三峡工程建设，并以三峡工程为契机，大力发展全省经济，湖北省人民政府研究决定，成立省支援三峡工程建设委员会。下设办公室，并设立省三峡工程移民开发局。原三峡工程湖北省前期论证工作领导小组及下设办公室、移民办公室同时撤销。

29日　新华社三峡支社在宜昌正式成立。三峡支社除了担负向国内外发布有关三峡新闻、通过内参渠道向中央反映有关情况的职责外，还负责新华社创办的《新华每日电讯报》、《经济参考报》、《中国证券报》、《瞭望》周刊、《半月谈》杂志以及新华社出版社在三峡地区的采访、组稿和编辑任务。

31日　中国长江三峡工程开发总公司首次就对外交通专用公路向全国发布招标通告。标书明确对外交通专用公路由宜昌市至三斗坪坝址处，全长28.64km，系全封闭准一级公路。第一阶段招标施工项目为“三桥一隧”共4个标段。

31日　中国三峡总公司以三峡筹人字〔1993〕第145号文印发《中国长江三峡工程开发总公司组织机构实施方案》和《总公司领导分工》。机构设置坚持“精简、统一、效能”的原则，实行以经营管理为核心，工程建设为重点，机关职能部门业务归口管理同项目管理有机结合的管理体制，由决策层、管理层和实施层三部分组成。

九　月

1日　国家经济贸易委员会以国经贸〔1993〕336号文批复《中国长江三峡工程开发总公司章程》。

3日　三建委办公室聘请五位专家组成泥沙课题专家组，协调三峡工程建设中泥沙科研工作。组长由中科院学部委员、国际泥沙研究培训中心顾问委员会主席林秉南担任。成员是：“窦国仁（中科院学部委员、南京水科院名誉院长、教授），谢鉴衡（武汉水利电力大学教授），陈济生（长江科学院院长、教授级高级工程师），张仁（清华大学水利水电系教授）。

11日　铁道部大桥局夺得“三峡工程建设第一标”——承建西陵长江大桥。西陵长江大桥为钢箱梁悬索结构，单跨900m，全长1501.6m，桥面净宽18m，4车道，是我国目前最大的悬索公路大桥。有神州第一跨之称。“西陵长江大桥”是李鹏总理的亲笔题名。

18日　中华人民共和国国家工商行政管理局正式向中国长江三峡工程开发总公司颁发了企业法人营业执照。注册号10001505—8。法定代表人陆佑楣。明确经济性质为全民所有制。主管三峡工程建设和经营管理，兼管长江中上游水资源开发，水利水电技术服务，水利水电工程所需物资、设备的销售，与上述内容有关的咨询服务。

27日　中国长江三峡工程开发总公司在宜昌市正式挂牌成立。党和国家领导人江泽民、李鹏、邹家华、钱正英、陈俊生等同志题词祝贺。邹家华、郭树言同志为“中国长江三峡工程开发总公司”揭牌，邹家华副总理、陆佑楣总经理、湖北省委副书记钟书樵分别在成立大会讲话。

参加成立大会的首长及来宾共350人，出席代表约400人，有来自全国40个新闻单位80名记者进行了现场采访，同时全国各地及国际友人发来的贺电贺信共66封。成立大会俭朴、隆重。大会由副总经理李永安主持，国务院副秘书长李世忠宣读了国务院对总经理陆佑楣、副总经理李永安、袁国林、贺恭、王家柱、秦中一的任命通知。

27日　《中国三峡工程报》正式创刊，并发表题为“三峡工程巨、舆论作前驱”的创刊词。

28日　邹家华副总理一行在陆佑楣总经理、李永安、贺恭副总经理陪同下视察了三峡工程施工现场和移民居民点。在朱家湾移民点视察时指出：移民工作是一项群众工作，要做好群众的思想工作，春节前一定要让移民搬入新居，过个祥和的春节，这样我们就放心了。

十　月

3～4日　全国政协副主席钱伟长率领的全国政协三峡文物考察团一行38人，在中堡岛进行实地考察。4日下午在桃花岭宾馆听取宜昌市副市长吴雁雁关于文物保护情况汇报。在汇报会上钱伟长副主席作了重要讲话，要求广泛宣传《国家文物保护法》，依法保护国家文物。会上，中国三峡总公司陆佑楣总经理表示：保护中华民族古文化是一件非常重要的事情，三峡总公司将高度重视，努力协同做好此项工作。

4日 中国三峡总公司以三峡人字〔1993〕第6号《关于总公司直属部门和单位“三定”方案及有关事项的通知》，明确了直属部门和单位的机构设置和编制。

8日 移民开发局以国峡移发〔1993〕80号文，向三峡库区县以上移民局办印发了《关于做好三峡工程库区文物保护前期工作有关问题的通知》。

10日 中国三峡总公司所属实业公司经营的三峡坝区接待中心正式开业。接待中心建筑面积9400m²，可同时接待300多人，是为三峡工程建设服务的辅助设施。

13日 原国家主席杨尚昆在湖北省委书记关广富、副书记回良玉和中国三峡总公司副总经理贺恭陪同下，在中堡岛视察了三峡坝址并签名留念。

15日 为及时反映三峡工程建设情况，中国三峡总公司办公室编印“三峡工程简报”。简报为不定期内部信息，发总公司正副总经理、各部门、各单位，抄报中共中央政治局常委，国务院总理、副总理，中共中央办公厅，国务院办公厅，国务院三峡工程建设委员会主任、副主任、顾问、委员，中共中央组织部、劳动部、人事部，以及湖北省人民政府、四川省人民政府。

15日 中国长江三峡工程开发总公司以三峡办字〔1993〕12、13号文发布《关于加强坝区已征土地管理的公告》和《关于整顿工程区施工秩序的公告》。

20～21日 三峡工程陈家冲变电所设备招标会在武昌开标。经中国三峡总公司、长江水利委员会设计局等单位组成的专家评标委员会评定，湖北省开关厂中标。

22日 经国务院批准启用“中国长江三峡工程开发总公司”印章。

24日 长江水利委员会三峡工程右岸监理总站在坝河口举行揭牌仪式。中国三峡总公司总经理陆佑楣、副总经理李永安、袁国林、贺恭出席揭牌仪式。陆佑楣总经理对右岸监理总站的成立表示祝贺，并指出：三峡工程的监理应是高水平的，不只是对质量实行监理。监理应该是以合同为依据，对工程的质量、进度和成本进行全面的控制。

24日 长江三峡水利枢纽工程一期土石围堰下河填筑开工典礼在中堡岛举行。500辆（艘）汽车、船载装的万吨石料，在中堡岛附近抛入长江中。中国三峡总公司总经理陆佑楣、副总经理李永安、袁国林、贺恭等参加了葛洲坝工程局举行的开工典礼。一期土石围堰位于长江右侧，上游起于茅坪溪，经中堡岛左侧过坝轴线，止于老三斗坪，由茅坪溪段，上游横向段、纵向段和下游横向段组成，全长2502.4m，设计堰顶高79～80m、宽10m，总填筑量324.7万m³，施工期为8个月。要求1994年6月底全面完成。

24日 移民开发局以国峡移发〔1993〕86号文，向三峡库区县以上人民政府印发了《关于加强三峡库区水土保持工作、严禁淹没线以下超前伐木的通知》。

27日 中国三峡总公司与日本三菱商社合作意向书签字仪式在宜昌举行。双方将在工程维修服务等方面进行合作。中国三峡总公司副总经理袁国林参加了签字仪式。

28日 由环保、工程、农业、经济、卫生、教育与科技人员组成的美国三峡工程考察团一行268人抵宜。中国长江三峡工程开发总公司副总经理李永安会见了美国客人。

29日 国务院新闻办公室在北京梅地亚中心举行中外记者招待会。国务院三峡建设委员会副主任郭树言，中国三峡总公司总经理陆佑楣、移民局局长唐章锦就三峡工程有关“国际合作、建设基金、物资供应及移民、投资等问题”回答了中外记者的提问。

30日 三峡工程对外交通“三桥一隧”及场内交通“三条路”承包合同签字仪式同一天在坝河口举行。中国三峡总公司副总经理贺恭、袁国林分别参加了签字仪式。铁道部大桥局，葛洲坝工程局联合体，铁道部第三工程局、第十八工程局，水利水电第十四工程局、第七工程局，武警水电指挥部等七家分别承包了黄柏河大桥、下牢溪大桥、乐天溪大桥、木鱼槽隧洞及陈坛路、苏覃路、苏黄路的建设任务。

30日 长江葛洲坝中华鲟人工繁殖研究所在长江古老背江段投入了中华鲟幼苗20万尾和它们的一对父母。20万尾幼鱼中有10尾小鲟，均体长1m左右、体重4.5kg。

31日 国际三峡岩石力学与工程技术讨论会在宜昌召开。来自日本、美国、意大利和中国的90多位专家教授参加这次会议。会议由中国三峡总公司总工程师哈秋舲主持，副总经理袁国林到会讲话，陆佑楣、陈赓仪、潘家铮被选为委员会荣誉委员。

是月 国务院三峡工程建设委员会、移民开发局组织三峡库区的各地、市、县参与了国家计委、经贸委、侨办等部门在深圳举办的招商活动。这次活动，积极宣传了三峡工程，介绍了库区经济发展的重点和一批可供合作的项目，为吸引外商同三峡工程和三峡库区发展合作事宜扩大了影响。

十一 月

6 日　中国对外文化交流协会会长、原中共中央委员朱穆之在三峡实地考察，中国三峡总公司陆佑楣总经理介绍了工程建设情况。考察之后，朱穆之强调：三峡工程对外宣传已刻不容缓，要让全中国和全世界了解三峡工程。

7 日　电力系统与电网年会在宜昌召开。电力部、中国机电工程学会、IEE 北京分会、电力科学院、华中电力集团公司等单位 200 名专家、学者出席了年会。为期 4 天的会议就三峡电力系统规划及全国联网等问题开展学术交流，并对三峡电站主接线及保护、三峡电力系统调度自动化及通信、三峡工程输电线路及过电压等问题举行专题报告。中国三峡总公司陆佑楣总经理到会祝贺。

10 日　国务院国办通〔1993〕33 号文批复，同意将中国华水水电开发总公司所属利源 、利能、江峡三个子公司划归中国长江三峡工程开发总公司，另行办理注册手续。三个公司并入时人员和原注册资金，包括相应的债权债务划归中国三峡总公司。

13 日　中国三峡总公司聘请中国诚信证券评估有限公司担任融资顾问。

13 日　中国三峡总公司以三峡办字〔1993〕第 40 号文印发《中国长江三峡工程开发总公司关于加强廉政建设的规定》。规定从招标、合同管理、采购、经营活动、接待、出国、新闻宣传等方面要求广大职工保持清正廉洁。

13 日　由全国政协副主席、中央统战部部长王兆国率领的“三峡考察团”一行 108 人在中堡岛进行实地考察。参加这次考察的有民建中央主席孙起孟、民进中央主席雷洁琼、民革中央主席李沛瑶、九三学社中央主席吴阶平、台盟中央主席蔡子民，著名无党派人士程思远以及 20 名全国政协委员、全国工商联负责人。这是建国以来规模最大的一次党外代表人士的考察活动，中国三峡总公司陆佑楣总经理专程到巫山上船迎接，并向考察团详细介绍了三峡工程的历史、决策过程、施工准备，以及资金筹措和生态环境等方面的情况。

16 日　英国 BBC 广播公司记者贾斯·奥布顿恩采访陆佑楣总经理，并参观了施工现场。

18 日　韩国文化广播公司记者一行 5 人到中国三峡总公司采访，袁国林副总经理向记者全面介绍了三峡工程情况，同时还会见韩国现代重型装备产业株式会社社长金烔壁一行，就我方初拟的 7 个合作项目再次进行了洽谈。

18 日　葛洲坝水泥厂三号窑扩建工程举行奠基仪式。三号窑扩建后将形成年产 82 万 t 高标号水泥生产线，是三峡工程水泥主要供应渠道。该工程投资 5 亿元人民币，由中国三峡总公司以补偿贸易形式提供。

20 日　袁国林副总经理主持召开部、室以上干部座谈会，学习《中共中央关于建立社会主义市场经济体制若干问题的决定》。陆佑楣总经理作了重要讲话，要求把学习《邓小平文选》第三卷与学习《决定》结合起来，认真探讨社会主义市场经济机制在三峡工程中怎样更好地发挥作用。

20 日　财政部〔93〕财工字第 375 号文《关于中国长江三峡工程开发总公司有关财务问题的批复》，同意将三峡总公司纳入中央预算管理，财务计划在财政部单列。

22 日　国务院总理李鹏在中南海召开座谈会，听取各民主党派中央、全国工商联负责人和无党派人士考察三峡工程的意见。李瑞环、邹家华、陈俊生、王兆国、钱正英等领导同志出席了座谈会。

25 日　国务委员、国家民委主任司马义·艾买提在陆佑楣总经理和湖北省副省长苏晓云等同志的陪同下考察三峡工程施工现场，并向工程建设者表示亲切慰问。

26 日　全国人大常委会副委员长布赫在贺恭副总经理、湖北省人大常委会副主任王汉章的陪同下，实地考察了三峡工程。

26 日　《人民日报》副总编辑李仁臣、国家体委宣传司司长凌志伟及《黑龙江日报》、《天津日报》、《湖北日报》、《湖南日报》、《云南日报》、《河南日报》等负责人来到三峡总公司采访，副总经理袁国林向客人介绍了工程规模、效益、资金筹措等情况，随后在总公司办公室副主任刘荣波陪同下实地考察了三峡工地。

26 日～12 月 19 日　三峡工程水轮发电机组对外技术交流会在武汉举行。这次技术交流会由国务院三峡工程建设委员会办公室主持，中国三峡总公司派出以黄源芳副总工程师为代表的 12 名专家出席了会议。应邀的外国公司有日本日立制作所和东芝株式会社、德国伏依特公司和西门子公司、加拿大 GEC 公司、俄罗斯列宁格勒金属工厂和电力工厂等 4 国的 7 家公司，共 50 名中外专家。会议分 5 期进行，并应陆佑楣总经理的邀请，分批到三峡工地实地考察。

28 日　葛洲坝工程局举行进峡一周年新闻发布会，向参加发布会的国内 21 家新闻单位 45 名记者发布了如下新闻：去年 11 月 28 日，业主中国长江三峡工程开发总公司与葛洲坝工程局正式签订了《三峡水利枢纽1992～1993年部分前期准备工程施工承包协议》。从此，葛洲坝工程局17个下属公司和单位5000余名将士，1233台（套）设备陆续进入坝区工地。所承揽的15个大项目中已有12个相继开工，内中42个子项目相继竣工，共完成土石方挖填1934万m^3，浆砌干砌块石47000m^3，建房7381m^2，安装供水管道214800m，埋设水泥涵管2132m，钢筋安制403t，建成大小供水项目19个，新建扩建35kV变电所各一座，安装变压器52台，立塔54座，放线9.02km，架通通信电缆33.7km。

31日　中国长江三峡总公司成立环境及文物保护委员会，主任由贺恭副总经理兼任。

是月　三峡坝址中堡岛文物发掘抢救工作结束。从4月开始，经考古工作者抢救性发掘，在约1900多m^2范围内，发掘出土距今6000多年的新石器时代文物遗存和夏、商、周、秦、汉、宋、元、明、清各个时期的文化遗存，出土陶片、瓷片10万多片，石器3000多件，还发掘古墓葬灰坑、房屋等遗迹200多处。特别是发掘出23个原始社会器物坑，对长江流域远古文化的起源有着十分珍贵的研究价值。

十二　月

2日　据《中国三峡工程报》载：长江三峡工程所在地的宜昌市人民政府办公室最近收到了国家农业部菜篮子工程领导小组办公室发来的函件，同意建立宜昌三峡工程菜篮子基地。、

6日　由中国水科院院长梁瑞驹率领的三峡汇报团一行16人来中国三峡总公司访问，受到总经理陆佑楣、副总经理贺恭、王家柱的接见。这是该院成立以来的一次最为庞大的业务研讨活动，院属水力所、结构材料所、水力机电所、抗震所、泥沙所、自动化所、水资源所等部门负责人和专家参加了这次三峡汇报团活动。

6～10日　三峡工程设备供需洽谈会在成都科技大学国际会议厅召开。洽谈会由中国三峡总公司设备公司主办，袁国林副总经理参加会议并致开幕词，来自中国、美国、日本、、韩国等国家70余家大型设备制造厂约120名代表参加了这次国际性洽谈会。

7日　罗马尼亚加拉茨县议长勒斯万为团长的加拉茨县代表团对中国三峡总公司进行友好访问，副总经理秦中一接见了来访客人，并表示希望在金融技术和人才交流等方面进行合作。

9日　中国三峡总公司技术委员会在京成立，聘请电力部顾问潘家铮为技委会主任、程山为常务副主任、张津生为副主任。技委会主要负责三峡工程技术设计的审查及重大科研工作把关。

10日　应陆佑楣总经理邀请，以伏依特水轮机集团总裁华福林和西门子水电部副总裁胡默哈格为团长的联合访问团来中国三峡总公司访问。副总经理李永安、秦中一分别就三峡工程水轮机和发电机方面的合作同访问团进行了座谈。

12日　中国核工业总公司副总经理、广东核电合营有限公司总经理昝云龙一行8人来中国三峡总公司访问。副总经理李永安、贺恭、秦中一向客人介绍了三峡工程建设情况，下午访问团由办公室副主任谭德骏陪同参观了葛洲坝电厂。

14日　中国三峡总公司总经理陆佑楣在上海举行“三峡工程座谈会”。上海市部分委办、局，以及大型企业、金融界、新闻界共80人参加了座谈会。

15日　以马凯先生为团长的加拿大GE公司代表团一行8人参观考察了三峡坝区，副总经理李永安、秦中一会见了加拿大客人。李永安副总经理在会见时高度评价了加拿大GE公司在清江隔河岩电站与清江水电开发总公司建立的友好关系，并希望继续保持这种友好合作关系。

16日　日本东北大学总长、日中科技交流文化中心名誉会长西泽润一率日中电力技术研究会访华团一行45人对三峡工程进行了考察。中国三峡总公司总经理陆佑楣、副总经理秦中一及有关负责人接见了来访客人。

18～23日　国务院总理李鹏对三峡工程进行了为期6天的考察。先后察看了中堡岛、一期土石围堰施工现场和朱家湾移民点，并召开5次座谈会，就三峡工程的建设、移民、资金，以及工程设备、坝区规划、黄龙寺机场建设等重大问题与有关方面负责人、专家进行了座谈，强调指出：三峡工程要坚持业主负责制和招投标制；要确保工程质量，进行文明施工；坝区规划与管理要远近结合，不留后遗症；要有第一流的工程质量、第一流的现代化管理、第一流的文明施工。地方政府要顾全大局，克服困难，做好移民工作。陪同考察的有国家计划委员会主任陈锦华、国务院三峡建设委员会副主任郭树言、李伯宁，财政部部长刘仲黎，电力工业部部长史大桢，机械工业部部长何光远、交通部部长黄镇东，以及湖北省委书记关广富、省长贾志杰、副省长陈水文和宜昌市委政府有关负责同志。在三峡工程实地考察时，中国三峡总公司总经理陆佑楣、副总经理李永安、袁国林、贺恭、王家柱、秦中一陪同。其间，19日下午，李鹏总理在桃花岭饭店红梅村亲切接见了中国三峡总公司领导班子全体成员。李鹏总理给陆佑楣总经理题词。

23 日 三峡工程西陵长江大桥的奠基仪式在望家坝举行。西陵长江大桥位于三峡大坝下游 4.5km 处，全长 1501.60m，宽 18m，单跨 900m，采用钢箱梁悬索桥单跨结构。迄今为长江大桥排行第 12 位。

24 日 三峡工程首批建设监理委托合同举行签字仪式。铁道部科学研究院、铁道部第四勘测设计院、电力部水利部华东勘测设计研究院、电力部水利部中南勘测设计研究院分别承担了西陵长江大桥、对外交通公路、临时船闸、升船机和永久船闸的工程的监理。首批监理单位的选定，标志着三峡工程建设监理体系已经建立。

24 日 中国三峡总公司在北京召开了《三峡工程管理信息系统》规划方案研讨会，国内外有影响的近 50 个单位的专家、学者 100 余人参加了会议。国家信息中心、中船总公司、航天部仿真中心、国防科技大、水利部规划总院等 16 个单位代表在会上作了专题报告，香港新历程系统有限公司、IBM 公司、SUN 公司、DEC 公司等 15 家实力雄厚的公司进行了现场演示。

25 日 国务院总理李鹏主持召开三峡工程建设委员会第三次会议。会议听取了陆佑楣同志关于三峡工程施工准备进展情况的汇报和唐章锦同志关于移民工作会议准备情况的汇报，会议着重研究了移民工作。邹家华、钱正英、郭树言等委员会成员参加了会议。

25 日 为认真贯彻执行李鹏总理 12 月 18～23 日在视察三峡工程期间对三峡工程建设所作的重要讲话精神，三峡工程开发总公司召开二级部门、单位和葛洲坝电厂负责人以上干部会议，传达贯彻李鹏总理的重要讲话。李永安、袁国林、秦中一副总经理出席了会议。

27 日 国务院副总理邹家华、国务委员陈俊生在北京召开三峡工程移民工作会议，总结三峡工程移民试点经验，部署中央各部委、各省市进一步开展对口支援三峡移民工作。

31 日 长江三峡水利枢纽右岸一期工程承包合同在宜昌平湖大酒店举行。右岸一期工程包括一期土石围堰、导流明渠内段外段、右岸电站厂房一期开挖、茅坪溪防护一期工程、西陵大道及右岸上坝公路、一期工程混凝土系统与砂石料加工系统及承建区内临时工程等 10 多项工程。签字仪式后，陆佑楣总经理指出：右岸一期工程是保证 1997 年长江截流，实现“5.6.6”总工期的制约工程，必须赶在截流前竣工。右岸一期工程是采取议标的形式承包的，总承包金额为 18.68 亿元。

31 日 全年共计完成土石方 1243.89 万 m^3，回填 852.36 万 m^3，混凝土浇筑 13552m^3，浆砌块石 29076m^3，干砌块石 19571m^3，供水管道安装 23000m，涵管埋设 2100m，钢筋制安 984t。全年计划投资 202000 万元，实际完成投资 163867.61 万元，其中：建安 64895 万元，水库淹没处理补偿费 47500 万元，其它费用 49454.34 万元，贷款利息 1928.27 万元。

是年 截至年底，三峡总公司有正式职工 413 人，其中各类专业人员 376 人，具有高级专业技术职务 100 人；享有政府特殊津贴 7 人。

统计资料

Ⅸ

无限风光

三峡水库淹没部分统计资料

三峡工程水库淹没人口指标表

表 1

项　目		湖　北	四　川	合　计
农　村		45846	256696	302542
城　市			127888	127888
非农业人口			125344	125344
农业人口			2544	2544
县　城		46927	204983	251910
非农业人口		46057	200945	247002
农业人口		870	4038	4908
集镇	Ⅰ类	23938	72584	96522
	非农业人口	16730	51347	68077
	农业人口	7208	21237	28445
	Ⅱ类	5547	47531	53078
	非农业人口	3328	28499	31827
	农业人口	2219	19032	21251
	Ⅲ类	1520	6848	8368
	非农业人口	760	3424	4184
	农业人口	760	3424	4184
	小计	31005	126963	157968
镇外单位		126	477	603
镇外企业		822	2391	3213
合　计		124726	719398	844124

单位：人

三峡工程水库淹没房屋及土地指标表

表 2

项　目		湖　北	四　川	合　计
房屋	农村	1702787	7624411	9327198
	城市		2941897	2941897
	县城	1627797	71252734	8753071
	集镇	1188808	4590122	5778930
	企业	761857	6787565	7549422
	其它	22388	222940	245328
	合计	5303637	29292209	34595846
土地	一、耕地	21480	229706	251186
	旱地	9958	98137	108095
	水田	10801	109724	120525
	菜地	721	21845	22566
	二、河滩地	621	57349	57970
	三、园地	33809	74395	108204
	柑桔	33161	61259	94420
	其它	648	13136	13784
	四、林地	11039	36917	47956
	经济林	3055	21009	24064
	用材林	7984	15908	23892
	鱼塘	312	4282	4594
	六、柴草山	14480	19311	33791

单位：m²、亩

三峡工程水库淹没专业项目指标表

表 3

项目		单位	淹没 湖北	淹没 四川	淹没 合计
公路	二级	km		15.2	15.2
	三级	km	75.87	189.35	265.22
	四级	km	143.86	399.97	543.83
	小计		219.73	604.52	824.25
	汽渡	处	2	10	12
港口码头停靠点	一类	处	0	2	2
	二类	处	4	14	18
	三类	处	10	57	67
	停靠点	处	20	162	182
输变电	110kV	km	21.84	12.06	33.9
	35kV	km	91.45	287.77	379.22
	10kV	km	549.91	1049.1	1599.01
	小计		663.2	1348.93	2012.13
通信	省～地～县	杆 km	3.05	134.81	137.86
	县～乡	杆 km	296.81	1402.46	1699.27
	乡～村	杆 km	220.19	718.71	938.9
	小计		520.05	2255.98	2776.03
	沪～汉～成线	杆 km	25	140	165
	长航通信线	杆 km	156	539	695
广播电视	县～乡	杆 km	259.42	944.68	1204.1
	乡～村	杆 km	328.3	3498.4	3826.7
	小　计		587.72	4443.08	5030.8
电　站		kW	13657.3	78547.8	92205.1
抽水站		kW	441	7421.4	7862.4

三峡库区建设期城镇受淹情况统计表(5年一遇)

表 4

县(市)名称	一期导流 城镇	一期导流 集镇	二期导流 城镇	二期导流 城镇	135m 城镇	135m 集镇	156m 城镇	156m 集镇	175m 城镇	175m 城镇	合计	
宜昌		太平溪										1
秭归	归州	茅坪 香溪 郭家坝 新滩 沙镇溪 泄滩				屈原 水田坝					1	8
兴山						峡口			高阳	建阳平	1	2
巴东			信陵			官渡口 东壤口 楠木园				沿渡河	1	4
湖北小计	1	7	1			6			1	2	3	15
湖北累计	1	7	2	7	2	13	2	13	3	15		
巫山					巫峡	双龙 大溪 培石 曲尺 南陵 望霞		大昌 七里 龙柱 洋溪		水口	1	11
奉节					永安	江南 安坪 草堂 对县 万胜 新城 七星		沟湾 平皋			1	9
云阳					云阳	双江 故陵 盘石 高阳 硐村 龙洞 莲花 九龙 巴阳 双梅 复兴场		云安 龙角 养鹿		南溪 水市 盛堡 盐渠 渠马 黄石 新津	1	21

续表 4

县(市)名称	一期导流 城镇	一期导流 集镇	二期导流 城镇	二期导流 城镇	135m 城镇	135m 集镇	156m 城镇	156m 集镇	175m 城镇	175m 城镇	合计	合计
万县					沙河	新田 武陵 壤渡 大周 小周 新乡 黄柏 溪口					1	8
万县市					万县市						1	
开县									汉丰	赵家 厚坝 镇安	1	3
忠县					忠县	洋渡 乌杨 石宝 甘井 顺溪 新生 东溪 复兴 坪山 农场部		涂井			1	10
石柱						西沱 沿溪						2
丰都					名山	高家 港普 兴义 农花 楠竹					1	5
涪陵市					涪陵市	李渡 蔺市 北拱 石沱				珍溪 清溪 南沱 龙驹 百汇 白涛 焦岩 镇安 河岸场	1	13
武陵										白马 羊角		2
长寿							长寿	扇沱场			1	1
江北										洛碛 鱼咀 舒家		3
巴县										木洞 麻柳		2
四川小计					8	52	1	11	1	27	10	90
四川累计					8	52	9	63	10	90		
全库合计	1	7	1		8	58	1	11	2	29	13	105
全库累计	1	7	2	7	10	65	11	76	13	105		

三峡库区建设期城镇受淹情况统计表(20年一遇)

表 5

县(市)名称	一期导流 城镇	一期导流 集镇	二期导流 城镇	二期导流 集镇	135m 城镇	135m 集镇	156m 城镇	156m 集镇	175m 城镇	175m 集镇	合计 城镇	合计 集镇
宜昌		太平溪										1
秭归	归州	茅坪 香溪 郭家坝 新滩 沙镇溪 泄滩				屈原 水田坝					1	8
兴山						峡口			高阳	建阳坪	1	2
巴东	信陵	官渡口 东壤口		楠木园						沿渡河	1	4
湖北小计	2	9		1		3			1	2	3	15
湖北累计	2	9	2	10	2	13	2	13	3	15		

续表 5

县(市)名称	一期导流		二期导流		135m		156m		175m		合计	
	城镇	集镇	城镇	集镇	城镇	集镇	城镇	集镇	城镇	集镇	城镇	集镇
巫山					巫峡	双龙 大溪 培石 曲尺 南陵 望霞		大昌 七里 龙柱 洋溪		水口	1	11
奉节					永安	江南 安坪 草堂 对县 万胜 新城 七星		沟湾 平皋			1	9
云阳					云阳	双江 故陵 盘石 高阳 硐村 龙洞 莲花 九龙 巴阳 双梅 复兴场		云安 龙角 养鹿		南溪 水市 盛堡 盐渠 渠马 黄石 新津	1	21
万县					沙河	新田 武陵 壤渡 大周 小周 新乡 黄柏 溪口					1	8
万县市					万县市						1	
开县									汉丰	赵家 厚坝 镇安	1	3
忠县					忠州	洋渡 乌杨 石宝 甘井 涂井 顺溪 新生 东溪 复兴 坪山 农场部					1	10

续表 5

县(市)名称	一期导流		二期导流		135m		156m		175m		合计	
	城镇	集镇	城镇	集镇	城镇	集镇	城镇	集镇	城镇	集镇	城镇	集镇
石柱						西沱 沿溪						2
丰都					名山	高家 湛普 兴义 农花 楠竹					1	5
涪陵市					涪陵市	珍溪 清溪 李渡 南沱 百汇 焦岩 北拱 蔺市 石沱 河岸场				白涛 龙驹 镇安	1	13
武隆										白马 羊角		2
长寿							长寿	扇沱场			1	1
江北										洛碛 鱼咀 舒家		3
巴县										木洞 广阳 麻柳		3
四川小计					8	59	1	10	1	22	10	91
四川累计					8	59	9	69	10	91		
全库合计	2	9		1	8	62	1	10	2	24	13	106
全库累计	2	9	2	10	10	72	11	82	13	106		

主要工程量及固定资产完成情况统计

1984～1993 年
主要工程量完成情况

表 6

项目名称	单位	合计	其中：1984～1992 年	其中：1993 年
土石方开挖	万 m^3	1645.19	401.30	1243.89
其中：枢纽工程	万 m^3	474.49	0.00	474.49
土石方回填	万 m^3	1105.89	253.53	852.36
其中：枢纽工程	万 m^3	77.42	0.00	77.42
混凝土浇注	万 m^3	6.64	5.28	1.36
场内交通	km	33.30	12.00	11.30
房屋建筑	万 m^2	8.72	7.92	0.80
供电线路	km	122.89	62.51	60.38
供水管路	km	33.52	13.02	20.50
通信线路	km	95.61	75.41	20.20

1984～1993 年三峡工程
固定资产投资完成情况

表 7

项目名称	合 计	其中：1984～1992 年完成量	其中：1993 年完成量
合计		74560.04	130916.65
其中：建安工程		13073.67	41285.00
水库淹没处理补偿费		23720.00	47500.00
其它费用		34427.90	40774.31
贷款利息		3338.47	1357.31
建筑工程			
航运工程	376.00	376.00	
永久船闸	376.00	376.00	
交通工程	11029.21	3336.71	7692.50
公路专用线	4878.26	2562.23	2316.03
江峡大道	2805.37	455.37	2350.00
西陵大道	1750.15	2.15	1748.00
右岸上坝公路	94.22		94.22
宜莲路局部加固改造	165.00		165.00

单位：万元

续表 7

项目名称	合计	其中：	
		1984～1992 年完成量	1993 年完成量
西陵长江大桥	1226.75	297.50	929.25
码头工程	109.46	19.46	90.00
其它工程	2653.11	866.11	1787.00
厂外输变电工程	2653.11	866.11	1787.00
临时工程	37600.15	8494.65	29105.50
导流工程	9302.52		9302.52
导流明渠	6984.48		6984.48
一期土石围堰	2318.04		2318.04
交通工程	1810.33	864.40	945.93
场内公路	1723.19	784.61	938.58
临时码头	87.14	79.79	7.35
房屋建筑	9642.99	4138.91	5504.08
办公、生活文化福利建筑	9607.74	4103.66	5504.08
三峡工地房建	3308.23	1052.69	2255.54
宜昌本部房建	1357.92	1056.38	301.54
驻外机构房建	2421.59	1994.59	427.00
三建委房建	2520.00		2520.00
仓库	35.25	35.25	
其它临时工程	16844.31	3491.34	13352.97
供水工程	1399.61	237.41	1162.20
供电工程	908.16	330.16	578.00
通信工程	2068.77	125.02	1943.75
砂石系统	3.00	3.00	
场地平整	9245.56	787.56	8458.00

续表 7

项目名称	合计	其中：	
		1984～1992 年完成量	1993 年完成量
排水工程	701.18	701.18	
其它	2507.03	1307.01	1211.02
水库淹没处理补偿费	71220.00	23720.00	47500.00
其它费用	75202.24	34427.90	40774.34
建设管理费	35601.92	8609.63	26992.29
建设单位开办费	1577.20	210.92	1366.28
建设单位经常费	3557.26	2091.51	1465.75
建设单位经常费	2893.93	2090.31	803.62
监理单位经常费	662.13		662.13
执行概算及招标费用	1.20	1.20	
三建委开办费	500.00		500.00
三建委经常费	200.00		200.00
项目管理费	283.00		283.00
建设及施工场地征用费	28687.69	6307.20	22380.49
其它专项费	796.77		796.77
临时船闸通航管理费	400.00		400.00
咨询论证费	396.77		396.77
科研勘设费	39228.07	25686.27	13541.80
科研费	6837.39	5170.27	1667.12
前期勘设统筹费	20516.00	20516.00	
勘测设计费	11874.68		11874.68
其它	372.25	132.00	240.25
茅坪溪防护工程	2700.00		2700.00
贷款利息	4695.78	3338.47	1357.31

三峡工程移民开发部分统计

三峡水库移民补偿总投资测算与可行性阶段补偿总投资分析表

表 8 单位:亿元

项目	可行性研究	投资测算	投资增加量	增加因素				
				实物指标	物价增长	政策因素	项目调整	小计
一、农村	46.11	68.88	22.77	−4.85	27.62			22.77
二、城(集)镇	65.75	139.33	73.58	17.92	55.66			73.58
三、工矿企业	32.41	74.92	42.51	17.73	24.78			42.51
四、专业项目	11.83	43.01	31.18	9.66	10.49		11.03	31.18
五、环保		3.00	3.00			3.00		3.00
小计	156.10	329.14	173.04	40.46	118.55	3.00	11.03	173.04
六、其它费	12.89	20.60	7.71	1.80	5.28	0.14	0.49	7.71
七、基本预备费	15.61	34.98	19.37	4.53	13.27	0.34	1.23	19.37
八、滑坡处理监测费		6.00	6.00				6.00	6.00
九、耕地占用税		9.27	9.27			9.27		9.27
合计	184.6	399.99	215.39	46.79	137.10	12.75	18.75	215.39
比例(%)				21.72	63.65	5.92	8.71	100.0

三峡工程水库移民
分省补偿投资测算分解表

表 9

项 目	全库投资	湖北省 投资	湖北省 其中中央直属	四川省 投资	四川省 其中中央直属	两省合计	中央统筹
一、农村	68.88	11.91		56.97		68.88	
二、城(集)镇	139.33	19.25		120.08		139.33	
1.城市	37.98			37.98		37.98	
2.县城	72.47	13.47		59.00		72.47	
3.集镇	28.88	5.78		23.10		28.88	
三、工矿企业	74.92	7.55		67.37	(6.59)	74.92	
四、专业项目	43.01	8.58	(0.08)	34.43	(0.39)	43.01	
五、环境保护	3.00	0.44		2.56		3.00	
合 计	329.14	47.73	(0.08)	281.41	(6.98)	329.14	
六、其它费	20.6	1.91		11.25		13.16	7.44
七、基本预备费	34.98	2.54		14.95		17.49	17.49
八、滑坡处理监测费	6.00						6.00
九、耕地占用税	9.27	1.33		7.94	(0.10)	9.27	
总 计	399.99	53.51	(0.08)	315.55	(7.08)	369.06	30.93
备 注	中央直属项目系指兵总望江机器制造厂、核总816厂;船总重庆造船厂、川东造船厂、江陵仪器厂、长江机械厂、水利部水文站网						

单位:亿元

三峡工程合同部分统计

1993年建安工程合同目录表

表10　　单位:万元

合同名称	合同价款	承包单位	签订时间
陈一坛路施工	729.81	铁道部大桥工程局	10/30/93
苏一覃路施工	367.32	中国水电第七工程局	10/30/93
苏一黄路施工	788.00	武警水电部队	12/30/93
西陵长江大桥	35113.70	铁道部大桥工程局	10/ /93
黄柏河、下牢溪大桥(A—1)	3668.01	铁道部大桥工程局、葛洲坝工程局	10/30/93
木鱼槽隧洞进口(C—1)	7588.94	中国水电第十四工程局	10/30/93
木鱼槽隧洞出口(D—1)	5658.82	铁道部第十八工程局	10/30/93
乐天溪特大桥(F—1)	1752.43	铁道部第三工程局	12/30/93
十四小区场所补充文件	1050.84	陕西水电工程局	10/25/93
右岸一期工程(一阶段)	187800.00	葛洲坝工程局	12/ /93
南村坪天然砂石料生产系统	384.58	中国水电第三工程局	12/30/93
坝河口码头改建	77.00	葛洲坝工程局	12/04/93
9万t水厂船	1749.65	宜昌船厂	11/21/93
9万t水厂船	1793.58	湖北船厂	11/21/93
江峡大道(乐一许)施工	4700.00	葛洲坝工程局	12/30/93
关于西坝三江桥头葛洲坝汽车队拆迁协议	9.91	葛洲坝自来水公司	

续表 10

合同名称	合同价款	承包单位	签订时间
临时集贸市场建筑安装工程	25.85	长江葛洲坝工程局基地处	02/23/93
前方综合办公楼电话线路安装工程	7.12	葛洲坝通信公司	03/03/93
坝河口办公大楼动力电源与线路	15.94	葛洲坝机电建设公司	12/06/93
东岳庙生活区 1~3 号住宅楼户外工程施工	28.75	葛洲坝通信公司	02/ /93
前方卫星电视接收站和闭路电视安装调试	0.75	武汉威科集团宜昌公司	03/ /93
西坝住宅区卫星地面接收站安装	2.22	武汉市台北共用天线服务部	05/26/93
后方绿化	3.20	宜昌市绿委办公室	03/22/93
三峡坝区东岳庙生活区 1 号公寓维修	4.07	宜昌市建筑工程公司	04/ /93
前方办公楼窗帘盒安装工程	2.49	葛洲坝塑钢门窗厂	05/13/93
坝河口前方食堂雨棚室外地平卫生间	8.34	葛洲坝中兴劳动服务队	02/05/93
办公生活区左岸十六小区房建工程 1		中国水电第十一工程局	09/05/93
房屋维修	1.13	葛洲坝劳动开发工程公司	08/03/93
办公生活区左岸十六小区房建工程 2		荆州地区建筑工程公司	09/24/93
前方办公楼院内绿化工程承包	8.82	武汉三峡经济技术工程公司	04/06/93
后方住宅楼电话线架设及总机房配线改造	4.06	葛洲坝建设路劳动服务公司	03/29/93
4 号住宅楼维修	14.53	宜昌市科迪工程技术研究所	04/29/93
后方办公大楼维修	3.01	宜昌市科迪工程技术研究所	08/31/93
三峡预制构件施工	27.31	葛洲坝新安建筑公司	06/03/93
办公楼一楼资料室安全栅	2.80	宜昌市钢球厂	05/20/93
前方综合楼楼门厅装修工程	21.06	中外合资福建装璜有限公司	04/06/93
临时试验室工程施工	10.33	葛洲坝工程局工程公司	07/06/93
坝河口接待楼外排水沟,围墙及旗杆工程	2.62	葛洲坝工程局六公司	12/28/92
前方综合办公楼一楼防盗安装工程	16.97	荆州三峡水利水电安装公司	04/09/93
三峡坝区东岳庙房屋建筑工程		葛洲坝经济技术开发公司	02/03/93

续表 10

合同名称	合同价款	承包单位	签订时间
前方综合楼供水供电安装及维修承包工程	10.03	荆州地区三峡宾馆综合经营部	01/15/93
前方办公楼会议室装修工程	40.41	长江实业有限公司安装部	04/09/93
东岳庙生活区首批房屋建筑及市政工程	3024.00	葛洲坝工程局三峡指挥部	07/14/94
东岳庙2号、3号公寓楼维修	10.66	葛洲坝建峡工程部	04/14/93
8号、9号住宅防尘工程	33.30	武汉三峡经济技术工程公司	05/03/93
高家冲35kV变电所综合建筑安装工程	23.96	葛洲坝工程局三峡指挥部	06/25/93
2号、3号住宅维修	10.11	葛洲坝劳务开发工程公司	05/08/93
后方临时车库兴建	9.33	葛洲坝劳务开发工程公司	04/26/93
接待站改造装修及配套设施工程	1400.00	葛洲坝水电厂实业公司	07/19/93
坝河口办公楼电梯维护装修	5.81	武汉三峡经济技术工程公司	02/16/93
施工委托书	0.51	宜昌市科迪工程技术研究所	09/20/93
防尘工程	4.80	艺豪装饰有限公司	11/23/93
坝河口公寓楼房屋维修	4.77	科迪工程技术研究所	11/30/93
太阳包微波站机房工建施工	25.87	宜昌三峡建筑公司	10/25/93
迎春旅社二楼维修工程	4.94	葛洲坝经济技术开发公司宜昌建筑装璜公司	11/30/93
喷塑防盗门	1.11	宜昌市钢锹厂	11/18/93
房屋维修	2.38	葛洲坝劳务开发公司	12/01/93
铝合金隔断工程	1.57	艺豪装饰有限公司	11/18/93
三峡前方22号合同补充协议书	23.05	武汉自来水工程建设公司	12/30/93
房屋维修	0.61	葛洲坝劳务开发公司	12/30/93
综合楼室外低压电力工程	3.98	宜昌昌耀电业有限公司	12/31/93
施工委托书	0.76	葛洲坝劳务开发公司	12/15/93
煤气调压站兴建	3.26	宜昌煤气公司	11/25/93
轻钢仓库建安工程	128.30	中国水电第二工程局	11/23/93

续表 10

合同名称	合同价款	承包单位	签订时间
2 万 t/d 水厂维修,改造及调试	39.50	武汉自来水工程建设公司	03/04/93
2 万 t/d 水厂船维修改造临时电源施工	1.20	葛洲坝电力工程公司	04/02/93
施工供电临时与过渡供电工程施工		长江葛洲坝工程局	02/22/93
陈家冲 220kV 变电所场地地基换填处理	22.71	葛洲坝工程局	10/11/93
三峡至沙坪 33kV 电力载波设备检修	0.49	宜昌县水电公司	10/04/93
陈家冲 220kV 变电所工程		葛洲坝工程局	10/26/93
供电	265.00	宜昌市供电局	11/03/93
"葛三线"施工放线停电补偿	23.00	宜昌县水电公司	12/02/93
陈家冲变电所 220kV 出线侧山头开挖	33.53	葛洲坝工程局	
110kV 陈莲输电工程施工	338.51	宜昌供电局	12/　/93
施工供电 1993 年工程项目施工	1268.00	葛洲坝工程局	12/31/93
高家冲 35kV 临时变电所场地护坡、排水沟	13.50	宜昌县高家建筑工程公司	04/30/93
唐乐 35kV 线路改线工程施工	9.88	宜昌县水利局电力工程公司	06/18/93
陈家冲 220kV 施工变电所场地护坡及排水沟	49.11	葛洲坝工程局三峡指挥部	06/24/93
葛三微波铁塔制作加工	23.49	葛洲坝三峡安装公司	07/31/93
关于三峡工程开发总公司试验中心供电	1.84	宜昌三峡工程基地实业总公司	07/23/93
总公司至三峡工地通信线路租用及施工	11.78	宜昌市长江航务通信导航段	04/10/93
三峡微波铁塔基础	8.06	葛洲坝工程局机电公司	10/19/93
左右岸共电总机和夜明珠至晓溪塔通信电缆	7.65	葛洲坝工程局通信工程公司	01/30/93
宜昌至三斗坪通信电路租用	4.25	宜昌长江航务通信导航段	02/21/93
三峡坝区保卫无线电网工程	36.32	深圳市金地实业开发公司	07/10/93
东岳庙和宜昌微波机房装修工程	26.41	荆州地区三峡装饰工程公司	08/12/93
三峡—葛洲坝微波通信工程安装工程建设	36.96	葛洲坝水电厂宜昌能达通用电气公司	05/24/93
晓溪塔至坝河口通信线路租用	2.70	葛洲坝工程局	01/03/93

续表 10

合同名称	合同价款	承包单位	签订时间
三斗坪变电所通信联络	6.75	葛洲坝通讯公司	10/25/93
总公司至设备公司 30 对电缆架设	3.19	葛洲坝通讯公司	11/23/93
太阳包微波站供电系统施工	6.94	宜昌县供电局	11/20/93
微波通信防雷接地太阳包站场平及电缆架设	25.23	葛电能达通信公司	11/20/93
坝河口码头改建	67.00	葛洲坝工程局	12/07/93
D—1 标补充合同	133.63	铁道部第十七工程局	12/31/93
修建泡桐树垭村至太阳包公路	40.00	三斗坪镇黛狮开发区管委会	01/04/93
三茅公路整修	11.00	宜昌县三斗坪交通管理站	05/14/93
宜莲公路水毁修复工程	15.00	宜昌县公路管理段	05/18/93
宜莲公路局部改建与管理补贴	103.32	宜昌市交通局	08/29/93
高家冲至石板溪料场公路(中段)	144.79	宜昌三峡工程附属项目承包总公司	06/07/93
围堰试验段与港监航道有关水上施工联系	15.29	葛洲坝工程局三峡指挥部	/ /93
左岸十三小区场地平整部分房建及市政工程	1923.50	华水利源水电工程公司	08/06/93
乐天溪大桥、大象溪货场防汛工程大桥看管	5.30	铁道部三局三处大桥经理部	07/30/93
场内临时公路路基工程标外施工补充合同	8.25	葛洲坝七公司	08/18/93
三峡乐坝路路面整修施工	11.52	葛洲坝工程局	07/28/93
三峡一期导流明渠水下清淤工程	1740.96	葛洲坝工程局	08/20/93
C—1 标补充合同	53.39	中国水电十四工程局	12/31/93
CTP(93)前—042 合同补充	0.49		
宜莲公路路段管理及重点路段加固	300.00	宜昌市交通局	12/25/93
黛狮至高家冲公路整理施工	102.58		12/03/93
高家冲至石板溪料场公路补充协议	41.80		
大象溪货场临时加油站	139.90	荆门三峡建设开发公司	10/18/93

1993年征地移民合同目录表

表11　　　　　　　　　　　　　　　　　　　　　　　　　单位:万元

合同名称	合同价款	承包单位	签订时间
坝河口～下坝子35kV输电线路塔基征地协议	0.23	宜昌县乐天溪镇朱家湾村	04/28/93
20号塔处理危石补偿协议	5.37	宜昌县乐天溪镇	12/16/92
太阳包微波通信站征地协议	0.51	宜昌县三斗坪镇泡桐村垭树	01/04/93
征地补偿长委有关单位协议书	200.00	长江水利委员会	04/03/93
关于高石路征地拨款协议书	400.00	宜昌县人民政府	04/01/93
肥料、种子费补偿协议	1.31	宜昌县三斗坪镇移民办	12/09/93
秋千坪采石场用地测绘协议书	6.33	宜昌县土地勘测规划所	07/01/93
长航汉渝通信线三斗坪段迁改协议书	61.84	长航通信导航局宜昌公司	02/16/93
坝区施工征地拨款协议书	4000.00	湖北省三峡工程移民办公室	07/24/93
三斗坪过境公路维修协议书	5.00	宜昌县三斗坪人民政府	07/01/93
完成“秋千石料场”征地调查	2.80	宜昌县移民局	12/05/93
关于高石路征地线外拨款的协议书	200.00	宜昌县人民政府移民局	07/　/93
陈家冲变电站超界限和高边坡泥石流补偿	0.42	宜昌县乐天溪镇陈家冲村	07/13/93
完成“秋千石料场”征地外线外拨款	500.00	宜昌县移民局	11/03/93
坝区施工征地红线调整及计划委托协议书	4.00	长江水利委员会	07/15/93
长航通信迁改(青龙嘴)协议书)	2.97	长航通讯导航局宜昌分局	11/13/93
南村坪砂石料场实物指标调查经费	1.98	宜昌县土地管理局	08/20/93
总公司基地建设用地拆迁补偿问题补充	75.00	葛洲坝工程局	12/24/93
长航通信线三斗坪——茅坪迁建工程	24.02	长江通信导航局宜昌分局	08/　/93
关门洞采石洞和北茅路征迁	30.00		11/25/93
下岸溪、南村坪料场用地测绘	46.06	宜昌县土地勘测规划局	08/26/93
关于预付县属企业搬迁征地平整	10.00	宜昌县三斗坪镇高家冲村民委员会	08/28/93
省水文地质工程大队搬迁征地及补偿损失	103.10	湖北省水文地质工程地质大队	09/27/93

1993 年勘察设计合同目录表

表 12 单位:万元

合同名称	合同价款	承包单位	签订时间
东岳庙小区部分建筑及市政工程设计	52.24	葛洲坝工程局勘测设计院	04/12/93
建设工程设计(高家冲变电所)	0.43		
陈家冲 220kV 施工变电所设计补充		长江水利委员会	05/08/93
工程测量	0.74	葛洲坝工程局测量队	05/06/93
工程地质勘察	16.17	武汉地质工程勘察院三峡分院	04/26/93
石板溪块石场地 1:1000 地形测量图	7.87	长江水利委员会三峡区工程测量队	07/28/93
1993 年度三峡工程输变电工程设计工作	800.00	电力工业部电力规划设计总院	
三峡前期准备工程 1993 年部分项目设计供图	200.00	长江水利委员会	01/18/93
三峡工程西陵长江大桥委托勘测设计	779.34	长江水利委员会	01/16/93
对外交通专用公路委托勘察设计总包	1570.00	长江水利委员会	04/02/93
三峡工程施工测量	26.40	中国水电第四工程局	05/07/93
临时供水设计	6.53	葛洲坝工程局给排水工程	02/23/93
左岸 12,13,14,15,19,20 小区的场地平整	54.00	湖北省城市规划设计院三峡设计咨询公司	05/20/93
加快西陵大桥招标设计进度	5.00	武汉容进交通工程科技开发公司	05/ /93
陈船 35kV 线路及进场公路勘察			
葛洲坝——三峡 220kV 线路工程修改概算	3.00	长江水利委员会设计局机电处	12/31/93
坝河口基地配电所工程的设计	0.80	葛洲坝水电学院	06/10/93
临时施工道路勘测设计	1.50	宜昌市交通勘察设计室	09/25/93
左岸中心区详细规划设计	6.00	清华大学城市规划设计研究院	09/24/93
左岸 13 小区部分建筑及市政工程	46.03	华水利源水电工程公司	07/16/93

续表 12

合同名称	合同价款	承包单位	签订时间
工程测量	1.26	葛洲坝测量队	10/06/93
田秋渔油库地质勘察	3.43	武汉地勘院三峡分院	12/22/93
左岸12、19、20小区地形图测绘	17.08	中国水电第四工程局	12/31/93
乐坝公路控制测量协议书	1.03	长江水利委员会三峡测量大队	12/23/93
左岸混凝土预制构件厂建设工程		葛洲坝水电学院	10/27/93
陈——莲110kV线路勘测设计	12.40		11/08/93
35kV输变电工程与供电网络规划设计	32.80	长江水利委员会	10/09/93
总公司高层住宅设计补充		水利部中南勘测设计研究院	11/05/93
石板溪采石场开采设计	6.00	长江水利委员会	11/12/93
13区临时供水管路设计	38.30	葛洲坝工程局	/ /93
总部大楼设计合同附件(二)	2.36	湖北振兴设计事务所	10/25/93
9万t/d(生产水),2万t/d水上厂船设计	120.04	长江水利委员会	09/05/93
陈坛路征地测量协议书	0.95	水电第四工程局三峡测量队	
左岸16-03组团修建性详规及建筑市政工程	19.24	葛洲坝水电学院	07/24/93
工程地质勘察	29.55	武汉地质工程勘察院三峡分院	10/07/93
左岸中心区详细规划设计	6.00	济南市建筑设计研究院	09/20/93
总公司综合服务楼	6.79	武汉煤炭设计院三峡分院	12/21/93
B型高层住宅楼	25.99	湖北振兴建筑设计事务所	12/21/93
一期工程左右岸部分供水项目委托设计	5.00	长江水利委员会	12/24/93
工程地质勘察合同	31.80	武汉地质工程勘察院三峡分院	08/13/93
坝河口汽渡码头改扩建委托设计	3.00	宜昌市长江劳科技术工程公司	08/10/93
坝区伍相庙至鹰子嘴1/1-100水下地段测量	6.00	长委葛洲坝水文站	10/11/93
左岸中心区详细规划设计协议书	6.00	天津大学建筑系	09/20/93

续表 12

合同名称	合同价款	承包单位	签订时间
工程测量	0.89	葛洲坝工程局测量队	08/ /93
苏覃、陈坛、苏黄路原始断面测量协议	13.02	长江水利委员会三峡测量大队	11/ /93
左岸中心区详细规划设计协议书	6.00	重庆建筑工程学院建筑系	09/26/93
西陵长江大桥委托勘测设计补充	60.00	长江水利委员会计划财务局	07/24/93
工程地质勘察	4.20	长江水利委员会三峡地质大队	08/21/93
清水场 35kV、船闸 35kV 变电所、高漫 35kV	15.06	长江水利委员会三峡地质大队	11/15/93
1993 年度三峡工程勘测设计协议	12500.00	长江水利委员会	08/19/93
左岸排水工程设计协议书	10.00	长江水利委员会三峡工程局	09/18/93
西陵长江大桥地形测量	0.52	长江水利委员会三峡工程测量大队	05/20/93
高家冲至石板溪石料场公路线路测量	1.15	宜昌市三峡工程附属项目承包总公司	04/20/93
坝区炸药库 1/500 地形测量委托	7.20	长江水利委员会葛洲坝水文站	12/14/93
总公司总部大楼工程设计	179.83	湖北省土木工程学会振兴建筑设计事务所	09/04/93
坝区施工征地移民安置委托勘测设计补充	20.00	长江水利委员会	08/25/93
田秋鱼油库和生活区地形测量	1.07	长江水利委员会三峡工程测量大队	08/12/93
专用公路三桥一隧征地线和中心测量	5.43	中国水电第四工程局测量队	12/11/93
导流明渠内侧原始地形补测及横断面测量	14.92	长江水利委员会三峡工程测量大队	08/30/93
左岸苏～黄公路测量	2.17	葛洲坝工程局七公司	11/30/93
坝区伍相庙至鹰子嘴 1/1000 水下地形测量	63.00	长江水利委员会葛洲坝水文实验站	09/13/93
坝区施工征地移民安置规划	65.00	长江水利委员会	08/25/93
左岸坝区 1/500 地形图测绘	53.40	长江水利委员会勘测总队	10/11/93

1993年监理合同目录表

表13

单位:万元

合同名称	合同价款	承包单位	签订时间
一期围堰试验监理委托	25.00	长江水利委员会宜昌工程建设监理中心	05/31/93
右岸一期工程建设监理	50.00	长江水利委员会三峡建设监理中心	12/05/93
三峡工程东岳庙生活区	68.00	工程兵工程学院工苑建设监理	08/09/93
西陵长江大桥监理	330.40	铁道部科学研究院	12/ /93
对外交通公路工程监理	492.00	铁道部第四勘测设计院	12/ /93
左岸永久船闸一期工程监理	795.00	水电部中南勘测设计研究院	12/ /93
临时船闸及升船机一期工程监理	850.80	水电部华东勘测设计研究院	12/ /93
关于20000t/d水上厂船建设监理	0.98	葛洲坝给排水工程公司	04/09/93

1993年其它合同目录表

表14

合同名称	合同价款	承包单位	签订时间
建设安装工程保险	35.13	中国人民保险公司三峡分公司	05/09/93
车辆租赁	1.60	甲方:中国水电第四工程局	09/10/93
块石补偿贸易	70.00	乐天溪镇企业总公司	08/31/93
导流明渠水下清淤航运维护等费用	189.68	三峡现场航运指挥部	10/08/93
租用民船	1.68	宜昌县航务管理站三斗坪分站13#、17#	02/04/93
关于建立常年公证点的协议书	3.00	宜昌市公证处	04/20/93
石料补偿贸易	400.00	宜昌石材实业总公司	07/12/93
三峡坝区办公、生活用房租赁	17.81	承租方:葛洲坝工程局	02/24/93
委托代办保险业务		中国人民保险公司三峡分公司	
印刷	2.75	宜昌市建科电脑应用技术服务部	10/07/93
左岸坝址大口径岩芯运输	1.36	葛洲坝建筑总公司	03/20/93
长住客房	45.00	市培训中心(甲方)	10/25/93
房屋租赁(车库)	3.90	葛洲坝饮料厂	12/25/93

单位:万元

1993年1～12月已签合同分类汇总表

表15

项目内容	单位	已签合同数	合同金额（万元）
建安工程合同	项	111	265341.20
勘察设计合同	项	63	16973.93
科研、咨询、试验、监测及技术服务合同	项	68	3779.48
监理合同	项	8	2618.18
征地移民合同	项	23	5680.94
其它合同	项	13	771.91
小　　计	项	286	295165.64
设备合同	项	40	13423.71
物资合同	项	49	
合　　计	项	375	306789.35

1993年科研、咨询、试验、监测及技术服务合同表

表16　　单位：万元

合同名称	合同价款	承包单位	签订时间
移动通信高度大楼建设技术咨询＊	5.00	北京超科通讯技术开发公司	09/20/93
不同水文年枯水期容量和电量补偿的研究＊	5.00	北京水利电力经济研究所	
三峡电站季节性电能利用的研究＊	5.00	北京水利电力经济研究所	
三峡施工关键技术课题（75—164）科技攻关	12.42	长江水利委员会科院科技咨询部	02/27/93
三峡工程岩拉剪蠕变裂试验研究＊	5.20	葛洲坝水电学院	09/02/93

续表 16

合同名称	合同价款	承包单位	签订时间
组织实施工程测量的研究与论证 *	3.00	长江水利委员会勘测总队	12/24/92
三峡库区库边坡稳定性及离散元研究 *	2.90	重庆建工学院、葛洲坝水电学院	09/03/93
三峡坝区房建工程科研项目	9.80	葛洲坝水电学院	03/10/93
右岸导流底孔设计、计算及工期分析	5.00	清华大学水利系水电站教研室	05/30/93
委托编制西陵长江大桥施工招标文件	15.75	宜昌市葛洲坝多能开发公司	06/23/93
三峡工程电动整体模型施工	19.50	武汉三峡经济技术工程公司	03/05/93
建立三峡工程首级施工控制网	52.00	长江水利委员会勘测总队	01/19/93
施工导流及提早发电设计优化的研究分析	5.00	清华大学水利系水电站教研室	05/30/93
三峡工程提前发电课题研究	12.00	中国水力发电工程学会	04/13/93
三峡坝区 1993 年施工水文观测委托承包	23.00	长江水利委员会葛洲坝水文实验站	02/12/93
40 孔导流布置及升船机上游引航道水流条件 *	10.50	龙翔土本水电应用开发研究所	05/20/93
左岸厂房坝段缓倾角节理动力特性的研究 *	3.00	葛洲坝水电学院	07/ /93
坝区征地移民技术咨询服务	24.00	长江水利委员会	08/25/93
茅坪溪泄水工程进口预裂爆破试验	20.00	葛洲坝工程施工指挥部	/ /93
三峡工程临建工程材料试验	72.60	中国水电第三工程局	04/30/93
利用赵家包灰岩生产人工砂的可靠性 *	1.00	葛洲坝水电学院	04/ /93
边坡稳定分析数值计算、离散单元法及其应用 *	1.50	华中理工大学	07/23/93
提高进行隔河岩升船机建设的协议	2500.00	鄂清江水电开发公司	10/30/93
右岸地下厂房方案研究	10.00	中南勘测设计研究院	05/27/93
泄水隧洞进出口高边与隧洞岩稳定施工监测	52.14	长江水利委员会科院实验工厂科技服务部	07/02/93
一期围堰淤砂对围堰影响分析 *	2.00	电力部华源咨询公司	11/ /93
坝区爆破声的测试，防护及控制方法研究 *	6.00	武汉水利电力大学	12/ /93
围堰地基细砂层稳定特性研究 *	3.00	葛洲坝水电学院	11/30/93

续表 16

合同名称	合同价款	承包单位	签订时间
碾压混凝土路面室内试验	5.97	葛洲坝工程局中心试验室	08/10/93
高效实用的“三峡工程管理系统”立项研究 *	4.86	北京巴伦电子研究所	08/ /93
大型机械 6～9m³ 混凝土系统高架门机可行性研究 *	3.00	北京动力经济学院	02/22/93
三峡投资滚动计划及资金需要量计划编制咨询	3.00	北京退科联三峡	10/16/93
木鱼槽特长隧道通讯科研试验	29.00	长江水利委员会计划财务局	08/09/93
三峡工程标底预算编制咨询服务协议	197.00	武汉中南工程经济咨询公司	11/21/93
三峡混凝土工程缆机施工方案可行性研究 *	2.00	能源部杭州机械设计研究所	03/15/93
黄柏河大桥工程试验研究	36.00	长江水利委员会计划财务局	08/09/93
CZ-22 型冲击钻机改造 *	3.02	水电基础工程局科研所	06/15/93
西陵大桥（监理工作）咨询服务	12.72	北京交通工程咨询监理公司	11/29/93
“葛三” 220kV 线路修改概算技术服务	3.00	长江水利委员会设计局	12/31/93
大型高速高架门机臂架受力与优化设计研究 *	20.00	北京动力经济学院	
场区临时道路路面结构型式试验	10.86	葛洲坝工程局七公司	07/17/93
大坝采用带式输运浇筑混凝土及可行性研究 *	1.50	电力部杭州机械设计研究所	09/25/93
陈家冲 220kV 变电所场地处理等项目技术服务	3.49	武汉江源科技开发公司	11/ /93
三峡临时工程标书编制协议	65.00	长江水利委员会	09/17/93
路面碾压混凝土现场测试	20.23	葛洲坝工程局中心试验室	01/12/94
一期围堰安全监测试验	102.50	长江水利委员会科学研究院	07/24/93
大型专用施工机械混凝土浇筑系统研究 *	1.50	三峡工程混凝土浇筑系统形容小组	09/29/93
西陵长江大桥编制预算	2.50	宜昌市交通土建工程咨询服务部	08/18/93
混凝土施工入仓段金属结构安装重大技术装备研究 *	3.00	电力部重大施工装备研究小组	09/22/93
工程师概算编制软件开发	30.00	中南工程经济咨询公司	12/ /93
三峡计算机设备供应协议 *	22.10	中南工程经济咨询公司	12/ /93

续表 16

合同名称	合同价款	承包单位	签订时间
二期围堰型式的研究	2.00	中国水电工程总公司华源咨询公司	03/ /93
三峡对外交通专用公路标书编制	74.00	铁道部第一勘测设计院	09/04/93
施工科研（54）	48.58		
重点科研（55）	78.42		
重大装备（56）	200.00		

注：带*号合同不计价，其内容包括在54～56号合同内。
以上各表均由计划合同部提供。

葛洲坝电厂历年发电情况一览表

表 17　　　　单位：亿 kW·h

年份	1月	2月	3	一季度	4月	5月	6月	二季度	7月	8月	9	三季度	10月	11月	12	四季度	全年
1981									0.015	1.469	0.003	1.847	0.392	0.581	1.262	2.235	3.722
1982	2.359	2.662	3.002	8.023	3.003	2.855	2.314	8.172	1.536	3.856	1.530	6.922	3.414	4.000	4.651	12.065	35.182
1983	4.757	4.264	5.096	14.117	5.396	5.964	5.503	16.863	4.019	5.091	4.550	13.660	5.440	5.881	6.158	17.479	62.119
1984	5.786	4.844	5.700	16.330	6.539	7.117	6.262	19.918	3.855	5.091	5.308	14.254	6.842	7.160	6.325	20.327	70.729
1985	5.683	4.867	5.971	16.521	6.808	7.084	6.662	20.554	4.305	6.127	4.934	15.366	7.103	6.993	6.339	20.435	72.876
1986	4.838	4.542	5.520	14.900	5.379	7.191	7.638	20.208	8.384	9.427	8.593	26.404	9.450	9.983	8.186	27.619	89.131
1987	6.236	4.990	5.152	16.378	6.989	9.922	12.131	29.042	11.820	13.439	14.165	39.424	15.578	12.430	9.014	37.022	121.866
1988	6.756	5.412	6.494	18.662	8.372	11.942	14.997	35.311	18.734	17.515	15.843	52.092	18.665	12.935	8.623	40.223	146.288
1989	7.745	6.172	8.959	22.876	13.463	15.713	17.687	46.863	16.070	17.858	16.977	50.905	17.977	14.571	9.986	42.534	163.186
1990	7.638	6.987	8.650	23.275	9.785	15.675	16.692	42.153	16.733	17.529	17.161	51.423	18.472	14.202	9.545	42.22	159.069
1991	7.282	6.627	6.601	20.510	8.201	14.115	18.339	40.655	18.084	16.708	19.757	54.549	19.426	12.759	9.429	41.614	157.328
1992	7.646	6.424	9.309	23.379	13.788	17.791	17.934	49.513	18.181	19.981	17.867	56.029	18.297	11.514	7.414	37.225	166.146
1993	6.595	6.028	7.850	20.473	9.752	15.076	15.158	39.986	18.937	15.643	16.861	51.441	19.343	15.925	9.762	45.030	156.930

注：此表由葛洲坝水电厂提供

附　　录

X

重崖叠嶂

三峡工程历史回顾

(1919～1992年)

关于三峡工程论证历程和论证史料摘要追述

《中国三峡建设年鉴》编辑部

历史的脚步终于踏进了1992年4月3日。就在这一天，北京庄严宏伟的人民大会堂内，中华人民共和国第七届全国人民代表大会第五次会议正在这里举行。2600多名肩负着全国12亿人民重托的“人大”代表，正在对“关于兴建长江三峡工程的决议”进行表决。表决的结果是：决定批准将兴建长江三峡工程列入国民经济和社会发展十年规划。至此，一项跨世纪的、世界级的伟大工程——长江三峡工程，从设想到决策，走完了整整七十三年的漫长里程，跨入了即将实施的崭新年代。

苍茫大地主沉浮，三峡工程一策谋。正当全国人民在党的领导下，加快现代化建设步代的时候，长江中下游广大地区的水患威胁、现代化建设所需电力的不足、上海至重庆长江航道尤其是川江航道的不畅、祖国北方广大城乡的缺水，这些都严重地制约着现代化建设。消除这些障碍，兴建长江三峡工程，才是一举而数役毕的关键举措。

七十多年来的几代人的奋斗，足迹遍及大江南北；论证资料更是汗牛充栋。在中华民族文明史册上，这比万里长城的史页更为绚丽，它将永远为子孙后代引为自豪。

孙文早期投设想，民国初步作研究

1919～1945年

1919年　孙中山在《实业计划*·改良现存水路及运河》中，首次提出改善川江航道、开发三峡水力发电的设想。五年后的8月，他在《民生主义》第三讲中又进一步作了如下阐述：“象扬子江上游夔峡的水力，更是很大。有人考察由宜昌到万县一带的水力，可以发生三千余万匹马力的电力。象这样大的电力，比现在各国所发生的电力都要大得多；不但是可以供给全国火车、电车和各种工厂之用，并且可以用来制造大宗的肥料”。面对长江三峡能够第一次提出前人未曾提出过的设想，真不愧为“伟大的先行者。”

1932年　由国民政府建设委员会发起，组建了长江上游水力发电勘测队。勘测队由电气工程师恽震、水力工程师曹瑞芝、水利工程师宋希尚三人负责筹建。扬子江水道整理委员会派测量总工程师，美国人史笃培（G·G·Stroebe）和技术员陈晋模参加。10月完成了《扬子江上游水力发电测勘报告》，拟定了葛洲坝、黄陵庙两处低坝方案。这是我国为开发三峡水力资源而提出的第一份勘测资料。

1933年　扬子江水道整理委员会商请军政部航空署及陆地测量总局实测三峡地区地形图，4月完成宜昌到重庆段测绘工作。

1936年　扬子江水利委员会顾问、奥地利人白朗都也提出改善川江航运，开发三峡水能的研究报告，但由于当时社会经济问题，只得在报告结尾处写下“社会经济状况凋敝，是项巨大工程殊难举办”的感叹。

1944年　美国经济学家潘绥（G·R·Passhal），当时在中国战时生产局当顾问。在研究的基础上，提出一份《利用美贷筹建中国水力发电厂与清偿贷款方法报告》，建议在长江三峡建造水力发电厂，同时兴建化肥厂，由美国投资提供器材设备，以生产的肥料抵还债务。同年5月，美国垦务局设计总工程师萨凡奇博士（Dr·John·L·Savage）应邀访华，在听取潘绥《报告》后，决定亲自考察三峡。在资源委员会技术

* 据张磊主编，由广东人民出版社发行的《孙中山辞典·实业计划》条目记载：1918年，欧战甫完之际，继续研究开发中国实业之途径。年底六大计划之轮廓基本拟定。以后，陆续将六大计划扩展成书，约于1920年7月最终定稿。六大计划中第二计划，包括了整治长江水路。

人员的协同考察后，于9月编写了《扬子江三峡计划初步报告》，提出兴建三峡工程的建议。坝址可在宜昌上游5～15km的范围内选择。并就技术协助办法和训练中国技术人员等与资源委员会副主任钱昌照讨论。他还推荐美国联邦动力会议总工程师柯登（J·S·Gotton）到中国协助工作。

1945年 资源委员会邀集水利委员会、扬子江水利委员会、中央实验处、农业部中央农业实验所、交通部航政司、中央地质调查所等单位组成三峡水力发电计划技术研究委员会，由资源委员会副主任钱昌照任主任，委员有陈中熙、黄育贤、鲍国宝、包可永、吴兆洪、何默林、须恺、孙辅世、郑肇经、沈宗瀚、李春昱、柯登，并于6月12日在重庆资源委员会内召开了第一次会议。会上讨论了柯登所拟的三峡计划报告要目，以及航运、灌溉、库区淹没、人口迁移、肥料制造和库区测量等问题。委员会下设全国水力发电工程总处，7月在四川省长寿县正式成立。黄育贤任处长，柯登任总工程师。总处先后成立两个工程处，四个勘测处，五个勘测队。三峡勘测队负责三峡工程地区实地测量工作。1946年2月迁往宜昌，扩编为三峡勘测处。

1946年 萨凡奇先生对三峡工程极为关注，3月底到达重庆后，4月3日就赶到宜昌，对坝区地质情况进行复勘。4月18日萨博士抵上海，立即与美国马力森公司总工程师邓查理（Charles Dunn）商谈三峡工程地质钻探工作，并由黄育贤处长代表资源委员会与邓查理签订合约，由该公司承担坝址地质钻探任务。同时，资源委员会与美国垦务局签订合约，从6月1日起，正式进行三峡工程的设计。其间，中国先后派遣54名工程技术人员去美国参加设计工作。中国设计人员领队徐怀云工程师于5月底起程赴美。扬子江水利委员会调派4个测量队至三峡区域补测地形并调查、收集库区内财产、人口等资料，到1947年6月底，完成重庆以下的外业工作，编写了《长江三峡水库测勘报告》。5月水电总处与经济研究所合作，对三峡库区进行了经济调查，到年底调查结束后，编制了《三峡库区经济调查报告》。10月中央地质所三峡地质调查队，由候德封、陈梦雄率领到三峡坝区进行野外调查，1947年春调查结束后，编写了《宜昌峡的地质》。

1947年 国民政府由于政治、经济危机，5月决定三峡设计工作结束，在美国参加设计的技术人员大部分于8月起分批回国。在华工作的柯登总工程师也于1948年2月离开南京由上海返美。至此，三峡工程设计告一段落。

长江水患年年生，求治寻源向三峡

（1949～1967年）

1949年 长江中下游地区于建国前相继解放。从5月下旬开始，淫雨连绵，江河水位开始上涨。沙市7月9日最高水位达44.9m，为1931年以来最高纪录；汉口7月12日最高水位27.12m，若干地区，已溃决成灾。长江下中游重要堤段——荆江大堤，险象环生，暴露了长江中下游特别是荆江河段防洪问题的严重性。

1950年 长江水利委员会（简称“长委会”）在武汉正式成立，立即开始研究荆江防洪问题，并于8月编制了《长江水利建设五年计划大纲草案》，提出以荆江分洪工程为中心的防洪计划作为治江的第一阶段计划。

1951年 为长江流域综合利用规划及三峡工程设计进行水文基本资料的准备工作，长委会成立了专门机构，开始对新中国成立前后散失在各地的水文资料进行整编，前后用了五年时间，整编刊布水位、流量、降水量等资料23843站年。8月完成《荆江分洪工程计划》，12月长委会又提出《荆江分洪工程技术设计草案》和《治江计划简要报告》。

1952年 中南军政委员会根据中央指示，于3月15日作出《关于荆江分洪工程的决定》，指出：经有关部门负责人商讨，“一致同意荆江分洪计划。认为这一计划的方针是照顾全局，兼顾了两省，对两湖人民都是有利的”。3月31日中央人民政府政务院发布了《关于荆江分洪工程的规定》。

1953年 毛泽东于2月19～22日乘“长江舰”，从武汉至南京视察长江，花了大量时间听取林一山关于长江问题的汇报，对治江方案作了广泛研究和全盘考虑。在讨论防洪问题时，毛泽东说：“费了那么大的力量修支流水库，还达不到控制洪水的目的，为什么不集中在三峡卡住它呢？”明确提出了在三峡修建大型水利枢纽解决长江中下游防洪问题的设想。根据中央农村工作部部长邓子恢的指示，长委会起草了第二次治江方案，即《关于治江计划基本方案的报告》。在治江远景计划中列入了兴建三峡水库，提出：“上游各支流除与本地除害兴利有综合价值者外，均应先与三峡大坝作出比较结论后才能确定计划的程序”。并指出：长江三峡水库，汉江丹江口水库，沅水五强溪水库是长江干流及重要支流中最有价值的三个水库。提出三峡坝址拟选在黄陵庙地区，蓄水位以不淹成渝铁路九龙坡车站为控制，拟选为191.5m，《报告》于1954年9月完成。

1954 年 汛期气候反常，长江流域连续暴雨，尤其是中下游地区，暴雨集中，洪水位高，连续时间长，是有纪录以来的特大洪水。特别是7月中旬，上游地区连降大雨，而中游一带的降雨仍未停止，沿江湖泊及干流河槽的蓄水得不到宣泄，上游3次洪峰接踵而来，三峡、清江一带又相继大雨，使宜昌出现连续洪峰，水情极为严重，直接威胁荆江大堤的安全。经中央批准，先后12次运用人工扒口分洪，减缓了武汉洪水的上涨速度，争取了加高堤防的时间，保住了武汉主要市区。但是由于洪水超过防御标准，在高水位长期浸泡之下，长江、汉江干堤仍有64次溃口，仅湖北省境内受灾农田达2127万亩，受灾人口926万人，死亡30582人。周恩来总理在第一届全国人民代表大会第一次会议上所作的《政府工作报告》关于水利工作指出："今后必须从流域规划入手，采取治标治本结合、防洪排涝并重的方针"。毛泽东、刘少奇、周恩来等党和国家领导人于12月中旬途经武汉时，在火车上听取了关于长江三峡水利枢纽的汇报后，中国政府邀请苏联派遣专家来华，协助编制长江流域规划。同年4月，长江上游局组织三峡查勘，对葛洲坝、南津关、平善坝、南沱、黄陵庙、三斗坪、茅坪、太平溪和兵书宝剑峡等坝址作比较，认为三斗坪、茅坪等在内的黄陵庙坝区最为有利，编制了《关于长江三峡水库情况的简要说明》。同年11月，长委会测量钻探总队奉令与长江上游局合组查勘队，于28日到12月18日在三峡地区进行了地质查勘工作，主要任务是为进一步了解黄陵庙坝区地质情况，并希望能寻找发现更好的坝址。查勘结束后，编写了一份《长江三峡沿江地质及筑坝意见报告》。明确提出："就地质观点，我们主张选在南沱或茅坪一带，因为风化情况可能好些。"

1955 年 第一批苏联专家也于6月份抵达武汉。并先后对长江上游地区干流及主要支流进行了查勘，随后又对美人沱、太平溪、黄陵庙、南沱分别进行了2～4个钻孔的钻探。通过143人组成的长江查勘团的查勘，苏联专家倾向于以重庆上游40km的猫儿峡枢纽作为治江的重点工程，同时配以嘉陵江的温塘峡枢纽和泯江的偏窗子枢纽。长委会认为上述三个枢纽淹没太大，倾向于以三峡枢纽作为治江战略重点。12月，周恩来在北京主持会议，在听取长委会和苏联专家在治江战略重点问题上的意见后，明确指出：三峡水利枢纽有着"对上可以调蓄，对下可以补偿"的独特作用，三峡是长江流域规划的主体。苏联专家组长德米特利也夫斯基听了周恩来的意见后，表示赞同。

1956 年 2月，苏联电站部专家瓦西连折、台尔曼、马雷雪夫前来我国了解长江规划情况，以便作出技术援助。7月，苏联航测队百余人，飞机十余架，分南北两线对长江流域进行航空测量。8月，成立了中苏地质专家鉴定委员会，候德封、谢苗诺夫分别担任中苏各方首席代表。10月，鉴定委员会提出了一份《关于北碚、猫儿峡、三峡枢纽工程地质条件一般性的鉴定总结》。长委会主任林一山在《中国水利》第5期、第6期上发表《关于长江流域规划若干问题商讨》。

同年6月，毛泽东在武汉畅游长江时，写下了《水调歌头·游泳》，描绘出"更立西江石壁，截断巫山云雨，高峡出平湖"的壮丽宏图。这对所有从事治江工程研究的科技人员和全国人民是一个巨大的鼓舞。

1957 年 根据三斗坪、南津关两个坝区的资料比较，认为三斗坪筑坝条件较为有利。因此，研究重点移向宽河谷的三斗坪坝址。11月，李富春到武汉，长委负责人向他汇报了三峡工作，估计投资49亿元。12月3日，周恩来给全国电力会议题词："为充分利用中国五亿四千万千瓦的水力资源和建设长江三峡水力枢纽的远大目标而奋斗"。

1958 年 元月，党中央南宁会议期间，毛泽东听取了关于长江三峡问题不同意见的汇报，提出三峡建设要"积极准备，充分可靠"的方针，并委托周恩来亲自抓长江流域规划和三峡工程。2月26日～3月6日，周恩来主持了长江三峡工程现场会议。视察了荆江大堤和三峡坝址。周恩来在总结讲话中提出了有关三峡建设的若干原则和方针，并说讨论中大家一致肯定三峡必需搞，而且也能搞，取得这样一致的意见是很大的成功。3月23日，在党中央成都会议大组会上，周恩来作了关于三峡水利枢纽和长江流域规划的报告，并进行了讨论。25日，会议通过了《中共中央关于三峡水利枢纽和长江流域规划的意见》，明确指出："从国家长远的经济发展和技术条件两个方面考虑，三峡水利枢纽是需要修建而且可能修建的"，"现在应当采取积极准备和充分可靠的方针，进行各项有关的工作"。从此，三峡工程的设计和科研工作进入了一个新的阶段。3月29日，毛泽东在西南、中南、华东三大区负责人李井泉、王任重、柯庆施陪同下乘"江峡"轮由重庆东下。30日经过三峡时，毛泽东在驾驶室观察三峡地形，并向身旁的海员们说："有些地方航道仍然不好，在三峡修一个大水闸，又发电又便利航运，你们赞成吗?"海员们回答说："太赞成啦！修了水闸，航行就更加方便了"。傍晚，船经三斗坪，掉头减速，毛泽东在甲板上视察了三峡坝址。4月，成立了三峡科研领导小组。6月，长江三峡水利枢纽第一次科研会议在武汉召开。会后向聂荣臻、周恩来、毛泽东及党中央呈送了《关于三峡水利枢纽科学技术研究会议的报告》。8月，长办编印了《有关建设三峡水利枢纽的准备工作问题的报告》，供党中央北戴河会议讨论。月底，北戴河会议期间，周恩来主持召开了长江三峡会议，更具体地研究了进一步加快三峡设计及准备工作的有关问题，同时批准了兴建三峡试验坝——陆水蒲圻水利枢纽。11月，《三峡水利枢纽初步设计要点报告》编制完成。《报告》推荐选用三斗坪坝址和正常蓄水位200m的方案。

1959年　3月，长办将《三峡水利枢纽初步设计要点报告》报送水利电力部，并于5月邀请有关部、委、院及有关省市共66个单位和各方面专家计188人在武昌对《三峡初设要点报告》进行了为期10天的讨论。大会一致同意选用三斗坪坝址，大坝可按正常蓄水位200m设计。这是第一次对三斗坪坝址的确定。6月底，长办开始对三斗坪坝址进行初步设计。8月，党中央庐山会议期间，周恩来问巴克塞也夫："三峡工程设计已达到怎样的水平？"巴克塞也夫答："现在即可做施工准备。"10月科委三峡组在汉口召开第二次三峡科研会议。会后，向聂荣臻、国家科委党组、李先念、周恩来报送了《长江三峡第二次科学技术研究会议报告》，附送了《长江三峡17个重大科学技术问题简要介绍》。12月交通部和长办在北京召开了三峡航运问题讨论会，会议由王首道主持。经过讨论，交通部同意兴建葛洲坝反调节水库，以解决三斗坪坝址以下一段航道的航运问题。这是第一次提出修建葛洲坝工程。

1960年　3月，长办完成了三峡初步设计阶段各项主要工作，对坝轴线选择、水工建筑物布置、水电站厂房布置、设备选择以及施工方案等重大问题，均分别编写了专题报告，并对施工准备工作作了研究。4月，水电部组织了在我国水电系统工作的苏联专家18人，以及国内各有关单位的专家共百余人，对三峡进行现场查勘，研究选择坝线。同时，在广州协作区会议上，讨论了在"二五"期间列4亿元投资，并准备1961年三峡工程开工。5月长办在汉口召开了三峡施工方案及施工准备工作计划讨论会，会上长办提交了《三峡水利枢纽施工准备工作计划》。5月16日，刘少奇从重庆乘船东下，查勘长江和三峡，对三斗坪坝线进行了实地视察。6月，科委三峡组在北京开会研究，提出了三峡1960～1962年科研发展纲要。8月，第二次北戴河会议期间，周恩来又召开了一次长江规划工作会议，调整了三峡建设步伐，并指出："雄心不变、加强科研、加强人防"。会上，有过在石牌河段修建大体积堆石坝，将其他主要建筑物设在地下的设想。本月中旬，苏联政府撤回了在长办的专家。9月科委三峡组于12日发出《三峡第三次科研会议通知》，要求贯彻"雄心不变、加强科研、加强人防"的精神。

本年以编制三斗坪方案初步设计报告为主，有150多人参加了编制工作，全国有300个科研单位配合。到年底，除第一卷总论和第15卷下一步设计、勘测、科研意见尚未编完外，其余13卷均已完成初稿。但因考虑人防问题，需选择窄河谷坝段进行研究，对初设初稿未能作进一步的整理。

1961年　2月，科委三峡组在北京香山召开了扩大会议。会议认为，从1958年以来，三峡科研工作取得了很大进展和成就，有360个单位参与，提出的报告累计1376篇。为三峡初步设计提供了有力的科学依据。下半年，由于贯彻"调整、巩固、充实、提高"八字方针，三峡设计人员仅留40人。

1962年　12月，科委三峡组在北京中国科学院召开扩大会议，提出了1963～1972年十年科研规划，并将三峡科研工作列为重要课题之一。

1963年　经过两年研究，认为石牌方案坝址地质条件差，技术复杂、造价高、工期长，不宜采用。至此，石牌河段修建大体积堆石坝方案得到了否定。

1964年　1月，长江水利水电科学研究院提出了《三峡水库淤积研究第一阶段技术总结》。4月，林一山提出《关于水库长期使用初步探索》一文，认为三峡水库采用汛期排沙方案，对发电损失不大。为研究水库长期使用问题，长办派人到西北、东北、华北等地对十几个多泥沙河流的水库，进行淤积调查，写出了《调查报告》，向周恩来作了汇报。周恩来审阅《报告》后，转呈了毛泽东。《报告》提出了"蓄清排浑"运行方式。

1965年　本年，继续进行太平溪坝段的地质勘探及设计研究工作，进一步研究了三峡工程分期开发的技术可能性和经济合理性。

1966年　4月，长办编制了《三峡水利枢纽设计简要报告》。《报告》论证了建设三峡在技术上是可靠的，经济上是合理的。同时，还编印了《三峡水利枢纽分期开发方案研究情况的汇报提纲》，提出了设计蓄水位为115m、150m、200m的分三期开发方案。

1967年　7月，长办第一勘测大队编制完成了《长江三峡水利枢纽综合工程地质勘察报告》。

一手兴建葛洲坝，一手描绘三峡图

(1969～1985年)

1969年　10月，毛泽东视察湖北，张体学向他提出修建三峡工程的建议。毛泽东指出：在目前战备时期，不宜作此想。这是第一次正式推迟三峡工程建设。事后，张体学根据一些同志的意见，提出先修建葛洲坝工程的建议。（按长办过去研究的建设程序，葛洲坝应在三峡建成之后或与三峡工程同时兴建）。

1970 年 10 月，武汉军区和湖北省革命委员会向党中央、国务院写了《关于兴建宜昌长江葛洲坝水利枢纽工程的请示报告》。12 月，周恩来第一次听取葛洲坝工程与三峡工程相互关系的汇报，并要林一山将不同意建葛洲坝的意见用书面写出。周恩来将中央批复送审稿和武汉军区、湖北省报告连同林一山的信一并呈毛泽东。周恩来在给毛泽东的信中说："至于三峡大坝，需视国际形势和国内防空炸的技术力量的增长，修高坝经验的积累，再在'四五'期间考虑何时兴建"。12 月 25 日，中共中央在对葛洲坝工程的指示中指出："修建葛洲坝水利枢纽，是有计划、有步骤地实现伟大领袖毛主席'高峡出平湖'伟大理想的实战准备"，但"也要考虑今后保证三峡高坝建设的有效措施"。26 日，毛泽东对葛洲坝工程作了批示："赞成兴建此坝。现在设想是一回事。兴建过程中将要遇到一些现在想不到的困难问题，那又是一回事。那时，要准备修改设计"。4 天后，即 30 日，葛洲坝工程开工。

1971 年 6 月 23 日，周恩来听取葛洲坝枢纽布置修改方案的汇报时说："葛洲坝是一个大工程，很复杂，要不断修改设计，不能出乱子"。"长江出了乱子，不是一个人的事，是整个国家、整个党的事"，是"要载入党史的问题"。"我对这个问题是战战兢兢，如临深渊，如履薄冰"。当钱正英谈到枢纽布置修改方案中把航运放在首位时，周恩来说："重点首先保证航运，修了坝要能通航，水运不能受影响，将来大坝（按：指三峡大坝）可以从中吸取经验教训"。

1972 年 11 月，周恩来第三次听取葛洲坝工程的汇报。由于设计和施工都存在很多问题，周恩来严肃地指出了工程建设中的问题，并决定主体工程暂停施工，修改设计。指定由林一山、钱正英、张体学、王英先、马耀骥、沈鸿、谢北一、袁宝华、廉运禄等 9 人组成葛洲坝工程技术委员会，直接对国务院负责，组织修改设计。周恩来说："过去没有实践……现在修建葛洲坝，要成为三峡大坝的试验坝……"。又进一步阐明修建葛洲坝是为三峡作实战准备。

1973 年 遵照周恩来"葛洲坝工程要为三峡工程作实战准备"的指示，本着"三峡着眼，近期着手"的精神，从本年起，有关单位共同开展了葛洲坝工程建设的大量科研试验工作，如泥沙淤积、通航建筑物、长江截流、大型闸门及启闭机、高压输变电设备、机械化施工工艺等。多年来所获得的大量科学成果，既直接解决了葛洲坝建设中的问题，也有相当一部分成果可作为三峡工程建设的借鉴。

1974 年 10 月，葛洲坝主体工程停工 22 个月之后，正式复工。12 月，葛洲坝工程技术委员会于 8～20 日在北京召开第六次会议。讨论了三峡工程同葛洲坝工程的关系问题，要求 1976 年底以前完成三峡枢纽初步设计修改补充报告，以便能在葛洲坝工程大江截流前将三峡工程纵向围堰水下部分予以预建，以减少葛洲坝蓄水后修建三峡工程的困难。

1975 年 7 月，葛洲坝工程技术委员会于 7～19 日在北京举行第七次会议，讨论三峡工程的问题，认为尽快选定坝址和搞清淹没是当前的主要问题。8 月，国家建委决定召开三峡水利枢纽工作会议，研究选择坝址和水库蓄水位等问题。同时长办与有关省市抽调了 30 余人组成调查组，调查 1958 年以来库区工农业建设的变化，提出三峡水利枢纽 170m 到 200m 分级蓄水位以下各项主要淹没指标。

1976 年 3 月，《三峡水利枢纽初步设计要点补充研究报告》（坝址补充研究）编制完成。5 月 28 日，报送水利电力部，抄送国家计委、建委及有关部、局。在坝址选择方面，《报告》认为：经过 20 年来的研究，证明选择结晶岩的美人沱坝区是合理的。近几年的研究进一步证明：太平溪、三斗坪两个坝址都具有兴建三峡工程良好的工程地质条件，均能满足水工及施工布置的要求；在不考虑防御核武器而采用一般混凝土坝及以坝后厂房为主的枢纽布置时，以三斗坪坝址为优；在考虑核武器而采用加大剖面的混凝土坝及以地下厂房为主的枢纽布置时，太平溪坝址较为有利。《报告》因而推荐太平溪坝址。

1977 年 9 月，长办提交了《三峡水利枢纽防护方案研究报告》。10 月，全国人大常委会副委员长李井泉前往宜昌视察葛洲坝工地，题词曰："继承毛主席的遗志，为建设三峡水电站而奋斗"。

1978 年 1 月，李先念副主席和谷牧副总理于 6～9 日，视察了葛洲坝工程。在谈到三峡工程时，李先念说，要研究"高坝中用"方案。2 月，水电部于 4～24 日在宜昌主持三峡水利枢纽坝址选择准备工作讨论会。与会者有各单位代表 70 余人。会议着重讨论了 4 个问题：(1) 三斗坪、太平溪两个坝址的比较；(2) 关于"高坝中用"问题；(3) 葛洲坝蓄水前的预建工程；(4) 选坝前需要补充的工作和建议。会议要求长办为选坝会议提供规划、地质、水工、施工防护和设计任务等 5 个报告。4 月 27 日，水电部在发出的《关于贯彻落实全国科学大会精神的几项决定》的通知中指出："在水利方面……要研究根治黄河、兴建长江三峡水利枢纽、提高江河防洪能力，充分利用水力资源，实现南水北调的技术措施”。全国科学大会通过的1977～1985年科技发展规划共有108项，其中第13项便是“长江三峡水利枢纽工程重大技术问题研究”。5月29～31日，国务院副总理方毅视察了三峡坝址、葛洲坝工地和荆江河段，听取了关于三峡设计、科研等问题的汇报。6月下旬，长办组织一个工作组到川东地区调查研究三峡库区移民工程问题，并于23日在成都向四川省委第一书记赵紫阳汇报。赵紫阳认为：搞移民工程，因地制宜，就地后靠，搞多种经营是好的。事后，编写了《关于三峡水库移民问题的报告》，并于10月26日报送李先念转国务院。《报告》中提了4点建议。8月《长江三峡水利枢纽坝址选择补充设计阶段报告》编印完成。它是根据1970年以后，在工程防护、分期兴建、移民工程规划、水库泥沙防淤方面获得新的研究成果，以及葛洲坝工程已开工兴建的新情况下，对三峡工程的水工、施工设计方案和坝址比较所作的修改补充工作。同时，长办还编印了《长江三峡水利枢纽坝址选择补充设计阶段洪水分析报告》。11月24日～12月2日在武汉召开了三峡水利枢纽设计洪水讨论会，与会者有33个单位的63名代表。本月，长办向中央写了《关于召开长江三峡水利枢纽选坝会议》的专题报告。

1979年 3月，水利电力部组织了赴巴西水电考察组，考察当时正在施工的伊泰普工程及其它大型水电站工程。4月，长办编写了《关于长江流域规划和三峡工程汇报提纲》。26日，国务院听取长办关于长江流域规划和三峡工程的汇报，会议由李先念主持，国务院副总理、各部委以及沿江各省市负责人参加。讨论了三峡工程建设和召开三峡选坝会议的问题，并决定召开选坝会议。5月12～24日，在武汉召开三峡选坝会议，多数代表希望长办对各种意见进行分析研究，报请国务院及早把坝址确定下来，为早日开工作好准备。9月，水利部根据国务院指示，主持召开了长江三峡水利枢纽选坝会议汇报会，之后向国务院写了报告，建议按三斗坪坝址开展初步设计工作。从此，三峡工作重点再次转入三斗坪坝址。11月28日，水利部向国务院和国家领导人报送《关于三峡水利枢纽的建议》，建议将三峡作为我国四个现代化建设中的一项重大战略性工程，争取在90年代建成。12月5～10日，长江三峡科研预备会在武汉召开，讨论了长办提出的三峡科研计划。同时，湖北省地震局编印出《长江三斗坪水利枢纽工程地震基本烈度鉴定意见》，认为本工程的地震基本烈度以六度为宜。

1980年 3月，美国政府水电代表团来华进行中美水电合作会谈，15日在北京签署了《中华人民共和国政府与美利坚合众国政府水力发电和有关的水资源利用合作议定书附件一》，其中第三条是“中国三峡工程综合利用开发技术的合作活动”。7月12日，中共中央副主席、国务院副总理邓小平从重庆乘船顺江而下，视察了长江三峡坝址和葛洲坝工地，听取了长办关于三峡工程的汇报，并察看了荆江大堤的防洪形势。邓小平到达武汉后，在与赵紫阳、姚依林、宋平讨论三峡问题时，认为建设三峡效益很大，尤其是对防洪问题。他说：“航运问题不大，生态问题也不大，防洪作用很大，发电效益也很大。”并指示国务院要研究三峡建设问题。8月，国务院在北京召开常务会议，研究三峡问题并决定：“关于三峡建设问题，由科委、建委负责，继续组织水利、电力及其它方面的专家进行论证，提出意见。”为此，长办编制了一套资料——《长江三峡水利枢纽论证报告》。

1981年 1月1～4日，国务院总理赵紫阳视察葛洲坝工程，在听取了有关长江规划和三峡工程的汇报后说：三峡的论证还要继续，葛洲坝是三峡的实战准备。三峡工作不能停，要试验论证，三峡总要搞的，问题是什么时候搞。2月，长办编制了《三峡（三斗坪）枢纽分期开发初期蓄水位128m方案（坝顶高程145m）简述》。美国考察三峡代表团一行10人，于4月30日～6月12日来我国进行了考察访问。我方向美方提供了一份详细的《三峡规划设计工作简介》。代表团返美后，编写了一份数十万字的三峡综合考察报告。据美国《工程新闻记录》杂志报导：“这批专家确信三峡工程的防洪、发电、航远、灌溉方案是可行而需要的，而且中国的设计者可能独自努力予以实现”。

1982年 2月，钱正英传达中央领导人指示：三峡水利枢纽工程拟列入近期国家计划。要求长办向中央作一补充报告。长办即向党中央、国务院和湖北省报送了《关于兴建三峡水利枢纽的补充报告》。建议大坝，电站一次修建至最终规模，采取分期抬高蓄水位的方式运行。湖北省委、省人民政府讨论研究了这个《补充报告》后，于本月10日向党中央、国务院写了《关于兴建三峡水利枢纽的报告》，国务院副总理万里作了“请计委研究”的指示。9月20日，《中华人民共和国与美利坚合众国政府间水力发电及有关的水资源利用合作议定书附件二》在华盛顿签署。其中第四条为：“中国长江三峡工程的总目标开发技术合作活动”。10月7～8日，当时担任水电部副部长的李鹏陪同中共中央政治局委员、国务院副总理万里和中央书记处书记胡启立、候补书记郝建秀视察了葛洲坝工程和三峡坝址，并听取了关于三峡工程勘测、设计工作进展情况的汇报。11月24日邓小平听取国家计委“关于二十年工农业总产值翻两番汇报”，谈到准备兴建三峡工程时，说：我赞成搞低坝方案。看准了就下决心，不要动摇。

1983年 2月，国家科委在北京召开会议，并拟定了一份《关于三峡低坝方案需要重点论证的几个问题》，报告中提出了七大技术经济问题。23日国务院办公厅以〔83〕国办函字第17号文向鄂川两省人民政府发了《关于三峡库区调查工作的意见》的文，要求在三峡动工前对库区进行一次全面的调查复核。3月，长办编制的《三峡水利枢纽150m方案可行性研究报告》完成，并于4月5日上报国家计委和水电部。《报告》全文约40万字，共分10个分册。5月3～13日由国家计委主持，在北京召开了长江三峡水利枢纽工程可行性报告审查会议。同三峡工程有关的国务院16个部委、川鄂湘三省、58个科研、设计、施工及工厂、电厂等生产单位，11个大专院校的专家、工程技术人员和领导干部共350多人，参加了审查会。审查会认为：长办提出的可行性研究报告基本可行，建议国务院原则批准。

1984年 2月17日，国务院财经领导小组召开会议。赵紫阳、万里、姚依林、田纪云、胡启立、郝建秀、方毅、张劲夫、王任重、谷牧等中央领导人及各部委负责人出席。会议讨论了水电部提出的《建议立即着手兴建三峡工程的报告》。会议决定三峡工程采用正常蓄水位150m，坝顶高程175m的方案，并决定立即开始施工准备，争取1986年正式开工。会议还决定成立三峡工程筹备领导小组，筹组三峡行政特区和三峡开发公司。同时，长办与水利水电科学院等单位组成查勘队开始对南方型水库泥沙淤积调查，历时2个月，查勘了18座大水库，写成了《南方水库泥沙淤积调查和研究》。3月，长办编制完成了《长江三峡水利枢纽施工通航研究报告》和《三峡水利枢纽施工通航补充研究报告》。国家计委审定采用“明渠通航结合临时船闸及升船机方案”。4月5日，国务院以〔84〕国函字第57号文原则批准《长江三峡工程可行性研究报告》，批文中指示：“三峡工程按正常蓄水位150m，坝顶高程175m设计。”“今明两年可先进行场外公路、部分码头、供电、通信、部分房屋建筑和施工征地等方面的前期准备工作”；24日李鹏副总理在国务院主持了三峡工程筹备领导小组第一次会议，会上宣读了中共中央办公厅、国务院办公厅转发《关于开展三峡工程筹备工作的报告》的通知，宣布三峡工程筹备领导小组正式成立。6月30日，国务院三峡工程筹备领导小组以国三峡筹发〔1984〕02号文发出通知。通知中说：经国务院批准，即成立三峡工程开发总公司筹备组，组长由国务院三峡工程筹备领导小组成员陈赓仪兼任，副组长由陆佑楣担任，请即开展工作。7月31日中共中央书记处第147次会议决定：为加快三峡电站的建设，妥善解决三峡库区移民问题，决定成立三峡特区，特区政府直属国务院领导。川鄂两省凡有移民的地区，均划归三峡特区政府管辖。9月18～21日，李鹏在北京主持召开了国务院三峡工程筹备领导小组第二次会议，会议传达了中央书记处关于成立三峡特区的决定。会议对特区范围、组建工作以及三峡工程施工准备和三峡工程科研等问题提出了原则性意见和贯彻执行的措施。同时对三峡开发总公司的任务、职权、体制提出了意见。中共中央办公厅、国务院办公厅发〔1984〕43号文，明确：总公司是一个独立核算的经济实体，具有法人资格，在国家计划指导下的经营管理和对外交往中都行使较大的自主权。总公司在三峡工程建设期间是该工程的总甲方，工程投产后全部资产，包括债权债务，都归其所有，并负责水电站的经营管理。葛洲坝电厂是三峡工程总公司的组成部分，固定资产和职工原则上应属总公司管理，财务预决算要经总公司审批，电厂所创造的利润上缴总公司，作为建设投资的组成部分。认为成立“中国三峡开发总公司筹建处”已具备条件，可定为国务院直属局级单位，由水电部代管。11月21日，担任副总理的李鹏考察了中堡岛和兴建中的葛洲坝。此行中，他强调，三峡工程肯定是要上的，问题是怎样做好些、省些、快些，并要求搞开发性移民。12月10日水电部以〔84〕水电劳字100号文，决定成立中国三峡工程开发总公司筹建处，29日，中国三峡工程开发总公司筹建处在宜昌召开成立大会，筹建处主任陈赓仪宣布：筹建处正式成立，并行使中国三峡工程开发总公司职权。

1985年 2月，三峡省筹备组正式成立，李鹏到会讲了话。会后，颁布了中发〔1985〕4号文即《中共中央、国务院关于成立三峡省筹备组的通知》。3月，长办编制完成150m方案（坝高175m）初步设计报告。本月下旬，全国政协六届三次会议上，有些委员提出：希望中央责成国务院对三峡工程进一步论证后，再做决定。5月3～8日，国务院三峡工程筹备领导小组在北京召开第三次（扩大）会议。主要议题是听取设计、科研单位关于三峡工程泥沙、航运等方面的成果汇报，研究下一步工作安排。由于重庆市和交通部门建议三峡工程正常蓄水位提高到180m，李鹏提出由国家科委和计委组织三峡正常蓄水位的进一步论证工作。以全国政协经济建设组组长孙越崎为团长的调查组，从5月30日开始对川鄂两省沿江地区进行为期38天的调查，于7月30日编印了《关于三峡工程问题的调查报告》,《报告》的基本论点是:三峡工程近期不能上,至少“七五”期间不该上,并列举了7项理由。9月2日水利部在北京召开内部预审会,审查1985年7月长办提出的《长江三峡水利枢纽正常蓄水位补充论证报告》。

重新论证周而密,‘人大’决策金梦圆

(1986～1992年)

1986年 4月3日,李鹏在六届人大四次会议第二次中外记者招待会上,回答记者提问时说:对这项(指三峡)工程,中国政府采取既积极又慎重的态度。现在还没有对这项工程作出是否开工的决定。……有许多问题还需要进一步研究。……国务院准备成立三峡工程论证委员会,不仅要吸收国内各方面的专家、学者参加,听取他们的意见,还要向一些水电建设有经验的国家的专家们进行咨询,听取意见。论证的情况,委员会将及时向全国人大常委会汇报,同全国政协协商。4月19日～5月6日,赵紫阳、李鹏、王任重等国家领导人以及中央一些部门的负责人考察了鄂西、鄂北和川东十多个山区县市,并重点察看了三峡三斗坪坝址、长办宜昌三峡设计科研基地、葛洲坝水利枢纽以及荆江大堤郝穴段大堤加固和防洪情况。5月8日中共中央、国务院以中发12号文下达《关于将三峡省筹备组改建为国务院三峡地区经济开发办公室的通知》。《通知》指出:中央和国务院决定将三峡省筹备组改建为国务院三峡地区经济发展办公室,负责指导和帮助这一地区的经济开发和移民试点工作。6月2日,中共中央、国务院以中发〔1986〕15号文下达《关于长江三峡工程论证工作有关问题的通知》。通知指出:三峡工程“有一些问题和新的建议需要从经济上、技术上深入研究,以求更加细致、精确和稳妥”。并决定由水利电力部负责广泛组织各方面的专家进一步论证,重新提出三峡工程可行性报告,并决定由国务院三峡工程审查委员会负责审查,提请中央和国务院批准,最后提交全国人民代表大会审议。为加强这一工作的领导,中央指定李鹏、薄一波、王任重、程子华同志负责协调三峡工程的论证工作。从此,三峡工程的论证工作便进入了更广泛、更深入、更全面、更周密、更稳妥的新阶段。6月19日,水电部成立以钱正英为组长、陆佑楣为副组长、潘家铮为副组长兼技术总负责人、杨振怀等12人为组员的三峡工程论证领导小组。23～24日领导小组召开第一次会议,决定论证工作分为10个专题进行,其中4个专题各设两个专家组、共设立了14个专家组,已聘请论证领导小组特邀顾问、专家组的顾问和专家400余人。

1987年 4月17～20日,水电部三峡工程论证领导小组召开第四次(扩大)会议,审议综合规划与水位专家组提出的初选水位方案的意见。通过讨论,绝大多数同志同意采用坝顶高程185m,正常蓄水位175m,初期蓄水位156m的“一级开发,一次建成,分期蓄水,连续移民”方案,作为进一步深入论证工作的初选方案。12月17～22日,水电部三峡工程论证领导小组召开第五次(扩大)会议,审议通过了地质地震、水文、机电设备三个专题论证报告。是年,根据中加合作协议,加拿大国际项目管理集团——长江联营公司(CYJV),经过一年多的努力,完成了一份独立的三峡工程可行性研究报告,从而为中国政府提供了一份公正的技术复核文件。

1988年 1月26～28日,水电部三峡工程论证领导小组召开第六次(扩大)会议,审议通过了枢纽建筑物、施工、投资估算三个专题论证报告。2月23日～3月1日,水电部三峡工程论证领导小组召开第七次(扩大)会议,审议了移民、生态与环境、泥沙三个专题论证报告。4月22～30日水电部三峡工程论证领导小组召开第八次(扩大)会议,审议通过了防洪、电力系统、航运三个专题论证报告。11月21～30日水电部三峡工程论证领导小组召开第九次(扩大)会议,审议了综合规划与水位和综合经济评价两个专题报告。至此,14个专题报告全部通过了三峡工程论证领导小组的审议。主要结论是:三峡工程是难得的具有巨大综合效益的水利枢纽,经济效益是好的,财力上是可行的,也在国力能承受的范围之内,三峡工程建比不建好,早建比晚建有利,建议及早决策。

1989年 1月17日,长办重新编制了正常蓄水位175m的《长江三峡水利枢纽可行性研究报告》。2月27日～3月7日,水电部三峡工程论证领导小组召开第十次会议,审议并原则通过了长办编制的这个报告(审议稿)。至此,三峡工程重新论证工作全部结束。7月21～24日,中共中央总书记江泽民在水利部部长杨振怀、农牧渔业部部长何康陪同下,视察了三峡坝址、葛洲坝工程、荆江大堤、荆江分洪工程以及长江科学院9万m^2三峡水库模型试验厅。9月水电部三峡工程论证领导小组正式向国务院三峡工程审查委员会报送《长江三峡水利枢纽可行性研究报告》,14个专题论证报告和9位专家的不同意见。

1990年 7月6～14日,国务院召开三峡工程论证汇报会,出席会议的有中共中央政治局、中顾委、全国人大、全国政协、国务院各部委、各民主党派等有关方面负责人175人。中共中央总书记江泽民会见

了出席会议的全体同志。会议听取了三峡工程论证领导小组副组长兼技术总负责人潘家铮代表论证领导小组所作的《关于三峡工程论证情况的汇报》，76位专家、教授、学者和各方面人士在大会上发言或提交了书面意见。会议充分肯定了参加三峡工程论证的各方面专家的工作成果，并决定将在此论证基础上重新编制的《长江三峡工程可行性研究报告》正式提请国务院三峡工程审查委员会审查。8月22日国务院办公厅以国办发〔1990〕57号文下达了调整后的国务院三峡工程审查委员会组成人员名单：主任邹家华、副主任王丙乾、宋健、陈俊生和委员杨振怀等25人。9月21日国务院以国发〔1990〕56号文，批转全国水资源与水土保持工作领导小组关于长江流域综合利用规划简要报告审查意见的通知。审查意见明确指出：长江三峡水利枢纽工程，地理位置适中，条件优越，建成后可有效控制长江上游洪水，提供巨大电力，改善长江航运，增加中下游干流枯水期流量，综合效益巨大，在整个流域综合治理开发中具有重要的地位和作用……建议列为国家建设项目，在国家财力可能的条件下，尽早兴建。

1991年　2月17～18日，国家副主席王震、政协副主席王任重邀请13位专家、学者及有关同志在广州举行三峡工程座谈会，听取对三峡工程的意见。与会专家希望中央在“八五”计划和“十年规划”中对三峡工程早作安排。4月18～24日，国务委员、三峡工程审查委员会副主任陈俊生率国务院办公厅、国务院三峡地区经济开发办公室、国务院政策研究办公室、水利部、建设部等有关部门负责人考察了三峡库区。5月29日～6月6日，国务院副总理、三峡工程审查委员会主任邹家华率审查委员会部分成员以及有关部委和湘、鄂、川三省负责人考察了三峡库区、荆江分洪区和洞庭湖地区。7月9～12日，国务院三峡工程审查委员会在京召开第二次会议，审议《长江三峡工程可行性研究报告》，听取了长委会主任魏廷琤关于这个《报告》的汇报和10个预审专题主持人关于预审情况的汇报。通过讨论初步形成了审查委员会的审查意见，并决定进一步修改后在下次会议上通过。8月3日国务院三峡工程审查委员会在京举行第三次会议，会议一致通过了《关于对〈长江三峡工程可行性研究报告〉的审查意见》，审查委员会全体成员都签了字。正式上报国务院，建议党中央、国务院予以批准并提请全国人大审议。8月14日国务院办公厅以国办发〔1991〕48号文发出通知。为加强对移民试点工作的领导，进一步扩大三峡工程开发性移民试点工作，加快移民工作进程，决定成立以陈俊生为组长，以刘仲藜、李昌安、李伯宁、蒲海清、王汉章为副组长的国务院三峡工程移民试点工作领导小组。领导小组于8月26日召开第一次会议，听取并讨论了“三经办”主任李伯宁“关于三峡工程移民试点工作情况和今后扩大试点几个有关问题的汇报”。8月28日万里委员长在七届‘人大’常委会第21次会议的讲话中说：“关于三峡工程争论已久……，但我认为：从整个国民经济稳定发展这个长远的需要看，从确保长江中下游安全这个紧迫的需要看，三峡工程的必要性日益明显。迟上马不如早上马，这是关系亿万人民切身利益的长治久安之策，建议国务院列入十年规划。”9月13～18日中央政治局常委李瑞环考察长江。途中听取长委会主任魏廷琤关于长江情况的综合汇报，考察了三峡工程坝址，并与鄂川两省的干部、群众座谈，强调抓紧治理开发长江要着眼于防洪。10月10～12日《长江三峡水利枢纽工程环境影响评价大纲》审查会在京举行。10月21日～11月2日，全国政协副主席王光英率26位委员组成的全国政协考察团考察了三峡工程库区、坝址、葛洲坝水利枢纽、荆江分洪区、洞庭湖区。考察后向党中央建议早作宣传，尽快决策，抓紧上马。11月13～24日，以人大常委会副委员会长陈慕华为团长，人大常委会副秘书长曹志为副团长，由25位委员组成的全国人大常委会三峡工程考察团，考察了重庆至宜昌、沙市、公安、安乡、岳阳等地市县、三峡工程坝址、葛洲坝水利枢纽、荆江大堤、荆江分洪区、洞庭湖区。12月6日，李鹏主持国务院第167次总理会议，听取了水利部副部长张春园关于全国人大常委会、政协全国委员会组团考察三峡工程情况的汇报以及李伯宁关于扩大移民试点问题的汇报，向全国人大副委员长陈慕华和全国政协副主席王光英、钱正英征求对三峡工程建设问题的意见。12月12～19日，以国家计委副主任甘子玉、水利部副部长张春园、能源部副部长陆佑楣、交通部副部长刘松金为领队，由28个省、市、自治区和13个计划单列市分管计划工作的副省长、副市长等共47人组成的全国省长三峡考察团考察了重庆、三峡库区、坝址、葛洲坝、荆江分洪区、洞庭湖区以及长沙市。12月26日，中宣部召开三峡工程宣传会，常务副部长徐惟诚指出：当前，三峡工程宣传要下点“中雨”。人大常委会和全国政协两个考察团去三峡后，最近做了一些宣传，舆论空气起了很大变化。建议新闻局同水利部联系，要让新闻单位了解三峡的人逐渐多起来，为记者宣传三峡工程造成好的条件。

1992年　1月17日李鹏主持了国务院第95次常务会议。讨论国务院三峡工程审查委员会对《长江三峡工程可行性研究报告》的审查意见，邹家华汇报了审查委员会的审查意见并作了补充说明。张春园汇报了全国人大常委会、全国政协、全国省长考察后对三峡工程提出的意见和建议。通过认真讨论，会议原则同意建设三峡工程，2月20～21日中共中央总书记江泽民主持政治局常务委员会第169次会议，邹家华代表国务院汇报了国务院关于对《长江三峡工程可行性研究报告》的审查意见。会议原则同意国务院关于审查意见的汇报，并请国务院根据会议讨论的意见，对建设三峡工程的有关问题作进一步研究后，将兴建长江三峡工程的议案，提交七届人大五次会议审议。3月11～15日全国政协第七届委员会常务会议第十八次会议在京召开。邹家华到会作了关于《〈长江三峡水利枢纽可行性研究报告〉的审查情况》的报告。经过认真讨论、协商，会议对兴建三峡工程的决策表示赞同，对建设方案的实施提出了不少具体建议，并高度评价了中共中央和国务院在整个三峡工程论证和决策过程中体现的科学化、民主化精神。3月16日李鹏向全国人大五次会议提交了《国务院关于提请审议兴建长江三峡工程的议案》。3月21日～4月30日，三峡工程开发总公司在北京举办“长江三峡工程展览”，参观者有各界人士10万余人（次）。3月21日邹家华受国务院委托，在七届人大第五次会议上代表国务院作《关于提请审议兴建长江三峡工程议案的说明》。4月3日，七届人大五次会议2633名代表对关于兴建长江三峡工程的决议进行表决。以1767票赞成，177票反对，664票弃权，25人未按表决器的结果通过。会议批准将兴建长江三峡工程列入国民经济和社会发展十年规划，由国务院根据国民经济发展的实际情况和国家财力、物力的可能，选择适当时机组织实施。

此后，从国务院到各有关方面为三峡工程的实施展开了紧张而有序的工作。6日《人民日报》发表题为“贺三峡工程列入十年规划”的社论。4月中下旬，中共中央政治局委员李锡铭；国务委员、中国人民银行行长李贵鲜率领的金融系统考察团；中共中央对外联络部部长朱良等先后对三峡工程进行了考察；28日李鹏总理主持召开了国务院第185次总理会议，研究工程有关问题，成立三峡工程建设委员会筹备领导小组。5月2～13日“海峡两岸记者三峡工程联合采访团”，24日全国人大常委会副委员长，中华全国总工会主席倪志福，先后考察三峡。6月8日海南、广西、甘肃、河南、湖北等省（区）人大主任考察三峡。3～8日钱正英主持召开三峡移民规划大纲审查会议；近千人参加的库区淹没实物指标调查外业工作，历时8个月后结束。7月1日，原水电部驻葛洲坝代表处撤消；8～9日中国人民解放军迟浩田上将、广州军区朱敦法上将；21日孙中山先生嫡孙、美中经济文化交流协会会长孙治强先后参观三峡工程。上旬由全国贫困地区干部培训中心、水利部移民办、国务院三经办和长委共同组织的“全国库区开发性移民专题研讨会”在宜昌召开。8月11～14日国务委员陈俊生在京主持召开了“三峡工程库区移民对口支援工作会议”，全国21个省、市、自治区和8个计划单列市以及中央有关部门、库区各地负责人200多人参加了会议，李鹏总理到会作了重要讲话，并与部分代表座谈。9月3～5日台湾大学院长颜清连和美国雄厚集团董事长于孟石，5日英国议会代表团，19日七届全国政协常委、香港大正集团董事长黄克立，南洋银行集团董事长庄以平分别考察三峡；21日全国26个省、市、自治区驻汉办事处主任一行考察坝区和库区。10月先后来三峡参观考察的有：日本前首相中曾根康弘一行9人，英国议会英中小组代表团一行8人，古巴共产党政治局委员、国务委员和部长会议主席罗德里格斯和经济顾问埃尔南德斯率领的经济考察团。8日中国人民建设银行三峡工程专业分行在宜昌成立；19日由邹家华题名的“长江三峡工程展览”在宜昌开幕；31日三峡工程论证领导小组向国家计委和国务院报送《关于三峡工程对重庆市的影响和对策研究的报告》。11月1日在距三峡大坝4km上游北岸龙洋坪举行移民第一镇——太平溪镇奠基仪式。7～8日郭树言受国务院领导同志委托，在宜昌主持召开了“长江三峡水利枢纽工程今冬明春施工准备工作现场办公会”，决定今冬明春开始前期准备工作；9～12日总公司会同长委会、葛洲坝工程局、建行三峡分行的负责人为落实现场办公会精神，部署前期准备工作；15日在坝区由宜昌县政府主持召开了“热烈欢迎三峡工程建设大军大会”；12～18日李鹏总理率国务院秘书长罗干和有关部门负责人到三峡地区实地视察、调查研究，并召开三峡工程建设工作会议预备会；19日李鹏总理在武汉主持的召开了国务院三峡工程建设工作会议，研究成立三峡工程建设领导机构问题，讨论三峡工程前期准备工作；28日总公司同葛洲坝工程局签订了“三峡水利枢纽工程1992～1993年部分前期准备工程施工承包协议”共15个项目；30日总公司主要领导和各项目负责人进驻工地办公。12月4～5日郭树言一行9人视察坝区、总公司、葛洲坝工程局后方基地，并召开会议，研究坝区移民和工程前期准备工作。20～25日全国各大电网电管局负责人110人，在中国电力企业联合会理事长张凤祥率领下，考察了坝区，大家表示将全力支持三峡工程建设；29日湖北省政府向国务院递交了《三峡工程初步设计坝区征地移民安置规划报告》，报告规划征地1870.6公顷，移民14677人。到31日止，坝区工地已有8个项目相继开工。

梦想70余载、勘查50多年、论证40个春秋的盖世工程——中国长江三峡水利枢纽工程，终于走完了七十三年漫长而光辉的里程，跨入了崭新的、艰巨而浩翰的具体实施年代。与其说这座世界级大坝是用钢筋水泥浇成的，还不如说是党和国家几代领导人、科技工作者和广大工人用心血铸就的。三峡工程是新中国的民族工程，其意义将远远超过万里长城，它将成为我们伟大中华民族的象征，永远屹立在世界的东方。

（本文由李冰、黄流中等同志据《长江志·长江三峡工程前期大事记》、国务院三峡工程审查委员会编纂的有关资料和1992年三峡工程大事记编撰而成）

三峡工程论证专题摘要

三峡工程论证概况

水利部
能源部 三峡工程论证领导小组办公室

为什么要修建三峡工程？它有什么主要作用？修建三峡工程在技术上、经济上，以及对生态环境和社会的影响方面有些什么问题，能不能解决？它究竟是利大还是弊大？是众说纷纭已久，为人们所关注的问题。1986年6月根据中共中央、国务院指示开始的三峡工程重新论证工作，历时近3年，现在已经完成，各行业的几百位专家、学者对以上问题通过反复研究和论证提出了科学结论。

重新论证的主要成果包括14个专题论证报告和根据这些专题论证报告编写的可行性研究报告。为了帮助读者了解三峡工程重新论证的来龙去脉以及整个论证工作是怎样组织进行的，特就三峡工程的论证过程做一简要介绍。

最早的开发长江水资源的设想是孙中山先生1918年在他的“实业计划”中提出的，后来收入了《建国方略》。

十几年之后，1932年国民党政府组织了水利水电专家进行查勘、测量，开始具体探索三峡工程的可行性。40年代，又与美国垦务局合作，进行过勘测、设计、研究。由于当时的政治、经济条件，1947年5月工作停顿。当时考虑的重点是开发巨大的水电资源，研究程度很浅，但初步揭示了三峡工程的规模及其可行性。

1958年2～3月，周总理率中央和有关地方的领导同志查勘荆江大堤和三峡，听取工作汇报和各方面的不同意见后，在党中央成都会议上做了《关于三峡水利枢纽和长江流域规划》的报告，并作出了相应的决议。此后，对三峡工程的研究一直没有间断。

三峡工程的正常蓄水位，过去倾向于200m（海拔，下同），除解决中下游防洪以外，水电站装机容量2500万kW。由于移民规模太大，后来水利电力部经过多次反复研究，要求长办于1983年提出正常蓄水位150m，坝顶高程165m的可行性研究报告。同年5月，国家计委受国务院委托，组织350余位专家和有关领导同志进行审查，原则同意并报告了国务院。1984年4月，国务院原则批准可行性研究报告，但要求将坝顶高程提高到175m，以备遭遇特大洪水时超额拦蓄洪水，减轻长江中下游洪灾损失。

1984年9月，重庆市人民政府向国务院报告，建议将正常蓄水位提高到180m，以便万吨级船队直达重庆港。于是国务院委托国家计委、科委对水位进一步组织论证。在此期间，除了对水位的不同意见以外，有些人士还提出了三峡工程上不上，早上还是晚上的各种不同意见和建议。

1986年4月，党中央和国务院领导同志率有关领导同志视察三峡后，于6月发出了《中共中央、国务院关于长江三峡工程论证的有关问题的通知》（简称15号文），要求原水利电力部重新论证三峡工程，主要内容是：

（1）由水利电力部广泛组织各方面的专家，进一步论证修改原来的三峡工程可行性报告。要注意吸收有不同观点的专家参加，发扬技术民主，充分展开讨论，得出有科学根据的结论意见，分阶段、分专题向中央书记处、国务院和人大常委会汇报，并及时向政协通报情况。

(2) 成立国务院三峡工程审查委员会，负责审查水利电力部提出的三峡工程可行性报告，提请中央和国务院批准，最后提交全国人民代表大会审议。委员会由国家计划委员会、经济委员会、科学技术委员会、中国科学院、财政部、水利电力部、城乡建设环境保护部、交通部负责同志以及有关方面人员组成，由李鹏同志任主任(1988年国务院换届时，改为姚依林同志担任主任)，宋平、宋健同志任副主任。

为加强这一工作的领导，中央指定李鹏、薄一波、王任重、程子华同志负责协调三峡工程的论证工作。

为了贯彻15号文，原水利电力部对重新论证工作的组织部署是：

(1) 水利电力部成立三峡工程论证领导小组，对论证工作实行集体领导。领导小组由原水利电力部部长、有关的副部长、总工程师、副总工程师及有关领导共12人组成。

(2) 为了听取各方面的意见，接受监督、指导，论证领导小组商请全国人大财经委员会、全国政协经济委员会、国家计划委员会、国家科学技术委员会、国务院经济技术社会发展研究中心、中国科学院、中国社会科学院、中国科协、财政部、交通部、机械电子工业部、国务院三峡地区经济开发办公室、四川省、湖北省等有关部门、单位和省推荐人选，聘请了特邀顾问，开始是12位，后补充到21位。

(3) 在国家计划委员会、国家科学技术委员会组织水位论证时原设8个专题，扩充为10个专题，国家计划委员会、国家科学技术委员会原聘请的108位专家，全部保留（其中有2位因工作需要由本单位做了调整），又根据专业需要和打破部门界限的原则和各方面的推荐，增聘了专家，包括中国科协推荐的11个全国性学会的25位专家，最后共聘请412位专家，组成地质地震、枢纽建筑物、水文、防洪、泥沙、航运、电力系统、机电设备，移民、生态环境、综合规划与水位、施工、投资估算、综合经济评价等14个专家组。上述专家共涉及40个专业，包括自然科学、工程技术、社会科学、财政经济、生态环境、系统工程和人防工程等方面。其中水电系统以外的专家占51.7%，来自17个国务院所属部门、单位，总参工程兵部，建设银行，中国科学院所属的12个研究所（中心）和分院，20所高等院校和8个省市。在全体专家中具有高级学术、技术职称的约90%，其中有中国科学院学部委员15人和一些国际上知名的专家。

每个专家组都配备了工作组，按照专家组的部署进行工作。专家组根据论证工作需要，在全国范围内委托有关高等院校，科研、勘测、设计等单位，承担勘测、调查、计算、试验、研究任务，参加工作的达数千人。

(4) 对论证工作的要求，强调：

①既要充分利用过去的工作成果，又不能局限于以往的结论；

②要充分考虑各种不同的意见和建议；

③论证工作一定要有严格的科学基础。

(5) 论证的方法和程序。由于三峡工程论证是个大的系统工程，论证工作采取了专业和综合相结合。综合规划论证分三个层次，第一，三峡工程在长江流域规划中的地位和作用；第二，三峡工程在地区经济发展中的地位和作用；第三，三峡工程在全国经济发展中的地位和作用。

论证的程序是：正常蓄水位论证比较150m、160m、170m、180m，一次建成、分期蓄水，两级开发等6个方案。综合经济评价论证分两个层次：一是上三峡工程与不上三峡工程；二是上三峡工程是早上还是晚上。

根据以上部署，14个专家组、工作组的专家们以严肃的对人民负责的精神和严格的科学态度，在深入调查研究，占有丰富的基本资料的基础上，反复分析讨论，分别提交了专题论证报告。根据科学民主的原则，专家组的论证工作完全独立进行，不受干预；专家组内部则充分尊重不同意见，不强求一致。14个专题论证报告有9个是一致签字通过的。有5个专题报告分别有1～3位专家组成员（共有9位专家10人次）对专题报告的结论有不同意见未签字，并提交了书面意见。这些书面意见，分别附在专题论证报告之后。

各专家组提出的专题论证报告，逐个由论证领导小组（扩大）会议上审议通过，历次领导小组（扩大）会议的发言均汇编成册，并印发了7本《对建设三峡工程的不同意见文章选编》，供专家们参阅。

这次重新论证三峡工程，特别是关于三峡工程在长江治理开发中的地位、作用的论证是在长江流域综合利用规划的修订补充基础上配合进行的。

论证的主要结论：三峡工程是难得的具有巨大综合效益的水利枢纽，经济效益是好的，建三峡工程的方案比不建三峡的方案好，早建比晚建有利。

以上是三峡工程研究论证的简要经过。我们希望，14个专题论证报告的公开发表，能对各界人士了解和推动三峡工程有所裨益。

三峡工程论证领导小组名单

组　长　钱正英　水利电力部部长

副组长 陆佑楣 水利电力部副部长，高级工程师
副组长（兼技术总负责人）
潘家铮 水利电力部总工程师
中国科学院学部委员，高级工程师
成　员（兼秘书长）
陈赓仪 中国三峡工程开发总公司筹建处主任，高级工程师
成　员（兼副秘书长）
黄友若 国务院三峡地区经济开发办公室副主任
成　员 史大桢 水利电力部副部长，高级工程师
杨振怀 水利电力部副部长，高级工程师
娄溥礼 水利电力部总工程师，高级工程师
苏哲文 水利电力部原总工程师，高级工程师
魏廷琤 水利电力部长江流域规划办公室主任，高级工程师
沈根才 水利电力部副总工程师，高级工程师
徐乾清 水利电力部副总工程师，高级工程师

地质地震论证报告（摘要）

前　言

1986年8月25～26日专家组在北京召开了第一次全体会议，讨论并通过了三峡工程地质地震专题论证工作纲要，明确了以区域地壳稳定性、水库诱发地震及库岸稳定性三个专题作为本次论证工作的重点。

1986年11月21～27日，由专家组主持，邀请了国内部分遥感和遥感地质的专家，在宜昌召开了狮子口和三斗坪两个线性影象问题的专题讨论会。接着，11月28日～12月5日召开了专家组第二次全体（扩大）会议，充分研究和讨论了1985年长江三峡工程地质问题讨论会所提交的《长江三峡工程地质问题讨论会论证报告》，在此基础上，形成了《长江三峡工程地质地震专题论证报告（初稿）》。

1987年10月30日～11月4日，在北京召开了专家组第三次全体会议，讨论并审议通过了本专题论证报告及其附件。

一、研究程度

三峡工程的地质地震问题，50年代～60年代中期，作过大量的基础地质研究和坝区、坝段、坝址的比较选择，并在选定的三斗坪坝址开展了三峡工程初步设计阶段的勘测研究工作。1985年以来，根据国家对三峡工程重新论证的要求，对区域地壳稳定性，水库诱发地震及库岸稳定性等三个地质地震问题又做了补充研究和论证。

三十多年来，配合工程规划设计及论证，完成了大量的勘测研究工作。在工作过程中，采用包括地面地质、遥感地质、地球物理勘探、钻探、井硐探、高精度测量、原位测试、现场试验、岩体位移监测、物理模型、数值解析及地震台网监测等多种技术方法，取得了丰富的资料，提交的主要勘察报告和科研成果达140余份。

专家组在综合分析评价了上述的工作成果及各方面的意见后，认为三峡工程地质勘测工作有足够的广度和深度，研究程度高，取得的资料丰富，现有的工作成果及据此而作出的有关结论，完全可以满足可行性宏观决策的要求。

二、总的评价

三峡工程选定的三斗坪坝址，位于古老的前震旦纪结晶岩体上。坝址处河谷开阔，河床覆盖层厚度不大。坝址上下游各10余km结晶岩分布的范围内，无活动性断裂及大的不良物理地质现象。坝址工程地质条件优越，适宜修建混凝土高坝，是一个难得的好坝址。

三峡工程的区域地质环境，从全国范围看，是一个稳定程度较高的地区，区内地震活动水平不高，属弱震环境。坝址所在的黄陵结晶岩基底，是一个稳定的刚性地块。坝区地震基本烈度经有关单位先后4次鉴定，均定为6°。专家组认为是合适的。

三峡工程正常蓄水位为175m方案时，干流库段长约650km，跨越川鄂中低山区及川东低山丘陵区，为一河谷型水库。库区有厚度大的隔水层环绕，封闭条件好，不存在水库渗漏问题。水库两岸松散堆积物零星分布，不会造成严重的浸没和坍岸。库区泥石流仅在局部地段发育，规模小，暴发频率不高，不会对水库的正常运用造成危害。矿产资源受淹没、浸没的损失不大。库岸多为基岩岸坡，总体稳定较好，稳定条件差的库岸仅占全库岸总长的1.2%。对航道的威胁较之天然状况会有较大改善，但应注意可能失稳的岸坡对当地及附近城镇居民点的危害。

从三峡工程所处的地质环境分析，不能排除局部地段有可能产生水库诱发地震，但发生强水库地震的可能性小，不会影响工程的安全。

从总体上综合评价，三峡工程的地质地震条件是好的，适宜修建巨型水利水电工程。

三、对几个主要地质地震问题的论证意见

（一）区域及坝区地壳稳定性问题

三斗坪坝址所处的黄陵地块，为前震旦纪变质杂岩和侵入其间的花岗——闪长岩组成的结晶基底。岩体坚硬完整，断裂规模小，无孕育中强震的发震构造。航磁资料反映基底比较完整，是一个稳定程度高的刚性地块。

区域地质构造背景的主要特征，是以黄陵地块为核心，周围被古生代、中生代盖层褶皱所环绕。通过本区的重力梯级带，是中国东部重力梯级带南段的一部分，在本区大致东起宜昌土门，西至秭归，宽约70～100km。

区内地震活动水平不高，强度小、频率低。坝址及周围300km范围内，据1959年前的2000年历史记载，共发生中强震19次。其中震级大于6级的4次。即公元46年的南阳6.5级地震、788年安康6.5级地震、1631年常德6.5级地震及1856年咸丰6.25级地震，距坝址均超过200km；5级以上地震离坝址也在130km以远。1959年设立三峡地震台网以来，共记录到Ms=1.0～5.1级地震700余次。其中，有轻微破坏的中强震5次，两次发生在240km以远的鄂西北地区，三次发生在坝区外围，即1961年宜都潘家湾4.9级地震，震中烈度7°；1969年保康马良坪4.8级地震，震中强度6°；1979年秭归龙会观5.1级地震，震中烈度7°。它们距坝址60～80km，影响到坝区烈度都在5°以下。坝区所在的黄陵地块，历史上无破坏性地震记载，现今微震台网监测表明，地震活动微弱，28年来仅记录到1＜Ms＜2级的地震10余次，且大多分布在雾渡河断裂以北地区。

专家组认为，从总体上看，三峡地区的地壳稳定性是相对较好的，工程所在的黄陵结晶岩地块的稳定性和安全度更高。国家地震部门1979年重新鉴定、1984年补充鉴定，将坝区地震基本烈度定为6°是合适的。

（二）水库诱发地震问题

对水库诱发地震问题的研究，目前国内外均处在探索阶段。对于诱发地震的形成机理和发生发展过程，尚未能从本质上得到肯定的认识。

根据地貌、岩性、地质构造及地震地质条件，三峡库区可分为三个库段。

坝址——庙河的结晶岩库段，无区域性或活动性断裂通过，历史及现今地震活动微弱，岩体坚硬完整，透水性弱，不具备发生较强水库诱发地震的条件，但蓄水后不排除诱发3级左右的浅源小震的可能。

庙河——白帝城库段，碳酸盐岩分布广泛，河谷深切，基岩裸露，岩溶发育，岩体透水性好。秭归——渔洋关及黔江——兴山两个地震带分别于坝址上游17～30km及50～100km穿越本库段，有发生较强水库诱发地震的可能，估计最高震级为5.5级左右。

白帝城以上库段，主要由中生代砂页岩组成，构造条件简单，地震活动微弱，一般不具备发生水库诱发地震的条件。

（三）库岸稳定性问题

根据河谷结构、岩性及其组合、岩坡稳定现状等条件，将库岸分为稳定条件好、稳定条件较好、稳定条件较差、稳定条件差4种类型。其中稳定条件好及较好的库岸长度占库岸总长的82.5%，稳定条件差的有6段，总长16.1km，只占全长的1.2%。水库形成后，在库水作用下，可能产生新的基岩滑坡和崩塌的地段不多，不会改变库岸稳定性的基本现状。

在现今自然条件或三峡工程兴建后，崩塌、滑坡的活动及由此引起的涌浪，对滑坡体上的居民及附近城镇有可能造成一定程度的危害。新建城镇的选址应做好相应的地质工作，避免大型崩塌、滑坡灾害对其产生直接或间接影响。

四、结 论

1. 三峡工程地质地震工作的研究程度高，资料丰富，无论广度和深度，均可满足宏观决策的要求。

2. 坝址基岩完整，力学强度高，透水性弱，工程地质条件好，适宜兴建混凝土高坝。

3. 三峡工程在地质构造上处于相对稳定的地区，地震活动水平不高，为弱震环境。坝区地震烈度取决于外围地震的影响，基本烈度定为6°是合适的。

4. 从三峡工程所处的地质环境分析，不能排除局部地段产生水库诱发地震的可能，从最不利的情况分析，即使在距坝址最近的九湾溪断裂处产生较强的水库诱发地震，影响到坝区的地震烈度，不超过6°，不会影响工程的安全。

5. 三峡水库无渗漏及严重的浸没坍岸问题。库岸的总体稳定性是好的。少数可能失稳的大型崩塌、滑坡体对工程的安全无影响。蓄水后崩塌、滑坡对航道的危害较之天然状况有较大的改善。

在我国经济发展的腹地，有这样一个从区域地壳稳定性、库区地质到坝址工程地质条件都能适应修建巨型工程的地质环境，是不可多得的，建议尽早开始三峡工程的建设。

地质地震专题论证报告
顾问、专家名单

顾　问	陈宗基	中科院学部委员 中科院地球物理研究所所长 一级研究员，高级工程师
	贾福海	中科院学部委员 地矿部科技顾问委员会委员，高级工程师，原地矿部水文工程地质局总工程师
组　长	戴广秀	地矿部水文地质工程地质司副总工程师
副组长	李　坪	国家地震局地质研究所研究员，学术委员会委员，活动构造研究室主任
	王思敬	中科院地质研究所所长、研究员
	姜国杰	水电部水利水电规划设计院高级工程师
	胡海涛	地矿部环境地质中心总工程师、研究员
专　家	许　兵	中科院地质研究所工程地质力学研究室副主任，副研究员
	孙广忠	中科院地质研究所技术委员会主任，工程地质力学研究室主任，研究员
	朱建业	水电部水利水电规划设计院高级工程师
	刘广润	湖北省地矿局技术顾问，高级工程师
	李元亮	水电部长江流域规划办公室技术委员会委员，高级工程师
	余永良	水电部水利水电规划设计院处长，高级工程师
	杨光庆	地矿部物化探局总工程师，高级工程师
	肖楠森	南京大学地球科学系教授
	陈德基	水电部长江流域规划办公室勘测总队总工程师，高级工程师，勘测科研所所长
	张兴仁	水电部天津勘测设计院原副总工程师
	张咸恭	武汉地质学院研究生院教授
	张倬元	成都地质学院院长，教授
	林邦宸	交通部长江航务管理局三峡办公室副主任
	俞克礼	水电部水利水电建设局咨询，高级工程师
	徐煜坚	国家地震局地质研究所研究员，新构造研究室主任
	梅世蓉	国家地震局分析中心研究员，主任
	谭周地	长春地质学院教授，工程地质研究室主任

地质地震专家组工作组名单

组　　长：刘效黎（女）（水电部水利水电规划设计院勘测处副处长，高级工程师）

成　　员：陈德基　俞克礼　曾昭民　汪雍熙　楚占昌　郭希哲　魏希侃

长办联络员：陈德基（勘测总队总工程师、高级工程师）

枢纽建筑物论证报告（摘要）

一、论证工作简况

枢纽建筑物专题论证专家组的主要任务是：配合水位论证进行的枢纽布置研究；通航建筑物技术可行性的论证；枢纽布置方案的论证；人防问题的分析。

为了便于深入研究有关通航建筑物和人防等专门问题，在专家组内另设有通航小组及人防小组。

从1986年8月～1988年6月，共计召开了5次专家组会议、4次人防小组会议，并先后实地查勘了两级开发方案的上一级坝址、实地考察了长办在湖北陆水做的溃坝模型试验和参加了金沙江溪落渡、向家坝两个水电站的联合查勘。经过多次研究、讨论、修改，提出了本报告审议稿。

二、专题论证意见

（一）配合水位论证进行的枢纽布置研究

为配合水位论证，对6个代表性方案（三斗坪一级开发，正常蓄水位150、160、170、180m方案、分期蓄水方案和两级开发方案）的枢纽布置进行了论证，主要情况如下：

1. 关于一级开发方案

三斗坪一级开发，正常蓄水位（150、160、170、180m）的枢纽布置方案是参照长办提出的150m方案初步设计的设计原则和枢纽布置方式拟定的，并对施工期发电水位，泄洪设施布置及永久梯级船闸级数、线路作了适当调整。各方案主要参数及工程量见表1。

表1　三峡各水位方案主要技术经济指标表

项目	单位	一级开发方案 150	一级开发方案 160	一级开发方案 170	一级开发方案 180	两级开发方案 下中坝	两级开发方案 三斗坪	两级开发方案 总梯级	分期蓄水方案 初期156	分期蓄水方案 后期175
大坝坝顶高程	m	175	175	175	185	195	175		185	185
正常蓄水位	m	150	160	170	180	180	160		156	175
枯水期消落低水位	m	130	145	150	160	170	145		140	155
防洪限制水位	m	135	135	140	150	155	135		135	145
兴利调节库容	亿 m^3	94	91	147	184	17	91	108	89	165
正常蓄水位以下防洪库容	亿 m^3	73	138	197	249		134	134	111	221.5
千年洪水位以下防洪库容	亿 m^3	220	220	197	249		206	206	220	221.5
20年一遇洪水最高库水位	m	150	150	154	165	176.6	150		150	157.5
枝江最大泄量	m^3/s	56700	56700	56700	51700		56800	56700	56700	56700
100年一遇洪水最高库水位	m	160.7	160.7	164	175	182.6	160		160.7	166.7
枝江最大泄量	m^3/s	56700	56700	56700	56700		58500	58500	56700	56700
1000年一遇洪水最高库水位	m	170	170	170	180	189.4	170		170	175
枝江最大泄量	m^3/s	71700	71700	75700	76100		73000	73000	71700	76100
枯水期平均调节流量	m^3/s	5120	5090	5630	5990	3380	5290	5290	5130	5860
枯水期通航调节流量（保证率%）										
保证出力	万kW	332	381	460	537	66	399	465	360	499
装机容量	万kW	1300	1432	1690	1872	200	1482	1682	1768	1768
年发电量	亿kW·h	677	732	785	891	62	732	794	700	840
装机利用小时	h	5200	4940	4640	4760	3080	4940	4720	3960	4750
改善库区航道里程	km	450～550	530～600	550～650	600～700	220～270	480	700～750	500～570	570～650
水库淹没耕地	万亩	14.62	21.61	29.94	39.71	3.22	20.13	23.57	21.61	34.83
库区迁移人口	万人	33.54	42.71	63.66	79.48	14.34	42.15	56.49	42.71	72.55
工程量 土石方开挖	万 m^3	8080	8120	8030	7960	10190	8110	18280		7990
工程量 土石方填筑	万 m^3	3120	3120	3120	3120	5040	3120	8160		3124
工程量 混凝土	万 m^3	2270	2290	2330	2590	1250	2290	3540		2613
工程量 钢筋	万t	24.7	25.0	25.2	27.6	12.5	25.0	37.5		27.7
工程量 钢材	万t	22.7	23.5	23.5	25.5	7.3	23.4	30.7		25.7
主体工程投资	亿元	124.0	125.84	130.3	135.73	78.4	125.84	204.24		185.2

注：1. 此表由长办提出；2. 表中库区迁移人口数，未考虑泥沙淤积影响和动迁人口；3. 表中主体工程投资，一级开发及两级开发方案为1984年价格水平，分期蓄水方案采用1986年价格水平。

专家组认为：上述4个方案的枢纽布置格局基本一致，在技术上的难度无根本差别。因而，枢纽布置方案本身的调整或变动对水位方案比较不起决定性作用，所采用的枢纽布置方案及相应的工程量，可满足水位方案比较的要求。

2. 关于两级开发方案

为减少库区淹没损失，改善库尾航运及重庆港区条件，并有利于满足万吨船队驶达重庆的要求，水电部三峡工程论证领导小组第二次（扩大）会议，提出应进行两级开发方案的研究，并与三峡正常蓄水位180m一级开发方案相比较。

1986年9月下旬，综合规划与水位、枢纽建筑物及地质三个专家组进行了联合查勘，初选了涪陵以上的蔺市坝址段（上中坝、下中坝）和涪陵以下的珍溪场坝址段（坪水坝、兔耳坝）共4个坝址，并建议用蔺市下中坝（180m）接三斗坪（160m），与珍溪场坪水坝（180m）接三斗坪（150m）的两组两级开发方案进行比选。

长办于1986年11月编制了《长江三峡两级开发规划报告（初稿要点）》供专家组讨论审议。大多数专家同意以三斗坪接下中坝方案作为两级开发的代表性方案。

下中坝坝址位于涪陵市上游20km处，河谷开阔，坝址为泥岩、砂岩互层，可满足泄洪和电站厂房的布置要求。

三斗坪梯级的枢纽布置仍沿用正常蓄水位160m方案，其技术经济指标见表1。

根据比较成果，绝大多数专家认为：两级开发方案与三斗坪180m一级开发方案相比，虽可减少移民及淹没，有利于库区排沙，上一级建成后也有利于保持航道的航深，但工程量及投资大，防洪、发电等效益也不如一级开发方案，在可行性研究阶段可不再比较。

3. 关于分期蓄水方案

在论证中，专家组主要研究了如下两个问题：

（1）建筑物适应分期蓄水方案的布置和措施

分期蓄水方案中，初期和后期运行水位最大变幅达35～45m，枢纽中各建筑物必须适应此要求。为此，长办提出了解决措施，具体措施如下：

①通航建筑物

永久船闸要适应施工发电期135m、初期135～156m、后期145～175m三种运用水位要求。

对于连续式船闸五级方案，第一级船闸上下闸首初期底槛高程为130m，后期抬高到140m。下闸首可按设两道人字门考虑，在施工发电通航期间，可以只使用后三级，初期运用期间，可只使用后四级，水位超过157m后，需用5级。

②枢纽泄洪建筑物

分期蓄水方案的泄洪设施有：泄洪坝段的23个深孔、22个表孔，左厂房坝段导墙的两个深孔和厂房的5个排沙孔。上述泄洪设施的泄洪能力均可满足工程初期与后期运行的要求。

③大坝及厂房

大坝的坝顶高程若按初期175m、后期185m计算，高度相差仅10m，混凝土量相差约150万m^3。若分两期施工，与枢纽运行干扰大，比较复杂、困难。因此，大坝按最终规模一次建成，不采取分期加高加大断面的方式。

由于水轮发电机组按后期运行的水头选择，亦可满足初期和施工发电期间的运行要求，因此，电站后期运行时厂房可不必改建。

（2）分期蓄水方案的水位选择

专家组认为，初期蓄水位可在150～160m之间选择，以减少初期投资和移民淹地数量。对于后期蓄水位，大多数专家倾向于在170～180m之间选择。

1987年4月，三峡工程论证领导小组第四次（扩大）会议审议通过了用于论证工作的初选水位方案，即“一级开发，一次建成，分期蓄水、连续移民”的方案，坝顶高程采用185m，最终蓄水位175m，初期正常蓄水位156m。分期蓄水的间隔时间建议暂定10年。

（二）通航建筑物技术可行性的论证

三峡工程的永久通航建筑物包括永久船闸和升船机。在本阶段着重对永久船闸的技术可行性和永久船闸两类布置方案进行了论证，最后集中到五级船闸Ⅰ线和Ⅲ线方案，以及分散三级船闸Ⅰ线方案等三个方案。

连续五级船闸Ⅰ线方案的线路相对靠近河床，船闸中心线距离左岸厂房安装场550m，线路总长4812m，船闸结构大部分为衬砌式混凝土结构。

连续五级船闸Ⅲ线方案的中心线较Ⅰ线方案左移380m，闸前直线段长930m，线路总长4848m。船闸闸门和结构与Ⅰ线方案基本相同。

分散三级船闸Ⅰ线方案的线路位置和布置标准全部按照交通部门提出的要求，线路总长8270m。船闸结构有衬砌式，重力式和衬砌重力混合式三种。

专家组最后集中对连续五级船闸Ⅲ线方案和分散三级船闸Ⅰ线方案进行了论证。主要讨论了以下几个问题：

1. 引航道泥沙淤积问题

论证认为，两类船闸方案引航道的泥沙淤积问题，预期可通过对坝区枢纽泥沙进行研究试验后，采用必要的防淤、冲沙等措施解决。

2. 高水头船闸水力学问题

三峡连续五级船闸和分散三级船闸最大工作水头分别为49.5m和39.6m，最大输水量分别为26万m^3和40万m^3，其综合指标均超过目前的世界水平。科研单位先后研究过采用阀门后廊道突扩体型、通气、改变阀门开启方式、设置二道闸门、降低阀门高程等措施以解决阀门区空化问题。论证后认为，通过进一步的试验研究，阀门区空化问题和闸室停泊条件预期可以得到解决。

3. 高水头大型船闸的闸门和启闭机械

两类船闸方案的闸门最大挡水高度和淹没水深均接近或超过了当前世界水平，因此闸门、启闭机的设计和制造都有一定难度。但经机电设备专家组论证，认为对其结构、闸门运行阻力及启闭方式等技术问题进行必要的试验研究，是可以解决的。

4. 岩石开挖高边坡的稳定问题

三峡船闸岩石开挖边坡最大高度达150m左右，其开挖及稳定问题对施工及运行十分重要，应予重视。经研究表明，依据地质条件合理确定岩石的开挖坡度和施工程序，并采取必要的加固、支护措施和加强监测，船闸高边坡的稳定问题可以得到解决。

（三）枢纽布置方案的论证

根据三峡工程论证领导小组第三次（扩大）会议的要求和关于可行性论证阶段仍按明渠通航方案考虑的指示，以及论证领导小组第四次（扩大）会议确定的论证工作初选水位方案，长办于1987年9月编制了《三峡水利枢纽正常蓄水位175m枢纽布置方案论证报告》，拟定了两岸坝后厂房、三组厂房、右岸溢流厂房三类枢纽布置方案，其中永久通航建筑物均布置在左岸，且采用连续五级船闸Ⅰ线方案。三类枢纽布置方案见表2。

表2 各枢纽布置方案主要工程量投资比较总表

项目	单位	方案Ⅰ 两岸坝后厂房	方案Ⅱ 三组厂房	方案Ⅲ 溢流式厂房
明挖	万m^3	7879	7763	7883
洞挖	万m^3	86	283	86
混凝土	万m^3	2689	2644	2806
填方	万m^3	3124	3124	3124
钢筋	万t	28.54	28.89	37.31
钢材	万t	25.64	25.07	25.66
投资	亿元	185.2	186.0	190.5

与会专家认为，长办提出的三个布置方案都是可行的。通航建筑物设置在左岸是合适的。从建筑物的泄洪、排沙、运行、施工条件以及设计深度等综合考虑，可以方案Ⅰ作为论证的代表方案，其枢纽布置如下：

拦河大坝为混凝土重力坝、河床中部布置泄洪坝段，泄流前缘总长483m，共设有23个7×9m的深孔（孔底高程90m）和净宽8m的22个表孔（堰顶高程156m）。泄洪坝段左侧导墙内设有2个6×9m的深孔（孔底高程90m），泄洪坝段右侧纵向围堰坝段内设有2个8×11m的中孔（孔底高程117m）。此外，在厂房中间安装场坝段还设有5个4×5.5m的排沙孔（孔底高程75m），在水位低于145m时可参加泄洪。

电站装机容量1768万kW，分左右两个坝后厂房，左厂房装机14台，右厂房装机12台，单机容量均为68万kW，主厂房长度分别为634m和575.8m。

通航建筑物布置在左岸。永久通航建筑物为双线连续五级船闸，及一线一级垂直升船机，船闸闸室有效尺寸为280×34×5m，升船机承船箱有效尺寸为120×18×3.5m，施工期另设一线一级临时船闸（闸室尺寸240×24×4m），结合升船机和扩大的导流明渠通航。

工程施工分三期进行。第一期围中堡岛右侧，开挖明渠，修混凝土纵向围堰；第二期围中堡岛左侧主河床，进行左岸工程的施工，利用右岸明渠导流；第三期封堵明渠，进行右岸工程施工，施工发电期间，由永久泄洪深孔和表孔下的预留缺口过流，缺口高程109m；初期运行时，缺口高程升至148m。主要技术特性指标表见表3。

（四）人防问题的分析（略）

三、结 论

1. 三斗坪坝址河谷开阔、基岩完整、力学强度高、透水性弱，可满足泄洪、发电、航运以及施工布置的需要，是修建大型混凝土高坝枢纽的优良坝址。

2. 两岸坝后式厂房的枢纽布置方案，可作为本论证阶段的代表方案。即拦河坝为混凝土重力坝，河床中部布置泄洪坝段，其两侧分别布置坝后式厂房，通航建筑物布置在左岸。泄洪坝段内设23个7×9m深孔（孔底高程90m）及22个宽8m的表孔（初期堰顶高程148m，后期为156m）泄洪；电站装机1768万kW，左侧厂房装机14台，右侧厂房装机12台，单机容量均为68万kW；永久通航建筑物为双线连续五级船闸Ⅲ线及一线一级垂直升船机，施工期另建一线一级临时船闸结合利用升船机及导流明渠通航。

3. 三峡船闸水头高、规模大、超过目前世界水平，技术难度大，必须慎重对待。引航道泥沙淤积及船闸水力学等关键技术问题在进一步认真细致的工作和试验研究后采取相应措施，预期可以解决。

双线连续五级船闸或分散式三级船闸两方案的一些关键技术问题预期都是可以解决的，但由于问题比较复杂，目前工作深度不足以选定方案，基于以前的工作基础，暂以连续五级船闸Ⅲ级方案作为本次论证的代表方案。

表 3 **枢纽主要技术特性指标表**

项目		单位	数量或特征（初期）	数量或特征（后期）
一、水位及泄量			初期	后期
正常蓄水位		m	156	175
枯水期消落低水位		m	140	155
防洪限制水位		m	135	145
20年一遇洪水	最高库水位	m	150.25	157.5
	枝江最大泄量	m^3/s	56700	56700
100年一遇洪水	最高库水位	m	160.7	166.7
	枝江最大泄量	m^3/s	56700	56700
设计洪水 1000年一遇	最高库水位	m		175
	枝江最大泄量	m^3/s		71500
校核洪水（万年一遇加10%）	最高库水位	m		178.25
	三峡枢纽最大下泄量	m^3/s		101500

项目	单位	数量或特征	项目	单位	数量或特征
二、主要建筑物			145m 水位泄量	m^3/s	2460（水位大于145m时不使用）
（一）大坝			（三）电站厂房		
型　式		混凝土重力坝	1. 型　式		坝后式厂房
坝顶高程	m	185	2. 主厂房尺寸（长×宽×高）		
最大坝高	m	175	左厂房（14台）	m	634×59.75×81
坝顶长度	m	1970	右厂房（12台）	m	575.8×59.75×81
（二）泄洪建筑物			机组中心距	m	37.7
1. 前缘总长	m	483	引水口底部高程	m	110
2. 深　孔			（四）通航建筑物		
进口底板高程	m	90	1. 船闸		
孔口个数、尺寸	m	23个7×9 2个6×9	船闸闸室尺寸	m	280×34×5
设计/校核泄量	m^3/s	54120/55260	最大过船吨位	t	4×3000　6×2000 9×1000
3. 表孔			2. 垂直升船机		
堰顶高程	m	156	承船厢有效尺寸	m	120×18×3.5
孔数、净宽	m	22个，8	最大过船吨位	t	3000
设计/校核泄量	m^3/s	29060/36820	三、主体工程量		
4. 中　孔			土石方开挖	万 m^3	8788
孔底高程	m	117	土石方填筑	万 m^3	3124
孔口个数、尺寸	m	2个8×11	混凝土浇筑	万 m^3	2689
设计/校核泄量	m^3/s	4810/4970	钢　材	万 t	25.52
5. 排沙孔			钢　筋	万 t	29.01
孔底高程	m	75			
孔口个数、尺寸	m	5个4×5.5	四、主体工程投资	亿　元	187.67

注：设计和校核洪水位时70%机组（18台）过流量相应为14490和14260m^3/s。90%泄洪设施加70%机组过流的总泄流能力为：设计情况93680m^3/s，校核情况101610m^3/s。

4. 对三峡工程采用“一级开发、一次建成、分期蓄水、连续移民”的方案，作为论证工作的初选方案，专家组表示赞同。并认为为适应分期蓄水运行所采取的有关泄洪、发电、通航等技术措施，基本可行。

5. 两级开发的枢纽布置方案，格局基本合理，技术上可以成立。该方案可减少水库移民、淹地，有利于库区排沙，两级同时建成后有利于保持航道的航深，但其防洪发电等效益不如一级开发方案，且工程量较大，在可行性研究阶段，可不再比较。

6. 三峡工程人防安全事关重大，应审慎对待。基于现代战争有征候可察，预警放水是可能的。大坝建有低高程大泄量的泄洪设施，战时可迅速降低库水位运行。大坝为混凝土重力坝，具有较强的抗御常规武器命中的能力。但若遭受核武器袭击，坝体部分溃决，坝址至沙市以上地区灾害损失严重。但对沙市及武汉地区均无大影响。从全局分析仍属局部地区性的灾害。因此，人防问题不致成为三峡工程可否兴建的决定性因素。

枢纽建筑物专题论证报告
顾问、专家名单

顾　问　张光斗　清华大学教授，中国科学院学部委员

张昌龄　水利电力部咨询，教授级高级工程师

黄文熙　清华大学教授，中国科学院学部委员

陈宗基　中国科学院地球物理研究所所长，中国科学院学部委员，一级研究员

组　长　李浩钧　水利电力部水电规划设计院副总工程师，高级工程师（教授级）

专　家　王三一　水利电力部中南勘测设计院总工程师，高级工程师（教授级）

王宏硕　武汉水利电力学院教授

许百立　水利电力部华东勘测设计院副院长，总工程师，高级工程师（教授级）

邵长城　水利电力部长江流域规划办公室副总工程师，高级工程师（教授级）

严庆权　交通部长江航务管理局高级工程师（教授级）

沈德民　水利电力部水利水电规划设计院主任工程师，高级工程师（教授级）

陈道周　水利电力部水利水电规划设计院高级工程师（教授级）

陈椿庭　水利水电科学研究院咨询委员，高级工程师（教授级）

郑顺炜　水利电力部水利水电规划设计院副总工程师，高级工程师（教授级）

林景铭　水利电力部西北勘测设计院设计总工程师，高级工程师（教授级）

须清华　水利电力部，交通部南京水利科学研究院副院长，高级工程师（教授级）

高伟刚　水利电力部上海勘测设计院总工程师，高级工程师（教授级）

柴挺生　水利电力部，交通部南京水利科学研究院高级工程师（教授级）

夏颂佑　河海大学教授，水工结构教研室主任

曹楚生　水利电力部天津勘测设计院总工程师，高级工程师（教授级）

张定邦　交通部天津水运工程科学研究所所长，高级工程师

赵佩钰　水利水电科学研究院学术委员会秘书长，高级工程师（教授级）

赵振民　中国水利电力对外公司总工程师，高级工程师（教授级）

汪景琦　水利水电科学研究院高级工程师（教授级）

涂启明　交通部三峡工程航运办公室高级工程师

霍永基　水利水电科学研究院抗震防护研究所所长，高级工程师（教授级）

李鸿民　国家人防办公室参谋

殷之书　总参工程兵部顾问，科技委副主任，教授

曾惠泉　总参工程兵科研三所科技委员会副主任，副研究员

陈志林　总参工程兵科研三所副研究员

工作组名单

组　　长：袁　玫（水电部水利水电规划设计院副处长、高级工程师）

成　　员：胡汉林　朱经祥　崔志豪　陈学敏　刘汉忠　钱锁明　吕晓民

长办联络员：胡汉林（水利电力部长江流域规划办公室枢纽处处长，高级工程师）

水文论证报告（摘要）

前　言

三峡工程水文专题论证的主要任务，是对重新编写三峡工程可行性研究报告所需的水文设计成果，以及为进行可行性研究需要回答的有关水文问题进行论证。

一、对三峡工程水文资料的分析论证

1. 实测水文基本资料

宜昌站自1877年开始有海关观测水位记录，每天1次。1946年正式设立宜昌水文站开始有正规的水位和流量测验资料。寸滩水文站位于三峡水库库尾，距坝址约600km，为入库代表站，自1892年起有海关观测水位记录，1939年正式建立水文站，开始有正规水位及流量测验资料。

专家组认为，宜昌和寸滩站的洪水流量资料，经过用水位插补延长，系列长度分别达到109年和94年，提高了资料系列的代表性，有利于统计参数的稳定，因此同意在频率分析中使用上述流量资料系列。

2. 历史调查洪水资料

多年来长办对长江上中游有关河段进行过多次历史洪水调查和文献资料考证，比较可靠的历史大洪水洪痕在寸滩站附近调查到的有1788、1870年，在宜昌附近调查到的有1870、1860和1788年。这三年历史调查洪水调查点据多，水位精度较高。三峡工程有关的历史洪水调查资料和其他工程相比，无论从调查点据数量、洪痕的可信程度、文献资料的考证深度和考证年限等，都是较好的。

专家组认为，由于历史条件的限制，从不同角度在定量的估计上有差别是自然的。但各种估计的流量变化幅度基本上在允许的范围以内。宜昌1870年洪峰流量经多年来反复研究采用105000m^3/s基本上是合适的。对其他年份也同意采用表1中的数据，并同意在频率分析中使用。

表1　三峡以上干流寸滩、宜昌站历史洪水水位流量统计表

年份＼项目＼站名	宜昌		寸滩	
	水　位	流　量	水　位	流　量
1153	58.06	92800		
1227	58.47	96300		
1560	58.45	93600		
1613 *	56.67	81000		
1788	57.50	86000	193.35	90200
1796	56.81	82200		
1860	58.32	92500		
1870	59.50	105000	196.15	100000

注：流量：m^3/s　水位：m

水位为冻结吴淞水准系统；

*：1613年宜昌水位系据“大水舟行文昌门内”的记载，经现场调查分析拟定。并按宜昌1956年H～Q线推流。

二、对三峡工程设计洪水成果的分析论证

根据三峡工程的规模和重要性，其枢纽大坝工程应按照1000年一遇洪水进行设计，10000年一遇洪水或可能最大洪水进行校核。

在历次审查讨论中，对长办提出的洪水计算频率分析成果包括设计洪峰、洪量认为基本上合理。在论证阶段长办将洪水资料系列用到1985年并考虑历史洪水，重新分析后统计参数没有变化。通过对寸滩、万县和宜昌各站的对比分析，说明各站洪水统计参数选用合理。因此专家组同意在三峡工程可行性研究中使用下列表2－1、2－2中列出的洪水频率分析成果。

关于设计洪水过程线，专家组认为长办采用1981、1982、1954年做典型，是比较合适的。这三种实测典型基本概括了宜昌以上来水的不同典型。

长办提出的报告中提供了设计与校核条件下的三峡入库洪水。论证中专家组认为在采用动库容调洪演算时可以使用该项成果。

三、对年径流和枯水流量成果的论证

根据1877～1985年流量资料分析。专家组同意在三峡工程可行性研究中使用表3中年径流及枯水分析成果。长江水量虽然丰富，年径流的年际变化不大，但宜昌站年径流在年内季节间变化较大，多年平均1～3月份三个月的径流量仅333亿m^3（折合平均日流量4230m^3/s），只占全年径流量的7.3%。全年各月以3月份水量最枯，而最小日平均流量多发生于1、2、3月份，多年平均最小日平均流量为3560m^3/s，实测资料中以1979年3月8日在宜昌出现的

$2770m^3/s$ 为最小。有观测记录以来寸滩、宜昌站最低水位及相应流量见表 4－1、4－2。因此，为充分利用长江水资源，在可能条件下在干支流上修建工程调蓄洪枯，是十分必要的。

表 2－1　　**宜昌站洪水频率分析成果**　　实测系列：1877～1985 年

洪水要素	实测系列年限	统计参数			X_p			
		$\overline{X}$	Cv	Cs/Cv	0.01%	0.1%	1%	5%
Qm	109	52000	0.21	4.0	113000	98800	83700	72300
W_3	109	130.0	0.21	4.0	282.1	247.0	209.3	180.7
W_7	109	275.0	0.19	3.5	547.2	486.8	420.8	368.5
W_{15}	109	524.0	0.19	3.0	1022	911.8	796.5	702.2
W_{30}	109	935.0	0.18	3.0	1767	1590	1393	1234

表 2－2　　**寸滩站洪水频率分析成果**　　实测系列：1892～1985 年

洪水要素	实测系列年限	统计参数			X_p			
		$\overline{X}$	Cv	Cs/Cv	0.01%	0.1%	1%	5%
Qm	94	51600	0.25	3.0	121000	106000	88700	75300
W_3	94	124.0	0.25	2.5	284.0	248.0	211.0	180.0
W_7	94	244.0	0.22	2.5	512.4	453.8	390.4	339.2
W_{15}	94	450.0	0.21	2.5	914.0	815.0	706.0	616.0
W_{30}	94	797.4	0.20	2.5	1571	1403	1228	1076

其中Qm：最大日平均流量（m^3/s），

Wn：n时段最大洪量（亿 m^3），n＝3，7，17，30 天；

表 2a、2b 在频率分析中均使用了历史调查洪水资料。

表 3　　**寸滩、宜昌站年径流及枯季径流**

站名	系列年限	年径流统计		实测最大		实测最小			枯季径流	
		均值 亿 m^3	Cv	径流量 亿 m^3	年份	径流量 亿 m^3	年份	月份	径流量 亿 m^3	占年径流（%）
寸滩	91	3566	0.12	4626	1949	2543	1942	1～3	251	7.0
宜昌	104	4512	0.11	5751	1954	3348	1942	1～3	330	7.3

表 4－1 寸滩站枯水

出现日期 年 月 日	瞬时最低水位 (m)	水 位 序 号	瞬时最小流量 (m^3/s)	流量 序号
1960.3.14	158.21	5	2450	5
1973.3.6	158.10	2	2360	4
1978.3.24	158.14	3	2270	1
1979.3.5	158.15	4	2280	2
1987.3.15	158.08	1	2330*	3

注：系列：1939～1987 年

*：报汛资料

表 4－2 宜昌站枯水

出现日期 年 月 日	瞬时最低水位 (m)	水位 序号	瞬时最小流量 (m^3/s)	流量 序号
1937.4.3	38.87	5	2770	2
1978.3.14	38.83	3	2950	4
1979.3.8	38.67	2	2770	1
1982.1.13	38.83	4	2950	5
1983.2.23	39.12	6	3510	6
1987.3.15	38.31	1	2870*	3

注：系列：1877～1987 年

*：报汛资料

四、三峡工程以上及宜汉间洪水地区组成

（一）三峡工程以上地区洪水组成分析

宜昌以上长江流域面积约 100 万 km^2，金沙江来水是宜昌洪水的基础部分，嘉陵江洪水则是宜昌洪峰和短时段最大洪量的主要组成部分。寸滩至宜昌的三峡区间，源短流急，暴雨强度大，有时也形成瘦高洪峰，迭加在寸滩来水之上，形成宜昌的年最大洪水。根据多年统计分析，在各水库控制区以上约占宜昌以上 70％的流域面积上产生的洪水总量，与无控制区约占宜昌以上 30％的流域面积上产生的洪水总量大致相等。因此无控制区可以产生的最大洪峰也足以威胁荆江河段的安全。同时，由于各年暴雨中心落点并不相同，各控制性水库常不能同时发挥拦洪作用，因此上游水库对宜昌以下的防洪作用低于三峡水库。

（二）汉口以上洪水的地区组成

从分析大水年份汉口洪量与宜昌相应洪量关系中，可以看出宜昌来水占汉口洪水的比重较大。如表 5。

长江中游支流洪水，湘江一般出现在 4～6 月，资、沅、澧水 6～7 月，汉江则多出现在 7～9 月份，上游干流洪水则常出现在 7～8 月份。因此，在一般情况下长江上游洪水与宜汉间洪水有不同程度的遭遇。当上游干流洪水和中游支流洪水同时出现大水或平偏高水，则有可能形成汉口的特大或较大洪水。三峡工程正好处在长江上游和中游两个不同暴雨区的交界，既能控制并削减上游来的洪水，还可利用部分防洪库容对中游洪水进行补偿调节，因此其地理位置对长江中游防洪十分有利。

（三）干流寸滩至宜昌河段调蓄洪水能力分析

由寸滩至宜昌长江三峡峡谷段，狭谷与宽谷交替，

表 5 大水年汉口入流洪量与宜昌相应洪量关系

年 份	7 天洪量（亿 m^3）			15 天洪量（亿 m^3）			30 天洪量（亿 m^3）		
	汉 口	宜 昌	%	汉 口	宜 昌	%	汉 口	宜 昌	%
1931	613	339	55	1060	607	57	1910	1040	54
1935	706	295	42	1210	512	42	1880	810	43
1954	652	342	52	1290	726	56	2330	1350	58
1964	537	217	40	951	427	45	1440	1030	72
1968	490	261	53	918	525	57	1640	961	59
1979	408	125	31	744	514	69	1310	944	72
1980	453	297	66	820	542	66	1590	920	58
1981	388	334	86	688	553	80	1310	993	76
1982	436	304	70	803	579	72	1380	989	72

江面宽窄相间，天然槽蓄作用十分显著，在历年洪水中常出现寸滩站洪峰大于宜昌洪峰的情况。但三峡段河道天然槽蓄作用，因寸滩出现的洪水过程特性、洪水发生源地和三峡区间洪水发生情况而有不同。三峡段河道槽蓄容积主要在奉节以上。当寸滩出现瘦高洪峰，洪水来源在奉节以上，奉节以下区间来水不大，则峡谷段调蓄洪峰的作用十分明显。

五、三峡以上历年来沙变化趋势

长江宜昌、寸滩等站从1950年开始有悬沙测验资料，精度基本可靠。从1973年起又开展了推移质测验工作。根据1950～1985年实测资料分析，宜昌站多年平均年输沙量为5.3亿t。35年来出现过三个丰沙段，即1954～1959、1963～1968、1980～1985年，其平均年输沙量都接近6亿t。专家组同意以下的观点，即从泥沙资料的分析中，目前尚难以看出干流水沙关系有因人为因素而发生的变化，输沙量的历年变化仍主要反映了水文自然规律，资料上反映不出来沙有系统增大或减少的趋势。详见表6、表7。

此外，从50年代以来在各支流兴建的大量中小型水库和支流水电站蓄水工程，多数还在继续起拦沙作用，这在不同程度上也减少了进入干流的泥沙。因此，虽然上游小支沟淤积严重，但寸滩、宜昌等站泥沙尚无明显反映。

专家组认为，从长远计，必须加强上游水土保持工作，建议要大力加强干支流泥沙测验，继续改进泥沙测验技术及设施，加强对面上水土流失的监测。

六、主要结论

1. 三峡工程有关的水文情况基本清楚。长办提出的三峡工程水文设计成果，包括不同标准的设计洪水洪峰流量和各时段最大洪量、年径流和枯水分析成果可以做为可行性研究的依据。三峡工程水文研究程度可以适应方案选择的需要，对工程投入时间也无影响。

表6 长江上游干支流主要站丰沙段水沙量统计

测站	项目	1954～1959	1963～1968	1980～1985	1954～1985
宜昌	径流量（亿m^3）	4430	4770	4560	4400
	输沙量（万t）	58100	61300	60900	53000
	含沙量（kg/m^3）	1.31	1.29	1.33	1.20
寸滩	径流量（亿m^3）	3600	3870	3550	3510
	输沙量（万t）	53900	53300	51900	46700
	含沙量（kg/m^3）	1.50	1.38	1.46	1.33
屏山	径流量（亿m^3）	1520	1590	1370	1430
	输沙量（万t）	26600	28400	25400	24300
	含沙量（kg/m^3）	1.75	1.78	1.85	1.70
北碚	径注量（亿m^3）	674	817	845	708
	输沙量（万t）	14800	17400	18400	14300
	含沙量（kg/m^3）	2.19	2.13	2.17	2.02

2. 根据对长江上游水文特性分析，上游支流水库不能完全控制三峡以上主要暴雨洪水区，上游控制性水库至宜昌区间的无控制区仍能形成足以威胁荆江河段安全的特大洪水。三峡工程地理位置有利于控制上游洪水，对三峡以下中游防洪也可进行补偿调节，从而可提高荆江河段和洞庭湖区的防洪标准。

3. 根据寸滩、宜昌站三十五年泥沙实测资料分析，历年来沙量主要受降雨、地貌因素作用，具有多水相应多沙、少水相应少沙的基本特点，并多次出现数年连续丰水丰沙段和少水少沙段。短期水沙丰枯段不能代表上游多年水沙变化的平均情况，根据现有泥沙资料看不出三峡以上来沙有系统增大或减少的趋势。

表 7　长江上游典型区域的泥沙输移比

地　区	地貌类型	流失区的主要岩性和土壤	输移比
甘肃礼县	石土山区	第四纪黄土	0.51
甘肃北峪河	中低山、中深切割	粉砂岩、灰岩、类砂岩、千枚岩、板岩	0.39~0.59
贵州毕节县	中山深切割	石灰岩、紫色砂页岩、山地黄壤	0.3
甘肃白龙江中游	中低山中深切割	千枚岩、页岩、第四纪黄土	0.2
云南小江	高原高山深切割	板岩、页岩、千枚岩	0.25
四川琼江	丘陵	紫色页岩、紫色土	0.36
四川乐至县	盆地	紫色页岩、泥岩	0.1
寸滩~万县	低山丘陵	砂岩、泥岩、灰岩	0.17
奉节~宜昌	中山山地	灰岩、紫色泥岩、砂岩、页岩	0.13

上游因人为因素造成的水土流失确实严重，由于侵蚀物颗粒较粗，多沉积在山前及支沟中，输移不远，在干流泥沙测验资料中无明显反映。但随时间推移，其中部分将磨蚀变细，逐渐下移。因此必须十分重视加强水土保持，减少流失，并注意监测，防止在今后出现来沙增加的趋势。

水文专题论证报告顾问、专家名单

顾　问　刘光文　河海大学水资源水文系名誉系主任，教授

陶诗言　中国科学院大气物理研究所研究员

谢家泽　水利水电科学研究院咨询委员，教授

组　长　陈家琦　水利电力部水资源办咨询，水利水电科学研究院咨询委员，高级工程师

副组长　陈志恺　水利水电科学研究院工程技术委员会委员，高级工程师

专　家　叶永毅　水利水电科学研究院学术委员，高级工程师

叶守泽　武汉水利电力学院教授

丛树铮　河海大学水资源水文系系主任，教授

刘一辛　水利电力部水利水电规划设计院咨询公司副总工程师，高级工程师

刘春蓁　水利电力部水文水利调度中心副主任，高级工程师

时文生　水利电力部长江流域规划办公室高级工程师

吴正平　水利电力部南京水文水资源研究所所长，高级工程师

金光炎　安徽省水利科学研究所副总工程师，高级工程师

赵珂经　水利电力部水文局咨询委员，高级工程师

顾传智　水利电力部水利水电规划设计院高级工程师

章　淹　北京气象学院教授

廖　松　清华大学水利系副教授

水文专家组工作组名单

组　　长：滕炜芬（女）（水电部水利水电规划设计院规划处高级工程师）

成　　员：黄永泽、孙济良、乐嘉祥、沈如泉

长办联络员：时文生（水文局高级工程师）

防洪论证报告（摘要）

前　言

1986 年 8 月 25 日～9 月 1 日，在北京召开了专家组第一次会议，讨论拟定了“专题论证工作纲要”。一年多来，在武汉和北京召开了两次专家组会议，对专题研究论证初步成果和三峡工程正常蓄水位初步方案的选定进行了研讨。

在专家组和长办对三峡工程防洪问题进行大量研究论证的基础上，1988 年 3 月 11～17 日在北京再次召开了专家组会议，对三峡工程防洪的主要问题进行了认真讨论，取得基本一致的意见，通过了本论证报告。

一、长江流域的洪水和防洪形势

（一）长江流域的洪水

长江流域面积180万 km^2，雨量丰沛，常发生峰高量大、持续时间长的暴雨洪水。由于流域位于东亚副热带季风区，以及各地区气候和地形等自然条件的差异，在正常年份，洪水出现的时间不同。一般下游洪水早于上游，南岸支流早于北岸支流，洪峰可以互相错开，不致酿成大灾。如果各地雨季出现的时间提前或推后，上下游南北岸各支流的洪水重叠，或某一地区暴雨洪水特别集中，就可能形成范围广、历时长或局部的特大洪水。

长江洪水可分为三种类型：①全流域型；②上游型；③中、下游型。

根据分析计算，宜昌站洪水频率分析成果见表1，长江中下游主要站大洪水年洪水特征见表2。

表1 宜昌站洪水频率分析成果

项目		统计参数			以下频率（%）设计值			
		均值	Cv	Cs/Cv	0.01	0.1	1	5
洪峰流量Qm（m^3/s）		52000	0.21	4	113000	98800	83700	72300
时段洪水量（亿 m^3）	W_3	130	0.21	4	282.1	247.0	209.3	180.7
	W_7	275	0.19	3.5	547.2	486.8	420.8	368.5
	W_{15}	524	0.19	3	1022	911.8	796.5	702.2
	W_{30}	935	0.18	3	1767	1590	1393	1234

注：洪峰流量为日平均流量

表2 长江中下游主要站大洪水年洪水特征表

年份	宜昌洪峰流量（m^3/s）	7、8月洪水量（亿 m^3）				宜昌洪水量占以下站洪水量（%）		
		宜昌	城陵矶	汉口	大通	城陵矶	汉口	大通
1931	64600	1869	3043	3375	4023	61.4	55.4	45.5
1935	56900	1367	2108	2482	2763	64.9	55.1	49.6
1949	57900	2027	2549	2662	2984	79.5	76.2	67.7
1954	66100	2497	3484	3845	4863	71.7	64.9	51.2
1980	57200	1643	2281	2703	2897	72.0	60.7	56.8
多年平均		1550	1930	2160	2530	80.3	72.0	61.3

注：宜昌站洪峰流量为日平均流量。

（二）长江流域的洪水灾害

长江流域的洪水灾害分布很广，而且发生频繁，各河上游山丘的河谷川地、盆地和中下游的平原、湖洼、洲滩，经常遭受不同性质、不同程度的洪涝灾害。干支流上游常受山洪、泥石流灾害，河谷川地洪水经常漫溢成灾；中下游平原湖区地面高程一般低于河道或湖面洪水位，洪灾最为频繁，灾情最为严重；下游滨海地区除受暴雨洪水灾害外，还受风暴潮的侵袭。

（三）长江中下游防洪形势

建国以来长江中下游进行了大规模的防洪建设，防洪标准有所提高，但河道泄洪能力与上游巨大洪水流量不相适应的基本矛盾没有改变，再加上河湖淤积，江湖关系变化，人口增长，社会经济日益发展，现在一旦发生较大洪水，淹没损失及其对社会经济的影响将比过去显著增大。因此，长江中下游平原，特别是荆江河段目前防洪形势仍是十分严峻的。主要有以下问题：

(1) 防洪标准普遍偏低。防洪标准一般只有10～20年一遇，荆江河段更低；

(2) 遇特大洪水时没有可靠对策，可能发生毁灭性的灾害；

(3) 遇较大洪水须在平原湖区进行大量分蓄洪，要付出很大代价。按目前防洪工程的防洪能力，遇1954年洪水，据分析计算，需分洪700亿m^3，要淹没耕地1400多万亩，估计直接经济损失达300多亿元；

(4) 堤防质量普遍较差，高水位行洪要冒一定风险；

(5) 在长江上游和洞庭湖水系各河洪水来源不能有效控制以前，洞庭湖区防洪问题，还无根本改善的办法；

(6) 长江中下游防洪能力有降低的趋势。

二、长江中下游平原地区防洪的目标、方针和治理规划的总体设想

(一) 长江中下游平原地区防洪要求和标准

对不同河段拟定了以下防洪标准，作为争取达到的目标。

1. 荆江河段，防洪标准不低于100年一遇，遇类似1870年的历史特大洪水时，配合分洪措施，要保证荆江河段的行洪安全，防止南北两岸堤防漫溃，发生毁灭性灾害，力争尽可能减少损失。

2. 城陵矶以下河段，以1954年洪水作为防御目标，在各种防洪工程措施和非工程防洪措施相互配合下，确保武汉市等大中城市和重要平原圩垸的安全。

3. 随着堤防的继续加高加固，干支流水库陆续兴建，防洪系统的不断完善，逐步减少分蓄洪区的使用机会，减少分蓄洪损失。

(二) 长江中下游防洪治理的方针和防洪规划总体安排

长江中下游防洪规划要继续贯彻历来采取的“蓄泄兼筹，以泄为主”的方针。防洪建设要考虑各地区社会经济的发展，贯彻江湖两利，南北兼顾，上、中、下游相互协调的原则。按此方针和原则，长江中下游防洪规划的总体安排是：

(1) 加高加固江河圩垸堤防，整治河道，充分利用河道泄洪能力，尽量减少分蓄洪量，保证重点地区和重要城市的安全；

(2) 在充分利用通江湖泊滞蓄洪水的基础上，加强分蓄洪区建设，在大洪水时实行有计划的分蓄洪水；

(3) 结合水资源综合开发利用和支流防洪需要，兴修干流和支流水库，调蓄和控制上中游洪水，减少平原地区分蓄洪量和分蓄洪运用机率；

(4) 进行平原湖区水系河道的整治和堤防圩垸的加固，确保重点圩垸的安全；

(5) 大力开展水土保持，坚持河道清障，严禁盲目围垦占用湖泊洲滩，消除加重洪水灾害的人为因素。经过多次规划论证比较，三峡工程在干支流水库中占有十分重要的地位和作用。

三、三峡工程在长江中下游的防洪地位和防洪作用

(一) 三峡工程在长江中下游的防洪地位

长江中下游洪水主要来自宜昌以上的长江上游地区。三峡工程位于宜昌以上40多km，可控制长江上游流域面积100万km^2，紧邻长江防洪形势最为严峻的荆江河段，地理位置优越。利用三峡工程的库容，对长江上游洪水进行控制调节，是缓解长江中游洪水威胁，防止长江出现特大洪水时荆江河段发生毁灭性灾害最有效的措施。

(二) 长江中下游防洪对三峡工程的要求

对三峡工程的防洪要求是：

(1) 对上游型大洪水进行调节，减轻荆江河段和洞庭湖区的防洪负担，减少使用荆江分洪区的机会，提高荆江河段的防洪标准；

(2) 对发生在上游的特大洪水（1870年洪水）进行控制和调节，配合运用荆江分洪区，避免荆江河段（江汉平原和洞庭湖区）发生毁灭性灾害；

(3) 对全流域和中下游型大洪水进行补偿调节，减少中游平原湖区的分蓄洪量。

三峡工程初选方案为：坝顶高程185m，正常蓄水位175m，防洪限制水位145m，有防洪库容211.5亿m^3，基本满足防洪的需要。见表3。

(三) 三峡工程防洪调度运用方式和调洪演算成果

三峡工程的防洪调度运用，长办研究了两种方式：

(1) 三峡工程对枝江流量进行补偿调节，控制沙市水位不超过45m；

(2) 三峡工程对城陵矶流量进行补偿调节，控制城陵矶水位不超过34.4m。对不同等级设计洪水和几个大水年份进行调洪演算，结果见表4和表5。

(四) 三峡工程初选正常蓄水位175m方案的防洪作用

根据以上调洪演算结果，三峡初选水位方案对长

表 3　三峡工程不同防洪运用方式的防洪库容

控制方式		凑泄条件			以下频率（%）洪水需要的防洪库容（亿 m^3）			各大洪水年需要的防洪库容（亿 m^3）			
		洪水频率 %	枝江流量（m^3/s）	沙市水位（m）	5	1	0.1	1931	1935	1954	1870
一级控制凑泄	Ⅰ	各级洪水相同	56700	44.5	73.3	143.3	336	25.1	44.8	94.7	326.7
	Ⅱ		60600	45.0	55.0	99.0	259.7	13.1	31.7	50.1	266.5
控洪水大小分级控制凑泄	Ⅰ	≥5 1.0 0.1	46800 56700 80000	43.5 44.5 45.0	147	246	278	78	81	200	247
	Ⅱ	≥5 1.0 0.1	51700 56700 80000	44.0 44.5 45.0	106	195	232	49	61.5	148	197.5
	Ⅲ	≥5 1.0 0.1	56700 60600 80000	44.5 45.0 45.0	73	123	162	25	45	73	161

注：枝江流量大于80000m^3/s，需启用荆江分洪区和涴市扩大分洪区。

江中下游各地区的防洪作用如下：

1. 荆江地区

（1）遇小于100年一遇洪水，可使沙市水位不超过44.5m，可不启用荆江分洪区，并可减少洲滩民垸被洪水淹没的机会；

（2）遇1931、1935、1954年洪水，可使沙市水位不超过45m，不启用荆江分洪区，可减少淹没耕地95.2万亩；

（3）遇千年一遇或1870年洪水，配合荆江分洪区，可使沙市水位不超过45m，枝江最大泄量不超过71700～77000m^3/s，从而保证荆江两岸的行洪安全；

（4）为松滋等四口建闸控制创造条件，减少分流入洞庭湖的水沙，延缓洞庭湖的淤积，对澧水洪水进行错峰补偿，减轻西洞庭湖地区圩垸的洪水威胁。

2. 城陵矶附近地区

（1）一般年份可以基本上不分洪（各支流尾闾除外）；

（2）遇1931、1935、1954年洪水，可减少本地区的分蓄洪量和土地淹没（见表5）。

3. 武汉地区

（1）避免荆江大堤溃决对武汉地区的威胁；

（2）提高了城陵矶控制能力，可避免武汉水位失去控制；

（3）三峡拦蓄了一部分洪水，减少城陵矶附近的

表 4　三峡工程初选水位方案调洪计算成果表

正常蓄水位(m)			156	175	
防洪限制水位(m)			135	145	
防洪调度运用方案(枝江控制)			Ⅰ	Ⅱ	Ⅲ
枝江洪水频率P(%)	5	枝江最大流量(m^3/s)	56700	56700	51700
		三峡拦洪量(亿 m^3)	73.3	73.3	106.1
		三峡最高洪水位(m)	150.1	157.5	162.0
	1.0	枝江最大泄量(m^3/s)	56700	56700	60600
		三峡拦洪量(亿 m^3)	143.3	143.3	171.5
		三峡最高洪水位(m)	160.7	166.7	169.9
	0.1	枝江最大泄量(m^3/s)		71500	77000
		三峡拦洪量(亿 m^3)		221.5	221.5
		三峡最高洪水位(m)		175.0	175.0
大洪水年	1931	枝江最大泄量(m^3/s)	56700	56700	51700
		三峡拦洪量(亿 m^3)	25.1	25.1	49.5
		三峡最高洪水位(m)	140.1	150.0	153.9
	1935	枝江最大泄量(m^3/s)	56700	56700	51700
		三峡拦洪量(亿 m^3)	44.8	44.8	62.0
		三峡最高洪水位(m)	144.4	153.2	155.8
	1954	枝江最大泄量(m^3/s)	56700	56700	60600
		三峡拦洪量(亿 m^3)	94.7	94.7	130.7
		三峡最高洪水位(m)	153.5	160.6	165.2
	1870	枝江最大泄量(m^3/s)		71500	77000
		三峡拦洪量(亿 m^3)		192.6	196.0
		三峡最高洪水位(m)		172.1	172.4

表 5　　三峡工程初选方案对长江中下游的防洪作用

洪水年份	计算条件		三峡拦蓄量（亿 m³）	荆江地区		城陵矶地区		合计	
				分洪量（亿 m³）	淹没耕地（万亩）	分洪量（亿 m³）	淹没耕地（万亩）	分洪量（亿 m³）	淹没耕地（万亩）
1931	不建三峡		0	3.2	170.1	118.5	245.9	121.7	416.0
	建三峡	枝江补偿	25.1	0	74.9	97.8	202.1	97.8	277.0
		城陵矶补偿	122			0	8.9	0	83.8
1935	不建三峡		0	21.3	198.4	117.4	243.7	138.7	442.1
	建三峡	枝江补偿	44.8	0	103	94.1	196.7	94.1	299.9
		城陵矶补偿	139			0	8.9	0	112.1
1954	不建三峡		0	54.0	173.1	320	460.9	374.0	634.0
	建三峡	枝江补偿	94.7	0	77.9	280.2	379.5	280.2	457.4
		城陵矶补偿	220			154.0	228.9～294.9	154	306.8～372.8
多年平均	不建三峡								68.7
	建三峡	枝江补偿							29.4
		城陵矶被偿							22.1

注：1. 淹没耕地包括不能分蓄超额洪水的洲滩民垸；

2. 建或不建三峡工程长江中下游行洪和分蓄洪量均按 1980 年规划方案考虑。

分蓄洪量，对武汉市防洪起到保障作用。

（五）三峡工程初选方案初期运行水位的防洪作用

三峡工程初选方案初期运行时，防洪库容较小，防洪作用主要在荆江地区。

（六）三峡工程初选正常蓄水位 175m 方案的防洪效益

1. 多年平均防洪经济效益

防洪效益一般用可减免的洪灾经济损失和保护社会安定改善生态环境的效果表示。三峡工程正常蓄水位 175m 方案多年平均减少农村淹没损失 6.6～8.8 亿元。

2. 特大洪水防洪效益

遇 1870 年特大洪水，其经济效益主要有：

（1）减少农村淹没损失。

（2）减少堤防保护区内中小城镇淹没损失。

（3）减少宜昌至杨家脑之间无堤或仅有部分堤防的宜昌、宜都、枝城等城市的经济损失。

（4）减少江汉平原油田直接淹没损失。

仅以上几项，不包括武汉市损失，有三峡工程可减少淹没损失 354 亿元左右。

有三峡工程还可避免荆江大堤和洞庭湖圩垸溃决，造成大量人口伤亡；避免京广、汉丹等铁路干线中断或不能正常运行；避免生态环境恶化，疫病流行；避免洪灾带来的饥荒、救灾、灾民安置等一系列社会问题。

（七）三峡水库淤积对坝址上下游防洪的影响

1. 水库淤积对防洪库容的影响

三峡水库采用"蓄清排浑"的方式运用。在三峡库区淤积达到平衡时（约运用 75 年以后），可保留的防洪库容占淤积前防洪库容的 87.1%，即 192.5 亿 m³，可基本满足防洪的要求。

2. 水库淤积对库尾的影响

水库运用 100 年后，库尾淤积比较严重，影响重庆港区。在上游不建水库时，遇 100 年一遇洪水，重庆朝天门水位为 199.09m，超出重庆菜园坝火车站高程。对此问题应采取适当措施加以解决。

3. 水库拦沙期间下游河道冲刷对防洪的影响

三峡水库淤积基本平衡以前，宜昌至汉口河段将普遍冲刷，荆江河段刷深较大，城陵矶以下逐渐减弱，分流入洞庭湖的水沙将有所减少，总的来看，对防洪是有利的。

四、不建三峡工程长江中下游平原地区防洪方案的研究（略）

五、结　论

1. 长江流域洪水灾害普遍存在，其中长江中下游平原地区洪水灾害集中频繁严重，对全流域以及全国国民经济发展有重大影响。荆江河段南为洞庭湖区，北为江汉平原，东接武汉市，洪水威胁最为严重，是长江中下游地区的防洪重点。

长江中下游防洪的突出问题是洪水来量大，河道泄洪能力不足，缺乏有效调节控制工程。广大平原地区地面都在洪水位以下，防洪标准普遍较低，遇较大洪水，防守困难，被迫采取分蓄洪措施，损失巨大，荆江河段尤为突出，一般大洪水分蓄洪淹没损失占中下游平原淹没损失的70%以上。遭遇特大洪水时，荆江南北两岸堤防存在漫溃危险，可能发生大量人口伤亡的毁灭性灾害，其后果难以估计。洞庭湖区河湖不断淤积，洪水威胁逐年加重，江湖行洪矛盾日趋尖锐。中下游湖区圩垸及支流尾闾防洪标准很低，有待提高。从全局考虑，提高中下游平原地区防洪标准，保证荆江地区行洪安全，防止特大洪水时发生毁灭性灾害，是长江中下游防洪的迫切任务。

2. 根据长江中下游平原地区社会经济发展水平和全国经济发展布局的要求，本地区防洪目标是：

(1) 荆江河段的防洪标准应不低于100年一遇，并能在遭遇类似1870年历史特大洪水时，配合分蓄洪措施，保证荆江河段行洪安全，防止南北两岸堤防漫溃，发生毁灭性灾害；

(2) 长江中下游（荆江河段以下，包括洞庭湖区）以防御1954年型洪水为目标，在各类防洪工程设施配合运用下，确保武汉等大中城市和重要平原圩区的安全；

(3) 随着干支流水库和堤防的建设，逐步减少分蓄洪区的使用机会。

3. 长江中下游平原地区的洪水来源、灾害成因和灾害时空分布规律，各地差异很大，解决防洪问题必须按照"蓄泄兼筹，以泄为主"的方针，采取综合措施，通过加固加高堤防，整治河道，充分发挥河道泄洪能力，修建干支流水库有效控制洪水，再配合分蓄洪区的运用和非工程措施，调蓄控制超量洪水，以逐步提高江河湖区的防洪标准，减少分蓄洪区的使用机会和分蓄洪损失，仅依靠任何一类单一措施或某一单项工程都不能达到预期目的。

4. 根据各种增加长江中下游河道泄洪能力方案的分析比较，1980年原水利部提出的"长江中下游近十年防洪部署报告"中所定长江干流控制站行洪控制水位，已现实合理地发挥了河道泄洪能力，"报告"中所安排各项工程措施，无论是否修建三峡工程，都应尽快实施完成。长江中下游各分蓄洪区是防洪体系中的重要组成部分，无论是否兴建三峡工程，也应按照使用机率和具体条件，采取政府资助与群众自力更生相结合的办法，逐步进行安全建设和修建必要的控制工程设施。

5. 长江上游结合水资源综合开发利用修建一批干支流水库，从解决四川盆地的洪水灾害，开发水电，发展灌溉、航运的角度考虑，都是必要的。这些水库对中下游防洪虽然也有一定作用，但由于不能有效控制水库以下宜昌以上区间的暴雨洪水，削减荆江洪峰流量作用很小，不能解决最迫切的荆江河段行洪安全问题。中下游支流控制性水库无论三峡工程是否修建，也应有计划的实施。

6. 三峡工程位置优越，能有效控制宜昌以上洪水，是长江防洪体系中不可替代的重要组成部分。

三峡工程的主要防洪作用是：使荆江河段防洪标准达到100年一遇以上，在特大洪水时（如1870年洪水）避免荆江河段发生毁灭性灾害；减少平原湖区分蓄洪负担和损失；有效控制汉口以上干流洪水，提高武汉市防洪设施可靠性和调度运用的灵活性，并为松滋口等四口建闸和洞庭湖治理创造了有利条件，使江湖矛盾得到缓解。三峡工程受防洪库容的限制，直接防洪作用主要在荆江河段，但对武汉市也能起到保障作用。

7. 三峡工程的规模和设想的防洪库容，可以按初选方案，即正常蓄水位175m，防洪限制水位145m，坝顶高程185m，防洪库容221亿m^3作为可行性研究阶段的基本方案。水库防洪调度方式，应在保证特大洪水时荆江河段行洪安全和不加重库区淤积的前提下，充分利用防洪库容对水库以下沙市、城陵矶河道洪水进行补偿调节，以尽可能地减少一般大洪水时的分蓄洪损失。

8. 三峡工程的防洪效益主要表现在两个方面：

(1) 多年平均防洪效益，用以说明工程的经济合理性；

(2) 特大洪水（主要考虑历史上曾经发生过的1870年洪水）时的防洪效益，用以说明防止特大洪水带来的巨大冲击和损失，稳定本地区社会经济发展所起到的特殊作用。多年平均效益，以平均淹没耕地面积的综合损失表示，通过各种不同方法计算为30～40万亩，按1986年水平单位面积综合损失指标折算约为6.6～8.8亿元。特大洪水防洪效益中许多方面，如免除大量人口伤亡，疫病流行，南北交通中断，生态环境破坏等所造成严重社会影响和巨大间接经济损失，难以用经济指标衡量，仅按可计算的部份分析估计，可减少经济损失约350亿元。

9. 根据泥沙专家组论证结果，三峡工程建成后，水库淤积达到平衡时，防洪库容将仍能基本满足防洪要求。水库淤积在初期运用阶段对重庆市等沿江城市防洪影响不大，运用100年后，100年一遇洪水时，重庆朝天门最高洪水位将达199.09m，超过成渝铁路菜园坝车站控制高程，必须采取措施加以解决。在三峡工程建成后宜昌至汉口河段将普遍冲刷，长江干流河道排洪能力将有所提高，分流入洞庭湖的水沙将减少，总的来说对防洪有利。宜昌以下河道，局部河段可能刷深较大，险工护岸工程将产生局部变化。由于这种变化发展缓慢，可以及时采取措施，不致造成严重局面。

10. 在不建或缓建三峡工程的情况下，尚无与三峡工程等效或接近等效的替代方案。为了改善长江中下游防洪能力，除了结合水资源综合开发利用和支流防洪需要兴建上游干支流水库外，只能在中下游完成1980年所定防洪工程设施的基础上进行堤防加固、分蓄洪区进行安全建设和修建进洪泄洪闸等措施，在荆江河段遭遇100年一遇洪水时，提高分蓄洪工程的可靠性，按计划使用分蓄洪工程，在超过100年一遇洪水时，仍需采取紧急措施，扒口扩大分洪。其它河段，在遭遇1954年洪水时，分蓄洪条件有所改善。这一措施，是在不建三峡工程时不得不采取的方案，分蓄洪损失、临时人口撤退和防汛的困难形势都没有明显的改变；在超过100年一遇洪水，特别是遭遇类似1870年的历史特大洪水时，则防洪形势与现状一样，荆江河段南北漫溃的可能性仍然很大，造成人口大量伤亡的毁灭性灾害的威胁依然存在。

11. 由于水土流失加剧，人为设障，盲目围垦河湖洲滩，河道行洪能力不断下降，长江流域洪水灾害有加重的趋势。必须在全流域积极推行水土保持，坚持河道清障和严禁继续围垦占用河湖洲滩，以保持河湖蓄泄能力。

12. 长江中下游防洪工程体系由江河湖区堤防、干支流水库和分蓄洪区相互配合组成，各类工程措施均有特定的防洪作用，在总体防洪规划中是没有重复和矛盾的。在国家财力安排允许的情况下，结合发电、航运的发展需要，解决长江中下游防洪，特别是荆江河段行洪安全问题，修建三峡工程是必要的和经济合理的。

防洪专题论证报告
顾问、专家名单

顾　问　冯　寅　水利电力部高级工程师

李镇南　长江流域规划办公室技术顾问，高级工程师

陆钦侃　水利电力部科技司咨询，高级工程师

组　长　徐乾清　水利电力部副总工程师，高级工程师

副组长　吴以鳌　水利电力部水利水电规划设计院咨询，高级工程师

专　家（按姓氏笔划）

上官长君　国家计委农林水利局总工程师，高级工程师

王咸成　长江流域规划办公室技术委员会委员，高级工程师

方宗岱　水利水电科学研究院咨询，高级工程师

刘昌久　四川省水利电力厅副总工程师，高级工程师

刘善建　国家计委国土局总工程师，高级工程师

华士乾　南京水文水资源研究所咨询，高级工程师

朱承中　水利电力部水利水电规划设计院副院长，高级工程师

朱惠琴　水利电力部计划司高级工程师

何孝俅　水利电力部水利水电规划设计院技术咨询，高级工程师

吴国昌　水利电力部水资源办公室副主任，高级工程师

李健生　水利电力部水利管理司司长

李鉴澄　湖南省水利水电厅技术委员会副主任，高级工程师

陈志恺　水利水电科学研究院工程技术委员会委员，高级工程师

陈清濂　水利电力部水利水电规划设计院副总工程师，高级工程师

张　英　水利电力部水利管理司咨询，高级工程师

柯礼聃　水利电力部水资源办公室副主任，高级工程师

胡廷洪　安徽省水利厅总工程师，高级工程师

欧兴华　重庆市防汛指挥部办公室主任

漆宗明　重庆市城乡建筑管理委员会主任工程师
重庆市三峡办公室副主任（兼）

鲁化南　湖北省水利厅主任工程师，工程师

戴熙畴　江西省水利规划设计院高级工程师

工作组名单

组　　长：陈清濂（兼）

成　　员：李坤刚　宋乃公　方正　郭景泰

长办联络员：谭培伦（规划处副总工程师，高级工程师）

泥沙论证报告（摘要）

前 言

三峡工程泥沙专家组于1986年7月21日研究了论证工作纲要，明确了专题论证的主要问题，并制订了专题论证工作计划。

1988年2月5～9日泥沙专家组在南京召开第五次会议，经过详细讨论提出了三峡工程泥沙专题论证报告。

一、基本情况

长江上游重点产沙区分布比较集中，干流年际水沙量呈现不规则的周期变化，近30年来流域内的人类活动还没有引起干流输沙量的单向增长。

三峡工程的泥沙问题研究始于50年代后期。70年代～80年代，通过对葛洲坝工程泥沙问题的研究和实践，为三峡工程泥沙问题的研究，作了“实战准备”。近5年来，针对工程可行性研究阶段泥沙专题论证的主要问题，加强了原型观测研究，进行了两个一维数学模型计算，研究了正常蓄水位从150～180m，包括不同的防洪限制水位和枯季水位的组合，以及两级开发和特殊调度等情况。方案近20个，同一方案还研究了不同的运用方式。

二、对几个主要泥沙问题的论证意见

（一）水库长期保留防洪库容和调节库容问题

根据长江寸滩多年实测资料，平均年径流量为3490亿m^3，悬沙输沙量为4.62亿t，平均含沙量为1.32kg/m^3。此外，平均每年有大于10mm的卵石27.7万t和1～10mm的粗沙砾石约1～3万t。

三峡水库系河道型水库，在600多km的库区中，库面宽度一般小于1000m，只有一小部分库段的库面宽度在1000～1700m之间。根据长江输沙量主要集中在汛期的特点，每年汛期6～9月坝前水位降到防洪限制水位，即水库采用“蓄清排浑”的运用方式。各方案的保留库容百分数见表1。

表1 主要方案库区淤积数量和保留库容

项目 \ 方案		150～135～130	160～135～145	170～140～150	175～145～155（分期蓄水）	180～150～160
库区干流淤积量（亿m^3）	30	77.82	77.97	82.07	85.74	90.15
	100年	106.70	127.10	145.06	166.56	183.26
淤积末端（距坝km）	20年	522	550	560	570	579
	100年	550	579	604	616	628
初步淤积平衡年限（年）		50	63	63	80	87
保留防洪库容（%）	80	87.7	84.9	87.2	87.1	88.4
	100年	/	82.6	85.2	85.8	86.6
保留调节库容（%）	80	82.3	92.3	93.5	93.3	94.7
	100年	/	90.6	92.0	91.5	93.4

专家组认为三峡水库采用“蓄清排浑”的方式运用，水库的大部分有效库容，包括防洪库容和调节库容，均可以长期保留。

（二）水库变动回水区航道、港区的泥沙淤积问题

为了研究回水变动区泥沙冲淤对航道和港区的影响，进行了150～180m各种正常蓄水位方案的数学模型计算和泥沙模型试验。175～145～155m方案的试验和计算成果见表2。

从表2可以看出，各个模型试验的结果都得到了如下几点共同的结论：

（1）在常年回水区库段的滩险均被淹没，除位于常年回水区上段的青岩子金川碛主航道由右槽倒向左槽，需要在新航槽中清除礁石外，其他滩险均可得到明显的改善。

（2）每年汛后至汛前有5～6个月时间，万吨船队在库区一般可以直达重庆九龙坡港区，航行水流条件和航道尺度均能满足要求。

（3）156～135～140m初期运用阶段，洛碛－王家滩河段的上洛碛以及青岩子河段的青岩子到大河口在库水位消落后期有短时期水深不足3m。

表 2-1　　175～145～155m 方案试验成果

试验河段名称		重庆河段	重庆河段	重庆河段
研究单位		清华大学	水利水电科学研究院	长江科学院
运用后期 30000m^3/s 流量下李家沱水位（m）		180.5（吴淞）	181.7（吴淞）	180.1（吴淞）
运用80年末淤积总量	河段长度	干流里程 646～682.6km 嘉陵江 3km 共 39.6km	干流里程 677～647km 嘉陵江 7km 共 37km	干流里程 646～680km 嘉陵江 2.5km 共 36.5km
	淤积总量（亿 m^3）	0.4429	1.2～0.68	0.4454
局部河段淤积量占淤积总量	九龙坡	10.2%	10.5～12.6%	8.6%
	朝天门	10.4%		3.6%
	金沙碛	25.0%	6.2～4.2%	12.6%
航道情况		航深小于 3m 属碍航。干流未出现碍航。嘉陵江在运行 71～80 年时几乎每年均有一个多月碍航。	干流航深小于 3m 属碍航，嘉陵江小于 2m 属碍航。一般年分均可保持通航。九龙坡河段中后期航槽外移缩窄，大沙年后出现倒槽现象，后期碍航 2～3 个月。嘉陵江金沙碛中后期航槽因淤积而摆动，碍航时间 11～60 天。	航深小于 3m 属碍航。九龙坡河段主、支汊相对稳定，30 天左右航深不足 3m，短时段航槽摆动。金沙碛 1～2 个月水深小于 3m，1～2 号码头淤平。
港口情况		九龙坡运行 71～80 年中有 9 年出现边滩，每年持续时间约一个月，边滩最大宽度 350m。嘉陵江口运行 71～80 年中，1 号码头 7 年、2 号码头 6 年、3 号码头 4 年出现边滩。三次出现拦门沙，持续时间半个月至一个半月。朝天门月亮碛滩面普遍淤积，最厚达 9m。	九龙坡码头前沿淤积宽度在 47～80 年达 200～300m。铜元局码头前沿淤积宽度 150m，嘉陵江 1～3 号码头前严重淤积，影响船舶进港作业。梁沱港内严重淤积，月亮碛淤高。	九龙坡码头多数年份余有边滩，宽 150－250m，影响船舶停靠。朝天门码头水深大于 3.5m，最小航宽 120m。金沙碛 1～2 号码头淤平，3～4 号码头有 1～2 个月航宽不足 100m，航深小于 3m。

（4）模型试验表明，按 175～145～155m 方案运行前 10 年（包括按 156～135～140m 运行 10 年，共 20 年），重庆港区淤积不严重。以后港区淤积逐渐增加，在水库水位消落后期如遇特枯水年或丰沙年后的消落期，干流大渡口至小南海河段某些浅滩出现不同程度的短期碍航情况。

专家组认为，变动回水区的泥沙问题及其对航运的影响已经基本清楚，上述研究成果可以作为三峡工程可行性论证的基础。

（三）水库淤积引起重庆市洪水位抬高问题

通过计算分析，得出防洪限制水位高低是影响重庆市洪水位抬高程度的主要因素，正常蓄水位也有一些影响。对不同运用方案、不同运用年限、不同频率洪水流量相应的重庆市洪水位，两个单位的计算结果基本相同，具体数值见表 3。计算表明，当采用 175～145～155m 方案，水库运用 100 年，如遇 100 年一遇洪水流量，重庆市朝天门水位约为 199m。三峡水库淤积影响重庆朝天门洪水位详见表 3。

表 2－2

试验河段名称		铜锣峡河段	洛碛－王家滩河段	青岩子河段
研究单位		长江科学院	交通部天津 水运工程研究所	武汉水利电力学院
淤积总量	河段长度 (km)	里程 616～652km 中有淤积的 27km	里程 610－579km 共 31km	里程 566～554km 共 12km
	淤积总量 （亿 m^3）	0.7955（80 年末）	1.7（74 年末）	0.7591（78 年末）
航道情况		全河段最小水深均大于 4m，局部航槽在特枯水文年（1969 年型）边滩冲刷、局部航槽摆动 100－200m。	前期（正常水位 156m）卵石推移质试验成果，1963 年枯水年型水位消落期，上洛碛滩出现碍航 20 天左右。正常蓄水位 175m 运用后期，悬移质产生累积性淤积，某些河段出现航槽移位、河型转化，但新航槽航深均达 3m，仅上、下洛碛新航槽内有五金堆等礁石区需要炸除，但石方量不大。	前 10 年正常蓄水位为 156m，一般年份可满足通航条件，丰沙年后的消落走沙期青岩子至大河口一带水深处于 3m 临界状态。第 16 年金川碛右汊淤死，主流改走左汊，进出口暗礁碍航，出口约 2km 段消落期流速大于 5m/s，不能通航。至 35 年后，壅水增高，左汊方可通航，但进口礁滩必须炸除。河型转化后蔺市以下 6km 航槽右移 600m 到牛尿碛面，局部礁石须炸除。
港口情况		唐家沱、郭家沱和明月沱泥沙淤积，工厂专用码头需改建。	长寿港区位于弯道凹岸无悬移质淤积，但长寿上游的地方及工厂专用码头、两蟾堆下游的川江驳船码头、洛碛码头均淤成边滩，需要改建。	

专家组认为上述计算值基本合理，如考虑上游干支流建库的拦沙作用，重庆市洪水位可以降低。

（四）坝区泥沙淤积问题

三峡工程库区长达 600 余 km，运用 30 年和 60 年后，分别只有约 30% 和 60% 悬沙到达近坝区，在此期间坝区引航道和电厂前淤积的沙量较少。

根据已有试验研究成果，当电站底孔全关时，可能有部分傍岸机组进水口前淤积高程略高于进水口高程。专家组认为，电站进口高程高于泄洪闸深孔 20m，粗颗粒泥沙到达坝前时一般沿深槽运动，不易进入机组，可结合坝前沿泥沙运动规律，进一步研究防沙措施。

（五）水库运用对下游河床演变和河口的可能影响问题

三峡水库下游有葛洲坝枢纽。葛洲坝下游从宜昌至江口镇长约 110km，两岸为低山丘陵阶地，河床由沙卵石组成，对河床冲刷有控制作用。江口镇以下沙质复盖层增厚，可冲深度较大。

宜昌到江口镇河段有宜都、芦家河、枝江等卵石浅滩，在下游沙质河床大量冲刷的影响下，这些浅滩有可能恶化，特别是芦家河、浅滩有可能变得更加水浅流急，需研究综合治理方案，谋求解决。

表 2－3

<table>
<tr><td colspan="2">试验河段名称</td><td>青草背至剪刀峡</td></tr>
<tr><td colspan="2">研 究 单 位</td><td>南京水利科学研究院</td></tr>
<tr><td rowspan="3">运用后期
30000m³/s
流量下水位
（黄海，m）</td><td>李家沱</td><td>182.1（其中嘉陵江流量为 2000m³/s）</td></tr>
<tr><td>长 寿</td><td>170.1</td></tr>
<tr><td>青岩子</td><td>169.1</td></tr>
<tr><td rowspan="2">淤积
总量</td><td>河段长度（km）</td><td>长江干流 554～720，嘉陵江 0～16，共 182</td></tr>
<tr><td>淤积总量（亿 m³）</td><td>10.1</td></tr>
<tr><td rowspan="5">局部河段
淤积量和
占淤积总
量的百分
数</td><td>重庆河段</td><td>1.01 亿 m³（计算里程：干流 674～645km，嘉陵江 0～5km）占 9.4％</td></tr>
<tr><td>李家沱至朝天门</td><td>0.476 亿 m³（675～660km），占 4.66％</td></tr>
<tr><td>金 沙 碛</td><td>0.168 亿 m³（0～5km）</td></tr>
<tr><td>南坪坝至王家滩</td><td>1.70 亿 m³（608～586km），占 16.7％</td></tr>
<tr><td>王家沱至剪刀峡</td><td>1.45 亿 m³（566～554km），占 14.2％</td></tr>
<tr><td colspan="2">航道情况（航深小于 3m 属碍航）</td><td>回水变动区航道大部分得到改善，运用 30 年内万吨船队可直达重庆朝天门和九龙坡；运用 50 年左右，青岩子、九龙坡和金沙碛等河段发生河型转化，每当 49 年、50 年、76 年、79 年、80 年等枯水年水库消落期，上述三个河段发生程度不同的碍航，碍航时间从十几天到二个月左右。</td></tr>
<tr><td colspan="2">港口情况</td><td>重庆港区佛耳岩、长寿港未出现淤积边滩外，其余厂矿专用码头和地方码头淤积较多，其中九龙坡码头等 29 年淤积边滩约 100m，第 49 年码头边滩最宽达 200m，码头区作业感到困难。嘉陵江临江门码头前沿边滩达 300 余 m（第 49 年），1～3 号码头作业困难；到第 76 年年初，金家滩、临江门和千厮门一带都淤成宽大的边滩，嘉陵江 1～3 号客运码头难以作业。</td></tr>
</table>

初步计算表明，江口镇以下沙质河床冲刷深度较大，水位将有明显降低，冲刷范围可能发展到汉口以下，对防洪、航运、给水等都有不同程度的影响。目前荆江和城陵矶以下河势控制和护岸工程正在进行，有利于促进河势稳定。

修建三峡水库对进入长江口地区的水沙过程会引起一些变化。根据初步分析，这些变化对于长江口的盐水入侵、滩涂围垦及拦门沙的演变不会有明显影响。

三、结 论

三峡水库采用“蓄清排浑”的方式运用，水库的大部分有效库容，包括防洪库容和调节库容，可以长期保留。

三峡水库常年回水区库段的滩险将被淹没，航道可得到显著改善；水库变动回水区库段的滩险也有不同程度的改善。在水库水位消落后期，如遇特枯水年或丰沙年后，某些河段的航道港区将出现碍航和影响港区作业情况。对这些问题可以从优化水库调度，结合港口改造研究整治和疏浚措施加以解决。在常年回水区上段和变动回水区中、下段出现河势调整、河型转化，河道将趋于规顺，但新航槽中的石梁暗礁等应予清除。在 175～145～155m 方案中，每年汛后至汛前的 5～6 个月里，九龙坡以下航道基本上可满足万吨船队通航的尺度要求。

水库淤积对重庆市的洪水位抬高主要与防洪限制水位的选定有关。175～145～155m 方案运用 100 年，如遇百年一遇洪水流量，重庆市朝天门水位约为 199m，变化幅度约为 1～3m。

表 3　　三峡水库淤积后重庆朝天门洪水位

方案（计算年限）		频率	天然水位	淤积前	淤积 30 年		淤积 100 年		坝前水位	寸滩流量
				水　位	水　位	抬高值	水　位	抬高值		
		%	m	m	m	m	m	m	m	m^3/s
160～135～145（100 年）		1	194.3	194.30	194.91	0.61	196.60	2.30	143.5	88700
		5	190.2	190.20	191.32	1.12	193.09	2.89	139.4	75300
		20	185.9	185.90	187.49	1.59	189.22	3.32	136.0	61400
170～140～150（100 年）		1	194.3	194.30	195.57	1.27	197.67	3.37	161.5	88700
		5	190.2	190.20	192.11	1.91	194.50	4.30	152.0	75300
		20	185.9	185.90	188.17	2.27	190.80	4.90	143.1	61400
180～150～160（100 年）		1	194.3	195.27	197.15	1.88	200.19	4.92	170.8	88700
		5	190.2	190.20	193.46	3.44	197.22	7.02	160.8	75300
		20	185.9	185.90	189.67	3.77	193.72	7.82	153.2	61400
考虑上游建库拦沙作用	156～135～140（10 年全沙）+ 175～145～155（88 年半沙）	1	194.3	194.30	194.89	0.59	196.06	1.76	161.7	88700
		5	190.2	190.20	191.57	1.37	192.79	2.59	154.6	75300
		20	185.9	185.90	187.63	1.73	188.96	3.00	147.2	61400
	160～135～145（20 年全沙 + 80 年半沙）	1	194.3	194.30	194.31	0.01	194.47	0.17	143.5	88700
		5	190.2	190.20	190.71	0.51	190.88	0.68	139.4	75300
		20	185.9	185.90	186.93	1.03	187.12	1.22	136.0	61400
	180～150～160（20 年全沙 + 80 年半沙）	1	194.3	195.27	196.24	0.97	196.78	1.51	170.8	88700
		5	190.2	190.20	192.46	2.26	193.07	2.87	160.8	75300
		20	185.9	185.90	188.36	2.46	189.13	3.32	153.2	61400
分期蓄水方案	160（10 年）+ 170～140～150（90 年）	1	194.3	194.30	195.38	1.08	197.49	3.19	161.5	88700
		5	190.2	190.20	191.96	1.76	194.25	4.05	152.0	75300
		20	185.9	185.90	187.98	2.08	190.52	4.62	143.1	61400
	156（10 年）+ 175～145～155（90 年）	1	194.3	194.30	195.94	1.64	199.09	4.79	161.7	88700
		5	190.2	190.20	192.72	2.52	196.14	5.96	154.6	75300
		20	185.9	185.90	188.81	2.91	192.61	6.71	147.2	61400
	156（20 年）+ 175～145～155（80 年）	1	194.3	194.30	195.65	1.35	198.02	4.52	161.7	88700
		5	190.2	190.20	192.36	2.16	195.87	5.67	154.6	75300
		20	185.9	185.90	188.42	2.52	192.30	6.40	147.2	61400
	160（10 年）+ 180～150～160（90 年）	1	194.3	195.27	197.02	1.75	199.91	4.64	170.8	88700
		5	190.2	190.20	193.46	3.26	196.96	6.76	160.8	75300
		20	185.9	185.90	189.47	3.57	193.39	7.49	153.2	61400
两级开发方案	蔺市方案 180～150～170	1	194.3	195.27	196.02	0.75				88700
		5	190.2	190.20	191.88	1.68				75300
		20	185.9	185.90	187.77	1.87				61400
	平绥坝方案 180～145～165	1	194.3	195.27	195.59	0.32				88700
		5	190.2	190.20	191.31	1.11				75300
		20	185.9	185.90	187.14	1.24				61400

根据三峡工程坝区泥沙淤积规律和葛洲坝工程解决坝区泥沙淤积的经验，分阶段采取一定措施，三峡工程坝区泥沙淤积问题是可以解决的。

三峡水库下游河道，四、五十年内河床将发生长距离冲刷，在同流量下，水位有些下降。

三峡工程建成运用后，对河口不会有明显影响。

专家组认为，三峡工程可行性阶段的泥沙问题经过研究，已基本清楚，是可以解决的。

泥沙专题论证报告 顾问、专家名单

顾　问　严　恺　河海大学教授、名誉校长，南京水利科学研究院名誉院长，中国科学院学部委员

钱　宁　中科院学部委员，清华大学教授

张瑞瑾　武汉水利电力学院教授，名誉院长

杨贤溢　长江流域规划办公室技术顾问，高级工程师

石　衡　交通部三峡工程航运领导小组顾问，高级工程师

组　长　林秉南　水利水电科学院咨询，国际泥沙研究培训中心顾问委员会主席

副组长　窦国仁　南京水利科学研究院院长、教授

谢鉴衡　武汉水利电力学院教授

专　家　丁联臻　国际泥沙研究培训中心秘书长，高级工程师

万兆惠　水利水电科学院泥沙所高级工程师

王士毅　长江航道局一处副总工程师，高级工程师

王作高　交通部三峡工程航运办公室副主任，交通部水运规划设计院副总工程师，高级工程师

王绍成　重庆交通学院教授

王锦生　水利电力部水文局总工程师，高级工程师

龙毓骞　黄河水利委员会高级工程师

华国祥　成都科技大学教授

刘建民　交通部天津水运工程科学研究所技术顾问，研究员

杜国翰　水利水电科学研究院高级工程师

沈淦生　水电部水利水电规划设计院高级工程师

陈济生　长江科学院院长，高级工程师

李保如　黄委会高级工程师

周耀庭　河海大学水利所副教授

荣天富　长江航道局总工程师，高级工程师

张　仁　清华大学水利工程系教授，泥沙研究室主任

张启舜　水利水电科学研究院副院长，高级工程师

高博文　水利电力部农田水利水土保持司高级工程师

唐日长　长办技术委员会委员，高级工程师

鄢祥荣　交通部长江航务管理局高级工程师

惠遇甲　清华大学水利工程系教授

韩其为　水利水电科学院泥沙研究所高级工程师

黄宣伟　水利电力部太湖流域管理局副局长兼总工程师，高级工程师

戴定忠　水利部科技司副司长，工程师

工作组名单

组　　长：戴定忠（兼）

副 组 长：张启舜（兼）

成　　员：张　仁　韩其为　潘庆燊　陈志轩　张光树　吴仁初　马翠颜（女）　朱光裕（女）　谭文洪　闵宇翔

长办联络员：潘庆燊（长江科学院副总工程师，高级工程师）

航运论证报告（摘要）

前　言

泥沙与航运专题航运专家组的主要任务是在过去三峡工程航运方面论证工作的基础上，根据长江航运发展前景，研究提出运量预测、航运要求以及三峡工程水位方案选择的意见；在水位方案初步确定后，对其进一步论证，并与替代方案进行效益比较；从而给工程上与不上，早上或者晚上提供参考意见。

航运专家组于1986年8月21日成立，1987年3月提出了航运专家组对三峡工程水位方案选择的意见；1987年5月航运专题论证工作转入对175m方案的经济技术论证，开展航运替代方案与航运效益的研究。经过详细讨论，1988年3月23日提出了本专题

论证报告。

一、长江航运发展和川江运量预测

建国以来，长江航道、港口及船舶经过多年的建设和改进，有了较大的发展。葛洲坝工程兴建后，进一步改善了宜昌上游 130 多 km 的航道。目前，重庆以下川江航道可通航 3000t 级船队，中游宜昌至临湘段可通航 6000～8000t 级船队，临湘～汉口可通航 10000t 级船队。为了适应运量的增长，川江航道还需进一步整治，并在上游干支流逐步实施渠化，以形成水运网络。长江干线主要港口 1985 年吞吐量已达 2.3 亿 t，预计 2000 年将达到 4.8 亿 t。

在经济发展和航运设施改善的条件下，长江货运量持续增长。1986 年长江水系完成货运量 2.75 亿 t，其中干线 1.15 亿 t。川江货运量近年增长较快，通过葛洲坝的下水货运量 1982 年为 257.6 万 t，1985 年为 443.3 万 t，1987 年增至 503.6 万 t。鉴于西南地区云、贵、川三省矿产资源丰富，预计随着我国经济开发由东向西转移和商品经济的发展，西南对外物资交流必将相应增加。

对于 2000 年下水过坝运量，专家组讨论认为，随着西南地区经济的发展以及改革、开放政策的逐步深入，今后十多年内运量的平均增长率大于 7% 是可能的。经综合分析后，专家组议定在目前论证阶段，将 2000 年下水过坝运量预测值取为 1550 万 t。

关于川江下水过坝客运量的预测，专家组综合各方面意见，认为 2000 年定为 250 万人次，2030 年定为 390 万人次比较适当。

二、航运发展对三峡工程的要求

在长江上兴建三峡工程对航运关系极大，专家组认为兴建三峡工程一定要有利于长江航运发展，力求满足以下要求。

（一）万吨级船队渝汉直达及其保证率

本次论证进一步肯定三峡工程建成后实现万吨级船队从重庆九龙坡直达武汉的必要性。其理由是：

（1）重庆是西南地区的经济中心，西南地区通过长江出川的物资有 60% 要经过重庆港；

（2）目前行驶川江的 3000t 级船队，下水每马力拖载量约 1.2t，船舶效率为 30t·km/hp·h。兴建三峡工程后能通航万吨级船队，每马力拖载量即可增至 3.5t 左右，船舶效率提高为 50t·km/hp·h；

（3）在西南出川运量大幅度增长的情况下，只有大量使用万吨级船队，现有的葛洲坝船闸和拟建的三峡工程通航建筑物以及今后川江航道、港口的通过能力才能适应航运发展的需要。

（二）渝汉间船队尺度与航道标准

三峡工程建成后，应选择吨位、平面尺度和吃水都较适当的驳船组成万吨级船队。经过综合分析论证，航运部门初步选定以下五种万吨级船队和一种干支直达的 3000t 船队作为三峡工程建成后的代表船队（详见表 1）。

表 1 渝汉间代表船队

船队组成 （推轮 + 驳船）	船队尺度 （长 × 宽 × 吃水，m）
1 + 6 × 500t	120 × 32.4 × 2.2
1 + 9 × 1000t	264 × 32.4 × 2.8
1 + 9 × 1500t	248.5 × 32.4 × 3.0
1 + 6 × 2000t	196 × 32.4 × 3.1
1 + 4 × 3000t	196 × 32.4 × 3.3
1 + 4 × 3000t（油）	219 × 31.2 × 3.3

论证中提出，船队的扩大应当是逐步的，三峡建成初期，以继续使用 500t、1000t 驳船，同时发展 1500t 驳船为主；随着三峡库尾航道、港口以及葛洲坝以下航道的整治改善，再逐步发展 2000t 和 3000t 驳船组成的船队。

经过论证，航运部门拟定了重庆九龙坡至武汉间远景航道尺度的具体标准，即：最小水深 3.5m，单线航宽 100m，弯曲半径 1000m（个别地点经过加宽后可以略低，但不得少于 800m）。同时，上水船队基本上按半载考虑，还拟定了允许的最大局部比降与最大流速的组合标准，列如表 2。

表 2 航道允许比降、流速表

最大局部比降 （0/000）	相应最大流速 （m/s）
1.0	2.5
2.0	2.3
3.0	2.1

专家组认为，在可行性论证阶段，论证万吨级船队通航期以及研究三峡库尾和葛洲坝下游航道治理问题时，可以采用上述标准；在研究制定水库调度和三峡电站日调节方案时，也宜考虑上述标准。

（三）三峡工程永久通航建筑物

三峡工程通航建筑物中的垂直升船机，是一条供船舶快速过坝的通道，除客班轮使用外，今后还要适应运送鲜活货等快速物资过坝以及通过工程船、旅游船、公务船等类船舶的需要。专家组认为，三峡工程永久通航建筑物应当保持两线船闸和一线升船机，不但不能省略，还应努力解决好上下游通航条件，配置必要辅助设施和配套设施，以利船舶顺利过坝。

（四）施工期临时通航设施

在三峡工程施工期间，必须做到确保川江不断航，大小船舶均能安全顺利地通过，临时通航设施满足当时运量增长的需要。考虑到2000年川江下水运量为1550万t，而三峡工程临时通航可能延续到2000年稍后几年，因此施工期临时通航设施的通过能力以满足单向过坝货运量2000万t为宜。

论证阶段已确定的施工期临时通航设施为导流通航明渠和临时船闸（闸室有效尺度为240×24×4m），再加上升船机提前投入运行。专家认为上述施工期临时通航方案虽然增加了施工强度和难度，但对长江航运畅通较有保证，并非过高要求，需要落实，不应变动。

（五）长江上游干支流渠化与梯级衔接

三峡工程是长江流域规划中的骨干工程，应与上游干支流的其它枢纽工程相互配合，逐步实现梯级渠化，以利于航运发展和水资源的综合开发利用。除了在三峡工程建成前后，其他枢纽的开发顺序要合理安排之外，还应统筹考虑，合理确定三峡工程的各个特征水位，便于与上游相邻梯级合理衔接，尽量缩短枯季水位消落期出现的天然河道的长度。

三、三峡工程水位方案选择（略）

四、对175m分期蓄水方案的论证（略）

五、替代方案研究与经济效益分析（略）

六、结　　论

1. 长江航运在国民经济发展中具有重要的地位和作用，随着西南地区经济的发展，川江下水过坝运量必将逐步增长。根据预测，综合选定2000年川江下水过坝运量为1550万t；并认为将2030年川江下水过坝运量定为5000万t是适当的。

2. 兴建三峡工程，应实现万吨级船队渝汉直达，其保证率不低于50%；渝汉间航道应得到较大改善，逐步做到能通航由2000～3000t驳船组成的万吨级船队。三峡工程永久通航建筑物应包括两线船闸、一线升船机，其单向下水通过能力应达到5000万t/a。工程施工期必须确保川江不断航，临时通航设施应包括导流通航明渠和临时船闸，及升船机提前投入使用。

在选择三峡工程水位方案时，应考虑便于与上游相邻梯级合理衔接。

3. 初选的175m分期蓄水方案，在后期按175～145～155m水位运用时，汛期、水库蓄水期和消落前半期，重庆九龙坡以下航道可得到明显改善，万吨级船队渝汉直达保证率一般可达45～50%，渝宜段船舶运输成本可较目前降低35～37%。与航运替代方案比较，三峡工程投资及运行费用均较省。当折现率取10%，按影子价格计算，三峡工程与水运4300万t/a加铁运700万t/a方案相比，折现费用差值为6.3905亿元（未计入三峡工程通航建筑物的投资或费用分摊）。

三峡工程175m分期蓄水方案尚存在一些问题，需要认真研究，采取积极措施加以解决。三峡工程建设期对航运有一定影响，围堰发电水位135m及初期水位156m运用期越长，对航运影响越大，应尽量缩短。

4. 三峡工程具有防洪、发电、航运等方面的综合效益，也存在一定的制约因素，何时兴建要综合考虑。就航运而言，如2000年前不建三峡工程，通过整治现有航道可满足需要。但推迟修建三峡工程，位于库区的港口码头建设和航道整治将面临如何适应将来蓄水影响的问题；加上运量进一步增长，解决施工通航的难度也更大，总投资都将增加。专家组建议上级在决策中予以考虑。

航运专题论证报告
顾问、专家名单

顾　问	石　衡	交通部三峡工程航运领导小组顾问，高级工程师
组　长	张　奇	交通部内河运输管理局局长，高级工程师
副组长	曹楚生	水电部天津勘测设计院总工程师，高级工程师
	王作高	交通部三峡航运办公室副主任，交通部水运规划设计院副总工程师，高级工程师
专　家	马希德	中国航海学会内河航运开发建设委员会顾问

王俊生　长江流域规划办公室枢纽设计处高级工程师
王祖华　水电部水利水电规划设计院高级工程师
冉毅泉　重庆长江轮船公司副总船长
刘书伦　交通部内河运输管理局副总工程师，高级工程师
刘颂尧　三峡开发总公司（筹）技术咨询
朱健章　重庆河运学校副教授
李占魁　交通部计划局副总工程师，高级工程师
李宏肖　长江航道局重庆航道分局高级工程师
何兴赞　水电部珠江水利委员会高级工程师
毕庶绩　长江航务管理局高级工程师
邹觉新　交通部基建局副总工程师，高级工程师
岑毅生　交通部长江航务管理局副局长，高级经济师
张德洪　交通部科技局局长，高级工程师
周凝豹　长江轮船总公司副主任，船长
荣天富　长江船道局总工程师，高级工程师
须清华　南京水利科学研究院副院长，高级工程师
高伟刚　水电部上海勘测设计院总工程师，高级工程师
梁应辰　交通部水运规划设计院院长，高级工程师
曾庆华　水利水电科学研究院泥沙所所长，高级工程师
喻献焕　交通部长江航务管理局总工程师，高级工程师
董士镛　长江流域规划办公室技术委员会委员，高级工程师
杨　彪　重庆市人民政府三峡工程办公室副主任
蔡志长　河海大学教授，水道教研室主任

工作组名单

组　　长：王作高（兼）　董士镛（兼）
副 组 长：王寿昌　毕庶绩　嵇德平
成　　员：宋维邦　朱光裕　万晓文　杨树忠　胡锡运　金道成
长办联络员：姚聆泉（规划处高级工程师）
交通部联络员：吴仁初（三峡工程航运办公室工程师）

电力系统论证报告（摘要）

前　言

电力系统专题论证的主要任务是从发电效益出发，分析论证三峡工程建设的必要性和经济合理性。在满足国民经济用电需要的前提下，对三峡工程及其各种替代方案进行分析比较。

1986年8月23～26日，专家组在北京召开了第一次会议，讨论通过了三峡工程电力系统专题论证工作纲要。

1986年12月10～13日，专家组在北京召开了第二次会议，讨论、修改、通过了《长江三峡工程电力系统专家组汇报提纲》。

1987年7月14～18日，专家组在北京召开了第三次会议，共同讨论和通过了与三峡初选方案相比较的三峡不上或晚上的各种替代方案，并于9月12日向三峡工程论证领导小组汇报后确定了六个替代方案。

1988年3月4～5日，专家组在北京召开了第五次会议，根据以前多次论证，会议审议通过了本专题论证报告。

一

党的十二大决定，到2000年，全国工农业总产值比1980年翻两番，即为1980年的4倍，电力发展如保持同样速度，到2000年，至少应达到2.4亿kW，年均上涨7%。

事实上，近两年工农业总产值年增长率均高于9%。如发电设备仅仅年增7%，势必不能解决缺电问题。据具体测算，到2000年，如果解决缺电问题，全国发电设备至少需达2.9亿kW，相当年均增长8.8～8.9%。

2000年以后，按15年翻一番考虑，到2015年，全国发电设备应达5.8亿kW。年均上涨4.73%。亦即1986～2015年的30年间，全国发电设备将新增5亿kW。其中拟增水电1.38亿kW（占27%），煤电3.4亿kW（占67%）；核电3000万kW（占6%）。

二

从全国一次能源平衡越来越紧和煤炭运输困难来看，电力发展必须水电、火电、核电一起上，并应充

分开发水电，早上水电，特别是在运煤困难而又有水资源的地区，更应如此。

据多方测算，2000 年全国所需一次能源约在 15 亿 t（标煤）左右，2015 年约在 22 亿 t（标煤）左右。

我国的一次能源资源主要是煤和石油，石油虽经连年在近海勘探，但探明储量至今只有 125 亿 t。石油部计划 2000 年产原油达 2 亿 t，总储量需探明 260～270 亿 t，尚差 140～150 亿 t，每年需增加 9～10 亿 t 以上，然而 1986 年只找到 5 亿 t。煤炭有足够的资源，但又集中在山西～陕西～蒙西～宁夏这块基地，而基地的煤炭大量外运，存在困难。

2000 年缺口 2.4 亿 t 标煤。只有依靠天然气、核电、水电来增加资源。水电是可再生的资源，早一年开发，便早得到一年效益，并相应地可节省一年的动力资源。

三

在华中、华东电网的电源开发比较中，三峡是最优越的，应该开发，并应尽早开发。

（一）三峡可能供电地区发展概况

三峡可能供电地区为华中电网（鄂、豫、湘、赣），华东电网（沪、苏、浙、皖）以及川东地区。

（1）华中电网到 2000 年，发电设备需达 5427 万 kW。2015 年达 1 亿 kW。考虑三峡建成，向华东送 600～800 万 kW。

（2）华东电网多年来缺电严重，到 2000 年，发电设备需达 5369 万 kW，2015 年达 9959 万 kW。三峡建成后送 600～800 万 kW。

（3）川东地区，指三峡附近地区，即万县、涪陵两地区。1985 年地区拥有发电设备 11.1 万 kW，最高负荷 8.2 万 kW。将来可由三峡及彭水供电。西南电网规划 2000 年前彭水应动工兴建，并开始投入容量。

（二）三峡工程与替代方案的比较

在保证电网供电需要的前提下，不上或晚上三峡工程时，三峡供电区可能的替代方案按 1987 年 9 月 12 日陆佑楣副部长召开的三峡工程电力系统替代方案讨论会上确定的方案进行工作。详见表 1、表 2。

四

根据华中、华东电网的三十年电源建设规划，三峡应在 1997 年投产，现按 1989 年开工，2000 年投入二台机组（136 万 kW），比规划中 2000 年要求投入一半容量（845 万 kW，送电华东 300 万 kW）少了 709 万 kW，这就迫切需要尽快安排其他水火电站补上。

五

（一）向华东电网送电容量

三峡向华东电网送电或不送电，1986 年 7～12 月，本专题工作组又作了深化论证。向华东电网送电都比不送电华东经济效益好。1986～2015 年 30 年总费用现值送比不送多收益 14.8～29.2 亿元。送电华东之所以效益好的原因有二：一是两个电网最大负荷出现的季节性差异，华东电网年最大负荷出现在 6～8 月，而华中电网年最高负荷出现在 11～12 月，电网联合运行可获得 300～400 万 kW 的联网错峰效益。二是两个电网能源结构不同，华中电网水电比重较大，汛期有大量的季节性电能，向华东送电可以将部分季节性电能转化为华东电网夏季季节性负荷所需的电力，可以提供华东电网火电机组的检修备用容量，提高其事故备用，使三峡和华中水电季节性电能得到合理利用。结合两网电力供应的需要，建议三峡向华东送电容量暂按 600～800 万 kW 考虑。

（二）三峡工程的输电方式与输电电压

华中、华东电网已经形成 500kV 电网。三峡向华中电网各地区输电，应采用 500kV 电压。至于向华东电网输电电压和输电方式，曾经按 4 个不同方案进行论证，一致认为采用交、直流 500kV 混合方案能够发挥现有 500kV 电网的优越性，初步提出直流线路除已有的葛沪直流输电工程外，再架一回直流线路，换流站设计容量按 240 万 kW 考虑，交流 500kV 线路，考虑三回路输电。

（三）三峡工程输变电投资估算

三峡工程输变电投资共约 62.8 亿元，主要包括三个组成部分。

（1）变电容量及投资。三峡工程需要变电容量为 2650 万 kV·A，需要投资 21.2 亿元。

（2）500kV 交、直流线路长度及投资。三峡工程向华中电网送电，输电线路约需 5200km。向华东电网送电，共需架设交直流 500kV 线路约 9200km，1986 年价 40 万元/km，共需投资 36.8 亿元。

（3）换流站规模及投资。换流站规模为 240 万 kW，投资为 400 元/kW，共需投资 9.6 亿元，其中 4.8 亿元包含在三峡工程枢纽投资中。

表 1　　**三峡方案与替代方案比较表**

项　　目	三　峡 2000 年发电方案	纯火电替代方案	华中水电替代方案	华中水电 + 乌江替代方案	备　注
一、1989—2015 年总费用现值	140.8	164.4	159.9	151.6	此处现值为计算简便均折现到 1989 年，如折到 2000 年可乘以系数 2.85。
其中：投　资	133.7	88.2	93.1	99.1	
煤　费	0	57.2	51.7	39	
运管费	7.1	19	15.1	13.5	
二、1989—2050 年总费用现值	143.0	194.6	187.2	173	
其中：投　资	133.7	88.2	93.1	99.1	
煤　费	0	81.1	73.4	55.6	
运管费	9.3	25.3	20.7	18.3	
三、2000—2015 年总耗煤量	0	3.28	2.96	2.25	
四、1989—2015 年总费用原值	380.9	745.1	703	627.9	总费用原值是各年费用相加未考虑折现。
其中：投资原值	340.6	274.9	286.3	298.2	
水　电	277.8	0	64.9	130.4	
火　电	0	241.3	188.4	137.4	
输　电	62.8	33.6	33	32.4	
煤费原值	0	360.8	325.9	247.3	
运管费原值	40.3	109.4	90.8	80.4	
五、2015 年指标					
装　机	1768	1680	1650	1650	
耗 煤 量	0	0.27	0.244	0.188	
煤　费	0	29.7	26.9	20.7	
送华东容量	700	120	120	120	
送华东电量	280	35	35	35	

注：1986 年价
　　单位：亿元、亿 t、万 kW、亿 kW·h

表 2　　**三峡方案与替代方案比较表**

项　　目	三　峡 2000 年发电方　案	华中水电溪落渡替代方案	华中水电溪落渡向家坝替代方案	备　注
一、1989—2015 年总费用现值	140.8	156.7	164.6	此处现值为计算简便均折现到 1989 年，如折到 2000 年，可乘以系数 2.85。
其中：投　资	133.7	110.3	127.7	
煤　费	0	33.1	23.7	
运管费	7.1	13.3	13.2	
二、1989—2050 年总费用现值	143.0	168.3	169.3	
其中：投　资	133.7	110.3	127.7	
煤　费	0	40.3	24.4	
运管费	9.3	17.6	17.2	
三、2000—2015 年总耗煤量	0	1.68	0.932	
四、1989—2015 年总费用原值	380.9	578.5	561.3	总费用原值是各年费用相加未考虑折现。 注：溪落渡向家坝按 2005 年发电计算。
其中：投资原值	340.6	226.5	383.9	
水　电	277.8	178.9	250.8	
火　电	0	53	137.4	
输　电	62.8	94.6	133.1	
煤费原值	0	176	102.5	
运管费原值	40.3	76	74.9	
五、2015 年指标				
装　机	1768	1650	1650	
耗 煤 量	0	0.82	0.008	
煤　费	0	9	0.88	
送华东容量	700	120	620	
送华东电量	280	35	265	

注：1986 年价
　　单位：亿元、亿 t、万 kW、亿 kW·h

结论与建议

结论

1. 从发电效益看，从能源开发看，三峡工程应该上，应该早上。

通过上述替代方案的比较，三峡2000年发电方案总费用现值最低，是电源开发方案中最优方案。从发电来说，三峡工程具有三大优越性：容量大、电量多、地近负荷地区。总装机容量1768万kW，年发电量840亿kW·h，能够有力地解决电力发展的需要。在第一台机组开始投产之后，可以连续6年，每年投产4×68万kW，相当每年投入一个葛洲坝电厂。如按0.1元/kW·h收入计算，每年电费收入可达84亿元，效益是很大的。与上游金沙江的其他大型水电厂相比，输电距离近800～1000km。与火电厂相比，三峡工程的建设相当于建成7个240万kW火电厂、一个年产4000万t煤的矿区和两条800km长的普通铁路，这在一次能源越来越紧张和运煤困难的条件下，是具有重大意义的。2000年前，由于电力供应需要，华中地区中型水电站按规划将大量开发，在这种情况下迫切需要抓紧三峡的开发，以保证电力负荷进一步增长的需要。

2. 通过上述论证，三峡工程应向华东电网送电。输电容量暂按600～800万kW考虑，电量按280亿kW·h考虑，在设计中再进一步论证确定。

3. 三峡工程向华中电网输电采用交流500kV。向华东输电采用交、直流500kV混合输电方案。

建议

1. 在三峡着手建设之后，应即着手开发上游金沙江的水电。为此建议当前应立即给需要开发的水电站拨给一定的前期费用，特别要抓紧溪落渡、向家坝、虎跳峡、白鹤滩、瀑布沟、锦屏等电站的前期工作，以免贻误时机。

2. 三峡电站的装机规模应充分留有余地。(略)

电力系统专题论证报告
顾问、专家名单

顾　问　毛鹤年　水电部电机学会理事长
　　　　高景德　清华大学校长

组　长　沈根才　水电部副总工程师

副组长　陈汉章　电力规划设计院副院长

专　家　丁功扬　电力规划设计院副处长
　　　　王平洋　电力科学研究院咨询委员
　　　　王锡凡　西安交通大学教授
　　　　朱天游　中南电力设计院室主任
　　　　伍宏中　水电规划设计院主任工程师
　　　　吕崇朴　上海勘测设计院高级工程师
　　　　张　奔　中国社会科学院数量与技术经济研究所副研究员
　　　　何大愚　电力科学研究院副总工程师
　　　　李　正　水利电力经济研究所所长
　　　　沈克昌　长江流域规划办公室处长
　　　　杜星堂　水电部计划司副总工程师
　　　　陈定坤　水电部计划司高级工程师
　　　　陈哲民　中南电力设计院副总工程师
　　　　陈德裕　水电部科技司高级工程师
　　　　胡道济　水电部科技司高级工程师
　　　　孙百城　华中电管局高级工程师
　　　　赵可铮　华东电力设计院副院长
　　　　赵晋元　电力规划设计院处长
　　　　俞祖寿　电力规划设计院副总工程师
　　　　郑源春　水电部计划司高级工程师
　　　　徐博文　电力科学研究院高级工程师
　　　　相年德　清华大学副教授
　　　　程学敏　水电部外事司咨询
　　　　覃修典　水电科学研究院咨询
　　　　楼家法　机械委西安高压研究所咨询
　　　　雷衍鸿　电力规划设计院技委会委员
　　　　蔡瑶忠　华南电网办公室高级工程师
　　　　解广润　武汉水电学院教授

工作组名单

组　　长：丁功扬（兼）
副 组 长：朱天游（兼）
成　　员：邓国柱　叶运良　白来庆　刘家麒　赵永华
　　　　　俞　震　典桂贤（女）　纪　雯（女）
　　　　　向　明　朱家骝　孙寿广　李布声　李　克
　　　　　邵建雄　张征考　陈求新　郑美特　周立生
　　　　　袁逸群　殷威扬　俞敦耀
长办联络员：袁逸群(机电处副总工程师、高级工程师)

机电设备论证报告（摘要）

前 言

根据三峡工程论证领导小组决定，三峡机电设备专家组于1986年9月在北京成立并同时召开了第一次论证会，听取了长办关于三峡机电设计和科研工作汇报，制定了机电设备专家组论证工作纲要。1986年12月在武汉召开了第二次论证会，讨论蓄水位150、160、170、180m等方案的机电设备，提出了三峡机电设备专家组第一阶段论证报告。1987年6月在北京召开了第三次论证会，1987年12月在北京召开第四次论证会讨论通过了本论证报告。

一、水轮发电机组

三峡水轮发电机组容量大、台数多，对电力系统安全供电和稳定性有着举足轻重的影响，也是工程建成后收回投资、发挥经济效益的主要手段。因此专家组认为，机组的选择必须根据三峡运行条件，首先保证安全可靠，同时又要使其参数、性能、质量和经济指标达到国际先进水平。

三峡工程175m蓄水位方案的水库水位与水头变化见表1。

三峡工程175m蓄水位方案

表1 水库水位和水头

项目＼单位＼运行期		初 期	后期
正常蓄水位	m	156	175
防洪限制水位	m	135	145
枯水期消落水位	m	140	155
100年一遇洪水位	m	160	175
装机容量	万kW	1768	1768
多年平均发电量	亿kW·h	700	840
最大水头	m	93	112
加权平均水头	m	77.1	90.1
额定水头	m	80.6*	80.6*
最小水头	m	61 (围堰发电时为56)	71

*根据国内制造厂提供资料水轮机名义直径9.5m，额定出力69万kW（机组出力68万kW），额定水头需从80.6m提高到81.7m。

专家组对水轮发电机组着重论证了以下几个问题：

1. 水轮机型式的选择

正常蓄水位175m分期蓄水方案，水轮机运行水头变化范围为61～112m，围堰发电时的最低水头为56m。在这个水头范围内，可以选用混流式或斜流式水轮机。

2. 水轮发电机组容量和水轮机转轮直径

根据三峡电站的装机规模和枢纽布置，应选用大容量的机组。20余年来，国外水轮机转轮直径7m以上，单机容量50～70万kW的混流式机组，已投产近50台。80年代生产的大机组，如依泰普、古里第二电厂的机组，都成功的投入了运行，积累了较成熟的设计、制造和运行的经验。因此，三峡电站采用70万kW左右的混流式机组是可行的。

3. 水轮机的特性和参数

水轮机的比转速(Ns)和比速系数($K = Ns\sqrt{H}$)是表示水轮机技术参数和技术水平的综合指标。目前国外大型混流式水轮机的比速系数已达2200～2300，最高2500。国内大型混流式水轮机的比速系数已达2000～2100，最高2200(刘家峡30万kW水轮机)。三峡选用比转速和比速系数，应通过技术经济比较确定。在可行性研究阶段，三峡水轮机的比速系数可采用2200～2300(见表2)。

表2 175m蓄水位机组参数表*

项 目	单 位	参 数
水轮机额定出力	万kW	69
水轮机名义直径	m	9.5
水轮机最高效率	%	>95.5
额定转速	转每分	75
吸出高度	m	−5.7 (从导叶中心计)
水轮机总重	t	3350
发电机视在功率	万kV·h	75.6
额定功率	万kW	68.0
功率因数		0.9
额定电压	kV	18
飞轮力矩	t.m^2	420000
短路比		>1.1
纵轴瞬变电抗		<0.36
纵轴次瞬变电抗		>0.2
发电机效率	%	>98.5
发电机转子重量	t	2150
发电机总重	t	3800
推力轴承负荷	t	5650

*发电机参数均按定子水冷考虑

4. 发电机的额定值和主要参数

发电机的额定电压对发电机和主变压器的设计以及发电机电压设备的选择都有密切关系。经综合考虑,发电机的额定电压初步选为18kV。

发电机额定功率因数的大小与电力系统有关并影响发电机的造价。目前,额定功率因数暂定为0.9,待电力系统参数确定后再进行优选。

关于发电机的纵轴瞬变电抗和短路比,参照国内外已生产的大型水轮发电机的参数,并结合三峡电站和国内制造的具体情况,纵轴瞬变电抗应小于0.36(标么值),短路比大于1.1。

5. 发电机的结构形式

由于发电机定子铁心内径达18～20m,额定转速75转每分,属于低速大直径电机,参照国内外经验,发电机总体结构型式采用全伞式或半伞式。

6. 发电机的冷却方式

国外已运行的单机容量50万kW以上的水轮发电机中有较多采用定子水内冷、转子空冷方式,也有采用全空冷的。针对三峡情况,待初步设计时,对发电机结构进行深入研究后,再行确定。

7. 推力轴承

三峡68万kW机组的推力轴承负荷据初步估算为5650t,超过了国外已运行机组的最大推力负荷4700t(大古力70万kW机组),和国内机组最大推力负荷3800t(葛洲坝17万kW机组)。因此,推力轴承成为制造三峡发电机的关键。

8. 水轮发电机组的辅机(略)

9. 机组制造、运输的可能性(略)

10. 机组适应分期蓄水的可行性分析

按照一般设计经验,混流式水轮机允许的最小水头为设计水头(接近加权平均水头)的65%,例如古里第一厂房的8～10号机组,运行水头差66m,最小水头为设计水头的54%。我国龙羊峡水电站,运行水头差74m,最小水头为设计水头的63%。三峡水电站最大水头112m,加权平均水头90.1m,初期正常运行最小水头61m,运行水头差51m,最小水头为加权平均水头67.7%,在运行允许范围内。因此三峡电站采用后期蓄水位所选的机组,不更换转轮,无论从一般设计经验或实践都证明是允许的,在技术上是可行的。

11. 水轮发电机组安装、投产进度分析(略)

二、电气设计及主要设备

1. 电站接入电力系统

三峡工程采用交、直流输电混合方式,供电范围以华中、华东为主,兼顾川东。

(1)向华中送电900万kW,向华东送电700万kW,向川东送电100万kW。

(2)电站的交流500kV出线暂按17回考虑(包括备用2回);

(3)电站右岸设±500kV直流换流站,暂以一回高压直流线路送电华东,输电容量为240万kW。

2. 电气主结线

三峡水电站分左、右两个电厂。为了限制故障范围和减少短路容量,左、右两电厂的500kV配电装置之间不直接有电的连系。

电站汛期主要带基荷,枯水期主要带峰荷,机组操作频繁,主结线应适应这一特点。

(1)发电机与主变压器的组合方式

发电机与主变压器的组合可考虑对两个一机一变的单元联合和两机一变的扩大单元或其他组合方式进行技术经济比较。

(2)500kV侧结线方式

经过对4/3、3/2(即一倍半)、跨环、双母线四分段等结线方式的技术经济比较,认为一倍半结线可作为主结线的比选基础。

同时,也应结合电力系统的要求和条件,论证采用简化结线方案的可能性。

3. 主要电气设备

(1)主变压器。根据发电机的单机容量为68万kW和主结线方式,主变压器型式可以选择76万kV·A的普通三相变压器,153万kV·A的低压双分裂组合三相变压器,25.5万kV·A的普通单相变压器以及51万kV·A的低压双分裂的单相变压器等4类。这些变压器从制造上讲都是可行的。

(2)交流超高压电器和发电机电压大电流电器设备。关于三峡工程的交流超高压电器,在左岸优先推荐采用全封闭式开关站,而在右岸由于地形条件等尚需对采用SF_6敞开式或复合式电器布置作进一步的研究。

(3)±500kV成套直流设备。根据世界上多数直流工程的经验,三峡换流站倾向采用交流500kV开关站经换流变压器接整流桥的方式。整流桥暂采用双极四桥方案,如整流变压器的运输问题能解决时,则宜选用双极双桥方案。

4. 自动化系统及装置(略)

三、升船机及金属结构

1. 升船机

三峡升船机的规模和技术参数均属当前世界水平(见表3)。

三峡升船机的研究比选始于1958年,研究过平衡重式、浮筒式、水压式、液压式、半水力式和纵向

表 3 **国外大型升船机与三峡升船机主要参数表**

建设年代	所在地址	河流名称	升船机型式	船厢参数				过船吨位(吨级)	提升高度(m)	运行速度(m/s)	驱动方式及安全装置	驱动功率(kW)	水位变幅(m)	通过能力(万 t/a)	工程建设历时(年)	投资
				净长(m)	净宽(m)	水深(m)	船厢加水总重(t)									
1934	民主德国尼德芬诺	哈芬－奥德水道	平衡重垂直升船机，湿运	85.5	12.0	2.5	4300	1000	36.0		齿轮齿轨爬升，旋转螺杆与大螺母安全装置					
1967	比利时隆库尔	布鲁塞尔－沙勒罗尔运河	双线纵向平衡重斜面升船机，坡比 1:20，湿运	91.0	12.0	3.0～3.7	4500～5200	1350	67.5	1.2	摩擦卷筒钢丝绳牵引，大制动器	12×125		300	5	18.94 亿比利时法郎
1968	苏联克拉斯诺雅尔斯克	叶尼塞河	纵向自行式斜面升船机，坡比 1:10，湿运	90.0	18.0	2.2	6200	1500	101.0	上行 1.0 下行 1.33	液压马达驱动齿轮沿斜坡齿轨运行，液压马达驱动转盘过坝	12800	上游:13.0 下游:5.5		60 年代初开工，1968 年建成，1984 年正式投入运行。*	
1975	联邦德国吕内堡	易北河支运河	双线平衡重垂直升船机，湿运	100.0	12.0	3.5	5700	1350	38.0	0.21	齿轮齿轨爬升，旋转螺母与大螺杆安全装置	4×160	下游:4.5	单线 1010	6	13 亿西德马克
在建	比利时斯特勒比－蒂厄	中央运河	双线平衡重垂直升船机，湿运	112.0	12.0	3.5～4.3	7500～8800	1350	73.0	0.2	钢丝绳卷扬堤升及大制动器	4×500			1982 年开工预计 1989 年建成	130 亿**比利时法郎
拟建	中国三峡	长江	平衡重垂直升船机，湿运	120.0	18.0	3.5	11500	3000	113.0	0.2	钢丝绳卷扬提升及大制动器，沿程锁锭安全装置	8×160	上游:109.0 下游:12.0	350		

* 据报导克拉斯诺雅尔斯克升船机 1977 年运载了 26 支船队。1984 年过船 417 艘，货运量 13.13 万 t。1977～1984 年共过船 1600 多艘，货运量 50 多万 t。所有叶尼塞河轮船公司发出的全部船只，都通过升船机顺利过坝。

** 投资包括升船机主体、上、下闸首、停泊区建筑以及升船机范围的铁路、公路、桥梁改建费用。

斜面升船机等。1986年9月三峡工程机电设备专家组成立后，在上述工作基础上，与有关部门和单位又共同进行了大量的调研、试验和论证工作。专家组着重论证了以下问题：

(1) 关于船舶进出船厢速度和水动力特性（略）

(2) 关于船舶进出船厢时钢丝绳的受力变化（略）

(3) 关于升船机的安全问题（略）

(4) 关于三峡升船机的制造可行性问题（略）

(5) 关于升船机上闸首的方案（略）

2. 金属结构（略）

四、简要结论

对三峡正常蓄水位175m方案机电设备的简要结论如下：

1. 水轮发电机组

水轮机转轮直径9.3～9.8m，机组单机容量65～72万kW技术上是可行的。通过对国内制造厂进行扩建性技术改造，借鉴国外制造大型混流式机组的经验，主要立足于国内制造是可行的。

经估算，采用更大容量的机组、减少机组台数，虽然制造技术难度相应增大，工厂的技术改造费用相应增加，但可降低电站造价，提高工程初期发电效益，建议在初步设计阶段中，从技术、经济上进行比较后确定。

2. 电气设备

与机组配套的主变压器，无论是采用单相或三相，国内都能生产。交流500kV超高压电器，国内制造厂已引进技术，也可以立足于国内制造。

±500kV成套直流设备，国内制造技术难度较大，目前制造厂也已引进技术，在总结葛洲坝至上海直流工程运行经验的基础上，必要时进口部分关键设备，三峡工程所需要的成套直流设备是能够解决的。

3. 升船机和金属结构

(1) 升船机。三峡工程采用一级平衡重式垂直升船机是适宜的，技术上是可行的。除少数设备需从国外引进外，可以立足于国内制造。

关于一级平衡重式垂直升船机的提升机构和安全装置，有的专家认为待初步设计阶段再定，大多数专家认为带沿程锁锭装置的钢丝绳卷扬方案是适用于三峡升船机的。

可行性研究报告可按钢丝绳卷扬方案进行编制。

为建成具有世界水平、安全可靠的三峡升船机，应继续深入开展升船机的设计科研工作，并建议选择国内适当工程进行升船机的中间试验。

(2) 船闸、电站和泄洪建筑物的金属结构及其机械设备，其规模与国内外一些大型水电站相仿或略为超出，经过论证，在技术上亦是可行的，国内亦有条件制造。

机电设备专家组对三峡工程的机电设备，做了大量调研和论证工作后，提出了上述机电设备论证报告。但目前推荐的技术参数与方案都是初步选定的，还应在初步设计中进一步进行深入的比较与优选。一些技术关键还要尽快开展科研攻关，以便把工程设计建立在可靠的科学基础上，使工程能发挥更大的经济效益。

专家组和工作组成员通过一年多工作，深深感到三峡工程对国民经济发展的重大作用和巨大的经济效益。我们期望三峡工程能够早日兴建，为民族和国家振兴，尽快作出贡献。

机电设备专题论证报告
顾问、专家名单

顾　问	陆燕荪	国家机械委总工程师，高级工程师
组　长	沈维义	中国三峡工程开发总公司（筹）技术委员会委员，高级工程师
副组长	施作沪	机械工业委员会电器局高级工程师 国务院三峡重大装备领导小组办公室副主任
	王　冰	水电部水利水电建设局副总工程师，高级工程师
专　家	于开泉	水电部情报研究所原总工程师，高级工程师
	王华东	西安电力机械制造公司副总工程师
	王恒善	机械委东方电机厂副总工程师，高级工程师
	白铁英	水电部水利水电科学研究院机电所副所长，高级工程师
	刘光宁	哈尔滨电机厂副总工程师，高级工程师
	刘燕生	水电部天津勘测设计院原副总工程师，高级工程师
	曲述曾	哈尔滨大电机研究所副所长，高级工程师
	张德平	水电部水利水电规划设计院咨询，高级工程师
	吕崇朴	水电部上海勘测设计院咨询，高级

工程师

朱仁堪 机械委东方电机厂顾问，高级工程师

朱英浩 沈阳变压器厂总工程师，高级工程师

孙凤鸣 机械委中国电工设备总公司副经理，工程师

孙如瑛 国务院重大技术装备领导小组办公室处长，国务院三峡重大装备领导小组办公室副主任

吴竞昌 水电部生产司咨询，高级工程师

吴培豪 水利水电科学研究院高级工程师

吴鸿寿 水电部长江流域规划办公室机电处总工程师，高级工程师

沙锡林 水电部三峡工程重大装备领导小组办公室主任，高级工程师

杜 同 四川工业学院原院长，教授

李志云 水电部富春江水工机械厂厂长，高级工程师

李维藩 水电部生产司水电处副处长，工程师

李翼民 国家机械委科技司副总工程师，高级工程师

青长庚 水电部昆明勘测设计院副总工程师，高级工程师

罗 汀 水电部西北勘测设计院高级工程师

周庆昌 水电部生产司原副总工程师，高级工程师

周仲民 东北输变电设备公司总经理，高级工程师

饶芳权 机械委东方电机厂总工程师，高级工程师

姚抚城 水电部科技司副总工程师，高级工程师

高 鹏 机械委电器局副处长，工程师

梁维燕 哈尔滨电机厂总工程师，高级工程师

梅祖彦 清华大学教授

程良骏 华中工学院教授

程海峰 中国三峡工程开发总公司（筹）机电处处长，高级工程师

升船机及金属结构组长

李毓芬 水电部科技司咨询，高级工程师

副组长

王作高 交通部三峡工程航运办公室副主任、水规院副总工程师，高级工程师

欧阳金 水电部水利水电规划设计院处长，高级工程师

专 家

牛智仁 水电部中南勘测设计院高级工程师

王既民 水电部长江流域规划办公室高级工程师

冯子佩 机械委技术咨询委员会委员，高级工程师

包纲鉴 南京水利科学研究院高级工程师

沈光逵 机械委重型局副总工程师兼科技处处长

沈德民 水电部水利水电规划设计院主任工程师，高级工程师

李 岳 机械委北京起重运输机械研究所技术委员会副主任

李思敏 机械委北京起重运输机械研究所高级工程师

杨自薰 交通部水运规划设计院高级工程师

陆景孝 广西电力局设计院工程师

赵 俊 广西电力局副总工程师，广西电力局设计院代院长

俞良正 清海大学工民建系教授

柳丕彬 国家科委工业技术局处长

胡宗武 上海交通大学教授

柴扬业 交通部上海船舶运输研究所船舶部主任，副研究员

曹 昌 第二重型机器厂副总工程师

潘劲军 洛阳矿山机器厂总设计师

魏彤云 船舶总公司第九设计研究院副总工程师，高级工程师

工作组名单

组 长：沙锡林（兼）

副 组 长：吴培豪（兼）、沈德民（兼）

成 员：王福源 史毓珍（女） 张志宏 张定洪 宋立人 李学中 李肇庚 何金声 庞金龙 林洲兰（女） 顾景芳（女） 刘永昌 黄贤鉴

长办联络员：黄源芳（机电处副总工程师、高级工程师）
田泳源（枢纽处高级工程师）

国家机械委联络员：肖清华（重大装备办工程师）
宋其水（电器局助理工程师）

电子部联络员：赵 珊（科技局工程师）

移民专题论证报告（摘要）

一、论证工作情况

移民专题论证专家组充分利用已有论证成果，在国家计委、国家科委水库淹没与移民专家组工作的基础上，根据实际情况和发展要求，经过深入的研究论证，于1987年底提出了长江三峡工程移民专题论证报告。

（一）专题论证考虑的原则

1. 吸取国内外的水库移民经验，充分估计三峡移民的难度，科学地分析有利条件和不利因素，实事求是地研究移民安置问题；

2. 贯彻开发性移民方针，移民安置规划要与库区建设、资源开发、水土保持、环境保护、地区经济发展结合起来，坚持因地制宜、统筹规划、合理利用资源，促进库区社会经济的发展和生态与环境的良性循环；

3. 本着正确处理国家、集体、个人三者利益的精神，合理制定补偿标准和建设规模；

4. 坚持科学与民主，依靠地方政府和尊重库区干部群众，深入调查研究，充分听取各方面的意见，使论证成果具有可靠的群众基础和科学依据。

（二）专题论证的主要任务

1. 复核淹没实物指标，为蓄水位方案选择和开发方案的比较提供可靠依据；

2. 根据国家的现行政策，研究切合实际的淹没处理原则、政策措施和补偿标准；

3. 研究库区移民安置环境容量和农村移民安置去向；

4. 对城镇、工矿企业，以及交通、电力、通信、文物古迹等专业设施，评价迁建选址及恢复重建的规划意见；

5. 提出补偿投资费用的估算，根据施工总进度作出意向性实施计划安排；

6. 对移民迁建安置后的经济、社会、生态效益进行预测分析。

二、淹没实物指标复核

（一）淹没迁建标准

移民专家组根据国家《水利水电工程水库淹没处理设计规划》关于水库淹没设计洪水标准有关规定，结合库区的实际情况，拟定淹没迁建标准如下：

1. 人口、房屋：城乡移民均为20年一遇；

2. 土地：包括耕地、园地为5年一遇；

3. 林地：正常蓄水位；

4. 工矿企业：中小企业（含乡镇企业）和大型企业的附属设施为20年一遇，大型企业的主要车间为100年一遇；

5. 公路、电力、电信、广播、文物古迹、码头等为20年一遇。*

（二）淹没实物指标

正常蓄水位175m方案，20年一遇回水终点至巴县木洞镇，距坝址565.7km，水库面积1084km²，其中淹没陆地面积632km²。

水库移民涉及湖北省的宜昌、秭归、兴山、巴东；四川省的巫山、巫溪、奉节、云阳、开县、万县、万县市、忠县、石柱、丰都、涪陵市、武隆、长寿、江北、巴县等19县市；此外还有重庆市区部分河滩地受淹。淹没线以下1985年底主要淹没实物指标为：

(1) 直接受淹人口　72.55万人

其中：城镇人口　39.29万人

农村人口　33.26万人

耕　地　35.69万亩

其中：水田　11.07万亩

旱地　24.62万亩

(2) 柑桔地　7.44万亩

(3) 工　厂　657个

(4) 固定资产原值　8.19亿元

(5) 水、火电站　139处

(6) 装机容量　7.7万kW

(7) 公　路　956.1km

(8) 高压输电线　1106.4km

(9) 通信线　2729.5杆km

(10) 广播线　5294杆km

(11) 文物古迹　44处

其中：重点保护文物　6处

根据《水利水电工程水库淹没指标调查细则》（试行）规定，可行性研究阶段，允许误差：人口房屋为10%，耕地15～20%，经分析论证，并与各县核对，专家组认为上述各项淹没指标，完全符合可行性论证阶段要求，可以作为移民专题论证和经济比较的依据。

（三）主要受淹情况

1. 城市

---

* 城乡移民和工矿企业等，其回水水位在正常蓄水位以上不足2m者，按正常蓄水位加高2m的风浪浸没影响计算淹没，回水水位大于2m者按回水高程计算淹没。耕地、园地不计风浪浸没影响，待初设阶段核实。

20年一遇回水线以下，淹没涉及2市11个县城，淹没线以下需迁移28.52万人。

2. 集镇

受淹没影响的集镇140个，共需移民10.78万人。

3. 农村

受淹农村人口33.26万人，分散在19个县市的326个乡，1353个村，5269个村民组。受淹耕地35.69万亩，其中水田11.07万亩，旱地24.62万亩；柑桔地7.44万亩。

4. 工业

全库有657个工厂受到不同程度的淹没影响，淹没固定资产原值8.19亿元，其中湖北省占13%，万县地区占43%，涪陵地区占34%，重庆市占10%。

5. 专业设施

全库受淹水电站135处，装机容量5.75万kW；火电厂4处，装机容量1.95万kW。

库区的公路、通信、输变电工程、广播线、文物古迹、港口码头等，都受到不同程度的淹没影响，各项淹没指标，均已调查落实。

库区尚未发现重要矿藏被淹，只有少数小煤矿在淹没线以下，据各地生产安排，在水库蓄水前基本可以开采完，影响不大。

（四）滑坡、崩塌及泥沙淤积影响（略）

三、移民环境容量分析

由于人类长期活动的影响，这个地区原生自然环境已基本消失，但由于历史原因，长期以来投入甚少，农业资源利用发展缓慢，生产力水平低，90%以上的人局限在土地上搞饭吃。因而，19县市的人均社会总产值仅为全国平均水平的45%，人均国民收入只占全国平均水平的53%，成为全国连片的贫困地区之一。然而，这个地区地理位置适中，自然环境优越，各类资源比较丰富，因此，在新的投入保障下，通过资金、技术、信息、人才、物质能量的引进和投入，启动库区的内在活力，调整产业结构，合理安排城乡布局，加速综合治理的进程，把开发和保护结合起来就可以扩大环境容量。

（一）土地承载能力分析

库区补偿被淹耕地的途径，一是结合水土保持开发荒山草坡；二是改造低产坡耕地。各县市规划的移民安置区共361个乡，总面积1.23万km^2，其中耕地429万亩，占23%；林地389万亩，占21%；荒山草坡368万亩，占20%。若将安置区1/3条件较好特别是20°以下的荒山草地进行开发，和对1/3低产地进行改造，就可能有安置100多万人的移民容量。

（二）二、三产业及城镇环境容量

三峡库区的自然条件优越，生态系统具有多样化的生物种属群落，农、副、土特产品种多，资源比较丰富。随着大农业经济的发展，相应的二、三产业必将会有大的发展。

三峡是世界著名的游览胜地，旅游资源十分丰富，水库的兴建，将产生许多新的景区和景点。旅游业的发展具有广阔的前景。

三峡地区经济不发达的一个重要原因是投入太少，随着三峡工程的兴建将有近百亿的资金直接投入安置区的搬迁和开发建设，也必将带动库区二、三产业的蓬勃发展。安置区各项建设的劳务需求量很大，也可安置部分移民就业。

随着社会经济文化的发展，产业结构的改变，农业人口将相对减少，随着二、三产业及基础农业经济的发展，库区的城镇也必将会有大的发展，即使到本世纪末达到全国现在的水平，也将有180万人口从农村分离出来，从事非农业生产，相当三峡水库农村移民人数的4倍。

因此，只要认真贯彻开发性移民方针，有新的投入做保障，三峡库区环境容量是完全可以承受三峡工程库区移民的。

四、移民安置迁建规划意见（略）

五、政策措施

主要政策措施是：

（1）按照分期蓄水，连续移民的要求，制定好移民工作分年计划；

（2）实行库区淹没损失、对工程直接贡献与工程效益挂钩的政策；

（3）实行保障口粮的政策；

（4）对库区税收实行优惠政策；

（5）实行优惠的外汇留成政策；

（6）各部门要支持三峡库区建设；

（7）移民的计划物资保证供应；

（8）改革移民投资管理体制；

（9）为了有利于土地资源的开发利用，请求中央允许在移民安置区对群众承包的土地和荒山草坡适当进行调整。

六、投资估算

（一）淹没处理投资估算

全库按1985年实物指标直接淹没人口为72.55

万人，至2008年规划迁安总人口为113.18万人，其中建房人口85.45万人。根据《三峡工程移民政策和迁建补偿标准》（初稿）有关规定和标准计算，全库淹没处理补偿投资为110.61亿元，分项投资如下：

(1) 农村移民安置费 28.63亿元

(2) 城市迁建费 32.10亿元

(3) 集镇迁建费 6.49亿元

(4) 工厂迁建费 18.95亿元

(5) 库区交通复建费 5.64亿元

(6) 电站补偿费 1.54亿元

(7) 输变电工程复建费 0.46亿元

(8) 小型工副企业补偿费 0.55亿元

(9) 通信线路复迁费 0.46亿元

(10) 广播线路复迁费 0.05亿元

(11) 文物古迹迁移发掘费 0.40亿元

(12) 库底卫生清理费 0.07亿元

(13) 库底林木清理费 0.01亿元

(14) 智力投资 0.95亿元

(15) 勘设、科研、行管费 4.77亿元

(16) 预备费 9.54亿元

(二)"三材"估算

根据各项迁建工程"三材"用量定额指标，经分析计算，全库共需钢材70万t，木材134万m^3，水泥470万t。

(三) 移民进度

按照正常蓄水位175m，坝顶高程185m，一级开发，一次建成，分期蓄水，连续移民方案，初期运行水位156m，移民高程160m。根据施工和发电要求，并考虑移民强度，经反复研究，并征得各方同意，初步计划用20年时间迁完全部移民，其中以4年时间作好移民前期工作，用12年时间迁完160m以下移民，再以4年时间迁完160～175m之间移民。专家组认为这个计划较为现实可行，分年投资不大，国家可以承受，只要各级政府加强领导，作好规划，政策兑现，投资和"三材"落实，经过努力可以实现。

七、结 论

三峡工程移民专题论证主要结论如下：

1. 各项淹没实物指标基本可靠。160m高程以下农村按逐村逐户、城镇按逐厂逐户进行普查统计，成果精度较高；160～175m之间是根据以往调查资料推算，经抽样复核，数据基本吻合。按1985年底指标，直接淹没人口为72.55万人，计划在20年分内分期分批迁安完毕，到2008年规划迁移安置人口为113.18万人，淹没耕地43.13万亩（包括柑桔地）。本报告提出的各项淹没实物指标可以作为决策的依据。

2.《三峡工程移民政策和迁建补偿标准》(初稿)是根据国家1986年的政策和物价，结合库区的实际情况，经过几年来的调查研究，反复论证，并与两省和有关地、市、县多次讨论商定，认为是必要的、合理的、也是可行的。

3. 库区移民环境容量研究结果表明，淹没涉及的各县（市）都有潜在容量，移民都可以在本县（市）范围内统筹安排解决。从土地容量看，农村移民大部分可以不出乡安置，但开发建设任务艰巨。因此，必须坚持改革，贯彻开发性移民的方针，发扬"自力更生、艰苦创业"的精神，在一定投入的保障下，把移民安置、库区建设、资源开发、环境保护、水土保持结合起来，可以达到繁荣库区经济、改善环境质量、移民长治久安的目的。

4. 移民安置迁建，作了大量前期工作。受淹城镇的迁建新址已基本选定。新选地址环境条件有较大的改善，并留有发展余地。农村移民安置去向，本着实事求是、因地制宜的原则，在稳步发展农业的基础上，积极发展乡镇企业和二、三产业，各县市分别提出了初步规划。各行业安置人数比例各地不尽相同，就全库而言，农业安置约占60%，乡镇企业和二、三产业安置约占40%，总的来说，比较切合实际。

5. 根据《三峡工程移民政策和迁建补偿标准》（初稿），按照规定的补偿办法计算，淹没处理补偿总投资110.61亿元，其中城乡移民安置费占61%。只要管好用好资金，政策兑现，总投资包得住，并且能把移民安置好。可行性阶段可按此投资额进行工程综合经济评价。

6. 按照分期蓄水、连续移民方案的安排，计划用20年时间分期分年迁移，安置任务最大的县，年移民强度不超过8000人；移民投资分年投入，最高不超过9亿元，根据国内的移民经验，这个安排是比较适当的。

总的结论是：三峡工程移民安置任务艰巨，但有解决的途径和办法，只要切实加强领导，紧紧依靠群众，精心作好规划，提前进行开发，并实行科学管理，经过努力可以把移民安置好。如果三峡工程推迟兴建，则不仅严重影响库区有关县市的经济发展，而且由于人口增加，淹没实物日益增多，标准逐渐提高，移民安置费用将会急剧增长，安置难度也将显著加大。根据库区各县市的迫切要求和经济发展的需要，建议对三峡工程的兴建尽快作出决策。

移民专题论证报告顾问、专家名单

顾　问　邵　治　财政部农财司原副司长
国务院三峡地区开发办公室顾问
国务院农村政策研究中心研究员

组　长　张　岳　中央书记处农村政策研究室副局长，研究员

副组长　刘德涵　中国城市规划院经济所所长，高级城市规划师
杨启声　葛洲坝水电工程学院兼职教授，高级工程师
林　仙　国务院三峡地区经济开发办公室移民组负责人，高级工程师，水电部长办副总工程师

专　家　尤联元　中国科学院，国家计委地理研究所副研究员
冯运汉　湖北省宜昌地区原副专员，行署副专员级调研员
付秀堂　长办库区规划处处长，高级工程师
朱代忠　湖北省民政厅移民处处长
李玉光　国家土地管理局建设用地司总工程师，高级工程师
李长春　重庆市人民政府副市长，高级工程师
李雨普　中国水利经济研究会副秘书长，高级工程师（教授级）
张孝存　中国城市规划研究院主任工程师，高级工程师
吴隆文　国务院三峡地区经济开发办公室计划组负责人，高级工程师
胡治邕　四川省国土局移民办公室主任，建筑工程师
宫家和　四川涪陵地区原地委副书记，副专员
姚炳华　长办水库处副总工程师，工程师
钱　铭　国家土地管理局总工程师
浦汉昕　中国科学院生态环境研究中心区域生态副研究员
陈材倜　四川重庆市规划局副局长，建筑工程师
唐登清　长办库区规划处副总工程师，高级工程师
唐章锦　四川省万县地区行政公署专员
焦成斌　四川省国土局局长
蒋永清　万县市人民政府市长，工程师
魏金石　国家科委工业技术局调研员，高级工程师
魏学完　水电部珠江水利委员会设计院水库科副科长，高级工程师
颜钟一　湖北宜昌市副市长，建筑高级工程师
蔡运龙　中国科学院地理研究所博士研究生

移民专题论证报告代表名单

代　表　王光才　湖北省宜昌县副县长
刘大双　湖北宜昌县政府办公室副主任，县移民办公室党组书记
向政清　湖北秭归县副县长，公路桥梁工程师
吴志国　秭归县移民局局长，水电工程助理工程师
沈大新　湖北兴山县移民办公室干部
钟泰林　湖北巴东县副县长
谭绍鼎　湖北省巴东县移民局局长
郑志康　湖北省民政厅移民处副科长
刘立克　湖北宜昌地区行署移民办公室副科长
姜福纯　四川万县行署副专员，土建工程师
周叔权　四川万县地区移民办公室主任
李　倩　四川万县市移民局局长，电机工程师
林德才　四川万县市移民局副局长，土建助理工程师
王元学　四川巫山县副县长
熊道永　四川巫山县移民局局长
王汉清　四川奉节县移民局局长
吴启信　四川万县移民局副局长
王　行　四川云阳县副县长
王继宜　四川云阳县移民局局长
沈明涛　四川忠县原副县长，县政府顾问
贺学忠　四川忠县移民局副局长，测绘工程师
彭贤胜　四川开县计委副主任
彭丕荣　四川开县计委干部
金生刚　四川万县行署办公室秘书
王天义　四川涪陵市副市长
谢旭仁　四川涪陵地区移民局局长，党组书记
罗　敏　四川涪陵市移民局副局长
陶红星　四川丰都县县委副书记
扈中星　四川丰都县计委副主任，移民局局长
谭登禄　四川石柱县原县长，县人大副主任
刘克俭　巫溪县移民办公室主任
刘俊林　四川石柱县计委副主任，县移民局局长
郎以学　四川武隆县县委常委，副县长
王代余　四川武隆县移民办公室干部

谭连兴　长寿县人民政府副县长
李国之　长寿县城建局原副局长
李开翔　长寿县建委副主任
杨　彪　重庆市政府三峡办副主任
彭树光　重庆市南岸区林业管理站站长
唐大兴　四川江北县原县长，副书记，县政府巡视员
代清明　四川江北县城建委干部
肖鲁樵　四川巴县原县长，县政府巡视员
段恒荣　四川巴县原城乡规划办公室负责人
林　彬　四川涪陵地委办公室秘书
廖文权　四川开县移民办公室主任

工作组名单

组　　长：邹兆倬（长江流域规划办公室副主任，高级工程师）
副 组 长：唐登清（兼），姚炳华（兼）
成　　员：黄启新　甘家庆　赵时华　梁清文　张均平　李永跃
长办联络员：赵时华（库区规划处工程师）

生态与环境专题论证报告（摘要）

前　言

长江三峡工程生态与环境专题论证专家组由生态、环境、环境水利等方面55名专家组成。1988年1月，专家组召开第四次会议，通过了《长江三峡工程生态与环境影响及对策的论证报告（审议稿）》。报告是在近年来中国科学院和长江水资源保护局分别组织的科研院所、高等院校、沿江省市等60多个单位有关课题的研究成果的基础上，经过专家多次讨论和修改后提出的。

论证报告将长江流域作为一个完整的大系统，对修建三峡工程引起生态系统结构、功能的变化以及由此引起的生态系统的整体效应进行全面的评价，重点阐述了库区移民搬迁带来的生态与环境问题，以及对策和建议。

一、流域和库区的生态与环境现状和问题

长江流域大部分处于亚热带范围，是我国经济发达地区。近几十年来，人口的增长和经济的发展，对环境的压力越来越大，生态系统受到不同程度的影响，甚至恶化，成为流域进一步开发的敏感因素。在众多的生态环境问题中，上、中、下游和库区各有特点：

(1) 上游自然生态受到破坏。突出的是森林植被锐减，水土流失严重；

(2) 中游洪涝灾害严重。中游地势低洼，排水不畅，河道迂回曲折，荆江段洪水位高出地面，河道泄洪能力不足；

(3) 下游河口区的生态与环境问题较多，当前主要是：水质污染严重，近海鱼类资源衰减；

(4) 库区自然生态已遭严重破坏。森林覆盖率已由50年代22%下降到11.8%，中幼龄林占90%以上。现人均耕地仅约1.5亩，水田约占1/3，旱地占2/3，库区水土流失面积已达65%以上，年土壤侵蚀总量1.55亿t，水利工程泥沙淤积普遍严重。自然生态系统已很脆弱，并造成生产力下降。目前工业虽不发达，但有的城镇二氧化硫，降尘、酸雨和水体污染已相当严重，长江水污染也有加重趋势。

二、三峡工程对生态与环境的影响

按地理分区，就“一级开发、一次建成、分期蓄水、连续移民，最终正常蓄水位175m方案”工程对生态与环境的影响，初步分析如下：

（一）对库区及长江上游地区的影响

1. 对局地气候的影响

水库对周围地区气候有明显调节作用，影响范围不大。对气温影响垂直方向不超过400m，两岸水平方向约1～2km。年平均气温18～19.8℃，增加0.1～0.2℃。年平均相对湿度为67～81%，夏季增加3～6%，冬季减少2%。库区100m高度以下年平均风速0.7～2.2m/s。增加15～40%。降水分布略有改变。

2. 对水温水质的影响

蓄水位175m时，年来水量和总库容比值在11左右，水温结构接近于分层型。4月前后可能出现水温分层，5月开始层温现象逐步消失。4月平均下泄水温15℃，比天然水温约低4℃，5月比天然水温约低2℃，其余各月基本相同，下泄水温达到18℃时间约滞后20天。

蓄水后库水流速减少，停留时间增长，有利下泄水质改善；但复氧和稀释扩散能力降低，城镇附近岸边江水污染将加剧。建库后，工业发展，三废排放量增多，尤应引起高度重视。

库水中重金属元素浓度明显降低；水库沉积物中

重金属含量将会增加。但仍保持以吸附为主的水环境条件，不致因解吸造成二次污染，使水质超标。

建坝对氮、磷营养物质有一定拦蓄作用，使生物过程加强，有利于提高生物生产力。

3. 对陆生动植物资源的影响

库区珍稀植物一般都分布在海拔300m以上，一般不受淹没影响。水库形成后，水禽数量将会增长，特别是雁形目、鹤形目、鸥形目鸟类将成为常见种或优势种，

4. 对水生生物的影响

水生生物的影响范围不仅在库区和上游，也影响到中下游，一并概述如下：

（1）对渔业的影响。水库区浮游生物和底栖动物将有所增多，种类组成也将发生变化。水库养殖水面扩大，鱼产量可望增加。坝下江段的鱼苗漂流入洞庭湖等通江湖泊，由于流程短，对鱼苗的成活和发育均为不利。

库区鱼类病原体组成变化将使流行性鱼病机率增加。水库下泄水可将病原体传播到中下游，可能扩大鱼病流行。

（2）对物种资源影响。珍稀水生动物白暨豚自宜都至河口分布42个群体约300头左右。由于河床冲刷，使洲滩和大回水区变小，白暨豚栖息生境减少，数量估计减少16～27头。

中华鲟属上溯产卵回游性鱼类，葛洲坝工程修建后回游受到阻隔，但发现它仍在坝下江段自然繁殖。人工繁殖投入鱼苗也已成功。

上游的白鲟和胭脂鱼幼苗，需采取适当保护和繁殖措施，使它们保持稳定种群。

扬子鳄、大鲵、江豚不会受到影响。

5. 对环境地质的影响（略）

6. 对人群健康的影响

不利于钉螺的孳生及迁移扩散，这对消灭沿江洲滩地区钉螺和血吸虫病是有利的。

三峡水库蓄水后，支流河汊及局部浅水区有利按蚊孳生，有可能导致疟疾流行的加剧。

7. 对自然景观和文物古迹的影响

建库后随着水位升高和水面展宽，峡感相应减弱，景区特点发生一定改变。

三峡库区历史文物较多，水库蓄水后将会部分淹没或全部淹没，如涪陵石鱼、云阳张飞庙、瞿塘峡的摩崖题刻、巴东秋江亭、秭归屈原祠等。

（二）对长江中、下游地区的影响（略）

（三）对河口和邻近海域的影响

1. 径流量变化对盐水入侵的影响

建库后一般平水年能满足吴淞水厂的水质要求，其保证率可达89%。在枯水年，对吴淞口水质略有影响。

三峡建库后枯水期1～4月流量的增加可以削减水体氯度的峰值，对水质有所改善。

有关专家认为，1～4月下泄流量增加有利于滨海地区盐渍土的引淡冲洗，但水位抬高，排水受阻，可加剧涝渍盐碱。10月份流量减少对沿江地区地下水淡化和土壤脱盐会带来不利影响。从长远看，如不采取对策，在北支两侧约5km范围内土壤盐渍化将加重，其影响范围可达2000km^2。

2. 对河口泥沙和侵蚀堆积过程的影响

一种观点认为坝下清水下泄，将从河床不断补给泥沙，入海沙量不会有大的减少，对河口生态与环境也不致有大的影响。另一种观点认为建库后送到河口细颗泥沙会减少，引起三角洲海岸侵蚀，险工地段增多。

3. 对营养盐类和渔业的影响

进入河口的营养盐主要来自中下游支流及通江湖泊，因此三峡建坝后河口仍可保持较高营养盐含量。

1～4月下泄量增加将有利于河口近海生物种群的繁殖和补充；10月蓄水对渔类资源不致产生很大影响。

三、库区环境容量的若干问题

水库淹没涉及湖北省、四川省19个县市，需迁移城乡居民72.55万人，其中城镇人口39.29万人。水库移民就近择地安置，当地环境能否承受，在工程可行性论证中具有举足轻重的地位。

（一）库区环境容量现状

目前库区平均251人/km^2，属人口相对稠密地区，库区人均耕地约1.5亩，粮食平均亩产仅250kg左右。部分地区温饱问题尚未解决。

库区基本上属于自给自足的自然经济，商品经济不发达。库区人均收入360元，成年文盲、半文盲率达25%。目前库区农业人口约有17%劳动力过剩。由于森林多次被毁，生态环境日趋恶化。

（二）水库淹没对环境容量的影响及问题

水库淹没，移民搬迁，人口密度进一步加大，对自然环境产生巨大的冲击，如果没有恰当而有力的措施，将使库区生态环境进一步恶化。

（三）移民环境容量分析（略）

（四）有关移民安置的建议

1. 实行有利于库区经济发展的特殊政策；

2. 调整农业结构。在提高粮食单产同时，积极发展柑桔、油桐及其它经济林木、畜牧业和渔业；

3. 移民安置和库区开发应与保护库区生态环境结合起来，统一规划，合理布局；

4. 严格控制人口增长，提高人口素质。

四、综合分析和对策建议

综观上述，三峡工程对生态与环境的影响是广泛而深远的。各因素之间利弊交织，应从流域全局出发进行系统分析和综合评价。

1. 大坝兴建对生态与环境的有利影响主要在中游。

水库可以有效地减轻长江洪水灾害对中游人口稠密、经济发达的平原湖区生态与环境的严重破坏，以及洪灾对人们心理造成的威胁。对中、下游血吸虫病防治有利。水电与火电相比，可减少对周围环境的污染。此外，还可以改善局地气候，减少洞庭湖淤积，有利于调节长江流量。

2. 大坝兴建对生态与环境的不利影响主要在库区。根据不利影响的性质和程度可分以下几类：

(1) 不可逆转的影响：水库蓄水后部分文物古迹、三峡自然景观和部分耕地被淹没。

(2) 影响严重或较大，但采取措施后可减轻的影响：水库淹没，城镇迁建，移民过程中产生的生态与环境问题；对白暨豚等珍稀物种资源的影响；对上游库尾洪涝灾害的影响；滑坡、诱发地震等问题。

(3) 影响较小，采取有效措施后可减少危害的影响：对局地气候和一些水文因素的影响；对人群健康的影响；对陆生动物和植物的影响等。对水污染的影响，现在虽不严重，但按目前各种污水不作处理，径排长江的情况继续下去，则是长江污染的潜在危险。

3. 潜在的或目前还难于预测或难于定量的影响：其中有对上游水生生物的长期影响；对区域的自然生态—社会经济系统的长远影响；对河口和邻近海域生态与环境的影响等问题。

三峡工程对生态与环境影响的诸多因素中，库区移民环境容量是工程决策中比较敏感的制约因素，需要认真对待，慎重处理。

在当前工程论证决策和规划设计中提出以下建议：

(1) 以建立和维护库区良好的环境为目标，在科学分析库区环境容量的基础上，作好移民安置规划。

(2) 长江流域因植被破坏引起的水土流失是生态条件恶化的重要因素，因此必须把库区和上游的水土保持工作做好。

(3) 要划出一定范围作为自然保护区和国家公园，重点保护自然、历史遗产，并要公布利用自然资源和保护名胜及文化古迹的规定，对建坝后将淹没的重要文化遗址进行搬迁。

(4) 加强环境管理。

(5) 水库工程设计和调度要充分考虑生态与环境的要求。

(6) 对一些尚有争议或者较长时期才能弄清影响的问题，需要进一步深入工作，以得出明确的结论。

(7) 应对建坝带来的生态与环境的影响进行经济损益分析及风险评价。

生态与环境专题论证报告
顾问、专家名单

顾　问	侯学煜	中科院植物所研究员，学部委员
	黄秉维	中科院地理所名誉所长，研究员，学部委员
组　长	马世骏	中科院生态环境研究中心名誉主任，研究员
副组长	严　恺	河海大学名誉校长，学部委员，教授
	孙鸿冰	国家环保局高级工程师
	高福晖	中科院成都分院院长，研究员
小组组长	马梅生	中国国际工程咨询公司专家办公室，高级工程师，总工程师
	席承藩	中科院南京土壤所研究员
专　家	丛善本	国防科技大学副教授
	刘广润	湖北省地矿局技术顾问，高级工程师
	关君蔚	北京林学院系主任，教授
	朱建业	水电规划院高级工程师
	许厚泽	中科院武汉测地所所长，研究员
	陈昌笃	北京大学教授
	陈德基	长办勘测总队总工程师，高级工程师
	李昌哲	林科院林研所防护林室副主任，副研究员
	唐永銮	中山大学环科所，教授
	夏其发	水利水电科学院抗震所高级工程师
	章文才	华中农业大学教授
	臧玉祥	国家环保局副处长，工程师
	傅抱璞	南京大学大气科学系教授
	傅立勋	国家科委环境科技办公室副主任，高级工程师
	沈坩卿	水电部水资源办公室，高级工程师，北师大兼职教授
小组组长	方子云	长江水资源保护局高级工程师，

		武汉水电学院教授
	刘建康	中科院武汉水生生物研究所名誉所长，学部委员，研究员
专 家	王德铭	中科院武汉水生生物研究所研究员
	刘瑞玉	中科院海洋研究所研究员
	刘峻德	葛洲坝水电工程学院工程管理及施工系副主任，副教授
	陈文辉	江苏省环保局高级工程师
	陈吉余	华东师范大学河口海岸研究所所长，教授
	陈科信	上海市水利局副局长，工程师
	陈春槐	水电部南水北调办公室副主任，高级工程师
	李荣敖	国家环保局副处长，讲师
	李景锟	上海师范大学环境保护研究室主任，副教授
	张书农	河海大学教授
	高维真	厦门鹭江大学党委书记，副教授
	姚榜义	水电部南水北调办公室主任，高级工程师
小组组长	刘培桐	北京师范大学环科所所长，教授
	谢家泽	水利水电科学院咨询，高级工程师，教授
	蔡宏道	武汉同济医科大学教授，中国环境学会副理事长
专 家	王如松	中科院生态与环境研究中心副研究员
	刘一辛	水利水电规划院咨询公司副总工程师，高级工程师
	刘昌久	四川省水电厅副总工程师，高级工程师
	刘逸浓	北京师范大学环科所副教授
	陈华癸	华中农业大学教授，学部委员
	汪贞慧	国家环保局高级工程师
	肖荣炜	江苏省血吸虫病防治研究所研究员
	郑乃彤	国家环保局副处长，同济医科大学兼职教授
	徐 琪	中科院南京土壤所研究员，土壤生态室主任
	姚炳华	长办库区规划设计处副总工程师，工程师
	吴国昌	水电部水资源办公室副主任
	殷学鹏	水电部中南勘测设计院高级工程师

工作组名单

组　　长：吴国昌（兼）
副 组 长：孙静珉　张林祥　袁弘任
成　　员：刘一辛　邹家祥　马霭乃（女）　王儒述
　　　　　许新宜　王大生　冯子道　吴国平
长办联络员：吴国平（长江水资源保护局局长，高级工程师）

综合规划与水位专题论证报告(摘要)

前　言

本专题组的主要任务和论证内容：一是论证三峡工程在长江流域规划中防治洪水灾害、开发水能与航运等综合利用中的地位和作用，将它与综合替代方案进行比较；二是为可行性研究阶段选择三峡水库正常蓄水位提供依据。

1988年9月27～29日，召开第五次专家组会议，讨论了《综合规划与水位专题论证报告》初稿，提出了修改意见，并由顾问、专家签字确认，而后经适当修改成审议稿。再经1988年11月21～30日三峡工程论证领导小组第九次（扩大）会议对审议稿的审议，获得原则通过，现修定为本报告。

一、长江流域规划的总体布局与三峡工程在规划中的地位和作用

（一）长江流域自然、经济地理和规划工作简况

长江是我国第一大河，世界第三大河。流域面积180万km^2，横跨我国西南、华中、华东三大经济区。多年平均入海水量约9760亿m^3。流域内居住着3.58亿人口，有耕地3.63亿亩。长江流域矿产资源丰富，水能理论蕴藏量2.68亿kW，水运条件优越。1985年流域内工农业总产值占全国40%，在全国经济发展中具有重要地位。

建国以来党中央和国务院一直关心长江流域综合利用的规划工作。1958年党中央成都会议通过的《三峡水利枢纽和长江流域规划的意见》中指出：“长江流域规划工作的基本原则，应当是统一规划，全面发展，适当分工，分期进行。同时，需要正确地解决

以下七种关系：远景与近期，干流与支流，上中下游，大中小型，防洪、发电、灌溉与航运，水电与火电，发电与用电”。据此。长办于1959年提出《长江流域综合利用规划要点报告》。

（二）长江流域规划的总体布局

按现有规划，治理开发长江的总体布局主要是：

1. 提高长江防洪、治涝能力

建国30多年来，国家十分重视长江的防洪治理。通过加高加固堤防，整治河道，开辟分蓄洪区和建设综合利用水库，防洪能力有所提高，但目前中下游干流堤防防洪标准一般只有10～20年一遇，遇较大洪水需在平原湖区进行分蓄洪，要付出很大代价；遇类似1870年洪水没有可靠对策，有4～5万 m^3/s 超额洪峰流量不能安全下泄，势必在荆江南岸自然漫溃或在北岸溃决，造成毁灭性灾害。长江上游河道和中下游支流防洪标准及主要工程措施见附表1。

2. 开发水能资源

长江流域煤炭、石油资源贫乏，但水能资源丰富，可开发水能资源年发电量1万亿 kW·h，其中约2/3在上游，然已开发的仅占可开发的8%左右。因此，大力优先开发长江水电，以节约其他能源，减少环境污染，减轻从外区运煤（特别对华东、华中和四川而言）交通运输的困难，应是长江综合利用的一项十分重要的任务。长江流域干流和主要支流开发规划的综合指标如附表2。

3. 发展航运

长江水系是我国水运资源最为丰富、内河航运最为发达的地区。1985年全流域通航里程约7万余km，占全国内河通航里程的65%；货运量2.79亿t，占全国内河货运量的80%。规划2000年（近期）货运量将增加到6亿t。长期以来，在水资源综合利用和交通结构上未能充分利用内河航运，在生产力布局上不重视沿河建厂，同时在政策、投资上扶持也不够，加之多数支流仍处天然状况，因此长江水系航运远不能适应国民经济发展的要求。

长江水系主要河流航运规划具体安排见附表3。

4. 发展灌溉，加强水土保持（略）

5. 南水北调跨流域引水（略）

6. 保护和合理利用水资源

应贯彻防治结合，以防为主方针，并以沿河城市岸边水域作为污染防治的重点，实行污染总量控制。在此基础上合理利用水环境容量，实行综合治理。

（三）三峡工程在长江流域规划中的地位和作用

1. 在长江防洪体系中的地位和作用

历次研究长江中下游防洪方案，都认为三峡工程是长江防洪体系中不可替代的重要骨干工程。正常蓄水位175m方案，有防洪库容221.5亿 m^3，对长江中下游地区有如下显著防洪作用：①遇发生不超过100年一遇的洪水，可使沙市水位不超过44.5m，不启用荆江分洪区，并可减少洲滩民垸的受灾面积。如遇类似1931、1935、1954年洪水，不启用荆江分洪区，可使沙市水位不超过45m。当遇到1000年一遇或类似1870年洪水，配合荆江分洪区，也可使沙市水位不超过45m，枝江最大洪峰不超过71700～77000 m^3/s，从而保证荆江两岸的行洪安全；②使城陵矶地区遇一般洪水，除支流尾闾外，不要分蓄洪；遇类似1931、1935年大洪水和1954年特大洪水，可大量减少分蓄洪量和土地淹没；③避免荆江大堤溃决而造成对武汉地区的威胁。同时，配合丹江口水库和武汉附近分蓄洪区运用，可避免武汉市水位失去控制；④为松滋等四口建闸控制，为洞庭湖区控制洪水、整治洪道、减少淤积，创造了有利条件；⑤估算可减少多年平均淹没损失9.7亿元。如遇类似1870年洪水可减少淹没损失354亿元。

2. 在能源开发中的地位和作用

华中、华东电网都已成为我国最大的电网，现已面临严重缺电局面。因此，电力系统专家组认为，从华中、华东两个电网2015年以前的煤、电、运综合平衡的结果，及减轻煤电对环境污染来看，建设三峡工程，势在必行。

3. 在发展长江航运中的地位和作用

长江是沟通东南沿海和西南腹地的大动脉，在国民经济发展中占有十分重要的地位。论其作用及巨大的潜力是其他运输方式无法替代的。

三峡工程按175m水位方案建成后对航运有如下作用：①万吨级船队可从武汉直达九龙坡，川江航道单向下水年通过能力可提高到5000万t；②航舶单位马力拖载量将得到明显提高，营运周期缩短，可降低运输成本35%；③通过水库调节，枯水期平均流量可增大到5860 m^3/s，可增加下游荆江浅水航道水深。从而可以根本改善汉渝之间1000多km的航道条件。

4. 与南水北调工程的关系（略）

5. 综合比较三峡工程在长江流域规划中的地位和作用（略）

二、三峡工程水位方案的选择及有关问题的论证

三峡工程的水位问题，过去做过很多研究。50年代长办重点研究了190～220m方案。1958年中共中央成都会议的决议中指出应控制在200～190m，长办完成的三峡初设要点报告建议采用200m。70年代长办研究“高坝中用”，提出初期运用水位143、151m两个方案（正常蓄水位分别为190、200m）；在1981年还研究过正常蓄水位128m方案。1983年在长办编制的“三峡工程可行性研究报告”中，采用正常蓄水位150m、坝顶高程165m方案，经国家计委组织审查同意；1984年4月国务院原则批准国家计委的报告，确定三峡工程按正常蓄水位150m、坝顶高程175m设计。1984年10月中共重庆市委提出报告，要求将正常蓄水位提高到180m。因此，1985年7月长办提出补充论证报告，推荐正常蓄水位170m（坝顶高程175m）。国家计委、科委组织论证，对150～180m不同水位方案进行了广泛研究，取得了积极的成果。这次根据国务院对三峡工程重新论证的决定精神，水电部论证领导小组确定在过去论证工作的基础上，水位方案在150～180m间选择。具体比较150、160、170、180m，一级开发，分期蓄水以及两级开发6个方案。现将各专题专家组的论证意见，综合如下。

（一）综合利用任务和要求（略）

（二）水位方案选择的制约因素

选择三峡工程水位方案，除应充分考虑防洪、发电、航运三大任务要求外，必须注意到泥沙淤积、生态环境、水库移民和经济效益等方面的制约因素，以及上游梯级衔接和大坝人防问题。现分别阐述如下。

1. 泥沙淤积

泥沙专家组论证认为，三峡水库采用“蓄清排浑”的方式运用，各水位方案水库的大部分有效库容，包括防洪库容和调节库容，可以长期保留。不同水位方案泥沙淤积影响的差别，主要是对回水变动区的航道和重庆港区的淤积，以及对重庆市和沿库洪水位的抬高。

泥沙专家组对初选的175m水位方案，着重研究了重庆港区的淤积问题。认为三峡水库单独运用前10年，重庆港区淤积不严重。

2. 生态环境

生态与环境专家组论证指出，生态环境问题涉及面广，综合性强，利弊交错，情况复杂。单从水位方案而言，三峡工程对生态与环境的主要有利影响是：水电为清洁能源，在一定范围内比火电减轻环境污染；对中下游平原的防洪有利；对部分航运可以改善；使局部水质得以改善；对中、下游血吸虫病防治有利；可减少洞庭湖淤积；库区温湿度小气候可以获得调节等等。蓄水位越高，上述效益也相应增高。同时，三峡工程对上、中、下游有不同程度不利影响，其中影响因素比较集中的是库区。突出的是大坝蓄水后淹没土地和移民带来的生态环境影响，以及城乡建设与工矿企业发展所带来的局部生态环境压力问题。

总之，生态与环境专家组认为，三峡工程对生态与环境的影响涉及上中下游，需要认真对待，慎重处理。并对175m水位方案提出了有关建议。

3. 水库淹没与移民

移民专家组会同库区省、地、县复核的各水位方案的直接移民、淹没耕地（包括柑桔地）和估算的水库投资如下表：

方案	直接移民（万人）	淹没耕地（万亩）	水库投资（亿元）
150	33.54	18.00	53.4
160	42.71	27.22	69.5
170	63.66	36.81	97.8
175	72.55	43.13	110.61
180	79.48	47.62	123.3

移民专家组认为，三峡工程水位的选择，应在满足防洪、航运和发电综合效益的前提下，尽可能减少淹没损失；为了统筹兼顾上下游的利益，不宜采取防洪超蓄方案；一定要考虑库区移民环境容量和就近迁建安置的承受能力。移民安置环境容量的核心，是要保证生态与环境向良性循环方向发展，安置好移民的关键是搞好库区经济发展。

移民专家组和有关地方考虑到三峡工程的移民数量、工作繁重程度、国家财政能力、库区经济基础等因素，建议用一个较长时间进行移民，以降低每年移民投资强度。因此，倾向三峡工程采用“一级开发、分期蓄水、连续移民”的方案。

4. 经济分析比较

对150、160、170、180m基本水位方案进行了经济分析与比较。经济比较方法采用经济收益率和差额投资内部收益率法。计算结果如下表。

水位方案	价格标准	三峡工程总投资（亿　元）	替代火电厂投资（亿　元）	经济内部收益率（%）	差额投资内部收益率（%）	
					1986年现价	影子价
150	1986年现价	214.8	156.0	13.5		
	影子价	216.4	199.9	14.6	18.5	23.0
160	1986年现价	236.4	177.8	13.8		
	影子价	237.6	227.9	15.6	12.2	15.6
170	1986年现价	270.7	202.8	13.7		
	影子价	271.1	259.9	15.6	9.5	11.5
180	1986年现价	311.4	224.6	13.2		
	影子价	313.2	287.9	15.1		

上表仅计发电，因此水位愈高，经济效益呈略为下降趋势。但如计及防洪与航运效益在内的综合经济效益，175m水位方案的经济内部收益为19.3%；高水位方案的差额投资内部收益率也可以远大于10%的要求。

5．上游的衔接梯级

按三峡工程150～180m水位，相应研究了上游干支流的衔接梯级。所选坝址及其主要技经指标如下表。

河　　流	长　江		嘉陵江		乌　江	
坝　　址	小南海*	铜罐驿	井　口*	水　土	大溪口*	武　隆
距重庆（涪陵）里程（km）	40	58	22	49	31	70
流域面积（万km^2）	70.4		15.9		8.5	8.4
平均流量（m^3/s）	8650		2260		1640	1620
天然枯水位（m）	173	177	167	173	151	171
正常蓄水位（m）	195	195	190	190	210	210
回水里程（km）	90	79	70	43	106	67
坝址地质	粘土岩	砂岩	粘土岩	砂岩	灰岩	砂页岩
最大坝高（m）	63		52.8		100	98
坝址河谷宽（m）	1900	1000	670	720	490	420
坝址河床特征	有江心洲		左漫滩	右漫滩	峡谷	峡谷
通航吨位（t）	4×1000		4×1000		300	300
发电装机（万kW）	100		18		100	70
移民（万人）	3.49**		1.59	1.39	2.3	1.3
土石方填筑量（万m^3）	5700		772		919	592
混凝土量（万m^3）	633		222		228	189
工　期（年）					10	8
投　资（亿元）	49.2		9.5		17.5	12.8

注：(1) 有*者为推荐方案；
(2) **移民系1959年调查数。

6．大坝人防

三峡工程的大坝人防问题历来为中央及各方所重视，并组织过多次的实验研究。80年代以来，长办在陆水进行了大比例尺的溃坝水工模型试验研究，取得了不同蓄水位溃坝时溃洪的传播过程及其影响范围的资料。不同溃坝条件下模型试验成果如下表。

溃坝前库水位（m）			150		145		135	
溃坝前后河道基流（m^3/s）			10000	60000	10000	60000	10000	60000
溃口宽度1000m	大坝全溃至河床	南津关最大流量（m^3/s）	235×10^3	227×10^3		210×10^3		176×10^3
		沙市最高水位（m）	44.20	45.70	43.92	45.63		45.55
	大坝全溃至110m高程	南津关最大流量（m^3/s）	176×10^3	184×10^3		162×10^3		120×10^3
		枝城最大流量（m^3/s）	110×10^3	136×10^3		126×10^3		98×10^3
		沙市最高水位（m）		45.37		45.30		45.20

（三）对水位方案的综合分析和推荐意见

1．一级开发、一次蓄水的四个基本方案（略）

2．两级开发方案（略）

3．一级开发，一次建成，分期蓄水，连续移民方案

各专题专家组比较一致的认为，三峡工程从尽可能统筹满足防洪、发电、航运三项任务要求出发，正常蓄水位宜选得高一些。为此，在三峡工程论证领导小组第四次（扩大）会议上提出采用“一级开发、一次建成、分期蓄水、连续移民”的建设方案；并提出以坝顶高程185m，最终正常蓄水位175m，初期正常蓄水位156m作为初选方案，供进一步论证，以便最后优选水位。

（1）最终正常蓄水位

研究比较了170、175、180m三个方案。170m与180m方案的效益和问题已如前述。175m方案，介于此两个方案之间，万吨级船队汉渝直达保证率可达45～50%；防洪库容有221.5亿m^3，可以满足防洪的基本要求；调节库容有165亿m^3，调节流量5860m^3/s，基本可以协调电站调峰和下游航运的关系；高水位运行时可同上游长江干流小南海坝址和嘉陵江井口坝址的水位相衔接，以利通航；发电可装机1768万kW，年发电量840亿kW·h；因此可满足三项任务的基本要求，取得较好的综合效益。通过以上分析，现阶段推荐175m水位。

（2）初期正常蓄水位

研究比较了150、156、160m三个方案。经论证选用156m方案。因为这个方案能使防洪、发电、航运达到一定的要求。下游防洪可至50年一遇标准；年发电量可至700亿kW·h；可以覆盖川江洛碛以下主要滩险，使航运获得改善；泥沙问题比较明朗，其回水位只至铜锣峡口，可使重庆港、嘉陵江口不受淤积影响。为使荆江河段防洪标准有可能提高到100年一遇，初期移民高程建议按160m安排。

（3）坝顶高程

坝顶高程185m比180m仅增加混凝土约70万m^3，花费不大，工期相近，可为今后发展运用留有必要的余地。因此，赞成将坝顶高程定为185m，并一次建成。

（4）分期蓄水有关技术问题

由于分期蓄水，水库前后期运用水位相差40m（从围堰发电水位135m至正常蓄水位175m），带来的工程技术问题：一是首级船闸如何适应初期与后期的不同水位，二是水轮发电机组如何适应这种变化。经枢纽建筑专家和机电设备专家组研究后认为，技术上均可解决，不会影响分期蓄水方案的实施。

（四）175m水位方案特征水位、水库运用方式和装机容量的选择

1．防洪限制水位

三峡工程汛期（6～9月）防洪限制水位的选择，比较了140、145、150m三个方案。结果表明，防洪限制水位每降低5m，可多得25亿m^3的防洪库容，每年可多排泥沙1500～2000万t，可减少重庆河段的淤积和洪水位的抬高（长寿以上20年一遇洪水位约降低0.2～0.4m）。但每年少发电30～40亿kW·h，使电站水轮发电机组受阻容量增加150多万kW（全部机组投入时）。因此，专家组认为，本着综合利用、统筹兼顾的原则，现阶段选用145m。

2．枯水期最低消落水位

三峡工程枯水期（主要是1～4月）最低消落水位的选择，比较了150、155、160m三个方案。结果表明：此水位每降低5m，可增加保证出力15～18万kW，而多年平均发电量要减少3.3～3.7亿kW·h。同时，因调节库容增加25亿m^3，调节流量增加300m^3/s，有利于协调发电调峰和航运的关系，并增加下游航深。但随着此水位的降低，对上游航运有所影响。因此，专家组赞成现阶段定为155m。

3．水库运用方式

设计原定10月1日开始蓄水，并于月内至正常蓄水位175m。如为延长重庆河段的走沙期，以减轻

重庆港区的淤积，而适当推迟蓄水时间，则需研究以下问题：一是水库蓄满保证率问题；二是下游荆江河段航运问题。10月下旬至11月也正是荆江某些河段的走沙期，这时平均流量宜在1万m^3/s左右，若此时三峡水库蓄水，下放流量大量减少不能走沙，会使荆江一些浅滩出浅碍航。因此水库蓄水时间一般宜从10月上旬开始，而蓄水进程可适当放缓。因长江的水沙关系密切，也可研究不同水文情况下采用不同的蓄水运用方式。建议在下阶段设计中研究优化。

4．装机容量

三峡电站装机容量选择按初定的单机容量68万kW，研究了24、26、28、30、32五个机组台数方案。专家组讨论认为，三峡水电站位置适中，将是形成全国性电网的支柱；水库有一定调节能力；随着上游水库的兴建，枯水流量会不断增加；装机容量可适当大一些。但电站调峰能力，因葛洲坝反调节库容有限，又要满足下游航运最小流量的要求，会受到一定制约。因此，专家组赞成三峡电站装机现阶段定为1768万kW（26台）。但考虑上游将逐步修建水库，建议在枢纽布置和土建设计上留有扩建装机的余地。在下阶段结合单机容量的选择加以论证。

总之，以上所述特征水位、水库运用方式和装机容量选择各点，还可在下阶段试验研究的基础上进行优化选定。

三、结　论

1．长江流域处于我国经济发展战略布局“T”字型结构的主轴线上，幅员辽阔，资源丰富，水资源的综合开发具有重要地位。建国以来，各有关单位为此作了大量工作，综合协调了各方面的关系，形成了包括防洪、治涝、水力发电、灌溉、航运、水土保持、水源保护和环境影响评价、中下游干流河道整治、南水北调、水产、沿江城市发展布局等11项专业规划的长江流域综合利用规划，以及19条干支流的开发规划。长江流域规划的战略布局和总体规划已基本明朗。因此，各地区和各河流（河段）有条件在总体规划的布局下，根据各河流（河段）规划，因地适时地进行开发。

2．三峡工程与上游干支流工程互为补充，既难互相代替，也不互相排斥，都可根据当地当时的社会经济条件和国民经济的需要，以及工程的建设条件，适时积极予以兴建。上游工程多以发电为主，兼顾防洪、灌溉、航运、漂木等综合利用要求，只能解决所在地区和河流兴利除害的需要；虽可对下游起到一定增加调节流量和拦截泥沙的作用，但其库容有限，对下游综合利用的要求补益不大，特别对解决长江中下游防洪问题，效用很小。当前，上游干支流上有可行性研究报告的大型水利水电工程项目很少，多数仅有踏勘规划资料，勘测设计进点艰巨，从建设需要出发，宜抓紧分批开展前期工作。

三峡工程地理位置好，建设条件优越，是综合开发长江的骨干工程。在防洪上可以显著提高荆江河段抗御洪水的能力，有效地缓减中下游洪水灾害；在发电上可以较好的满足华中、华东地区电力增长的需要，平衡其能源的不足；在航运上可为大型船队汉渝直达创造必要的条件。经与综合替代方案进行经济比较，按1986年价格计算，三峡工程静态总投资比综合替代方案少75～85亿元，年运行费少15～16亿元；动态分析的经济内部收益率在18%以上，总费用现值要少82～97亿元，都较有利，且综合替代方案在防洪和航运上未能与三峡工程等效。

3．三峡工程已作过多年前期工作。这次重新论证，各专题专家组对兴建三峡工程的任务和技术经济条件，又作了多方面的论证，都认为其技术上可行，经济上合理。关于水位方案，综合各专家组意见认为两级开发方案工程投资大，综合利用效益差，不宜选用；150～180m四个基本方案各有利弊，应择优排劣。因而于1987年4月提出了“一级开发、一次建成、分期蓄水、连续移民”的建设方案，初选坝顶高程185m，最终正常蓄水位175m，初期正常蓄水位156m。又经一年多来的工作，现据各专题专家组的论证意见，以及本专题专家比较一致的推荐这个水位方案作为可行性研究阶段的基本方案。

这个水位方案的好处是：①可以满足防洪、发电、航运的基本要求，综合效益较好；②库区移民迁建统一规划，分两期实施，初期移民数量仅略多于全部的半数，降低了移民工作强度和难度；③初期正常蓄水位不超过铜锣峡口，较有把握可使淤积不影响重庆市区、港区和嘉陵江口，并有一个对库区淤积进行观测、验证的时期；④第一批机组发电时的投资约为全部投资的50%，有利于少投入早产出。但这个方案也存在一些需要深化落实的问题，须在初步设计中认真研究，其中重要的有：①水库淤积对重庆港区、市区及嘉陵江的影响及其解决治理措施；②移民安置规划的深化和实施措施；③库区生态环境的治理规划与分期实施措施。

附表 1

上游河道和中下游支流防洪标准及主要工程措施

河流(河段)名称		现有防洪标准	规划防洪标准	主要工程措施
岷江中游		10 年一遇	近期 20 年,远景 100 年一遇	堤防、河道整治、紫坪铺与福堂枢纽
沱江中下游			城镇 20 年,农田 5～10 年一遇	“堤、疏”结合,“堤、路”结合,完善防洪体系
嘉陵江	干流阆中至南充河段		20～50 年一遇	堤防、河道整治、亭子口、宝珠寺(在建)、罐子坝和升钟枢纽(已建)
	涪江江油至遂宁河段		近期 20 年,远景 50 年一遇	堤防、河道整治、武都、风箱峡和潭家嘴枢纽
洞庭湖水系	湘江下游	一般堤垸 5～10 年一遇	堤防 20 年一遇,重点城市 50 年一遇	加高加固堤防,进行河道清障与整治
	资水尾间	20 年一遇	30 年一遇	堤防、枯溪(已建)和敷溪口枢纽
	沅水尾间	5～10 一遇	50 年一遇	堤防、整治洪道、风滩(已建)和五强溪(在建)枢纽
	澧水尾间	2～3 年一遇	50 年一遇	堤防、整治洪道、洪家拦、沙刀湾、江垭和皂市枢纽
汉江	上游汉中河段		一般 50 年,安康 100 年一遇	改造和新建堤防,进行河道整治
	中下游河段	民垸 20 年,遥堤等主要干堤 100 年一遇	全部达到 100 年一遇	堤防,杜家台分洪区,民垸分蓄洪区,丹江口水库及大坝进一步加高
鄱阳湖水系	赣江	赣东大堤 10～20 年一遇	近期赣东大堤 20～50 年一遇,远景赣东大堤和南昌、赣州和吉安 50～200 年一遇	加高加固堤防,进行河道整治,修建万安(正建)、峡江和峡山枢纽
	抚河	抚西大堤 8～10 年一遇	近期 20～50 年一遇,远景 50～100 年一遇	加高加固堤防,分蓄洪措施,修建廖坊枢纽
	信江下游河段		近期 20 年一遇,远景进一步提高标准	加固堤防,整治河道,修建流口枢纽
	饶河下游河段	景德镇市 4 年一遇	景德镇市 30 年一遇	加固堤防,建梯级水库
	修河下游尾间		一般堤垸 10 年,重点堤垸 20～50 年一遇	加强加固堤防,柘林枢纽(已建)和其它梯级水库
青弋江、水阳江流域			解放以来最大洪水不成灾(1983 年除外)	上游修建陈村(已建)、港口湾、平坦、汤村和凤凰山水库;水阳江中下游扩大双桥河分流入南漪湖,进口建控制闸,扩大北山河,水阳镇卡口河段堤防退建,丹阳湖拟为蓄洪垦殖区,固城和不白湖建闸控制;结合漳河裁湾,进行青弋江改道;芜湖与当涂口建闸控制
巢湖流域			近期万亩以上重建大圩 20 年一遇,其它圩堤 10 年一遇;远景全部圩区达到 20 年一遇	疏浚裕溪河、西河、兆河,并加筑堤防,新开牛屯道分洪道,兴建凤凰颈,神塘河排灌站
太湖流域		不到 5 年一遇	以1954 年洪水为治理标准	开通太浦河,续建望虞河,建设环湖大堤,综合灌溉兴建湖西引江工程,续建杭嘉湖南苕入海工程,开通红旗塘,续建东西溪防洪工程,扩大栏路港,疏浚泖河,兴建武澄锡虞区引排工程

附表 2　　**长江流域干流与主要支流开发规划的综合指标表**

指　标	单位	长江干流		雅砻江（锦屏以下）	岷江（福堂坝以下）	大渡河（独松以下）	嘉陵江主要枢纽	乌江	清江	洞庭湖水系				汉江（含堵河）
		金沙江石鼓至宜宾	宜宾至宜昌							湘水	资水	沅水	澧水	
流域面积	万 km^2	45.9	100	12.8	13.3	7.6	16.0	8.8	1.67	8.18	2.7	8.58		15.9
年平均径流量	亿 m^3	1455	4510	604	900	470	670	534	131	646	233	662	152	517
年平均输沙量	万 t	24000	53000	2750	5210	3300	14500	3280	1020	1160	260	1440	724	10100
梯级开发数量	个	9	5	5	9	16	10	11	3	8	12	14	17	13
总库容	亿 m^3	814	543	164	25	165	189	184	86	30				
调节库容	亿 m^3	336	168	95	12	76	89	112	43	7.6	41	61	61	225
防洪库容	亿 m^3	270	222		2.5	11.7	26	12	12.5		9	19	14	103
保证出力	万 kW	2490	744	587	81	737	109	363	72	18	44	73	48	89
装机容量	万 kW	5030	2540	1080	281	1760	367	880	289	172	117	299	178	376
年发电量	亿 kW·h	2750	1275	689	162	1008	139	437	85	38	62	136	55	141
改善通航里程	km	783	1275		162	35	1099	663	270	495	224	531		1375
规划灌溉面积	万　亩						2063							
淹没耕地	万　亩	39.4	52.7	2.8	6.6	8.5	15.2	12.9	3.75	5.4	16.4	10.6	11.1	82
移　　民	万　人	29.1	111	2.4	9.2	14.5	13.0	11.6	4.26	4.0	13.4	17.4	9.6	70
土石方工程量	万 m^3	15000	31000	8200		31000	3510	5110	4300	4100	1290	1433	1450	2515
混凝土工程量	万 m^3	9600	5600	1820		2420	806	2140	574	426	367	1030	601	770

备　注：1. 各梯级工程技经指标见专题报告 1；

2. 保证出力和年发电量均系各河流（河段）梯级联合运行指标；

3. 嘉陵江主要枢纽包括亭子口、合川、宝珠寺、武都、潭家嘴、江口、升钟、罐子坝、苗家坝、碧口。淹没指标缺合川，工程量指标缺合川、潭家嘴、升钟和罐子坝。

附表 3　　**长江水系主要河流航道规划表**

河　　名	河流长度(km)	规　划　河　段（近期）						主要工程项目	远　期　规　划
		起　迄　地　点	长度(km)	等　级　(km)					
				三级(含以上)	四级	五级	六级		
总　计	17898		11330	4662	2970	3337	361		
长江干流	2813	宜宾～长江口	2813	2813				整治、炸礁、疏浚	结合三峡等工程
金沙江	825	大兴～务基～宜宾	287	31	77	179		炸礁、整治	渠化成三级
关河(横江)	319	沱湾～水富	85		85			渠化	
岷江	793	沙湾～宜宾	197		197			整治、疏浚	
赤水河	347	茅台～合江	212		212			整治、渠化	
綦江	215	赶水～江口	135		135			渠化、改造旧船闸	
嘉陵江	1119	广元～重庆	739	94	442	203		渠化、整治	结合水利枢纽渠化
渠江	665	三汇～渠河嘴	300		300			渠化	
乌江	1050	构成滩～涪陵	455			455		整治、疏浚	结合水利枢纽渠化，下游成三级
澧水	483	三江～新安	26			26		渠化、整治	
澧湘航线北水工程	356	津市～濠河口	252			252		整治	
湘水	856	松柏～城陵矶	495	365		130		整治、渠化	结合水利枢纽渠化成三级
资水	653	平口～甘溪港	224			224		渠化、整疏	
沅水	1033	大江口～德山～鲇鱼口	531		236	295		渠化、整疏	结合水利枢纽渠化
清江	463	恩施～宜都	270			270		渠化	结合水利枢纽渠化
两沙运河	66	盐卡～兴隆	66	66				渠化、疏浚	结合南水北调中线工程
汉江	1567	汉口～丹江～汉口	1376	649	354	195	178	渠化、整疏	渠化成三级
赣江	883	赣州～南昌～湖口	606		154	452		整治、疏浚、护岸	结合水利枢纽渠化成三级
信江	404	流口～湖口	393	344		49		渠化、整疏	
合裕线	159	合肥～施口	31	31				整治、裁弯	
江淮运河	269	五里闸～裕溪口	269	269				渠化、开挖、整治	结合水利枢纽渠化成三级
京杭运河(江南段)	305	谏壁～良山港	305		305			改造、疏浚	
苏申外港线	72	宝带桥～毛竹港	72		72			改造、疏浚	
长湖申线	150	长兴～湖州～分水龙王庙	150		119	31		改造、疏浚	
苏申内港线	115	瓜径口～黄浦江	115		115			改造、疏浚	
丹金溧漕河	67	丹七里桥～溧阳	67			67		疏浚	
锡澄运河	37	无锡～江阴黄田港	37			37		疏浚	
苏浏河	69	苏州～浏口河	69				69	疏浚	
杭申甲线	103	塘栖～清凉庵	103			103		改造、疏浚	
油墩港	37	内线港～外线港	37			37		开挖河道、桥梁	
芜太运河	230	芜湖～小梅口	230			230		渠化、疏浚	
张申线	114	张家港～青阳港	114				114		
洞庭湖区航道	1261	淞虎、益岳、马凌等航线	269		167	102			

说明：本表所列规划河流未包括水系范围内各省(市)和计划单列市各自规划的其它河流

综合规划与水位专题论证报告顾问、专家名单

顾　问　施嘉炀　清华大学教授

崔宗培　水电部咨询、高级工程师（教授级）

李镇南　水电部长江流域规划办公室技术顾问、高级工程师（教授级）

马君寿　中国三峡工程开发总公司筹建处技术咨询，高级工程师（教授级）

覃修典　水利水电科学研究院咨询、高级工程师（教授级）

洪庆余　水电部长江流域规划办公室技术委员会副主任、高级工程师（教授级）

组　长　丁学琦　水电部水利水电规划设计院高级工程师（教授级）

副组长　何孝俅　水电部水利水电规划设计院咨询、高级工程师（教授级）

专　家　王国扬　交通部三峡工程航运领导小组办公室高级工程师

王继奎　国家计委重点建设协调监督司处长、高级工程师

左东启　河海大学咨询，教授

华士乾　水电部南京水文水资源研究所咨询，学术委员会主任，高级工程师（教授级）

刘兰桂　水电部水利水电规划设计院主任工程师，高级工程师（教授级）

刘昌久　四川省水电厅副总工程师，高级工程师（教授级）

何格高　中国国际工程咨询公司能源项目部副主任，高级工程师（教授级）

李鉴澄　湖南省水电厅技术委员会副主任，高级工程师（教授级）

陈福厚　中国三峡工程开发总公司筹建处副总工程师、高级工程师

罗西北　中国国际工程咨询公司副董事长，高级工程师（教授级）

欧阳华　水电部水利水电规划设计院高级工程师（教授级）

荣天富　交通部长江航道局总工程师，高级工程师（教授级）

张志成　湖北省水利厅技术顾问，高级工程师

张永平　成都科技大学教授，水资源教研室主任

胡树人　水电部南水北调办公室技术咨询，高级工程师（教授级）

杨　彪　重庆市三峡办公室副主任，工程师

蔡瑶忠　广东省电力工业局副总工程师，高级工程师（教授级）

魏金石　国家科委工业科技司调查研究员，高级工程师

酆慧生　交通部水运规划设计院高级工程师（教授级）

另有13位专家由地质地震专家组、枢纽建筑物专家组、水文专家组、防洪专家组、泥沙专家组、航运专家组、电力系统专家组、机电设备专家组、移民专家组、生态与环境专家组、施工专家组、投资估算专家组和综合经济评价专家组等专家组组长担任。

工作组名单

组　　长：刘兰桂（兼）

成　　员：欧阳华　白以昕（女）　唐友一　万兆惠　洛叙六　陈雪英　周惟奕　于文星

长办联络员：洛叙六（副总工程师，教授级高级工程师）

施工专题论证报告（摘要）

前　言

施工专家组于1986年7月组成并开始工作。在论证期间，曾特邀有关方面的专家11人参加了会议。施工专家组先后于1986年8月18～27日、10月8～14日、1987年8月10～15日、10月28～31日，分别在北京和宜昌召开了四次全体会议，其间曾查勘了坝区及混凝土砂石料场。另外于1987年3月4～7日，在武汉召集部分专家专题论讨了坝顶高程185m方案的工期问题，曾参加过其他专家组的有关会议。专家组认为，三峡工程规模宏大，施工方面需要研究的问题很多。对一些具体的施工技术方面的问题，有待于在下一个设计阶段中进行详细、深入的研究。在目前可行性研究论证阶段，只需要就有关施工的主要问题及分歧意见较大的专题进行论证。

一、对三峡工程施工技术可行性的分析

论证领导小组第四次（扩大）会议提出以一级开发、一次建成、分期蓄水、连续移民，坝顶高程185m，最终正常蓄水位175m，初期正常蓄水位156m的方案作为初选方案。施工专家组赞同依据这个初选方案进行工作。

（一）工程概况

三峡工程坝址处河谷开阔，江中的中堡岛将河槽分为两支，主河槽偏左，宽约700～800m，岛右为后河，宽300余m，构成良好的分期导流地形条件。坝址基岩主要为粗粒的闪云斜长花岗岩，两岸有20～30m厚的风化壳。拦河坝为混凝土重力坝，全长为1983m，最大坝高175m（坝基高程10m，坝顶高程185m）。河床部分布置溢流坝，设置22个表孔和23个深孔，以及泄洪排沙孔，施工期间还设有22个导流底孔。电站为坝后式厂房，分别布置在溢流坝左右两侧，机组左侧14台，右侧12台，共26台，单机容量68万kW，总装机容量1768万kW。左岸岸边为双线五级连续永久船闸（Ⅲ线方案）和单线一级垂直升船机，施工期间尚有临时船闸（见附图）。

工程按三期进行安排。一期工程主要是在右岸一期围堰范围内修建导流明渠和混凝土纵向围堰，同时进行左岸临时船闸和垂直升船机以及其他水上部分基础开挖的施工，江水由主河槽下泄。二期工程主要是以二期围堰围左岸主河槽，修建溢流坝及左岸大坝和厂房，同时进行永久船闸和升船机的施工，江水由右岸导流明渠下泄。这一期后期在导流明渠做三期围堰挡水发电，永久船闸通航，江水从左侧溢流坝段泄洪孔和临时溢流面宣泄。三期工程修建右岸工程和进行左右厂房的机组安装。在一期工程之前，还有准备工期，进行施工征地、三通一平、附属企业系统等准备工程，同时进行部分导流工程和主体工程的开挖。

（二）工程施工的艰巨性

三峡工程施工的艰巨性是由工程的特点所决定的，这就是：

1．工程量巨大

三峡工程主要工程量土石方开挖8789万m^3，土石方填筑3124万m^3，围堰拆除934万m^3；混凝土2689万m^3；灌浆及排水孔97万m；金属结构25.52万t；水轮发电机组26台。如以混凝土方量比较，三峡工程约为当前国内最大的葛洲坝工程的2.5倍，为世界上最大的巴西伊泰普水电站的2倍；电站的装机容量为伊泰普水电站的1.4倍，均超过世界上所有已建的水电工程。

2．施工强度高

三峡工程不仅工程量大，而且由于导流和季节性的要求，工期安排又较紧凑，因此施工强度非常高。如主体工程土石方开挖最高年强度为2036万m^3，最高月强度为230万m^3；混凝土浇筑最高年强度410万m^3，最高月强度为46万m^3，也都超过了当前国内外的水平（葛洲坝土石方开挖最高年强度为930万m^3；混凝土浇筑最高年强度为202.9万m^3，最高月强度为26万m^3。伊泰普混凝土浇筑最高年强度为303万m^3，最高月强度为34.8万m^3。）此外，三期围堰碾压混凝土平均月强度达到30万m^3，金属结构安装量最高年达4.44万t（葛洲坝最高2.3万t），强度均达到较高水平，增加了施工难度。

3．工程范围大而场地分割，施工干扰多

三峡工程施工范围顺水流方向长4.5km，左右岸方向宽3km，高程从10m到222m，施工高峰时同时有多个项目和多个工序紧张施工，在各个项目之间以及在开挖、混凝土和金属结构施工之间，都将存在较多的施工干扰问题。由于导流明渠在施工期间要通航，将一二期工程断然分割，左右岸不能互相支援，同时，左岸因永久和临时通航设施的分割，也使二期工程施工布置受到严重限制，这些都给施工带来很多的困难。

4．技术要求高，施工难度大

长江的洪水峰高量大水深，加之施工期有通航要求，均给三峡工程施工增加很大的难度。明挖的最大挖深，永久船闸达150m，临时船闸达125m，厂房达120m，导流明渠也有67m，象这样的高边坡开挖，对于边坡岩石的稳定和安全防护，都需要从施工技术方面妥善加以解决，难度是较大的。

（三）工程施工的可行性（略）

二、工期

（一）过去的工作

施工工期问题，早在50年代就曾做过多种估计。1983年和1985年长办按坝顶高程175m提出的《可行性研究报告》和《初步设计报告》中，工期安排都是准备工作3年，一期工程3年，二期工程5年，三期工程6年，即第一批机组发电11年，完建17年。1983年国家计委主持审查《可行性研究报告》时，施工组认为这个安排比较紧张，回旋余地较小，因此建议准备工期延长半年，二期工程工期也延长半年，共增加一年，即第一批机组发电为12年，总工期为18年。审查会议总结“原则同意施工组提出的施工准备期适当延长和总工期延长一年的意见”。

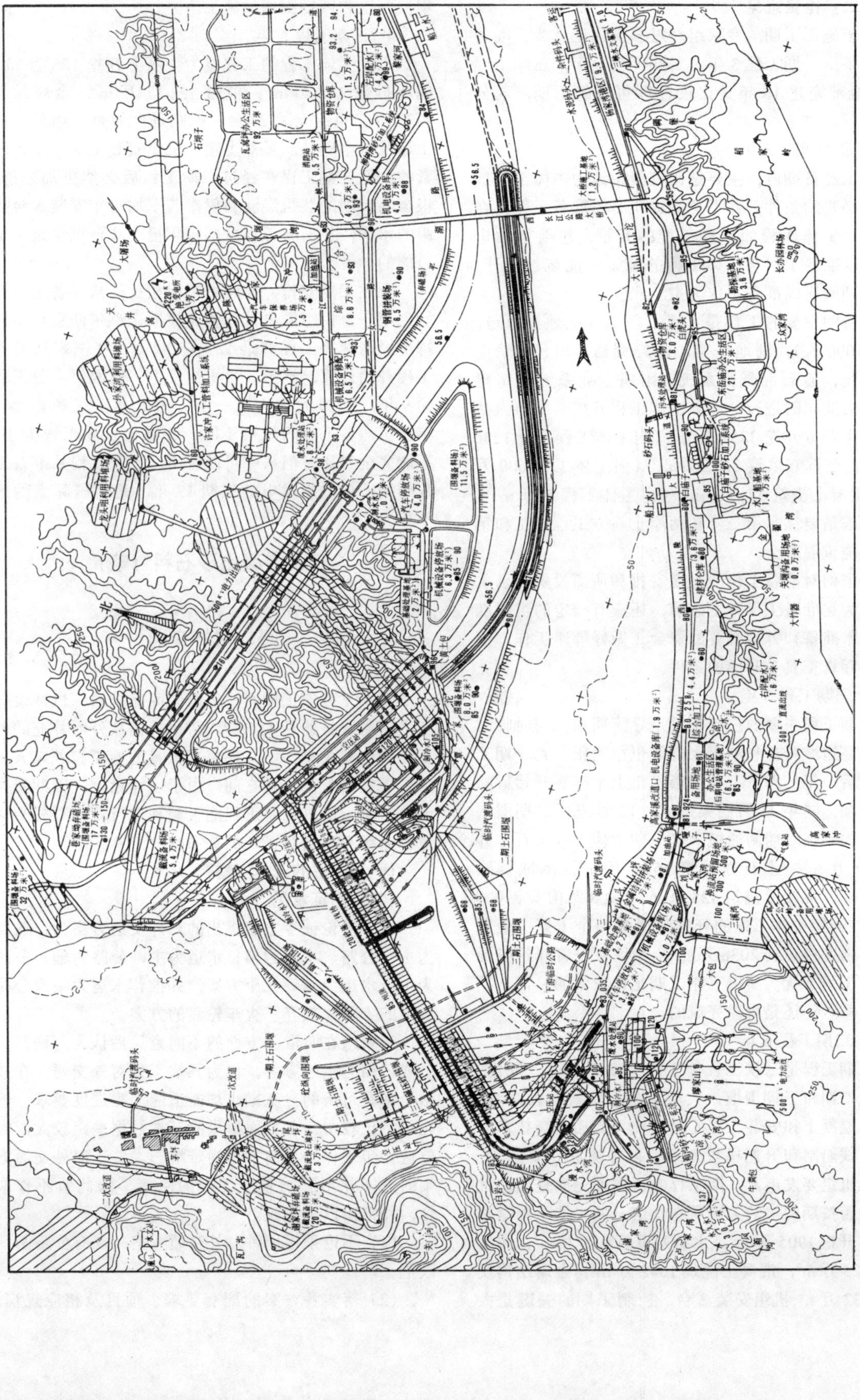

附图：长江三峡水利枢纽施工布置图

（二）论证意见

对于施工工期，专家组经过多次讨论认为：准备工期3年，一期工程3年，二期工程6年，三期工程6年，全部完建18年是比较合理可行的工期，现分述如下：

1. 准备工期3年

施工准备期内，主要是比较集中地为主体工程施工创造必要的条件，并不是完成所有的准备工作。在此期间，主体工程如一期工程的开挖，也要穿插进行。所以准备工作与主体工程的施工不能截然分开，但准备期间应以准备工作为主。

准备期主要的工作是：施工征地（征地2万亩，移民11000人），场地平整，内外交通，风、水、电通信系统，砂石混凝土系统，附属企业系统和房建等。在后期同时进行一部分主体工程开挖，三年内共需完成土石方开挖3357万 m^3（内主体工程开挖1246万 m^3），土石方填筑2555万 m^3（内主体工程600万 m^3），混凝土浇筑57.5万 m^3（内主体工程5万 m^3）。总的要求是要满足第三年初两岸土石方工程施工和第四年末浇筑混凝土。

专家们对准备工作的进度安排和所需投资表示关切，认为在准备工程开工之前，还应有一定的组织准备、技术准备和筹措必要的资金，做好筹建工作，使准备工程真正具备开始的条件。

2. 一期工程3年

一期工程主要的控制项目是导流明渠，同时临时船闸的高边坡开挖和混凝土浇筑也很紧张。到一期工程的最后一年，即总工期的第六年上半年要开始拆除一期围堰，同年11月明渠通航，12月进行二期围堰截流，次年临时船闸通航。这一期主体工程土石方开挖5452万 m^3，土石方填筑1586万 m^3，围堰拆除399万 m^3，混凝土浇筑425万 m^3，金属结构安装0.9万t。这一期主体工程的开挖强度是整个工期中最高的，年强度将达到2036万 m^3，并且存在着开挖与混凝土施工的干扰。所以三年工期是比较紧的，但一期工程在第六年还是可以完成的。

3. 二期工程6年

二期工程是三峡工程施工的关键。在这一期内，要完成二期和三期围堰，大坝混凝土浇筑进入高峰，开挖、混凝土和安装工程要相互交叉穿插，高技术的五级双线船闸和升船机投入运行，导流底孔要封堵，第一批机组要发电。二期工程能否按期完成是第一批机组能否按期发电的关键所在。这一期主体工程量为土石方开挖1905万 m^3，土石方填筑938万 m^3，围堰拆除423万 m^3，混凝土浇筑1642万 m^3，金属结构安装17.32万t，机组安装2台。控制工期的关键是大坝混凝土和两期围堰的施工。

4. 三期工程6年

三期主体工程的工程量为土石方开挖186万 m^3，围堰拆除112万 m^3，混凝土635万 m^3，金属结构7.3万t，机组安装24台。控制进度的是右岸厂房的土建及机电安装。虽然土建和机组安装工期还是比较紧的，但三期工程在经过二期工程后必然更加熟练，根据葛洲坝的装机经验和伊泰普平均每年安装3台机组的水平，在三峡工程后期每年投产4台机组是完全可能的。

上述工期安排，与国外工程相比，从准备工程开始到第一台机组发电，苏联克拉斯诺雅尔斯克和乌斯特伊里姆两个工程都是12年。欧美一些国家从导流工程开始计算，到第一台机组发电，巴西伊泰普工程为9年，美国大古力（一期）为8年，三峡则为9年。虽然各工程的规模不同，并都比三峡工程为小，不能完全对比，但从中可以看出，三峡工程从准备工程到第一台机组发电的工期12年，是与国际上的水平相当的。

三、混凝土砂石料（略）

四、对外交通

三峡工程施工期间，运进的商品材料、机械设备和生活物资将达到1475万t，另外需从外面补充的砂石骨料也有3597万t，还将有大量的施工和外来人员往来于宜昌与三斗坪之间。由于运输量大，工期安排十分紧凑，所以三峡工程能否顺利进行就与对外交通是否通畅有着极其密切的关系。

（一）过去的工作（略）

（二）论证意见

长办向论证专家组提出的对外交通方案为：铁路为主，公路、水运为辅；水运为主，公路为辅；公路为主，水运为辅等三个方案，并推荐水运为主或公路为主的方案，放弃了火车轮渡的方案。

专家组在听取各方面的不同意见后认为，铁路为主或公路为主的方案，作为三峡工程对外交通，在技术上都是可行的，工期也均能适应工程进度要求，但在经济比较中，各方面提供的基本数据差距较大，需要进一步工作，目前意见尚难统一。鉴于对外交通方案的选择并不影响整个工程的决策，因此暂不作取舍，并提出以下建议。

(1) 不论采用何种对外交通方案，现有公路必须改造；

(2) 落实各方案的配套要求、项目及相应规模，配套项目应满足运输要求，并适当考虑货流量的可能变化；

(3) 在经济比较中，铁路及公路专用线基建以铁二院、铁一院现有初步设计作为基础；运营费可按国家有关规定或实际成本加利润计算；

(4) 公路专用线按准Ⅰ级标准考虑。宜昌到三游洞一段应充分考虑社会影响，下岸溪至乐天溪段应充分考虑砂石运输的要求；

(5) 对铁路为主方案从小溪塔接轨的可能性和对公路为主方案中段采用环形线，在下阶段工作中可予以考虑；

(6) 对外交通方案的选择可与砂石料场的选择结合起来考虑。

五、施工导流与施工通航

长江洪水峰高量大，因而三峡的施工导流工程的规模十分巨大。遵照领导小组的意见，在这次可行性论证阶段，是以导流明渠在施工期间通航的方案安排的。

(一) 施工导流论证意见

1. 导流方案及标准

专家组认为在可行性研究阶段，在施工导流明渠通航的前提下，长办提出的导流程序、标准、溢流坝设置导流底孔，汛前分批封孔的方案是可行的，但在初步设计阶段尚需进一步综合优化。

因此，目前同意长办提出的各期导流洪水标准、截流流量标准和建筑物等级标准，即：一期导流按5%频率流量72300m^3/s，2%频率流量79000m^3/s校核。二期导流按2%频率流量79000m^3/s设计，1%频率流量83700m^3/s校核。三期挡水发电时，围堰按1%频率流量83700m^3/s设计，0.5频率流量88400m^3/s校核，0.2频率流量94600m^3/s保坝。截流按12月上旬分旬5%频率最大日平均流量9010m^3/s进行设计。

2. 围堰型式

同意长办提出的一期土石围堰采用风化砂壳混凝土防渗墙上接壤土心墙断面和采用混凝土纵向围堰。

长办提出的二期围堰有两种型式，推荐的是风化砂壳双排刚性混凝土防渗墙堆石围堰，专家组讨论认为推荐方案比风化砂与壤土混合料堆石围堰为好，但二期围堰深水抛填风化砂，压密措施及防渗墙施工技术复杂，已列入科研计划，希早日取得成果。

三期碾压混凝土围堰由于施工强度特高，需要从拌合、运输到浇筑逐道工序核算落实，对雨季影响应作充分估计，并研究改进雨季施工条件的措施，解决混凝土骨料分离、堰体分缝以及4～5月份气温较高时的混凝土温控措施等课题。

(二) 施工通航问题

三峡工程分四个阶段施工。准备工期和一期工程期间，长江主河道照常通航。三期工程期间，永久通航建筑物已建成投入运行。所以施工通航问题是指二期工程6年施工期间所要解决的通航问题。

专家组认为，施工期通航是工程施工期间必须解决好的问题，同时也要尽量减少施工干扰和提高经济效益，问题可以从多方面设法解决。在讨论中，也有个别专家认为应维持原议，保持明渠通航方案，但多数专家认为，明渠通航方案存在以下几个方面的问题：

(1) 增加一期导流，增加大量工程量，加剧施工难度；

(2) 导致溢流坝水力学条件复杂，泄流设施施工的问题多；

(3) 严重影响施工布置。导流明渠要通航，明渠上不能架桥，切断了左右岸交通，使左右岸混凝土系统不能互相支援，从而要增加拌合冷却系统左右岸搬迁的次数或者增加备用设备，影响工期和造价；

(4) 影响电站发电效益。导流明渠通航方案较之明渠不通航方案，二期围堰可能降低8m，临时船闸可晚半年通航，这是其有利的一面，但从工程建设总体考虑，还是明渠不通航方案更为有利。

六、金属结构、机电安装和施工设备

(一) 金属结构

三峡工程约有闸门600扇，门槽900道，启闭机130台，总重达25.52万t，工程量相当于葛洲坝工程（7.6万t）的3.4倍，数量很大。金属结构的制作、运输、安装三个环节应紧密衔接，既不能脱节，影响工期，也不能超量过多，造成积压。因此，施工上应有周密细致的安排，正确处理好土建与金属结构安装的关系。

三峡工程升船机的规模超过当前世界上在建和已建的同类升船机的水平。升船机结构复杂、不论制作、安装，目前国内尚无经验，设计、施工均处在摸索阶段。但可借鉴国外在这方面的经验。三峡工程的升船机安装，总的讲是可行的。

(二) 机电安装

三峡工程机组是当前国际上最大型机组之一，结构复杂，质量要求高，技术难度大。蜗壳将由高强度钢拼焊，定子需在现场组装叠片，转轮有可能在现场组焊。这些构件直径大，重量重，且要数台同时进行作业，故设计厂房时，应考虑有足够的安装场地。

（三）施工设备

施工机械设备是实现工程的主要手段。为了保证三峡工程的施工质量、施工进度和减少现场施工人员、降低成本，必须重视做好施工设备的选择和配备。选用的设备必须是技术上先进，效率高，耐用可靠，还应考虑到经济合理。

七、论证结论

三峡工程是举国关心的特大工程，具有防洪、发电、航运等多方面的综合效益。施工专家组一致同意依据初选方案进行论证工作。

1. 工程的工期。按照目前的枢纽布置，导流明渠在施工期间通航，初期以三期围堰挡水发电的方案，准备工期需 3 年，一期工程 3 年，二期工程 6 年，三期工程 6 年，也就是第一批机组发电 12 年，全部完建 18 年是比较合理和可行的工期。

2. 工程需用的砂石骨料。以采用人工砂石料为主，并优先利用基坑开挖料的原则。施工准备和一期工程主要采用天然砂石料。基坑开挖料主要作为粗骨料。二、三期工程所需的细骨料，应以人工砂为主或全部采用人工砂。至于人工砂石料场，目前可供选择的下岸溪、朱家沟、姜家庙三处料场，从质量上和数量上均可满足需要，进一步设计时，应结合对外交通方案，综合考虑选定。

3. 对外交通。由于工程所需大宗商品材料多来自铁路沿线，砂石料主要不是来自长江，因此水运只能为辅，不能作为主要的对外交通方案。至于以铁路为主和公路为主作为三峡工程对外交通的两个方案，在技术上都是可行的，工期也都能适应工程需要，目前意见尚难统一，但不影响整个工程的决策，可在进一步设计中，结合砂石料场的选择，再行选定。

4. 施工导流。按照导流明渠通航的方案，在当前可行性研究阶段，同意长办提出的导流程序、标准和导流设施，并建议在初步设计阶段，进一步综合比较、优化选择。

5. 施工通航问题。在这次论证阶段，遵照领导小组的意见，按照原定临时船闸及升船机结合明渠通航的方案，进行安排。但专家组认为明渠通航方案对整个工程部署影响极大，对此表示极为关切，建议在进一步设计阶段中，对施工通航问题有必要进行深入的研究，慎重选择优化合理的方案。

6. 金属结构和机电安装。在制造中要有可靠的质量保证，在运输和吊装设备上要有妥善安排，在进度上要给安装调试安排必要的直线工期，尽量减少施工干扰，第十二年两台机组发电和以后每年装机 4 台的安排是可行的。

总之，专家组认为，三峡工程规模宏大，工程施工有一定的艰巨性，但总的来说，在施工方面是可行的，没有不可克服的技术困难。但是，要按照安排的工期完成施工任务，也决不是轻而易举的。首先，要有与工程规模相适应的技术装备，必须进口一些大型、先进、高效、专用的设备，以适应工程需要。在组织、管理等方面，也必须以改革的精神，采用当代先进技术与科学的管理体制和方法，才能完成这项艰巨的任务。

施工专题论证报告顾问、专家名单

顾　问	李鹗鼎	中国水力发电工程学会理事长
组　长	纪云生	水电部水利水电规划设计院咨询，高级工程师
副组长	杨春桂	中国三峡工程开发总公司筹建处技术委员会副主任，高级工程师
专　家	王圣培	水电部科技司副司长，高级工程师
	王庭济	水电部第二工程局原总工程师，高级工程师
	文伏波	长江流域规划办公室技术委员会主任，高级工程师
	孔祥千	水电部长江葛洲坝工程局总工程师，高级工程师
	哈秋舲	中国三峡工程开发总公司筹建处总工程师，高级工程师
	赵福臣	水电部中国水利电力对外公司副董事长，高级工程师
	赵佩钰	水利水电科学研究院学术委员会秘书长，高级工程师
	梁天佑	水电部水利水电建设局咨询，高级工程师
	曹宏勋	水电部长江葛洲坝工程局原总工程师，高级工程师
	曹　新	水电部中南勘测设计院红水河龙滩水电站工程副设计总工程师，高级工程师
	程　山	中国三峡工程开发总公司筹建处技术委员会主任，高级工程师
	匡林生	水电部华东勘测设计院副总工程师，高级工程师

李子铮　水电部西南电力管理局副总工程师，高级工程师
肖焕雄　武汉水利电力学院教授，系主任
陈继深　水电部地质勘探机电研究所副总工程师，高级工程师
陆望程　交通部长江航运规划设计院副院长，工程师
张津生　水电部水利水电建设局总工程师，高级工程师
林伯诜　水电部水利水电规划设计院咨询，高级工程师
蒋元驯　水电部水利水电规划设计院咨询
谭靖夷　水电部八局原总工程师，高级工程师

工作组名单

组　　长：姚俊明（三峡工程论证领导小组办公室技术处处长、高级工程师）
成　　员：王宝忠　陈尚德　吴垂涛　张平新　赵忠琦　陈永岳　汪大彬　闫蜜果
长办联络员：罗承管（施工处总工程师，高级工程师）

投资估算专题论证报告（摘要）

前　言

三峡工程投资估算专题论证工作大体上分两阶段进行：1986年9月至1987年3月为第一阶段，主要任务是研究、审定投资估算编制大纲和有关基本参数，进行不同水位方案枢纽工程投资的初步测算，以供确定初选水位参考；1987年4～10月为第二阶段，主要任务是进行初选水位方案枢纽工程投资的估算与验核工作，编写投资估算书，草拟投资估算专题论证报告。

在论证工作期间，先后共召开了3次专家组全体会议，2次专题论证会议，3次工作会议。在1987年10月末召开的第3次专家组会议上原则通过了投资估算专题论证报告。

一、投资估算专题论证的范围与内容

为统一论证工作的基础，根据国家现行规定，投资估算的论证范围，主要包括以下各项：

(1) 枢纽工程投资；
(2) 水库淹没补偿费；
(3) 价差预备费；
(4) 施工期投资贷款利息。

根据各专家组的论证工作安排与专家组工作协调会议的意见，对上述各项投资的论证工作，分述如下：

1. 枢纽工程投资，是投资估算专题论证的主要内容。枢纽工程投资按1986年末物价水平估算为187.67亿元，其中前12年，即自开工至第一批机组投产时所需投资为111.12亿元。

2. 水库淹没补偿费。根据移民专题论证报告，三峡工程水库淹没补偿费共需投资110.61亿元。

3. 价差预备费，系考虑物价上涨因素对工程投资的影响，根据施工年限，分年投资及物价指数测算。经投资估算专家组研究，建议按年物价指数4%及枢纽工程建设期的分年投资计算价差预备费。

4. 施工期投资贷款利息。经投资估算专家组研究，为便于进行同类工程对比，建议按国家现行规定电力工业投资贷款年利率3.6%与枢纽工程建设期的分年投资计息。

如上所述，三峡工程投资包括枢纽工程投资和水库淹没补偿费，按1986年末物价水平计算，计需298.28亿元，其中，前12年，即自开工至第一批机组投产时计需投资154.12亿元。此外，对枢纽工程投资和水库淹没补偿费以外的有关场外输电线路、防洪、航运等必需的配套设施费用，按现行规定，均未计入投资估算范围之内。

二、枢纽工程投资估算

枢纽工程投资估算论证的重点是对基础单价、材料价格、机电设备价格、主要工程单价、定额水平以及有关的取费标准等进行必要的调查了解与分析研究，合理确定估算依据。有关投资估算的论证情况，现分述如下：

（一）编制投资估算的基本依据

1. 枢纽工程设计方案及工程数量（略）

主要工程数量详见表1。

2. 投资估算编制办法

按照基本建设工程可行性研究报告阶段对投资估算深度的要求，根据《水利水电基本建设工程投资估算编制简则（试行）》等国家现行有关规定、定额和取费标准进行编制。对1987年9月前国家新颁有关规定，在投资估算中均遵照执行。

表 1　　主要工程数量表

项　目	土石方开挖(万 m^3)	土石方填筑(万 m^3)	混凝土(万 m^3)	钢　筋(万 t)
挡水工程	672	–	1527	10.00
电站工程	1753	272	230	7.20
航运工程	3994	654	518	10.92
小　计	6419	926	2275	28.12
导流工程	1766	2198	359	0.33
临时船闸工程	604	–	55	0.56
小　计	2370	2198	414	0.98
合　计	8789	3124	2689	29.01

3. 物价水平

投资估算编制采用的工资、材料、设备等价格均统一按 1986 年末价格水平计算。对主要建筑材料的国拨供货与市场采购数量的比例，参照原水利水电建设总局(86)《概算编制中几个具体问题的暂行规定》办理。

(二)关于建筑工程单价计算的论证意见

1. 商品材料运输费用

商品材料运输费用的计算与三峡工程对外运输方案的选择有密切联系。为便于进行投资估算，经本专题组研究，有关商品材料的运输费用，在可行性研究阶段暂按经宜昌中转的公路运输方式进行计算。

2. 砂石骨料单价

由于这部分细骨料料源尚待选定，为便于进行投资估算，经本专题组研究，暂仍按原设计的料源方案及工艺流程估算砂石料的综合单价。一般情况下，三峡选定就近加工的人工骨料价格不会超过远运加工的天然砂石料价格水平。

3. 大型施工机械的台班产量与费用

有关计算方法，经本专题组研究后暂定为：补充台班费定额按规定办法进行补充计算，其中设备原值按 1986 年价格，并按规定计算进口设备所需的有关运输、保险、关税、增值税和手续费等费用；台班产量定额可参照国内已有同类型机械的产量定额，按设备容量倍比增加并乘以 0.9 折减系数后，再提高 30% 计算。

4. 工程单价扩大系数

经本专题组研究，考虑工程设计的不同深度，对主要工程单价可以选用不同的单价扩大系数，如：

主体工程土石方明挖、混凝土、钢筋，用 1.00 系数(即不扩大)；

水下抛填、灌浆，用 1.05 扩大系数；

水下开挖、水下拆除、防渗墙、碾压混凝土等，用 1.10 扩大系数。

(三)关于机电设备投资估算的论证意见

1. 进口机组问题

三峡水轮发电机组单机容量为 68 万 kW，超过当前国内制造水平。从投资估算考虑，认为机组的制造应立足于国内，实行国内外技术合作，少量进口成套机组还是需要的。经研究，暂按进口 4 台机组进行投资估算。

2. 国产机组价格

根据三峡机组设计重量(水轮机 3250t，发电机 3830t)，参照 1986 年白山电站二期工程 30 万 kW 机组的合同价格，平均单价按 13000 元/t 估算，水轮机辅机另加 6%，发电机考虑单水内冷加 10%，综合计算机组每台套为 9955 万元，综合单价为 14061 元/t。

3. 进口机组价格

以美国 50 万 kW 机组的报价资料为基础，按照机组设计重量的差别进行相应调整，并根据 1986 年的外汇比价以及相应发生的运输、保险、关税、增值税和手续费等综合计算，每台套进口机组价格约为 23249 万元，其中国内费用部分约占 27%。

4. 设备储备贷款利息

在三峡工程投资估算专题论证中，原则上均执行国家现行规定，在国家未作出新的规定之前，对设备储备贷款利息的计算，仍不宜变更。

(四)枢纽工程投资估算成果

三峡枢纽工程的投资估算计需 187.67 亿元，其中建筑工程投资 53.07 亿元，机电设备及安装工程投资 60.08 亿元，金属结构设备及安装工程投资 12.29 亿元，临时工程投资 27.36 亿元，其他费用 17.81 亿元，基本预备费 17.06 亿元，详见表 2。分年施工进度与投资安排，详见表 3。

三、有关情况说明

(一) 三峡工程投资估算水平分析

三峡枢纽工程投资估算水平，与 1986 年国家审查的二滩、李家峡、隔河岩等电站工程的初步设计概算投资水平对比，大体相当，现分述如下：

1. 主要建筑材料单价

三峡枢纽工程这次投资估算论证采用的主要建筑材料预算单价，按 1986 年价格水平。具体对比情况见表 4。

2. 主要工程单价

工程单价是投资估算中施工水平的综合反映。对比情况见表 5。

3. 机电设备投资

由于三峡工程考虑了少量进口机组，并计入了换流工程设施费用，因而机电投资的单位指标高于其他工程，有关情况对比见表6。

4. 单位千瓦投资

三峡工程单位千瓦投资为1687元，单位电度投资为0.36元。与二滩等电站的投资对比，其单位千瓦投资较高，但单位千瓦的枢纽工程投资却较低，说明三峡工程的水库淹没补偿费用较多，有关各工程的投资构成情况对比见表7。

表2　工程投资估算表

项　目	投资额（亿元）	%
第一部分　建筑工程	53.07	28.3
一、主体建筑工程	45.71	24.4
1. 挡水工程	20.29	
2. 电站工程	7.52	
3. 航运工程	17.90	
二、交通工程	4.38	
三、其他建筑工程	2.98	
第二部分　机电设备及安装工程	60.08	32.0
一、主要机电设备及安装工程	43.03	22.9
二、其他机电设备及安装工程	8.84	
三、设备储备贷款利息	8.21	
第三部分　金属结构设备及安装工程	12.29	6.5
一、挡水工程	1.80	
二、电站工程	4.64	
三、航运工程	4.59	
四、设备储备贷款利息	1.26	
第四部分　临时工程	27.36	14.6
一、导流工程	13.11	7.0
二、交通工程	3.37	
三、房建及其他临时工程	10.88	
第五部分　其他费用	17.81	9.5
小　计	170.61	90.9
基本预备费	17.06	9.1
合　计	187.67	100.0

表3　枢纽工程分年投资估算表

分期	年度	投资	累计	备　注
准备工程	1	2.70	2.70	
	2	6.13	8.83	
	3	9.81	18.64	
一期工程	4	8.94	27.58	
	5	11.40	38.98	
	6	11.30	50.28	
二期工程	7	7.62	57.90	
	8	9.59	67.49	
	9	10.14	77.63	
	10	9.19	86.82	
	11	9.26	96.08	
	12	15.04	111.12	左岸厂房第一批机组投产
三期工程	13	17.52	128.64	
	14	13.70	142.34	
	15	13.41	155.75	
	16	11.45	167.20	右岸厂房机组投产
	17	10.71	177.91	
	18	9.76	187.67	枢纽工程建成

注：单位：亿元

表4　主要建筑材料预算单价对比表

项　目	单位	三峡 论证 (175/156) 1986年	三峡 初设 (150) 1984年	二滩 初设 1986年	李家峡 初设 1986年	隔河岩 初设 1986年
1. 水　泥						
纯大坝525	元/t	201	96	159	216	208
矿大坝425	元/t	139	81	(普通525)	195	145
2. 木　材						
原　木	元/m^3	280	201	261	248	318
板枋材	元/m^3	449	310	387	385	483
3. 钢　筋	元/t	980	682	999	1050	1023
4. 砂石料	元/m^3	18.3	16.5	16.4	18.7	15.1
5. 柴　油	元/t	820	630	721	750	760
6. 汽　油	元/t	1014	810	880	860	900

表 5 主要工程预算单价对比表 单位：元/m³

项 目	三 峡	二 滩	李家峡	隔河岩
	论证	初设	初设	初设
坝 型	重力坝	双曲拱坝	重力坝	重力拱坝
基 岩	花岗岩	玄武岩	花岗岩、混合岩	石灰岩
土石方明挖	14.1	14.7	18.3	12.0
其中：挡水工程	16.0	13.9	18.3	12.2
电站工程	14.0	16.4	18.3	12.4
航运、过木工程	14.0	15.4		11.8
混凝土	101	103	129	93
其中：挡水工程	97	101	118	90
电站工程	132	128	209	107
航运、过木工程	99	132		109

注：各工程单价所含间接费已调整到同一水平。

表 6 机电设备投资对比表

项 目	单位	三 峡	二 滩	李家峡	隔河岩
		论证	初设	初设	初设
装机容量	万 kW	1768	300	200	120
单机容量	万 kW	68	50	40	30
设计水头	m	80.6	155	131.6	99
转轮直径	m	9.5	6.6	6.0	5.7-6.0
机电设备投资	亿元	55.71	6.75	3.35	2.58
单位千瓦机电投资	元/kW	315	224	168	214
其中 主机	元/kW	183	100	102	114
主变	元/kW	14	18	14	18
其他机电设备	元/kW	118	106	52	82

注：机电设备投资中均未包括安装费用

表 7 投资构成对比表

项 目	单位	三 峡	二 滩	李家峡	隔河岩
		论证	初设	初设	初设
总装机容量	万 kW	1768	300	200	120
年平均发电量	亿 kW·h	840	162	58.3	30.4
工程投资	亿 元	298.28	36.90	17.20	15.50
其中：枢纽工程		187.67	34.30	17.00	13.50
水库费		110.61	2.60	0.20	2.00
单位千瓦投资	元/kW	1687	1230	860	1292
其中：枢纽工程		1061	1143	850	1125
水库费		626	87	10	167
单位电度投资	元/kW·h	0.36	0.23	0.29	0.51

注：表列投资均为1986年物价水平，未包括价差预备费。

投资估算专题论证报告专家名单

组 长 杨睦九 水电部水利水电规划设计院咨询，高级工程师

副组长 傅洪生 水电部水利水电建设局副局长，高级工程师

专 家 于世中 中国三峡工程开发总公司（筹）京办副主任，高级工程师

于伟柯 建设银行投资调查部项目处处长，高级工程师

甘照煦 中国科学院系统科学研究所室主任，副研究员

王梅地 中国三峡工程开发总公司（筹）副总经济师，高级工程师

王增光 水电部第七工程局计划处副处长，高级工程师

司兆乐 水电部长江流域规划办公室副总工程师

朱思义 水电部基建司招标定额处处长，高级工程师

李治平 水电部水利水电规划设计院定额预算处处长，高级工程师

吴崇韩 原水电部财务司副总会计师，高级会计师

金洪生 水利电力部第十二工程局总经济师

黄谷生 原水电部中南勘测设计院施工处副主任工程师，高级工程师

林邦宸 交通部长江航务管理局副主任，高级工程师

曾 念 水利电力部计划司副司长，高级工程师

喻孝健 水电部西北勘测设计院，工程师

工作组名单

组 长：李治平（兼）

组 员：曾 敏 黄范昌 宋春霞 冉燕德 张祖泽 陈宏宇 陈兰芬 叶 森 卜繁森

长办联络员：章荣晖（施工处主任工程师）

综合经济评价专题论证报告(摘要)

前　言

综合经济评价专家组组建于1986年7月，两年多来，专家组进行了一系列的调查研究和分析论证工作。

本报告从兴建三峡工程的战略意义、工程效益、国民经济评价、财务评价和国力分析等几方面，研究了三峡工程建还是不建和早建还是晚建这两个中心问题。

本报告在评价中采用1986年末价格作为基础价格，并假定1989年作为三峡工程早建的开工年，2001年作为晚建的开工年，用以分析计算早建、晚建和不建三峡工程的效益差别。

一、兴建三峡工程的战略意义

长江是我国第一大河，它同黄河一样是中华民族的摇篮和文化的发祥地，在中华民族的经济发展上起过重大作用。上游的四川盆地被称为“天府之国”，中游两岸被誉为“两湖熟，天下足”的富饶之地；下游三角洲素有“鱼米之乡”之美称。目前，华东、华中和四川是我国人口密集的地区，工农业生产比较发达，经济发展水平高于全国平均水平，是国家财政收入的支柱。据四川、湖南、湖北、江西、安徽、江苏、浙江、上海八省市的统计，土地面积占全国的15%，1987年人口占全国的38.8%，而国民生产总值占全国的39.95%，国民收入总额占全国41.01%，人均国民生产总值达到1059元，人均国民收入达到917.4元，均高于全国平均1028.6元和867.4元的水平。如果只算三峡工程以下的湖北、湖南等七省市，人口密集程度和经济水平更高。根据我国国土利用的规划设想，我国生产力的发展布局将以东部沿海地区和横贯东西的长江沿岸经济带相结合的“T”形为主轴线，以联结重点资源开发区的主要铁路为二级轴线，构成国土开发利用和经济建设的基本框架。长江干流将是主轴线上的主动脉。当前长江干流的治理和开发远不能适应两岸经济发展的需要，已经影响了这些地区的发展，主要表现在以下几个方面：

(一) 防洪方面

长江流域的洪水灾害分布很广，而且频繁发生，上游山丘区的河谷川地、盆地和中下游平原、湖洼、洲滩，经常遭受不同程度的洪水灾害。中游两湖地区灾害最为严重，是长江防洪的重点。据文献记载和调查分析，从汉代到清末2000年间，长江共发生洪水灾害200多次，平均10年一次，大部分发生在中游地区。本世纪发生的3次大洪水中，仅1931年和1935年就分别淹地5090万亩和2264万亩，死亡人数14.55万和14.2万人，1931年汉口被淹三个月。1954年大洪水，有4755万亩农田被淹，受灾人口达到1888万人，因灾直接死亡3.3万人，京广铁路有100天不能正常运行。

建国以来，虽进行了大规模的防洪建设，防洪标准有所提高，但河道泄洪能力与上游巨大洪水流量不相适应的基本矛盾没有改变。长江中下游平原，特别是荆江河段，防洪形势是十分严峻的。

(二) 能源方面

处于长江下游以上海为中心的华东经济区是我国工农业生产比较发达的地区。长江中游以武汉为中心的华中经济区，是我国农业商品生产的重要基地。十几年来，能源和电力的短缺已严重影响这两个地区的发展。

(三) 交通运输方面

发展交通运输是开发长江上游西南经济区的一项关键措施。长江干流横贯东西，是我国交通运输的一条大动脉，人称“黄金水道”。但是，宜昌至重庆间600多km的航道，大都处于天然状态，水流湍急，险滩众多，还有不少单行控制河段，客货运量的发展受到极大的限制，水运优势没有得到很好的发挥。

三峡工程是全国难得的有巨大综合效益的一举数得的水利枢纽，对促进西南、华中、华东三大经济区发展具有不可代替的战略意义。

二、工程效益分析（略）

三、国民经济评价

三峡工程的国民经济评价是从国民经济整体角度，分析计算兴建三峡工程国家需要付出的代价和建成后对国家的贡献，从而考察三峡工程的经济合理性。

为了全面分析论证三峡工程的经济合理性，在国民经济评价的动态分析中，主要采用了投入产出计算和有无三峡工程方案的综合分析计算。

(一) 动态分析计算

三峡工程静态总投资按1986年价格计算为361.1亿元，按影子价格计算工程总投资为364.64亿元。

按照《方法与参数》的规定，工程项目的国民经济评价需用影子价格计算投入物和产出物的价值，并以社会折现率折算投入和产出的总现值，用净现值大于零和经济内部收益率大于社会折现率的两项指标来衡量项目是否可行。

《方法与参数》规定社会折现率为10%。

三峡工程建设期为20年，综合折旧寿命期40年共计60年。评价中计算期采用62年。

1.投入（费用）和产出（效益）的计算

(1) 费用计算。三峡工程计算期内费用（影子价格）现值如下：

费用总现值为 156.74亿元

其中：枢纽投资 87.37亿元

移民投资 41.33亿元

输变电投资 18.55亿元

枢纽经营成本（运行费用）5.89亿元

输变电经营成本（运行费用） 3.60亿元

(2) 效益计算。本计算中只计算防洪和发电的效益。

防洪效益不能象发电效益那样以产出物来计算，只能以减少的洪灾损失作为效益。修建三峡工程后，多年平均可减少的洪灾损失，按1986年价格计算为9.7亿元，按影子价格计算为10.40亿元。受灾区的实物增长按年平均3%计算，计算期减少的洪灾损失总折现值为55.88亿元。

发电效益是以逐年的上网（指50万V送电终端）电量乘以上网的影子电价11.8分/kW·h，计算期发电效益总现值为232.08亿元。

防洪、发电两项效益合计总现值为287.96亿元。

(3) 计算结果

效益总现值减去费用总现值得出三峡工程的净现值为131.22亿元。根据效益和费用流程计算得出经济内部收益率14.54%。按照《方法与参数》的规定，净现值大于零，经济内部收益率大于社会折现率(10%)的项目是可以接受的。

2.三峡工程建与不建和早建与晚建的综合分析（略）

(二) 静态指标分析

1.指标分析

收集已建和在建的15座水电站的实物指标（见表1）和淹没指标（见表2）的数据，从这些指标中可以看出三峡工程的单位容量（千瓦数）和单位电量（千瓦小时数）耗用的实物量（土石方量和混凝土方量）相对讲是比较少的。淹没指标则要大一些。

表1 水电站实物指标表

电站	装机容量（万kW）	多年平均发电量（亿kW·h）	工程量		单位容量指标		单位电量指标	
			土石方（万m³）	混凝土（万m³）	土石方（m³/kW）	混凝土（m³/kW）	土石方（m³/万kW·h）	混凝土（m³/万kW·h）
新安江	66.25	18.60	578.00	167.00	8.72	2.52	31.08	8.98
丹江口	90.00	38.80	2340.00	326.00	26.00	3.62	60.30	8.40
刘家峡	122.50	55.80	770.00	156.00	6.29	1.27	13.80	2.80
葛洲坝	271.50	141.00	5700.00	1042.00	21.00	3.84	40.43	7.40
隔河岩	120.00	30.40	598.00	318.00	4.98	2.65	19.67	10.46
五强溪	120.00	53.70	684.00	368.00	5.70	3.07	12.74	6.85
东　江	20.00	13.20	418.00	171.00	8.36	3.42	31.67	12.95
岩　滩	110.00	53.70	589.00	327.00	5.35	2.97	10.67	6.09
二　滩	300.00	162.00	1286.00	594.00	4.29	1.98	7.94	3.67
东　风	51.00	24.20	233.000	139.00	4.57	2.73	9.63	5.74
漫　湾	125.00	63.03	1353.00	211.00	10.80	1.69	21.47	3.35
龙羊峡	128.00	59.80	378.00	335.00	2.95	2.62	6.32	5.60
白　山	90.00	20.03	360.00	214.00	4.00	2.38	17.97	10.68
水　口	140.00	49.50	966.00	311.00	6.90	2.22	19.52	6.28
李家峡	200.00	58.30	333.00	312.00	1.67	1.56	5.71	5.35
三　峡	1768.00	840.00	8013.00	2613.00	4.53	1.48	9.54	3.11

注：①资料来源：摘自投资估算专题工作组编制的《长江三峡投资估算专题论证参考资料》

②表中数字有的是竣工参，有的设计值，仅供参考

表 2 **水电站水库淹没指标表**

电站	水库移民(人)	水库淹地(亩)	单位容量指标		单位电量指标	
			移民(人/万 kW)	淹地(亩/万 kW)	移民(人/亿 kW·h)	淹地(人/亿 kW·h)
新安江	294909	325809	4451	4918	15855	175177
丹江口	328000	410000	3644	4555	8453	10567
刘家峡	32623	77223	266	630	584	1383
葛洲坝	23460	19000	86	70	166	134.7
隔河岩	19850	14990	165	125	653	493
五强溪	84600	44000	705	367	1575	819
东江	52543	57359	1051	1147	3980	4354
岩滩	41026	47139	373	429	764	878
二滩	29372	24841	98	83	181	153
东风	8191	8454	160	166	338	349
漫湾	3042	4670	24	37	48	74
龙羊峡	29700	82400	232	643	496	1378
白山	16681	56923	185	632	832	2842
水口	63495	31394	454	224	1282	634
李家峡	3196	5039	16	25	55	86
三峡	1131800	431300	640	244	1347	513

注:(1)资料来源:摘自投资估算专题工作组编制的《长江三峡工程投资估算专题论证参考资料》;

(2)表中数字有的是竣工值,有的设计值,仅供参考。

分析华中地区和西南的乌江、金沙江上可以送电华中、华东的拟建水电站和华东、华中地区拟建的火电站的单位容量和单位电量投资(见表 3),三峡工程相对讲也是较少的。

表 3 **经济指标表**

电站	电站投资(亿元)	输电投资(亿元)	不计输电投资的单位千瓦投资(元/kW)	包括输电投资的单位千瓦投资(元/kW)	包括输电投资的单位电量投资(元/kW·h)
石堤	12.0	2.6	1333	1622	1.07
江垭	6.8	0.6	2266	2467	0.87
潘口	9.27	0	1817	1817	0.95
水布垭	29.20	4.2	1960	2242	0.80
构皮滩	34.20	7.2	1710	2070	0.44
沙沱	14.80	3.36	1850	2270	0.44
思林	16.60	3.36	1979	2376	0.49
彭水	22.20	4.1	1850	2192	0.36
向家坝	73.00	40.8	1460	2276	0.41
溪落渡	115.00	91.0	1150	2060	0.39
华东火电 60万机组	9.42	1.2	1570	1777	0.25
华东火电(含煤炭及铁路投资)	13.38	1.2	2230	2443	0.35
华中火电 60万机组	8.46	1.2	1410	1610	0.23
华中火电(含煤炭及铁路投资)	12.42	1.2	2070	2270	0.32
三峡工程	298.30	62.80	1687	2042	0.43

注:三峡工程具有较大的防洪、航运效益,这样对比,对三峡工程是偏于不利的。

2. 比较方案的投资分析

分析研究了三个比较方案和三峡工程的静态投资(按影子价格计算)的差别。

三个比较方案的构成如下:

比较方案一:在华中、华东建火电厂(火电厂投资均计入相应的煤矿及铁路建设投资,下同)。

比较方案二:在金沙江上建向家坝和溪落渡水电站加部分火电厂。

比较方案三:建潘口、石堤、构皮滩、彭水、水布垭、溪落渡等水电站加部分火电厂。

(1)防洪方面。根据防洪专家组研究,找不出与三峡工程等效或接近等效的现实可行的防洪替代方案,因而无法进行确切的投资比较。粗略分析,按三峡投资分解计算,三峡投资中用于防洪方面的投资是63.38亿元,如要建设与三峡工程等效的防洪工程,所需资金将远远大于此数。

(2)发电方面。按投资分解计算,三峡投资中用于发电方面投资为289.25亿元,与前述三个比较方案的静态投资比较如表4:

表4 发电方面的静态投资表

项目 \ 方案	三峡工程	比较方案一	比较方案二	比较方案三
三峡电站	289.25			
火电		311.13①	57.46②	35.4③
建火电相应的煤矿和铁路投资		121.51	9.29	13.98
其他水电			322.6	341.16
合计	289.25	432.64	389.35	390.54
比较方案与三峡工程的差额		143.39	100.1	101.29

注:①1841万kW的投资
②340万kW的投资
③200万kW的投资
表中水,火电站投资均包括相应的输变电投资

(3)航运方面。航运专家组研究的以整治川江航道为主并辅以铁路分流的替代方案的投资比三峡分解给航运的投资12.07亿元(均考虑了航运配套设施的投资)多39.49亿元,而且这个替代方案不能实现万吨级船队直航重庆的目标。

(三)不确定性分析(略)

四、财务评价(略)

五、国家承受能力的分析

(1)从建设规模看建设三峡是与国民经济发展相适应的,分析承受能力,首先要考察工程建设规模是否与国民经济发展需求相适应。

从防洪、发电,航运三方面看,三峡工程的建设与国家发展需求是相适应的,而且有的是迫切需要的,不存在规模过大而不能承受的问题。

(2)从国民经济今后的发展看国家是有能力承担三峡工程的建设的。首先从三峡工程投资占施工期国民生产总值和国民收入的比例看,三峡工程投资361.1亿元(静态投资),占同期国民生产总值的0.73‰,占同期国民收入的1.23‰。

其次从三峡工程投资占施工期社会积累额的比例看,我国2000年以前社会积累率按29%计算,三峡工程投资占施工期社会积累额的比例为4.23‰,如将社会积累率降为25%,投资所占比例也只有4.91‰,比重仍是不大的。

为了探索三峡工程是否会影响2000年国民经济发展战略目标的实现,航空航天工业部710所和浙江大学软科学研究所等有关单位用国民经济宏观数学模型进行了分析计算。得出的结论是建三峡工程不会影响2000年翻两番的国民经济发展战略目标,也不会影响人均国民收入的总水平,而对2000年以后的国民经济发展却是十分有利的。

(3)从物资需要量来看,国内生产能力可以承受。三峡工程所需的大宗物资主要是钢材、木材、水泥和大型施工机具及主机设备。据测算,三大材料需用量只占国家总供应能力的0.12~0.33%,这个比重是很小的。

综上分析,按照国家近期的经济实力,我国有能力建设象三峡这样的特大型工程。

六、结论

1. 三峡工程控制长江流域面积180万km^2中的100万km^2,水资源丰富;上有物产丰富的西南经济区,下有经济比较繁荣的华中、华东经济区;交通方便,施工条件好,地理位置得天独厚。

三峡工程正常蓄水位175m方案具有巨大的水资源综合利用效益。防洪方面,它可以控制川江洪水,在中游其它防洪工程的配合下,使荆江河段的防洪标准由10~20年一遇提高到100年一遇。在长江中游的江汉平原和洞庭湖地区遇到1931、1935和1954年不同类型大洪水时,可以大幅度地减轻洪水灾害;遇到1870年型特大洪水时,可以避免毁灭性洪水灾害。发电方面,三峡工程装机容量1768万kW,年发电量840亿kW·h,取代火力发电,相当于年节约煤炭4000万t,可以减轻华中、华东地区日益严重的电力短缺和煤炭生产、运输的压力,并可改善能源结构;

同时，还可增加葛洲坝电厂的发电保证出力。航运方面，它可改善宜昌、重庆间的航道条件，万吨级船队可以有半年左右的时间由武汉直达重庆，航道的年出川通过能力可从现在的1000万t左右增大到5000万t；还可降低运输成本，提高航运安全度。

三峡工程可以增加下游枯水期流量，改善航运和南水北调的引水条件。

三峡工程是全国难得的具有巨大综合效益的水利枢纽。

2.根据各个专家组论证的结论，建设三峡工程技术上是可行的。库区移民总量很大，任务艰巨，但淹没涉及的各市、县都有潜在容量可以安排。按照开发性移民方针实施，移民生产生活将比现在有所提高，并可促进地区的经济发展。对生态环境的影响是有利有弊。有些不利影响可在今后深入研究，采取措施，减免损失。

3.三峡的国民经济效益是好的。产出高于投入的净现值为131.22亿元；经济内部收益率为14.5%，高于评价准则规定10%的基准指标。经过方案优化计算，建三峡工程比不建三峡工程替代方案的费用现值小110.1亿元，相当于三峡工程费用现值156.74亿元的70.2%，差额内部收益率为16.34%；早建比晚建替代方案的费用现值小72.7亿元（按推迟12年计算），相当于三峡工程费用现值46.6%，差额内部收益率为16.5%。

4.财务分析表明，三峡工程的财务评价指标是好的。虽然投资大，工期长，但发电量多，成本低，收益高，偿还贷款的能力强，对国家的贡献大。

5.三峡工程的分年投资占预测同期的国民生产总值、国民收入以及积累额的比重很小。在调整投资结构，保证重点建设的方针下，国家有能力承受三峡工程所需的建设资金，不会影响2000年的战略目标，而且有利于长远战略目标的实现。

综上所述，三峡工程经济效益高，经济评价指标好。虽然总投资较大，但建设中期即可发挥效益，后劲大，对实现长远经济战略目标有利。根据综合经济分析，建比不建好，早建比晚建有利，建议早作决策。

综合经济评价专题论证报告专家名单

组　长　游吉寿　中国电力企业联合会副理事长，高级工程师（教授级）

副组长　李京文　中国社会科学院数量经济技术经济研究所所长，研究员，教授

唐仲南　中国电力企业联合会技术顾问，高级工程师（教授级）

专　家　于景元　航空航天工业部710所副所长，研究员

马庆国　浙江大学管理工程系副教授

马霭乃（女）　北京大学遥感所副所长，教授

王梅地　中国三峡工程开发总公司筹建处副总经济师

王国杨　交通部三峡工程航运办公室高级工程师

王克勤　原水电部成都勘测设计院总工程师，高级工程师

孔繁涛　中共重庆市委研究室副主任

白拜尔　航空航天工业部副总工程师，研究员

朱成章　能源部综合计划司规划处处长，高级工程师

刘德滋　水利部计划司咨询，高级工程师

刘德豫　交通部科技局副总工程师，高级工程师

刘肇祎　武汉水利电力学院院长，教授

吕靖方　中国三峡工程开发总公司筹建处技术委员会委员，高级工程师

吴以鳌　原水电部水利水电规划设计院咨询，高级工程师

吴崇韩　新力能源投资公司总会计师

邴凤山　能源部科技司处长，高级工程师

李　正　北京水利电力经济研究所所长

李文治　中国水利经济研究会秘书长，高级经济师

李致杰　中国科技促进发展研究中心研究员

李复生　原水电部北京勘测设计院室主任，设计总工程师

杜星堂　中国电力企业联合会技术顾问，高级工程师

传　凯　国家科委三峡科技办公室副主任，高级工程师

何格高　中国国际工程咨询公司能源项目部副主任，高级工程师

刑国江　交通部水运规划设计院副研究员

武博山　中国建设银行顾问

陈　鹌　中国国际工程咨询公司常务董事，高级工程师，兼职教授

陈定坤 中国电力企业联合会技术顾问，高级工程师（教授级）

陈望祥 中国电力企业联合会秘书长，高级工程师

陈求新 北京水利电力经济研究所室主任，副教授

周之豪 河海大学水电系教授

周明镜 中国航海咨询工作委员会副主任，研究员

周富祥 国家计委经济研究中心经济理论与信息研究组副组长（副局级），副研究员

张文珠（女） 财政部工交司中央工业处处长，经济师

杨伟寿 中国三峡工程开发总公司筹建处副总会计师

郑维敏 清华大学自动化系教授

郑源春 中国电力企业联合会高级工程师

钟幼鹏 交通部长江航务管理局副总工程师，高级工程师

洛叙六 水利部长江流域规划办公室副总工程师，高级工程师（教授级）

胡兆意 能源部电力科学研究院系统所室主任，高级工程师

高又生 原水电部科技情报所副总工程师，高级工程师（教授级）

顾永怀 长江轮船总公司总经济师，高级工程师

崔 毅 上海海运学院教授，研究员

曹学敏 原水电部水电规划设计院主任工程师，高级工程师（教授级）

笪宝莲（女） 能源部电力科学研究院系统所高级工程师

曾 念 能源投资公司计划部主任，高级工程师

郭来喜 中国科学院国家计委地理研究所研究员

黄元镇 中国水利水电建设工程咨询公司副董事长，高级工程师

覃定超 国家计委国土局局长，高级工程师

喻献焕 交通部长江航务管理局总工程师，高级工程师（教授级）

傅国伟 清华大学环境工程系教授

储传英 中国三峡工程开发总公司筹建处副总工程师，高级工程师（教授级）

路 南 国家物价局物价研究所所长，研究员

董述春（女） 原水电部北京勘测设计院副总工程师，高级工程师

魏炳才 水利部财务司副司长，高级会计师

工作组成员名单

组　　长：朱成章（兼）

副 组 长：曹学敏（兼）

成　　员：江 帆　周脉玉　刘顺达　杨 亚　陈伟明　邱言文　徐征雄　王克勤　刘家星　陈卫元　葛正翔　孟宪魁　贺秀云

长办联络员：罗泽华（规划处副总工、教授级高级工程师）

说明：三峡工程14个专题论证报告，共约26万字，是国内412位专家在深入调查研究，占有丰富的基本资料的基础上，反复讨论而产生的三峡工程科学文献。如何将这部分珍贵的资料选入《年鉴》，为关心三峡工程、研究三峡工程的有识之士提供基本参考资料，是《年鉴》的重要任务之一。但《年鉴》容量有限。因此，我们经过慎重、认真的思考，在尽可能保留基本论证数据资料，保证不失其原来面貌的前提下，压缩交叉和重复部分，为读者提供一份集中、简略、准确的三峡工程论证历史资料，以此来答谢为三峡工程作出贡献的专家、学者，以及工作人员。由于我们专业知识浅薄，再加人员少、任务重，虽经编委审查，但摘要中难免存在遗漏和错误，恳请专家和读者指正。

本专题论证报告的摘编工作由编辑部李冰、解素蔚、黄流中等同志完成。

英文目录

春漫峡江

English Contents
China Three Gorges Construction Year Book

Special Features

Laws, Regulations and Documents

Important Reports and Speeches

Historical Documents

Documents of the CTGPC

Roundup

International Cooperation and Exchange

Friendly Intercourse

Technical Exchange

Companies Affiliated to CTGPC

Gezhouba Hydroelectric Plant

Equipment Company

Materials Company

Industrial and Commercial Company

Extracts of Newspapers and Periodicals

Introduction

Extracts of Newspapers

Overseas People' s View about Three Gorges

Synopsis of Events

Statistical Data

Annexes

Recollection of the History of TGP

Summary of Special Topics of Verification on TGP